总顾问　安作璋

总主编　王兆成　刘秋增

副总主编　金明善　刘　娟

齐鲁诸子名家志·刘勰志

刘勰志

齐鲁诸子名家志

主　编　朱文民
副主编　朱吉高
　　　　王国新
　　　　张同旭
撰稿人　朱文民

山东人民出版社

刘勰塑像

刘勰献书图

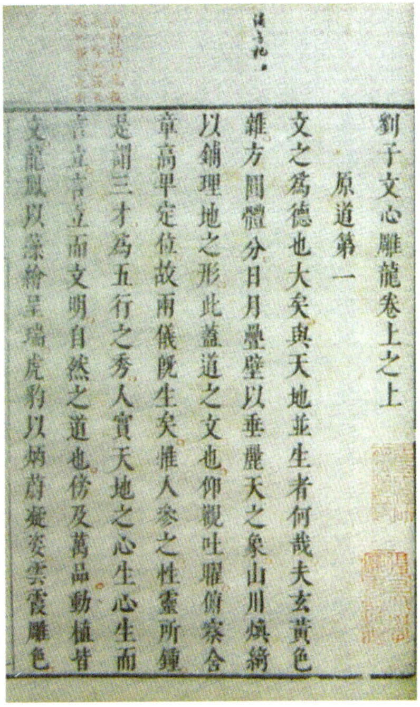
劉子文心雕龍卷上之上
原道第一
文之爲德也大矣與天地並生者何哉夫玄黃色
雜方圓體分日月疊壁以垂麗天之象山川煥綺
以鋪理地之形此蓋道之文也仰觀吐曜俯察含
章高卑定位故兩儀既生矣惟人參之性靈所鍾
是謂三才爲五行之秀人實天地之心生心生而
言立言立而文明自然之道也傍及萬品動植皆
文龍鳳以藻繪呈瑞虎豹以炳蔚凝姿雲霞雕色

凌云五色套印本《刘子文心雕龙》卷上之上首页

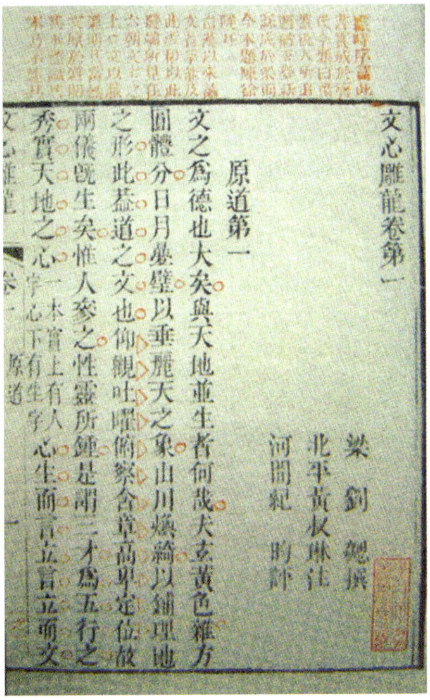
文心雕龍卷第一
梁 劉 勰撰
北平黃叔琳注
河間紀 昀評
原道第一
文之爲德也大矣與天地並生者何哉夫玄黃色雜方
圓體分日月疊壁以垂麗天之象山川煥綺以鋪理地
之形此蓋道之文也仰觀吐曜俯察含章高卑定位故
兩儀既生矣惟人參之性靈所鍾是謂三才爲五行之
秀實天地之心一本實上有人字心下有生字心生而言立言立而文

芸香堂套印本纪昀评《文心雕龙》卷一之首页

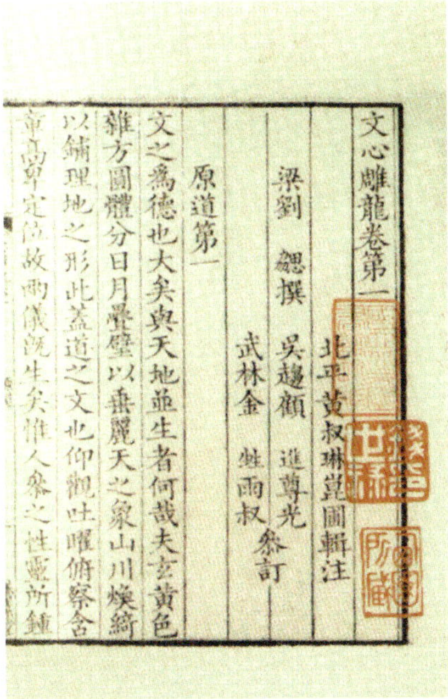
文心雕龍卷第一
北平黃叔琳崑圃輯注
梁劉 勰撰 吳趨顧 進尊光
武林金 甡雨叔 參訂
原道第一
文之爲德也大矣與天地並生者何哉夫玄黃色
雜方圓體分日月疊璧以垂麗天之象山川煥綺
以鋪理地之形此蓋道之文也仰觀吐曜俯察含
章高卑定位故兩儀既生矣惟人參之性靈所鍾

养素堂本黄叔琳辑注《文心雕龙》卷一之首页

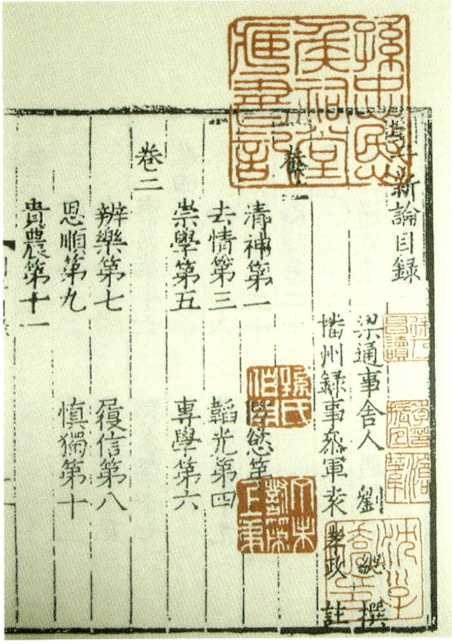
新論目録
梁通事舍人 劉 勰撰
播州録事參軍袁 孝政註
卷一
清神第一 防慾第二
去情第三 韜光第四
崇學第五 專學第六
卷二
辨樂第七 履信第八
思順第九 慎獨第十
貴農第十一

宋刻小字本《刘子》目录首页

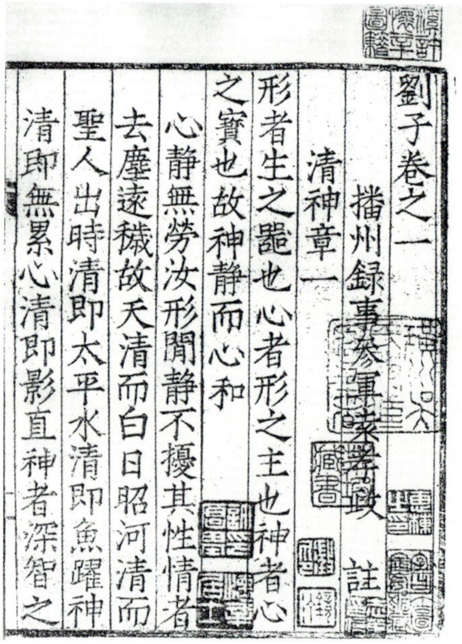

劉子卷之一

播州録事參軍袁孝政　註

清神章一

形者生之器也心者形之主也神者心之寶也故神靜而心和

心靜無勞汝形閒靜不擾其性情者去塵遠穢故天清而白日昭河清而聖人出時清即太平水清即魚躍神清即無累心清即影直神者深智之

民国十三年影印《刘子袁注》卷一之首页

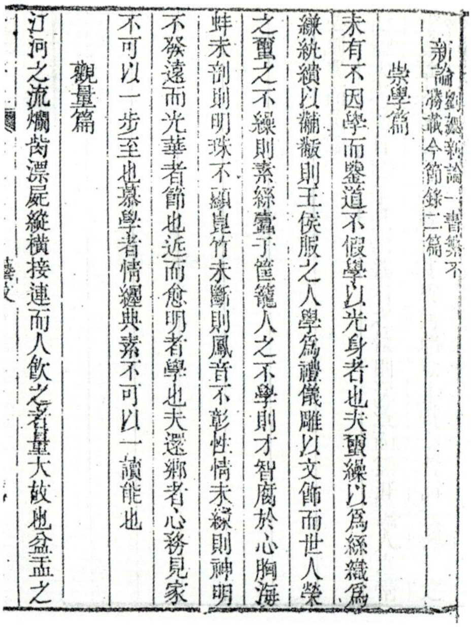

新論劉勰新論一書繁不勝載今節錄二篇

崇學篇

未有不因學而鑒道不假學以光身者也夫繭繰以爲絲織爲縑紈績以黼黻則王侯服之人學爲禮儀雕以文飾而世人榮之蟹之不繰則素絲蠹于筐籠人之不學則才智腐於心胸海蚌未剖則明珠不顯昆竹未斷則鳳音不彰性情未鍊則神明不發遠而光華者飾也近而愈明者學也夫還鄉者心務見家不可以一步至也慕學者情纓典素不可以一讀能也

觀量篇

汀河之流爛胔漂屍縱橫接連而人飲之者量大故也盆盂之

清乾隆二十五年刻《沂州府志·艺文志》节录《刘子》中的《崇学篇》和《观量篇》

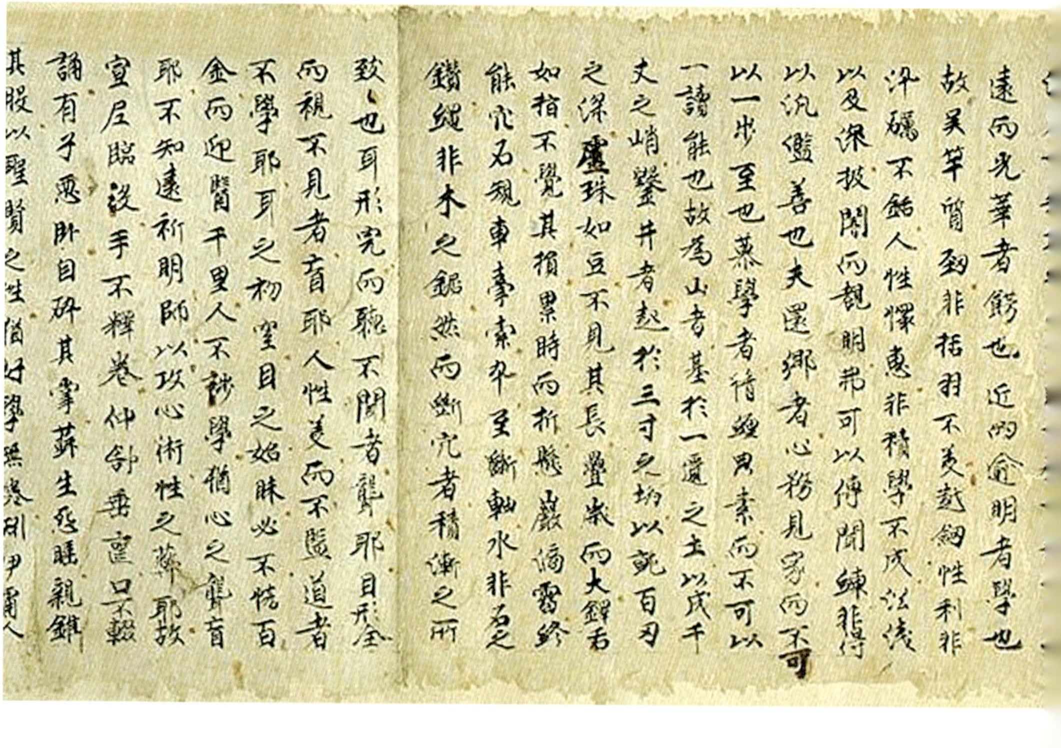

遠而光華者飾也近而愈明者學也故吳竿質勁非括羽不美越緲性利非淬礪不銛人性懷惠非積學不成經淺以及深披闇而覩明弗可以傳聞練非得以沈鑑善也夫還鄉者心務見家而不可以一步至也慕學者情纓典素而不可以一讀能也故爲山者基於一簣之土以成千丈之峭鑿井者起於三寸之坎以就百刃之深蠹珠如豆不見其長璺累而大鑿石如指不覺其損累時而折巖崩霤終能穴石砅車素絲至斷軸水非石之鑽繩非木之鋸然而斷穴者積漸之所致也耳形完而聽不聞者聾耶目形全而視不見者盲耶人性美而不覽道者不學耶耳之初窒目之始眛必不惜百金而迎醫千里人不勤學猶心之聾盲耶不知遠祈明師以攻心術性之蔽耶故宣尼臨沒手不釋卷仲舒垂寷口不輟誦有子惡卧自焠其掌蘇生惡睡親錐其股以聖賢之性猶好學無怠刑伊甯人

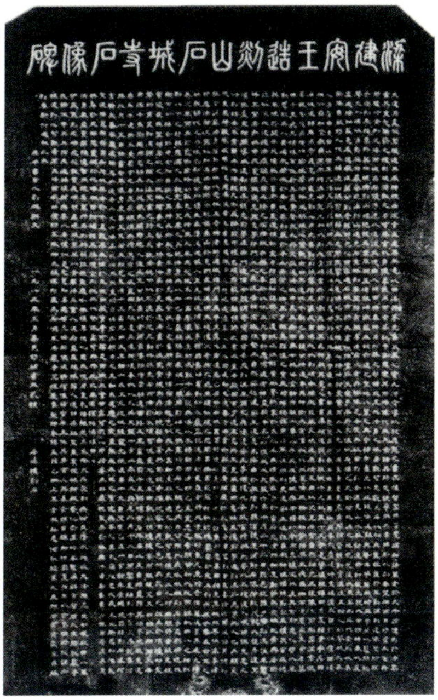

新昌大佛寺刘勰碑

唐代敦煌遗书《刘子》残卷，纸本墨迹卷，纵27.8厘米，全长412.1厘米。《刘子》最初收录在《隋志》中，本卷是敦煌出土的残卷，前后部分均缺失，仅残存从第三篇《去情》至第九篇《思顺》的部分。一行写有16至17个字不等，可以辨认出使用的是朱墨。（本卷为日本东京国立博物馆藏）

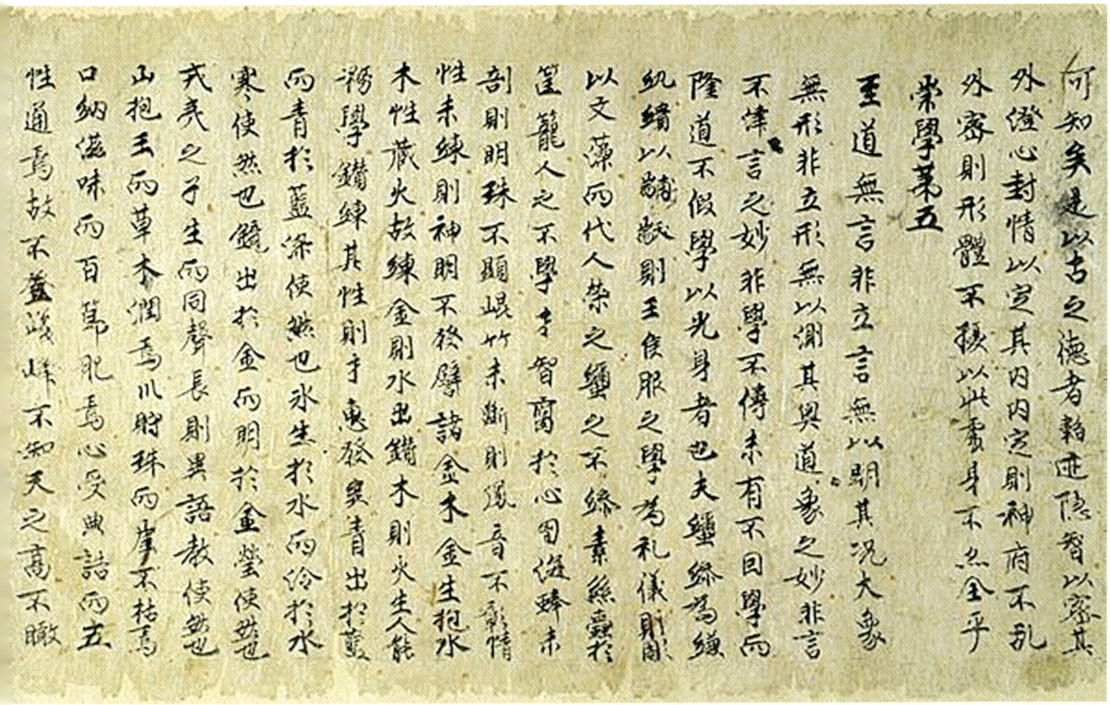
何知矣是以古之德者韜迹隱智以密其
外澄心封情以定其内内定則神府不乱
外密則形體不擾以此處身不亦全乎
崇學第五
至道無言非立言無以明其況大象
無形非立形無以測其與道象之妙非言
不津言之妙非學不傳未有不因學而
隆道不假學以光身者也夫繭缫為纖
紈縫以黼黻則王侯服之學為礼儀則周
以文藻而代人榮之繭之不缫則素絲蠹於
筐籠人之不學子智閟於心胸雖未
剖則明珠不顯崐竹未斷則鳳音不彰情
性未練則神明不發譬諸金木金性抱水
木性藏火故練金則水出鑽木則火生人能
務學鑽練其性則才惠發矣青出於藍
而青於藍染使然也冰生於水而冷於水
寒使然也鏡出於金而明於金瑩使然也
戎夷之子生而同聲長則異語教使然也
山抱玉而草木潤焉川貯珠而岸不枯焉
口納滋味而百節肥焉心受典誥而五
性通焉故不登峻岑不知天之高不瞰

齐鲁诸子名家志

总 序

齐鲁,山东古国名,世称山东为齐鲁文明礼仪之邦,历史悠久,文化灿烂,名人名家辈出,他们在政治、经济、军事、思想、文化等多个领域都作出了重大贡献,其思想、言行和业绩对中国乃至世界都产生了广泛而深远的影响,已成为全人类共同的精神财富。

山东人民出版社出版的《齐鲁诸子名家志》丛书,共20卷,收集了山东历史上28位最杰出的代表人物的生平、业绩、影响和后人的研究状况。这套丛书的出版,将进一步推动对齐鲁文化的研究,更加全面地继承和弘扬中国优秀传统文化,为社会主义和谐社会建设服务。同时,也有利于人们更加全面地了解和深入认识山东的历史和文化,激励人们热爱山东,建设山东,进一步扩大山东在国内及海外的影响。

《齐鲁诸子名家志》所收录的人物均为中国历史上著名的思想家、政治家、军事家、科学家、发明家、文学家和艺术家。他们是:姜尚、管仲、晏婴、司马穰苴、孔子、曾参、孙武、吴起、墨子、孟子、孙膑、扁鹊、徐福、淳于意(仓公)、郑玄、诸葛亮、王叔和、王羲之、王献之、刘勰、贾思勰、颜真卿、李清照、辛弃疾、戚继光、王士禛、蒲松龄、孔尚任。

姜尚，字子牙，世称姜太公，曾辅佐周武王灭商，因大功封于齐，为齐国开创者。他在齐国除继承周的“重农”传统外，又“通商工之业，便渔盐之利”，“尊贤而尚功”，于是“人民多归齐，齐为大国”，奠定了日后齐国东方霸主的地位。

管仲，春秋时期著名政治家，齐国相。他在齐国执政40余年，审时度势、因地制宜，改革政治、经济、军事制度，收到富国强兵的效果。在他辅佐下，齐桓公首建霸业。

晏婴，春秋时期著名政治家、思想家。他在齐国参政50余年，以节俭力行名重于齐。他能礼贤下士，改良政治，省刑薄敛；并且能言善辩，巧于辞令，出使楚国不辱使命。他提出重人事而远鬼神、和而不同的对立统一思想，继承发展了古代朴素的唯物辩证法。

司马穰苴，春秋时期著名军事家，齐国大夫。他的《司马穰苴兵法》以“仁、义、礼、让”为本，论述了军事制度和作战指挥的经验，是我国早期著名兵法之一。

孔子，春秋时期伟大的思想家、教育家，儒家学派的创始人，后世尊为“至圣”。他继承了中国古代优秀的思想文化传统，建立了一个“以仁为中心内容、以礼为表现形式、以中庸为思想方法、以大同为远大理想”的思想体系。他的思想不仅支配了封建时代的中国，而且也给予东亚乃至全世界以重大影响，其中某些思想在今天仍有其积极的现实意义。《论语》一书是现存的研究孔子思想学说的主要依据。

曾参，孔子弟子。他倡导“忠恕”、“孝道”，注重自身修养，一生不懈地实践孔子学说，著有《孝经》和《大学》，是孔子思想的重要继承者之一，被后人尊为“宗圣”。

孙武，春秋时期伟大的军事家，后人尊为“兵圣”。所著《孙子兵法》是我国最早最杰出的兵书，后人称为“兵学圣典”。书中对战略战术、军队指挥与作战、战争规律和战争观都提出了精辟见解，闪耀着哲理和智慧的光辉。不仅在世界军事史上享有崇高的地位，而且在其他领域也受到重视并得到推广与应用。

吴起，战国时期著名军事家。他曾在楚国实行变法，“明法审令”、“废公族疏远者”、“捐不急之官”，堵塞私门请托，加强军队建设，使楚国富强。著有《吴子》兵法，是战国时期兵家学派代表作之一。

墨子，战国时期著名思想家、科学家，墨家学派创始人。他以“兴天下之利，除天下之害”为己任，主张兼相爱、交相利，强调非攻，反对战争；强调节俭，反对奢侈；主张尚贤、尚同，反对贵族世袭制，要求提高劳动者地位。其学说在当时思想界影响很大，与儒家并称“显学”。此外，他在自然科学如数学、力学、几何学、光学以及工艺学等方面，也都有很高的成就，后人称为“科圣”。

孟子，战国时期著名思想家、教育家，儒家学派代表人物之一。他将孔子的“仁”发展为仁政，强调“民为贵，社稷次之，君为轻”。他从性善论出发，为仁政学说提供论证。他将儒学理论发展为一个完整的体系，是孔子学说的继承人，对后世有很大影响，被尊为“亚圣”。

孙膑，战国时期杰出的军事家，兵家代表人物之一。他在齐魏战争中指挥齐军取得著名的桂陵之战与马陵之战的胜利。他的《孙膑兵法》继承发展了孙武的军事思想，重视战争客观规律，主张"内得民心，外知敌情"，强调战法创新，出奇制胜，赏罚分明，是古代军事学说的重要著作。

扁鹊，战国时期著名医学家。他精通各种医学，反对以巫术治病，采用望、闻、问、切四诊方法诊断疾病，并用针灸、汤药、按摩等方法治病，2000多年来一直为中医传统的治疗方法。所著有《扁鹊内经》、《扁鹊外经》，是中国早期医学名篇。

徐福，秦代齐方士，是中日韩早期友好交流的先驱者。他率领数千童男女、百工等以为秦始皇求仙名义东渡海外，足迹遍及朝鲜半岛与日本列岛，把先进的中国传统文化和生产技术传入东邻，为朝鲜半岛和日本列岛社会进步作出了重要贡献。

淳于意，西汉著名医学家，曾任齐太仓令，故又称仓公。他能辨证审脉，治病灵验。《史记》载其25例治病医案，称为"诊籍"，是我国现存最早的病史记录。

郑玄，东汉著名经学家。他数十年潜心研究经学，成为古文经学派集大成者。他遍注群经，杂糅今古文经学，自成一家，号称"郑学"，对后世经学影响极大。

诸葛亮，三国时期杰出的政治家、军事家。他协助刘备，建立了蜀汉政权，与曹操、孙权形成三国鼎立局面。他在执政期间，实行法治，赏罚分明，抑制豪强，任人唯贤。对西南各族安抚和好，促进边疆开发。他善计谋、通兵法、多巧思，被后人推崇为智慧与谋略的化身。

王叔和，魏晋时期著名医学家，所著《脉经》是我国历史上第一部系统的脉学著作，从理论上分析了生理、病理变化和疾病的关系，便利了临床治疗，其"寸关尺三部切脉法"，至今仍被中医广泛使用。

王羲之，东晋著名书法家，他的书法博采众长，自成一体，草、隶、正、行皆精，尤擅长正书、行书，其书法“飘若浮云，矫若惊龙”，“为古今之冠”，有“书圣”之称，其代表作有《兰亭序》、《丧乱帖》等。

王献之，东晋著名书法家，王羲之之子。他的书法汇集各派之长，尤擅行草，与其父共称“二王”。其代表作有《洛神赋十三行》、《鸭头丸帖》等。

刘勰，南朝齐梁时著名文艺理论批评家。他撰写的《文心雕龙》是我国历史上第一部文学评论巨著，对有史以来各种体裁文章与作家进行了分析研究，阐述了文学创作的规律和文学批评的标准，对后来的文学评论有重大影响。

贾思勰，北魏著名农业科学家。他的农学名著《齐民要术》系统总结前人农业生产和农学成就，如栽培耕作、畜牧兽医、食品加工等，是我国现存最早的一部完整农书，对后世农学有很大影响。

颜真卿，唐代书法家。他在平定安史之乱中立有大功，被封为鲁郡公。他的书法端庄雄伟，气势恢宏，开创了我国古代书法新风格，人称“颜体”，有多种墨迹、碑文流传，对后世有很大影响。

李清照，南宋著名文学家、词人。她的词作语言清丽，重视音律典雅，前期多写闲情逸致，风光景物，后期感叹身世，怀念故国，为婉约派代表，有《漱玉集》。

辛弃疾，南宋著名爱国词人。一生以抗金收复失地为志，并积极投入抗金斗争。他的词豪情奔放、壮怀激烈，为豪放派代表，著有《稼轩长短句》。

戚继光，明代著名军事家，抗倭民族英雄。他率领戚家军与倭寇数百战，为彻底平定倭乱、保卫人民群众生命财产安全，作出了巨大贡献。其后防守蓟门，使北部边疆安然无事。他的军事著作《纪效新书》、《练兵实纪》是中国古代军事理论史上的重要文献。

王士禛，清代著名文学家、诗人，官至刑部尚书。他为官清正廉洁，多有政绩，以诗文蜚声文坛。他的诗清新蕴藉，刻画工整，首创神韵诗派。又善古文、工词。门生众多，著作宏富，多达500余种，近人编有《王士禛全集》。

蒲松龄，清代著名文学家。他一生怀才不遇，经历坎坷，对政治腐败、社会黑暗有深刻认识，为文学创作提供了有利条件。他一生著述丰富。其代表作《聊斋志异》，为文言文短篇小说集，借写鬼狐花妖，奇人异事，广泛而深刻地影射并抨击现实社会，成为中国历史上有代表性的文学名著，现已有20多种外文译本，流传世界各地。

孔尚任，清代著名戏剧家。他为官多年，对当时官场黑暗和民众疾苦有清醒认识，对南明灭亡有切身感受。他历经10余年，完成揭示南明灭亡的历史悲剧《桃花扇》。上演后，轰动京城，誉满文坛。另有多部诗文集问世。

本丛书所收录的28位齐鲁历史名人，都是他们那个时代的顶尖人物，代表了他们生活的那个时代最先进的思想文化、科学技术和文学艺术。他们为丰富、发展和创造光辉灿烂的齐鲁文

化与中华文明都作出了突出的贡献。“见贤思齐”,齐鲁先贤们的思想和精神至今仍有其超时空的普世价值。这里我只想说明几点:

一是这些齐鲁先贤都是爱国主义的杰出代表人物。他们热爱自己的祖国,“忧患不忘国”,“苟利国家,不求富贵”,用毕生的智慧和能力报效祖国。有的为了国家富强而锐意改革,甚至不惜献出自己的生命;有的尽忠报国,“鞠躬尽瘁,死而后已”;有的为了保卫祖国,终生奋战沙场,“封侯非吾意,但愿海波平”。这些都表达了齐鲁先贤的爱国情怀,是永远值得后人学习和纪念的。

二是他们都十分关注民生,关注民间疾苦;反对战乱,反对苛政;主张社会公平,追求社会和谐。如“仁者爱人”,“己欲立而立人,己欲达而达人”,“摩顶放踵,利于天下”的博爱思想;“乐民之乐者,民亦乐其乐;忧民之忧者,民亦忧其忧”的民本思想;以和为贵,和而不同的辩证思想;“天下为公”与“大同”、“小康”的社会理想等等。这些思想影响深远,对于我们今天建设社会主义和谐社会仍有着现实意义。

三是他们对自己所从事的事业都有执著的追求和创新精神,“苟日新,日日新,又日新”。如上述的一些科学家、文学家和艺术家,他们大都历经人生几十年的坎坷,上下求索,排除困难,不断创新,在各自研究的领域,终于登上了一个又一个高峰,在思想文化史上留下了光辉的篇章。这种精神是永远值得后人学习与发扬光大的。

四是他们都重视自身的思想修养,追求道德的最高境界。

如"富贵不能淫,贫贱不能移,威武不能屈"的高尚气节,惩恶扬善、见利思义、恪守诚信的社会美德,"海纳百川、有容乃大"的兼容并包的开放意识和博大胸怀等等。这种品格也是永远值得后人崇敬和学习的。

古人云:"金无足赤,人无完人。"上述齐鲁先贤虽然各自成家,彪炳史册,但却并不一定都是完人。他们如同一方方光华夺目的美玉,由于历史的局限,也不免有其微瑕。这和从整体上看待中国传统文化是一样的。还是那句老话:"取其精华,去其糟粕",我们对待齐鲁先贤也应取这样的态度。

盛世修史,继往开来。上世纪末,我们省、地、市、县都先后编辑出版了一批大型地方史志,对于存史、资政、育人都起到很重要的作用。但由于时间上限截自1840年鸦片战争以后,这样山东古代的先贤圣哲、名家名人以及优秀的传统文化基本上付之阙如。《齐鲁诸子名家志》的编辑出版,弥补了这一重大空白,其学术价值和现实意义是不言而喻的。

最后,请允许我代表广大读者,感谢各位主编、作者和编辑同志为此丛书付出的辛勤劳动,感谢山东人民出版社和山东省地方史志办公室为我们编辑出版了一套高质量、高品位的好书。祝愿这套丛书在社会主义政治文明、物质文明、精神文明、社会文明的建设中能起到应有的作用。同时,也希望总结经验,再接再厉,编撰出版更好更多的名人名家志书。

是为序。

安作璋

2009年3月于山东师范大学

编纂说明

一、本志坚持辩证唯物主义和历史唯物主义观点，力求准确、客观、科学地记述刘勰的生平、著述、思想、影响和后人对他的研究情况。

二、本志采用志、图、表、录、考诸种体裁，以志为主，诸体兼用。

三、本志上限始于汉文帝二年（公元前178年），下限止于2008年，特殊情况适当上溯或下延。中华民国以前用历史纪年，括注公元纪年；中华民国元年始用公元纪年。

四、入志资料皆用历史文献，凡无文献证据而经研究有可能者，皆加注说明。同一问题诸说不一者，以一说为主，诸说并存。

五、本志所涉及的地名、人名、职官等，均据原始资料实录。

目　录

第二篇 《文心雕龙》

第三篇 佛 学

第四篇 学术研究

第五篇　历史遗存　纪念物

附　录

概　述

一

刘勰(467—538),字彦和,东莞莒(今山东省莒县)人。南朝齐梁时期伟大的文学理论批评家。

刘勰出身于士族官僚家庭,汉城阳王刘章后裔。城阳王都莒200余

莒县定林寺校经楼

年，传九世十王，其子孙先后封侯者计54人。王莽篡权后，刘章后裔皆削爵，至晋永嘉时期，刘章后裔随琅邪王举家渡江南迁，侨居京口（今江苏镇江）。刘勰祖上的仕宦情况，今查到史料的有六世祖刘抚为彭城内史，五世祖刘爽为山阴令，四世祖刘仲道为余姚令，祖灵真，史料未记官职，其父刘尚为越骑校尉，刘勰从祖父刘秀之为宋司空。

刘勰出身世代官宦人家，在他幼小的心灵上曾产生过前程似锦的幻想，以至于“七龄乃梦彩云若锦，则攀而采之”。但由于父亲在南朝宋元徽二年（公元474年）的建康平叛战役中阵亡，致使刘勰早孤家贫。家庭的不幸变故，并没有使刘勰意志消沉，而是“笃志好学”，立志“摛文必在纬军国，负重必在任栋梁。穷则独善以垂文，达则奉时以骋绩”[1]。刘勰在贫苦中求学，与母亲相依为命。不幸的是母亲也在他约20岁的时候，因积劳成疾去世，刘勰为母亲守丧三年。南朝齐永明八年（公元490年），齐武帝下诏：“公卿以下，各举所知，随才授职，进得其人，受登贤之赏；荐非其才，获滥举之罪。”[2]这使得处于苦闷中的刘勰看到了一线希望，于是他抱着被举荐的欲望，奔走于建康城内的亲友故旧之间。

此时定林寺僧侣与皇室关系密切，刘勰认为定林寺是个可去的地方，退可以有一个读书吃饭的所在，进可以有机会见到政要，或许能遇到伯乐。于是，去定林寺依沙门僧祐居处十余年。十余年的寺院生活，并没有使刘勰成为一名佛教徒，只是在寺院作为书佣，助祐校经。

时僧祐已是著名的佛教法师，不仅来往于皇室，而且也出没于名山寺院，生平所得布施，皆投入定林寺和建初寺两寺的基本建设上，所得经书、卷轴皆藏于定林寺。定林寺为当时全国四大藏经处

❶《文心雕龙·程器》。
❷《南齐书·本纪三》，中华书局1997年版，第58页。

之一，僧祐把整理经藏的任务交由刘勰担当。十余年的校经生涯，遂使刘勰博通经纶。定林寺经藏均由刘勰区别部类，录而叙之，整理而成。据学者研究，今传世的佛典目录《出三藏记集》虽署名僧祐撰，实出于刘勰手笔。

刘勰因学问高深，又能写一手好文章，且书艺超群而受到京师朝野士人和名僧的器重，京师寺塔及名僧碑志，多请刘勰制文。齐永明十年（公元 492 年），定林寺高僧超辩圆寂，由刘勰为其撰写碑文。齐建武元年（公元 494 年），定林寺高僧僧柔圆寂，沙门僧祐为之立碑，碑文也由刘勰撰写。

由于刘勰自幼深受儒家思想的影响，强烈的仕途欲望使他身居佛门，心系仕宦，成名成家的思想使他不能安于现状。他认为"君子处世，树德建言"，要么从政当官，恩及于百姓；要么著书立说，以垂后世。在充分估量当时的主客观条件之后，刘勰认为只有著书立说是可以做到的。他想到为经书作注，以阐释圣人的旨趣，但又想到马融和郑玄在注经方面已做得相当出色，自己纵有深解，也难以自成一家。文章对于安邦治国却不是可有可无的，一切政务要靠它来实施；君臣之业要靠它来发扬光大。但是有些作家只注意追求辞藻华丽而忽视文章内容，以至于"离本弥甚，将遂讹滥"。为了纠正这种不正文风，刘勰遂遵"尼父陈训"，"搦笔和墨，乃始论文"，充分利用助僧祐校经的一切业余时间，费时约四五年，于梁天监元年春夏期间完成一部"论古今文体"的文学评论著作——《文心雕龙》。书成之后，虽曾在文人间传过，但未为时流所重，然而刘勰却深知其书的学术价值，于是决计自荐于文坛领袖沈约。由于当时沈约贵盛，刘勰无由自达，于是便背上他的书稿，等候在沈约时常来往的路上。当沈约车辆到来之时，他上前献书，沈约便命仆人取来试读。沈约被文章打动，认为此书深得文理，并带回家中陈诸几案，随时研读。

由于沈约对刘勰文才的褒扬，不久刘勰被任命为奉朝请。奉朝请一职，既无实权，又无属员，只是奉朝会请召而已，但这却是刘勰走向仕宦的第一步。

南朝梁天监三年（公元504年），临川王萧宏为中军将军，遂引刘勰为记室。刘勰离开定林寺，开始了仕宦生涯。天监七年（公元508年）十一月，刘勰奉敕入定林寺与僧旻等30人一起抄经，到八年四月抄毕，凡八十八卷。此时中军临川王萧宏已为司空，车骑将军王茂即本号开府仪同三司，遂调刘勰为车骑仓曹参军。天监九年（公元510年），刘勰出为太末县令，三年届满，吏部考评"政有清绩"，遂调入仁威将军南康王府为记室，兼东宫通事舍人。天监十五年（公元516年），由僧祐主持的剡县石城寺弥勒佛石像工程竣工，请刘勰前往撰写了《梁建安王造剡县石城寺石像碑铭》。

自从梁武帝于天监三年舍道事佛以后，佛教成为国教，道教受到打击，佛道斗争日趋激烈。天监十六年（公元517年），武帝下诏宗庙祭祀改用蔬果，敕太医不得以生灵为药，并敕废天下道观，令道士皆还俗。刘勰抓住机遇上表建议二郊农社祭祀应如七庙同改，武帝诏付尚书省讨论，得以通过，照刘勰建议行事。刘勰也于本年撰写了《灭惑论》一文，反驳道士对于佛教的攻击。一系列的护佛工作，取得了梁武帝的欢心，于是迁步兵校尉，兼通事舍人如故。天监十七年（公元518年），僧祐法师在建初寺圆寂，葬于钟山开善路西定林寺之旧墓地，弟子正度立碑，刘勰制碑文。天监十八年（公元519年），刘勰免步兵校尉职，与沙门慧震入定林寺撰经。普通三年（公元522年），梁武帝下诏，要求郡国举贤良方正、直言之士，对民间疾苦上报朝廷。在这一政治气氛下，《刘子》一书完成。刘勰与慧震在定林寺自天监十八年（公元519年）至梁大同三年（公元537年）止，共整理和撰经约七千五百余卷。待完成撰经任务，自己也已是古稀之人，看眼下，形影相吊，瞻念前程，一切皆为梦幻，一股悲凉和愤恨之感涌上心头，于是先燔发自誓，遂上书皇帝复命并请求出家，梁武帝应允，并赐法名慧地。据《梁书·刘勰传》记载，出家后，未期而卒。但也有人认为并未去世，而是潜回了故乡莒县，并创立了浮来山定林寺。

二

据《梁书·刘勰传》说，刘勰有文集行于世，但在《隋书》中不见记载，现在能找到的刘勰著作有《文心雕龙》、《刘子新论》（或称《刘子》）、《灭惑论》、《梁建安王造剡县石城寺石像碑铭》。其余几篇碑文只见存目，不见文字。

刘勰一生给后人留下了宝贵的精神财富，所涉及的范围包括政治、经济、哲学、文学、法学、兵学、人才学、社会管理学等诸多方面。

在哲学方面，尽管《梁书·刘勰传》中说刘勰“为文长于佛理”，但他的文章中具有朴素的唯物主义成分。

刘勰在《文心雕龙·原道》篇中说：“人文之元，肇自太极。幽赞神明，《易》象惟先。庖牺画其始，仲尼翼其终。而《乾》、《坤》两位，独制《文言》。”“太极”一词，出自《易·系辞上》，以前人们多释为天地未分之前的混沌状态，其实它是一个时间概念，指上古时期，因而“人文之元，肇自太极”，也就是人文始于上古。刘勰那个时代，尚未有考古学，他所能见到的最早的人文，就是八卦之类的东西，所以有“《易》象惟先”之说。这说明刘勰的世界观既不是客观唯心主义，也不是主观唯心主义，而是唯物主义的。

刘勰的著作中充满了辩证法。《文心雕龙·时序》篇说:"文变染乎世情,兴废系乎时序","时运交移,质文代变","歌谣文理,与世推移,风动于上,而波震于下者"。这就是说文学是社会的反映,是随着社会的变化而变化的。刘勰认为,无论是自然界还是人类社会,都在不停地运行变化之中,而且都在一定的"度"的范围内活动,超过了这个"度"就会走向反面,这是不依人的意志为转移的,只能遵循,不能违抗。

民本主义的清明政治思想是刘勰政治思想的主要成分。刘勰在《文心雕龙·书记》篇说:"律者,中也。黄钟调起,五音以正;法律驭民,八刑克平。以律为名,取中正也。"

荐贤举能,均任适才的人才思想是刘勰政治思想的又一重要内容。

刘勰基本的文风思想是主张文章要"衔华佩实","质文并重"。为了达到这一要求,反对为争一句之奇而穷思力索的"诡奇"、"淫靡"之文风,主张"夸饰有节,饰而不诬"的写作原则,认为文章的写作过程是一个自然而然的过程。文学的任务是要"写天地之辉光,晓生民之耳目矣",文学的社会作用在于起到"顺美匡恶",因而反对"无所匡正"、"无益时用"的文学。

在《梁书·刘勰传》中,虽然说他"为文长于佛理",但从刘勰现有佛学著作看,多言他人所已言,未见有什么创新。

刘勰的思想是复杂的,有些地方甚至自相矛盾。例如,在《文心雕龙·养气》篇,他主张形神一体,形在神在,形死神灭,在《灭惑论》中他却主张通过佛法练神的一系列步骤,可以使神脱离形体而长在。

三

刘勰的思想在中国历史上产生了广泛的社会影响,历代王朝对刘勰的著作一再刻印，刘勰的言论一再被引用。《文心雕龙》今已译成日文、英文、意大利文、捷克文、韩文传往世界各国。自1983年中国《文心雕龙》学会成立以来，刘勰研究由自发研究走向了有组织的自觉研究，先后在中国、日本、美国等多次举行《文心雕龙》国际学术研讨会。据不完全统计，从1907年起至2002年止，已公开发表论文4700余篇，出版专著300余部。“文心雕龙学”已成为世界显学，刘勰的文学理论也成为文学写作和文学批评的指导思想。

为了纪念刘勰，在刘勰祖籍山东莒县建有他的大型立身石雕像，莒县城内的一条东西大街被命名为“文心路”，山东省设有“刘勰文学评论奖”，在江苏省镇江市建有“文苑”，镇江市图书馆设立了中国《文心雕龙》研究资料中心。刘勰正在从学者的书斋走向人民大众，为更多的人所熟悉。

第一篇 家世生平

第一章 家 世

第一节 族 源

刘勰的籍贯，《梁书·刘勰传》曰："东莞莒人。"其东莞是指南北朝时期的东莞郡。东莞作为一个行政区划名，最初见于《汉书·地理志》，属于琅邪郡的一个县。根据汉承秦制的说法，在秦划全国为36郡的时候，东莞县可能就有了，只是秦代的地理书籍没有保存下来而已。但东莞作为一个郡却始于东汉建安三年（公元198年）。此次划郡，《后汉书·地理志》没有记载，只有《三国志》的《魏武纪》和《臧霸传》里记有此事。知东莞郡是曹操攻破吕布后从北海分划出东莞郡，以尹礼为东莞太守，辖县不明。《三国志》没有《地理志》，不知区划是否有变化，但《水经注》沂水条下有"魏文帝黄初中立为东莞郡"，可能中间有所废置。西晋朝，《晋书·地理志》又在东莞郡下说是"太康中置"，莒县不在辖区内，只是在下文中有"太康十年（公元289年），以青州城阳郡之莒、姑幕、诸、东武四县属东莞"郡。到元康七年（公元297年），"又分东莞置东安郡"。《宋书·州郡志》东莞郡下说："晋武帝泰始元年（公元265年），分琅邪立。咸宁三年（公元277年）复以合琅邪。太康十年复立，领县三"，即莒、诸、东莞。这中间的记载不太一致，可能因战乱或统治者的变换，而使得行政区划分合时有发生，因史料问题，不好一一使之衔接。《梁书·刘勰传》中的东莞郡当指太康十年（公元289年）复立的东莞郡。

《梁书·刘勰传》中的“东莞莒人”的“莒”即今山东省莒县。

莒县地在商代为姑幕国，周代为莒子国，自春秋初始徙于此建都。秦灭六国后，莒为县，属于琅邪郡。秦灭亡之后，刘邦称帝，莒县初归城阳郡，汉文帝二年（公元前178年）立城阳国，莒属城阳国辖下的一个县。莒县城为城阳王国都。

刘章是城阳国第一代国王。

《梁书·刘勰传》中说到刘勰的族源时未有多记，只说“祖灵真，宋司空秀之弟也”。《宋书·刘秀之传》说：“刘秀之，字道宝，东莞莒人，司徒刘穆之从兄子也。”《宋书·刘穆之传》说：“刘穆之，字道和，小字道民，东莞莒人，汉齐悼惠王肥后也。世居京口。”

《汉书·高五王传》说：“齐悼惠王肥，其母高祖微时外妇也。高祖六年立，食七十余城。……齐悼惠王子，前后凡九人为王：太子襄为齐哀王，次子章为城阳景王。”这城阳景王就是城阳国的第一代国王刘章。刘章勇略过人，初封为朱虚侯，当时吕后掌权，刘氏之尊大有被吕氏篡位的可能，刘章为保住刘姓江山，联合高祖旧大臣，一起发动宫廷政变，诛杀诸吕，因功封为城阳王，时在汉文帝二年二月乙卯。

城阳王传九世至刘云，在位一年，鸿嘉三年（公元前18年）薨，无子，国绝。永始元年（公元前14年，《重修莒志》说元始元年，误），刘俚以云弟绍封为城阳王（《汉书·高五王传》说是云兄，可能有误，今从《汉书·诸王表》），在位25年后，王莽擅权，贬为公。一年后王莽篡权，建立新朝，刘俚贬为庶民。城阳王后裔大都参加了反莽起义，据《后汉书·刘盆子传》记载，仅赤眉军队伍中就有70余人，刘盆子是其中之一。

城阳王九世孙刘津(钦)因反莽有功,被光武帝封为平莱侯,后徙居东莞。[1]

城阳王九世十王之子,除刘俚之子孙,其余皆封侯。查《汉书·王子侯表》,二世城阳共王子13侯,三世顷王子20侯,五世惠王三子2侯,六世荒王子14侯,七世戴王子4侯,八世孝王子2侯。以上各侯在《汉书·王子侯表》中皆详列谥号世次。但考其侯国地,属琅邪、东海、平原、泰山、桂阳等郡,大半与莒无涉,然而以中华人民共和国成立前的莒县版图为限,现已查明有5个侯国在莒县内,分别是辟土节侯刘壮,共王子;高乡节侯刘休,惠王子;箕愿侯刘文,荒王子;高广节侯刘勋,荒王子;折泉节侯刘根,荒王子。[2]

从文帝二年(公元前178年),刘章入主城阳国,到西晋永嘉年间五胡乱华,江北莒县刘氏大族随琅邪王司马睿南迁止,近500年期间,刘氏族人在莒地繁衍生息,人口当不在少数,因莒县刘氏家族族谱没有保留下来,所以刘勰远族世系已难确考。

莒县城阳王后裔在东汉至魏晋之间未有显官于世,所以有人说在《晋书》中没有见到为之立传的人物。但城阳王在莒县留有后代。王元化在《文心雕龙讲疏》一书中说:"刘抚、刘岱史书无传[3]。刘抚距穆之、仲道已有三世,估计当为晋代人物。《晋书》于汉帝刘氏之后,多为之立传。如刘颂(《列传十六》)、刘乔(《列传六十一》)、刘琨(《列传三十三》)、刘隗(《列传三十九》)、刘超(《列传四十》)、刘兆(《列传六十一》)等。更值得注意的是《列传五十一》载:'刘胤为齐悼惠王之后',但他的籍贯并非东莞莒县,而是东莱掖人。胤卒后,子赤松嗣,尚南平公主,位至黄门侍郎,义兴太守。从以上诸传中,都找不到有关刘抚的线索,这更使人觉得《宋书·刘穆之传》称他为'汉齐悼惠王肥之后'的说法是可疑的。"王元化

❶(唐)林宝:《元和姓纂》卷五。
❷城阳王历代子孙具体封地详见朱文民:《汉城阳王世家》一文,载《莒文化研究文集》,山东人民出版社2002年版。
❸刘抚为刘岱墓志铭中记的人物,刘岱为刘勰堂叔,原件今藏镇江市博物馆。1969年在江苏句容出土。

的怀疑说明齐悼惠王刘肥后人在莒县的分布不为世人所知。其实王元化所举的刘超就是城阳王后裔。刘超是临沂人，离莒仅百余里地，是与莒县相邻的一个县。《晋书·刘超传》说："刘超，字世瑜，琅邪临沂人，汉城阳景王之后也。章七世孙封临沂兹乡侯，子孙因家焉。"查《汉书·王子侯表》，六世城阳王刘顺的儿子刘弘在宣帝甘露四年封为兹乡侯，正是城阳景王七世孙，与《晋书·刘超传》相符。东莱掖县刘氏在《晋书》有传的有刘胤和刘毅两人。《晋书》中说刘胤是刘肥后裔，刘毅为城阳景王之后，这两人实是一家，他们都是城阳王后裔。《元和姓纂》卷五第375条记载："城阳景王七(八)世孙文王悝(俚)，支子别封掖侯，因为郡人。"

第二节　永嘉南渡

西晋王朝建立之后，司马氏为使自己的政权万世永传，便采用周王朝和汉初刘邦的政策，大封皇族27人为国王，其中大国5个，次等6个，其余为小国。分封之初，并未立即就国，而是留住京都。到咸宁三年(公元277年)又派他们到封国去。这些国王在其封国内拥有兵权和组阁权，其设员如同中央政府一样。

司马氏政权传至二世，惠帝庸碌无能，大权落于太后党中，皇后贾氏不甘示弱，干政于朝，于永平元年(公元291年)，命楚王司马玮举兵讨伐太后党魁杨骏(惠帝外祖父)，杀杨骏及其党羽，并囚禁杨太后。从此开始了司马氏皇族楚王玮、汝南王亮、赵王伦、齐王冏、成都王颖、河间王颙、长沙王乂、东海王越八王之间长达16年的相互残杀，史称"八王之乱"。"八王之乱"加上西晋王朝推行的占田制度，使得大量土地落入官僚和豪强手中，平民百姓饥馑相食。

早在汉朝后期，由于中央政府对北方的匈奴族、羯族、鲜卑族、氐族、羌族等少数民族采取安抚政策，使得他们逐步南移，与汉人杂居，虽然也给他们一定的特殊政策，但他们不仅受汉族地主和官府的压榨，同时又受本民族贵族的压迫。由于西晋王朝推行的"门选"制度（实际是"九品官人法"），使得任官选人只能以门第为依据，这就使那些原为北方少数民族发展起来的豪强大族仍然没有可能成为政府的高官。于是，他们中的有识之士利用流民对西晋王朝的不满情绪，拉起队伍，建立政权。这本是西晋王朝黑暗统治的结果，但由于少数民族政权在行动上的野蛮措施，使得本已无法生存的百姓，又觉得少数民族建立起来的政权，更不可依，于是北方大批流民，特别是江北大族，在这种情况下，纷纷带领族人渡江南下，投奔琅邪王司马睿。《晋书·儒林传》说："徐邈，东莞姑幕人也。祖澄之，为州治中，属永嘉之乱，遂与乡人臧琨等率子弟并闾里士庶千余家南渡江，家于京口。"晋姑幕县在今莒县北境，安丘市石埠子村锡山下的公冶长村为其治所，离莒城百余里地。谭其骧《晋永嘉丧乱后之民族迁徙》一文认为，当时接受移民最多的是江苏省，其中来自北方诸省者以山东为最，山东人多居于江宁、京口一带。《晋书》认为南东莞郡下有三县：姑幕、莒县、东莞。可知江北东莞郡三县均有大量人口流于江南，而莒县刘氏家族当在此时与姑幕徐氏、臧氏同时流入江南。

莒县刘勰家族在江北的具体故里，史书上未留下明确的史料，但1969年江苏句容县出土的《刘岱墓志》上书刘岱为"南徐州东莞郡莒县都乡长贵里"。范文澜认为这些南迁的江北大族到了江南以后，仍然保留原江北的籍贯，目的是为了"凭藉势力在寄居地依然奴役从北方流亡来的民众，逼迫他们当奴隶或佃客，为自己创立新产业"[1]。《南齐书·本纪上》说，太祖萧道成为萧何二十四世孙，

[1] 范文澜：《中国通史简编》第二编，人民出版社1965年版，第359页。

"萧何居沛,侍中(萧)彪免官居东海兰陵县中都乡中都里。晋元康元年,分东海为兰陵郡。中朝乱,淮阴令整,字公齐,过江居晋陵武进县之东城里。寓居江左者,皆侨置本土,加以'南名',于是为南兰陵兰陵人"。胡三省《通鉴释文辨误》说:"凡中土故家以至士庶自北来者,至南时,各因其所居旧土侨置郡县名,并置令以统之,故曰正土断。不以黄籍籍之,而以白籍,以别于江左土著者也。"《晋书·范汪传附子宁传》也反映了这一问题,该传说:"昔中原丧乱,流寓江左,庶有旋返之期,故许其挟注本郡。"从《南齐书·州郡志》看,东莞郡无实土,当是在京口杂居于当地土著居民中。在政府户籍上仍用江北籍贯。由此可知,刘勰江北的故里应是东莞郡莒县都乡长贵里,应在今莒县城阳镇内。[1]

第三节 家 世

莒县刘氏大族,作为齐悼惠王刘肥之子刘章后裔,在整个西汉时期,享王侯爵位近200年的历史,直至西汉末年王莽篡权,才将其家族爵位免去。虽然已废为庶人,但作为皇室后裔,仍不同于一般封建地主。樊崇在莒起义时,由于城阳王后裔大多参加了反莽起义军,其家族没有受到大的冲击。到东汉时期,城阳王后裔虽然未能继续为城阳王,但其九世孙刘津(钦)仍被光武帝封为平莱侯,后徙居东莞。新封的城阳国王刘祉虽不是齐悼惠王刘肥后裔,但却是西汉刘邦之子长沙定王刘发后裔春陵侯刘敞之子。刘祉去世后,城阳国除。建武十五年光武帝刘秀封自己的小儿子刘京为琅邪国王(初都莒,后徙开阳),莒县仍属于琅邪国辖县。琅邪王传七世至刘容已经到了建安年间。此时的曹操虽然专权,却仍依汉室。所以刘

[1] 详见朱文民等:《刘勰故里考辨》,载《临沂师范学院学报》1999年第1期。后又经修改收在《莒文化研究文集》中,山东人民出版社2002年版。

氏家族的地位仍然没有受到大的打击。

刘勰的先祖在东汉和西晋时期近300年的历史上,尚未见到传记材料。到晋永嘉年间南迁的莒县人中有一刘抚,见于刘岱墓志铭,当是莒县刘氏南迁的始祖或第二代,与徐邈之祖徐澄之同时期的人,《徐邈传》中记载是其祖父徐澄之南迁江左的。

刘抚,字士安,做过东晋彭城内史(在晋代,诸王国设内史掌太守之任)。原配夫人为莒县孙荀公,孙膑后裔。莒县孙氏,汉有孙扬,魏有孙耽,晋有孙牧,刘宋有孙奉伯,梁有孙谦,皆当世名臣。[1]莒县南迁的刘氏家族,能见到史料记载的刘抚生有两支。一支是刘爽,一支是刘穆之的父亲。《元和姓纂》卷四说,晋尚书刘穆之为城阳王九世孙刘津之后裔。

刘爽,字子明,做过尚书都官郎、山阴县令。

刘爽的儿子刘仲道,字仲道[2],参与了刘裕攻桓玄的军事行动。刘裕攻下京城时,因功补为建武参军,与平昌孟昶共同留守京城。待国内秩序基本恢复时,刘仲道出任余姚令,不久卒于官,死时年仅30余岁。其夫人为高平檀敬容。高平檀氏系高门士族。《晋书》卷八五有《檀凭之传》,记其曾封为曲阿公,食邑三千户。《宋书》卷四十五有《檀韶传》,记其曾为江州刺史、安南将军、巴丘县侯,其弟檀祗、檀道济皆封侯。

刘仲道死后,留下五个尚未成人的儿子,他们是刘钦之、刘秀之、刘粹之、刘恭之、刘灵真。刘仲道的夫人檀敬容,高平人,知书达理,但丈夫去世后,孤儿寡母相依为命,生活大不如前,所幸儿子们从小都很懂事,读书学习,勤奋不辍,品行端正,志操高远,又加从叔刘穆之的教育,个个成才。

长子刘钦之,东晋朝官为右军参军,义熙十四年(公元418年)

❶(唐)《元和姓纂》卷四。
❷从刘仲道的名字来看,其上似有一兄。按姓名学惯例"仲道"的"仲"字是一个排序字,但未见史载。

随右将军、雍州刺史朱龄石在长安败没。刘钦之去世后，刘秀之特别悲痛，有十几年的时间高兴不起来。

刘仲道的五个儿子中数刘秀之志操高远，胆略过人。十多岁的时候，与几个少年小伙伴一起游戏于前渚，忽然来了一条大蛇，势头凶猛，其他几个小伙伴莫不惊呼，四散逃跑，唯独刘秀之没有惧色，站立不动。及长，素有识人之鉴的东海何承天深爱之，并将自己的女儿许配与他。东海何氏，有何承天、何无忌、何逊、何勖，以及为谢灵运四友之一的何长瑜等人，名震南朝。

宋景平二年（公元424年，当年八月始改元元嘉），刘秀之除附马都尉、奉朝请，当过王府行参军。出为无锡、阳羡、乌程县令，因政绩突出，受到社会和官府的好评。元嘉十六年（公元439年），始任建康令，中间任过尚书中兵郎，重除建康令。刘秀之做事细密，思考问题全面，深得上司好评。吏部尚书沈演之常在太祖刘裕面前夸奖他。刘骏镇守襄阳时，以刘秀之为抚军录事参军、襄阳令。在襄阳任上，他修堤坝，通水渠，灌溉良田，因政绩突出，升为广平太守。元嘉二十五年（公元448年），除督梁南北秦三州诸军事、宁远将军、西戎校尉、梁州和南秦州刺史。元嘉二十七年（公元450年）北伐，斩杨高兄弟。后因功连连升迁，历任散骑常侍、安北将军、宁蛮校尉、雍州刺史。宋孝武帝大明八年（公元464年），刘秀之在即将升为左仆射的时候去世，享年68岁。刘秀之去世后，孝武帝刘骏非常悲痛，并下诏曰："秀之识局明选，才应通畅，诚著蕃朝，绩宣累岳。……可赠侍中、司空、持节、都督、刺史、校尉如故，并增封邑为千户。谥为忠诚公。"[1]

刘秀之的儿子刘景远，继承父亲的世禄，官至前军将军。景远死后，儿子刘隽嗣爵，齐受禅以后，爵除。

[1]《宋书·刘秀之传》，中华书局1996年版，第2075—2076页。

刘粹之，字秀和，宋晋陵太守、大中大夫。娶彭城曹氏女曹慧姬为妻。元嘉十年（公元433年）生子岱，字子乔。子乔从小明事通理，孝敬父母，诚信待友，质性自然，任职山阴县令。永明三年（公元485年），“宋广州刺史王翼之妻路氏酷暴，杀婢媵，翼之子法朗告之，（王）敬则付山阴令（刘岱）杀之。路氏家诉，为有司所奏，山阴令刘岱坐弃市刑。（王）敬则入朝，上谓敬则曰：‘人命至重，是谁下意杀之？都不启闻？’敬则曰：‘是臣愚意。臣知何物科法，见背后有节，便言应得杀人。’刘岱亦引罪，上乃赦之，敬则免官，以公领郡”[1]。刘岱被赦免后，左迁尚书札白衣监余杭县，永明五年（公元487年）太岁丁卯夏五月乙酉朔十六日庚子遘疾，终于县廨，时年54岁。刘岱的夫人是乐安任女晖。乐安任氏，为汉御史大夫任敖之后裔，晋有尚书任恺，齐有中散大夫任遥，遥子任昉为梁新安太守，南朝著名文士。刘岱生有女儿名玉女，二庶子：希文、希武。刘岱的女儿嫁河东裴闾。河东裴氏，汉有尚书令裴茂，其子裴潜事魏至尚书令，裴潜子裴秀亦为晋尚书令，裴秀子裴颜著有《崇有论》，其岳丈王戎为晋尚书令、司徒，是“竹林七贤”之一。刘希文娶东海王茂瑛为妻。东海王氏，为魏卫将军王肃之后裔。王肃之子王隆为后将军，亦为名门望族。

刘恭之，曾为海陵王刘休茂中兵参军。海陵王图谋不轨，为参军尹玄庆攻杀。时城中大乱，恭之被推行府州事。海陵王同党薛继考以兵胁迫恭之，使作启事云立义，自乘驿还都，帝以为永嘉王刘子仁北中郎谘议参军、河南太守，封冠军县侯，食邑四百户。不久，事情败漏，被诛。刘恭之坐系尚方罪。

刘灵真，乃刘勰祖父，可能没有出仕，或因出仕政绩不显，史书未予立传。只有《梁书·刘勰传》中提到。刘灵真子刘尚，宋越骑

[1]《南史·王敬则传》，中华书局1997年版，第1130页。

校尉。刘尚事迹史书不明,牟世金认为卒于苍吾王元徽二年(公元474年)。其年五月,桂阳王刘休范谋反,率兵攻建康,建康城发生激战。牟世金说:“本年五月之建康激战,越骑校尉张敬儿杀刘休范(刘宋时五校非各置一人),同为越骑校尉的刘尚亦必参战。《资治通鉴·宋纪十五》载当时战况云:(萧)道成与黑骡(叛将)拒战,自晡达旦,矢石不息;其夜,大雨,鼓叫不复相闻。将士积日不得寝食,军中马夜惊,城内乱走。道成秉烛正坐,厉声呵之,如是者数四。丁文豪(叛将)破台军于皂荚桥,直至朱雀桁南;杜黑骡亦舍新亭北趣朱雀桁南。右军将军王道隆将羽林精兵在朱雀门内,急召鄱阳忠昭公刘勔于石头。勔至,命撤桁以折南军之势。道隆怒曰:‘贼至,但当急击,宁可开桁自弱邪!’……黑骡等乘胜渡淮,道隆弃众走还台,黑骡兵追杀之。黄门侍郎王蕴重伤,踣于御沟之侧,或扶之以免。蕴,(王)景文之兄子也。于是中外大震,道路皆云:‘台城已陷!’白下、石头之众皆溃,张永、沈怀明逃还。宫中传新亭亦陷,太后执帝手泣曰:‘天下败矣!’”“于此可知,建康皇室兵力全部投入激战,若非越骑校尉张敬儿伪降,建康危矣。刘尚必战死其中,以无功而殁,史所不书也。”①

刘抚的另一个儿子没有出仕,或出仕政绩不显,历史上没有留下名字,这就是刘穆之的父亲。但刘穆之在东晋末年却是一位显要的人物,为宋开国皇帝刘裕重用。

刘穆之,字道和,小字道民,或许因父未出仕,家不甚宽裕,遇有荒年,生活艰难,加有嗜酒癖,好往妻兄家乞食,多次见辱,不以为耻。其妻江嗣女,事理明达,有识见,常禁止穆之去江氏家。江氏为济阳名门望族。

穆之初为琅邪王府主簿。及宋武帝刘裕克京城,急用一主簿人

①牟世金:《刘勰年谱汇考》,巴蜀书社1988年版,第14页。

才，在何无忌的推荐下，穆之很快成为宋武帝幕僚。宋武帝每有出伐，必留穆之在府内处理应急事务，由于行政能力出众，连连晋升。曾先后任尚书祠部郎、记室、录事参军、堂邑太守和太尉司马、丹阳尹、前将军、尚书右仆射。义熙十二年（公元416年）八月，刘裕北伐时以世子刘义符为中军将军、监太尉留府事，刘穆之为尚书左仆射，领监军、中军二府军司入居东府，总摄内外，以太尉左司马东海徐羡之为穆之之副。

穆之是宋武帝刘裕创立帝业的主要助手和参谋。《南史》本传云："穆之内总朝政，外供军旅，决断如流，事无壅滞。宾客辐辏，求诉百端，内外谘禀，盈堦满室。目览词讼，手答笺书，耳行听受，口并酬应，不相参涉，皆悉赡举。又言谈赏笑，弥日亘时，未尝倦苦，裁有闲暇，手自写书，寻览篇章，校定坟籍。"

穆之忠于宋武帝，曾对武帝曰："穆之家本贫贱，赡生多阙，叨忝以来，虽每存约损，而朝夕所须，微为过丰。自此以外，一毫不以负公。"

义熙十三年（公元417年）十一月，穆之病卒，时年58岁。此时宋武帝在长安，得知噩耗，哀痛不已，一连几天不思饭食，遂率众军还彭城。追赠穆之开府仪同三司。并表天子曰："……故尚书左仆射、前将军臣穆之，爰自布衣，协佐义始，内端谋猷，外勤庶政，密勿军国，心力俱尽。……臣以寡乏，负荷国重，实赖穆之匡翼之益。"[①]于是重赠侍中、司徒，封南昌县侯。食邑千五百户。

每忆起穆之，宋武帝总是说："穆之不死，当助我理天下。"以佐命元勋追封南康郡公，谥曰文宣公。食邑三千户。

元嘉二十五年（公元448年）四月，刘裕车驾行幸江宁，经过穆之墓，诏致祭于墓所。

①《宋书·刘穆之传》，中华书局1996年版，第1307页。

穆之生三子，长子刘虑之，次子刘式之，小子刘贞之。

刘虑之（有的书说是刘宪之）嗣南康郡公，娶琅邪颜延之妹为妻。琅邪颜氏，累世仕宦，著名望族。虑之官至员外散骑常侍卒。子刘邕嗣爵。刘邕嗣爵后与南康国吏关系不睦，常用鞭体罚士卒，性嗜酒食，受到人们轻视。及卒，子刘肜嗣爵。

刘肜为人粗野，因争吵而举刀砍妻，被夺去爵位和封地。弟刘彪绍封，至齐受禅后，降爵一级为南康县侯，食邑千户。又因不修庙墓而削爵为羽林监。不赡养亡弟母杨氏，杨氏卒后，不予殡葬，因而又被有司奏为不孝罪。

刘式之，穆之次子，字延叔，精研《易经》，结交士人。历任相国中兵参军、太子中舍人、黄门侍郎、宁朔将军、宣武和淮南二郡太守、吴郡太守。在任期间为官不廉，赃货颇多，名声不佳，受到扬州刺史王弘的追查后，调任太子右率，左卫将军，吴郡太守。死后追赠征虏将军。因生前征关、洛有功，封为德阳县五等侯，谥曰恭侯。

刘式之生有三子，长子刘敳、次子刘衍、少子刘瑀。

刘敳，字兴道，宋世祖初期曾为黄门侍郎、太宰从事中郎、零陵郡太守。

刘敳生两子，长子刘整，次子刘祥。

刘整，官至广州刺史，卒官，事迹不详。

刘祥，字显征。兄弟中数他有个性，少始爱好文学，性韵刚疏，轻言肆行，不避高下。齐建元中，为正员外郎。司徒褚彦回入朝，以腰扇遮日，刘祥从侧面经过，讥之曰："作如此举止，羞面见人，扇障何益。"彦回反讥曰："寒士，如此不逊！"刘祥回讥曰："不能杀袁、刘，安得免寒士。"[1]

齐永明中，刘祥撰成《宋书》，讥斥禅代，对朝廷不敬，又著《连

[1]《南齐书·刘祥传》，中华书局1997年版，第430页。

珠》十五首以寄其怀，遭到尚书令王俭和御史中丞任遐等人的告发。帝敕刘祥说："我当原卿性命，令卿万里思愆。卿若能改革，当令卿得还。"[1]于是发配广州，因不得意而终日饮酒，不久病故，时年39岁。

刘衍，大明末年曾任黄门侍郎，后出为豫章内史。晋安王刘子勋在何迈的谋划下称帝，事未成，被废帝刘子业赐药自杀，时为晋安王刘子勋中护军的刘衍受牵连而伏诛。

刘瑀为式之少子，字茂琳，自幼聪明好学，有力气，为宋文帝刘义隆所喜爱。始兴王刘濬任守南徐州时，刘瑀补为别驾从事史，受到始兴王的礼遇。刘瑀历任从事中郎，领淮南太守。元嘉二十九年（公元452年）出为宁远将军，益州刺史。孝武帝刘骏即位后又召为御史中丞。孝建三年（公元456年）除辅国将军、益州刺史。其年因夺人妻而免官。大明元年（公元457年）起为东阳太守。大明二年为吴兴太守。死后谥曰刚子。

刘瑀生三子，长子刘卷，官至南徐州别驾。次子刘藏，官至尚书左丞。少子刘舍，娶司空东海徐湛之女为妻。徐湛之乃宋武帝刘裕长女会稽公主所生，东海徐家世代皇亲。刘藏为尚书右丞时，刘舍内侄徐孝嗣前往访问，孝嗣走了以后，刘藏对刘舍说："徐郎是令仆人，三十余可知矣，汝宜善自结。"[2]徐孝嗣是徐湛之的孙子，尚康乐公主，拜附马都尉。后来徐孝嗣果然在齐代连连晋升，死后齐和帝将其追赠为太尉，谥曰文忠，后改封余干县公。

❶《南齐书·刘祥传》，中华书局1997年版，第430页。
❷《南齐书·徐孝嗣传》，中华书局1997年版，第771页。

附表一：

东莞刘勰家族婚姻关系一览表

人　名	配　　偶	配偶郡望	资料出处
刘　抚	夫人孙荀公	东莞	《刘岱墓志铭》
	后夫人孙女寝	高密	
刘　爽	夫人赵淑媛	下邳	《刘岱墓志铭》
刘仲道	夫人檀敬容	高平	《刘岱墓志铭》
刘穆之	夫人江氏（江嗣女）		《宋书·刘穆之传》
刘秀之	夫人何氏（何承天女）	东海	《刘岱墓志铭》
刘宪（虑）之	夫人颜氏（颜延之妹）	琅邪临沂	《宋书·颜延之传》
刘粹之	夫人曹慧姬	彭城	《刘岱墓志铭》
穆之女	丈夫蔡祐	济阳	《宋书·刘穆之传》
刘　岱	夫人任女晖	乐安博昌	《刘岱墓志铭》
刘玉女	丈夫裴闾	河东	《刘岱墓志铭》
刘希文	夫人王茂瑛	东海	《刘岱墓志铭》
刘　舍	夫人徐氏（徐湛之女）	东海	《南齐书·徐孝嗣传》
刘　邕	后夫人杨氏		《南齐书·刘祥传》

附表二：

东莞刘勰家族世系表①

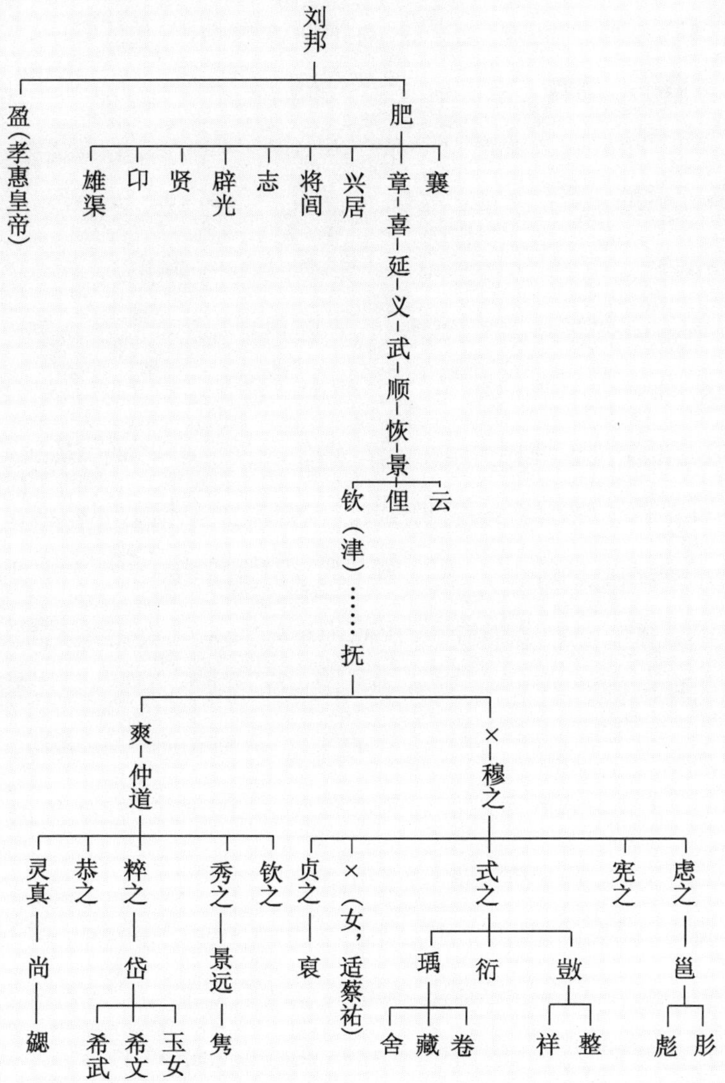

❶《南史·刘秀之传》说刘秀之是刘穆之的从父兄子，这就是说刘秀之的祖父刘爽与刘穆之的父亲是亲兄弟，因为从父就是父亲的兄弟，因而刘仲道的祖父刘抚，也就是刘穆之的祖父，所以我们这个表与杨明照先生所列表有异。又根据周绍恒先生的研究，《文选》中任昉所弹之刘整，非刘勰家族世系中之刘整，因而就不存在刘整兄刘寅的问题，故比杨明照所列世系表少了刘寅。《宋书·颜延之传》有“妹适刘宪之，穆之子也”的记载。中华书局本注：“宪之”疑为“虑之”之讹。但不排除穆之另有一子宪之的可能性，今录以备考。

第四节 信 仰

莒县古属东夷地区，也是道教的发源地之一。

道教教义中既有忠孝仁义，又有神仙道术、阴阳五行之说，所以这些本已滋生于濒临大海之地的思想和民俗，也就成了道教滋生的沃土。因此，在琅邪地区最早产生于吉这样早期的道士是必然的。《后汉书·襄楷传》中说于吉于曲阳泉水上得神书一百七十卷，号《太平清领书》，“其言以五行阴阳为家，而多巫觋杂语”。

东汉末年，张角将宗教作为组织和联络教徒起义以反抗刘氏王朝的工具，崇奉天师道，发动了著名的黄巾起义。黄巾军被镇压以后，天师道也在汉魏时期走向衰落。到两晋南北朝时期，道教又开始恢复和发展。著名道士葛洪集战国以来有关神仙的思想与方术之大成，并将道教的神仙方术与儒家的名教纲常结合起来，认为道教应该以儒家的伦理道德为本，从而为道教官方化奠定了基础（葛洪在琅邪地区的时间很长）。于是，道教开始走向上层社会，出现了一些信奉道教的世家大族，甚至走进皇室，取得了合法地位。东晋时期，信奉道教的世家大族有琅邪王氏、陈郡谢氏、会稽孔氏、东海鲍氏、丹阳葛氏（实为琅邪人）、陶氏等。

陈寅恪在《天师道与滨海地域之关系》[1]一文中，对于道教与滨海地区的关系作了详细的论述，并认为道教信徒在自己的名字上都打上了信仰的烙印。六朝人最避家讳，而道教徒中对于他们特别崇奉的代表宗教信仰的字在父子们的名字中是不忌讳的，如“之”、“道”、“灵”、“真”。所以，王羲之的子孙皆以“之”字命名。据《晋书·孝武文李太后传》知，简文帝字道万，而自己信奉道教，利用道

❶陈寅恪：《金明馆丛稿初编》，上海古籍出版社1980年版。

术求嗣所得两子，一名道生，一名道子，皆不避家讳。

事实上，莒县刘氏的道教信仰在《宋书·刘穆之传》中有隐隐约约的透露。该传说：刘穆之“尝梦与高祖（指刘裕）俱泛海，忽值大风，惊惧，俯视船下，见有二白龙夹舫。既而至一山，峰崿丛秀，林树繁密，意甚悦之”。这正是道教所宣扬的。

刘穆之事刘裕是何无忌推荐的。《晋书·何无忌传》说何无忌是郯城人，是刘牢之的外甥，刘牢之信奉道教，何无忌与其舅信仰同。何无忌向刘裕推荐刘穆之，除了爱才以外，当是也有同一信仰上的相互提携之意。

刘勰似也信仰道教，从《文心雕龙》的《原道》、《正纬》篇中所透露出来的“神道设教”思想可以证明这一点。

另外，刘勰家族名、字见于史书的成员中，刘穆之，字道和，小字道民；刘秀之，字道宝，父仲道，字仲道，其子孙中又用“道”、“之”、“灵”、“真”字。刘勰祖“灵真”，二字全是道教崇尚之字。今人多不了解刘氏家族的这一信仰，曾有人认为刘秀之兄弟皆以“之”字命名，何独刘勰祖以“灵真”命名，故否认刘勰非刘秀之家族人士，正如陈寅恪所说，对“所以然之故虽不能详知，要是与宗教信仰有关”。但至今在史料上未见明确记载莒县刘氏大族信奉道教。

第二章 生 平

第一节 坎坷少年

刘勰的生平事迹,史书记载很少。《梁书·刘勰传》仅有不足340字的史料。《南史·刘勰传》则对《梁书·刘勰传》删得更少了,且从刘勰的生卒年到任职,均未有时限,仅其生年就有十多种说法。在诸多说法中,牟世金的刘勰当生于南朝宋泰始三年(公元467年)说可靠性大一些。牟世金根据《文心雕龙·序志》中刘勰自序"予生七龄,乃梦彩云若锦,则攀而采之"的记载,考证事在宋元徽元年(公元473年)。牟世金认为到元徽二年建康城内有一场混战,刘勰的父亲刘尚当战死在此役中。刘勰所做之梦必在此前一年,由此向上推七年,为刘勰生年,其在宋泰始三年。

从刘勰诞生至元徽元年,时值刘宋明帝时期。这一时期社会相对稳定。泰豫元年(公元472年)四月,明帝驾崩,太子刘昱年仅10岁即皇帝位,尚书令袁粲、护军将军褚渊受托孤之诏辅政,由此出现了辅臣专权与大臣不服而争夺权力的明争暗斗。直至元徽二年(公元474年)五月,桂阳王刘休范率兵杀进建康城,攻城战斗开始,双方发生激战,建康城内皇室兵力全部投入了保卫战。幸得越骑校尉张敬儿和屯骑校尉黄回以诈降，乘机杀刘休范，战争得以平息。同为越骑校尉的刘尚战死在此役中，或因无功而未曾记名于史书。

刘尚战死给东莞刘家带来巨大打击。在刘宋时代，越骑校尉的官阶为四品，秩二千石，不仅俸禄丰厚，而且社会地位也相当高。《梁书·刘勰传》说“勰早孤”，可知刘勰幼失父爱。

父殁之后，刘勰可能一直住在京口，因为，江北的刘氏家族渡江之后，一直住在京口的侨置东莞郡莒县都乡长贵里。[1]史书上说刘勰“家贫”，当是在其父阵亡之后。《梁书》本传又说他“笃志好学”，这说明刘勰并没有因为父亲早殁和家贫等一系列的打击而放弃学业。从刘勰后来的作为看，当是在20岁之前就打下了深厚的学问基础，可知其当时的家庭藏书不在少数。

南北朝时期，凡士族世家，多以儒学传家，尽管此时的儒学已失去统治地位，玄学成为显学，但读书人多以儒家典籍作为启蒙教材。《宋书·刘穆之传》中说穆之“裁有闲暇，手自写书，寻览篇章，校定坟籍”。可知，刘家不仅是仕宦之家，也是书香门第，否则向有识人之见的何承天也不会纳刘秀之为婿。史载刘秀之“少孤家贫”，后能升至司空，这除了门户的作用外，关键是志操高远。而此时的刘勰虽然由于父亲突然去世，给家庭带来极大的不幸，但严谨的家教和勤奋好学的门风，使刘勰立志苦读，勤勉好学。

刘宋泰始六年（公元470年），宋明帝下诏设立总明观。《南史·宋本纪下第三》：六年“九月戊寅，立总明观，征学士以充之。置东观祭酒、访举各一人，举士二十人，分为儒、道、文、史、阴阳五部学，言阴阳者遂无其人”。中央政府提倡兴办学校，郡、县境内必设官学。除了官学外，当时地方上还开办了一些私人学馆。像莒县人臧荣绪及好友关康之和弟子诸葛璩等人都在京口开设私人学馆。

[1] 见《刘岱墓志简述》，载《文物》1977年第6期。但据《南齐书·州郡志》记载，东莞郡无实土。这说明仅按原籍的户口管理，并无实际地盘。

学生之多以至于自己家中容纳不下。诸葛璩就曾因家中容纳不下，太守张友为之另造房舍，东海太守谢朓也曾给予经济支持，并大力宣传和褒扬这些开办学馆者勤于诲诱，“旦夕孜孜，讲诵不辍”的精神，号召“时人益以此宗之”[①]。这些私人学馆不仅是教书，而且还师生联合编书。据臧荣绪本传记载，臧著《拜五经序论》、《晋书》一百一十卷，而且弟子诸葛璩对此书的撰成“有发擿之功”。可见这种私人学馆同时带有研究院的性质。刘勰对《诗》、《书》、《礼》、《易》如此娴熟，一入定林寺就从事校经定目，或受当时京口这种学术氛围的影响，而达到了“区别部类，录而序之”的程度。刘勰的才华必受名师指点和严格的训导，可惜史料不足，难定何人为师。

刘勰这一族支，虽然刘尚曾为越骑校尉，但由于刘尚早逝，使刘勰“早孤”、“家贫”，祖父也因“少孤”[②]，其家庭经济收入自不甚丰厚。尤其是永明元年（公元 483 年），齐武帝下令免除没落士族子弟的免役权，使刘勰家的士族特权遇到了打击，虽不算家徒四壁，家中的生活来源已不多，但好处是这时国家对儒学比以前重视。据赵翼《廿二史札记·南朝儒学》记载：“高帝少为儒学，即位后，王俭为辅，又长于经礼，是以儒学大振。”《南齐书》列传第二十《刘瓛陆澄传论》载：“永明纂袭，克隆均校，王俭为辅，长于经礼，朝廷仰其风，胄子观其则，由是家寻孔教，人诵儒书，执卷欣欣，此焉弥盛。”此时的刘勰虽然家庭经济状况日益恶化，但好学的品德日益养成，史称“笃志好学”，当是这“执卷欣欣”者之一。

永明二年（公元 484 年）正月，齐以萧子良为护军将军兼司徒，领兵置佐，镇守西州，并在鸡笼山西邸集文人学士抄《五经》百家，按照《皇览》的样式编成《四部要略》一千余卷。同时招致著名僧人聚在一起，讲论佛法，研讨藏律，且亲自为僧人递饭端水。萧子良的

❶《南史·诸葛璩传》，第 1902 页。
❷《南史·刘秀之传》说秀之“少孤”，而作为秀之之弟的刘灵真必然“早孤”，所以用此说。

这种笃好佛法的行动，引起社会的不满，都批评他有失体统。

萧子良等人对佛法的崇尚，引起一大批无神论者的不满，其中范缜虽然与萧子良私人关系密切，但由于二人的世界观不同，展开了一场激烈的论争。范缜主张无神无佛，并写了《神灭论》一书阐明自己的观点。此论一出，立即引起佛界的不满，由萧子良出面组织了一场有神与无神的论争。萧子良委托王融以中书郎高官诱使范缜屈服，要他放弃无神论观点。范缜回答说："我要是以卖论取官的话，早已是尚书令或者仆射了，岂止是中书郎啊。"[1]

这场斗争社会影响很大。此时的刘勰十八九岁，恰是世界观形成之际，一向"笃志好学"的刘勰一定看在眼里，记在心里。他虽然晚年出家，但孔子"不言怪力乱神"的思想对他的影响很深，这与他后来的《文心雕龙》坚持唯物思想是一致的。

此时王俭领国子祭酒。《资治通鉴·齐纪二》：王俭"少好《礼》学及《春秋》，言论造次必于儒者，由是衣冠翕然，更尚儒术"。所以刘勰后来撰写《文心雕龙》，虽然当时社会风气尚玄尚佛胜过尚儒，但始终守"宗经"、"征圣"之道，与他年轻求学时受儒学影响之深是分不开的。

刘勰由于受儒家思想的影响，所以在他少年时期就立下了治国平天下的宏图大志，并把孟子"穷则独善其身，达则兼济天下"作为自己的座右铭。

从刘勰留下的著作看，他熟读《诗》、《书》、《礼》、《易》，并有一定的研究。从《文心雕龙》涉及到的资料看，一般藏书馆达不到他的阅读量。

刘勰母亲的名字没有留下记载。从现有刘氏家族成员中留下有关夫人姓氏籍贯来看，大多是过江的江北大族人家的女儿，而刘

[1] 见《南史·范云传》，第1421—1422页。

勰的母亲籍贯虽不能知是何处，但从刘勰的成才看，仍有江北女子那种守贞育子的道德品行。刘勰无兄弟姐妹，孤身一人，其母亲在丈夫刘尚去世时，估计不足30岁，此时刘勰仅七八岁的年龄。她唯一的希望就是儿子长大成人，出仕为官以支撑门户。刘勰后来表现出来的那种强烈的仕宦心理，除了受儒家思想影响外，很大程度上来自母亲及家庭不幸遭遇的启迪。

《梁书》中说刘勰“家贫不婚娶，依沙门僧祐，与之居处，积十余年”。《文心雕龙·指瑕》篇中刘勰评左思《七讽》“说孝而不从，反道若斯，余不足观矣”，可知刘勰是个孝子。作为孝子入沙门居处十余年，必在母去世之后。但是刘勰的母亲何时去世，历史上也没有记载。学术界多认为当在刘勰20岁左右。李庆甲说：“二十一至二十三岁，在家居母丧三年。”[①]范文澜在《文心雕龙注》中说：“母殁当在刘勰二十岁左右。”牟世金认为刘勰当生于刘宋泰始三年（公元467年），到刘宋永明四年（公元486年）刘勰正是20岁，所以牟世金在《刘勰年谱汇考》的永明四年（公元486年）下说：“刘勰二十岁，母殁。”

按照封建社会的礼俗，父母亡故，即使在朝中为官的人也需辞职回家守丧，待服阕期满方可出外谋事。刘勰是孝子，必然在家为母守丧。詹锳说：“永明元年（公元483年），齐武帝下令削除没落士族子弟的免役权。”[②]徭役、赋税，对一个失去俸禄供给的没落官僚子弟是很大的负担。时值婚龄不能婚，生活渐渐失去来源，这个家庭对他已失去吸引力。《梁书·刘勰传》说，刘勰“家贫不婚娶”，似不婚娶与家贫有关。范文澜在《文心雕龙·序志注》中说：“丁婚娶之年，其不婚者，固由家贫，亦以居丧故也。”对于刘勰不婚娶的原因，研究者一直持两说：第一说以《梁书》说“家贫不婚娶”，第二

❶李庆甲：《再谈刘勰的卒年问题》，见复旦大学《中国古典文学丛考》第1辑。

❷詹锳：《刘勰与〈文心雕龙〉》，中华书局1980年版，第4页。

说认为原因是信佛，杨明照持此说。他在《〈梁书·刘勰传〉笺注》中说：“其不婚娶，固非为贫也。而谓舍人之不婚娶，纯由家贫，可乎？或又以居母丧为说，亦复非是。因三年之丧后，仍未婚娶也。然则舍人之不婚娶者，必别有故，一言一蔽之，曰信佛。”如果按第一说，是家贫和母丧耽误了婚期，那么后来的刘勰官至记室、县令、舍人和步兵校尉，不应算贫，何以不娶呢？这似乎是为第二说提供了论据。然而，如果第二说因为信佛而不婚娶是正确的，那么为什么又竭力出仕而在定林寺居处十余年又不出家呢？再说达官贵人信佛者多矣，为什么多为三妻六妾呢？看来信佛和家贫都不是刘勰不婚娶的理由。较为合理的解释应是，刘勰乃志怀高远的“寒士”，这就造成高门不攀，庶族不谈，非知音不娶，致使一年年地拖了下来，加之晚年政治前途渺茫，这种自身的和客观的条件造成了他晚年唯一的出路是燔发自誓出家。

永明七年（公元489年），刘勰在家为母守丧3年期满，已是一位23岁的青年学子，仍然处于无人举荐的境地中。永明八年（公元490年）四月，齐武帝下诏：“公卿以下，各举所知，随才授职，进得其人，受登贤之赏；荐非其才，获滥举之罪。”[1]这自然使求仕心切的刘勰看到了希望。牟世金说：“刘勰二十四岁离京口至建康，依僧祐入定林寺。刘勰依僧祐当在本年二月之后，但其下限，必在永明十年之前（刘勰已于其年为僧人超辩撰写碑文）。在八、九两年中，以本年可能性最大：一为刘勰丧满之后，旋即来京，不可久滞；二为或闻四月之诏，即时赶来，冀得‘公卿已下’之举。既无门径，则依僧祐以待时机，故入寺之后，未年满具戒；三为此时之僧祐正为萧子良所重。永明以还，子良虽渐重佛门，然初在文儒，西邸始开，与‘八友’周旋较多。七年春二月之后，子良既更留意佛事，僧祐声位俱

[1]《南齐书·本纪三》，中华书局1997年版，第58页。

增，信可托；四为自本年至天监二、三年出寺，计十三、四年，与本传‘依沙门僧祐，与之居处，积十余年’相符。”[1]牟氏所言极是。当时建康寺院名气最大的是钟山上定林寺，这里的住持是著名的律学大师僧祐。

僧祐，俗姓俞，其祖籍彭城下邳，从父辈开始在建康居住。僧祐自幼崇信佛教，喜爱佛堂，每去礼拜，恋而忘返，父母尊重他的志向，许他入道学佛，并又拜僧范道人为师。14岁那年，家中为他许下一门婚事，他听说后，离家出走去定林寺避婚，并投奔法达法师。在法达的训育下，很快掌握了有关佛学的知识。20岁那年正式受戒，成为虔诚的佛教徒，并拜在当时的律学宗师法颖门下。由于僧祐天资聪慧，又加刻苦钻研，很快精通了佛教律学，并超过了他的师傅，常受到竟陵王萧子良的邀请到西邸讲律学，听众常达七八百人。僧祐才学出众，道德高尚，受到达官贵人的礼遇，特别是萧子良亲自为其端水送饭，这使佛教徒，特别是像僧祐这样的高僧，更受人爱戴。由于僧祐的学术地位高于其他寺院僧徒，所以当时南朝名僧多集于上定林寺，而且寺内藏书极为丰富。据有关资料统计，有释典一万三千余卷，诸子百家之典和史学书籍也在万卷以上。[2]定林寺成了王侯达官们经常出入的地方。

刘勰选准了定林寺是一个极好的去处。他在这里一来可以逃避徭役，二来可以安心读书，三是有机会见到政界上层人物。这些条件对于一向笃志好学，并怀着极大进取心的刘勰来说有着极大的吸引力。在这种思想指导下，刘勰进入定林寺“依沙门僧祐”，其身份当是书佣。定林寺内的高僧有：僧柔、法通、道嵩、僧超、慧弥、法献、法令等[3]，这些都是当时很有名的僧人，他们不仅道德高尚，而且皆为佛学大师。在日后的十几年里，刘勰就生活在这些学问僧中。

❶牟世金：《刘勰年谱汇考》，巴蜀书社1988年版，第28页。
❷贾树新：《〈文心雕龙〉历史疑案新考》，载《文心雕龙研究》第1辑。
❸（梁）释慧皎：《高僧传》；（唐）释道宣：《续高僧传》。

第二节 沙门蓄素

刘勰在依居定林寺期间主要做了三件事：一是帮助僧祐校经，二是撰写了《文心雕龙》，三是为名僧寺塔撰写碑铭。

《梁书·刘勰传》说刘勰“依沙门僧祐，与之居处，积十余年，遂博通经论，因区别部类，录而序之。今定林寺经藏，勰所定也”。从文中的一个“遂”字看，似是刘勰原本不懂佛学，是在这居处十余年的定林寺生活中才慢慢懂得了佛学，并达到了“区别部类，录而序之”的程度。当时的定林寺是南朝四大藏经处之一。贾树新根据一些史料对定林寺藏经进行了统计与推算，刘勰入寺前该寺约藏释典为八千卷[1]，经藏中，有相当一部分，由于译经人的理解不同，或受水平的限制，未能译出原文的本意，或有一些是伪造的，这些也都要作进一步的鉴定，非饱学之士是不能担当这一任务的。在这些经藏中有八百四十六部是已失译的，僧祐多年的奔走搜集，才访求得到；另外还有四百六十部是当时各寺院中只闻其名，未见其书的失译之书，也都是僧祐历尽艰辛“访讯遐迩，躬往询问，面质其事”得来的，所以这些待校定的经书，对僧祐来说，是他生命的一部分，一般人他是信不过的。

定林寺不仅是一所寺院，还是一所治学严谨的“学府”。僧祐和法献对众佛徒要求很严格，每一项佛事都有严格的纪律和规章，凡僧徒犯戒各有惩处，所以有的僧人像法令、超辨、慧弥等，“足不出门三十余载”。这种刻苦研读的学风，对于一向“笃志好学”的刘勰产生了积极的影响，他像师傅僧祐那样“广讯众典，披览为业。或专日遗餐，或通夜继烛，短力共尺波争驰，浅识与寸阴竞

[1] 贾树新：《〈文心雕龙〉历史疑案新考》，载《文心雕龙研究》第1辑。

晷”[1]。刘勰的这种奋斗，为日后走出庙堂迈向社会打下了学问的基础，他的这一思想在《文心雕龙·程器》篇中有反映。《程器》篇说：

是以君子藏器，待时而动。发挥事业，固宜蓄素以弸中，散采以彪外，楩楠其质，豫章其干；摛文必在纬军国，负重必在任栋梁，穷则独善以垂文，达则奉时以骋绩。若此文人，应《梓材》之士矣。

永明十年（公元 492 年）正月，皇帝任命竟陵王萧子良为尚书令，竟陵王只要政务不忙，就来定林寺关照寺院的建设和佛理的发展，使寺院大为荣耀。

这时三吴（今苏州、湖州、绍兴一带）僧尼违规行为时有发生，造成不良影响，百姓要求明戒佛法的呼声越来越高。这年春天，事情反映到齐武帝那里，武帝立即派长于律学的僧祐前往稽查纠绳僧尼，并宣讲《十诵律》及受戒之法。《十诵律》共六十一卷，是佛教四大律书之一。自从后秦弗若多罗和罗什共同译出之后，在中国迅速传开，研讨讲诵这部佛典的人也出了不少名家，僧祐是其中之一。后来僧祐在他的《出三藏记集》中谈到他对这部书的研读和讲诵时说：“少受律学，刻意毗尼，旦夕讽持，四十余载，春秋讲说，七十余遍。”[2]

僧祐遵照皇帝的命令，作为朝廷钦差，前往三吴讲诵律学。所到之处，必定认真讲解，申述受戒之法，每次讲解，座无虚席，到处传播着京城来了律学大师，告状的、喊冤的皆到僧祐住处讨个说法，僧祐也按佛律对那些不法僧徒给予惩处。[3]

僧祐这次三吴之行，认识了明彻，二人虽然年龄悬殊，但因志同道合而情同莫逆。明彻是吴郡钱唐人，6 岁丧父，出家住上虞王园

❶《出三藏记集》，中华书局 1995 年版，第 457 页。
❷《出三藏记集》，中华书局 1995 年版，第 458 页。
❸关于僧祐三吴讲律的时间，范文澜认为是永明五、六年间。这是据《高僧传·僧祐传》中说“永明中敕入吴”推出来的。《续高僧传·明彻传》明确说是永明十年，今从。

寺，自从遇到僧祐，被僧祐的德才所折服，遂拜为师，出扬都住建初寺。

僧祐在三吴讲律名声大振，善男信女都给予了大量施舍。僧祐将所有信施运回建康，分予定林寺和建初寺，用于修缮和建造房屋，以藏经书。

这年冬天僧祐从三吴返回定林寺，正值僧友超辩病笃。超辩俗姓张，敦煌人，专诵《法华》、《金刚波若经》，比僧祐大27岁，僧祐对他十分尊敬。超辩在定林寺足不出门三十余年，潜心读经礼佛，仅在定林寺就礼佛一百五十余万拜。[①]不久，寿终正寝，七十有三。超辩圆寂后，僧祐与众僧友深为悲痛，并亲自出面主持为超辩在寺东南建造墓所和立碑，刘勰为其撰写碑文，历述超辩为佛教事业所作出的贡献。

像超辩这样的高僧去世，在众僧云集的定林寺能请刘勰撰写碑文，这说明刘勰在寺院的僧人眼里，学问上是一位佼佼者。

永明十一年（公元493年）正月，文惠太子萧长懋病卒，武帝立太子长子萧昭业为皇太孙，以保持长子继承制。但到7月，武帝驾崩，引起国家的政局不稳。[②]皇太孙即位，西昌侯萧鸾掌政，心怀异志。由于文惠太子一向好佛，他的去世，对于佛教事业来说无疑是个损失，但有竟陵王萧子良在，佛事仍得到皇室的支持。

萧子良不仅对佛教事业大力支持，而且对于文学的发展也有很大贡献。齐永明十一年（公元493年），以他为中心，以沈约为代表的号称"竟陵八友"文学团体形成，而且创立了"永明体"这一文学形式。《梁书·武帝纪》说："竟陵王子良开西邸，招文学，高祖与沈约、谢朓、王融、萧琛、范云、任昉、陆倕等并游焉，号曰八友。"《南史·陆慧晓传附陆厥传》说："时盛为文章，吴兴沈约、陈郡谢朓、琅

❶释慧皎：《高僧传·超辩传》。
❷齐武帝病重期间，王融企图拥立萧子良，不久事败，下狱而死，年仅27岁。事见《南史·王融传》。

邪王融以气类相推毂，汝南周颙善识声韵。约等文皆用宫商，将平上去入四声，以此制韵，有平头、上尾、蜂腰、鹤膝。五字之中，音韵悉异，两句之内，角徵不同，不可增减。世呼为'永明体'。"唐封寅《闻君录》中记载："沈君文辞清拔，盛解音律，遂撰《四声谱》，时王融、刘绘、范云之徒，慕而习之，由是远近文学转相祖述，而声韵之道大行。"时住定林寺的刘勰虽然撰经任务繁重，日夜忙碌，但对于四声论和"永明体"这一文学新形式也注意到它与以往诗歌的不同，这在他日后的《文心雕龙·声律》篇中有反映。

隆昌元年(公元494年)，是南齐中央政权最不稳定的一年，政客忙于争权，无心治国，所以刘勰只能在寺院继续待时而动。这时的西昌侯萧鸾已大权在握，达到了废立皇帝的地步。时萧昭业只是牌位，政出西昌侯，是年正月改永明年号为隆昌年号。四月，竟陵王萧子良薨，年仅35岁。萧子良的去世对于定林寺和整个齐文学事业都是一个很大的损失。到七月西昌侯就杀死皇帝萧昭业，迎立新安王萧昭文为帝，遂又改元延兴。西昌侯萧鸾为骠骑大将军、录尚书事、扬州刺史、宣城郡公。十月，领大将军、扬州牧，都督中外诸军事，加殊礼，晋爵称王，并对其篡位有碍的诸王侯全部杀尽，遂废帝为海陵王，萧鸾自己登帝位，改元建武，是为明帝。齐中央政权的政变，使一向持进取思想的刘勰和与皇室关系密切的定林寺僧徒们不能不胆战心惊。但是从这年十月起，过去被齐武帝认为只懂文学不能经国的沈约开始得到重用，征为五兵尚书，迁国子祭酒，进号辅国将军。[①]尽管沈约曾进行谦让，皇帝仍然坚持重用沈约。所以，一向重视文学并想以才进仕的刘勰还是看到了文才终有被赏识的一天。其实在齐代，由于政权一直不稳，即使是门阀士族子弟谋取职位也是很困难的。据《梁书·刘峻传》记载，刘峻听说萧子良博招学士，

①《南史·刘系宗传》记武帝尝云："学士辈不堪经国，唯大读书耳，经国一刘系宗足矣。沈约、王融数百人何用！"

托人求为国职，吏部尚书徐孝嗣不许。所以刘勰在齐代时值20岁左右，一直未能实现入仕的理想，政治大气候也是原因之一。

当年，与僧祐一起住定林寺的和尚僧柔去世。僧柔是丹阳人，俗姓陶，少年随叔父游学，后来出家为律学法师弘称弟子，年仅20岁便登堂讲经，受到齐皇室特别是文惠太子和竟陵王萧子良等诸位王侯的招请，到定林寺居住，皇室诸王对他皆执弟子礼，并多次请至西邸讲经论佛，是当时著名的法师。僧柔去世，僧祐和刘勰都很悲伤，僧祐在寺南墓地为其立碑造墓，刘勰为其撰写了碑文。

从《出三藏记集》看，刘勰还写了《上定林寺碑铭》，其碑写于何年，史无明文，其内容很可能是记载上定林寺的创建史。此寺建立于宋元嘉十二年（公元435年），至齐建武二年（公元495年）已60周年，此时定林寺的高僧法献已经73岁。人至老年，总想对社会有个交代。法献是西海延水人，俗姓徐，早年曾去西域取经，学问功底深厚，受到宋齐两朝帝王和士家大族的尊崇。永明中，曾被敕与长干寺玄畅分任两岸僧主，也曾奉敕到三吴一带重申受戒之法。在佛俗间享有很高的威望。僧祐早年就拜法献为师，僧祐的律学就是法献直接传授的。法献于宋元嘉十六年（公元439年）来钟山上定林寺。那时寺院刚刚开始建设，法献与上定林寺的创始人昙摩密多一起付出了艰辛的努力。

齐建武四年（公元497年），法献去世，终年75岁。[1]弟子僧祐在钟山之阳为其建造了坟墓，并请沈约撰写碑文立于墓侧。沈约时为辅国将军、五兵尚书、国子祭酒。

《出三藏记集》中还记有刘勰撰写的《建初寺初创碑铭》。此寺是孙权赤乌十年（公元247年）由康僧会创建的，到此时已是250周年，该寺在齐梁之世一直由僧祐住持。这些碑文的内容都是当时按

①史载法献卒年为齐建武末，梁《高僧传》将玄畅与法献合传，只记了玄畅卒年75岁，陈垣《释氏疑年录》认为法献也是75岁，故不记。

照僧祐的意图撰写的。因为在僧祐的《出三藏记集》卷一二的《法集杂记铭目录序》中说"其山寺碑铭,僧众行记,文自彼制,而造自鄙衷",可理解为僧祐向别人或刘勰讲了自己的旨趣,由别人或刘勰走笔。

《梁书·刘勰传》说:"定林寺经藏,勰所定也。"定林寺经藏目录今存《出三藏记集》,不仅该书中所载的所有佛典皆由刘勰整理、翻译、选择、归类、抄录,即所谓"沿波讨源"、"原始要终"、"辨始以验末,明古以证今"的考证工作也是由刘勰做的,而且该书中的大量序言也由刘勰走笔。这一认定早在明清时期的徐兴公、曹能始和严可均就有此论。徐兴公说:"按藏经《出三藏记》卷一二载,勰有《钟山上定林寺碑铭》、《建初寺初创碑铭》、《僧柔法师碑铭》三篇,有其目无其文。曹能始云:'沙门僧祐作《高僧传》,乃勰手笔。'今观其法集总目录序及《释迦谱序》、《世界序》等篇,全类勰作,则能始之论,不诬矣。"[①] 严可均说:"僧祐诸记序,或杂有勰作,无从分别。"[②]

兴膳宏从文法和用词造句中经过与《文心雕龙》的对比甚至从中找出了属于刘勰的部分。可以说,刘勰为僧祐《出三藏记集》的编纂付出了一生的劳动,这也是他为中国文化典籍的保存作出的一大贡献。

僧祐《出三藏记集》的成书,对于刘勰来说,也是一个重要的人生里程碑。《出三藏记集》的"出"字,是翻译过来的意思;整个书名,表示此书是译成中文所谓"三藏"即经、律、论三部汇总而成的佛典的综合目录。这部书是《梁书·刘勰传》中"依沙门僧祐,与之居处,积十余年,遂博通经论,因区别部类,录而序之。今定林寺经藏,勰所定也"的实证。在这部书中,虽然没有明确标出成书年代,

❶转引自杨明照《文心雕龙校注拾遗》,上海古籍出版社 1982 年版,第 749 页。
❷《全梁文》卷七一《释僧祐小传》案语。

但从该书卷二〇《释僧祐法集目录序》中可以推算出他的成书时间。《序》文说:“少受律学,刻意毗尼,旦夕讽持,四十许载,春秋讲说,七十余遍。”慧皎《高僧传·僧祐传》记僧祐出家时间为“年十四,家人为访婚,祐知之而避至定林,投法达法师。……以天监十七年(公元518年)五月二十六日卒于建初寺,春秋七十有四。”把天监十七年即518年,减去“七十有四”,是公元445年出生,加上“年十四”出家,可知其出家之年为公元458年,加上“刻意毗尼,旦夕讽持,四十许载”是公元498年,时为齐明帝永泰元年,是其序文撰写之年。可知其书最初成书于齐末。

但翻检现行的中华书局版《出三藏记集》,却时而见到梁代的材料在内。例如:

卷二《新集撰出经律论录》载:“《教戒比丘尼法》一卷,梁天监三年,钟山灵耀寺沙门释僧盛依《四分律》撰。”

卷三《新集律来汉地四部记录》有:“萨婆多部者,梁言一切有也。……昙无德者,梁言法镜,一音昙摩毱多。”

卷五《新集疑经伪撰杂录》载:“《众经要览法偈》二十一首,一卷,梁天监二年,比丘释道欢撰。”

《新集安公注经及杂经志录》载:“《益意经》二卷,天监元年出。《般若得经》一卷,梁天监元年出。《华严璎珞经》一卷,天监元年出。《踰陀卫经》一卷,天监四年出。《阿那含经》二卷,天监四年出。《妙音师子吼经》三卷,天监四年出。《出乘师子吼经》一卷,天监三年出。《萨婆若陀眷属庄严经》一卷,注说:右一部。梁天监九年,郢州头陀道人妙光,戒岁七腊,矫以胜相,诸尼妪人,佥称圣道。”

卷七《慧印三昧及济方等学二经序赞》云:“有广州南海郡民何规,以岁次协洽,月旅黄钟,天监之十四年十月二十三日,采药于豫章胡翼山。”

《道行经后记》:“正光二年九月十五日,洛阳城西菩萨寺中沙门佛大写之。”[1]

卷八《注解大品序》云:“此经东渐二百五十有八岁,始于魏甘露五年(公元260年)至自于阗。(自甘露五年的260年加上257年,即为公元517年,是梁天监十六年)并署名为大梁皇帝撰。”

卷九《贤愚经记》云:“京师天安寺沙门释弘宗者……洎梁天监四年,春秋八十有四。凡六十四腊,京师之第一上座也。”

卷一二《杂录序》云:“由汉届梁,世历明哲。”

《法苑杂缘原始集目录序》云:“大梁受命,道观百王,神教傍通,慧化冥被。”

《法苑杂缘原始集目录》中有:“《皇帝天监五年四月八日乐游大会记》、《大梁功德集》、《太尉临川王成就摄山龛大石像记》、《定林上寺太尉临川王造镇经藏记》。”

但是,本书卷一二说此书原为十卷,而现行本却是十五卷,唐《长房录》卷一五载:“《出三藏记集》,齐建武年律师僧祐撰。”《道宣录》卷一〇载,梁《出三藏记集》,齐末梁初撰。《历代三宝记》卷一一录《华杯佛殿众目录》四卷,其解题云:“右一部四卷,天监十四年,安乐寺沙门释僧绍敕撰。绍略取祐之《三藏记目录》,分为四色,余增减之。此经记作梁天监十四年敕沙门释僧绍撰。”可见《出三藏记集》的十卷本在齐末已行于世。而今中华书局的十五卷本中有天监年间和普通年间的资料,这一方面说明此书在僧祐生前一直把新出现的资料不断补充在里面,二是刘勰入寺与慧震校经时,又再次作了增订。

刘勰在定林寺中对佛典的整理抄录、撰序、编目等工作,无疑提高了他的佛学修养。佛学中那严密的思辨性和逻辑性,对于锻炼和提高刘勰的逻辑思维能力当有很大帮助,以至于后人在研究《文心

❶此条系祖保泉先生函示。“正光”为北魏孝明帝年号,“正光二年”为公元521年,时值梁武帝普通二年。《梁书·刘勰传》曰:“定林寺经藏,勰所定也。”僧祐卒于公元517年,《出三藏记集》最后由刘勰定稿,此条由刘勰补入无疑。可见刘勰卒于普通二年说不能成立。

雕龙》时,总认为《文心雕龙》中那严密的逻辑结构当是刘勰受佛学影响的见证。

第三节　独善垂文

《文心雕龙·程器》篇云:

> 是以君子藏器,待时而动,发挥事业;固宜蓄素以弸中,散采以彪外,楩楠其质,豫章其干。摛文必在纬军国,负重必在任栋梁。穷则独善以垂文,达则奉时以骋绩。

刘勰这几句话反映了他积极进取的人生观。他认为,君子不仅要有报国之志的远大理想,还应有实现报国之志的本领,在没有得到报国的机会之前,只得“藏器于身,待时而动”。刘勰认为:“唯文章之用,实经典枝条;五礼资之以成,六典因之致用,君臣所以炳焕,军国所以昭明。”[①]“摛文必在纬军国”,“安有丈夫学文,而不达于政事哉”。[②]

强烈的功名仕宦思想,使刘勰“笃志好学”,在十余年的寺院生活中,终夜继烛,都是为了“蓄素以弸中”。在为定林寺整理的那些经藏录而序之者,其名字只得署上僧祐的,根本无法实现“散采以彪外”的愿望。他认为人生在世要么从政当官,树德贻爱,要么著书立说,留名于后世。用刘勰自己的话说叫做“君子处世,树德建言”[③],“人之短生,犹如石火,炯然以过,唯立德贻爱,为不朽也”[④]。

刘勰为自己设计了一个人生计划,那就是把孟子“穷则独善其

①③《文心雕龙·序志》。
②《文心雕龙·程器》。
④《刘子·惜时》。

身，达则兼济天下”的话改造为“穷则独善以垂文，达则奉时以骋绩”。要说上面孟子的话是他的人生宗旨的话，那么“穷则独善以垂文，达则奉时以骋绩”就是他眼前的行动方案，深感自己处在穷困时期。有志之士，无论处于什么样的境地，必须做有利于国家的事才行，用他自己的话说，叫做“摛文必在纬军国，负重必在任栋梁”。把“穷则独善其身”的消极等待，变为积极进取。写文章的决心是下了，写什么样的文章呢，他一时拿不定主意。就在他刚过30岁的时候，梦见自己捧着红漆的祭器，跟随孔子向南方走去。早晨醒来，他感到非常高兴。因为像孔子这样的圣人，不是一般人所能见到的，可是老夫子竟然托梦给他这个无名小辈，真是太令他兴奋了。他认为自从有了人类以来，没有哪一个人能像孔子这样伟大。所以他想，为了拯救社会，消除弊端，还是应该弘扬孔子的精神，阐发圣人的思想。要想这样，最好是为经书作注解。他为孔子托梦于己而激奋不已。但当他冷静下来思考时，又觉得为圣人的书作注解，难以超过前辈。因为东汉时期的马融和郑玄对《周易》、《论语》、《尚书》、《诗经》都作过详细的解说，而且被学界奉为宗师，自己在这方面不会有大的创新，即使个别地方有新的见解，也难以自成一家。他认为圣人的时代毕竟离自己的时代太远了，文章的体制受到了破坏。人们做文章，只喜欢标新立异，一味追求浮华的文辞，就像在美丽的羽毛上又加上文饰，在已修饰的衣带和佩巾上再绣上花，离开根本太远，最终发展到谬误泛滥的地步。刘勰决定写一部关于文章作法的理论书，用以匡谬纠偏。

在刘勰的《文心雕龙》问世以前，论文章学的著作已经很多，但在刘勰看来，那些文章并没有从大处全面地去论述文章的写法，更没有开出纠正当时唯美主义文风的医治良方，其根本原因在于未能“振叶以寻根，观澜而索源”。他认为“不述先哲之诰，无益后生之虑”。他的这一思想在《文心雕龙·序志》篇里有反映。《序志》篇云：

详观近代之论文者多矣：至于魏文述《典》，陈思序《书》，应玚《文论》，陆机《文赋》，仲洽《流别》，宏范《翰林》，各照隅隙，鲜观衢路。或臧否当时之才，或诠品前修之文，或泛举雅俗之旨，或撮题篇章之意。魏《典》密而不周，陈《书》辩而无当，应《论》华而疏略，陆《赋》巧而碎乱，《流别》精而少功，《翰林》浅而寡要。又君山、公幹之徒，吉甫、士龙之辈，泛议文意，往往间出，并未能振叶以寻根，观澜而索源。不述先哲之诰，无益后生之虑。

他要克服以往文论的弱点，从文章的源头上去找根据，并找出典型的例证，即"原始以表末，释名以章义，选文以定篇，敷理以举统"。他为自己定的著书原则是："本乎道，师乎圣，体乎经，酌乎纬，变乎骚。"这就是说，他写的这部文章写作理论书是既要遵尼父之陈训，又要仿《离骚》以"通变"。所遵循的方法是"擘肌分理，唯务折衷"。

书的内容、写作原则和方法定下之后，为书取名颇费了一番心思。他想，写文章，说得容易，做起来就难了，要说明各种文体的写法就更难了，这需要费很大的心思。他想起从前涓子曾写过一部《琴心》，王孙子也曾写过一部《巧心》，可见"心"这个词是很好的，自古以来的好文章，作者无不对篇章结构乃至每一句话进行雕琢修饰，使之文采纷披。然而"详观近代之论文者"，皆"各照隅隙，鲜观衢路"，"未能振叶以寻根，观澜而索源"，其篇章之意，不过是雕虫小技而已。我要写出一部弥纶群言、有益后世的大著，从文章产生的源头说起，述说历代文章的演变，探寻文章写作的规律，以纠正眼下的"淫靡"文风，岂是往昔之雕虫小技可比！实在是"雕龙"之大作了，书的名字就叫《文心雕龙》吧，但却不是效仿齐人称颂的“雕龙奭”啊！[1]

从《文心雕龙·序志》看，他写这部书不仅是书名、内容使他费尽心思，就是篇章结构也都是有用意的。他在《序志》中说：“位理定名，彰乎大易之数，其为文用，四十九篇而已。”这就是说，一部《文心雕龙》虽然五十篇，真正研讨文章学的，只有四十九篇。

刘勰写《文心雕龙》不可能一蹴而就。少则一年、两年，多则三五年，这中间不可避免要受到一些干扰。据《南史·齐本纪》记载，自从齐武帝驾崩之后，皇权很快落于萧鸾手中。萧鸾是个道教徒，他一方面“信道术，用计数。每出行幸，先占利害”[2]，另一方面又“写《一切经》，造千金像，口诵《波若常转法华经》，造归依寺”[3]等。表面上装作佛道双修，实际上是出于政治需要，不得不做做样子。到了他的儿子东昏侯即帝位以后，对佛教采取了公然反对的态度，公开将“庄严寺有玉九子玲，外国寺佛面有光相，禅灵寺塔诸定珥，皆剥取以施潘妃殿饰”[4]。而且每出行，先使百姓逃离，如走不脱时，就得杀掉，对沙门更不客气。一次“至蒋山[5]定林寺，一沙门病不能去，藏于草间，为军人所得，应时杀之，左右韩晖光曰：‘老道人可念’，帝曰：‘汝见獐鹿亦不射邪？’”[6]此时，刘勰正在定林寺撰写《文心雕龙》。既然定林寺众僧人为躲避东昏侯的袭击跑得只剩一病人，可知刘勰也已藏匿。

东昏侯打击佛教，袭击定林寺的事件，在《资治通鉴·齐纪八》中也有记载。该书说：

帝既诛陈显达，益自骄恣，渐出游走，又不欲人见之；每出，先驱斥所过人家，唯置空宅。尉司击鼓蹋围，鼓声所闻，便应奔走，不暇衣履，犯禁者应手格杀。一月凡二十余出，出辄不言所定，东西南

❶李平：《文心雕龙综论》，中国文联出版社 1999 年版，第 2 页。
❷《南史·齐本纪下》，第 146 页。
❸（唐）释法林：《辩证论》卷五。
❹《南史·齐本纪下》，第 153—154 页。
❺叶楚伧等主编的《首都志》引《同治上江志》说：吴大帝祖讳钟，汉秣陵郡蒋子文死事于此，改曰蒋山，即今钟山。
❻《南史·齐本纪下》，第 153 页。

北，无处不驱。常以三四更中，鼓声四出，火光照天，幡戟横路，士民喧走相随，老小震警，啼号塞道，处处禁断，不知所过……尝至沈公城，有一妇人临产，不去，因剖腹视其男女。又尝至定林寺，有沙门老病不能去，藏草间；命左右射之，百箭俱发。

牟世金在《刘勰年谱汇考》中说："《时序》篇颂齐诸帝而略东昏，良有知也。"可见东昏侯的昏政和对佛教的不敬，刘勰是领教了。

从东昏侯对定林寺、瓦官寺、外国寺、庄严寺的破坏综合起来看，便可得出如下结论："东昏所为，当也因其信道教。"[1]

刘勰在撰写《文心雕龙》期间，除了受东昏侯昏政的干扰和佛道斗争力量消长的影响外，也当受整个齐王朝政治不稳定的影响。永元二年（公元500年）三月，平西将军崔慧景起兵围建康，四月失败。十月，尚书令萧懿被害。十一月，雍州刺史萧衍在襄阳起兵。十二月，西中郎长史萧颖胄起兵江陵。永元三年（公元501年）正月，萧宝融在江陵称帝，改元中兴，是为和帝。二月，萧衍上表，反对甲族二十登仕，帝下诏按萧衍表施行。到九月，萧衍督师至建康，十月围宫城，十二月杀东昏侯，以宣德太后的命令，追封废帝为东昏侯。

中兴二年（公元502年）春正月，齐大司马萧衍都督中外诸军事，加殊礼，旋为梁国公。二月晋爵称王，大杀明帝诸子，迎和帝于江陵。

刘勰的《文心雕龙》可能至迟成书于本年春。

关于《文心雕龙》的成书时间，研究者一直没有取得一致的意见。概括起来主要有两种，一是齐末说，二是梁初说。

❶汤用彤：《汉魏两晋南北朝佛教史》第十三章，北京大学出版社1997年版。

主张成书于齐末说的，最初有纪晓岚、刘毓崧，其后有范文澜、杨明照、牟世金等一大批现代学者，这是成书于齐末说的主流派。

清代刘毓崧在《通谊堂文集·书〈文心雕龙〉后》中对“自来皆题梁刘勰著”的说法提出质疑，认为成书于“南齐之末”。他以《文心雕龙·时序》中的文字为证据，结合史传，提出《文心雕龙》成书于齐末的主要依据有三：以刘勰在《时序》中竭力颂美南齐，以庙号称齐主，又冠以“皇齐”之名等为由，证明《文心雕龙》成书于齐和帝时。他说：

观于《时序》篇云‘皇齐驭宝，运集休明；太祖以圣武膺箓，世祖以睿文纂业，文帝以贰离含章，高宗以上哲兴运，并文明自天，缉遐景祚。今圣历方兴，文思光被’云云。此篇所述，自唐虞以至刘宋，皆但举其代名，而特于齐上加以‘皇’字，其证一也。魏晋之主，称谥号而不称庙号，至齐之四主，惟文帝以身后追尊，只称为帝，余并称祖称宗，此证二也。历朝君臣之文，有褒有贬，独于齐则竭力颂美，绝无规过之词，其证三也。东昏上高宗之庙号，系永泰元年八月事，据高宗兴运之语，则成书必在是月之后。梁武受和帝之禅位，系中兴二年四月事，据皇齐驭宝之语，则成书必在是月之前，其间者首尾相距，将及四载。所谓“今圣历方兴”者，虽未尝明有所指，然以史传核之，当是指和帝而非东昏也。

主张成书于梁代说的主要有施助、广信、叶晨辉、周绍恒、贾树新等人。他们对刘毓崧的“三证”说提出质疑，特别是贾树新在《文心雕龙研究》第1辑撰文对刘毓崧的“三证”说给予反驳之后，自己提出了新的“三证”说：

证一，避讳是中国社会所特有，它给中国历史典籍和文字带来不少弊端，造成意义表达上的淆乱，然而有弊也有利，借助它来判明撰述年代就是一例。《文心雕龙》以改字法避梁武帝萧衍名讳共有四处：

《诸子》："驺子养政于天文"。"驺子"本为"驺衍"。

《诸子》："邹子之说，心奢而辞壮"。"邹子"本为"邹衍"。

《时序》："邹子以谈天飞誉"。"邹子"本为"邹衍"。

《序志》："大易之数"。"大易"本为"大衍"，与上三处同，因避梁武帝讳而改，《周易·系辞上》："大衍之数五十，其用四十有九。"

众所周知，《文心雕龙》与《周易》的关系极为密切。其"位理定名，彰乎大易（衍）之数"，"立论敷理，体乎《周易》之文"；"禀《易》论文，躬行宗经之枢纽"。足见刘勰是精通并娴熟《周易》的。有意把"大衍"改写成"大易"，完全是出于避讳需要。至于《诸子》、《时序》把"邹衍"一律改成"邹子"，而对他人均称名道姓或称字号，亦同此理。与上相反，《文心雕龙》对南齐各帝概不避讳。全书共出现了"宝"字13次，"融"字15次，"卷"（读第三声）一次，"勬（同倦）"一次，"倦"一次，"昭"28次，"业"8次，"泽"10次……这些，有的属于偏讳，有的属于嫌名讳。不过，都属于公讳。这充分说明，书非成于齐。

不仅如此，凡撰于梁代的刘勰之文，均避衍讳。据慧皎《高僧传》载，刘勰整定了僧祐所藏的《世界记》等佛经典籍，刘勰撰写的《世界记序》中也有"邹子谈天"字样，因此可以断定，此序撰成于梁初，故改"衍"字为"子"。《灭惑论》有两处犯萧衍的嫌名讳，即"圣帝演其德"，与"一音演法"。这两个"演"字的出现，证明它不是写于梁代，而是写于南齐，而且在东昏侯之前（因为有两处使用了"宝"字）。与此相反，《梁建安王造剡县石城寺石像碑》则把"一音演法"改为"一音阐法"，并有七处出现了"宝"字，一处"鸾"字，因为它写于梁武帝十五年。

南北朝避讳，较唐宋宽疏，如父子不讳同名，有避庙讳，嫌名讳，也有不避者……但对帝王名讳正讳则依然甚严。所以用来考证撰述年代是准当的，完全有理由视其为考定《文心雕龙》撰成于梁代的直接的确凿的主证。

证二，《文心雕龙》成书于依居末期，和起家奉朝请前，对此，学界向无异议。慧皎《高僧传》与《梁书》、《南史》两传分别所载的《三藏记》、《法苑记》、《世界记》、《释迦谱》、《弘明集》等皆"勰所定"，这一点也确凿无疑。由此可知，《三藏记》等释典整定于依居期间，并在《文心雕龙》撰成之前，《出三藏记集·名录序》有"发源有汉，迄于大梁，运历六代，岁渐五百"；《出三藏记集·杂录序》有"由汉届梁，历世明哲"；《弘明集序》有"大法东流，岁几五百"。这些记述说明，3 篇《序》皆写于梁。可证，《文心雕龙》不可能成书于齐，而理应成书于梁。

证三，前二证已间接证明，《时序》篇"今圣历方兴……其鼎盛乎"一段所指萧梁，而非南齐。根据有三：第一，与"皇齐驭宝"一段比较，两者论述容量不同，"皇齐"只述君不及臣，"圣历"君臣兼述，前者只述政运不及文坛，后者兼述；前者以"运集休明"四字笼统述颂，后者先以"文思光被"概括梁武帝的政业与功德（即功业与道德），继而分述人才辈出，文坛兴励，经典浩备，礼乐争辉。第二，赞颂程度不同，赞南齐只是"文明自天，缉遐景祚"；颂萧梁则说，典章礼乐跨周汉，文坛盛况比唐虞。第三，除掉避怨的曲笔，从史实看，不论齐和帝还是东昏侯，皆平庸短祚，无大作为；而梁武帝则不同，他"万机斯理，治定功成"，"修郊祀，治五礼，定六律"，"达四聪"，广开贤路，兴治文学；深研儒释两典，亲自撰述讲说。这是刘勰在"今圣历方兴"一段极笔赞颂的基本因由。

以上三证，足以说明《文心雕龙》撰成于梁。

但是也应该考虑书成后，入梁时又有修改的可能性。因为唐以前包括初唐在内，文书的传播主要是靠手抄本。《梁书·刘勰传》中有：“书既成，未为时流所称。”这说明书成之后，并未得到学术界的认可，连沈约都未见到，因而传播的范围肯定很小。入梁后，刘勰搞一个新本遵照避讳学把“顺”和“衍”的字换出也是有可能的，因为刘勰不可能把内有“顺”、“衍”字的书稿献给与梁武帝关系密切的沈约。

《梁书·刘勰传》说：“书既成，未为时流所称。勰自重其文，欲取定于沈约。约时贵盛，无由自达，乃负其书，候约出，干之于车前，状若获鬻者。约便命取读，大重之，谓为深得文理，常陈诸几案。”这说明刘勰的出名是因了沈约的器重从而得以入仕。刘勰将《文心雕龙》取定于沈约的时间虽然史书没有记载，但这在刘勰生平中却是一件大事，因为这可能是刘勰敲开吏部大门的一个标记，所以刘勰献书的时间是研究刘勰入仕的重要线索。《梁书》记这件事用了63个字，在《梁书·刘勰传》正文仅有336个字中占去了五分之一多，这说明《梁书》的作者也把这件事看成是刘勰成功的契机。

第四节　奉时骋绩

《梁书·刘勰传》说刘勰：“天监初，起家奉朝请，中军临川王宏引兼记室，迁车骑仓曹参军”。又知沈约“贵盛”之时刘勰以《文心雕龙》自荐在天监二年十月之前，现代学者多认为刘勰“起家奉朝请”是因为沈约的举荐，这说明刘勰“起家奉朝请”时在天监二年十月后。从此刘勰踏上了仕途。“奉朝请”这个职位，严格说来，不算什么官，他没有自己的属员，仅是一个荣誉官衔。但又不是一般人所能得到的，它是一个人仕途的开始。在汉代，对退职的大臣、将军及皇室和外戚，多给以“奉朝请”的名义，使其参加朝会。晋代以奉车、驸马、骑三都尉为奉朝请。南朝为安置闲散官员，奉朝请一度增至600到800人。《宋书·百官志下》说："奉朝请者，奉朝会请召而已。"在南朝，一些名士和士族出身的人，最初往往给予奉朝请的职衔，像沈约、沈崇傃、刘霁、王茂、范岫、明山宾、刘秀之、夏侯亶等名门士族出身的人皆起家奉朝请。在梁代定官阶九品十八班，以班多为贵，奉朝请被定为二班。

刘勰为奉朝请之后，并没有马上离开定林寺，因为奉朝请没有自己的官署，十几年半出家的生活，使他也习惯了寺院的钟声和经声，所以他仍然住在定林寺里。

虽然刘勰仍住在定林寺里，但他毕竟是一个有政治身份的人了，京城的官僚墨客每至定林寺拜佛，少不了刘勰出面接见。向不为时流所重的《文心雕龙》也不胫而走，迅速传开。梁元帝萧绎的《金楼子·立言》中就引录了《文心雕龙·指瑕》篇的话。詹锳说："彦和时代较梁元帝略早，当彦和此书与沈约之后，约'大重之'，其书必因而流传，故梁元帝以节录之耳。"①

至于刘勰出任临川王萧宏记室的时间，后世学者们多认为时在天监三年（公元504年）。因为在天监三年正月临川王萧宏为中军将军，开府置佐。②

临川王萧宏是梁武帝的六弟，与武帝同父异母，二人关系极为密切。天监元年（公元502年）四月，武帝即皇帝位，萧宏封为临川王。

中军将军临川王萧宏及弟南平王萧伟皆好佛，与定林寺关系密切，对僧祐的品德和才学极为崇拜，每每相见"尽师资之敬"，刘勰任中军府记室一职也可能是由于僧祐的推荐。刘勰因《文心雕龙》而出名，"起家奉朝请"，沈约又对其书"大重之"，僧祐向临川王推荐也就有了理由。

❶见《古籍整理出版情况简报》191期。

❷临川王萧宏一生两次为中军将军，第二次是在天监十七年五月，这与《刘勰传》的"天监初"不符。

齐梁时期，士族谋取职位还有一个国家政策的问题。南齐时对甲族二十而仕的现象一直有争议，齐末萧衍上书，反对甲族二十几岁就出仕，得到皇帝的批准。到了梁王朝萧衍当权，规定年未满三十者不得入仕。[1]刘勰入梁时已有三十七八岁了，其年龄、才学、出身都合乎国家用人政策。刘勰被聘为中军府记室后，离开了与他朝夕相处的众位法师，离开了他居处十余年的定林寺，进住中军府，开始了他的政治生涯。

记室这一职务，相当于现在的秘书，掌管“上章表及书记”。按东汉官制，太尉属官有记室、令史，都尉属官有记室史，到后世，诸王府、三公及大将军幕府也设置记室参军。梁天监七年（公元508年）吏部列文官九品十八班，以班多为贵，记室列为六班，可定为七品。

从此之后，刘勰实现了他以求闻达的目的。

天监三年（公元504年）四月，梁武帝改变了他原来的信仰，一连下了两道敕文，声明自己舍道事佛。

梁武帝事道是家世传统。他即帝位之初，还设立了大小道正。据《太平御览》卷六六六引《道学传》说：“梁武帝天监二年，置大小道正。平昌孟景翼，字道辅，时为大正，屡为国讲说。”《梁书·陶弘景传》说：“义师平建康，闻议禅代，弘景援引图谶，数处皆成‘梁’字，令弟子进之。高祖既早与之游，及即位后，恩礼逾笃，书问不绝，冠盖相望。”《隋书·经籍志四》说：梁“武帝弱年好事，先受道法，及即位，犹自上章，朝士受道者众。三吴及边海之际，信之逾甚。”这些记载说明，他事道的信仰本是牢固的，而在禅代之初也确实是得了道教舆论的好处，但这次却突然变了。天监三年四月八日敕舍道事佛曰：“梁国皇帝兰陵萧衍稽首和南……弟子经迟迷荒，耽事老

[1]《隋书·百官上》说：“陈依梁制，年未满三十者不得入仕。”这一点过去一直不被人们注意，往往认为刘勰出仕晚是庶族出身的缘故。

子，历叶相承，染此邪法。习因善发，弃迷知返，今舍旧医，归凭正觉。愿使未来世中，童男出家，广弘经教，化度众生，共同成佛。”[①]四月十一日又敕：“大经中说，道有九十六种，唯佛一道，是于正道，其余九十五种，皆是外道。朕舍外道以事如来，若有公卿能入此誓者，各可发菩提心。老子、周公、孔子等，虽是如来弟子，而为化既邪，止是世间之善，不能革凡成圣。公卿百官，侯王宗室，宜反伪就真，舍邪入正。”[②]

梁武帝舍道事佛诏一下，道教受到了很大的打击。佛道之争由来已久。在汉末二教分流，到晋宋时期，道教已正式确立，从组织上、经典上，已有了相当规模，一些信仰道教的官员，利用手中的权力打击佛教。像刘宋时的沈攸之（信道教）在刺荆州时，就普简沙门，给佛教以很大打击。但佛教的势力却顽强向前发展。晋代与世俗帝王分庭抗礼，主张不服王法，只尊佛律。东晋末年，桓玄曾指出佛教发展的危害：“京师竞其奢淫，荣观纷于朝市，天府以之倾，匮名器，为之秽黩，避役钟于百里，逋逃盈于寺庙，乃至一县数千，猥成屯落，邑聚游食之群境，积不羁之众其所以，伤治害政。”[③]桓玄的这些言论，引起一些佛教信仰者的反对，直到桓玄掌政，采取严厉措施，以慧远为首的僧徒才不得不妥协，并写了《沙门不敬王者论》，主动表示为王者服务，并提出“儒佛道虽道殊而所归一也”的理论，使佛教走上了自觉为整个封建统治者服务的轨道。

梁武帝改变信仰，这是他看到了佛教势力大于道教势力的结果。到后来他又极力弥合儒释道三教间的裂痕，主张三教同源说，这完全是一个统治者政治上的需要，并非出于个人真心的信仰，对于政治家来说，自己的感情和信仰，往往受政治需要的左右。

定林寺在齐武帝朝与宗室关系密切。自萧子良去世，加上东昏

❶《全上古三代秦汉三国六朝文》，中华书局 1995 年版，第 2986 页。
❷《全上古三代秦汉三国六朝文》，第 2970 页。
❸《桓玄辅政欲沙汰众僧与僚属教》，见《弘明集》卷一二。

侯抑制和打击佛教，以至于袭击定林寺，致使佛徒与皇朝关系出现心灵上的裂痕。但到梁王朝与临川王萧宏关系还是很密切的。刘勰在临川王府作记室，儒释道皆通，颇得临川王喜欢，非同一般幕僚。整理来往文书，草拟奏章，样样条理，整个文字工作，全由他负责，其娴熟周到，是临川王过去的记室所不曾达到的水准。

刘勰在临川王府工作极为出色，其也已是38岁的人了，还是独身一人，未能成家。当他二十几岁正值最佳婚龄时期，母亲病逝，守丧三年。出服之后，又进了定林寺，几乎脱离红尘，与之交往的多是和尚，加之生活无着，正如本传所说“家贫不婚娶”。而此时身为记室，又因《文心雕龙》而一跃成为名人，所以提亲的人当不少，或许女方又多为寒族，作为士族出身的刘勰自然不答应，事实上他也不敢答应。因为在南北朝时期，士庶不通婚。刘勰虽然落魄到寒士，但这仅是经济地位而言。从政治上讲，士族架子和清高的气势还是不小的。即使自己放下架子娶庶族女为妻，也怕人对他进行弹劾。齐永明年间士族王源嫁女给富阳满氏，沈约认为满氏姓族“士庶莫辨”，“王满联姻，实骇物听”，是“玷辱流辈”、“蔑祖辱亲”之行为，因而写了《奏弹王源》一文，奏请将王源免官并“禁锢终身”[1]。刚刚步入仕途的刘勰是不会冒此风险的。再说他的长辈上都是纳士族女为妻，如刘秀之娶士族何承天之女为妻，刘宪之娶士族颜延之妹为妻，刘舍娶宋武帝“特所钟爱”[2]的外孙徐湛之之女为妻。再者，“士庶区别，国之章也”[3]。一向争强好胜的刘勰决不能办这种“婚宦失类”的事，以辱没祖上之风。

天监四年（公元505年）正月，武帝下诏：“二汉登贤，莫非经术，服膺雅道，名立行成。魏、晋浮荡，儒教沦歇，风节罔树，抑此之由。可置《五经》博士各一人，广开馆宇，招内后进！”并立即着手物

❶《昭明文选》卷四〇。
❷《宋书·徐湛之传》。
❸《南史·王惠传附王球传》。

色人选。当时被选中的有贺玚、明山宾、沈峻、严植之等人为博士，令各主一馆，每馆收有学生数百人，由政府供给伙食费，并规定成绩优秀者出仕为官。[1]

梁武帝即位以来，考虑最多的是如何使自己的江山永固。他采取两条措施，一是加强皇族内部的团结，二是抗击北魏。此时北魏正走向衰微，是一个可乘的机会。所以本年二月就计划北伐，并派卫尉卿杨公则率宿卫兵屯驻洛口。遂后双方战役不断，将领互有降服。到十月，武帝动员全国上下财力和兵力大举北伐。以扬州刺史临川王萧宏都督北讨诸军事，尚书右仆射柳惔为副帅，“王公以下各上国租及田谷以助军”[2]，萧宏屯兵于洛口。其兵械皆相当精锐，人们普遍认为“百数十年所未有也”。

萧宏率军北伐，另聘丘迟为记室。

也有学者认为既然丘迟已任中军记室，可能此时刘勰已经调出。其实从以后情况看，丘迟可能是随军于前线上的记室，刘勰当留守中军府处理日常事务。

到天监七年（公元508年）十一月，刘勰奉敕与僧旻等三十人同集定林寺，抄撰经要，到八年四月才完成任务。唐道宣《续高僧传·僧旻传》：“……仍选才学道俗释僧智、僧旻、临川王记室东莞刘勰等三十人，同集上定林寺，抄《一切经论》，以类相从，凡八十（八）卷，皆令取衷于旻。”隋代的费长房《历代三宝记》也记有此事：“《众经要抄》一部并目录，八十八卷。……天监七年十一月，帝以法海浩博，浅识窥寻，卒难该究。因敕庄严寺沙门释僧旻等于定林上寺，辑撰此部，到八年四月方了。”这说明他们三十人在定林寺搞了一个佛学简明读本。[3]此时刘勰的职务仍为记室。杨明照说：“在天监七年十一月之前，舍人仍任职于萧宏府中，故道宣称其衔

1《资治通鉴·梁纪二》，第4546页。
2《资治通鉴·梁纪二》，第4552页。
3 详见本书附录《刘勰年谱考略·天监七年》。

也。”[1]

天监八年（公元509年）四月，刘勰在定林寺与僧旻等人完成《众经要抄》以后，遂调入车骑将军府任仓曹参军。此时任车骑将军的是王茂。王茂是在天监六年十二月车骑将军夏侯详逝去之后，于七年正月进号车骑将军的，但未即本号。至天监八年四月才得以即本号，开府仪同三司。时刘勰正好在上定林寺完成《众经要抄》，此时的临川王已改任骠骑将军。

王茂，字休远，太原祁人，出身于高门士族，起家奉朝请。据《梁书·王茂传》记载，茂“好读兵书，驳略究其大旨”，“性宽厚，姿表瑰丽，须眉如画，出入朝会，每为众所瞻望”。王茂一生在军内任职，为梁武帝所器重，是武帝政权的重要支持者。刘勰亦好兵学，在其府内任职当是更有了谈兵论武的共同语言。

刘勰在车骑将军府任职的仓曹参军是一个管理仓库的职务。

天监九年（公元510年），刘勰出任太末县令。太末县位于今浙江省中西部地区，今属衢州市，离建康约有1600里地，治所在今龙游县城。当时其境域约含今龙游县及原汤溪县大半地区，人口约11000人。早在四五千年前，就有人类在此生息，古代称姑蔑地（即商代在山东的姑幕国，大约在春秋时迁往此地而得名）。秦朝始设县，属会稽郡。地势南北高，中间低，呈马鞍形。衢江自西向东横贯其中，东入沪杭，西接闽赣，交通便利，气温适宜，但因年降雨量不均，容易出现水灾和旱荒。

太末县也是江南开发较早的地区之一，农业、畜牧饲养业、制陶业已经发达。特别是农业，水田、旱田都有。自永嘉之乱江北大族南迁，把江北的生产技术带到了江南，使江南的农业生产有了新的起色，种地施粪作肥料已成为普遍现象。同时也使水利灌溉业有了

[1] 杨明照：《〈梁书·刘勰传〉笺注》，载杨明照：《文心雕龙校注拾遗》。

进一步的发展，特别是利用衢江之水灌溉农田，水稻生产发展也很快。

但太末县毕竟不像江北的人口那样多，这里仍是一个地广人稀的地方。县令官阶七品，虽然卑微，但毕竟是一方行政长官，治安、诉讼、生产、租调、徭役、教育无不在管辖范围之内。刘勰出任太末令，这是他第一次也是唯一的一次全面负责一方行政事务，其心中是相当高兴的。[1]

齐梁时期的地方官，任期一般是以三年为限。梁朝早期的制度皆依宋齐制。《资治通鉴·齐纪一》说："宋末，以治民之官六年过久，乃以三年为断，谓之小满，而迁换去来，又不能依三年之制。三月，癸丑，诏：'自今一以小满为限。'"[2]刘勰自天监九年出任太末县令，至天监十一年已是届满。

刘勰在太末任职三年，《梁书》本传说他"政有清绩"。在古代为官，能在史书上有这样一个评价，已是很不容易了。"政有清绩"意味着他为政清明廉洁，政绩突出。如果说过去他曾从儒家学说中获得治国平天下的知识仅是理论上间接的东西，从太末回来后，他所获得的为民谋福的治国安邦之道，却有了直接来自社会实践的经验。

天监十一年（公元 512 年），刘勰调离太末县。那时的太末属于东阳郡，东阳郡隶属扬州刺史部，刘勰任太末县令时，临川王为扬州刺史，人事安排或与临川王萧宏有关。因为刘勰离任时，县令一职由刘孺接替。刘孺，字孝稚，彭城安上里人，祖勔，宋司空忠昭公。父悛，宋顺帝昇明末为广州刺史。临川王萧宏任中军将军时，刘孺曾为主簿，与刘勰同在中军府做幕僚，参与机要。论当时的权力，刘孺还略大于刘勰。刘孺也是一个文人，写一手好文章，敏捷聪颖，深受武帝喜爱，与刘勰相处得很好，加之同为汉皇室后裔，又比刘勰小

❶关于刘勰出任车骑仓曹参军和太末县令的时间，学界有分歧，详见本书附录《刘勰年谱考略·天监九年》。
❷《资治通鉴·齐纪一》，第 4252 页。

17 岁，对刘勰的才学和人格极为佩服。

刘勰从太末离任后的新职是去仁威将军府任记室，兼东宫通事舍人。时任仁威将军的是南康王萧绩。

刘勰出任仁威南康王记室，兼东宫通事舍人一职，论起官阶还不如过去。作为记室一职，刘勰早在中军将军临川王府已任过多年。按天监七年（公元 508 年）颁布的百官阶，武官镇卫将军以下十品，凡二十四班，以班多者为贵，中军将军属二十三班，而仁威将军为十六班，官阶不同，记室的分量是不一样的，但作为王府的记室这一职务是一样的。县令为七品官，东宫通事舍人是一班，是最低班次。不过梁代用人有其特殊用法。据《梁书·庾于陵传》记载："东宫官属，通为清选……近世用人，皆取甲族有才望者。"可见刘勰任东宫通事舍人，官阶虽低，也算是重用了，从中又可证刘勰出身士族无疑。

《隋书·百官志上》说："通事舍人，旧入直阁内。梁用人殊重，简以才能，不限资地，多以他官兼领"；东宫"通事舍人二人，视南台御史，多以余官兼职"。由此知，刘勰初期以仁威将军南康王记室为主。给仁威南康王作记室，虽不如中军记室，但任务却比中军临川王府记室重很多。因为南康王进号仁威将军时年仅 7 岁，尚未有行为能力，但职务很多，本传说他在天监十年（公元 511 年）"迁使持节、都督南徐州诸军事、南徐州刺史，进号仁威将军"。这样一位年仅 7 岁的人不知如何履行职责，所以一切工作都要由属官自为。

仁威南康王萧绩，是梁武帝第四子，生于天监四年，其母董淑仪。天监八年（公元 509 年）[1]，萧绩仅 5 岁就被封为南康郡王，食邑二千户，出为轻车将军、领石头戍军事。天监十年迁使持节、都督南徐州诸军事、南徐州刺史，进号仁威将军[2]，天监十六年（公元 517

❶《资治通鉴》记为天监七年九月癸巳立皇子绩为南康王。今取《梁书》本传天监八年说。《梁书·武帝纪》与《资治通鉴》同。

❷南康王进号仁威将军的时间，在本传中仅记其在天监十年，《梁书·武帝纪》，在天监十年正月条下，仅记为"南徐州刺史"，未记进号仁威将军，似乎不在正月，当在下半年。

年)征为宣毅将军,再领石头戍军事。大通三年(公元529年)病故,年仅25岁。生前官至安右将军、领石头戍军事、护军将军。死后赠侍中、中军将军、开府仪同三司。《梁书》本传说:"绩时年七岁,主者有受货,洗改解书,长史王僧孺弗之觉,绩见而辄诘之,便即时首服,众咸叹其聪警。"

从《梁书》本传看,南康王比起其他诸王来,是品行较好的一个,他不好游山玩水,生活俭朴,不像其他各王妻妾成群,仆从满宅,而是躬身政事,以俭约著称。

南徐州刺史部治所在京口,辖17个郡,是南朝的军事战略要地,在政治、军事上都具有重要的作用,所以梁武帝让自己的六弟临川王萧宏为扬州刺史,控制住京师藩卫大权,又让亲子南康王为南徐州刺史,镇守京口,把住东大门,是很明智的。而这两位皇亲的记室皆选中刘勰,应当说是刘勰与皇室关系有缘的一个体现。

此时的吏部尚书是王暕。王暕是琅邪临沂人,其父是齐太尉王俭,出身于高门士族。王暕比刘勰小10岁,却一直是刘勰的上司,刘勰任中军临川王记室时,王暕任中军临川王长史。将军府的一切事务,皆由长史总管,所以是当时的实权派人物。

王暕由于出身于高门士族,所以对那些出身于寒士家族或庶族之门的官吏百般挑剔,本传说他"及居选曹,职事修理,然世贵显,与物多隔,不能留心寒素,众颇谓为刻薄"[①]。刘勰虽为士族出身,但较之于南朝的王谢大族来说却逊色得多,而在太末的三年县令任上,吏部考评为"政有清绩",可说已是很不容易了。

京口是东莞刘氏大族渡江南来的栖息地。南徐州刺史部治所就在京口。仁威南康王出任南徐州刺史,年仅7岁,尚未有行为能力,也是必须到任的,所以刘勰出任南康王记室必至京口。

① 《梁书》卷二一《王暕传》。

天监十一年（公元512年）春天，刘勰来到京口仁威将军府。当时南朝为了巩固其封建政权，重要军事地带都用亲王出镇，一旦王子年幼，不能理事，大权则由长史代行，而在仁威府执掌大权的长史是王僧孺。王僧孺是东海郡郯城县人，曹魏卫将军王肃的八世孙，曾祖是晋左光禄大夫、仪同三司王雅，祖父王准在刘宋朝官至司徒左长史。王僧孺在南齐朝起家王国左常侍、太学博士，家藏图书万余卷，是一位能诗善文的饱学之士。竟陵王萧子良在西邸招揽文学名僧时，王僧孺是常客，与梁武帝颇熟。梁武帝践祚后，王僧孺为云骑将军时，武帝"制《春景明志诗》五百字，敕在朝之人沈约已下同作，高祖以僧孺诗为工"[①]。王僧孺曾做过南海太守、御史中丞。南康王出为仁威将军，王僧孺"出为仁威南康王长史，行府、州、国事"[②]。早在天监初还曾为临川王后军记室参军，行诏文德省。可见王僧孺是一位与皇室关系至为密切的官僚士族子弟。

刘勰在仁威将军府任记室，那时的长史王僧孺以长史职"行府、州、国事"，那么刘勰想必以记室职行长史事。王僧孺曾为南海郡太守，与刘勰都有主宰一方行政的经验。所以表面看来仁威将军萧绩虽然年仅7岁，然而其辅政的人员却是有相当能力的人。

刘勰在仁威将军府任职期间，除了协助长史王僧孺处理政务外，还为剡县石城寺撰写了碑文。从碑文的内容看，刘勰当时亲自写于大佛寺内，因为碑文中对石城寺的景观和大佛皆有栩栩如生的描绘。此寺的大佛最后是由僧祐主持竣工的，当是由僧祐在天监十五年（公元516年）春天大佛雕凿竣工时，邀请刘勰前往参观并撰成纪念性碑文。剡县石城寺即今浙江新昌县大佛寺。新昌县南边巧立一山，回环如城，名曰石城山，由天台山脉东南绵亘而来，经天姥、沃洲至此终结，因而石城山也称"天台西门"。石城山地处四明

①②《梁书》卷三三《王僧孺传》。

山之南，赵宋以后，又称南明山，到了近世，又叫大佛寺山。

石城山奇岩四嶂，风光秀丽。东晋法师昙光开山，苦行创业，建立了隐岳寺。齐建武中，释于法兰在石城西峰开凿千佛像，创立元化寺。南朝梁代大佛雕刻完工后，众寺合并，称石城寺。石城寺随着时代的变化，不断更名。五代时更名瑞像寺，北宋景德间更名宝相寺，后又更名石佛寺，明代更名毗卢阁，民国时改称大佛寺。

天监十六年（公元517年）正月，仁威将军南康王萧绩改任宣毅将军，复领石头戍军事。刘勰入住东宫专任舍人职。

由于僧祐等人在天监十二年上表倡导在京畿禁杀生灵的事，经过了几年的争论之后，到本年三月丙子，武帝“敕太医不得以生类为药”，“于是祈告天地宗庙，以去杀之理，欲被之含识。郊庙牲牷，皆代以面”。[①]由于阻力太大，武帝不得不于四月下诏去宗庙牺牲。诏曰：“…宗庙祭祀，犹有牲牢，无益至诚，有累冥道。自今四时蒸尝外可量代。”[②]武帝诏令一下，朝野一片哗然，认为宗庙废弃牲祭，是对祖宗的不敬，纷纷上表反对，但是，武帝主意已定，力排众议，坚持实施诏令。于是众尚书议定用大脯代替一元大武。同时众尚书又奏：“既停宰杀，无复省牲之事，请立省馔仪。其众官陪列，并同省牲。”武帝这才准奏。

十月，武帝又诏曰：“今虽无复牲腥，犹有脯脩之类，即之幽明，义为未尽。可更详定，悉荐时蔬。”武帝诏下，左丞司马筠等上书参议曰：“大饼代大脯，余悉用蔬菜。”

按《礼记》说：“天子七庙，三昭三穆，与太祖之庙而七。”梁代的宗庙也有七。《隋书·礼仪二》说：“晋江左以后，乃至宋、齐，相承始受命之主，皆立六庙，虚太祖之位。……中兴二年，梁武初为梁公。……其年四月即皇帝位。……遂于东城时祭讫，迁神主于太

①《南史·梁本纪上》，第196页。
②《隋书·礼仪志二》，第134页。

庙。始自皇祖太中府君、皇祖淮阴府君、皇高祖济阴府君、皇曾祖中从事史府君、皇祖特进府君，并皇考，以为三昭三穆，凡六庙。追尊皇考为文皇帝，皇妣为德皇后，庙号太祖。皇祖特进以上，皆不追尊。拟祖迁于上，而太祖之庙不毁，与六亲庙为七，皆同一堂，共庭而别室。”

在当时的社会里，祭祀是大礼，因而对于这一礼仪的改革，引起了很大的社会轰动。除佛徒外，皆持反对意见，一时间舆论哗然。《南史·梁本纪》说：“时以宗庙去牲，则为不复血食，虽公卿异议，朝野喧哗，(帝)竟不从。”使得反佛人士再也无法沉默了。其中反佛最为激烈的是荀济。荀济因武帝为布衣时曾与之有旧交，所以上书武帝，要求放弃奉佛，兹列主要内容如下：

第一，佛教能祸国。文中说：

及汉武祀金人，莽新以建国。桓灵礼浮图，阉竖以控权。三国由兹鼎峙，五胡仍其存食。衣冠奔于江东，戎教兴于中壤。使父子之亲隔，君臣之义乖，夫妇之和旷，友朋之信绝。海内淆乱三百年矣。

第二，佛教能短祚。荀济在文中引五个事例说明之。宋齐两代，重佛敬僧，使国移庙改，宋齐磨灭。

第三，佛教蔑弃忠孝，最为凶贪。

第四，僧尼不耕不偶，劳民伤财，害政最强。

第五，僧尼志在贪淫，窃盗华典，倾奔朝权，凡有十等：

一曰，营缮广厦，僭拟皇居也。二曰，兴建大室，庄饰胡像，僭比明堂宗祀也。三曰，广译妖言，劝行流布，轹帝王之诏敕也。四曰，交纳泉布，卖天堂王福之虚果，夺大君之德赏也。五曰，豫征收赎，免地狱六极之谬殃，夺人主之刑罚也。六曰，自称三宝，假托四依，坐傲君王，此取威之术也。七曰，多建寺像，广度僧尼，此定霸之基也。八曰，三长六纪，四大法集，此别行正朔，密行征发也。九曰，设乐以诱愚小，俳优以招远会，陈佛土安乐，斥王化危苦，此变俗移风征租税也。十曰，法席聚会，邪谋变通，称意赠金，毁破遭谤，此吕尚之《六韬》秘策也。凡此十事，不容有一，萌兆微露，即合诛夷。今乃恣意流行，排我王化。方又击鸿钟于高台，期阙庭之箭漏。挂幡盖于长刹，放充庭之卤簿。征玉食以斋会，杂王公之享燕。唱高越之赞呗，象食举之登歌。叹功德则比陈词之祝史，受亲施则等束帛之等差，设威仪则效旌旗之文物。凡诸举措，窃拟朝议云云。

第六，沙门不但为天子所不臣，而梁武帝“方更倾储供寺，万乘拟附庸之仪。肃拜僧尼，三事执陪臣之礼。宠既隆矣，侮亦剧矣”。

第七，盛弘释教，废儒道，亏名教。所以荀济又说：

陛下以因果有必定之期，报应无迁延之业。故崇重像法，供施弥隆。劳民伐木，烧掘蝼蚁损伤和气，岂顾大觉之慈悲乎？胡鬼堪能致福，可废儒道。释秃足能除祸，屏绝干戈。今乃重关以备不虞，击柝以争空地。杀蝼蚁而营功德，既乖释典；崇妖邪而行谄祭，又亏名教。五尺牧竖，犹知不疑。四诲之尊，义无二、三其德，臣为陛下不取五也。

荀济所言实极沉痛。书上之后武帝不仅不予朝议，反而勃然大怒，扬言要杀死荀济，荀济立即逃往北魏。[1]

此时武帝更产生了逆反心理，于是他干脆下令，敕命天下道观、

[1] 荀济上书反佛，事见道宣：《广弘明集》卷七。

道士皆返俗。[1]

在刘勰的一生中还写过一篇《灭惑论》。这篇论文虽站在佛教的立场上批判道教，但从总的观点看是主张三教同源的，与梁武帝的思想有相通之处。有学者认为此文作于齐代，但现在越来越多的学者主张作于梁代，其中李庆甲认为齐代不具备《灭惑论》反击的条件，当撰于天监十六年（公元517年）前后。据学者们的研究，此文当撰于荀济反佛之时，是在荀济上表前后的产物。

《梁书·刘勰传》说："时七庙飨荐已用蔬果，而二郊农社犹有牺牲，勰乃表言二郊宜与七庙同改，诏付尚书议，依勰所陈。"

综合《梁书·武帝纪》和《隋书·礼仪二》可知，武帝在天监十六年（公元517年）四月下诏宗庙祭祀禁用牺牲之后，祭祀仍有用脯脩这类干肉的事。在武帝十月诏下达后，尚书省采纳了左丞司马筠的建议，用大饼代替大脯，其余全用蔬果。

这时对七庙的祭祀品虽作了重大改革，但二郊农社仍用牺牲。《隋书·礼仪一》记载说："梁南郊，为圆坛，在国之南……常与北郊间岁。正月上辛行事，用一特牛，祀天皇上帝之神于其上，以皇考太祖文帝配。……北郊，为方坛于北郊……与南郊间岁。正月上辛，以一特牛，祀后地之神于其上，以德后配。"又《礼仪二》："岁凡再祭，盖春求而秋报。……梁社稷在太庙西……每以仲春仲秋，并令郡国、县祠社稷先农……旧太社廪牺吏牵牲，司农省牲，太祝赞牲。"

根据二郊农社祀以仲春仲秋和"二郊农社犹有牺牲"，可知刘勰上表陈二郊祭祀主改，时间当在天监十六年（公元517年）十月以后至次年八月之前。

刘勰文集已失，表陈的内容别处均未有记载。刘勰的这次上

[1] 此条载《佛祖统记》卷三七。

表，经尚书省议定之后，按刘勰的意见诏告实施。这次上表连同他的《灭惑论》，构成了一位完全与梁武帝思想一致的佛教拥护者的心态，取悦了皇帝，于是刘勰迁步兵校尉兼舍人如故。时在天监十七年（公元518年）。步兵校尉一职，在梁天监七年吏部公布的九品十八班中列第七班，以班多者为贵。《资治通鉴》卷一百四十七《梁纪三》胡三省注说："五校、东宫三校……为七班。""五校"是指五校尉，即步兵校尉、射声校尉、长水校尉、越骑校尉、屯骑校尉，秩比千石。"东宫三校"是指步兵校尉、翊军校尉、屯骑校尉，并秩同台校。《梁书·刘勰传》中没有说刘勰是五营步兵校尉还是东宫步兵校尉，但学界多认为是掌东宫警卫的步兵校尉。在九品十八班中列七班，为从六品官。

宋、齐、梁之世，拜东宫步兵校尉者，皆士林名流。如宋代的颜延之，齐代的沈约、任昉、刘瓛，梁代的卢广、王峻、谢举、萧子恪、刘杳等人。刘勰能迁步兵校尉，今人杨明照说："固当时殊遇也。"[1]

刘勰在东宫任职期间深得昭明太子的欢心。《梁书·刘勰传》说："昭明太子好文学，深爱接之。"可见昭明太子把刘勰看成是文学知音。根据现代学者对《昭明文选》的研究，认为其选文标准与刘勰在《文心雕龙》中的主张基本相合，有可能是受了《文心雕龙》思想的影响。《梁书·刘勰传》有"昭明太子好文学，深爱接之"，当是据此而言。

刘勰的恩师僧祐于天监十七年五月二十六日在建初寺圆寂，终年74岁，葬于开善寺路西定林寺的旧墓地里。弟子正度为其树碑，刘勰撰写碑文。

❶ 杨明照：《〈梁书·刘勰传〉笺注》。见杨明照：《文心雕龙校注拾遗》，上海古籍出版社1982年版，第401页。

第五节　佛门旧业

僧祐的去世对于大梁王朝的佛教事业是一个巨大的损失，因为他是萧梁王朝的众僧之首；对于大梁王朝的开国之君萧衍来说，也是一个巨大的损失，因为他是萧衍的佛事顾问。据慧皎《高僧传·僧祐传》载，梁武帝对他"深相礼遇，凡佛事硕疑，皆敕就审决"。他的去世对于刘勰来说，损失是双重的。因为他的去世不仅使刘勰失去了良师益友，更因为他的去世，使他一生经营的定林寺和建初寺所藏的经书，所搜校的卷轴为萧梁时期释氏经藏最浩博者，对于一向重佛的梁武帝来说必须找一个信得过的佛学大师去整理校定。而刘勰"为文长于佛理，京师寺塔及名僧碑志，必请勰制文"，这决定了刘勰后半生政治生命的结束。对于深受儒家思想影响，视仕途如生命的刘勰来说，研究佛学本是当年迫于生计，不可为而为之的事。但在梁武帝看来，整理经藏他必是人选之一。

梁武帝自天监初舍道事佛后，尤重整撰释典。由于他重佛，将佛教定为国教，所以在天监末年寺院已近3000所，僧尼80000余人，三宝卷轴藏遍名寺。从天监初年到十七年（公元518年），仅十几年的时间，就有多次诏令整校经藏。据记载，天监七年（公元508年），敕刘勰、僧旻等30人入定林寺撰成《众经要抄》八十八卷。天监八年（公元509年）五月八日又敕释宝亮撰《大涅槃义疏》，"又以十五年（公元516年）敕宝唱抄经律要事，皆使以类相从，令览者易了"[1]，此间又敕沈约撰《佛记序》，从史籍查得，武帝自己也亲自撰经，见于史籍的武帝佛教撰述有：

《制旨大涅槃经讲述》十帙，合目百一卷。

[1]（梁）释宝唱：《经律异相序》。见严可均：《全上古三代秦汉三国六朝文》，中华书局1995年版，第3396页。

《大品注解》五十卷。

《三慧经讲疏》(此即《大品经》第七十品)。武帝特分出。于大同七年讲之(见陆云序)当曾另制疏。《梁书·本纪》谓帝作《涅槃》、《大品》、《净名》、《三慧义记》数百卷。

《净名经义记》。(以上均见《梁本纪》)

《制旨大集经讲疏》二帙十六卷。

《发般若经题论义并问答》十二卷。[1]

据不完全统计,武帝自升法座,讲说佛经,亲撰诸经义记达数百卷。史书记载,梁王朝时期,全国有四大经藏,分别是华林园经藏、定林寺经藏、建初寺经藏、长沙寺经藏(寺在荆州)。定林寺和建初寺经藏整定撰述释典之事,一直由僧祐主持。对此事,武帝至为重视。僧祐一死,此事遂即停止。在武帝看来这是大事,因为它关系到佛法流布,"国教"弘扬,必须及时御定,刻不容缓,以免经籍流失。在刘勰看来,从政重于整理经藏。但在梁武帝看来,从政谁都能行,唯独整理撰定经藏却是非有专业特长不可,而刘勰又正是这方面的特殊人才,非他莫属。

天监十八年(公元519年),梁武帝下诏,敕刘勰与沙门慧震入定林寺撰经,接替僧祐未竟的事业。[2]慧震是荆州人,俗姓李,曾为僧正,也是一位学问僧。据慧皎《高僧传》记载,僧祐自齐永明中开始住持定林寺和建初寺。搜藏释典是他一生中用力最多的活动之一。"凡获信施,悉以治定林、建初及修缮诸寺,并建无遮大集舍身斋等,及造立经藏、搜校卷轴"[3],使定林寺成为萧梁时期藏经最全、最多的一所寺院,但其藏经量史无明文记载。今贾树新的研究认为,"受敕撰经的撰经量约七千五百卷"[4]。

天监十八年(公元519年),刘勰被免去步兵校尉一职,仍兼东

[1] 关于梁武帝佛教撰述,录自汤用彤《汉魏两晋南北朝佛教史》第十七章。

[2] 刘勰奉敕与慧震入定林寺撰经的时间,史无明文。牟世金先生认为与僧祐去世定林寺撰经停止,引起武帝重视有关,所以定在十八年,因谢举此时起任东宫步兵校尉,估计接刘勰职。

[3] (梁)释慧皎:《高僧传·僧祐传》,第440页。

[4] 贾树新:《〈文心雕龙〉历史悬案新考》,载《文心雕龙研究》第1辑。

宫通事舍人,东宫通事舍人一职多以他官兼领,而且也制非一人,因此,可以仍然兼领。唯步兵校尉一职在宋齐时期是制设七人,到了萧梁时期制设一人,而且官阶也不像宋齐官阶定为四品,而是定官阶为从六品。步兵校尉掌东宫警卫事,不可一日空缺,必须有人立即接替。因此,武帝将这一职诏由谢举接替。谢举也是梁武帝非常熟悉的文人,曾任东宫太子舍人、太子庶子、家令、掌东宫管记,深为昭明太子赏接,也是刘勰佩服的人物之一。

梁普通四年(公元523年),《遍略》书成,何思澄出任秣陵令,并兼东宫通事舍人。普通五年(公元524年),刘杳为湘东王记室兼东宫通事舍人。[1]此时东宫通事舍人已满编,刘勰当不再兼任舍人职,专事校经。

第六节 皈依佛门

刘勰在定林寺里,人已逾知天命之年,面对七千五百余卷的撰纂任务,他知道自己后半生的命运将是何种情况。据学者研究,他的另一部著作《刘子》一书的撰写工作,当是开始于仁威将军记室任上。那时他已不仅有治国安邦之志的理论修养,而且也有了太末县令的治民经验。有学者推论此书的初萌,当在天监六年(公元507年)梁武帝下诏:"……思阐政术,虽百辟卿士,有怀必闻……四方士民若有欲陈言刑政,益国利民……有可申采,大小以闻"[2]之后。此时的刘勰正宏图在心,在此诏的感召下,欲陈言以图晋身,但巨大的理论之书,非一日之功,最后当成书于普通初年。从《刘子》一书前后文来看,有着明显的情绪落差,最后几篇反映了作者在自然规律面前显得无奈,自己空有凌云之志,年龄不由人,表现出明显

❶详见本篇附三《刘勰年谱考略》。
❷《梁书·本纪二》,中华书局1987年版,第44页。

的悲观情绪。根据《刘子》存录于阮孝绪《七录》中，而《七录》又始撰于普通四年（公元523年），而此时刘勰正在定林寺与慧震一起撰经，其情绪正与《刘子》书末几篇文章所反映的情绪吻合。

《刘子·惜时》篇说："人之短生，犹如石火，炯然以过，唯立德贻爱，为不朽也。""生为无闻之人，殁成一棺之土，亦何殊草木自生自死者哉！"此时昔日的同僚一个个逝去，自己又被一纸敕文禁锢在定林寺内，如同"寒蝉抱树"，只得"染意于松烟"，"哀其时命，迫于严霜，而寄悲于菀柳"。[1]

普通七年（公元526年）四月，太尉临川王萧宏去世，十一月，太子萧统之母丁贵嫔去世。萧统除了母亲去世给他带来的悲伤以外，还与武帝产生了信任危机。这就是萧统在母亲丁贵嫔病重之时派人买了一块有吉于自己的墓地。有人听说太子要买地以后，贿赂宦官俞三副求卖地。俞三副秘密向武帝进谗，说太子买的那块地对皇上不利。梁武帝晚年性多疑忌，信以为真，命人把太子买的那块地强令卖掉，另买了有人托俞三副卖的那块，说是花了三百万，其实仅用了一百万，那二百万被俞三副贪了。梁武帝按自己意图选了块地给丁贵嫔作墓地。丁贵嫔安葬以后，有道士向太子萧统说，现在他母亲葬的那块墓地，对长子不利，如果殿下愿意的话，还可以破解，这就是在丁贵嫔的墓侧长子位置埋上蜡鹅和其他诸物。太子按道士的意图办了。这件事被太子身边的宫监鲍邈之密报了梁武帝。其实鲍邈之和魏雅两人都曾受宠于昭明太子，但后来鲍邈之觉得自己不如魏雅更受太子喜欢，又深知武帝晚年性多疑，萧统太子与父皇有矛盾，又知道萧统同母弟晋安王萧纲也想争太子位，鲍邈之于是就乘隙密报梁武帝。梁武帝立即派人去掘丁贵嫔墓侧长子位置，果然掘出蜡鹅等物。于是大怒，并立案查个究竟。吏部尚书徐勉曾

[1]"菀柳"一词，程天祜先生释为"春天"，可能不准确。应是作者的一个用典，即采用《诗经·小雅·菀柳》的用意，指一个有功之人反受到国王的贬斥，以寓指作者自己本有功于社会，反被一纸敕文禁锢在寺院中了此一生。

任职东宫,对太子的为人非常了解,深知此事纯系有人进谗所致,所以向武帝力谏,武帝这才作罢,只是把道士处以极刑,未追究太子萧统的责任。为了监督太子的行动,使之知"君臣父子之道",于中大通元年(公元529年)加南平王萧伟太子太傅。此职初以临川王居之(天监六年始,时间很短),空缺已久,今忽重置,武帝用意已明。三年正月又召晋安王萧纲还京任扬州刺史,逼宫已明,人尚未至,吓得太子夜有"与晋安王对弈扰道之梦"[1]。为此,太子萧统终日惭愤,又不能自明。由是武帝与萧统间的矛盾日见突出,使太子感到时时处在危机之中。

此时的晋安王萧纲也由于好引纳文学之士,身边形成了以庾肩吾、徐摛、刘孝仪、刘尊、陆倕、刘孝威等十几人为主干的文人学士集团。[2]这些人都希望主子有一个腾达的机会,自己也好讨个出身。说不定其中有些人会在皇帝、太子和晋安王间做些离间工作,致使宫廷间的斗争随着武帝年事已高而更加激烈。[3]

普通八年(公元527年)三月,同泰寺建成,帝于同泰寺舍身事佛,使文武群臣一时惊慌,纷纷议论,国家不可一日无主。由于有官员了解和猜透武帝心理,便提出主意,要百官以私人钱物将皇帝赎回。于是官员们纷纷解囊捐钱,很快筹集到一亿万钱,送给同泰寺。于是武帝决定不再当和尚,重新回到宫中。武帝这一招掏了百官的腰包,为新建的同泰寺发展提供了经费。

一场闹剧结束,武帝回到宫中立即改元大通,并大赦天下。

《建康实录》说:"寺在宫后别开一门,名大通,对寺之南门取反语以协同泰为名(同泰反为大,大通反为同),帝初幸寺舍身,改普通八年为大通元年。"

大通三年(公元529年)九月,武帝再事同泰寺,并设四部无遮

❶《南史·简文帝纪》,第229页。
❷《梁书·庾肩吾传》,第690页。
❸丁贵嫔死时,晋安王如何利用了鲍邈之,史料不载,但到晋安王做了太子之后,鲍邈之因与人争婢犯罪,按当时情况"罪不至死,太子纲追思昭明之冤,挥泪诛之"。既然感到当时昭明太子有冤,为什么在昭明生前没有一字为之辩明,而在昭明死后才为之申冤,而且还是"挥泪诛之",与鲍邈之有什么感情,以至于"挥泪"?是不是为灭口?再是昭明卒后,在是否立皇太孙问题上的那场争论中,诸多天真的大臣前往劝说萧纲出面表态,而萧纲却"不能从"?看来在争夺太子位的问题上萧纲是做了手脚的。详见林其锬:《城门失火,殃及池鱼——试论刘勰的出家与梁宫廷内争的关系》,载《文心雕龙研究》第4辑。

大会，身披法衣，行清净大舍，再次舍身同泰寺，表明自己决心当和尚。一时间又给朝臣一场大惊。群臣又使老办法集资一亿万钱将他赎回迎进宫中。到十月又再设无遮大会，道俗听众约5万人。会毕还宫，宣布改元为中大通。

中大通三年（公元531年），刘勰已是65岁，在定林寺的校经任务尚未完成，满怀希望完成任务后，重回政界从事他自幼苦求的仕宦生涯。自从太尉临川王萧宏去世之后，他的政治希望或许一直寄托在太子身上。虽然他曾在南康王府任记室多年，但那时南康王年幼，仅是个孩子，难以建立政治感情。不幸的是这年四月太子萧统溺水而逝，年仅31岁。太子去世的消息传出后，朝野惋愕，建康城内的男女老幼，文人学士，奔走宫门，号泣道路。刘勰比谁都悲痛，太子与他有着共同的爱好，而且观点一致，学力相仿。太子平时与刘勰每每相见，谈诗论文深爱结交。武帝晚年多疑，喜奉承，不听真言，太子也几次遭谗言诬陷，以至于几乎影响到太子的地位，所以太子谨慎行事，孝谨之至。对于宫廷内的权力斗争，与朝廷关系一向密切的定林寺应当是知道的。太子逝去，而曾作为太子近臣的刘勰犹如断线的风筝，自有不知所落之感。

萧统去世，是大梁王朝的大事。武帝召集王公臣僚在宴居殿共同商量新立之事。据《梁书·孔休源传》记载，孔休源当时为金紫光禄大夫，监扬州事，萧统太子死后，武帝夜召孔休源急入宴居殿商量新立太子事宜。于是在是否立萧统子南徐州刺史华容公萧欢为皇太孙一事，宫廷内展开了一场斗争。

按中国传统礼俗，太子早卒之后，应立皇太孙，但是因萧统太子在母亲丁贵嫔墓侧埋蜡鹅的事，生前一直没法向梁武帝解释明白，因而梁武帝耿耿于怀，立皇太孙的意见终不能为武帝所纳。

梁武帝一向在处理家族内部问题时是保持一团和气的，就是连豫章王萧综、临贺王萧正德这样的叛臣，犹能忍之，并在回梁之后，官复原职，而为什么在昭明太子问题上却“终身衔其事”？以至于逼得萧统“身以忧死”？对此事，司马光深感不公平，在《资治通鉴》中评论说：“君子之于正道，不可少顷离也，不可跬步失也。以昭明太子之仁孝，武帝之慈爱，一染嫌疑之迹，身以忧死，罪及后昆，求吉得凶，不可湔涤，可不戒哉！是以诡诞之事，奇邪之术，君子远之。”胡三省评论说：“呜呼！帝于豫章王综，临贺王正德，虽犯恶逆，犹容忍之，至于昭明被谗，则终身衔其事，盖天夺其魄也。”[1]

对于今本《梁书》作者隐瞒这段历史，清代赵翼给予了揭露，他说：“《梁书》本姚察所撰，而其子思廉续成之。今细阅全书，知察又本之梁之国史也。……有美必书，有恶必为之讳。如昭明太子以其母丁贵嫔薨，武帝葬贵嫔地不利于长子，昭明听墓工言，埋蜡鹅等物以厌之，后事发，昭明以忧惧而死（事见《南史》及《通鉴》），而本传不载。……昭明有五子：豫章王欢，河东王誉，岳阳王詧，武昌王警，义阳王鉴。武帝以昭明薨，不立其子继统，故各封大郡以慰其心。今《梁书》欢等皆无传，惟誉有传，而与武陵王纪同卷。此必元帝时国史，纪与誉皆称兵抗元帝者，故同入于叛逆内也。豫章王欢有子栋，为侯景所立，建号改元，未几禅位于景。景败，元帝使人杀之。此亦当时一大事，而《梁书》无传。”[2]至五月丙申，武帝决定立晋安王萧纲为太子。立皇太孙的事被否定以后，朝野上下，多数认为不顺。武帝为了安抚舆论，到六月癸丑，封太子萧统子南徐州刺史华容公萧欢为豫章王，其弟枝江公萧誉为河东王，曲阿公萧詧为岳阳王。皆封以大郡。

七月乙亥，正式策立晋安王萧纲为皇太子。东宫新立官属，原太子萧统旧属，仅留通事舍人刘杳一人，其余一律不用。见于史书

❶《资治通鉴·梁纪十一》，中华书局1987年版，第4808页。

❷《廿二史札记》卷九。但是今本《太平御览》卷五八八《礼仪部》，对昭明太子为其母买地及埋蜡鹅事记载与《南史》和《资治通鉴》同，并记为“《梁书》曰”，由此可疑为今中华书局本《梁书》与宋代《梁书》相比，在此问题上似有脱漏，所以《太平御览》取自《梁书》，故记为“《梁书》曰”。

的原通事舍人何思澄出任黟县令。中庶子殷钧改领右游击，除国子祭酒。以太子中庶子、兼管东宫管记的陆襄改授中散大夫，领步兵校尉，这些原东宫萧统太子的近臣全部以新职调出。此时在定林寺撰经的刘勰什么新职也没有，这么大的一次人事变动，作为自幼深受儒学影响的刘勰自有一种寒蝉抱树之感。

中大通五年（公元533年）正月戊申，京师建康发生了有史以来最大的地震，随后瘟疫蔓延，生民大批死亡。二月，信佛入迷的梁武帝为了解脱因地震给百姓带来的痛苦，到同泰寺设四部大会，亲升法座开讲，为民祈祷，七日而罢。

中大通六年（公元534年），北魏内部发生分裂。魏孝武帝元修与权臣高欢之间的矛盾已经尖锐到你死我活的程度。五月，孝武帝元修下令发河南诸州兵，声言要亲率大军伐梁，实际上是准备袭击驻扎在晋阳的高欢。而高欢对魏孝武帝的用意了解得很清楚，以先发制人的办法，调集20万大军，分道南下，说是要去伐大梁关中和荆州的地方势力。高欢的军队一过黄河，元修知大势已去，于当年七月率轻兵入关投奔宇文泰。荆州刺史贺拔胜兵败后投入大梁，高欢得以进入洛阳。十月又另立11岁的元善见为帝，统治权全部掌握在高欢手里，并迁都邺城，史称东魏。

孝武帝元修于七月到达长安投奔宇文泰之后，宇文泰想把他当傀儡，而他又不甘心，所以矛盾又暴露出来，宇文泰于年末用药酒毒死孝武帝元修，另立元宝炬为帝，是为文帝，史称西魏。

北魏发生内乱，相互攻打，给北方人民带来了灾难，而作为大梁王朝应该趁机发兵统一中原，怎奈武帝随着年龄的增长和信佛到了入迷的程度，无意北伐。官吏贪污成风，世族子弟任意杀人，抢杀掳掠已成正常事件，社会道德下滑，整个国家已到了不可救治的地步。

535年正月，梁改元大同，大赦天下。十一月，中卫将军、特进、光禄大夫徐勉卒。十二月，平西将军、荆州刺史湘东王萧绎进号安西将军。

大同三年(公元537年)六月，魏遣散骑常侍李谐至建康通好。

此时，刘勰与慧震在定林寺里一起熬过了十六七个春秋，校经任务也已完成。校定、整理、重编、增补、订正，共计约七千五百余卷，刘勰也已71岁了。于是他决定出家，先燔发自誓，然后上表武帝，一是向皇上汇报任务完成，二是表明自己决心出家。

不久，刘勰的表奏得到武帝御批，不仅同意他出家，而且还赐法名慧地。

《梁书》记刘勰在定林寺出家后，“未期而卒”，也就是说，出家后不足一年就去世了。

但是，《南史·刘勰传》中把《梁书·刘勰传》中的“未期而卒”四字删去了。有学者认为，《南史》之所以删去了这四个字，说明他并没有“未期而卒”，认为他出家时是愤而自誓，说明心中有无法名状的不快，为了避开南朝的是非之地，回到祖籍莒县，并创建了莒县定林寺。[1]

[1] 萧洪林、邵立均：《刘勰与莒县定林寺》，载《文史哲》1984年第5期。苏兆庆：《刘勰晚年北归和莒县定林寺的创建》，载《北京大学学报》1997年第3期。

附：

一、刘勰传[1]

刘勰，字彦和，东莞莒人。祖灵真，宋司空秀之弟也。父尚，越骑校尉。

勰早孤，笃志好学，家贫不婚娶，依沙门僧祐，与之居处，积十余年，遂博通经纶，因区别部类，录而序之。今定林寺经藏，勰所定也。

天监初，起家奉朝请，中军临川王宏引兼记室，迁车骑仓曹参军。出为太末令，政有清绩。除仁威南康王记室，兼东宫通事舍人。时七庙飨荐已用蔬果，而二郊农社犹有牺牲，勰乃表言二郊宜与七庙同改，诏付尚书议，依勰所陈。迁步兵校尉，兼舍人如故。昭明太子好文学，深爱接之。

初，勰撰《文心雕龙》五十篇，论古今文体，引而次之。其序曰：

夫"文心"者，言为文之用心也。昔涓子《琴心》，王孙《巧心》，"心"哉美矣，故用之焉。古来文章，以雕缛成体，岂取驺奭群言"雕龙"也。夫宇宙绵邈，黎献纷杂；拔萃出类，智术而已。岁月飘忽，性灵不居；腾声飞实，制作而已。夫肖貌天地，禀性五才，拟耳目于日月，方声气乎风雷，其超出万物，亦已灵矣。形同草木之脆，名逾金石之坚，是以君子处世，树德建言，岂好辩哉？不得已也。

予齿在逾立，尝夜梦执丹漆之礼器，随仲尼而南行；旦而寤，乃

[1] 选自姚思廉：《梁书》。

怡然而喜。大哉，圣人之难见也！乃小子之垂梦欤！自生人以来，未有如夫子者也。敷赞圣旨，莫若注经，而马、郑诸儒，弘之已精，就有深解，未足立家。唯文章之用，实经典枝条，五礼资之以成，六典因之致用，君臣所以炳焕，军国所以昭明；详其本源，莫非经典。而去圣久远，文体解散；辞人爱奇，言贵浮诡；饰羽尚画，文绣鞶帨；离本弥甚，将遂讹滥。盖《周书》论辞，贵乎体要；尼父陈训，恶乎异端；辞训之异，宜体于要。于是搦笔和墨，乃始论文。

详观近代之论文者多矣：至于魏文述《典》，陈思序《书》，应玚《文论》，陆机《文赋》，仲洽《流别》，宏范《翰林》，各照隅隙，鲜观衢路。或臧否当时之才，或铨品前修之文，或泛举雅俗之旨，或撮题篇章之意。魏《典》密而不周，陈《书》辩而无当，应《论》华而疏略，陆《赋》巧而碎乱，《流别》精而少功，《翰林》浅而寡要。又君山、公幹之徒，吉甫、士龙之辈，泛议文意，往往间出，并未能振叶以寻根，观澜而索源。不述先哲之诰，无益后生之虑。

盖《文心》之作也，本乎道，师乎圣，体乎经，酌乎纬，变乎《骚》；文之枢纽，亦云极矣。若乃论文叙笔，则囿别区分，原始以表末，释名以章义，选文以定篇，敷理以举统。上篇以上，纲领明矣。至于割情析采，笼圈条贯：摛神性，图风势，苞会通，阅声字；崇替于《时序》，褒贬于《才略》，怊怅于《知音》，耿介于《程器》；长怀《序志》，以驭群篇。下篇以下，毛目显矣。位理定名，彰乎"大易"之数，其为文之用，四十九篇而已。

夫铨叙一文为易，弥纶群言为难。虽复轻采毛发，深极骨髓，或有曲意密源，似近而远，辞所不载，亦不胜数矣。及其品列成文，有同乎旧谈者，非雷同也，势自不可异也。有异乎前论者，非苟异也，理自不可同也。同之与异，不屑古今，擘肌分理，唯务折衷。按辔文雅之场，而环络藻绘之府，亦几乎备矣。但言不尽意，圣人所难；识在瓶管，何能矩矱。茫茫往代，既沈予闻；眇眇来世，倘尘彼观。

既成，未为时流所称。勰自重其文，欲取定于沈约。约时贵盛，无由自达，乃负其书，候约出，干之于车前，状若货鬻者。约便命取读，大重之，谓为深得文理，常陈诸几案。

然勰为文长于佛理，京师寺塔及名僧碑志，必请勰制文。有敕与慧震沙门于定林寺撰经证，功毕，遂启求出家，先燔鬓发以自誓，敕许之。乃于寺变服，改名慧地。未期而卒。文集行于世。

二、刘岱墓志[1]

齐故监余杭县刘府君墓志铭。高祖抚，字士安，彭城内史，夫人同郡孙荀公，后夫人高密孙女寝。曾祖爽，字子明，山阴令，夫人下邳赵淑媛。祖仲道，字仲道，余姚令，夫人高平檀敬容。父粹之，字季和，大中大夫，夫人彭城曹慧姬。南徐州东莞郡莒县都乡长贵里刘岱，字子乔。君齠年歧嶷，弱岁明通，孝敬笃友，基性自然，识量淹济，道韻非假。山阴令，尜（淬）太守事，左迁尚书札白衣监余杭县。春秋五十有四，以永明五年太岁丁卯夏五月乙酉朔十六日庚子遘疾，终于县解。粤其年秋九月癸未朔廿四日丙午，始创坟茔于扬州丹扬郡句容县南乡糜里龙窟山北。记亲铭德，藏之墓右。悠悠海岳，绵绵灵绪。或秦或梁，乍韦乍杜。渊懿继芳，世盛龟组；德方被今，道乃流古。积善空言，仁寿茫昧；清风日注，英猷长晦。奠设徒陈，泉门幽暧；敢书景行，敬遗千载。夫人乐安博昌任女晖，春秋五十有三，以永明元年太岁癸亥夏五月乙酉朔十三日辛酉终。父文季，祖仲章。一女，二庶男。女玉女，适河东裴闾。长男希文，妇东海王茂瑛，父沉之，祖万喜。少男希武。

[1]《刘岱墓志》于1969年在江苏句容县袁巷公社小龙口出土，今藏镇江博物馆。志质为青石，长65厘米、高55厘米、厚7厘米。见《刘岱墓志简述》，载《文物》1977年第6期。

三、刘勰年谱考略[1]

《梁书·刘勰传》说:“刘勰,字彦和,东莞莒人。祖灵真,宋司空秀之弟也。父尚,越骑校尉。”莒,即今山东省莒县,故春秋莒子国。秦属琅邪郡,西汉属城阳国,东汉初期仍为城阳国,建武十三年(公元37年)后国除,属琅邪郡。建安三年(公元198年)臧霸归顺曹操,曹割青、徐二州之地委霸,并从琅邪、东海、北海中划出城阳郡、利城郡、昌虑郡、东莞郡,以霸将尹礼为东莞太守。(事见《三国志》的《魏武纪》和《臧霸传》。《后汉书·地理志》和《晋书·地理志》疏记此事)这是东莞初次升为郡,到刘宋时期的东莞郡辖诸县、莒县、东莞三县。永嘉之乱,北方大族纷纷南迁,明帝在京口设侨置郡县,于京口置东莞郡。1969年江苏句容县出土南齐“刘岱墓志铭”记其籍贯为“南徐州东莞郡莒县都乡长贵里”。刘岱乃刘勰堂叔。江北大族南迁的侨置籍贯,一是为保持地望,仍用原居住地名;二是本想很快能返回故里,所以政府允许他们的户口簿上仍用原籍。(详见《晋书·范汪传附子宁传》)如:《南史·齐本纪上》云:高帝“其先本居东海兰陵县中都乡中都里,晋元康元年,惠帝分东海郡为兰陵,故复为兰陵郡人。中朝丧乱,皇高祖淮阴令整,字公齐,过江居晋陵武进县之东城里,寓居江左者,皆侨置本土,加以‘南’名,更为南兰陵人也。”又如,《梁书·武帝纪》称武帝“南兰陵中都里人,汉相国萧

[1] 选自朱文民:《刘勰传》,2006年版。

何之后也”，是齐高帝的本家。这说明他们的住址虽是晋陵武进县之东城里，籍贯仍填写为“南兰陵县郡中都乡中都里人”，去掉一个“南”字，就是他们的江北的籍贯。又如，琅邪王氏南迁后住址是建康乌衣巷，户籍仍是“琅邪临沂都乡南仁里”。由是知刘勰其在江北的籍贯为“徐州东莞郡莒县都乡长贵里”。莒城曾三次为都，即莒子国都，城阳国都，琅邪国都，这“都乡”当是指莒城周围，或城里。清顾炎武《日知录》卷二二引宋欧阳修《集古录·宋宗悫母夫人墓志》：“涅阳县都乡安众里人。”又云“窆于秣陵县都乡石泉里”。顾氏说：“都乡之制前史不载。按都乡，盖今之坊厢也。”坊是城市中的住宅区，厢是靠近城的地区。晋王羲之是临沂都乡南仁里人。这南仁里就在汉魏时期的临沂城内，今属临沂兰山区白沙埠乡。可知这“都乡”是古代的城治区划名。找刘勰故里，应在莒故城区内考察。从《汉书·百官志》和《宋书·百官志》知百家为一里，这“长贵里”因历史久远，战争、蝗灾、水患和地震等灾难，在莒多有发生，具体村落或街道已不好考证，但最大区域不会超出今城阳镇地。

刘勰的生卒年和具体任职时间，历史上均未有明确记载，所以今人对其生年持说不一，故有：464、465、466、467、469、470、471 年等诸说，之所以诸说不一，是因没有确凿的根据，均为史家各自对史料的理解不同所致。但不外据《文心雕龙·序志》中的七龄梦彩云和齿在逾立始著书及书成后干约献书中的“时约贵盛”等推算而定。今对刘勰年谱进行考略，取牟世金先生的《刘勰年谱汇考》中的生年为刘勰生年。

宋泰始三年（公元 467 年），刘勰生。

牟世金先生在《刘勰年谱汇考》中说：“据《序志》所云：‘予生七龄，乃梦彩云若锦，则攀而采之’，事在元徽元年（公元 473 年），上推七年，是刘勰生于本年。”牟世金先生的这一推理是根据其父于公元 474 年参与抗击刘休范谋反战斗而阵亡为准绳推出来的，牟先生说：“《梁书》本传谓:'勰早孤,笃志好学',似早孤与'好学'有一定联系。《孟子·梁惠王下》:'幼而无父曰孤'。'幼'古代所指较泛。《周礼·秋官·司刺》:'一赦曰幼弱'。郑注:'年未满八岁'。《礼记·曲礼上》:'人生十年曰幼,学'……刘勰早孤好学,义近《曲礼》,是其父殁,当在八至十岁之间。"牟氏所言极是。

《资治通鉴·宋纪十四》记:宋明帝"由是失淮北四州及豫州淮西之地。"

《南齐书·顾欢传》:"佛、道二家,立教既异,学者互相诽毁,欢著《夷夏论》。"

《资治通鉴·宋纪十四》:八月"魏于天宫寺作大像,高四十三尺,用铜十万斤,黄金六百斤"。

宋明帝幸庄严寺,观三教谈论。时帝好玄理。(《佛祖统记》卷三六)

此时淮河以北青、冀、徐、兖四州以及豫州、淮河以西九郡先后被魏夺去,南朝疆域又一次缩小。刘勰老家东莞及琅邪流亡至今江苏省海州地。

泰始四年(公元468年),2岁。

《资治通鉴·宋纪十四》:正月"魏尉元遣使说东徐州刺史张谠,谠以团城降魏"。胡三省注说:"故因宋所置东徐州以命谠。《水经注》曾记载:东莞郡治团城,城在春秋之郓邑西南四十里。……此时宋魏交兵,疆吏能自守者,即以州刺史命之,无常处也。"团城在今山东沂水县境。

穆克宏《刘勰年谱》于此年下记:"宋道士陆修静至建康。王融生。钟嵘生于本年前后。"(以下凡引穆克宏《刘勰年谱》简称穆谱)

泰始五年(公元469年),3岁。

《资治通鉴·宋纪十四》:"十一月,丁未,魏复遣使来修和亲,自是信使岁通。”胡三省注：“自元嘉之末，南、北不复通好。帝即位之三年、四年，再遣聘使。是岁，魏使来，复通好。”

吴均生。裴子野生。

泰始六年（公元470年），4岁。

《南史·宋本纪下》：“九月戊寅，立总明观，征学士以充之。置东观祭酒，访举各十人，举士二十人，分为儒、道、文、史、阴阳五部学，言阴阳者遂无其人。”

泰始七年（公元471年），5岁。

宋明帝杀诸弟休祐、休仁、休若。宋以萧道成为散骑常侍，太子左卫率。殷芸生。

穆谱：宋道士陆修静上《三洞道经目录》。

宋明帝泰豫元年（公元472年），6岁。

《资治通鉴·宋纪十五》：“正月，改元泰豫。四月明帝刘彧卒，太子刘昱立，是为后废帝。袁粲、褚渊秉政。萧道成领卫尉，掌禁卫兵权。”

宋后废帝元徽元年（公元473年），7岁。

《资治通鉴·宋纪十五》：“正月，改元元徽。”

《宋书·后废帝纪》：“八月……秘书丞王俭表上所撰《七志》三十卷。”

《文心雕龙·序志》：“予生七龄，乃梦彩云若锦，则攀而采之。”由此知刘勰是年心境特别好，对前途充满希望。

元徽二年（公元474年），8岁。

五月，桂阳王刘休范举兵反于浔阳，直入建康朱雀门。宋帝用尉将军萧道成议，坚守以待。道成遣越骑校尉张敬儿诈降，杀刘休范，破其余党。同为越骑校尉的刘尚必参与此次激战，但无功而亡，故未立传。（宋齐时五校尉无定员，有时各设近十人。从《资治通鉴·宋纪十五》知此次战役相当激烈，建康皇室兵力已全部投入激战。）牟世金说：“刘勰七岁梦彩云，自不能在本年之后，若提前一、二年，则又与‘早孤’不符”（《刘勰年谱汇考》）。此说大致可信。

六月，宋以萧道成为中领军、南兖州刺史，留卫建康，自此参与朝政。

元徽三年（公元475年），9岁。

定林寺法献往天竺求经，至于阗国得佛牙舍利、法华提婆品以归。（《佛祖统记》卷三六）

三月，张敬儿都督雍、梁二州诸军事、雍州刺史。

江淹作《草木颂》、《采石上菖蒲》、《待罪江南思北回赋》、《泣赋》、《赤虹赋》、《山中楚辞》。（见刘跃进《门阀士族与永明文学》）

元徽四年（公元476年），10岁。

六月，魏冯太后鸩太上皇，改元承明，以太皇太后复临朝称制。

六月，加萧道成尚书左仆射。

江淹作《杂三言》、《石劫赋》、《翡翠赋》、《青苔赋》、《恨赋》、《别赋》、《倡妇自悲赋》。（下凡江淹作品写作年代均见曹道衡《江淹作品写作年代考》）

元徽五年，宋顺帝昇明元年（公元477年），11岁。

敕沙门法持为天下僧正。

三月，宋道士陆修静卒，享年72岁。

四月，宋阮佃夫等谋废立，事泄，被杀。

七月，萧道成使人杀宋帝刘昱，立安成王刘准，是为宋顺帝，改元昇明。萧道成录尚书事。

十二月，荆州刺史沈攸之起兵反萧道成。司徒袁粲等据石头城反萧道成，未几败死。

昇明二年（公元478年），12岁。

正月，沈攸之败归自缢。

二月，宋进萧道成为太尉，都督南徐等十六州诸军事，刺史如故。王俭为太尉右长史。

刘祥为萧道成东阁祭酒、骠骑主簿。

江淹作《萧骠骑祭石头战亡文》、《萧骠骑筑新亭垒埋枯骨表》等。

昇明三年，齐高帝建元元年（公元479年），13岁。

三月，以太傅萧道成为相国，封齐公，加九锡。其骠骑大将军、扬州牧、南徐州刺史如故。

四月，萧道成晋爵为齐王，辛卯（20日）宋顺帝禅位。甲午（23日）萧道成即帝位，是为齐高帝，改元建元，国号为齐。以顺帝为汝阴王，继杀之，追谥顺帝。宋亡。

赵翼《廿二史札记·南朝经学》："齐高帝少为诸生，即位后，王俭为辅，又长于经礼，是以儒学大振。"

《南齐书·王俭传》说：王俭："齐台建，迁右仆射，领吏部，时年二十八岁。"

《南齐书·高帝纪》："儒士雷次宗立学于鸡笼山，太祖年十三受业，治《礼》、《左氏春秋》"。又《文惠太子传》："初，太祖好《左氏春秋》，太子承旨讽诵，以为口实。"此时刘勰正值求学之时，齐帝尚儒，王俭重儒，其后数年"儒学大振"，对刘勰必深有影响。

《南齐书·刘祥传》："祥从祖兄彪，祥曾祖正胤。建元初，降封南康县公，虎贲中郎将。"

江淹作《萧让前部羽葆鼓吹表》、《谢开府辟召表》等。

沈约作《为柳世隆让封公表》。

刘杳生。阮孝绪生。

建元二年（公元480年），14岁。

刘祥为武陵王冠军征虏功曹,除正员外。

《南齐书·文学·檀超传》:"建元二年初置史官,以超与骠骑记室江淹掌史职。"

沈约作《为南郡王让中军表》、《为南郡王舍身疏》、《和王卫军解讲》。

江淹作《大赦诏》、《何詹事为吏部尚书诏》、《北伐诏》等。

王俭作《让左仆射表》、《太子迎车驾临丧议》、《宫臣为太子妃服议》、《太子妃铭旌议》、《太子妃薨建旒议》、《太子妃灵还在道不设祭议》、《国臣为太子妃服议》。

建元三年(公元481年),15岁。

齐司徒褚渊上臧荣绪撰的《晋书》。

沈约作《为柳兖州世隆上旧宫表》。

王俭作《请解领选表》、《太子妃丧遇闰议》、《答褚渊难丧遇闰议书》、《答王逡书》、《穆太妃小祥南郡王应不相待议》。

刘孝绰生。

建元四年(公元482年),16岁。

正月,齐立国学。以中书令张绪为国子祭酒。"精选儒官,广延国胄。"三月,齐高帝萧道成卒,太子萧赜嗣立,是为齐武帝。六月,立萧长懋为太子,封萧子良为竟陵王。九月,以国哀故,罢国子学。

沈约作《竟陵王造释迦像记》、《为文惠太子解讲疏》。

江淹作《立学诏》、《王镇军为中书令右光禄诏》、《张令为太常国子祭酒诏》、《应刘豫章别》、《齐太祖高皇帝诔》。

王俭作《嗣位郊祀议》、《单拜录尚书优策议》、《司空未拜而薨掾属为吏敬议》、《高帝哀策文》、《太宰褚彦回碑文》。

齐武帝永明元年(公元483年),17岁。

正月，齐改元永明。

据《南齐书·刘瓛陆澄传论》："永明纂袭，克隆均校，王俭为辅，长于经礼，朝廷仰其风，胄子观其则，由是家寻孔教，人诵儒书，执卷欣欣，此焉弥盛。"可知此时儒风更浓，刘勰当年17岁，当为执卷欣欣者之一。

《高僧传·僧柔传》："齐太祖创业之始，及世祖（齐武帝）袭图之日，皆建立招提，傍求义士，以柔耆素有闻，故征书岁及，文宣（即萧子良）诸王再三招请，乃更出京师，止于定林寺，躬为元匠。四远钦服，人神赞美。文惠、文宣，并服膺入室。"又《玄畅传》："至齐武升位，司徒文宣王启自江陵，旋于京师，文惠太子又遣征迎。既敕命重迭，辞不获免。于是泛舟东下，中途动疾，带患至京。"又《僧远传》："文惠、文宣，并服膺师礼。"佛徒为帝王敬重到如此程度，当使刘勰为之动心。

齐武帝下令削除没落官僚家族的免役权。

沈约作《为齐竟陵王发讲疏》、《为褚炫让吏部尚书表》、《为长城公主谢表》。

刘祥迁长沙王晃镇军谘议参军，撰《宋书》指斥禅代，王俭密以启闻。武帝暂未追究。

《南齐书·刘祥传》说，刘祥好文学、性韵刚疏，轻言肆行，不避高下。建元初年，褚渊位高权重，入朝以腰扇障日，刘祥从侧过，训之曰："作如此举止，羞面见人，扇障何益？"褚渊怒斥道："寒士不逊！"刘祥不示弱："不能杀袁、刘，安得免寒士？"袁指袁粲，刘指刘秉。此二人与褚渊和萧道成在宋末被称为"四贵"。后褚渊协助萧道成杀此二人，故刘祥讥讽之。

《南齐书·刘祥传》：刘彪"永明元年，坐庙墓不修削爵。后为羽林监"。

永明二年（公元484年），18岁。

正月，定林寺释僧远卒。

《资治通鉴·齐纪二》说："竟陵王萧子良为护军将军兼司徒，领兵置佐，镇西州。……子良笃好释氏，招致名僧，讲论佛法，道俗之盛，江左未有。或亲为众僧赋食、行水，世颇以为失宰相体。"

《南齐书·王俭传》：王俭"二年，领国子祭酒，丹阳尹"。

范缜著《神灭论》。

刘祥为鄱阳王锵征虏府幕僚。按：萧锵本年进号征虏将军。

永明三年（公元485年），19岁。

《资治通鉴·齐纪二》：永明三年正月"诏复立国学；释奠先师用上公礼。……初，宋太宗置总明观以集学士。亦谓之东观。上以国学既立，五月，乙未，省总明观。时王俭领国子祭酒，诏于俭宅开学士馆，以总明四部书充之。又诏俭以家为府。自宋世祖好文章，士大夫悉以文章相尚，无以专经为业者。俭少好《礼》学及《春秋》，言论造次必于儒者，由是衣冠翕然，更尚儒术。"

向以"笃志好学"著称的刘勰对儒学的崇尚将更甚。

沈约作《为南郡王侍皇太子释奠宴诗二》。

王俭作《释奠释菜议》。

王羲之四世孙王僧虔卒。

永明四年（公元486年），20岁。

《资治通鉴·齐纪二》："唐宇之攻陷钱唐。并称帝于钱唐，国号吴，立太子设百官，遣其将高道度攻陷东阳，杀东阳太守萧崇之，三吴为之大震，寻败死。"

沈约作《绣像赞并序》。江淹作《籍田歌》。

刘勰母殁。刘勰母殁的具体时间不好确考。牟世金先生在《刘勰年谱汇考》中引范文澜《文心雕龙·序志》注说："母殁当在二十左右，衡诸居丧三年后之行事，故系于本年。”牟氏推算为是。

永明五年(公元487年)，21岁，丁母忧。

春，沈约受敕撰《宋书》。

以萧子良为首的文学集团形成，为当时文坛盛事。并集学士抄五经百家，为《四部要略》千卷。与此同时，萧子良广招名僧，大讲佛法，形成江南崇佛高潮。

任昉作《为褚谘议蓁让兄袭封表》。刘祥作《连珠》十五首。王融作《古意》二首，《从武帝琅邪城讲武应诏诗》。

刘勰在家守丧，读书。

永明六年(公元488年)，22岁，丁母忧。

二月，沈约上《宋书》七十卷。其中，《谢灵运传论》第一次提出较系统的声律论，声律学自此渐兴。

王俭作《皇孙南郡王冠议》、《南郡王冠醮酒辞》并与贾渊撰《百家谱》。

臧荣绪卒。

陆侃如先生在《刘勰年表》中，定刘勰本年入定林寺依沙门僧祐，根据是从《高僧传·释僧祐传》中有僧祐“永明中敕入吴”推出来的，此说可能源于范文澜，不确(详见下文永明十年)。陆先生并在这年的说明部分说：“这里所说的定林寺，应指京口的庙宇。”这也是不对的，应是建康的定林上寺。笔者藏有一部元《至顺镇江志》，书中查不到京口有定林寺的记载。1997年冬天，笔者曾亲到镇江为此事走访过文博界的几位先生，均否认此处有定林寺，所以说陆先生之说也是不准确的。现在莒县的同志写文章提到刘勰与定林寺，往往说曾在京口或镇江的定林寺，究其谬因，盖源于陆先生，因为他这个年谱就陈列在莒县定林寺。

永明七年(公元489年)，23岁，三年丧毕。

《高僧传·僧辩传》:“永明七年二月十九日,司徒竟陵文宣王,梦于佛前咏维摩一契,同声发而觉,即起至佛堂中,还如梦中法,更咏古维摩一契。便觉韵声流好,著工恒日。明旦即集京师善声沙门龙光普智、新安道兴、多宝慧忍、天宝超胜,及僧辩等,集第作声。”牟世金:“陈寅恪《四声三问》认为四声学说形成于永明年间与此有关。”(《刘勰年谱汇考》)

刘祥卒,年39岁。(御史中丞任遐作《奏弹刘祥》,武帝下《敕徙刘祥》发配广州,终日饮酒,少时卒。)刘瓛卒。王俭卒。萧子显生。

齐以竟陵王萧子良为国子祭酒。

沈约作《瑞石像铭》、《齐临川王行状》、《齐太尉文宪王公墓志铭》、《和竟陵王子良高松赋》。

任昉作《求为刘瓛立馆启》。

王融作《栖玄寺听讲毕游西邸园七韵应司徒诗》。

永明八年(公元490年),24岁。

《南齐书·武帝纪》:夏四月戊辰,诏:“公卿已下各举所知,随才授职,进得其人,受登贤之赏;荐非其才,获滥举之罪。”

十月,萧子良招硕学名僧五百余人,请定林寺僧柔、僧祐等讲律。(见僧祐《略成实论记》)

假若前传刘勰20岁母殁是正确的,则此年服丧已满,又见朝廷下诏各公卿举人,在此诏的感召下,使刘勰看到了朝廷以才取仕的希望,建康定林寺是一个极好的去处,一是可以避役,二是可以安心读书,三是有机会见到政界上层人物。其最初身份可能是书佣。当时的定林寺藏书丰富,名僧聚集,其主持僧祐又是当朝的经律权威,这对于一个笃志好学的年轻学子自有极大的吸引力,刘勰可能在此种思想指导下,遂入寺一边读书,一边助祐校经,窥测时机,以求闻达,这一住便是十几年。虽久住,但不皈依，这说明儒家思想对刘勰的影响是相当大的。

刘勰于永明十年为定林寺高僧超辩撰碑文。此时定林寺名僧云集，彦和独秀于林，这说明刘勰的才华已被定林寺高僧所认可，这必须得有一个相当的时间作保证。一是刘勰的才华展现需有一定的时间；二是高僧们对他也应有个认识过程。所以，于此年入寺较为合理。牟世金先生主张系于本年。并举出四条理由：一为刘勰丧满之后，旋即来京，不可久滞（牟氏认为彦和家住京口）；二为或闻四月诏，即时赶来冀得"公卿以下"所举。即无门径，则依沙门僧祐，以待时机，故入寺后未曾年满具戒；三为此时僧祐正为萧子良所重，僧祐声望俱增，信可托；四为自本年入寺至天监二、三年出寺入仕与本传依沙门僧祐，与之居处积十余年相符。（《刘勰年谱汇考》）

萧子良作《登山望雷居士精舍同沈左卫过刘先生墓下作》。

沈约作《奉和竟陵王经刘瓛墓诗》、《奏弹王源》、《奏弹孔稚珪违制启假事》。

周颙作《抄成实论序》。（见僧祐《出三藏记集》）

是年冬，齐音韵学家周颙卒。（曹旭《诗品研究》354 页）

永明九年（公元 491 年），25 岁。

据《高僧传》和《续高僧传》记载，同与刘勰在定林寺的名僧有僧柔、法通、道嵩、超辩、慧弥、法令等，其中法令和超辩、慧弥皆"足不出门三十余载"。此风必影响"笃志好学"之刘勰，而僧祐著作等身，可见定林寺不仅是一所佛教名寺，也是一所治学严谨的学府。

此年诏百官举士，刘勰仍无人举荐，陆厥被同郡司徒左西曹掾顾皓之举为秀才。（《南史·陆厥传》）

刘勰在定林寺一边读书，一边佐僧祐校经。

王融作《三月三日曲水诗序》、《饯谢文学离夜》、《萧谘议西上夜集》、《永明九年策秀才文》。任昉作《别萧谘议衍诗》。萧衍作《答任殿中宗记室王中书别诗》。

谢朓作《三日侍宴曲水代人应诏》、《和沈右率诸君饯谢文学诗》、《随王鼓吹曲》,萧琛作《饯谢文学》。

《南齐书·刘祥传》:刘彪,“九年,又坐与亡弟母杨别居,不相料理,杨死不殡葬……为有司所奏,事寝不出”。

永明十年(公元492年),26岁。

竟陵王萧子良为尚书令。

《续高僧传·明彻传》:永明十年僧祐奉敕三吴讲律,与明彻中途相遇,虽则年龄悬殊,情同莫逆。(范文澜认为僧祐奉敕入吴讲律在永明五、六年间,是按《僧祐传》中的“永明中”推出来的,不确)(见《文心雕龙注·序志注六》)

陶弘景作《解职表》,脱朝服隐居句容之句曲山。

王融作《豫章文献王墓志铭》。

刘勰为定林寺释超辩撰碑文。

永明十一年(公元493年),27岁。

正月,文惠太子萧长懋卒。七月,齐武帝萧赜卒,太孙(懋长子)昭业嗣位(后改为郁林王)。

四声论、永明体形成。

刘勰一面佐僧祐校经,一面注意永明年间形成的声律论。《文心雕龙》中的《声律篇》正是沈约、陆厥等人研究声律学的反映。

王融作《皇太子哀策文》、《永明十一年策秀才文》、《别王丞僧孺》、《上疏乞自劾》、《下狱答辞》。不久被杀。时年27岁。

沈约作《齐武帝谥议》、《伤王融》、《伤胡谐之》、《为文惠太子礼佛愿疏》。

齐郁林王隆昌元年，海陵王延兴元年，齐明帝建武元年（公元494年），28岁。

正月，齐改元隆昌。四月，萧子良卒。七月，西昌侯萧鸾杀齐帝萧昭业，迎立新安王萧昭文（谥恭王）为帝，改元延兴。十月，萧鸾为太傅加殊礼，晋爵为王，旋废帝为海陵王，萧鸾即帝位，是为明帝，改元建武。

沈约除吏部郎，出为宁朔将军，东阳太守。

十月，沈约征为五兵尚书，迁国子祭酒，进号辅国将军。作《早发定山诗》、《让五兵尚书表》、《贺齐明帝登祚启》。

《高僧传·僧柔传》：定林寺释僧柔卒，春秋六十有四，葬于山南，沙门僧祐为之立碑，刘勰为其撰碑文。

刘勰继续在定林寺佐僧祐校经。

释玄畅卒，畅长于律学。

建武二年（公元495年），29岁。

四月，魏为孔子立祠，修孔子墓，封诸孔宗子一人为崇圣侯。

六月，魏诏："不得为北俗语于朝廷，违者免官。"

八月，魏立国子学、太学、四门小学于洛阳。

九月，魏六宫及文武尽迁洛阳。（《通鉴》记齐明帝建武二年九月，《南史》记明帝建武元年十二月，今以《通鉴》为准）

谢朓作《齐雩明堂辞八首》。

诏刘虬为国子博士不起。虬隐居江陵。其年冬季命卒，年五十八。虬，南阳涅阳人，汉皇室后裔，精信佛理。注《法华经》自讲佛义。

刘勰在定林寺继续佐僧祐整理经卷。

建武三年（公元496年），30岁。

《资治通鉴·齐纪六》："上躬亲细务，纲目亦密，于是郡县及六署、九府常行职事，莫不启闻，取决诏敕。文武勋旧，皆不归选部，亲近凭势，互相通进,人君之务过繁密。南康王侍郎颍川钟嵘上书言:‘古者,明君揆才颁政,量能授职,三公坐而论道,九卿作而成务,天子唯恭己南面而已’。书奏,上不怿,谓太中大夫顾暠曰:‘钟嵘何人,欲断朕机务!卿识之不?’对曰:‘嵘虽位末名卑,而所言或有可采。且繁碎职事,各有司存;今人主总而亲之,是人主愈劳而人臣愈逸,所谓‘代庖人宰而为大匠斫’也。上不顾而言他”。

范云出为始兴内史。

沈约此年离东阳太守职,进京就尚书职,作《去东阳与吏民别诗》。

任昉作《为范始兴作求立太宰碑表》。

建武四年(公元497年),31岁。

《南齐书·张融传》:张融“建武四年病卒,年五十四岁”。

沈约作《授王缋蔡约王师制》。

任昉作《为萧扬州荐士表》,此表为萧遥光荐举王暕和王僧孺而作。

刘勰酝酿《文心雕龙》的写作。

定林寺释法献卒,享年75岁。弟子僧祐造碑墓侧,丹阳尹沈约制碑文。沈约与僧祐的交往,史无明文记载,从立碑和制文看,二人似一定有交往。

建武五年,永泰元年(公元498年),32岁。

正月,明帝大杀诸王十人。此时除梁武帝仅有一支外,齐高帝和齐武帝后人皆被杀。

四月,改元永泰。大司马王敬则举兵反于会稽,五月被杀。

七月,明帝萧鸾病卒,子萧宝卷立,后被废为东昏侯。

《梁书·沈约传》:“明帝崩,政归冢宰,尚书令徐孝嗣使约撰定遗诏。迁左卫将军,寻加通直散骑常侍。”又作《齐明帝谥议》、《齐明帝哀策文》、《劝农访民所疾苦诏》、《行园》。

《文心雕龙·序志》:"齿在逾立,则尝夜梦执丹漆之礼器,随仲尼而南行……于是搦笔和墨,乃始论文。"

刘勰于本年前后始撰《文心雕龙》。

齐东昏侯永元元年(公元499年),33岁。

正月,改元永元。四月,魏孝文皇帝卒,子洛嗣,是为世宗宣武皇帝。八月齐始安王遥光举兵反,寻败死。十一月,太尉陈显达举兵于浔阳,十二月败死。

四月,沈约作《立太子诏》,九月作《赦诏》。十月帝杀徐孝嗣。封孝嗣子世标为临汝县子。

陆厥卒,谢朓卒。

沈约作《封徐世标诏》。又作《伤谢朓》。

僧祐的《出三藏记集》成书于本年前后。

在《出三藏记集》这部书中,虽然没有明确标出成书年代,但从书的卷一二《释僧祐法集目录序》中可以推算出他的成书时间。《序》文说:"少受律学,刻意毗尼,旦夕讽持,四十许载,春秋讲说,七十余遍。"慧皎《高僧传·僧祐传》记其出家时间为:"年十四,家人为访婚,祐知之而避至定林,投法达法师。……以天监十七年(公元518年)五月二十六日卒于建初寺,春秋七十有四。"把天监十七年的公元518年,减去"七十有四"是公元445年出生,加上"年十四"出家,可知其出家之年为公元459年,加上"刻意毗尼,旦夕讽持,四十许载"是公元499年,时为齐东昏永元元年,是其序文撰写之年。可知其书最初成书于齐末。

但我们翻检现行的中华书局版《出三藏记集》,却时而见到梁代的资料在内。例如:

卷二《新集律来汉地四部记录》有:萨婆多者,梁言一切有也。……

昙无德者，梁言法镜。《新集撰出经律论录》载:《教戒比丘尼法》一卷，梁天监三年，钟山灵耀寺沙门释僧盛依《四分律》撰。

卷五《新集疑经伪撰杂录》载:《众经要览法偈》二十一首，一卷，梁天监二年，比丘释道欢撰。《新集安公注经及杂经志录》第四载:《益意经》二卷，天监元年出。《般若得经》一卷，梁天监元年出。《华严璎珞经》一卷，天监元年出。《逾陀卫经》一卷，天监四年出。《阿那含经》二卷，天监四年出。《妙音师子吼经》三卷，天监四年出。《出乘师子吼经》一卷，天监三年出。《萨婆若陀卷眷庄严经》一卷，注说:右一部。梁天监九年，郢州头陀道人好光，戒岁七腊，矫以胜相，诸尼妪人，佥称圣道。

卷七《慧印三昧及济方等学二经序赞》云:有广州南海郡民何规，以岁次协洽，月旅黄钟，天监之十四年十月二十三日，采药于豫章胡翼山。

卷八《注解大品序》云:此经东渐，二百五十有八岁，始于魏甘露五年(公元260年)至自于阗。(自甘露五年的260年加上257年，即为公元517年，是梁天监十六年)

卷九《贤愚经记》云:京师天安寺沙门释弘宗者……洎梁天监四年，春秋八十有四。凡六十四腊，京师之第一上座也。

卷一二《杂录序》云:由汉届梁，世历明哲。《法苑杂缘原始集目录序》云:大梁受命，道观百王，神教傍通，慧化冥被。《法苑杂缘原始集》目录中有:《皇帝天监五年四月八日乐游大会记》、《大梁功德集》、《太尉临川王成就摄山龛大石像记》、《定林上寺太尉临川王造镇经藏记》〔临川王萧宏进太尉，第一次为天监十一年(公元512年)，第二次时在普通元年(公元520年)〕。

但是，本书卷一二说此书原为十卷。而现行本却是十五卷，唐《长房录》卷一五载:“《出三藏记集》齐建武年律师僧祐撰。”《道宣录》卷一

○载：梁出《出三藏记集》，齐末梁初撰。《历代三宝记》卷一一录《华林佛殿众经目录》四卷，其解题云："右一部四卷，天监十四年，安乐寺沙门释僧绍敕撰。绍略取祐之《三藏记目录》，分为四色，余增减之。'此经记作'梁天监十四年敕沙门释僧绍撰。"可见《出三藏记集》的十卷本在齐末已行于世。而今中华书局的十五卷本中有天监十六年和普通年间的材料，一是说明此书在僧祐生前一直把新出现的东西不断补充在里面，二是说明刘勰入寺与慧震校经时，又再次作了增订。

日本的兴膳宏先生对刘勰与《出三藏记集》的关系专门作过研究，他认为：

刘勰在《出三藏记集》的编纂中作过贡献，而且这种贡献发挥了十分重要的作用。……具有讽刺意味的是僧祐自己在此书中暗示了这样一种可能性，即用他自己名字发表的著作不一定由他本人执笔。例如卷一二《经序》部末尾有"僧祐编"《法集杂记》七卷，列记了序和篇目，其中除僧祐自己的著作外还有刘勰撰《钟山定林上寺碑铭》一卷、《建初寺初创碑铭》一卷、《僧柔法师碑铭》一卷及沈约撰《献统上碑铭》一卷。僧祐在序中说："其山寺碑铭，僧众行记，文自彼制，造自鄙衷。"也就是说：以上所奉四篇文章，虽然出自刘勰、沈约之手，而内容却是僧祐自己的，可以理解为僧祐向刘、沈叙述了自己的旨趣，而委托他们走笔成文。僧祐与沈约的关系目前还不清楚，但对于弟子刘勰，经常嘱他撰写此类文字恐怕是毫不足怪的。按照三段论法，可以说《出三藏记集》内的文章出于刘勰之手的假定具备了确凿的条件。

其次，从散见于本书中的著者的文章中，往往使人感到它们并非出于僧祐之手。如卷五载僧妙光作疑经《萨婆若陀眷属庄严经》引起协议，僧祐及其他高僧遂奉武帝敕命会集建康进行审理。文云："即以其年四月二十一日，敕僧正慧超，令唤京师能讲大法师，宿德僧祐、昙准等二十人，共至建康，前辩妙光事。”

在中国，人与人之间关系中，序列是十分重要的。因此，僧祐作为二十名高僧的代表，却把自己的名字列在最前面的这一情况按照常识说来是不自然的。而且在自己的名字前边冠上庄严的“宿德”样字，简直令人感到滑稽。如果“宿德”僧祐真的是这篇文章的作者，他一定不会这样写。可以说代笔者在这些例子中露了马脚。那么范文澜氏认为僧祐因宣扬佛法多忙，无暇潜心著述，故以其名发表的作品，皆出于刘勰之手这一看法又如何呢？（引自彭恩华编译的《兴膳宏〈文心雕龙〉论文集》）

兴膳宏先生从文法和用词造句中经过与《文心雕龙》的对比甚至从中找出了属于刘勰的部分。

永元二年（公元500年），34岁。

三月，平西将军崔慧景起兵围建康，四月败。十月，齐害尚书令萧懿。十一月，雍州刺史萧衍起兵襄阳。十二月，西中郎长史萧颖胄起兵江陵，奉南康王萧宝融为主。魏于洛阳伊阙山造石窟佛像。

《资治通鉴·齐纪八》：“帝（东昏侯）既诛显达，益自骄恣，渐出游走，又不欲人见之；每出，先驱斥所过人家，唯置空宅。尉司击鼓蹋围，鼓声所闻，便应奔走，不暇衣履，犯禁者应手格杀。一月凡二十余出，出辄不言所定，东西南北，无处不驱。常以三四更中，鼓声四出，火光照天，幡戟横路，士民喧走相随，老小震警，啼号塞道，处处禁断，不知所过……尝至沈公城，有一妇人临产，不去，因剖腹视其男女。又尝至定林寺，有沙门老病不能去，藏草间；命左右射之，百箭俱发。”不知受箭者为何僧？

此时刘勰正住定林寺撰写《文心雕龙》，不知何以脱险？

东昏侯为一道教徒，对寺院和佛徒持虐杀态度，是可想而知的事。

《梁书·沈约传》：沈约于“永元二年，以母老表求解职，改授冠军将军，司徒左长史，征虏将军，南清河太守”。作《大赦诏》、《侍宴乐游苑饯徐州刺史应诏》。丘迟作《侍宴乐游苑送张徐州应诏诗》。范云作《赠张徐州稷》诗。

祖冲之卒。

永元三年，齐和帝中兴元年（公元501年），35岁。

正月，东昏侯以晋安王萧宝义为司徒，建安王萧宝寅为车骑将军，开府仪同三司。南康王萧宝融为相国，萧宝融遂称帝于江陵，改元中兴，是为和帝（时建康东昏政权仍存在）。二月，萧衍上表反对甲族二十登仕，帝诏依衍表施行。六月，巴陵王萧昭胄谋自立，事泄，死。九月萧衍督师至建康，十月围宫城。十二月，萧衍杀东昏侯，以宣德太后令追封废帝为东昏侯。萧衍为中书监、大司马、录尚书事、骠骑大将军、扬州刺史，封建安郡公。

陶弘景使弟子向萧衍献图谶。

裴子野作《齐安乐寺律师智称法师碑》。（见《广弘明集》）

萧统生。孔稚珪卒。

刘勰在定林寺继续撰写《文心雕龙》。

中兴二年，梁天监元年（公元502年），36岁。

正月，齐大司马萧衍都督中外诸军事，加殊礼，旋为梁国公，加九锡。二月晋爵称王，大杀明帝诸子，迎和帝于江陵。三月二十八日齐和帝禅位，四月八日萧衍即皇帝位，改元天监，国号为梁。是为梁高祖武皇帝，以齐和帝为巴陵王，翌日杀之，齐亡。

任昉作《禅位梁公策》、《禅位梁王玺书》、《禅位诏》。

以萧宏为后军将军、扬州刺史，并封为临川郡王。

诏以中书监王亮为尚书令，吏部尚书沈约为尚书仆射。范云为散骑常侍、吏部尚书。

四月辛未，武帝土断南徐州侨置郡县。

又诏："可分遣内侍，周省四方，观政听谣、访贤举滞。……若怀宝迷邦，蕴奇待价，蓄响藏真，不求闻达，并以名腾奏，罔或遗隐。使辎轩所届，如朕亲览焉。"

十一月，梁立萧统为皇太子。

沈约作《齐太尉徐公墓志》、《让仆射表》、《谢封建昌侯表》、《谢母封建昌国太夫人表》、《立太子诏》、《为太子谢初表》、《封授临川等五王诏》、《齐太尉王俭碑》、《丞相长沙宣武王墓志铭》、《梁武帝践祚后与诸州郡敕》。

钟嵘作《上言军官》。

魏洛阳宫室自齐永明十一年始建，至本年十一月完工。

《文心雕龙》是年春夏撰成。

《文心雕龙》成书年代，过去皆以清人刘毓崧《书文心雕龙后》依据《时序》篇中的"既皇齐驭宝，运集休明。太祖以圣武膺箓，世祖以睿文纂业，文帝以贰离含章，高宗以上哲兴运，并文明至天，缉遐(疑当作熙)景作。今圣历方兴，文思光被"，断定成书于齐。刘氏以此列举三证："此篇所述，自唐虞以至刘宋，皆但举其代名，而特于齐上加一'皇'字，其证一也。魏晋之主称谥号而不称庙号，至齐之四主，惟文帝以身后追尊，只称为帝，余并称祖称宗，其证二也。历朝君臣之文，有褒有贬，独于齐则竭力颂美，绝无规过之词，其证三也。"

牟世金先生在《刘勰年谱汇考》也说："刘勰之称皇齐，绝非偶然，《文心雕龙》必成于齐末，已无庸置疑。"然而近年贾树新先生在《文心雕龙研究》第1辑上撰文以避讳学作为钥匙，以新"三证"反驳了刘毓崧的

"三证",认为《文心雕龙》中避梁武帝"衍"字而不避齐帝"宝"、"融"、"卷"、"昭"、"业"。认为"这充分说明,书非成于齐……而理当撰成于梁。"以往曾有多位学者用避讳学判断《文心雕龙》的成书时间,认为《文心雕龙》中避梁讳,因而判定其成书于梁代。笔者认为用此种方法的论者有个重要因素没有考虑进去,这就是印刷术虽然发明于隋唐,但应用于印书业是中唐以后。隋代以前的文献都是手抄品,学界普遍认为刘勰向沈约献书的时间是在梁初,刘勰是中国传统文化的行家,他决不会把《文心雕龙》中带有"顺"字和"衍"字的书稿献给与梁武帝关系非同一般的沈约。现在的《文心雕龙》不可能是最初的版本。《文心雕龙》即便是成书于齐,刘勰也会在向沈约献书前作一番避梁讳的改动。再说,梁代以前的所有文献,凡经过梁代抄录的,必然都要避梁讳,这是常识,但往往被忽视。因而用避讳学否定《文心雕龙》成书于齐的力度不大。又因为书成以后,未为时流所称,不得已而取定于沈约,这说明成书后至负书干约需有一段时间。故将《文心雕龙》成书时间系于本年春。

天监二年(公元503年),37岁。

正月,沈约为尚书左仆射,范云为右仆射。四月,蔡法度上梁律二十卷、令三十卷、科四十卷。五月范云卒。六月,中书监王莹为尚书右仆射。

刘勰负书干约,得约赏识,沈约响应武帝去年贤诏,举刘勰起家奉朝请。仍住定林寺。十月,萧纲生。

沈约作《尚书右仆射范云墓志铭》、《佛记序》、《应诏进佛记序启》。任昉作《出郡传舍哭范仆射诗》。

萧衍作《连珠》,诏群臣继作者数十人,丘迟文最美。

十一月,沈约以丁母忧解职。

天监三年(公元504年),38岁。

正月，临川王萧宏为中军将军，开府置佐，得僧祐力，刘勰任临川王记室。

《高僧传·僧祐传》说："临川王宏，南平王伟……并崇其戒范，尽师资之敬。"由此，知萧宏与僧祐关系甚密。可证刘勰为临川王记室当得到了僧祐的推荐。刘勰终于实现了入寺以求闻达的目的。

刘勰于本年离开定林寺正式入仕。

前尚书左仆射沈约为镇军将军，丹阳尹。

钟嵘为临川王行参军。与刘勰同在萧宏帐下供职，一定相识。

尚书右仆射王莹为尚书左仆射。太子詹事柳惔为右仆射。

四月，武帝敕命舍道事佛。四月八日，诏曰："梁国皇帝兰陵萧衍稽首和南……弟子经迟迷荒，耽事老子，历叶相承，染此邪法，习因善法，并迷知返。今舍旧医，归凭正觉。愿使未来世中，童男出家，广弘经教，化度众生。"（《舍道事佛疏》见《全梁文》卷六）四月十一日又敕："大经中说，道有九十六种，唯佛一道，是于正道，其余九十五种皆是外（邪）道。朕舍外道以事如来，若有公卿能入此誓者，各可发菩提心。老子、周公、孔子等，虽是如来弟子，而为化迹既邪，止是世间之善，不能革凡成圣，其公卿百官，侯王宗室，宜反伪就真，舍邪入正。"（《敕舍道事佛》见《全梁文》卷四、《广弘明集》卷四。此事《佛祖统记》记在天监二年条下）

沈约作《均圣论》。陶弘景作《难镇军沈约〈均圣论〉》。

十一月，帝敕公卿百僚侯王宗族，并弃道教，舍邪归正。（此条《佛祖统记》记在天监二年，误，当在天监三年）

任昉作《奏弹曹景宗》、《奏弹刘整》。（此刘整非刘祥兄，乃刘寅之弟）

天监四年（公元505年），39岁。

正月《梁书·武帝纪》诏："今九流常选，年未三十，不通一经，不得解褐若有才同甘、颜，勿限年次。”《资治通鉴·梁纪二》：诏“置《五经》博士各一人，广开馆宇，招纳后进”。于是博士各主一馆。馆有数百生，给其饩廪，其射策通明者即除为吏。期年之间，怀经负笈者云会京师。（《梁书·儒林传论》亦记此事）

十月，中军将军扬州刺史临川王萧宏都督北讨诸军事，尚书右仆射柳惔为副，开始北伐，王公以下各上国租及田谷以助军。

刘勰留守中军府。丘迟为临川王记室，随军北伐。

任昉作《奏弹范缜》。

沈约作《上疏论选举》、《应诏乐游苑饯吕僧珍》。

王筠作《侍宴饯临川王北伐应诏诗》。

释僧祐作《贤愚经记》。（《释藏》）江淹卒，时年62岁。《诗品》评曰：“文通诗体总杂，善于摹拟。筋力于王微，成就于谢朓。”

天监五年（公元506年），40岁。

《魏书·世宗纪》正始三年（公元506年）正月壬申，“萧衍冀州刺史桓和入寇南青州，州军击走之”。

梁武帝正月诏：“凡诸郡国旧族邦内无在朝位者，选官搜括，使郡有一人。”置州望、郡宗、乡豪各一人（当时有州二十三，郡三百五十，县一千二十二），专掌搜荐东晋以来湮没不显的旧族，使他们有参加政权的机会，作为政权的支持力量。

甲申，立皇子刚为晋安王。

《梁书·武帝纪中》三月“癸未，魏宣武帝从弟翼率其诸弟来降。辅国将军刘思效破魏青州刺史元系于胶水”。（胶水即今山东潍坊和青岛间的胶河）

据《梁书·陈伯之传》，三月，临川王萧宏记室丘迟私与宋时降魏的陈伯之书，其书末云：“暮春三月，江南草长，杂花生树，群鹦乱飞。见故国之旗鼓,感平生于畴日,抚弦登陴,岂不怆悢。所以廉公之思赵将,吴子之泣西河,人之情也。将军独无情哉!想早励良图,自求多福。"于是陈伯之拥兵八千归梁。

六月,昭明太子出居东宫。

丘迟又作《为柳仆射让光禄表》、《敬酬柳仆射征怨诗》。

刘孝仪作《为临川王奉诏班师表》。谢朓卒,时年66岁。

沈约作《怀徒谢朓墓志铭》、《齐禅林寺尼静秀行状》。

天监六年(公元507年),41岁。

梁武帝正月诏:"朕听朝晏罢,思阐政术,虽百辟卿士,有怀必闻……四方士民若有欲陈言行政,益国利民……有可申采,大小以闻。"刘勰闻诏,始酝酿陈言以图进身。

四月,中军将军、扬州刺史临川王萧宏为骠骑将军,开府仪同三司。光禄大夫沈约为尚书左仆射。

六月,以车骑将军、湘州刺史夏侯详为右光禄大夫。

闰十月,骠骑将军、开府仪同三司、临川王萧宏为司徒,行太子太傅。尚书左仆射沈约为尚书令,行太子少傅。右光禄大夫夏侯详为尚书左仆射。

任昉作《济浙江诗》、《落日泛舟东溪诗》、《泛长溪诗》。

十二月,尚书左仆射夏侯详卒。

范缜《神灭论》成书。梁武帝发动王公及僧正等66人撰文75篇批驳范缜,缜不为所屈。

天监七年(公元508年),42岁。

正月,诏吏部尚书徐勉定百官九品为十八班,以班多者为贵。中卫将军领太子詹事王茂进号车骑将军。帝下《立学诏》。《梁书·儒林传论》云:"于是皇太子,皇子,宗室,王侯始就业焉。高祖亲屈舆驾,释奠于先师先圣，申之以宴语，劳之以束帛，济济焉，泽泽焉。大道之行也如是。”

丘迟卒。时年45岁。《诗品》称：“丘诗点缀映媚，似落花依草，故当浅于江淹，而秀于任昉。”

范缜为国子博士，作《以国子博士让裴子野表》。

萧绎生。十一月，刘勰奉敕入定林寺与僧旻一起抄经。

唐释道宣撰《续高僧传·僧旻传》：“……仍选才学道俗释僧智、僧旻，临川王记室东莞刘勰等三十人，同集上（定）林寺，抄一切经论，以类相从，凡八十（八）卷，皆令取衷于旻。”隋费长房《历代三宝记》：“众经要抄一部并目录，八十八卷。……天监七年十一月，帝以法海浩博，浅识窥寻，卒难该究，因敕庄严寺沙门释僧旻等于定林上寺，缉撰此部，到八年四月方了。”杨明照先生认为：“在天监七年十一月之前，舍人仍任职临川王萧宏府中，故道宣称其衔也。”（《〈梁书·刘勰传〉笺注》）

牟世金先生在《刘勰年谱汇考》中认为天监四年（公元505年）十月中军临川王萧宏率兵北伐，记室已换成丘迟，因《梁书·丘迟传》中说：“四年，中军将军临川王宏北伐，迟为谘议参军，领记室。”因此认为天监七年刘勰已迁车骑仓曹参军；而天监六年至天监八年间的车骑将军唯有夏侯详和王茂二人，并且认为刘勰是任夏侯详的仓曹参军。笔者认为道宣在《僧旻传》中记“临川王记室东莞刘勰”一定是有根据的，即使中军将军记室定制设一人，而天监四年萧宏率军北伐，因为非常时期，工作一定相当繁忙，或许刘勰留府中，丘迟在前线，丘迟只是前线上的记室。故从杨明照说。至于牟先生以道宣不记官职全名只记临川王记室东莞刘勰“显然是道宣之误……不足为刘勰任临川王记室至本年之据”。笔者认为如果以此为据否认了道宣所记的史料价值的话，牟先生在《刘勰年谱汇考》中也有几处临川王萧宏记室而不记全衔，如《汇考》第82、83页就只记临川王萧宏记室未记前衔。难道说《汇考》没有参考价值了吗？只能说道宣此处记得不严密，不能以此为据认为此时刘勰已调为车骑仓曹参军。如果为车骑仓曹参军，而又只能是夏侯详的，那么夏侯详卒于天监六年十二月，到七年十一月刘勰才去抄经，那么从七年一月至十一月这十一个月的时间空白，刘勰又到哪里去了呢？所以我们认为《梁书·刘勰传》只记刘勰初任萧宏记室的职务，后来的就没有再记上，认为刘勰自天监三年至八年四月，仍任职萧宏府中。

任昉卒，时年49岁。王僧孺作《太常敬子任府君传》。

沈约作《太常卿任昉墓志铭》。

天监八年（公元509年），43岁。

《资治通鉴·梁纪三》记：天监八年（公元509年），时佛教盛于洛阳，沙门之外，自西域来者三千余人，魏主别为之立永明寺千余间以处之。处士南阳冯亮有巧思，魏主使与河南尹甄琛、沙门统僧暹择嵩山形胜之地立闲居寺，极岩壑土木之美，由是远近承风，无不事佛，比及延昌，州郡共有一万三千余寺，僧众二百万（此不含南朝寺数）。

本年四月，刘勰与僧旻等在定林寺抄成《众经要抄》八十八卷。

戊申，以太傅临川王宏为司空，车骑将军王茂即本号开府仪同三司。

刘勰抄经完工后，调任车骑（王茂）仓曹参军。

王茂，字休远，太原祁人，高门士族。起家奉朝请。“好读兵书，驳略究其大旨”，“性宽厚，居官虽无誉，亦为吏民所安。……姿表瑰丽，须眉如画，出入朝会，每为众所展望”。[1]一直在军内谋事，为武帝所器重，是武帝政权的重要支持者。历任后军参军，司空骑

[1] 见《梁书·王茂传》。

兵，太尉中兵参军，临湘令，越骑校尉，宁朔将军，江夏内史，襄阳太守。武帝义师起后，任护军将军，侍中，领军将军，镇军将军，封望蔡县公。天监六年改为中卫将军，领太子詹事。七年为车骑将军，八年四月即本号开府仪同三司、丹阳尹，侍中如故。十一年（公元512年）为司空，十二年（公元513年）为使持节，散骑常侍，骠骑将军，都督江州诸军事，江州刺史，十四年（公元515年）四月卒。是一位深为武帝所重的大臣。是文韬武略远高于临川王萧宏的著名将领。刘勰在王茂即本号之时入府在其手下任职，当会学到不少军事知识和行政能力。

五月壬午诏曰："学以从政，殷勤往哲，禄在其中，抑亦前事。朕思阐治纲，每敦儒术，轼闾辟馆，造次以之。故负帙成风，甲科间出，方当置诸周行，饰以青紫。其有能通一经、始末无倦者，策实之后，选可量加叙录。虽复牛监羊肆，寒品后门，并随才试吏，勿有遗隔。"（《梁书·本纪二》）

僧祐奉敕助释法悦铸丈八铜像于光宅寺。

慧皎《高僧传·宝亮传》："天监八年初敕亮撰《涅槃义疏》十余万言，上为之作序。"（此条《佛祖统记》记在天监十一年下）

刘孝绰作《三日侍安成王曲水宴诗》、《春日从驾新亭应制诗》。

天监九年（公元510年），44岁。

正月，以尚书令、太子少傅沈约为左光禄大夫，行少傅如故。

三月、十二月武帝两次幸国子学，亲临讲肆，策试胄子，并赐国子祭酒以下各有等次。

沈约作《致仕表》，到洽奉敕撰《太学碑》，释宝唱始撰《名僧录》。

刘勰于本年出任太末令。

牟世金先生考定刘勰出任太末令的时间为天监六年夏侯详六月改职之后。牟先生认为《梁书·刘勰传》中刘勰任车骑将军夏侯详的仓曹参军,夏侯详卒于天监六年十二月。所以他说:"七月之后,则出为太末令。"(《刘勰年谱汇考》)陆侃如先生也认定天监六年出为太末令。贾树新也把出任太末令的时间定在天监六年(公元507年)。穆克宏先生则将其定在天监九年(公元510年)。杨明照在《〈梁书·刘勰传〉笺注》中说:"按出令太末之年,以下文除仁威南康王记室推之,疑在天监十年(公元511年)萧绩尚未进号仁威将军前。其先一年许,盖司仓曹参军时也。政有清绩,当须时日。假定为二、三年,则天监十一年(公元512年)左右,仍在太末任内。"从《资治通鉴·齐纪》知武帝永明元年(公元483年):"宋末,以治民之官六年过久,乃以三年为断,谓之小满,而迁换去来,又不能依三年之制。三月,癸丑,诏:'自今一以小满为限'。"梁初依宋齐制,所以刘勰于天监九年(公元510年)出为太末令,至十一年(公元512年)则为小满,杨明照说:"上文假定舍人作太末令至天监十一年左右,则除为萧绩记室之年,必与之相续。"杨说甚是。

之所以说取杨明照说,主要出于如下两点考虑:第一,刘勰于天监七年(公元508年)十一月至天监八年(公元509年)四月在定林寺抄经的事,已有明确的记载,而且是三十多人一起工作,这需要时时协调关系。牟世金说此次抄经未离太末令任,似乎不可能。一是太末离建康一千五六百里路,来往协调在当时交通不便的条件下,是不可能做到的。二是作为地方官员的一把手不可能离任去做这一抄经工作,因为地方官员不能空岗。第二,在《续高僧传·僧旻传》里对刘勰的职衔是称临川王记室,并未称太末县令,也未称车骑仓曹参军,所以我们觉得抄经时刘勰仍任临川王记室,是八年四月抄经结束后出任王茂的仓曹参军。王茂虽在七年(公元508年)正月进号车骑将军,但未立即上任,只是到了八年(公元509年)四月才即本号,并开府仪同三司。当于天监九年(公元510年)太末县令一有空缺,朝廷立即调任刘勰为太末令。

天监十年(公元511年),45岁。

刘勰仍任职太末令。

正月,以轻车将军南康王绩为南徐州刺史,都督南徐州诸军事,进号仁威将军。时年7岁。

武帝撰《断酒肉文》,禁止僧尼饮酒食肉,中国僧尼食素自此始。

以左民尚书王暕为吏部尚书。

《魏书·世宗纪》:“夏四月,琅邪民王万寿斩萧衍辅国将军、琅邪、东莞二郡太守刘晰首,以朐山来降。”“萧衍遣其镇北将军张稷及马仙琕寇朐山”。朐山即朐山县,在今江苏连云港海州区境。此二郡是宋明帝失淮北四州后流亡到此,梁在此设青、冀二州,以供原二州流民安居,故称“以朐山来降”。

天监十一年(公元512年),46岁。

正月,临川王萧宏进位为太尉,十一月降太尉、扬州刺史职为骠骑将军开府同三司之仪,萧子云撰成《晋书》一百一十卷。沈约加特进,迁中军将军,丹阳尹。刘孝仪作《为临川王解司空表》,定林上寺释法通于九月二十一日卒,侍中谢举、萧子云为之制碑文。《佛祖统纪》卷三七载:“谢举长玄理及释氏义,为晋陵郡守与义学沙门互讲经论。”“何胤入钟山定林寺听内典,通其旨后,隐居若邪山云门寺”。

钟嵘作《瑞室颂》。

《梁书·南康王绩传》:“南康简王绩字世谨,高祖第四子。天监八年(公元509年)(《资治通鉴》和《梁书·武帝本纪》记为七年九月),封南康郡王……十年(公元511年),迁使持节、都督南徐州诸军事、南徐州刺史,进号仁威将军。”上已谈及,引杨明照话说:刘勰“假定舍人做太末令至十一年左右,则除萧绩记室之年,必与之相继”。并兼东宫通事舍人也在天监十一年左右。杨说极是。

刘勰于是年由太末县令调任仁威南康王记室兼东宫通事舍人。

刘勰兼东宫通事舍人当与僧祐推荐有关，因为萧统的生母丁贵嫔是僧祐的弟子。也许因了这层关系，萧统才得以了解刘勰的。

记室一职用今天的话说是一秘书职，掌上表章、书记等事，但刘勰曾为中军将军萧宏记室，任太末令又“政有清绩”后，本传说他“除仁威南康王记室”。按梁天监七年（公元508年）颁布的百官阶，分为二十四班，以班多者为贵，中军将军为二十三班，而仁威将军为十六班，官阶不同，记室的分量是不一样的。县令为七品，东宫通事舍人是一班，是最低班次，好处是从《梁书·庾于陵传》得知：“旧事，东宫官属，通为清选……近世用人，皆取甲族有才望者。”可见刘勰任东宫通事舍人官阶虽低，也算重用了。

《隋书·百官志上》：“通事舍人，旧入直阁内。梁用人殊重，简以才能，不限资地，多以他官兼领。”是知刘勰兼领之初并未入直阁内，而以记室之职为主。梁武帝于是年改革乐制。（事见《乐府诗集》卷46）

天监十二年（公元513年），47岁。

沈约著《中食论》。（见《佛祖统记》卷三七，《广弘明集》于此文下书南齐沈休文，今从《佛祖统记》）闰三月，乙丑，特进、中军将军沈约卒，时年七十三岁。作《临终遗表》。沈约生前，陆厥曾作《与沈约书》，指责其不该自诩为声律学的创始人。并指出曹丕、刘桢、陆机等人的有关论述，认为“前英已早识宫徵”。沈约曾答书与之反驳。

九月，戊午，以临川王宏为司空。（《梁书》记为八月，今以《通鉴》为准）

僧祐奉敕专任剡山石城寺佛像事。《高僧传·僧护传》：“以北齐建武中，招结道俗，初就雕剪。疏凿移年，仅成而朴。顷之，护遘病而亡。……至天监六年（公元507年），有始丰令吴郡陆咸罢邑还国，夜宿剡溪。值风雨晦冥，咸危惧假寐，忽梦见三道人来告云：‘君识信坚正，自然安隐。有建安殿下感患未疗，若能治剡县僧护所造石像得成就者，必获平豫……’咸即驰启建安王，王即以上闻。敕遣僧祐律师专任像事。……像以天监十二年（公元513年）春就功，至十五年春竟。坐躯高五丈，立形十丈。”像今尚存，在今浙江新昌县大佛寺。

刘勰仍为仁威南康王记室兼东宫通事舍人。

王规作《新殿赋》。刘孝仪作《为晋安王让丹阳尹表》。

僧祐与龙华邑正柏超度上表启云：“京畿既是福地，而鲜食之族，犹布筌网，并驱之客，尚驰鹰犬，非所以仰称皇朝优洽之旨，请丹阳、琅邪二境水陆并不得搜捕。”帝敕付尚书议。

僧祐和柏超度的真正上表在唐道宣的《广弘明集》中记在梁武帝《断杀绝宗庙牺牲诏——并表请》中。文中有：“梁高祖武皇帝临天下十二年，下诏去宗庙牺牲，修行佛戒疏食断欲。”这些话不像是武帝的语言。细读全文，叙述了四件事。一是（天监）十二年诏去宗庙牲，二是僧祐等上表在丹阳和琅邪二境断捕生灵，三是武帝诏敕将僧祐等人的表付尚书省议过程中的各尚书的议论发言，四是武帝又敕太医不得以生类为药。从语言看，只有第四件事像是武帝语言，一至三件事是《广弘明集》的编者综合记录的，所以此处记为“（天监）十二年下诏去宗庙牲。”《梁书·武帝纪》中记为天监十六年“夏四月甲子，初去宗庙牲……冬十月，去宗庙荐修，始用蔬果。”严可均《全上古三代秦汉三国六朝文》和杜佑《通典》卷四九皆记为天监十六年。我们认为《广弘明集》所记录的是综合性的材料，从今存的所有资料看，武帝诏去宗庙牲可能是在天监十六年（公元517年），但杨明照等先生认为僧祐和柏超度上表也在天监十六年（公元517年）。然而，我们细读《广弘明集》的原文，觉得僧祐等人的上表应在天监十六年之前。理由是僧祐和柏超度的表奏，武帝敕付尚书议，尚书议论的发言稿也被道宣采来编在武帝诏文（并表请）中，文中记录的人物为：议郎江贶、兼都令史王述、尚书夏侯亶、仆射袁昂、尚书令王莹。从这些人的职务看，多为天监十六年（公元517年）以前的。如尚书令王莹天监九年正月始为尚书令，天监十五年就去世了。夏侯亶天监十二年（公元513年）为都官尚书，十五年出为信武将军、安右长史、江夏太守。袁昂是天监十一年以吴郡太守兼尚书右仆射，十二年以兼尚书右仆射为尚书右仆射，寻为起部尚书，十五年为左仆射。王莹死后为尚书令。左丞谢几卿何时为左丞，本传记载不详，但从其职务排列看，也不会晚于天监十五年。因而，笔者认为僧祐和柏超度上表应在天监十五年九月王莹卒之前。道宣记的天监十二年或许是记僧祐等人的真正上表时间。故将此事记于本年。

再，从京畿周边禁杀生类到宗庙祭祀去牺牲，必有一个从僧徒要求到皇帝下诏的酝酿过程。从天监十二年（公元513年）僧祐提出，到天监十六年（公元517年）三月敕禁太医禁用生类为药，四月去宗庙牲，十月去宗庙荐修，始用蔬果。这样似乎符合事物发展的过程。因为此事当时曾是“公卿异议，朝野喧嚣，竟不从”。反对面很大。

天监十三年（公元514年），48岁。

正月，以晋安王萧纲为荆州刺史。三月，建安王萧伟为左光禄大夫。七月封皇子萧绎为湘东郡王。刘勰仍为南康王记室兼东宫通事舍人。

天监十四年（公元515年），49岁。

正月，高祖临轩，冠昭明太子于太极殿。（太子15岁，太极殿新成于天监十二年六月）

魏世宗武皇帝卒，子诩嗣，是为肃宗孝明皇帝。

钟嵘《诗品》成书于本年前后。

《魏书·释老志》：“至延昌中（公元512—515年）天下州郡僧尼寺，

积有一万三千七百二十七所,僧侣逾众。”

四月骠骑将军开府同三司之仪、江州刺史王茂薨。

九月魏萧太后临朝称制。

刘勰仍为南康王记室兼东宫通事舍人。

天监十五年(公元516年),50岁。

剡县石城寺造像竣工于本年三月十五日。刘勰为其撰《梁建安王造剡县石城寺石像碑铭》。

五月,以司空、扬州刺史、临川王萧宏为中书监,骠骑大将军、刺史如故。

六月,吏部尚书王暕为右仆射。

魏灵太后胡氏立永宁寺。

刘勰仍为南康王记室兼东宫通事舍人。

《南史·何思澄传》说:“天监十五年(公元516年),敕太子詹事徐勉举学士入华林撰《遍略》,勉举思澄、顾协、刘杳、王子云、钟屿等五人以应选。八年乃书成,合七百卷。”

本年华阳真人陶弘景潜逃三年后被追回,在茅山建菩提白塔,并至贸县阿育王寺受五大戒。(《佛祖统记》卷三七)

天监十六年(公元517年),51岁。

正月,南康王萧绩为宣毅将军,复领石头戍军事。刘勰当在此时离开南康王府,入住东宫,专任舍人职。

三月丙子,敕太医不得以生类为药,郊庙牺牲皆代以面,宗庙荐羞(脩)使用蔬果。(《佛祖统记》卷三七)

《梁书·武帝纪》卷三七:四月,“初去宗庙牲。”

《佛祖统记》卷三七:十月,“去宗庙荐脩,始用蔬果”。

敕废天下道观、道士皆返俗。

武帝欲白衣僧正未成。

杨明照《〈梁书·刘勰传〉笺注》引《隋书·礼仪志》二："（天监）十六年四月，诏曰：'……宗庙祭祀，犹有牲牢，无益至诚，有累冥道。……可量代。'……十月，诏曰：'今虽无复牲腥，犹有脯脩之类……可更详定，悉荐时蔬。'左丞司马筠等参议：'大饼代大脯，余悉用蔬菜。'"据此，杨明照说："是七庙飨荐之改用蔬果，自天监十六年冬十月始也。"

李庆甲在《刘勰〈灭惑论〉撰年考辩》中说："刘勰的《灭惑论》撰成于梁天监三年之后，具体的时间可能是在天监十六年左右。"陆侃如先生也将此定于本年。故将刘勰《灭惑论》撰成于本年前后。

天监十七年（公元518年），52岁。

《梁书·刘勰传》："时七庙飨荐已用蔬果，而二郊农社犹有牺牲，勰乃表言二郊宜与七庙同改，诏付尚书议，依勰所陈。"按《隋书·礼仪一》："梁南郊，为圆坛，在国之南……常与北郊间岁。正月上辛行事，用一特牛，祀天皇上帝之神于其上，以皇考太祖文帝配。……北郊，为方坛于北。……与南郊间岁。正月上辛，以一特牛，祀后地之神于其上，以德后配。"又《礼仪二》："岁凡再祭，盖春求秋报。……每以仲春仲秋，并令郡国、县祠社稷先农。……旧太社廪牺吏牵牲，司农省牲，太祝赞牲。"是知二郊农社原用牺牲。而七庙飨荐改用蔬果，已始于十六年冬十月。今二郊农社之"犹有牺牲"当指在十七年正月或八月之后，又知僧祐卒于本年五月二十六日，而僧祐卒前已上表建议京畿应禁捕鲜食之族。故可以推定刘勰上表当在本年正月之后五月之前。

刘勰或许因上表有功，得到梁武帝欢心，遂准其离开南康王府入直东宫并迁步兵校尉。步兵校尉掌东宫警卫事，位列六品，通事舍人为九品官。步兵校尉为刘勰仕途生涯中最高官职。《梁书·刘勰传》中说："迁步兵校尉，兼舍人如故。昭明太子好文学，深爱接之。"是知此前后

一两年是刘勰平生最得意之时。(刘勰任职的步兵校尉是东宫还是五营,待考)

二月,以领石头戍事南康王绩为南兖州刺史。三月改封建安王伟为南平王。五月,临川王宏因事免骠骑大将军、扬州刺史,寻以为中军将军、中书监,六月又以本号行司徒,十月为中书监、司徒。

《高僧传·僧祐传》:"以天监十七年(公元518年)五月二十六日卒于建初寺,春秋七十有四。因窆于开善路西,定林之旧墓也。弟子正度立碑颂德,东莞刘勰制文。初,祐集经藏既成,使人抄撰要事,为《三藏记》、《法苑记》、《世界记》、《释迦谱》及《弘明集》等,皆行于世。"

本年钟嵘卒,年五十一岁。(见曹旭《诗品研究》,上海古籍出版社1998年出版)

《高僧传·释慧弥传》载慧弥以天监十七年闰八月十五日终于定林寺山舍。春秋七十有九,葬于寺南,立碑颂德。陶弘景作《许长史旧馆坛碑》。(事见《艺文类聚》卷七八)

天监十八年(公元519年),53岁。

《南史·梁武帝纪上》:天监十八年(公元519年),"夏四月丁巳,帝于无碍殿受佛戒",法名冠达。事又见《续高僧传》卷六《梁国师草堂寺智者释慧约传》。

著名画家张儒繇卒。

慧皎撰写的《高僧传》成书于本年。

刘勰免步兵校尉职(其职由谢举代替),东宫通事舍人如故。奉敕与慧震入定林寺撰校经文。(本次重入定林寺校经,是因僧祐卒后,需将其新著加以整理,或将其以前的著作加以增订。但其始于几月难以考证,可能与免步兵校尉同时,牟世金先生估计当在本年前后)

普通元年(公元520年),54岁。

正月,梁改元普通。以临川王宏为太尉、扬州刺史。十月以晋安王萧纲为平西将军、益州刺史。

吴均卒。

刘勰仍兼东宫通事舍人,并继续于定林寺撰经。

范文澜认为校经"大抵一二年即毕功"。牟世金先生在《刘勰年谱汇考》中认为范说"近是"。并认为"此度撰经非新著或始编,唯予僧祐之集辑,重加整理或增订,或有部分序文,亦修写于此时。故大抵始于上年而毕于本年"。

贾树新先生在《文心雕龙研究》第1辑撰文中根据有关资料推理算计定林寺的藏经量:

(一)释典

包括复书、残阙、杂疑、假托、散偈在内,共约一万三千卷。其中依居前及依居(朱注:指彦和传中"依沙门僧祐"而言)期间所藏约八千卷,依居结束后到僧祐死前续藏约四千卷,受敕撰经期间增藏约一千卷。在依居前及依居期间所藏八千卷中,已整定撰述的约六千五百卷,未整定撰述的约一千五百卷。

(二)儒典

据《梁书》、《南史》、《隋书·经籍志》等载,以及《文心雕龙》史料容量,可以推知,定林寺儒典藏量至少在万卷以上。所藏儒典,虽非受敕撰述对象,但它与撰述《文心雕龙》有直接关系,故于此一并推列。

上述概略统计表明,受敕撰经的撰经量应包括:第一,前藏未撰定者,约一千五百卷;第二,续藏约四千卷;第三,增藏约一千卷;第四,依居期间所撰定的需增订补订者,约一千卷。例如《弘明集》,依居时撰定十卷,受敕撰经期间又增补四卷,从而成为现行的十四卷。有一些虽未增补，但需改定。总计起来，受敕撰经的撰经量约七千五百卷。以依居时撰经的量数与年数比例为据，则受敕撰经需时约十五年才能证功毕。

笔者认为，天监七年（公元 508 年）十一月至天监八年四月入寺抄经，计三十多人抄经仅八十八卷，这次入寺撰经，既然经由皇帝亲自安排，任务当不在少数。因此僧祐定又搜集到相当多的资料和新著，而仅安排刘勰和慧震专人整理，从一个风风火火的行政官员到静下心来，从熟悉材料到整理成功，仅一两年是不能完成的。

贾树新先生的推算是颇有道理的，因为僧祐是梁武帝时期的经律权威，其卒后，定林寺经藏作为一向重佛的梁武帝来说，一定相当重视，所以亲自安排“长于佛理”的刘勰等整理，用时十几年是可以信得过的。故此时及其后的相当长一个时期刘勰一直在定林寺撰经。

普通二年（公元 521 年），55 岁。

正月诏：“凡民有单老孤稚不能自存，主者郡县咸加收养，赡给衣食，每令周足，以终其身。又于京师置孤独园，孤幼有归，华发不匮，若终年命，厚加料理，尤穷之家，勿收租赋。”

诏云光法师于内殿讲法华经。（《佛祖统记》卷三七）刘峻卒，时年 60 岁。

普通三年（公元 522 年），56 岁。

正月庚戌，京师地震。

王僧孺卒，时年 58 岁。

诏修鄮县阿育王寺。（《佛祖统记》卷三七）

五月，梁武帝诏郡国举贤良方正直言之士。

刘孝绰编《昭明太子集》并为之作序。因《昭明太子集》序中有“奥我大梁之二十一载”句，知文集及序成于本年。

梁武帝因僧尼未调习，欲自为白衣僧正，遭智藏斥责而止。

郭祖深《舆榇诣阙上封事》二十九条。《南史·循吏·郭祖深传》：“臣闻人为国本，食为人命，故《礼》曰国无六年之储，谓非其国也。推此而言，农为急务。而郡县苛暴，不加劝奖，今年丰岁稔，犹人有饥色，设遇水旱，何以救之？陛下昔岁尚学，置立五馆，行吟坐咏，诵声溢境。比来慕法，普天信向，家家斋戒，人人忏礼，不务农桑，空谈彼岸。夫农桑者今日济育，功德者将来胜因，岂可堕本勤末，置迩效赊也。今商旅转繁，游食转众，耕夫日少，杼轴日空。陛下若广兴屯田，贱金贵粟，勤农桑者擢以阶级，惰耕织者告以明刑。如此数年，则家给人足，廉让可生。……时帝大弘释典，将以易俗，故祖深尤言其事，条以为：‘都下佛寺五百余所，穷极宏丽。僧尼十余万，资产丰沃。所在郡县，不可胜言。道人又有白徒，尼则皆畜养女，皆不贯人籍，天下户口几亡其半。而僧尼多非法，养女皆服罗纨，其蠹俗伤法，抑由于此。请精加检括，若无道行，四十已下，皆使还俗附农。罢白徒养女，听畜奴婢。婢唯著青布衣，僧尼皆令蔬食。如此，则法兴俗盛，国富人殷。不然，恐方来处处成寺，家家剃落，尺土一人，非复国有。”

郭氏文章的写作时间，史未明记，查郭氏原文全篇，内有“庐陵年少，不宜镇襄阳；左仆射王暕在丧，被起为吴郡，曾无辞让。”按庐陵王萧续普通三年为雍州刺史。时年十九岁，故曰年少。王暕普通元年母忧去职在丧，普通三年被征还，迁尚书左仆射，四年卒。又称“陛下皇基兆运二十余载”，从天监元年至本年正二十一年，由此可知事在本年或次年。

《隋书·食货志》亦载，梁王朝因崇佛，铜大量用于铸造佛像，造成铜荒，加之商旅繁众，造成通货膨胀。以至“普通中，乃议尽罢铜钱，更铸铁钱。人以铁钱易得，并皆私铸。……交易者以车载钱，不复计数，而唯论贯。”此类情况《刘子·贵农》篇的记载与之相同。《刘子·贵农》篇说："谷之所以不积者，在于游食者多而农人少故也。夫螟螣秋生而秋死，一时为灾，如数年乏食。今一人耕而百人食之，其为螟螣，亦以甚矣。"《梁书》卷八《昭明太子传》载："普通中，大军北讨，京师谷贵……常以户口未实，重于劳扰。"

刘勰所著《刘子》一书成于本年前后。

《刘子》一书的作者，向有争论。《隋书·经籍志》在杨伟《时务论》条下有《刘子》的记载："《时务论》十二卷，杨伟撰。梁有《古世论》十七卷；《秦子》三卷，吴秦青撰；《刘子》十卷，《何子》五卷，亡。"

《隋书》对《刘子》一书未书作者姓名，并说明已亡。

《隋书》虽只记其书，未记其作者，但《旧唐书》和《新唐书》记《刘子》为刘勰著。1897年发现的敦煌遗书《刘子》残卷本和《随身宝》中有"《流子》刘协注"的记载，王重民说："敦煌遗书内有所谓《随身宝》者，所记经籍一门，均系当时最通行之书，不啻一部唐人目录问答也。余乃求之卷内，正有'《流子》刘协注'一则，知必系《刘子》刘勰著矣。"至于为什么叫"《流子》刘协注"，这是因口授录言所致。因为同书的《离骚经》的作者"屈原注"的"著"也记成了"注"。我们总不能把屈原著《离骚》理解为屈原注《离骚》吧。敦煌学证明唐代存在着表义字和表音字两个系统，前者行于士大夫和书僧间，后者行于民间。

著名学者林其锬、陈凤金两先生对《刘子》一书之作者作了详细的考证，撰写了《〈刘子〉作者考辨》一文，认定《刘子》作者是刘勰。并对以往种种说法做了反驳，提出了令人信服的证据。

乾隆二十五年刻印的《沂州府志》和嘉庆元年刻印的《莒州志》均将《刘子》一书记于刘勰名下。清末翰林庄陔兰主修的《重修莒志》也将《刘子》记于刘勰名下。《康熙字典》歹部中亦有"刘勰《新论》"的引文。

《隋书·经籍志》序有如下说明："大唐武德五年（公元622年）克平

伪郑。尽收其图书及古迹焉。命司农少卿宋遵贵载之以船，溯河西上，将致京师。行经底柱，多被漂没，其所存者，十不一二。其目录亦为所渐濡，时有残缺。今考见存，分为四部，合条为一万四千四百六十六部，有八万九千六百六十六卷。其旧录所取，文义浅俗、无益教理者，并删去之。其旧录所遗，辞义可采，有所弘益者，咸附入之。远览马史、班书，近观王、阮志、录，挹其风流体制，削其浮杂鄙俚，离其疏远，合其近密，约文绪义，凡五十五篇，各列本条之下，以备经籍志。"

根据这条史料，可知《隋书·经籍志》的依据和来源，它原是以残缺的"伪郑"图书目录(实际上是隋朝东都洛阳藏书目录)为基础，"考见存"(对照于底柱漂没之后残存的图书实物)"远览马史、班书，近观王、阮志、录"为基础，进行了一番考订之后撰写而成的。这里所谓的"王、阮志、录"是指王俭的《七志》和阮孝绪的《七录》。《七录序》书："梁普通四年……始述此书。"清人章宗源肯定："《隋志》依《七录》，凡注中称梁有今亡者，皆阮氏旧有。"(详见《刘子集校·〈刘子〉作者考辨》)但个别者也并不一定是"阮氏旧有"。如《安成炀王集》就是取于萧绎《金楼子·著书》篇。由此知《刘子》一书《隋书》未书作者名的原因和成书时间即：只有目录而没有实物和最迟成书于梁普通五年前后。新旧《唐书》所以记《刘子》作者是刘勰，是根据因开元七年(公元719年)玄宗诏公卿士庶之家，所有异书，官借缮写使官藏图书增加后的《群书四部录》和《古今书录》写成的，所以应是可信的。林其锬和陈凤金先生的《〈刘子〉作者考辨》发表以后，杨明照先生提出反驳，力主《刘子》作者为刘昼。中国社科院文学所的曹道衡先生发表的《关于〈刘子〉的作者问题》认为："林其锬、陈凤金二先生的《刘子作者考辨》是很有见地的。"并认为《刘子》成书并入《七录》之时，刘昼还是个十岁左右的孩子，怎么会写出此书呢？所以"《刘子》不可能是刘昼所作"。又因《刘子·惜时篇》

反映了刘勰晚年的思想情绪，再说，据《北史》和《北齐书》记载的刘昼之兀傲性格是决不会依附权贵，而《刘子》中《因显》篇和《托附》篇阐述的理论，非刘昼所历练即是一证。故将此书的成书时间系于本年。

牟世金先生认为刘勰卒于本年。是根据撰经仅需一两年即毕而定之。应该说根据是不足的。

普通四年（公元523年），57岁。

《遍略》本年书成，何思澄迁秣陵令，入兼东宫通事舍人。

十月以中书监、中卫将军袁昂为尚书令，即本号开府仪同三司。

阮孝绪始述《七录》，刘杳参与编撰工作。《广弘明集》卷三载阮氏《七录序》："有梁普通四年，岁维单阏，仲春十有七日，于建康禁中里宅，始述此书。"书分内外篇，以《经典录》、《纪传录》、《子兵录》、《文集录》、《技术录》为内篇，《佛法录》、《仙道录》为外篇，共七录，收图书六千余种，四万多卷。书目之兼收儒、道、佛典籍，始于此。刘勰的《刘子》一书当就收在《七录》和其他梁人书目中。

袁昂作《古今书评》。（文见《太平御览》卷七四八）

本年刘勰继续在定林寺撰经。

普通五年（公元524年），58岁。

三月，北魏六镇起义开始。六月，梁伐魏，半年内连克十余城。《梁书·武帝纪》：十月，"扫虏将军彭宝孙克琅邪。甲申，又克檀丘城。……十一月丙辰，彭宝孙克东莞城"。刘勰祖籍故里归梁。

刘勰仍在定林寺撰经。

本年刘杳复为湘东王府记室兼东宫舍人。按，《梁书·刘杳传》史料很乱，可信度不高。本传记刘杳任宣惠湘东王府记室期间因母忧去职，又记天监十七年因母忧离职回家守孝，服阕，复为王府记室，兼东宫通事舍人。湘东王普通七年之前曾为丹阳尹，湘东王任宣惠将军的时间当在普通二年前后，服阕三年之后，应是在普通五年前后，入东宫时间晚于何思澄，故记于此年中。此时东宫舍人已满编，刘勰当于此时去舍人职。但是，撰经仍为公差。

徐勉作《答客喻》。

周绍恒先生在《刘勰卒年新考》中认为刘勰卒于本年或上年，误。

僧祐《出三藏记集》卷七《道行经后记》第二记曰："光和二年十月八日，河南洛阳孟元士，口授天竺菩萨竺朔佛。时传言译者月支菩萨支谶，时侍者南阳张少安、南海子碧，劝助者孙和、周提立。正光二年九月十五日，洛阳城西菩萨寺中沙门佛大写之。"

僧祐卒于天监十七年。这里的"光和"为汉灵帝年号。"正光"为北魏孝明帝年号。"正光二年"为公元521年。道安撰《道行经序》时尚缺译者姓名和译出年代，当是刘勰见到后来的《后记》新补入之。此《后记》由北魏传至梁王朝，正常情况至少也需两三年的时间。这说明梁普通四五年间刘勰仍健在。因此，周绍恒先生的刘勰卒于普通四五年间说是难以成立的。

普通六年（公元525年），59岁。

六月，魏六镇起义败终。

梁武帝第二子萧综投魏。

《梁书·临贺王正德传》："临贺王正德字公和，临川靖惠王第三子也。……初高祖未有男，养之为子，及高祖践极，便希储贰，后立昭明太子，封正德为西丰侯，邑五百户。自此怨望，恒怀不轨，睥睨宫扆，觊幸灾变。普通六年……遂逃奔于魏，有司奏削封爵。"

徐勉作《上修五礼表》、《答伏挺书》。

刘勰仍在定林寺校经。

普通七年（公元526年），60岁。

四月，临川王萧宏卒。陆倕卒。

《梁书·临贺王正德传》："普通六年，以黄门侍郎为车骑将军，置佐史。顷之，遂逃奔于魏……七年又自魏逃归，高祖不之过也。复其封爵，仍除征虏将军。"

范文澜在《中国通史简编》中说到萧正德时说："逃到魏国，自称废太子来避祸，希望魏国利用他来攻击梁朝。[1]魏国正在内乱，待遇他很薄，萧正德失望，第二年又逃回梁朝。"

裴子野作《喻虏檄文》。

《昭明文选》完成。

十一月，丁贵嫔（太子生母）卒，《梁书·萧统传》："太子水浆不入口，上使谓之曰：'毁不灭性，况我在邪！'乃进粥数合。太子体素肥壮，腰带十围，至是减削过半。"此时刘勰仍在定林寺校经。

丁贵嫔薨后，因坟地问题武帝与太子发生冲突，暴露出皇帝与皇储之间的激烈矛盾，武帝从此对太子耿耿于怀，太子终日心怀忧惧。

谢几卿作《报湘东王书》。

普通八年，大通元年（公元527年），61岁。

三月，建康同泰寺建成。梁武帝于同泰寺舍身事佛。改元大通。

《建康实录》："大通元年……帝创同泰寺，寺在宫后，别开一门，名大通门，对寺之南门，取反语以协同泰为名（同泰反为"大"，大通反为"同"）……帝初幸寺舍身，改普通八年为大通元年。"《佛祖统记》："驾幸同泰寺舍身，群臣以钱一亿万奉赎皇帝归宫。"

魏郦道元卒。刘勰继续在定林寺校经。

明山宾卒，昭明太子使舍人王颙监护丧事。裴子野为鸿胪卿，

❶范文澜：《中国通史简编》第二编，第376页。

寻领步兵校尉。释达摩卒。萧统作《祭达摩大师文》。

大通二年(公元528年),62岁。

《梁书·武帝纪下》:"大通二年,夏四月辛丑,魏郢州刺史元愿达以义阳内附,置北司州。时魏大乱,其北海王元颢、临淮王元彧、汝南王元悦并来奔,其北青州刺史元世隽、南荆州刺史李志亦以地降。六月丁亥,临淮王元彧求还本国,许之。冬十月丁亥,以魏北海王元颢为魏主,遣东宫直阁将军陈庆之卫送还北。"此时刘勰祖籍故里完全在梁控制下。

刘勰仍在定林寺校经。

裴子野作《雕虫论》。

大通三年,中大通元年(公元529年),63岁。

四月,陈庆之拔魏梁城。五月,克大梁。

京城大疫,梁武帝于重云殿为百姓设救苦斋,以身为祷。(见《佛祖统记》卷三七)九月,帝幸同泰寺,设四部无遮大会。上释御服,持法衣,行清净大舍,群臣以钱一亿万奉赎。

十月,又设四部无遮大会,道俗五万人。会毕还宫,改元中大通。

十一月加南平王伟太子太傅。

南康王萧绩卒。

刘勰继续在定林寺校经。

中大通二年(公元530年),64岁。

正月,以雍州刺史晋安王萧纲为骠骑大将军、扬州刺史,参予中央政治决策,成为梁武左膀右臂,萧统太子地位受到威胁。以南徐州刺史庐陵王萧续为平北将军、雍州刺史。

六月遣魏汝南王元悦北还为魏王。九月魏帝杀尔朱荣。十二月尔朱兆入洛阳,杀魏帝,大屠洛阳。

帝幸同泰寺、铸十方佛金铜像复往阿育王寺。

萧统作《请停吴兴等三郡丁役疏》。

裴子野卒。萧绎作《散骑常侍裴子野墓志铭》。

刘勰仍在定林寺校经。

中大通三年(公元531年),65岁。

四月初六,太子萧统卒。

《资治通鉴·梁纪十一》记:"夏,四月,乙巳,昭明太子统卒。太子自加元服〔胡三省注:天监十四年,太子加元服。《汉书·昭帝纪》:"(元凤)四年正月丁亥,帝加元服。"颜师古注:"元,首也,首之所著,故曰元服。"〕上即使省录朝政,百司进事,填委于前,太子辨析诈谬,秋毫必睹,但令改正,不加案劾,平断法狱,多所全宥,宽和容众,喜愠不形于色。好读书属文,引接才俊,赏爱无倦;出宫二十余年,不畜声乐。每霖雨积雪,遣左右周行闾巷,视贫者赈之。天性孝谨,在东宫,虽燕居,坐起恒西向,或宿被召当入,危坐达旦。及寝疾,空贻帝忧,敕参问,辄自力手书。及卒,朝野惋愕,建康男女,奔走宫门,号泣道路。"

王筠奉敕作《昭明太子哀册文》,指出萧统结交文学之士,以友相待,关系融洽:"总揽时才,网罗英茂……望苑招贤,华池爱客,托乘同舟,连舆接席。摛文掞藻,飞觞泛醳。"

《梁书·刘勰传》说:"昭明太子好文学,深爱接之。"以刘彦和的才华,昭明太子"深爱接之"是可信的,刘勰仕途的希望或许寄托在昭明太子身上,然梁武帝多疑,晚年昭明太子的地位曾发生动摇,宫廷内的权力斗争,对于一向与朝廷关系甚为密切的定林寺定有所闻,而曾作为昭明太子近臣的刘勰前途可想而知。

李庆甲认为刘勰本年出家为僧。

《梁书·刘杳传》:"昭明太子薨,新宫建,旧人例无停留者。"

杨明照先生认为刘勰在昭明太子卒后,因未除新职,"或即受敕于

上定林寺与慧震共事撰经乎?”(《〈梁书·刘勰传〉笺注》)

杨先生之说代表学界相当一部分人的观点。牟世金等人的观点是受敕时间为僧祐卒后,武帝为抢救资料,特敕“为文长于佛理”和簿录的刘勰入寺校经是合情合理的事。今从牟先生观点,上文已谈及。

七月,立晋安王萧纲为皇太子。徐陵随萧纲入东宫,充东宫学士。

十月,梁武帝行幸同泰寺,讲《大般若涅槃经》;十一月,又幸同泰寺,讲《摩诃般若波罗蜜经》。

萧绎作《特进萧琛墓志铭》。

何思澄出为黟县令。

中大通四年(公元532年),66岁。

正月,以南平王伟为大司马,元法僧为司马,袁昂为司空。立西丰侯正德为临贺王。以太子纲长子大器为宣城王。

二月,以太尉元法僧为东魏王。

九月,以司空袁昂为尚书令。

李庆甲认为刘勰卒于本年。

中大通五年(公元533年),67岁。

正月,魏尔朱兆自杀,高欢尽灭尔朱氏。是时北魏僧尼近二百万,寺院三万所。戊申,京师建康地震,瘟疫。

二月,梁武帝幸同泰寺,设四部大会,梁武帝升法座开讲《般若经》,七日而罢,会众数万人。

十月,吏部尚书谢举为右仆射。

刘勰继续在定林寺撰经。

中大通六年(公元534年),68岁。

二月癸亥,舆驾亲籍田,大赦天下,孝悌力田赐爵一级。

二月,魏永宁寺遭火,三月不灭。

七月，魏孝武帝西奔长安。

十月，魏高欢立清河王世子元善见为帝，迁都于邺，是为东魏，并改元天平。

萧绎作《法宝联壁序》，文载《广弘明集》卷二〇。事又见《南史·陆罩传》、《续高僧传·释宝唱传》。

闰十二月，宇文泰杀北魏孝武帝。

刘勰继续在定林寺撰经。

大同元年（公元535年），69岁。

正月，梁改元大同。大赦天下。

二月丁亥，武帝舆驾躬耕籍田。

帝幸同泰寺，设无遮大会。

《隋书·食货志》载："大同已后，所在铁钱遂如丘山，物价腾贵。"

十一月丁未，徐勉卒。

刘遵卒。刘孝仪作《从弟丧上东宫启》。萧纲作《仪同徐勉墓志铭》，又作《与刘孝仪令悼刘遵》。

十二月辛丑，平西将军、荆州刺史湘东王萧绎进号安西将军。

本年刘勰等继续在定林寺校经。

大同二年（公元536年），70岁。

正月，梁武帝在其父萧顺之的墓基上建皇基寺。

二月乙亥，武帝舆驾亲耕籍田。

三月，陶弘景卒。

东魏以华山王鸷为大司马。

九月，东魏以定州刺史侯景兼尚书仆射、南道行台，督诸将入寇。

十月，梁大举伐东魏。东魏侯景将兵七万寇楚州，被梁将陈庆之击破，侯景败走。

阮孝绪卒。

十一月己亥,罢北伐师。辛亥,京师地震。

十二月,东魏遣使请和,梁许之。

王规卒。萧纲作《庶子王规墓志铭》,又作《与湘东王令》,悼刘遵。

刘杳卒,享年58岁。《梁书·刘杳传》:"大同二年,卒官,时年五十。"误。应为年五十八。因为本传记其"十三,丁父忧",其父刘怀尉卒于齐永明九年(公元491年),可知刘杳生于公元479年。大同二年(公元536年)卒,应为58岁。又《南史·阮孝绪传》载:"大同二年正月,孝绪自筮卦:'吾寿与刘著作同年。'及杳卒,孝绪曰:'刘侯逝矣,吾其几何?'其年十月卒,年五十八。"可知《梁书·刘杳传》有误。

刘勰在定林寺校经任务已基本完成。

大同三年(公元537年),71岁。

正月辛丑,武帝舆驾亲祠南郊,大赦天下,孝悌力田,赐爵一级。

二月丁亥,武帝舆驾亲耕籍田。己丑,以尚书右仆射谢举为右光禄大夫。

三月戊戌,立昭明太子子誉为武昌郡王。詧为义阳郡王。

《资治通鉴·梁纪十三》记:大同三年"六月……东魏遣兼散骑常侍李谐来聘……秋,七月,谐等至建康,上引见,与语,应对如流。谐等出,上目送之……时南北通好,务以俊乂相夸,衔命接客,必尽一时之选,无才地者不得与焉。每梁使至邺,邺下为之倾动,贵胜子弟盛饰聚观,礼赠优渥,馆门成市。……魏使至建康亦然。"

七月癸卯,魏遣使来聘。魏收与王昕以正副使率团使梁。梁武及群臣咸加敬异。(《北齐书》卷三七《魏收传》)己酉,义阳王薨。

八月辛卯,帝幸阿育王寺,赦天下。

闰九月甲子,安西将军、荆州刺史湘东王萧绎进号镇西将军。

十月，东西魏战于沙苑，东魏大败，丧甲士八万。

十月丙辰，京师地震。

刘勰撰经功毕，遂乞求出家，先燔发自誓，帝许之，赐法名慧地。是年大饥荒。

大同四年(公元538年)，72岁。

二月己亥，帝舆驾亲耕籍田。

五月，魏遣使来聘。

七月，以南琅邪、彭城二郡太守岳阳王詧为东扬州刺史。

八月甲辰，诏“南兖、北徐、西徐、东徐、青、冀、南北青、武、仁、潼、睢等十二州，既经饥馑，曲赦逋租宿责，勿收今年三调”。(此包括刘勰祖籍故里。因为东徐州治团城，在今山东沂水县城。辖东安和东莞郡)

《佛祖统记》卷三七，大同四年条下记曰：“通事舍人刘勰雅为太子所重，凡寺塔碑碣，皆其所述，是年表求出家，赐名慧地。”《梁书·刘勰传》记出家后“未期而卒”。故刘勰当卒于是年。

十二月丁亥，兼国子助教皇侃表上所撰《礼记义疏》五十卷。

考，历史上刘勰出家年份和卒年也没有明文记载。《梁书·刘勰传》只记其出家之后“未期而卒”。杨明照先生在《〈梁书·刘勰传〉笺注》一文中说：“撰经仅有二人，当非短期所能竣事。其始年虽难遽定，出家之年尚可探索。”这就是从一些零碎的史料中可以找到旁证。

据唐释道宣编撰的《广弘明集》中记载的有关慧震的材料中可以得知慧震在定林寺撰经功毕后，回到了乡国荆州。他回荆州的时间，应该就是刘勰出家和卒年的大体时间。

《广弘明集》卷二四中，有刘之遴的《吊震法师亡书》和《与震兄李敬朏书》两文，文中透出了慧震定林寺撰经功毕回荆州的时间和卒年的大体信息。

刘之遴与刘勰是同时代的人,《梁书》和《南史》有传,所言皆当时之事。《与震兄李敬朏书》中说:“贤弟震法师……昔在京师,圣上眄接,自还乡国,历政礼重……殿下自为作铭,又教鲍记室为志序。”这里所说的“殿下”,是指湘东王萧绎,鲍记室是指鲍检。可知慧震卒于太清元年(公元547年)至二年八月前。因为《与震兄李敬朏书》中有“年事未高,德业方播”的话,可知享年当在六十左右间。理由一:刘之遴在太清二年八月后,落入侯景之手,之遴预计侯景将利用他的声望请他为萧正德颁授玺绂,为避免掺杂在这一不光彩的旋涡中,一度削发披起了法衣,不久避难回乡,途中被嫉贤妒能的萧绎暗杀。但萧绎以往与刘之遴表面关系较好,萧绎对刘之遴才学嫉妒只藏于内心,并未表现出来,因而之遴不察,当他逃出侯景之手后,投奔荆州萧绎辖区。所以当暗杀刘之遴后,湘东王萧绎又装出痛惜不已的样子,一方面亲制志铭,另一方面又厚其赙赠。可见其生前与萧绎关系不疏,因此,慧震之卒,“殿下自为作铭,又教鲍纪室为志序”的事刘之遴相当熟悉。如果慧震卒于侯景之乱中,刘之遴已落入侯景之手,一是无法了解慧震之事,二是无心撰写吊文。理由二:鲍检以记室身份为慧震作序。据《南史》卷六二《鲍泉传·附弟客卿传》说:“客卿三子检、正、至……检为湘东镇西府记室,使蜀,不屈于武陵王,见害。”这里正好透出了鲍检的任职时间和卒年的信息。

太清二年八月,降梁的原东魏大将侯景在寿阳(今安徽寿县)发动叛乱,很快渡江,攻破建康城。梁武帝被围于台城。这时,梁朝诸王拥兵在外不少,他们都觊觎帝位,各自为了保存实力而不出兵平乱,致使台城被围三个多月后于次年三月为侯景攻破,守兵饿死者十有八九,梁武帝也被饿死。侯景虽立萧纲为帝,实则萧纲为傀儡,梁武帝的第七子湘东王萧绎对武陵王萧纪的异心很有戒备,也曾一度节制过武陵王的兵马,不许武陵王的军队东下。二人虽为兄弟,但矛盾尖锐。

《梁书·武陵王传》说:“太清中,侯景乱,纪(武陵王萧纪)不赴援。高祖崩后,纪乃僭号于蜀。”这当然是湘东王坚决反对的。从《梁书·武陵王传》和《南史·武陵王纪传》得知,湘东王曾多次派使游说武陵王,劝他不要有野心。《南史·武陵王传》:“大宝元年……七月甲辰,湘东王萧绎遣鲍检报纪以武帝崩问。”这是湘东王绎多次派人使蜀中的一次,鲍检当是这次使蜀而见害的。笔者认为这个推断是正确的,而慧震必卒于太清元年(公元547年)正月至二年八月之间。梁王朝自太清二年八月就爆发了侯景之乱,如果慧震卒于侯景之乱时,估计湘东王已无心作铭,也不可能有时间使鲍检为志序。《梁书·刘之遴传》记之遴卒于太清二年(公元548年)十月至十二月间,既然之遴有《吊震法师亡书》,也说明慧震必卒于之遴落于侯景之手之前,时当为太清元年正月至二年八月间。

我们知道了为之“作序”的鲍记室是鲍检以后,再看“历政礼重”的荆州刺史。因为有学者将鲍检任记室的时间定在湘东王第一次任职镇西将军的时间内来考证“历政礼重”[1],笔者认为这位学者忽视了湘东王绎第二次以镇西将军任荆州刺史的时间,鲍检也正是这一时期出为镇西府记室的。慧震却恰恰卒于萧绎第二次任荆州刺史的时间内。如果把鲍检任镇西府记室的时间定在湘东王第一次任荆州刺史的时间内,首先是没有史料根据,二是假若是他在湘东王第一次任镇西将军时已任记室,到萧绎第二次任荆州刺史时鲍检仍任记室,这中间已隔了十年,根据鲍氏家族的官运来看,似乎太压抑了。

为了清楚起见,根据《梁书·武帝纪》和《元帝纪》,将梁初至侯景谋乱期间的历任荆州刺史任职情况列表如下:

[1] 周绍恒:《刘勰卒年新考》,载《晋阳学刊》1989年第3期。

任数	起讫时间	任职官员名称
第一任	天监元年至天监七年五月（公元502—508年）	始兴王萧憺
第二任	天监七年五月至十一年十二月（公元508—512年）	平西将军安成王萧秀
第三任	天监十一年十二月至十三年正月（公元512—514年）	平西将军鄱阳王萧恢
第四任	天监十三年正月至十四年二月（公元514—515年）	晋安王萧纲
第五任	天监十四年二月至十八年正月（公元515—519年）	中抚将军始兴王萧憺
第六任	天监十八年正月至普通七年九月（公元519—526年）	开府仪同三司、征西将军鄱阳王萧恢
第七任	普通七年九月至大同五年七月（公元526—539年）	丹阳尹湘东王萧绎。中大通四年（公元523年）为平西将军，大同元年（公元535年）十二月进号安西将军，大同三年（公元537年）闰九月进号镇西将军。
第八任	大同五年七月至太清元年正月（公元539—547年）	骠骑将军、开府仪同三司、庐陵王萧绩。（太清元年正月薨）
第九任	太清元年正月至大宝元年九月（公元547—550年）	镇西将军湘东王萧绎。太清三年（公元549年）四月为侍中、假黄钺、都督中外诸军事、司徒承制，余如故。
第十任	大宝元年九月以后	中卫将军、尚书令、开府仪同三司、南平王萧恪（镇武陵）。

从上表可知湘东王萧绎两度出任荆州刺史。第一次是普通七年（公元526年）十月至大同五年（公元539年）七月，这一次任荆州刺史至大同三年时才进号镇西将军。两年后调职任护军将军和安右将军。荆州刺史一职调由庐陵王萧绩继任。湘东王萧绎第二次出任荆州刺史是在太清元年正月由于庐陵王萧绩薨于荆州任上，湘东王萧绎由镇南将

军、江州刺史任上改为镇西将军出任荆州刺史，填补因庐陵王去世而出现的荆州行政空缺。

我们把慧震的卒年大体确定之后，再来考察刘之遴《与震兄李敬朏书》中的“自还乡国，历政礼重”。

我们把上表中的荆州刺史自湘东王萧绎第二次出任荆州刺史向上推一任是庐陵王萧绩，这与“历政”二字参照虽然也可以，但有勉强之嫌，若是向上推两任，则又是湘东王萧绎，这样三任两人，与“历政”二字是极吻合的。（当然再往上推也可说是“历政”），这说明慧震“自还乡国”的时间在梁大同五年七月湘东王离任之前。这次还乡，是与刘勰撰经任务完成后，回到乡国荆州，受到了湘东王的礼遇。大同五年（公元539年）七月之后继任荆州刺史的萧绩仍厚待慧震。这正是“历政礼重”。如果确切说的话，当是在大同二、三年（536—537年）间回乡国。因为慧震与刘勰同受敕撰经，必同时功毕。《梁书·刘勰传》说：刘勰“于定林寺撰经证，功毕，遂启求出家，先燔鬓发以自誓，敕许之。乃于寺变服，改名慧地。未期而卒。”所以慧震还乡的时间，也必是刘勰卒年的大体时间。传文既言舍人变服未期而卒，是其出家与卒均在十二个月以内，若此段时间前后跨越年度，则舍人之卒，非大同三年即次年也。

用慧震还乡国的时间来证明刘勰卒年是不是个孤证呢？不是的，尚有如下几条旁证：

旁证一：刘勰传排在《梁书·文学传》的谢几卿之后，王籍之前。古人写史传，以卒年先后为序（当然《梁书》的排列也有失序现象，我们不能以此否认了古人的惯例。根据杨明照的考证，谢几卿“卒于大同四年之冬”，（王）“籍之卒必在大同二年谢徵卒之后，五年七月萧绎未离荆州之前。舍人名次既厕于谢几卿王籍之间，其卒年固不应先于谢几卿或晚于王籍”。[1]严格说应在大同元年(公元535年)至大同三年前后。因为大同三年九月萧绎已为镇西将军。

旁证二:凡在东宫任职,卒年早于太子萧统者,太子多有悼文,如果刘勰卒年早于萧统,太子对刘勰又“深爱接之”,必有悼文,然今不见有悼文。知刘勰之卒,必晚于萧统。

另外,在佛教文献中有五条明显的证据说明其具体卒年,可以证明笔者对慧震还乡和刘勰卒年的考证是接近事实的。

第一,南宋释祖秀《隆兴佛教编年通论》:“(大同)三年四月(应为中大通三年四月)昭明太子薨。……名士刘勰者,雅为太子所重。撰《文心雕龙》五十篇。……累官通事舍人,表求出家,先燔发须自誓。帝嘉之。赐法名惠地。”

第二,南宋释志磐撰《佛祖统记》卷三七云:“大同……四年通事舍人刘勰……是年表求出家,赐名惠地。”

第三,南宋释本觉撰《释氏通鉴》卷五六:“辛亥三(中大通三年)四月昭明太子卒……丙辰二年(大同二年)刘勰……表求出家……赐法名惠地。”

第四,元释念常撰《佛祖历代通载》卷九云:“辛亥(即中大通三年)。是年四月,昭明太子薨。……刘勰者,名士也。表求出家……帝嘉之,赐名惠地。”

第五,元释觉岸撰《释氏稽古略》卷二云:“辛亥。中大通三年四月,太子统卒。……丙辰。大同二年,梁通事舍人刘勰表求出家,帝嘉之,赐僧洪名慧地。”

对以上佛教文献中的五条史料,杨明照和李庆甲先生都曾用过。李庆甲首先使用,并对年号的抄误做了订正。但主张刘勰卒于萧统之前的学者们认为,刘勰的卒年连《梁书》作者都没记明白,何

[1] 见《〈梁书·刘勰传〉笺注》。

以在刘勰去世七百年之后又有了具体卒年？又没有说明具体根据，是不可信的。但我们联系上述考证出来的慧震还乡国的时间当在梁大同二、三年（公元536—537年）间来考虑，这不能说是一种巧合，而应当说以上五条除了第一条和第四条把刘勰的出家之年与萧统的卒年记混了之外，其余三条都是很有参考价值的。因此认为，如果《梁书》对刘勰传的史料记载不错，刘勰当卒于本年前后。

但是，《南史·刘勰传》中把《梁书·刘勰传》中的“未期而卒”四字删去了。有学者认为，《南史》之所以删去了这四个字，说明他并没有“未期而卒”。认为他出家时是愤而自誓，说明心中有没法名状的不快，为了避开南朝的是非之地，回到了祖籍莒县，并创建了莒县定林寺。道宣《续高僧传·昙观传》中有：昙观“（隋）仁寿中岁，奉敕送舍利于本州定林寺”。由于昙观是莒州人，所以这里说的定林寺，当指莒县定林寺，可知早在隋代就是一座名刹，一定曾有过相当知名度的和尚在此住持过佛事。这个和尚是谁呢？

1984年《文史哲》第5期发表了萧洪林和邵立均两先生的《刘勰与莒县定林寺》一文。文章利用文物、口碑和《续高僧传·昙观传》等文献资料，说明莒县定林寺是刘勰出家后北归故里所创立。文章最后说：“总上所述，我们可得出如下结论：彦和出家以后并没有未期而卒，而是不久潜回了故乡莒县，传说他‘未期而卒’之时，很可能就是他北归之日；莒县定林寺之创建与彦和之出家北归，恰在同一时期；莒县定林寺实刘彦和所创建；建寺后他曾校经于此，最后没于斯寺，亦葬于斯寺。”

该文发表后，文心学界曾有反驳文章，提出了一些不同看法。文心学界多持否定态度，独山东大学的牟世金先生持保留意见，并认为回莒的可能性是很大的，只是尚觉材料不足。认为如果否定此说但又难以巧合为释。（见《刘勰年谱汇考》注88）13年后，北京大学中文系教授《文心雕龙》

学会会长张少康先生到莒县调查后写了一篇《刘勰晚年是否北归东莞——刘勰故乡莒县访问记》。文章说:“萧统一死,刘勰在政治上失去依靠,且东宫易主,刘勰自然也不可能在东宫任职。”“刘勰在政治上已无大的发展前途,且梁武帝后来与萧统亦有矛盾,故而刘勰在这种情况下退出政治舞台……并表示出家,是完全合乎情理的事了。”“刘勰的晚年在政治上受到冷落,其情况是比较凄凉萧条的,既然在南朝的都城建康(即今南京)不受重视,燔发出家后,回到北方故乡去定居,传播佛学也是有可能的。”莒县博物馆的苏兆庆先生也以《刘勰晚年北归和莒县定林寺的创建》一文力主此说。苏先生的文章发表后,周绍恒、黄广华等人撰文提出否定意见,认为《梁书》成书时,定林寺已是名刹,如果是刘勰创立莒县定林寺,在当时应为大事,姚氏父子不可能不知,反记为“未期而卒”。张少康先生在《刘勰晚年是否北归东莞——刘勰故乡莒县访问记》一文中说:“《梁书》说他‘未期而卒’,也可能是因他出家不久就不见了,遂以为他已经去世才这样写的,《南史》则认为缺少根据,就将此句删去。”

从现在已发表的商榷文章看,无论是承认刘勰晚年北归莒县,还是否定刘勰北归莒县,都尚缺第一手史料,但莒县定林寺作为今存的唯一的一座定林寺,以千古之名刹,在有三千年历史的大白果树伴随下,屹立于莒县浮来山的半山腰间。民间关于刘勰与莒县定林寺的轶闻传说也不绝于口。定林寺最后一位住持者佛成用历代住持传下来的口碑指着寺西墓塔遗址给友好看,说此处即刘勰墓塔遗址。1996 年春,浮来山园艺场工人在定林寺西佛成所指刘勰墓塔处挖出一四面刻有兽头的圆柱石,莒县博物馆的同志考证为佛塔构件,并于同年 6 月 11 日始进行试掘,出塔基两座。并出土一些文物,博物馆的同志从造形纹饰认为是北魏遗物,虽不能明确为刘勰之墓塔,但说明佛成传下的口碑或许也有一定的道理。

第二篇《文心雕龙》

第一章 《文心雕龙》的性质结构和内容

第一节 《文心雕龙》的性质

关于《文心雕龙》一书的性质，大体有五种意见。

（一）文学理论著作

赵仲邑说："刘勰是我国文学史上最伟大的文学理论家和批评家，也是著名的骈文作家。他的文学理论巨著《文心雕龙》，体大思精。"[1]张文勋说，《文心雕龙》"这部体大虑周的文学理论巨著之所以受到人们的重视，乃是由于其自身具有很高的理论价值，有极其丰富的美学内涵。"[2]杜黎均说："《文心雕龙》是中国五世纪末的一部杰出的文学理论著作，是中国古典文学理论宝库的明珠。"[3]牟世金说："《文心雕龙》是中国古代文论的典型"，"《文心雕龙》在中国古代文学理论中的典型意义，主要就在它可说是一部古代中国的文学概论"[4]。牟世金是这一派的典型代表学者。

（二）文章法则著作

《梁书·刘勰传》说："刘勰撰《文心雕龙》五十篇，论古今文体。"范文澜说："《文心雕龙》的根本宗旨在于讲明作文的法则……是文学方法论，是文学批评书，是西周以来文学的大总结。"[5]徐复

❶赵仲邑：《文心雕龙译注·前言》，漓江出版社 1982 年版。
❷张文勋：《文心雕龙研究史·绪论》，云南大学出版社 2001 年版。
❸杜黎均：《文心雕龙文学理论研究和译释》，北京出版社 1981 年版，第 1 页。
❹牟世金：《文心雕龙研究·绪论》，人民文学出版社 1995 年版。
❺范文澜：《中国通史简编》第二编第五章第三节。

观说:“《文心雕龙》实际上是一部文体论的书。”[1]詹锳说,《文心雕龙》“这部书的特点是从文艺学的角度来讲文章作法和修辞学,而作者的文艺理论又是从各体文章的写作和各体文章代表作家作品的评论当中总结出来的。”[2]王运熙说:“人们一提到《文心雕龙》,总认为它是我国古代最有系统的一部文学理论书籍,其性质相当于今天的文学概论那样”,“但从写作此书的宗旨来看,从全书的结构安排和重点所在来看,则应当说它是一部写作指导或文章作法,而不是文学概论一类的书籍”。[3]贺绥世说:“《文心雕龙》是一部研究古代文章的巨著……是研究文章写作的理论著作,而不是专论文学作品的著作。”[4]赵兴明说:“《文心雕龙》研究的对象,虽包括诗赋、乐府等文学作品,但大部分还是论、说、书、记等常用文章”,“是一部文章学概论”。[5]罗宗强说:“《文心》是一部文章论,既论文学,亦论及非文学,他自己明说‘论文叙笔’。‘笔’的相当一部分,就属于非文学。把《文心》当作一部文学理论著作,是不确的。因为刘勰的时代,纯文学尚未出现,文、笔之分正在讨论中。《文心》所反映的,是杂文学的观念。但是,这部文章论确实包含了大量十分深刻的文学理论问题,有极丰富的文学思想内涵。”[6]

(三)子书

主张《文心雕龙》为子书的人在明朝主要有杨慎、钟惺、程宽、曹学佺、都穆等人。清代则更多。今人中有刘永济、王更生等人。

王更生说:“不幸的是若干学者太拘牵于西洋之名词,说它(指《文心》)是中国最具系统的一部‘文学评论’专著,而刘勰就自然的成了‘中国古典文论家’。往年我也不求甚解,跟着别人呐喊,可是近年因为朝于斯,夕于斯,反复揣摩,愈觉得《文心雕龙》乃‘子书中

❶徐复观:《文心雕龙文体论》,载《东海学报》1959年第1期。
❷詹锳:《文心雕龙义证·序例》,上海古籍出版社1989年版。
❸《文心雕龙》学会编:《文心雕龙研究论文集》,人民文学出版社1990年版,第253页。
❹贺绥世:《文心雕龙今读·前言》,文心出版社1987年版。
❺赵兴明:《〈文心雕龙〉是一部文章学概论》,《殷都学刊》1989年第4期。
❻罗宗强:《魏晋南北朝文学思想史》,中华书局1986年版,第257页。

的文评,文评中的子书’。因为我们往昔多谈‘品鉴’,无所谓‘批评’。此等西方习用的名词,用到我国传统的著述上,总觉得有点‘霸道’。即令勉强可以任用,而《文心雕龙》亦决非‘文学评论’或‘文学批评’所能范围。”[1]

(四)典型的写作理论专著

20世纪30年代,老舍在山东大学教书期间写的《文学概论讲义》中说:“我们一提到文学理论与批评,似乎便联想到《文心雕龙》”,“但是《文心雕龙》并不是真正的文学批评,而是一种文学源流、文学理论、修辞、作文法的混合物”。[2]林杉说:“比较起来,‘作文法则’、‘写作指导’、‘文章作法’之说似乎较为妥帖,而少有歧义。不过笔者意欲将‘作文法则’、‘写作指导’、‘文章作法’合三为一,统称之为‘写作理论’,这不仅是‘名理相因’,有较强的概括性,而且也更符合《文心雕龙》实际内容和学术层次的高度。……《文心雕龙》是一部具有中国作风和中国气派的典型的写作理论专著。这个判断和结论,没有古今之分,也没有广义、狭义之别,一切类型的文章的体制、规格和源流,一切写文章的规律、原则和方法,一切文章的风格、鉴赏和批评都包容于‘写作理论’之中,似乎不再有顾此失彼、捉襟见肘之瑕了。”[3]

(五)哲学要籍

吴林伯在《〈周易〉与〈文心雕龙〉》一文中说:“《文心雕龙》是文论的经典,也是哲学的要籍。”易中天说《文心雕龙》“是中国古代唯一一部自成体系的艺术哲学著作”[4]。寇效信、缪俊杰、韩湖初等人专门研究《文心雕龙》的美学思想。

除此之外,尚有“修辞学专著”之说。

这种种不同观点反映了《文心雕龙》的“体大思精”和“百科全

❶王更生:《文心雕龙研究》,台湾文史哲出版社1977年版,第132—133页。
❷转引自林杉:《文心雕龙文体论今疏》,内蒙古教育出版社2000年版,第13页。
❸林杉:《文心雕龙文体论今疏》,第16页。
❹易中天:《〈文心雕龙〉美学思想论稿》,上海文艺出版社1988年版,第19页。

书”式的价值，因为每一种说法都有自己的根据，只是到底哪一种观点最能概括全书内容的问题。

主《文心雕龙》为文学理论专著之说的学者在《文心雕龙》中遇到了非文学性质的文体。有一本《刘勰论写作之道》的书说：“刘勰的文体论也存在着明显的缺点……文体分类过于庞杂，将不少与文学无着的诏、策等等掺杂进来。在文学的特点认识上，较之萧统的《昭明文选》倒退了一步。此外，如对《史记》这种史传文学的价值缺乏应有的认识。这清楚地说明刘勰的文学观点，有其落后和保守的一面。”牟世金在《文心雕龙研究》中说：“刘勰的文学观念并不很明确，从他对各种文体的具体论述和要求中可以看得更为清楚……更能说明这方面不足的是《史传》篇。此篇向为研究者所重视……而此篇又确有其重要地位论以专章，固有其理。但从文学的角度看，本篇就没有什么可称道了。自《左》、《国》、《史》、《汉》以来，史传文学在叙事写人方面，本来有很高的成就，有十分丰富的文学经验值得总结，《史传》篇则完全从史学着眼，详论其源流，史官的设置、史书的体例、史家的职责，以及表征盛衰，殷鉴兴废的作用，‘文非说论、按实而书’的写作要求等。用今天的眼光看，刘勰的文体论之失，莫逾于此。文学性不强的文体，刘勰自难从文学的角度来总结，文学性已很鲜明的作品，他却视而不见。这充分说明，刘勰对文学艺术的特征，还并无明确的认识；文学与非文学的界限也是较为模糊的。”

以上几位学者对刘勰的批评，都是基于把《文心雕龙》看成是文学理论专著而提出的。或认为刘勰文学观点不明确，或认为刘勰文体论过于庞杂，或认为“所列或不尽文章，入之论文之书亦为不类”，应“删去四十五行”。从文学的角度看，这些批评都是对的。如果换一个角度，其批评未必有理。尽管古今“文学”概念有别，刘勰也不至于将“谱籍簿录、医历星筮”、“方术占筮”等列为文学类，以刘勰之智慧，更不会糊涂到分不清这类文体是否属文学类。其中原因当是对《文心雕龙》性质的认识与刘勰有差距。如果把一切诸如文字的东西都看成是文章，其上述批评就不能成立。刘勰在《文心雕龙》的文体论部分规定的原则是：“原始以表末，释名以章义，选文以定篇，敷理以举统。”如果按这一原则去衡量《史传》篇，则知刘勰的文体论没有“失”。在文体论上刘勰只有“文”和“笔”的划分，并没有去区分文学与非文学的不同，只要符合上述写作原则就行。如果把《文心雕龙》看成是文章作法或写作理论，对刘勰的那些指责也就不成立了。

产生上述分歧的原因还在于对《文心雕龙》中“文”的理解。牟世金说：“刘勰时代的‘文学’和现在还有很大的距离。萧统编《文选》，强调‘以能文为本’，而他所认识要求的‘文’，也不过是‘事出于沉思，义归于翰藻’而已，(《文选序》)这就是当时所理解的‘文学’。”张文勋说：“萧统在《文选》中说：‘事出于沉思，义归于翰藻。’萧绎说：‘绮縠纷披’，‘情灵摇荡’。(《金楼子 · 立言篇》)这就是六朝人对文的理解。虽然无明确的定义，但其基本特征就是要讲究文辞美，要有艺术性，要表现思想感情，应该说这就是我国古代文学的概念。……《文心》正是在这种观念指导下写成的，因此他虽未给文学以明确的界定，但是他说的‘文’，应属于我国古代文学的范畴，《文心》自然也应该算是我国自己的文学理论著作，是一部有中国特色的文学理论著作。”①

对刘勰持批评态度的学者往往拿萧统的“事出于沉思，义归于翰藻”作为“文学”的标准去衡量《文心雕龙》。但是萧统的这句话是针对具体而发。已故学者沈玉成曾说，萧统的“这两句话紧接上

①张文勋：《文心雕龙探秘 · 前言》，台湾业强出版社1994年版。

两句‘综缉辞采’，‘错比文华’作为补充，用以说明史籍中赞、论、序、述的艺术特点。具备了这样的特点算作‘文’，但不能逆推说凡是‘文’都必须具有这样的特点”，“而他（萧统）的所谓‘文’，又是中国传统的‘文章’，其概念不同于现代文艺理论中所说的文学作品。……《文心雕龙》把方术占筮、符契券疏这类东西都加以辨析，萧统的范围没有那么宽，但是书中入选的就有《尚书序》、《春秋左传序》这一类文章，不仅与沉思、翰藻相去如风马牛，连一般文学作品的标准也够不上。这虽然是极明显的现象，却也常常为研究者所忽略。”[1]这就是说萧统的那两句话是因具体所指而发，并不是“文学”概念的标准，因而以此来衡量《文心雕龙》之“文”的标准也是不妥的。

考虑到文学必在“文”的范围内，“作文法则”和“文章作法”之论则歧义相对于“文学理论专著”少一些，因而林杉提出《文心雕龙》乃“写作理论专著”之说。但是“写作理论”是否包含有文学批评理论呢？林杉认为：“《文心雕龙》就其宗旨和本体性质而言，是一部‘指导写作’的‘文章作法’。它虽也论及许多文学理论问题，但主要是‘言为文之用心’，多侧面多层次地阐发写作理论。而所谓批评论，则是依附、从属于创作论，为创作论服务的。一方面，全书各部分、各篇章所论述的指导创作的理论原则，大都贯注于批评理论与批评实践之中；另一方面，全书各部分、各篇章中涉及的批评理论与批评实践，又从不同角度丰富、补充、印证了创作理论，并进而对创作实践产生影响。事实上，在《文心雕龙》许多篇章中，批评论与创作论是紧密结合在一起的。”[2]

从刘勰作《文心雕龙》的目的是“言为文之用心”观之，“言”可同今日之“论”，“为”同于“作”或“做”，显然是“论述作文的方法”

❶沈玉成：《〈文选〉的选录标准》，载《文学遗产》1984年第2期。

❷林杉：《文心雕龙批评论新诠》，内蒙古教育出版社2002年版，第4页。

之意。自古至今,凡用文字记录的语言,便是文章,而文章自古至今又既包括社会生活中各种实用性文体,又包括具有审美艺术和愉悦性的有韵文体和无韵文体。刘勰"言为文之用心"的特点在于从不同的角度去"言",既站在了写作者的角度去"言"构思、用辞、造句;又站在了读者的角度去审视作品的各个方面。在审视作品的同时又对作家的道德人品进行了品评,在品评的同时也对作家的德、才、文提出要求。这种从上至下,从左至右,从主观到客观,从自然到社会,从作者到读者的全方位的审视要求,构成了《文心雕龙》的立体多棱和博大精深。综合各家学说,从目前来看,认为《文心雕龙》是一部"文章学"专著,歧义相对小一些,或许更合刘勰本意。

第二节 《文心雕龙》的结构和内容[1]

《文心雕龙》,从《原道》至《序志》共五十篇,至于为什么不多不少恰恰就是五十篇呢?刘勰自己解释说:"位理定名,彰乎大易之数,其为文之用,四十九篇而已。"《易·系辞》说:"大衍之数五十,其用四十有九。"刘勰为避萧衍之讳,称"大衍之数"为大易之数。按照《隋书·经籍志》说《文心雕龙》十卷,然《梁书》和《南史》只记其为五十篇。刘勰自己说是分为上篇和下篇。他在《序志》里说:"盖《文心》之作也,本乎道,师乎圣,体乎经,酌乎纬,变乎骚,文之枢纽,亦云极矣。若乃论文叙笔,则囿别区分,原始以表末,释名以章义,选文以定篇,敷理以举统,上篇以上,纲领明矣。"照刘勰的这个说法上篇的编次为:

《原道》第一

《征圣》第二

[1] 本节写作过程中参考了以往文心学家关于《文心雕龙》一书的各篇题解,特别是参考了陆侃如、牟世金先生的《文心雕龙译注》一书。

《宗经》第三

《正纬》第四

《辨骚》第五

《明诗》第六

《乐府》第七

《诠赋》第八

《颂赞》第九

《祝盟》第十

《铭箴》第十一

《诔碑》第十二

《哀吊》第十三

《杂文》第十四

《谐隐》第十五

《史传》第十六

《诸子》第十七

《论说》第十八

《诏策》第十九

《檄移》第二十

《封禅》第二十一

《章表》第二十二

《奏启》第二十三

《议对》第二十四

《书记》第二十五

在上篇的二十五篇文章中，前五篇为“文之枢纽”，这是刘勰的说法。按今天的意思，就可以叫做绪论。自《明诗》篇至《哀吊》八篇为论文。从《史传》篇至《书记》篇共十篇为叙笔，其中的《杂文》篇和《谐隐》篇介乎论文和叙笔之间。

刘勰在《文心雕龙·序志》里这样说："至于割情析采，笼圈条贯，摛《神》、《性》，图《风》、《势》，苞《会》、《通》，阅《声》、《字》；崇替于《时序》，褒贬于《才略》，怊怅于《知音》，耿介于《程器》；长怀《序志》，以驭群篇。下篇以下，毛目显矣。"

按照刘勰这个说法，只能按次第列出十三篇，尚有十二篇未能列上。可是，自唐至今通行的版本次第如下：

《神思》第二十六

《体性》第二十七

《风骨》第二十八

《通变》第二十九

《定势》第三十

《情采》第三十一

《镕裁》第三十二

《声律》第三十三

《章句》第三十四

《丽辞》第三十五

《比兴》第三十六

《夸饰》第三十七

《事类》第三十八

《练字》第三十九

《隐秀》第四十

《指瑕》第四十一

《养气》第四十二

《附会》第四十三

《总术》第四十四

《时序》第四十五

《物色》第四十六

《才略》第四十七

《知音》第四十八

《程器》第四十九

《序志》第五十

刘勰把正文安排了四十九篇，第五十篇《序志》即如今人所说的序言，古人作书多将序言放在书后，如《史记》、《汉书》等皆用其体例。

以上《文心雕龙》的篇章结构次第安排是采用唐以来的通行本，而且每五篇为一卷，共十卷。但现在的研究者对这个编次提出了许多不同意见。首先是《物色》篇，通行本放在第四十六。范文澜认为应当放在“《附会篇》之下《总术篇》之上。盖物色犹言声色，即《声律》篇以下诸篇之总名，与《附会篇》相对而统于《总术》篇，今在卷之首疑有误”[1]。到20世纪70年代末，对《文心雕龙》现通行的十卷本编次问题引起研究者的怀疑。首先由郭晋稀以《〈文心雕龙〉的卷数和篇次》[2]为题提出质疑，并公布自己的研究成果，随后由牟世金对郭晋稀的文章提出商榷。[3]王元化也撰文表示改动缺少实据，认为《物色》放在第四十六更合乎道理。[4]然后日本学者安东谅对牟文又提出了新的补充意见。[5]郭晋稀又撰文答安东谅，坚持自己的研究成果，并把自己的成果应用在他的《文心雕龙译著十八篇》、《文心雕龙注译》和《白话文心雕龙》中，郭晋稀的改动只涉及下篇。1982年我国台湾学者李曰刚出版他的《文心雕龙斠诠》，不仅下篇次第改动较大，上篇次第也有改动。对于这些改动的意

❶范文澜:《文心雕龙注·物色篇》注。
❷《甘肃师范大学学报》1979年第1期。
❸《〈文心雕龙〉理论体系初探》，见《雕龙集》，中国社会科学出版社1983年版。
❹《复旦学报》1981年第2期。
❺《中华文史论丛》1985年第2期。

见，虽然国内不仅下篇次第改动较大，上篇次第也有改动。对于这些改动的意见，虽然国内外学者也认为按今人的理解似乎有道理，但未必符合刘勰原意。因为毕竟是1500多年以前的人写的书，与今人的理解肯定是有差别的。例如《才略》、《知音》、《程器》三篇的次第，按今人的理解就不能如此相排，因为《才略》论作家的才能，《程器》论作家的品德，但通行本却将《知音》篇插在二者其间。按今人的理解"才"和"德"是相连的，何以当中插上《知音》篇呢？可是由于它与《序志》篇中的"褒贬于《才略》，怊怅于《知音》，耿介于《程器》"次第正好相符，所以迄今为止，谁也没法产生怀疑。由这一事实足以说明刘勰对《文心雕龙》篇次的安排未必妥当，或与今人的理解有差别。由这一事例可知全书的篇次肯定有不合理或不合于今人的看法之处，如果都给予完全的另排，每个研究者各按自己的主张另行编写篇次，那就会乱了，最好的办法是现通行本的编次不变，在各自的注解里加以注明自己的见解为好。对此，牟世金认为："通行本《文心雕龙》篇次，当以不改为妥。虽然难以断言五十篇的次第绝对无一错乱，但为对古籍持慎重态度，在没有找到可靠的史证之前，对研究者认为有问题的篇次，可以存疑，可以讨论研究，也可断言应作何种改正，但对原书还是暂不改编为好。鄙见以为，现行的篇次基本可视为刘勰撰定的原貌。其中少数篇序现在看来似不合理，这主要是如何理解的问题。对待古人的论著，显然不能要求古人就我，而应我就古人。就是说，应从考察古人的用意出发，力求准确地了解其原意。其安排合理的篇次结构，则予肯定，其不合理者，只能指出其不当，而不是予以改变或调整。否则，各以己见改编其书，很可能使之面目全非，若按某种新编本来探讨刘勰的理论体系，就未必是刘勰的理论体系了。"①

①牟世金:《文心雕龙研究》，人民文学出版社1995年版，第96—97页。

按照《文心雕龙》通行的篇次和《序志》的提示，可以分为四大部分。前五篇为“文之枢纽”，是第一部分。上已谈及，即现代人所说的“绪论”部分，或者说是全文的总纲。在这部分里，又可以把前三篇分为一组，是全书的总论，为人们的创作提出了总的原则和指导性意见。石家宜认为“必须把本乎道，师乎圣，体乎经，酌乎纬，变乎骚”作为一个有机整体，才能全面把握《文心雕龙》的指导思想，应当把《原道》篇看成是《文心雕龙》的哲学篇。[1]这是很有见地的。而其后的两篇又可列为另一组，即是说前三篇是要求写作要“本乎道，师乎圣，体乎经”，但社会上有伪托的经书，是不能效仿的，所以专列《正纬》一篇放在其内。纬书虽“无益经典，而有助文章”，这是刘勰论文所需要的，因而用了一个“正”字。而在要求“征圣”、“宗经”的时候，为了防止人们曲解他的本意，把合乎《离骚》这一中国文学史继《诗经》之后汉赋之前的作品，作为否定他的主张，刘勰又专门把《辨骚》一篇放在其中，指出其是按照经典做了以经书为标准，折中汉代诸家的评论，指出屈、宋的作品同于《风》、《雅》者的有“典诰之体、规讽之旨、比兴之义、忠怨之辞”四事，异于经典的有“诡异之辞、谲怪之谈、狷狭之志、荒淫之意”四条。这两个四条，刘勰的本意是为了说明《离骚》哪些是效法了经典，哪些是创新了的东西。以往人们对《楚辞》由于“鉴而弗精，玩而未核”造成一些曲解。刘勰用意在正前人评价的混乱，为后人效法儒典而正本清源，所以用了一个“辨”字，以说明他主张应当把儒家经典的雅正文风和《楚辞》的奇丽文风结合起来，达到宗经和酌骚相结合，使之奇正相参、华实并茂。虽然研究者中有人将其归列下二十篇的文体论中，细品原味并非为论文体而写。

从《明诗》到《书记》共二十篇，为第二部分，史称文体论。我国

[1] 石家宜：《〈文心雕龙〉系统观》，江苏古籍出版社2001年版，第101页。

台湾学者徐复观称之为“文类论”，也有道理。在这部分中又可分为三组。前八篇为论文，从《史传》第十六至《书记》第二十五为叙笔。在古代，人们把讲究韵律的文章称为文，把无韵的文章称为笔。在这部分中由于包括分析各种文体，所以刘勰把它叫做“论文叙笔”。在写法上每一篇基本本着四个方面进行论说：一是指出其每种文体的定义和写作特点，二是叙述各种文体的发展概况，三是对各种具有代表性的作品进行评论，四是总结每一种文体的写作经验，这一部分是为了后面的大论打基础。

在文体论中，从《明诗》到《哀吊》为一组，是“文”；《史传》到《书记》为一组，是“笔”。第十四篇《杂文》和第十五篇《谐隐》是介乎“文”和“笔”之间的一种杂体，应单独作为一组。这一组指出杂文是自汉以来兴起的一种“名号多品”的文种，把它“总括其名，并归杂文之区”。《谐隐》是出自民间的俚语俗言，本登不上大雅之堂，但它对于抑制某些昏暴的统治者“颇益讽诫”，甚至能在“兴治济身”中发挥一定的效用。所以刘彦和把它们排在文和笔中间加以评论，是非常科学的。也有学者把这部分分为文学性文体和实用性文体。文学性文体有《明诗》、《乐府》、《诠赋》、《杂文》、《谐隐》篇；实用性文体又细分为一般实用性文体和宫廷实用性文体：一般实用性文体有《颂赞》、《祝盟》、《铭箴》、《诔碑》、《哀吊》、《史传》、《论说》、《诸子》、《书记》篇；宫廷实用性文体有《诏策》、《檄移》、《封禅》、《章表》、《奏启》、《议对》篇。[1]

自《神思》至《总术》的十九篇文章，史称创作论。王运熙认为“更确切地说，应称之为写作方法统论”[2]。在这部分文章中又可分为几组，即《神思》篇作为这部分之首，专论作文的构思和想象。因为刘勰认为艺术构思是“驭文之首术，谋篇之大端”[3]。又因为它是

❶林杉：《刘勰“论文叙笔”今辨》，见林杉《文心雕龙文体论今疏》，内蒙古教育出版社2000年版。
❷甫之、涂光社主编：《〈文心雕龙〉研究论文选》，齐鲁书社1987年版，第261页。
❸《文心雕龙·神思》。

整个写作论的总纲，所以它单独为一组。另一组是《体性》、《风骨》、《通变》、《定势》四篇文章，着重讨论风格问题。《体性》指出由于作家的才性和学养不同，而形成了典雅、远奥、精约、显附、繁缛、壮丽、新奇、轻靡等八种不同的风格，用罗宗强的说法，应叫做体貌。并用这八种体貌表明自己的爱憎。下面的《情采》和《镕裁》为一组，是为了承上启下的两篇文章，专论内容和形式的关系及其规范和剪裁问题。但“镕裁”一词还不完全等同于今人说的剪裁。因为刘勰自己说“规范本体谓之熔，剪裁浮词谓之裁”。所以“熔”是对作品内容的规范，“裁”是对繁文浮词的剪裁。这是从“思绪初发”到作品写成后的润饰修改，贯彻在整个写作中的工作。

从《声律》至《指瑕》九篇文章为一组，这一组除《章句》篇兼论章法外，其他皆专论修辞学，即研讨遣词造句和修辞手段及作文技巧等具体问题。

《养气》、《附会》、《总术》三篇文章，是呼应前文，是对上面所谈情思和布局谋篇的一个补充。因为上面《神思》强调“陶钧文思，贵在虚静”。要想保持旺盛的情思必须学会工作，也就是要注意休息，即“养气”。因为“神疲气衰”、“精气内销”则“神志外伤”。“气”是一个人的内在之物，“神”是一个人的外表之物，只有“清和其心，调畅其气”，才能思路敏捷，畅通无阻，反之即可休息，即“烦而即舍，勿使壅滞”。《附会》篇主要讲谋篇布局时，如何统筹安排。“附”是对文章形式方面的处理，“会”是对文章内容方面的处理。在本篇中刘勰以人体比作文体，提出了做文章“必以情志为神明，事义为骨髓，辞采为肌肤，宫商为声气”四要素原理。《总术》篇是在上面论证了写作的种种方法和原则后做的一个总结，综合论证写作方法的重要性。指出如果能“执术驭篇”，写出的文章就会“义味腾跃而生，辞气丛杂而至。视之则锦绘，听之则丝簧，味之则甘腴，佩之则芬芳：断章之功，于斯盛矣”。

《时序》篇至《程器》篇五篇文章为《文心雕龙》的第四部分，史称批评鉴赏论。在这一部分中又可分为三组。《时序》和《物色》为一组，专门论述文学与社会现象、文学与自然现象的关系。在《时序》篇中，刘勰从历代文学创作的变化和发展情况，来探究文学与社会现象的关系。在论证过程中总结出三种关系，一是“风动于上，而波振于下”，从商周的诗歌，到汉晋的文学都反映了这一现象；二是“世积乱离，风衰俗怨”的乱世，能造就出“雅好慷慨”、“梗概而多气”的作品；三是儒道思想对文学所产生的影响是深远的，从中总结出“时运交移，质文代变”；“文变染乎世情，兴废系乎时序”的规律，提出文学的发展变化受社会的制约。

《物色》篇专论文学与自然的关系。在这篇中提出了“情以物迁，辞以情发”的基本原理，说明四时变化对作者的思想感情和文学创作都能产生不同的影响。

《时序》和《物色》这一组文章强调了客观世界对作家主观意识的决定作用，说明刘勰在文学理论方面坚持了唯物论的反映论，是他整个文学理论最重要的闪光点，但这两篇在结构的归属上学界有分歧。

有些文心学研究者主张将《物色》篇移到创作论部分去[①]，认为着重谈了如何作自然景色的描写，是属于创作论。而王元化则认为《物色》篇虽然“谈到如何写好自然景色，内容与第三部分诸篇接近，但论据还不足。因为：第一，说《物色》篇编次错乱，纯属推测，在版本上缺乏依据。第二，如前所述，第三部分诸篇，讲构思、谋篇的体制风格、用词造句，不但内容，就是篇名如《神思》、《声律》等等，都是从写作方法角度着眼的，而‘物色’则是激发作者创作冲动

❶郭晋稀：《白话文心雕龙》；周振甫《文心雕龙今译·物色》。

的因素和文学描写的对象，与第三部分诸篇角度不同，移到前面，并不相称。第三，从第四部分的结构看，《时序》讲文学与时代（政治社会环境）的关系，《物色》讲文学与景物（自然环境）的关系，连在一起，也讲得通。两篇开头云：

时运交移，质文代变；古今情理，如可言乎？（《时序》）

春秋代序，阴阳惨舒；物色之动，心亦摇焉。（《物色》）

二者词句非常对称，内容都是说明环境对于文学的影响，看来不是偶然的巧合，而是表明刘勰认为这两篇有着密切的关系”[1]。

不过也应该看到《时序》和《物色》与创作确也有关，创作不能不受客观环境的影响，但批评鉴赏也应考虑作品形成的客观环境。看来《时序》和《物色》确是介于第三部分和第四部分之间的，也不能说划到第三部分就没有道理。

从《才略》到《程器》三篇为一组，在这一组文章中又各有分工。《才略》篇专论作家的创作才情。对先秦、两汉到魏晋时期各朝代的作家近百人及其作品进行批评，指出其优劣及其原因，可说是古代文学史上作家论之洋洋大观。并提出了作家成就的大小与其所处的时代有关，不仅强调了作家的主观因素，同时也注意到作家成就的客观因素。《知音》篇是专论如何进行文学批评的问题，这是刘勰文学鉴赏论和批评论的中心部分。在此篇中作者指出批评鉴赏的困难有两方面：一是“音实难知”，即作品本身难以被人理解和鉴别；二是“知实难逢”，即作家难以遇到理解和鉴赏者。这就从主观和客观两个方面说明文学批评难以做到正确合理的原因。本篇中同时也指出了文学评论中的错误倾向，即批评者的“贵古贱今”

[1] 见《复旦学报》1981年第1期。

和“崇己抑人”以及“信伪迷真”，再是凭个人的好恶去评论他人的长短。鉴于上述不良现象，刘勰在最后提出：一是要加强评论者的道德修养和文学修养，提高自身的鉴赏水平；二是采用正确的批评方法，即利用“六观”法，具体说是观作品的“位体”、“置辞”、“通变”、“奇正”、“事义”、“宫商”。《程器》篇是讲作家的品德修养和政治修养。要求作家的作品不仅要有文采，作家本身也得有一个好的修养，使文品与人品结合起来，做到德才兼备。本篇又可分为四个层次。第一层讲作家注意品德修养的必要性；第二层以具体作家为例，指出要辩证地看待历史上作家们的毛病；第三层是指出一个作家不仅要有文学创作的才华，要有一个好的人品，还要加强政治修养，努力使自己成为一名文、武、政互兼的学者；第四层强调指出理想的作家应当是“有文有质”，德才兼茂，能够进可以担当军国重任，退可以独善垂文后世。这正是刘勰自己思想和身世的真实写照。正如纪昀所评：“观此一篇，彦和亦发奋而著书者……彦和入梁乃仕，故郁郁乃尔耶。”[1]

《序志》是本书的最后一篇，也是本书的序言，学者们往往称之为第五部分。它交代了作者撰写本书的目的、意图、方法、态度以及指导思想和内容安排。本篇有五个层次。第一层交代书名的由来；第二层交代为什么要写这本书；第三层指出自魏晋以来文论著作的共同毛病是没有寻根溯源；第四层说明对全书内容的安排；第五层交代自己评论作家作品和阐述写作理论的态度。

[1]《纪晓岚评注文心雕龙》，江苏广陵古籍刻印社 1997 年版。

第二章 《文心雕龙》主要版本简介

《文心雕龙》成书之日，刘勰就曾经说过："茫茫往代，既沉予闻；眇眇来世，倘尘彼观也。"在长达15个世纪的流转传播中，《文心雕龙》版本繁富，如果把写本、刻本、丛书本、校本加在一起，自唐以降可见者不下百余种，为便于研究者了解，今择其主要者作简要介绍。

（一）敦煌遗书唐写《文心雕龙》残卷

此卷是迄今可见的最早的《文心雕龙》版本，于1899年在敦煌鸣沙山千佛洞第288石窟发现，今藏伦敦大英博物馆，原编目为S5478，基尔斯（Giles）新编为7283号。原本长17厘米，宽12厘米，蝴蝶装册页，共22叶，四界，乌丝栏，每半页10行或11行，每行20至23字不等，用行书体抄写，封面部分破损。起《原道》第一"赞"的第五句"体"字，迄《谐隐》第十四篇题。计存：《征圣》、《宗经》、《正纬》、《辨骚》、《明诗》、《乐府》、《诠赋》、《颂赞》、《祝盟》、《铭箴》、《诔碑》、《哀吊》、《杂文》十三篇，《原道》"赞末"13字，《谐隐》篇题5字，五篇合为一卷。全卷"渊"、"世"、"民"皆缺避。在"《征圣》第二"、"卷第三"、"《铭箴》第十一"篇题下及栏外，有信笔涂鸦："大"、"大宝积经"、"大宝积经第一"、"佛"、"言"等二十余字，字体与正文不相属。第一叶背面"《征圣》第二"第17行栏下注"好"字；第四叶背面《正纬》第13行天头注"东序"2字；第13叶正面《颂赞》第九第13行天头注"浅"字；第17叶背面《诔碑》第十二第16行天头注“烈”字。这些笺注都是过读者笺明该行“辞尚体要，不唯好异”、“昔康王《河图》，陈列东序”、“虽深浅不同，详略各异”、“周史歌文，上阐后稷之烈”等句中书写难辨之字。在第5叶正面“《辨骚》第五”第3行至第7行栏下注：“皭，靖也”；“缁，黑色”；“涅，水中黑”等，乃过读者笺释正文“皭然涅而不缁”句之义。此本书体为行书，亦多简体字和同音假借字。此卷抄写时间，有初唐、中唐、晚唐诸说。赵万里以为：“卷中‘渊’字、‘世’字、‘民’字均阙笔，笔势遒劲，盖出中唐学士大夫所书，西陲所出古卷轴，未能或之先也。”杨明照认为：“卷中‘渊’字、‘世’字、‘民’字均阙笔，‘民’字亦有改作‘人’字者。由《铭箴》篇‘张昶’误为‘张旭’推之，当出玄宗以后人手。‘照’字却不避。”姜亮夫据赵万里说，具体推断：“853年唐宣宗大中七年（公元853年）癸酉，或书《文心雕龙》。”日本铃木虎雄则认为：“敦煌本《文心雕龙》，敦煌莫高窟出土本，盖系唐末抄本。”此本因其近古，诸家皆以为是贵重文献，就诸家比较一致认为可以校正以后传本文字之误者达470字以上。今有铃木虎雄《敦煌本文心雕龙校勘记（附有残卷原文）》，载《内藤博士还历祝贺支那学论丛》、潘重规《唐写文心雕龙残本合校》（香港新亚研究所1970年出版）、饶宗颐《唐写本文心雕龙》（载《文心雕龙研究专号》，台北明伦出版社1971年出版）和林其锬、陈凤金《敦煌遗书文心雕龙残卷集校》（上海书店1989年出版）。又据已故上海图书馆馆长、著名版本目录学家顾廷龙称，他曾见过与此卷不同的大字楷书本《文心雕龙》敦煌残卷，这是由著名出版家张元济（菊生）于1946年12月26日直接交给他读校的照书扣照、黑底白字、大字楷书的敦煌本《文心雕龙》残卷。或如杨明照、王利器分别在其《文心雕龙校注拾遗》和《文心雕龙校证》中记录的；另有黄文弼藏（或说前北京大学西北科学考察团团员某藏）唐写本，约长3尺，不知下落，其详无由得知。

（二）宋本《太平御览》引《文心雕龙》

宋椠《文心雕龙》久已失传，但今存南宋刻《太平御览》引《文心雕龙》43 则，9868 字，约占全书的 26.67%，比敦煌写本残卷还多 1000 余字。涉及篇章有《原道》、《宗经》、《明诗》、《诠赋》、《颂赞》、《铭箴》、《诔碑》、《哀吊》、《杂文》、《史传》、《论说》、《诏策》、《檄移》、《章表》、《奏启》、《议对》、《书记》、《神思》、《风骨》、《定势》、《事类》、《指瑕》、《附会》等二十三篇；其中《明诗》、《诠赋》、《颂赞》、《铭箴》、《诔碑》、《哀吊》、《史传》、《诏策》、《檄移》、《章表》、《奏启》等十一篇几近全篇；《原道》、《杂文》、《论说》、《议对》、《书记》等篇也征引了大部分。现藏于日本的宋闽刊本《太平御览》，原为明内府藏本，后流落在外，清乾隆时为吴郡朱文游所得，并为吴中惠栋借读，又历经周锡瓒、黄丕烈转归陆心源皕宋楼，光绪末年，流入日本。1928 年，张元济赴日借照影印了宋闽刊本和原藏于日本的蜀刊本《太平御览》携归，于 1935 年由上海涵芬楼影印刊行。此本蝴蝶装，乌丝栏，每半叶 13 行，行满 22 字，中缝鱼尾向下，上标卷数，中标页码，下标“杨青”、“杨茂”、“谢茂”等刻工姓名。引文中“殷”、“桓”并阙末笔作“殷”、“桓”，乃避宋太祖赵匡胤和宋太宗赵光义之父“弘殷”和宋真宗（赵光义子）“桓”之讳。宋本《太平御览》虽是刻本，但因离唐代不远，仍遗留不少唐写本的痕迹，如“木”旁作“扌”旁：“標”作“摽”；同音假借：“昭”作“照”，“包”作“苞”等等。宋本《太平御览》引文因其仅次于敦煌写本而比较近古，且是刊印本，因而校勘学的价值历来为学术界所肯定，可以同敦煌写本互为印证，并可补宋版本佚缺之空白。今有林其锬、陈凤金《宋本〈太平御览〉引〈文心雕龙〉辑校》（上海书店《敦煌遗书文心雕龙残卷集校·附录》，1989 年出版）。

（三）元至正十五年（1355 年）嘉兴郡学刻《文心雕龙》

此本于元至正乙未十五年（1355 年）由刘贞主持刻于嘉兴郡学，是今存最早的单刻本。此本框高 232 毫米，宽 156 毫米，乌丝栏，蝴蝶装。卷前有“曲江钱惟善”作于“至正十五年龙集乙未秋八月”的序，继有目录 2 叶，卷首第一行顶格题“文心雕龙卷第一”（后诸卷同），次行下署“梁通事舍人刘勰彦和述”（后诸卷不署），卷末隔数行顶格作“文心雕龙卷第 ×”，中缝上鱼尾之上记数，中署“文心雕龙”，下鱼尾之下记刻工杨青、杨茂、谢茂等姓名，每半叶 10 行，行 20 字，五篇一卷，计十卷，卷五阙第 9 叶，《隐秀》无传本自“始正而末奇”起，迄“朔风动秋草”的“朔”止 400 字；《序志》脱自“执丹漆之礼器”起，迄“观澜而索源”的“而”字止 322 字。书中版面或有漫漶，尤其《史传》、《声律》、《程器》、《序志》诸篇为甚。根据卷首钱序的记述“嘉兴郡守刘侯贞家多藏书，其书皆先御史节斋先生手录。侯欲广其传，思与学者共之，刊梓郡庠，令余叙其首”。可知此本的母本系刘贞家藏其先人刘节斋的“手录”本。至于刘节斋抄本又出于何本，因无确凿资料难以确考；不过从此刻本字体秀逸刚劲，犹存宋椠遗风，以及诸如《议对》篇“鲁桓务议”之“桓”字仍沿宋讳阙末笔作“桓”而未及改，还有沿唐、宋本“標”作“摽”，“以”作“已”等未及改的情况看，说它源于宋椠大概是可信的。此本胜处，以校勘价值而论，一方面它在诸多地方率先改正了唐写本之误，多与明本同；另一方面较之明刻诸本，此本正而明本误者更不乏其数。《四库全书总目》内府藏本《文心雕龙》提要云：“是书自至正乙未刻于嘉禾（兴），至明弘治、嘉靖、万历间，凡经五刻。”所以它不仅是今藏最早的一部单刻本，同时也是明清诸多版本的祖本。此本历久，漫漶严重，脱文也不少，仅《序志》一篇，脱文、漫漶字数即达 496 字之多。书内留有清怡亲王“明善堂览书画印记”、“安乐堂藏书记”以及近人“徐乃昌读”的印记。今有上海古籍出版社 1984 年据上海图书馆藏本的影印本和林其锬、陈凤金《元至正本〈文心雕龙〉汇校》。（收入周振甫主编：《文心雕龙辞典》，中华书局 1996 年

版）

（四）明弘治十七年（1504 年）冯允中刻活字本《文心雕龙》

此本卷首有署“文林郎监察御史郴阳冯允中”作于“弘治十七年岁在甲子四月上浣日”的《重刊文心雕龙序》。序称：“余素粗知嗜文，每览是书，辄爱玩不忍释。然惜其摹印脱略，读则有叹。兹奉命至江南，巡历之暇，偶闻都进士玄敬家藏善本，用假是正，既慰夙愿矣……然世以其奇也而秘，至有克为文者，又直视其秘，而不之锓以厥传，抑岂公天下之心哉！”此本正文每半叶 10 行，每页 20 字，首叶第一行顶格署“文心雕龙卷第一”，次行下署“梁通事舍人刘勰”，五篇一卷，为十卷本。《隐秀》篇和《序志》篇阙文和元至正本同，卷末刻“吴人杨凤缮写”，最后有吴人都穆跋。跋称：“梁刘勰《文心雕龙》十卷，元至正间尝刻于嘉兴郡学，历岁既久，板亦漫灭。弘治甲子（1504 年），监察御史彬阳冯公出按吴中，谓其有益于文章家，而世不多见，为重刻以传。”由此可知，此本系从元至正本出。“弘治甲子”即弘治十七年（1504 年），故此本乃有明一代最早的刻本，后之诸多版本皆由此本出，形成了弘治冯允中本——汪一元“私淑轩”本系列。此本今分订四册，藏国家图书馆。

（五）北京大学藏徐𤊹批校汪一元私淑轩刻本

此本卷首有加页一纸，抄《福州府志》，记徐𤊹、徐延筹、徐钟震三代履历，卷首载徐𤊹崇祯己卯（1639 年）题记，以下抄录《梁书 · 刘勰传》，然后手抄七篇：第一，元钱惟善至正本序；第二，佘诲本序；第三，嘉靖乙巳（1545 年）叶联芳书乐应奎本序；第四，乐应奎序；第五，青社诚轩载玺信父序；第六，弘治本冯允中序；第七，建安西桥程宽《刻文心雕龙序》。以下是方元祯序。正文有黄笔、蓝笔、朱笔、白笔圈点和朱笔、蓝笔、墨笔校语。《隐秀》篇由徐𤊹于万历戊午（1618 年）之冬，客游豫章时，据“王孙朱孝穆（即朱谋垏）故家旧书”抄补了 400 余字；《序志》篇脱漏的 300

余字，徐氏则据《广文选》订补。书末又手抄八份材料：第一，杨慎致禺山公（张含）书；第二，徐𤊹万历二十九年（1601 年）跋语；第三，徐𤊹万历三十五年（1607 年）跋语；第四，曹学佺戊申（1608 年）八月书；第五，晁公武《郡斋读书志》评《文心雕龙》语一条；第六，徐𤊹万历四十年（1612 年）跋语一条；第七，伍让《文心雕龙序》；第八，徐𤊹万历四十七年（1619 年）跋语。杨明照云："卷首有方元祯序，知刻于嘉靖十九年（1540 年）。钱允治跋谓'嘉靖庚子刻于新安'者即此本。版心下方有'私淑轩'三字，下栏右方有刻工名。此汪氏原刻，极佳。白文，每半叶10 行，行 20 字。五篇相接，分卷则另起。其款式：（首行顶格）文心雕龙卷之一；（次行下署）梁通事舍人刘勰撰，明歙汪一元校。"卷首方元祯序称："方今海内文教盛隆，操觚之士争从古雅，独是书时罕印本，好古者思欲致之，恒病购求之难。吾邑汪子仁卿，博文谈艺，喜而校刻之……时嘉靖庚子六月既望，书于葵柏山斋。"从此本款式、题署和《隐秀》、《序志》缺文均与弘治冯允中本相同情况看，知此本乃冯本出，但文字经汪一元校勘而略有不同。此本有明覆刻本，但字多俗体，亦有臆补、误刻处。由此本衍生的版本很多，佘诲刻本、徐𤊹校刻本以及成为清黄叔琳《文心雕龙辑注》底本之何焯校本，均出于此本。

（六）明覆刻汪一元本

此本卷首有新安方元祯撰于"嘉靖庚子六月既望"的序，正文每半叶 10 行，每行 20 字，版心上方有"私淑轩"三字。正文首行顶格署"文心雕龙卷之一"，次行下署"梁通事舍人刘勰撰，明歙汪一元校"。据户田浩晓氏称：此本不同于"《四部丛刊》所收即嘉靖庚子新安刻本"，其中"使用了很多像体（體）、观（觀）、国（國）、来（來）、献（獻）等简体字"，并有"原笔直接订正原文谬误，但原字往往颇难辨读，且《隐秀》篇'互体川渎'以下，《程器》篇'也是君子'以下及《序志》篇全篇皆缺。此三处均为沈严抄补。它与黄叔琳校语中所称的汪本不一致处颇多”。“此本于乾隆己未曾经黄丕烈之手，后为陆心源十万卷楼所藏，最后为嘉静堂文库（按日本）之物”。杨明照云：四川省图书馆藏明覆刻汪本，“字多俗体（如变、辞、来、孝、图、国、乱、体、观、举、献、发、绘、会、万之类是），也有臆补误刻处。逊私淑轩原刻多矣。黄丕烈所校汪本即覆刻。”

（七）嘉靖二十二年（1543 年）佘诲刻本

卷首有佘氏《文心雕龙序》，序称：“今天下文教隆盛，海内操觚之士翕然成风，人綮麟凤，家宝随和，享帚于千金者，亦寡矣。顾拟迹前修，存乎体要，筌求是本，不异司南。苦印传之不广，博古者致憾于斯。予偶搜诸壁间，如见良玉，又恶夫己而不人者也，遂校梓布焉……时嘉靖癸卯（1543 年）仲春朔日古歙佘诲序”，可知刻于嘉靖二十二年（1543 年）。正文每半叶 10 行，每行 20 字，首行顶格署“文心雕龙卷第一”，次行下署“梁通事舍人刘勰撰”。版心下栏尚留有私淑轩刻工姓名。可见其出于汪氏原刻。五篇相接，分卷则另起。《隐秀》篇有缺文，《序志》篇缺文已补。今国家图书馆和北京大学均有藏本。

（八）万历七年（1579 年）张之象本

卷首有张之象序，称：“方今海内文教振兴，缀学之士竞崇古雅，秘典奇编，往往间出。独是书世乏善本，讹舛特甚，好古者病之。比客梁溪，友人秦中翰汝立藏本颇佳，请归研讨，始明彻可诵。且闻之山谷黄太史云：‘论文则《文心雕龙》，评史则《史通》，二书均有益后学，不可不观也！’予遂梓之，与《史通》并传，不使淹没……万历七年（1579 年）岁次己卯春三月朔旦，碧山外史云间张之象撰。”下列订正《文心雕龙》姓名：张之象、秦柱；校阅《文心雕龙》名氏：陆瑞家、程一枝、诸纯臣、陆光宅、张云门、董开大、杨继美、蔡懋孝、沈荆石、钱日省等。正文每半叶 10 行，行 19 字，五篇相接，分卷另起。卷末则有校者姓名，与卷首一致。首叶顶格署“文心雕龙卷之一”，次行下署“梁通事舍人刘勰撰”。《隐秀》篇和《序志》篇均不全。此本不只一刻，原刻、改刻、覆刻互有不同。今北京图书馆、北京大学均有藏本。还有涵芬楼影印本。

(九)万历十年(1582 年)胡维新《两京遗编》本

万历十年原一魁奉胡维新命合刻两汉六朝十一种二十册，名为《两京遗编》。此本为其第十九及第二十册所收。仅有目次与本文，无序跋校语(北京大学藏本有佚名朱、黄、墨三色校语和批词)。正文每半叶 9 行，行 17 字。五篇相接，分卷另起。首叶第一行顶格署“文心雕龙卷之一”，次行下署“梁通事舍人东莞刘勰彦和著”。今北京大学、日本户田浩晓氏并有藏本，还有商务印书馆《丛书集成》初编影印本。

(十)万历二十年(1592 年)何允中《广汉魏丛书》本

明万历二十年，程荣从何镗百种旧目中辑三十八种刊为《汉魏丛书》，何允中又从何镗旧目中“搜益其半”得 80 种(一作 76 种)分经翼、别史、子余、载籍于同年(万历二十年，即 1592 年)刊为《广汉魏丛书》，在第一册卷首，有署“万历壬辰(二十年)腊月东海屠隆纬真甫纂”的《汉魏丛书序》和署“武林何允中识”的跋。收入的《文心雕龙》卷首有佘诲序，知盖由佘本出，正文每半叶 9 行，每行 20 字。五篇相接，分卷另起。首叶第一行顶格署“文心雕龙卷一”，次行下署“梁东莞刘勰著张遂辰阅”。何本《广汉魏丛书》流传较广，在清乾隆、嘉庆、光绪年间和民国时期，均有重镌、翻刻本。清王谟《增订汉魏丛书》本《文心雕龙》亦出此本。

(十一)万历三十七年(1609 年)梅庆生音注本

此本卷首有许延祖楷书署“万历己酉嘉平月，江宁顾起元序”。序称：“升庵先生酷嗜其文，咀唼菁藻，爰以五色之管，标举胜义，读者快焉。顾世夐文渝，驳蚀相禅，闲摅勘定，犹俟刬除。豫章梅子庚氏，既撷东莞之华，复赏博南之鉴，手自校雠，博稽精考，补遗刊衍，汰彼淆讹。凡升庵先生所题识者，载之行间，以核词致。至篇中旷引之事，毕用疏明；旁采之文，咸为昭晰。”梅庆生在《校刻杨升庵先生批点〈文心雕龙〉音注凡例》中则说：“元本字句虽经杨用修校正，而其脱其误其衍，十尚七八。因取诸家所校众本参互考订，以改其误，补其脱，删其衍，视元本自谓五倍其功，然讹若渡河，喻同扫叶，补阙订误，尚俟来哲。”序后列“校刻杨升庵先生批点文心雕龙音注凡例”、都穆跋、朱谋㙔跋、杨慎与张含书、梅氏对张含的介绍、《文心雕龙》雠校并音注校雠姓氏及目录、《梁书·刘勰传》。正文每半叶9行，每行18字。五篇相接，分卷另起。此本“音注十五，校正十七”，音校用双行小字在正文下面，注附当篇后，低一格，均双行。杨慎批点以五种符号代五色。首叶首行顶格署“杨升庵先生批点文心雕龙卷之一”，次行下署“梁通事舍人刘勰著”；第三行下署“明豫章梅庆生音注”，与次行题署并列。此本是现存最早的注释本，是集大成的著作。傅增湘曾说：“明代刻本，以弘治甲子吴门最先，嗣是嘉靖中，建安、新安等处付梓者凡六本。万历中，自张之象以后，付梓者凡四本，而夺文讹字，多不能举正，至金陵梅庆生本出，乃取诸家校本，辑而刊传之。虽校定未必悉当，然考证之功，亦云勤矣。”[①]此本传播很广，影响很大，形成了版本系列。据日本户田浩晓《〈文心雕龙〉梅庆生音注本的不同版本》叙述，梅氏音注本至少有六种不同版本。据杨明照《文心雕龙校注拾遗》著录，源于此本者就有：明凌云套印本、天启二年校定本、天启二年校定重修本、陈长卿覆刻本、陈长卿重修本、梁杰订正本、吉安刘云刊本，以及后传之多种校本等等。此本底本为明万历刊杨慎批点本。批点本据梅庆生《凡例》“元本字句虽经杨用修校正”，当是源于“元本”；此“元本”是否就

① 傅增湘：《徐兴公校〈文心雕龙〉跋》，《国民杂志》1941年第10期。

是元至正刻于嘉兴的本子，因杨批本早佚，故难确考。

（十二）万历三十九年（1611 年）王惟俭《文心雕龙训故》本

此本首列末署“万历辛亥（1611 年）四月之吉，祥符张同德昭甫氏题”的《合刻训注〈文心雕龙〉〈史通〉序》，说明其刻期为万历三十九年（1611 年）。其次有末署“万历己酉（1609 年）夏日王惟俭序”的《文心雕龙训故序》，说明其成书是在万历三十七年（1609 年）夏（比梅庆生万历音注本还早半年）。后继是《南史·刘勰传》、凡例、目录。卷末为杨慎与张含书并王氏识语。正文每半叶 10 行，每行 20 字。其款式为：首行顶格署“文心雕龙卷之一”，次行下署“明河南王惟俭训”。篇自为起讫，注附当篇后，低一格，双行。版心左下栏注明每篇字数，每卷卷末最后一行注明写刻人姓名，所校之字，于赞文末句右下方隔一格侧注明。《隐秀》篇有阙文。《凡例》云：“是书凡借数本，凡校九百一字，标疑七四处。其标疑者，即墨□本字，以俟善本，未敢臆改。”此本杀青早于梅庆生音注本半年，但殊途同归，其注释远在梅庆生之上。清王士禛云：“黄山谷云：‘明王侍郎损仲惟俭作《文心雕龙》、《史通》二书《训故》。以此二《训故》援据甚博，实二刘之功臣。’余访求二十年始得之，子孙辈所当宝惜。”可知此本向为罕见。据詹锳考证：“清黄叔琳《文心雕龙辑注》的注解部分，有很多是从这里抄去的。”但黄叔琳只在原校姓氏表上最后加了王惟俭姓名，却未提及《文心雕龙训故》。今北京图书馆、山东省图书馆并有藏本。

（十三）凌云五色套印本《刘子文心雕龙》

此本卷首有末署“万历壬子仲春友人曹学佺撰”的序，序称：“《雕龙》苦无善本，漫漶不可读，相传有杨用修批点者，然义隐未标，字讹犹故。予友梅子庾从事于斯，音注十五而校正十七，差可读矣。予以公暇，取青州本对校之，闲一笺其大旨，是亦以易见意而少补兹刻之易见事易见诵者也。”次为杨慎与张含书，吴兴闵绳初《刻杨升庵先生批点〈文心雕龙〉引》，草书。再次为凌氏凡例（共六条）、《梁书·刘勰传》及校雠诸家姓氏。批评：杨慎字用修；考评：曹学佺字能始；音注：梅庆生字子庾；校正：朱谋玮……五色套版：正文黑字，杨慎、曹学佺及各家评、校、音读，区以四色，分列眉端。全书分为五册：第一册卷上之上，收正文十三篇；第二册卷上之下，收第十四至第二十五篇；第三册卷下之上，收第二十六至第三十八篇；第四册卷下之下，收第三十九至第五十篇（《隐秀》篇有缺文）；第五册全部是注解（亦别出为四子卷）。正文每半叶9行，每行19字。篇各为起讫，首叶首行顶格署“刘子文心雕龙卷上之上”。据杨明照考证：“此本有梅庆生注，盖刻于万历四十年（1612年）后，天启二年（1622年）前，裴以梅氏万历三十七年（1609年）所刻者为底本也。”今国家图书馆、杨明照、王利器并有藏本。

（十四）天启二年（1622年）梅庆生重修音注本

此本卷首有天启壬戌（1622年）宋榖隶书重写顾起元《文心雕龙批评音注序》。卷一首叶版心下栏前后有“天启二年梅子庾第六次校定藏版”14字。序后增都穆跋一叶，格式、行款、字体一如万历，《定势》一篇缺，《隐秀》篇也有缺文。此本有二：金陵聚锦堂本、古吴陈长卿本。前者第一册里有“杨升庵先生批点文心雕龙金陵聚锦堂梓”17字。今日本京都大学、杨明照、户田浩晓等并有藏本。

（十五）天启二年（1622）陈长卿重修曹批第六次校定本

此本首列末署“万历壬子仲春友人曹学佺撰，天启壬戌孟冬洪宽书”的《文心雕龙序》，次为顾起元《文心雕龙批评音注序》，款式、版心、刻字、版式大小，刊刻字体乃至于断版处，并与金陵聚锦堂本、古吴陈长卿本同，但此本每篇都加了曹学佺的眉批。《定势》篇不缺，还补刻了《隐秀》缺文两版，缺都穆旧跋、《梁书·刘勰传》，删去其他梅刻本《隐秀》篇后3条跋语，另刻跋语云："朱郁仪曰：《隐秀》中脱数百字，旁求不得，梅子庾既以注而梓之。万历乙卯（1615年）夏海虞许子洽与钱功甫万卷楼检得宋刻，适存此篇，喜而录之，来过南州，出以示余，遂成完璧，因写寄子庾补梓焉。子洽名重熙，博奥士也。原本尚缺13字，世必再有别本可续补者。"此为《隐秀》篇阙文之首次补刻。詹锳云："用曹批梅六次本和聚锦堂本、陈长卿本对勘，发现有些墨钉和换字的地方都很精细……最值得注意的是增补的《隐秀》下半篇两版，字的刻法和原版有区别……最特别的是'恒溺思于佳丽之卿'的'恒'字缺笔作'恒'。胡克家仿宋刻《文选》，'恒'字就缺笔作'恒'，'盈'字也不同。这可见抄补《隐秀》篇时，照宋本原样摹写，而梅庆生补刻这两版时，也照着宋本的原样补刻。""明朝中晚年还没有根据缺笔鉴定版本的风气，假如明人作伪，怎么会伪造得那么周到，和上下文都吻合呢？我们不能轻信纪昀、黄侃指控《隐秀》篇补文为伪造的一些说法。"今有天津图书馆、国家图书馆藏本。

（十六）天启七年（1627年）谢恒抄、冯舒校本

此本卷首目录，次正文。黑格纸、白文，每半叶9行，行20字。五篇相接，分卷则另起。其款式：首行顶格署"文心雕龙卷第一"，次行下署"梁通事舍人刘勰彦和述"。《序志》篇末有默庵老人跋语一条、钱功甫跋语一条、冯舒跋语四条。钱功甫跋称："……至《隐秀》一篇，均之阙如也。余从阮华山得宋本抄补，始为完书。甲寅（1614年）七月二十四日书于南宫坊之新居。"冯舒跋语称："……岁丁卯（1627年），予从牧斋（钱谦益）借得此本，因乞友人谢行甫录之。录毕，阅完，因识此。其《隐秀》一篇，恐遂多传于世，聊自录之。八月十六日，孱守居士记。"又"丁卯中秋日阅始，十八日始终卷。此本一依功甫原本，不改一字，即有确然知其误者，亦列之卷端，不敢自矜一隙，缺损前贤也。孱守居士识（上党

冯舒印)”。此本底本,杨明照认为是谢恒抄本。冯校所据有“元版”、“弘治甲子本”、“嘉靖癸卯本”、“功甫本”、“谢本”、“梅本”六种。关于此本的价值,杨明照说:“凡所批校,皆用朱笔,或于行间,或于卷端,有条不紊,光采烂然。宜其为有清一代收藏家所珍视。黄叔琳辑注虽引其说,然攘为己有者,则不一而足。如未目睹此本,固难发其覆也。”此抄校本曾经钱遵王、季振宜收藏,今国家图书馆收藏。

(十七)日本静嘉堂藏沈岩校补汪一元校本(或称沈岩临何义门校宋本)

此本为十卷一册,高9寸3分,横5寸3分,121叶,左右双边。序文每半叶9行,每行17字;正文每半叶10行,每行20字。封面有“文心雕龙”题签,卷首题“文心雕龙卷之一,梁通事舍人刘勰撰,明歙汪一元校”。原本内容由方元祯序、目次和正文组成。清人沈岩收藏之后,又增抄补《隐秀》篇及《序志》篇阙文数纸,且手录钱允治(功甫)跋语一条及其师何焯义门跋语五条,卷尾述其获书由来及抄补之事:“庚寅(康熙四十九年,1710年)夏,吾友子遵(蒋杲字)得弘治本于吴兴书贾,并为予得嘉靖间刻于新安者。弘治本稍善,予本间有朱笔改正一二讹处,但不知为何人手校。因从义门先生借所藏校本,与子遵勘对。至《隐秀》、《序志》两篇脱误,也都补定;并录吾师跋语五条,附载功甫跋语一条,以识《隐秀》全文,前辈传录之难,而此本幸为完善矣。岩记。”沈岩依据何义门校宋本,在汪本的栏眉或栏脚上记录了对原朱笔校正的68字(理应有69字,但《谐隐》篇改“极”为“拯”处无校语,故有校语仅68字)。校勘的异同,保存了何义门校宋本的面目,加之何校宋本,实由阮华山宋椠本而来,故通过沈岩校补汪本可以在某种程度上窥见宋本的字面。此本原书护叶有黄丕烈甲子(1744年)记其架藏始末和从张青芝的手抄本转抄之至正本钱惟善序及得之至正本校张青芝本脱误的经过,据黄芬甫所记："青芝临义门先生校本，首载钱序一篇，亦属抄补。"此本由沈岩经朱文游、朱文游甥、五柳书居、黄尧圃、陆心源而归日本静嘉堂文库。

（十八）南京图书馆藏过录沈岩临何焯批校本

此本三册，有"马曰璐印"。首抄钱允治（功甫）跋和沈岩临何焯跋。底本是曹批梅庆生第六次校定本，与天津市图书馆藏本同，但卷首多两篇跋语：一是末署"时万历三十有七年，绥安谢兆申撰"的《刻批点文心雕龙》和末署"天启二年壬戌仲冬至日麻原梅庆生识"的"小字跋"。此本的目录在《书记》第二十五下朱批"上篇"，《程器》第四十九下朱批"下篇"。后有末署"庚寅五月十九日岩录"的朱笔跋语。詹锳以为"这个本子的朱笔批校非常工整，有时引何本作某，有时引沈本作某，可以判定这不是何义门本人的批校本，也不是沈岩本人的批校本。是否马曰璐过录的沈岩临何焯批校本，就不得而知了"。

（十九）日本享保辛亥（1731 年）冈白驹校正句读本

此本原稿完成于日本享保十六年（1731 年）三月，同年十月开版刊刻，上下二册，长 26.5 厘米，宽 17.3 厘米，线装，题签为"文心雕龙上（下）"。上册的镶边里右上低二格署"龙州先生校正句读"，中间署"文心雕龙"，左下署"浪华书肆文海堂梓行"。卷首为冈白驹刻序，次为目录及正文，正文从卷一至卷四止，序文为 4 叶，目录及正文为 51 叶，合计 55 叶。下卷自卷五起，至卷一〇止，共 69 叶。卷末附"浪华书铺文海堂藏本目录"一叶，里面附有"冈太仲校正句读""享保十六年辛亥十月日"和"浪华书肆敦贺屋九兵卫、同治兵卫梓行"。目录、正文的框郭长 19.4 厘米，宽 14 厘米，四周单边，有界，序文每半叶 6 行，每行 14 字；目录及正文每半叶 9 行，目录每行二篇，正文每行 20 字，版心为白口，标有序、目录、书名及叶数。据户田浩晓氏考证，此本是照日本尚古堂本覆刻，而尚古堂本全据明何允中原刻《汉魏丛书》本，即卷内题次行作"梁东莞刘勰著、张遂辰阅”者。但以冈白驹刻序代替尚古堂本的佘诲序，删除卷首“张遂辰阅”四字和版心“尚古堂”三字，同时订正一些误字并对全文施加句读训点。关于此本的价值，户田浩晓认为：“对这部（按：指《文心雕龙》）从分量上看，决非大部头著作，施加训点的学者，在冈白驹之前或以后都没有（按：指在日本）……冈白驹的校订训点本至今仍保持着唯一的《文心雕龙》训点本的地位。就这点看，冈本的价值固然不待言。但冈本的价值还必须从校订当否，训点正确否上来判断。”“冈本的底本是尚古堂本木活字本”，但“冈本不是尚古堂本简单的覆刻”，冈本“改正底本尚古堂本”所“承袭遂本的错误”，做了“称得上妥当的改订”，当然也有不少“底本正确冈本误刻的地方”。今有户田浩晓氏、北京图书馆藏本。

（二十）金陵聚锦堂梓行钟惺评《合刻五家言》本

此本系钟惺合道言（《文子》）、德言（《刘子》）、术言（《鬼谷子》）、辨言（《公孙龙子》）、文言（《文心雕龙》）而评之。书前有钟氏及蔡复叙、未署年月，杨明照以为“此本刻于万历之季”。钟惺《叙五家言》称：“予尝上下古今而于周、齐、梁间得五人，曰辛计然、鬼谷先生、公孙子秉、刘昼、刘勰。”此本黑丝线口，框高21厘米，宽17.5厘米，蝉页，每半叶9行，每行20字，中缝上标“文言”，中标卷数，下标页码。无序跋，篇各为起止。注仍万历梅本，移附每卷后。杨慎、曹学佺、梅庆生、钟惺四家评语，分别列诸眉端。其款式，首行顶格署“合刻五家言文心雕龙文言卷一”，次行下署“梁东莞刘勰彦和著”，后下分行署“明成都杨慎用修、闽中曹学佺能始、竟陵钟惺伯敬合评”。今有清华大学、杨明照藏本。

（二十一）钟惺评《秘书十八种》本

此本卷首有曹学佺序，底本盖出梅庆生万历三十七年后重刻者，比《合刻五家言》本晚，杨明照以为“殆刻于天启崇祯间”。每半叶9行，行

25 字,间有简略夹注,篇自为起讫。钟氏评语分列眉端(《宗经》、《事类》两篇缺)。其款式:首行顶格署“文心雕龙卷一”,第二、三行下分别署“梁东莞刘勰著”、“明竟陵钟惺评”。今上海图书馆、杨明照处有藏本。

(二十二)梁杰订正本

此本有两种:一为清华大学藏本。首列曹学佺《文心雕龙序》,行书,每半叶 5 行。至“与子庾将别书”为止,删去“万历壬子仲春友人”等字,在“曹学佺撰”下面是“曹学佺印”、“能始氏”二印,下为刘勰本传。其款式:首行顶格署“文心雕龙卷一”,第二、三、四、五行下并列署“梁东莞刘勰彦和著、明成都杨慎用修评点、闽中曹学佺能始参评、武林梁杰廷玉订正”。其余同《五家言》本。曹批不全,梅注也不全。二为上海图书馆藏本。卷首有曹学佺序。每半叶 9 行,每行 20 字,篇各为起讫。注解仍梅氏,间有删节,移附每卷后。音则注当字右侧。杨慎、曹学佺评语,梅庆生、许天叙、孙汝澄、谢兆申诸家校语,分别眉端。其款式同清华大学藏本。

(二十三)清谨轩蓝格旧抄本

此本书前有序目,正文仅收四十一篇,缺《通变》、《定势》、《镕裁》、《指瑕》、《附会》、《总术》、《知音》、《程器》、《序志》等篇,是选抄本,多有删节,都没有赞语,篇末附有短评。楷书,白文,不分卷。双线蓝框,框高 21 厘米,宽 14 厘米,蝉页,每半叶 9 行,行 20 字。中缝刻双鱼尾向上,顶格标“文心雕龙”,中空,下标“清谨轩”。其款式:首行顶格署“文心雕龙”,次行下署“梁刘勰著”。关于此本的抄写时间,杨明照以为由《事类》篇“胤徵”之未阙末笔或改为“允”验之,盖抄于世宗雍正之前;而《原道》、《辨骚》、《祝盟》、《史传》、《论说》、《神思》、《体性》诸篇中之“玄”字皆阙末笔,则抄于圣祖康熙之世可知矣。今国家图书馆、北京大学有藏本。

（二十四）雍正六年（1728年）铜活字《古今图书集成》本

《古今图书集成》原名《古今图书汇编》，又作《钦定古今图书集成》，清陈梦雷原编，蒋廷锡等奉敕校勘重编。一万卷，总目四十卷，附《考证》二十四卷，于康熙四十五年（1706年）四月修成。雍正四年（1726年）校勘重编终成。雍正六年（1728年）内府始印铜活字本65部。其中《文学典》第二卷《文学总部》收《文心雕龙》的《原道》、《征圣》、《宗经》、《正纬》、《谐隐》以及《神思》以下的二十五篇。其中《隐秀》篇有缺文。第一百三十七卷诏命部收《诏策》篇。第一百四十六卷表章部收《章表》篇。第一百五十卷奏议部收《奏启》、《议对》二篇。第一百五十三卷颂部收《颂赞》、《封禅》二篇。第一百五十六卷铭部收《铭箴》篇。第一百五十七卷檄移部收《檄移》篇。第一百六十一卷书札部收《书记》篇。第一百六十五卷传部收《史传》篇。第一百六十七卷碑碣部收《诔碑》篇。第一百七十一卷论部收《论说》篇。第一百七十四卷祝部收《祝盟》篇。第一百七十五卷哀诔部收《哀吊》篇。第一百八十三卷骚赋部收《辨骚》、《诠赋》二篇。第一百九十卷诗部收《明诗》篇。第二百四十卷乐府部收《乐府》篇。第二百六十卷杂文部收《杂文》篇。今有光绪十年（1884年）上海图书集成书局铅印本和光绪十六年（1890年）上海同文书局仿铜活字本石印本。

（二十五）清乾隆四年（1739年）李安民批点本《文心雕龙》

此本首载李安民《序》文一篇。《序》后附《梁书·刘勰传》，次为《文心雕龙总目》。正文卷首题“文心雕龙”，下署“临川李安民书臣评点，南昌孙之峻凤举、新建张治绍平同参”。正文半叶9行，行21字。李安民评点为旁批。此本为江西省图书馆藏。

（二十六）乾隆六年（1741年）姚培谦刻黄叔琳辑注养素堂本

此本系《辑注》原刻本(嗣后复刻甚多),以万历刊梅庆生音注本为底本,主要辑了梅庆生、王惟俭两家的注,校勘主要也是以梅、王二本和何焯校本为据。卷首有末署“时乾隆三年岁次戊午(1738年)秋九月,北平黄叔琳书”的黄氏自序、例言、《南史·刘勰传》、原校姓氏、目录;卷末有署“乾隆六年辛酉(1741年)仲秋,华亭姚培谦谨识”的跋。每卷前均列有参订人姓名,卷终附有“男登贤云门登谷春畲校”字样。每半叶9行,行19字。五篇相接,分卷另起。注附当篇后,低一格;标注辞句外,均双行。眉端间有黄氏评语。其款式:首行顶格署“文心雕龙卷第一”,次行下署“北平黄叔琳昆圃辑注”,第三行下署“梁刘勰撰”,并列署“吴趋顾□进尊光”、“武林金□甡雨叔”参订。黄叔琳序称:“明代梅子庚(庾)氏为之疏通证明,什仅四三耳,略而弗详,则创始之难也。又句字相沿既久,别风淮雨,往往有之。虽子庚(庾)自谓校正之功五倍于杨用修氏,然中间脱讹,故自不乏,似犹未得为完善之本。余生平雅好是书,偶以暇日,承子庚(庾)之绵蕞,旁稽博考,益以友朋见闻,兼用众本比对,正其句字。人事牵率,更历寒暑,乃得就绪,覆阅之下,差觉详尽矣。适云间姚子平来藩署,因共商付梓。”而华亭(云间)姚培谦(子平)署“乾隆六年辛酉仲秋”撰的跋则称:“午秋(按戊午秋即乾隆三年秋)过山左藩署,蒙出全帙见示,并命携归校勘付之枣梨。谫劣无能为役,又良工难得,迁延岁月而后告成。匪苟迟之,盖重之而不敢轻云尔。”可见此本在梅庆生音注本基础上,又经“旁稽博考,益以友朋见闻,兼用众本比对,正其字句”,于乾隆三年(1738年)又同姚培谦共同商定,最后由姚培谦“携归校勘付之枣梨”,在乾隆六年(1741年)才刊成的。此本虽有在承袭前人成果上,某些地方含混其词,人我不明,因而多被责为“攘其美以为己有”之弊;但它毕竟收罗了明代以来各种版本,并且集中了前人的校注成果(主要是梅庆生、王惟俭两家),因而具有集校、集注性质,代表了有清一代《文心雕龙》校勘、注释的最高成就。也正由于此，此本传播之广，影响之大，可以说是前所未有的。乾隆四十九年（1784年）有陈鳣校以卢文弨临朱本的陈鳣校养素堂本。今国家图书馆、杨明照、王利器等处有藏本。

（二十七）清乾隆《四库全书》本

《四库全书》系清乾隆敕辑，于乾隆三十八年（1773年）始修，至四十七年（1782年）综编抄录第一部凡6144函，36078册，约99700万字。此后六年相继抄成7部，分藏于北京故宫文渊阁、沈阳故宫文溯阁、北京圆明园文源阁、河北承德行宫文津阁、江苏镇江金山寺文宗阁、扬州大观堂文汇阁、浙江圣因寺文澜阁。另抄副本一部，藏翰林院。各本卷、册、种数及内容略有差异。现存文津、文溯、文澜（曾散佚，清末据文渊阁本抄复）、文渊（藏台湾）四本。《四库全书》所收《文心雕龙》一是以汪一元本为底本（依王利器考证），一是黄叔琳辑注本。前者提要仅题内府藏本，未言刻于何时。书中多刪改，已非底本之原貌。卷首为提要，次即原书。白文，每半叶8行，每行21字（文渊阁本间有23字者）。五篇相接，分卷另起。其款式：首叶第一行顶格署“文心雕龙”，次行下署“梁刘勰撰”。卷一文津阁黄氏辑注本提要题江苏巡抚采进本，当是养素堂原刻（依杨明照说），书中偶有差异。卷首为提要，次即《辑注》原书。每半叶8行，每行21字，五篇相接，分卷另起，注附当篇后，低一格，标注辞句系大写，余则夹行小楷，所引书名与原注者概用朱笔以相区别。其款式：文津阁本首行顶格署“文心雕龙辑注卷一”，次行、三行下分别署“梁刘勰撰”、“吏部侍郎黄叔琳辑注”。文溯阁本首行顶格署“文心雕龙辑注卷一”，次行下署“詹事府少詹加吏部侍郎衔黄叔琳撰”，末署《文心雕龙》作者“梁刘勰撰”，此乃与文津阁本稍异处。文渊阁黄叔琳辑注本卷首无目录，提要较略，仅署“詹事府詹事加吏部侍郎衔黄叔琳撰”。文渊本提要后载明嘉靖十九年方元祯序。文溯阁本卷除提要外有黄氏序言及例言，其题署同文渊阁黄叔琳辑注本。此外还有清《四库全书荟要》，“荟要总目五文心雕龙提要”：今以内府所藏，明汪一元刻本缮录。然不尽相同，盖馆臣据别本校改。卷首为目录、提要、次序《文心雕龙》原书，每半叶8行，行21字（间有22字者），五篇相接，分卷另起。其款式：首行顶格署“文心雕龙卷一”，次下署“梁刘勰撰”。

（二十八）乾隆五十六年（1791年）张松孙辑注本

此本参照梅氏音注、黄氏辑注。卷首有末署“乾隆五十六年岁在重光大渊献，九月既望，长洲张松孙鹤坪氏并书”的序，继为凡例、《梁书·刘勰传》、杨慎与张含书并梅氏识语、元校姓氏及目录。正文每半叶9行，每行18字。其款式：首行顶格署“文心雕龙卷之一”，次行、三行下分别署“梁刘勰撰，长洲张松孙鹤坪辑注”和“明杨慎批点，男智莹乐水校”。张序称其辑注是“视梅注而加详，稍更陈式；集杨评而参考，敢避后尘。略避雷同，习见者尤滋娱目；再经剞劂，传诵者益足餍心”。具体便是他在《凡例》第1条和第5条中提出的：“是书四十九篇，杨用修间有评语，今照梅本全录”；“注释梅本简中伤烦，黄本烦中伤杂……愚于参考之中略加增损……其重出叠见者概从略焉。”不过验之实际，此本只损无增，因而可谓是梅注、黄注的删节本。另有道光二十二年（1842年）读味斋重刊本。

（二十九）乾隆五十六年（1791年）刊王谟《增订汉魏丛书》本

此本从凌云五色套印本出，乾隆五十六年（1791年）王谟刻。卷首有佘诲序，卷末有署“汝上王谟识”的跋。白文。每半叶9行，每行20字。五篇相接，分卷另起。《隐秀》篇有补文，并注“从宋本补入”。其款式：首行顶格署“文心雕龙卷一”，次行下署“梁东莞刘勰著，张遂辰阅”。此本从明何允中《广汉魏丛书》本出，但字句亦间有不同。今有北京大学藏本。

（三十）道光十三年（1833年）广东朱墨套印黄叔琳注纪昀评本

卷首有黄叔琳《文心雕龙序》，下有纪昀标注两条。继为《南史·刘勰传》、嘉应吴兰修跋。纪昀评记于乾隆辛卯（1771 年）八月，《隐秀》篇评记于癸巳（1773 年）三月。正文每半叶 10 行，每行 21 字。黄氏原评黑字，纪评红字。其款式：首行顶格署“文心雕龙卷第一”，二、三、四行下并列署“梁刘勰撰，北平黄叔琳注，河间纪昀评”。

（三十一）光绪三年（1877）《崇文丛书》本

此本书前署“光绪纪元夏月湖北崇文书局开雕”，书名页后有书牌，知刻于光绪三年。无序跋及刊刻人姓名，先目录，后正文。白文，每半叶 12 行，每行 24 字。五篇相接，分卷另起。其款式：首行顶格署“文心雕龙卷一”，次行下署“梁东莞刘勰著”。詹锳以为：“这个本子和黄叔琳本多有出入，似出于《汉魏丛书》本。”

（三十二）民国五年（1916 年）《龙溪精舍丛书》本

此本书名叶后题“用宛平黄氏本校刊”。但与养素堂本异：无黄氏例言、《南史》本传及元校姓氏，无眉端评语，字句亦有不同。卷首有《四库全书提要》，书末附有李详《补注》20 叶。每半叶 9 行，每行 19 字。五篇相接，分卷另起。其款式：首行顶格署“文心雕龙卷第一”，二、三、四行下署“梁刘勰纂，北平黄叔琳注，兴化李详补注”。杨明照认为：“据李详补注序，知刻于民国五年。”

附：清以前《文心雕龙》版本名录

（一）写本

敦煌遗书唐写本英藏本 S5487、黄文弼藏本（不知下落）

明永乐大典本

明谢恒钞本

明薛晦叔藏钞本

明张氏表传录杨慎批点本

清谨轩钞本

清四库全书（文津阁、文溯阁、文渊阁）本

清张诞嘉藏钞本

清郑珍藏钞本

清张绍仁校传钞本

清黄叔琳节钞本

（二）单刻本

元至正本

明冯允中本

明鲁藩覆冯本

明汪一元本（另有明覆刻本）

明佘诲本

明张之象本（另有涵芬楼影印本）

明梅庆生万历音注本（另有刘云刊本、姜午生重刊本）

明梅庆生万历四十年复校本

明王惟俭本

明凌云五色套印本

明梅庆生六次校定本（另有明陈长卿覆刻本）

明梅庆生校定重修本（另有陈长卿重修本）

明梁杰评本

明弘治活字本

明正德仿元本

明嘉靖建安本

明嘉靖闽刻本

明嘉靖乐应奎刻本

明嘉靖青州本

明万历伍让刻本

明胡震亨本

明万历南昌本

明万历杨慎批点本

明阮华山见宋本

明朱谋㙔见宋本

明吉安刘公刊梅庆生音注本

清康熙抱青阁刻本

日本尚古堂木活字本

日本冈白驹校正句读本

清黄叔琳辑注(养素堂)本

清张松孙辑注本(另有读味斋重刊本)

清庐坤刻纪评套印本(另有清翰墨园刻本)

清思贤讲舍重刻纪评本

清胡夏客藏宋本

清卢文弨见宋本

(三)丛书本

明胡维新《两京遗编》本

明何允中《广汉魏丛书》本

明钟惺评《合刻五家言》本

明钟惺评《秘书十八种》本

明陈仁锡《奇赏汇编》本

明黄澍、叶绍泰评选《汉魏别解》本

明叶绍泰增订《汉魏六朝别解》本

清《古今图书集成》铜活字本

清王谟《增订汉魏丛书》本

清《崇文丛书》本

（四）选本

明刘节《广文选》

明马维铭《天佚草堂刊定广文选》

明周应治《广广文选》

明张溥《广文选删》

明汤绍祖《续文选》

明胡震亨《续文选》

明徐师曾《文体明辨》

明潘基庆《古逸书》

明陈继儒《古论大观》

明陈翌飞《文俪》

明《诸子汇涵》

明王志坚《四六法海》

明评清《汉魏六朝正史文选》

明《诸子汇函·云门子》

（五）校本

明徐𤊹校本

明冯舒校本

明朱谋㙔校正本

明钱允治校本

明赵琦美校本

明谢兆申校本

明曹学佺校本

清朱彝尊校本

清叶树莲校宋本

清何焯校宋本(另有何焯校本,即义门手校本)

清薄杲校本

清张位校本

清卢文弨校本

清吴枚庵校本

清佚名校本

清陈鳣校本

清徐渭校本

清吴翌凤校本

清吴翌凤张绍仁合校本

清程文校本

清传录何焯校本

清传录郝懿行校本

清传录黄丕烈、顾广圻合校本

清百瞻楼传录顾广圻谭献校本

清褚德仪校本

清吴骞校本

清陈徵芝藏精校本

(六)注本

宋辛处信注

清金甡补注

清姚培谦笺注

注:本篇资料主要采自:杨明照《文心雕龙校注拾遗》、王利器《文心雕龙校证》、詹锳《文心雕龙义证》、户田浩晓《文心雕龙研究》、张少康等《文心雕龙研究史》。

第三章 《文心雕龙》的主要思想

刘勰的家世和家族信仰，以及他一生所受的教育，乃至他所经历的时代，都是丰富多彩的，因而他的成就也是多方面的。他年轻时也曾梦想学而优则仕，但由于家世变故和社会的急剧动荡，不仅未能弱冠而仕，反而穷困到寄居佛门十余年。少时怀有远大志向的刘勰并没有因"家贫"而消沉下去，而是及时对自己调整定位，因地制宜，就地发展，用他自己的话说叫做"穷则独善以垂文，达则奉时以骋绩"[1]。因为他始终信守"君子处世，树德建言"，在他看来寄居佛门虽不能从政树德，却可以著书立说。为此他写下了前无古人后无来者的奇书《文心雕龙》。《文心雕龙》虽是"言为文之用心"[2]，但所表现出来的思想却是丰富多彩的。

第一节 哲学思想

一、唯物主义世界观

刘勰的哲学思想在《文心雕龙》的第一篇《原道》篇里表现得尤为集中。石家宜说："应当把它（《原道》篇）看做是《文心》的哲学篇。"[3]

❶《文心雕龙·程器》。
❷《文心雕龙·序志》。
❸石家宜：《文心雕龙系统观》，江苏古籍出版社2001年版，第101页。

《原道》篇说：

文之为德也大矣，与天地并生者何哉？夫玄黄色杂，方圆体分，日月叠璧，以垂丽天之象；山川焕绮，以铺理地之形。此盖道之文也。仰观吐曜，俯察含章，高卑定位，故两仪既生矣。唯人参之，性灵所钟，是谓三才。为五行之秀气，实天地之心生。心生而言立，言立而文明，自然之道也。

上面这段文字，刘勰讲了天文、地文和人文。这天文和地文，属“道之文”。在这“天”和“地”之间，“唯人参之”。天、地、人“是谓三才”。在这“三才”中天文有了，地文也有了，处于天地之心的“人”有没有“文”呢？在刘勰看来，“为五行之秀气，实天地之心生”的人更应该有文，这“人文”是怎样产生的呢？“性灵所钟”的智慧之人，是有感情，有心灵的。“心生而言立，言立而文明”。这里说的“文”是文章，而感情驱使，产生言论，言论集结起来，就成了文章，这是再明白不过的了。这个过程是自然形成的，不是外力强加的，即“自然之道也”。

刘勰的这段文字有两句关键性的话，即“道之文”和“自然之道”。

刘勰说的“天文”和“地文”属“道之文”，即天道之文。人文产生的过程也是“自然之道”，即自然而然的道理。这就需要正确理解刘勰所用的“道”是属于一个什么概念。

先看刘勰的“道”是来自何处。

“道”是魏晋玄学的核心命题。张谌在注《列子·天瑞》篇引何晏《无名论》说：

夏侯玄曰:“天地以自然运,圣人以自然用”。自然者,道也。道本无名,故老氏曰“强为之名”。

玄学家王弼说:“道者,物之所由也”。[1]

《韩非子·解老》篇说:“道者,万物之所然也。”所以黄侃在《文心雕龙札记》中说,庄韩之言道,“犹言万物之所由然”。

从以上各家的注释中可知,“道”就是“自然”。

再来看老子本人对“道”的解释:“有物混成,先天地生,寂兮寥兮,独立而不改,周行而不殆。可以为天下母,吾不知其名,字之曰道,强为之名曰大。”这里说的“有物”,也就是《老子》前一章里说的“道之为物”。“天下母”,也就是作为天下之本。这个先天地而生的“混成之物”就是“道”。“道”是老子为了论说的方便硬给它取的名字,也可以叫做“大”。

对于《老子》的这个“道”,在汉代的《淮南子》中又专设一章叫《原道训》。《淮南子》训释这个“道”说:

夫道者,覆天载地,廓四方,柝八极。高不可际,深不可测。包裹天地,禀授无形。原流泉浡,冲而徐盈。混混滑滑,浊而徐清。故植之而塞于天地,横之而弥于四海,施之无穷,而无所朝夕。舒之幎于六合,卷之不盈于一握。约而能张,幽而能明。弱而能强,柔而能刚。横四维而含阴阳,纮宇宙而章三光。甚淖而滒,甚纤而微。山以之高,渊以之深。兽以之走,鸟以之飞。日月以之明,星历以之行。麟以之游,凤以之翔。[2]

《淮南子》对于“道”的描绘,显示了道无所不在,无所不存,其

❶王弼注《老子道德经》,五十一章。
❷《诸子集成》,上海书店1996年版。

特性是“自然”，是指“自然”或自然造化的规律。

弄清了刘勰的这个“道”是道家的“道”，也就容易界定刘勰的“道之文”和“自然之道”了。“道之文”，就是天道之文，天道自然，也就是自然之文，人是大自然进化的产物，就人的自然性说来，也是自然界的一部分。但人是有思想有感情的，这思想和感情表现出来的过程，就是“心生而言立，言立而文明”，这是自然而然的了。魏源在《老子本义》中说：“自然者，性之谓也。”也就是说：“凡物莫能使之然，亦莫能使之不然。”用老子的话说叫无为自化，自然而然。

刘勰家世信道。崇尚老、庄自然主义的玄学又是南北朝时期的显学。老子也是刘勰崇拜的圣人之一。即使在被视为为佛教辩护的《灭惑论》里，刘勰也仍然称《老子》为“导俗之良书”，更何况南朝文学发展到“去圣久远，文体解散，辞人爱奇，言贵浮诡，饰羽尚画，文绣鞶帨，离本弥甚，将遂讹滥”[1]的地步，刘勰用道家的自然主义去反对过分人为的、不切实际的形式主义的描写也就顺理成章了。

刘勰在说明了天文、地文和人文的产生都是自然而然的以后，紧接着又谈动植之文和形声之文。他在《文心雕龙·原道》里说：“傍及万品，动植皆文。龙凤以藻绘呈瑞，虎豹以炳蔚凝姿。云霞雕色，有逾画工之妙；草木贲华，无待锦匠之奇。夫岂外饰，盖自然耳。”这说的是如此美丽的动植之文，也不是人力所为，而是天道使然。

他又说：“至于林籁结响，调如竽瑟；泉石激韵，和若球锽。故形立则章成矣，声发则文生矣。”这些都是无识之物，“夫以无识之物，郁然有彩，有心之器”的人，“其无文欤？”

前面所讲的一切自然之文，都是为了证明刘勰的主张即人文也应该是不必过多地雕饰，而应是符合实际地反映现实。

至于人文是什么时候产生的，刘勰在《文心雕龙·原道》篇中

[1]《文心雕龙·序志》。

说：

人文之元，肇自太极。幽赞神明，《易》象惟先。庖牺画其始，仲尼翼其终。而《乾》、《坤》两位，独制《文言》。言之文也，天地之心哉？若乃《河图》孕乎八卦，《洛书》韫乎九畴，玉版金镂之实，丹文绿牒之华，谁其尸之？亦神理而已。

"太极"一词出自《易·系辞上》，以往学者说是指天地未分之前的混沌状态，看来是不准确的。方铭说："'太极'一词，出于《易传·系辞》，曰：'是故《易》有太极，是生两仪。'注称：'夫有必始于无，故太极生两仪也。太极者，无称之称，不可得而名，取有之所极况之太极者。''极'，《尔雅释诂》曰：'至也'。疏曰：'穷尽之至也'。'太'者，《集韵》曰：'甚也'。为'大'字之讹。'太'与'极'是两个近义的词，'太极'合而为一词，指时间至远，故《系辞》作者以之谕'无'的时代。""'太极'一词，纯属时间概念"。"古人曰'无'，或曰'元气'，皆'太极'的特征。古人缺乏科学的概念逻辑，以特征释时间，容易引起具有科学的概念逻辑的后辈学者的想入非非。""刘勰既称人文是由人而作，必产生于有人之后，又言'人文之元，肇自太极'，'太极'若指'无'或'元气'，是时尚无天地，何以有人，更何以有人文，显然如上所言，'太极'这个表示时间至早至远的概念，在这里有特定的意思。符定一著《联锦字典》，称'太极'可转为'太古'，'太古'又是上古之意，则此处'太极'可作上古解释。""《文心雕龙·原道》曰：'人文肇太极'之意便是说人文产生于上古。"[1]吴林伯说："'太极'为极早之物。自下观之，彦和引申为太古，具体指原始社会。'人文'始于'太极'，即始于太古，故接言

[1]方铭：《关于〈文心雕龙〉的几个问题》，载《中华文化论丛》第2辑。

太古的庖牺画卦。彦和心目中的'人文'是广义的。他以为太古的'人文',首先是八卦之类的图画,其次才是口头的歌谣。"[1]

对刘勰的这段话,如果不作细究,只作表面的理解,很容易理解为人文在人类未产生之前就已有了,因而得出刘勰的世界观是唯心主义的结论。但是只要把《原道》、《征圣》、《宗经》篇联系起来理解就会发现,刘勰认为在圣人的经典中反映人文最早的就是《易经》了。《易·系辞上》中说:"古者庖牺氏之王天下也,仰则观象于天,俯则观法于地,观鸟兽之文与地之宜,近取诸身,远取诸物,于是始作八卦,以通神明之德,以类万物之情。"刘勰认为能找得到的八卦就是最原始的文了,所以他才有了上面那段话。但刘勰也并没有否认在八卦之前就有文字。他说:"自鸟迹代绳,文字始炳。炎皞遗事,纪在《三坟》,而年世渺邈,声采靡追。"在刘勰看来这些文字性的东西已没处查找了。关于这一问题,蔡钟翔说:"这里的'太极'显然是指《周易》中的'太极'。既然人文一开始就表现于圣人的经典,更足以证明'征圣'、'宗经'之必要。由此可见'太极'一词在《原道》中并不是一个关键性的词语,以'太极'来判定刘勰的'自然之道'是唯心主义的,那是缺少根据的。况且以伏牺造八卦说明'人文之元'",可以说是文学起源论中的自然摹仿说,而这种摹仿说恰恰含有朴素的唯物主义因素。"[2]

再说"神理"。刘勰的"神理"也与《周易》有关。《周易·系辞上》有"阴阳不测之谓神"句。在《十三经注疏》中,韩伯康注说:"神也者,变化之极,妙万物而为言,不可以形诘者也。""造之非我,理自玄应,化之无主,数自冥运,故不知所以然而况之神","至以善为应,则以道为称;不思而玄览,则以神为名。"高亨在注此语时说:"阴阳之变化,有其必然性而可测者,有其偶然性而不可测者,其道

[1] 吴林伯:《文心雕龙义疏》,武汉大学出版社2002年版第16页。

[2] 蔡钟翔:《论刘勰的自然之道》,载中国《文心雕龙》学会编:《文心雕龙研究论文集》,人民文学出版社1990年版,第367页。

理亦有可知者，亦有不可知者，其不可测者则谓之神。”[1]总上二人之解，就是把那些不好形容，不好言状的东西而名之曰“神”，并非神仙之神，扩而言之，就是不好言状，不好形容的道理就叫“神理”，并非在人们的主观之外有一个人格化了的神。蔡钟翔说：“‘神理’（或“神道”）实际上就是‘自然之道’的同义语。”[2]陆侃如和牟世金在《文心雕龙译注》中注此语为“自然之理”。因此，可以说刘勰的《原道》，也就是原本于道法。即原本于自然而然，反对过分人为，脱离现实。

蔡钟翔说：“刘勰之所以要高举‘自然之道’这面旗帜，目的还在于矫正当时盛行的形式主义文风。”[3]

当理清了刘勰的“自然之道”和“神理”以及“太极”是说的什么意思以后，就可以明确地说，刘勰的宇宙本体论是唯物主义的，然后再看他的这一世界观在他的著作中的具体运用，也就不会得出他的世界观是唯心主义的，而文学观则是唯物主义的了。

下面是刘勰的唯物主义世界观在其著作中的运用。

（一）形与神

刘勰在《文心雕龙·正纬》篇中公开反对自汉以来的谶纬学说为“乖道谬典”，并说：“是以桓谭疾其虚伪，尹敏戏其浮假，张衡发其僻谬，荀悦明其诡诞。”桓谭曾在《新论·形神》中把烛喻作形，把火喻作神，认为烛竭火灭，以此说明人的精神离不开形体。桓谭说：“精神居形体，犹火之燃烛矣……烛无，火亦不能独行于虚空。”“火也，犹人之耆老齿堕发白，肌肉枯腊，而精神弗为之能润泽内外周遍，则气索而死，如火烛之俱尽矣”。王充继承了桓谭的这一唯物主义思想，在他的《论衡·论死》篇说：“人之所以生者，精气也……能为精气者，血脉也”，“精神本以血气为主，血气常附形体”。刘勰

❶高亨：《周易大传今注》，齐鲁书社1988年版，第516页。
❷蔡钟翔：《论刘勰的自然之道》，中国《文心雕龙》学会选编《文心雕龙研究论文集》，人民文学出版社1990年版，第368、369页。
❸蔡钟翔：《论刘勰的自然之道》，中国《文心雕龙》学会编：《文心雕龙研究论文集》，人民文学出版社1990年版，第368、369页。

继承发挥了这些唯物主义思想。他在《文心雕龙·养气》篇中说:“昔王充著述,制养气之篇,验己而作,岂虚造哉”;“夫耳目鼻口,生之役也;心虑言辞,神之用也。率志委和,则理融而情畅;钻砺过分,则神疲而气衰;此性情之数也。”认为人的五官是供役使的生理器官,思虑问题是人的精神发挥的作用。由于精神是人的生理现象,如果精神劳累过度,必然会影响身体健康,这是人体的自然规律。范文澜在注解此篇时引《史记·自序》说:“凡人所生者,神也,所托者形也,神大用则竭,形大劳则蔽,形神离则死。”又引《抱朴子·至理篇》说:“身劳则神散,气竭则命终。”“彦和论文以循自然为原则,本篇大意,即基于此,盖精神寓于形体之中,用思过剧,则心神昏迷。故必逍遥针劳,谈笑药倦,使形与神常有余闲,始能用之不竭,发之常新,所谓游刃有余者是也。”刘勰在《文心雕龙·养气》篇中还从人生各个年龄段上不同的变化说明形神的关系,他说:“凡童少鉴浅而志盛,长艾识坚而衰,志盛者思锐以胜劳,气衰者虑密以伤神:斯实中人之常资,岁时之大较也。”认为这是人生不可违背的自然规律,只有认识了这一规律,并利用它,对人体作适当的调养,才能保持旺盛的精力。因此,他又说:“是以吐纳文艺,务在节宣,清和其心,调畅其气;烦而即舍,勿使壅滞。意得则舒怀以命笔,理伏则投笔以卷怀,逍遥以针劳,谈笑以药倦,常弄闲于才锋,贾余于文勇。使刃发如新,腠理无滞,虽非胎息之万术,斯亦卫气之一方也。”这就是说,人的文才的发挥与身体的健康有着密切的关系,来了灵感就运笔书文,没有灵感就不必硬去创作,以免伤神败体,影响健康。在创作中劳逸结合,始终保持旺盛的精力,才能使文思用之不竭,形体劳而不损。刘勰的形神观同桓谭、王充一脉相承,桓王二人的这一思想在中国哲学史上属于唯物主义一派,是不争的事实,因而刘勰的形神观,也当属古代唯物主义的形神观。

(二)心与物和情与物

刘勰把他的唯物主义形神观应用到文学创作上，就又构成了他的唯物主义的认识论。他认为人的思想是外界事物作用于人的感官的结果。

在心与物和情与物的关系上，刘勰认为人的情是物的反映。《文心雕龙·明诗》篇说："人禀七情，应物斯感，感物吟志，莫非自然。"《诠赋》篇也说："赋者，铺也，铺采摛文，体物写志也。"这里说的"感物吟志"和"体物写志"，都是说的吟诗作赋是人的主观对客观的感悟而引出的艺术创造。《物色》篇说："春秋代序，阴阳惨舒；物色之动，心亦摇焉。盖阳气萌而玄驹步，阴律凝而丹鸟羞，微虫犹或入感，四时之动物深矣。"这说的是一年四季的变化，是阴阳交替的结果，物色随四季的变化，对人的心情变化产生不同的影响。不仅人是如此，连昆虫小鸟亦随时序的变化而决定自己的出伏。同篇还说："若夫珪璋挺其惠心，英华秀其清气；物色相召，人谁获安？是以献岁发春，悦豫之情畅；滔滔孟夏，郁陶之心凝；天高气清，阴沈之志远；霰雪无垠，矜肃之虑深。岁有其物，物有其容；情以物迁，辞以情发。"这是说人在灵慧的、美玉一样的灵思、奇花一样的清气之物景的感召之下，谁能安然不动呢？所以春日景物明媚，人们便感到愉悦舒畅；夏天炎热沉闷，人往往烦躁不安；秋日天高气清，引起人们清新的遥远之思；冬日霰雪漫天，会使人思虑严肃而深沉。因此，一年四季景色不同，形成不同的物貌；人的感情跟随景物的变化而变化，文章就是人对这些不同情趣的抒发。

（三）质与文

刘勰在《情采》篇说：

夫水性虚而沦漪结，木体实而花萼振：文附质也。虎豹无文，则鞟同犬羊；犀兕有皮，而色资丹漆：质待文也。

这就是说文有质而立,质有文而彰,质文并重而方得立彰。

刘勰又说:

立文之道,其理有三:一曰形文,五色是也;二曰声文,五音是也;三曰情文,五性是也。五色杂而成黼黻,五音比而成《韶》、《夏》,五情发而为辞章,神理之数也。

这里的“五色”、“五音”、“五性”都是指事物的质,而“黼黻”、“《韶》、《夏》”、“辞章”,都指事物的文。文附于质,质是文的内容,文是质的形式,文由质决定,这是写文章要掌握的要领。同篇又说:

夫铅黛所以饰容,而盼倩生于淑姿;文采所以饰言,而辩丽本于情性。故情者,文之经;辞者,理之纬。经正而后纬成,理定而后辞畅:此立文之本源也。

刘勰在这里说明了情理是文章的内容,文辞是文章的形式。因此主张“为情而造文”,反对“为文而造情”。

综上所述,说明刘勰认为在人的主观之外有一个客观世界,并认为人的感情变化,是由于外物作用于人脑的结果,体现了刘勰的唯物主义世界观。

但是,刘勰的唯物主义世界观是不彻底的,有局限的。这主要体现在《灭惑论》与《文心雕龙·养气》篇的矛盾中。当然,在社会历史领域陷入唯心主义和形而上学是一切旧唯物主义的共同缺陷,对此,今人无需苛求古人。

二、辩证法思想

刘勰认为世间的一切事物都不是孤立的，无不两两成对。他在《文心雕龙·丽辞》中说："造化赋形，支体必双，神理为用，事不孤立。"这是说任何事物都是由矛盾对立着的两个方面组成的。

《文心雕龙》的主旨是反对齐梁时期文学创作过程中完全忽视思想内容，过分强调语言和形式的美感，倡导自然天工之美。《文心雕龙·原道》中说："云霞雕色，有逾画工之妙；草木贲华，无待锦匠之奇。夫岂外饰，盖自然耳。"可说刘勰是以自然之美为文学创作的最高原则，但他也不否认人工雕饰之美，他认为通过人工雕饰也可以达到自然之美，只是不能为了追求美而去"俪采百字之偶，争价一句之奇"[1]，不能为了形式上的美去"繁华损技，膏腴害骨"[2]，而是根据客观实际，"高下相须，自然成对"[3]。

刘勰说："岁有其物，物有其容；情以物迁，辞以情发。"[4]"人禀七情，应物斯感；感物吟志，莫非自然。"[5]这种物—情—文的思想正是唯物论的反映论。同时他认为文学的作用是"顺美匡恶，其来久矣"[6]。这就是说文学又反作用于客观世界。

又如，他在《文心雕龙·程器》中，评论文学家说：

相如窃妻而受金，扬雄嗜酒而少算；敬通之不循廉隅，杜笃之请求无厌；班固谄窦以作威，马融党梁而黩货；文举傲诞以速诛，正平狂憨以致戮；仲宣轻脆以躁竞，孔璋偬恫以粗疏；丁仪贪婪以乞贷，路粹餔啜而无耻；潘岳诡祷于愍怀，陆机倾仄于贾郭；傅玄刚隘而詈台，孙楚狠愎而讼府。诸有此类，并文士之瑕累。

上述文人的这些毛病，有的在今天看来，未必是错误，但毕竟不

❶❺❻《文心雕龙·明诗》。
❷《文心雕龙·诠赋》。
❸《文心雕龙·丽辞》。
❹《文心雕龙·物色》。

是优点。彦和并没有因此而否定了他们在文学上的成就。例如他一方面说潘岳有“诡祷于愍怀”的不道德行为，又称赞他的辞赋“策勋于鸿规”。王粲虽“轻脆以躁竞”，但他的诗文“兼善”、辞赋“靡密，发端必遒”，同潘岳一样皆为“魏晋之赋首也”[1]。因为他懂得“人禀五材，修短殊用，自非上哲，难以求备”。这种“金无足赤，人无完人”的辩证思想，是贯穿在刘勰的《文心雕龙》全书中的。

例如《文心雕龙》本身就是为了克服当时社会文学界的形式主义，纠正当时那种唯美主义文风的产物。但刘勰反对只是过分地追求文辞藻饰，却不反对适当地夸饰，并专设一章《夸饰》。因为夸饰是文学必不可少的一种表现手法，并认为“自天地以降，豫入声貌，文辞所被，夸饰恒存”。但如果夸饰违背了事实和情理许可的范围就成了唯美主义，要想做到“说《诗》者不以文害辞，不以辞害意”就必须“夸而有节，饰而不诬”，“旷而不溢，奢而无玷”。这里讲的“节”，也就是一个“度”。

刘勰主张《宗经》，因为经书“典雅”。又因为汉代以来，纬书充斥在社会中，因而提出“宗经”的同时又要“正纬”。他“正纬”也不是对纬书全盘否定，仅是从四个方面指出纬书的伪，与经悖谬。又从艺术上肯定纬书“事丰奇伟，辞富膏腴，无益经典，而有助文章”，是后来辞人“采摭英华”，指出其文辞艺术方面均有可取之处，为后人所采摭。又如对《离骚》，刘勰认为，虽“异乎经典”，却“取熔经意”，“自铸伟辞”，“酌奇而不失其贞，玩华而不坠其实”。刘勰的这些评论体现了辩证思想。

在继承与发展这一充满辩证关系的问题上，也处处显示其辩证思想。如《通变》篇提出“体必资于故实”，这是指继承传统。又说“数必酌于新声”，这是指发展和创新。主张“望今制奇，参古定

[1]《文心雕龙·诠赋》。

法”，“凭情以会通，负气以适变”。他提出了“变则可久，通则不乏”的观点。在《议对》篇提出了“采故实于前代，观通变于当今”。在《物色》篇提出了“参革以相变，因革以为功”等等。

在一部《文心雕龙》中，提出了许多美学辩证范畴，如“文和质”，“奇与正”，“情和采”，“意和辞”，“文和理”，“华和实”，“隐和显”，“繁和简”等等。

总之，刘勰的辩证思想，完全贯穿于他的方法论中，无论是对待社会政治问题还是评论文学作品，以及对待诸子百家，从不死守一家而盲目排他，而是以实事求是的态度，去采百家之长以铸合应时之论。

三、“情以物迁，辞以情发”的唯物主义认识论

刘勰继承了历史上的唯物主义思想，并把这一思想应用于他的认识论，构成了他朴素的唯物主义反映论。

刘勰不仅认为“岁有其物，物有其容；情以物迁，辞以情发”[1]，即物质决定意识，意识是物质的反映，而且还认为人的意识具有能动作用。他在《文心雕龙·物色》篇中说：“是以诗人感物，联类不穷；流连万象之际，沉吟视听之区。写气图貌，既随物以宛转；属采附声，亦与心而徘徊。”这说明作家的想象力是在“感物”的基础上“流连”了万象之后形成的，即在感性认识的基础上向理性发展，并在理性指导下进行联想创造新形象。

刘勰在《比兴》篇中说：“诗人比兴，触物圆览。”这说明刘勰认识到在认识和了解事物的时候还得要全面，即只有在丰富的感性材料基础上，才能形成正确的理性认识。因为全面了解的材料虽然具体各异，即“物虽胡越”，要“拟容取心，断辞必敢”，透过各种事物的

❶《文心雕龙·物色》。

外貌去“取心”,“心”就是事物的本质或共性。在《比兴》中刘勰又说:“写物以附意,飏言以切事。”在《时序》中又说:“文变染乎世情”,这都是说明主观来源于客观,创作来源于生活,社会实践是文艺创作的源泉。

从以上引文,可以说,刘勰的认识论是本着这样一条路线,即辞以情发,情以物迁,构成物—情—辞,这是一条唯物主义的认识路线。

刘勰的认识论,不仅是唯物的,并且是能动的。

刘勰承认人的认识必须“圆览”。但必须要上升到理性认识,才能发挥它的效能。这个上升的过程就是“去粗取精,去伪存真,由此及彼,由表及里”。这种制作的关键用刘勰的话说是“贵在虚静”。这里的“虚静”是指通过排除外界干扰,把得来的材料经过大脑的加工而使之理论化、系统化。关于这一问题,《文心雕龙·知音》中说:“凡操千曲而后晓声,观千剑而后识器,故圆照之象,务先博观。”这是第一步。第二步是《神思》中说的:“是以陶钧文思,贵在虚静,疏瀹五藏,澡雪精神。积学以储宝,酌理以富才,研阅以穷照,驯致以怿辞。然后使玄解之宰,寻声律而定墨;独照之匠,窥意象而运斤;此盖驭文之首术,谋篇之大端。”这就是由感性认识到理性认识的思维过程。为了使认识不至于被杂乱的现象所迷惑,以上升为正确的理性认识,刘勰还提醒人们注意“二患”:“理郁者苦贫,辞溺者伤乱,然则博见为馈贫之粮,贯一为拯乱之药,博而能一,亦有助乎心力矣。”这里说的“博见”即取广泛的感性认识,与上文的“圆览”意同。“贯一”指理性的综合和概括。没有“博见”则不能很好地“贯一”。“博见”是“贯一”的前提条件,也就是说感性认识是理性认识的基础。

刘勰承认理性认识有能动作用,但不主张把这种能动作用夸大到超出现实许可的范围。在文学艺术界,夸饰无疑是文学艺术的表现手法,更是理性思维的能动作用在文学艺术上的应用。刘勰的《文心雕龙》对当时那种“俪采百字之偶，争价一句之奇”的现象深恶痛绝。但他不否定夸饰，而且在《文心雕龙》中专设一章《夸饰》来说明自己对夸饰的看法。文中说：“故自天地以降，豫入声貌，文辞所被，夸饰恒存。”说明夸饰与文学是分不开的，甚至没有夸饰也就没有文学，并举出《诗经》、《书经》作为例证。《夸饰》篇说：“虽《诗》、《书》雅言，风俗训世，事必宜广，文亦过焉。是以言峻则嵩高极天，论狭则河不容舠，说多则‘子孙千亿’，称少则‘民靡孑遗’，襄陵举滔天之目，倒戈立漂杵之论：辞虽已甚，其义无害也。”这说明古代也讲夸饰，但夸饰以“无害”事实和情理为准。刘勰在文中还引孟子的话说：“‘说《诗》者不以文害辞，不以辞害意。”只有把理性认识的能动作用应用到“验理则理无不验，穷饰则饰犹未穷”的程度才能保证文学的健康发展，如果“饰穷其要，则心声锋起；夸过其理，则名实两乖”。刘勰主张“夸而有节，饰而不诬”；“旷而不溢，奢而无玷”。这就体现了刘勰的唯物主义认识论，又具有辩证性。

四、儒家思想

在《文心雕龙》中，儒家思想表现得尤为突出，不像其道家思想那样，蒙有一层面纱。

（一）强烈的功名思想

在儒家思想中，功名思想是相当重的。《左传·襄公二十四年》记有叔孙豹提出了“三不朽”的人生观。他说：“太上有立德，其次有立功，其次有立言，虽久不废，此之谓不朽。”这一思想为儒家广泛宣传，使得凡信仰儒家学说的人莫不把扬名显世作为一生的追求。孔子把那些扬名显世的人看成是“可畏之人”，《论语·子罕》记孔子曰：“四十五十而无闻焉，斯亦不足畏也已。”《孝经》记孔子曰：“立身行道，扬名于世，以显父母，孝之终也。”刘勰对孔子推崇备至，以至于夜梦随仲尼南行而感到无上光荣，并记录在《文心雕龙·序志》中：

齿在逾立，则尝夜梦执丹漆之礼器，随仲尼而南行。旦而寤，乃怡然而喜。大哉，圣人之难见也，乃小子之垂梦欤？自生人以来，未有如夫子者也。

《吕氏春秋·博志》中也记有孔子曾梦中亲见周公，并向其问道。从刘勰生平看，“齿在逾立”之时，正“依沙门僧祐”于定林寺校经，其时不梦见释迦牟尼，而偏偏梦见孔子，可见他对孔子及其学说是何等地向往。正因为对孔子及其学说的向往，他才把孟子的“穷则独善其身，达则兼善天下”加以改造为“穷则独善以垂文，达则奉时以骋绩”作为自己的人生哲学。

《文心雕龙·序志》说：“君子处世，树德建言。”

《文心雕龙·诸子》说：

太上立德，其次立言。百姓之群居，苦纷杂而莫显；君子之处世，疾名德之不章。唯英才特达，则炳曜垂文，腾其姓氏，悬诸日月焉。……嗟夫！身与时舛，志共道申；标心于万古之上，而送怀于千载之下。金石靡矣，声其销乎！

这虽然说的是诸子，也是刘勰内心的独白。当《文心雕龙》写成后，他在《序志》里说：“文果载心，余心有寄。”当《文心雕龙》不为“时流所重”时，他又是那样急于取定于文坛领袖沈约，不惜将自己扮成一名“货鬻者”，其扬名思想何等迫切！

“上有所好，下必有甚”。梁武帝好佛，主张宗庙祭祀应用蔬果，刘勰立即上书，建议二郊农社宜与七庙同改，取悦于皇帝，以求晋身，其建功立业之心迫切可见。

刘勰撰写《文心雕龙》，本身就是为了扬名后世。从《文心雕龙·序志》看，他原想为经书作注，以“敷赞圣旨”，只是前人马融、郑玄“弘之已精”，自己“就有深解，未足立家”，于是改弦更张，尊“尼父陈训”，“搦笔和墨，乃始论文”。

（二）称颂文学的社会风化作用

刘勰在《文心雕龙·征圣》中说：

陶铸性情，功在上哲，“夫子文章，可得而闻”；则圣人之情，见乎辞矣。

刘勰一再强调“政化贵文”、“事迹贵文”、“修身贵文”。

刘勰把经书看成是：

恒久之至道，不刊之鸿教也。……义既极乎性情，辞亦匠于文理；故能开学养正，昭明有融。（《宗经》）

在这里，刘勰不仅强调了文学的社会作用，而且还把儒家的东西看成是“恒久之至道，不刊之鸿教”，“致化惟一，分教斯五”，把儒家的“五经”看成是化育民风的经条。

（三）崇尚孔子和儒典，宣传儒家思想

刘勰原想为经书作注，以“敷赞圣旨”。后来觉得为经书作注难以成名，“于是搦笔和墨，乃始论文”。在“论文”过程中，处处表现出了对儒家的崇拜和“敷赞圣旨”的责任心。他认为齐梁文学之所以出现“浮诡”、“讹滥”现象，是因“去圣久远”。为找到纠偏的理论根据，提出“征圣”、“宗经”。他认为儒家文风典雅。他在《文心雕龙·宗经》篇历述了《易》、《书》、《诗》、《礼》、《春秋》五经各自的特点后说：

此圣文之殊致，表里之异体者也。至根柢槃深，枝叶峻茂，辞约而旨丰，事近而喻远。是以往者虽旧，余味日新；后进追取而非晚，前修久用而未先。可谓太山遍雨，河润千里者也。

把经书比作大树根深叶茂，经书虽时间久远，但“余味日新”，其伟大作用犹如泰山之雨，润及天下。

在《文心雕龙》中，对儒家圣人尊之又尊，称孔子为“夫子”、“圣人”、“元圣”，对儒典极尽赞美之辞。如《征圣》中称：

征之周孔，则文有师矣。……圣文之雅丽，固衔华而佩实者也。

《宗经》篇：

故文能宗经，体有六义：一则情深而不诡，二则风清而不杂，三则事信而不诞，四则义贞而不回，五则体约而不芜，六则文丽而不淫。……励德树声，莫不师圣。

《史传》篇：

是立义选言，宜依经以树则；劝戒与夺，必附圣以居宗……。若乃尊贤隐讳，固尼父之圣旨。

《杂文》篇：

唯《七厉》叙贤，归以儒道，虽文非拔群，而意实卓尔矣。

《论说》篇：

圣哲彝训曰经，述经叙理曰论。论者，伦也。伦理无爽，则圣意不坠。……至石渠论艺，白虎通讲聚；述圣言通经，论家之正体也。

《体性》篇：

典雅者，熔式经诰，方轨儒门者也。

《事类》篇：

然则明理引乎成辞，征义举乎人事，乃圣贤之鸿谟，经籍之通矩也。……夫经典沉深，载籍浩瀚，实群言之奥区，而才思之神皋也。……经书为文士所择。……经籍深富，辞理遐亘。

《才略》篇：

商周之世，则仲虺垂诰，伊尹敷训；吉甫之徒，并述《诗》、《颂》：义固为经，文亦足师矣。……荀况学宗，而象物名赋，文质相称，固巨儒之情也。……马融鸿儒，思洽识高，吐纳经范，华实相扶。

《定势》篇：

是以模经为式者，自入典雅之懿。

《情采》篇：

圣贤书辞，总称文章，非采而何？

刘勰的上述言论，对孔子及儒家典籍的崇尚溢于言表。

诚信和慎独是儒家学说的重要内容，并把它看成是人类立身的根本。刘勰主张文学"征圣"、"宗经"的目的，也就是为了强调文学的可信性，反对齐梁文学"浮诡"、"讹滥"的失真性。

一部《文心雕龙》主要宣传了儒家典雅的文风和道家的自然观。但对道家思想有损益，而对儒家的学说，不仅无损益，而且还称之为楷模。

张文勋在谈到《文心雕龙》的文化渊源时说："引自经典之处随处可见，尤以《易经》为最。……《原道》篇从根本上探讨文学的本质，首标自然之道，这虽然和老、庄之学有关，但在具体谈文学时，则讲的是儒家的圣贤之道。……明道，是文学的本质，明道，是文学的功能。把文学纳入明道的轨道，把儒家的圣贤之道作为文学的最高标准。……明道是明圣贤之道……原道、征圣、宗经是三位一体的。……刘勰所说的经，除'三坟'、'五典'、'八索'、'九丘'之外，主要是指《诗》、《书》、《易》、《礼》、《春秋》五种，又称五经。在刘勰看来，五经不仅是集儒家文化之大成，而且也包括文学在内的一切文章所效法的榜样。"①

①张文勋：《文心雕龙研究史》，云南大学出版社2001年版，第13—15页。

（四）称颂孝悌

孝悌思想是儒家思想的重要内容。孔子曰："孝弟也者，其为仁之本欤。""三年不改父志，可谓孝矣。""仁"在孔子那里，还包含着建功立业的内容。正因为如此，刘勰在《文心雕龙·诸子》篇中批评法家弃仁废孝。他说："至如商、韩，'六虱'、'五蠹'，弃孝废仁，辗药之祸，非虚至也。"

《文心雕龙·指瑕》篇评左思《七讽》曰：

说孝而不从，反道若斯，余不足观也。

刘勰对那些违背孝道的东西标明"余不足观也"，可见他对儒家孝的理论是多么尊奉。

（五）男尊女卑的妇女观

男尊女卑是儒家的传统观点。从《尚书·牧誓》记下武王曰："牝鸡无晨"，到《论语·阳货》记孔子曰："唯女子与小人为难养也，近之则不孙，远之则怨"，以至于发展到汉武帝采纳董仲舒"罢黜百家，独尊儒术"之后，制定出"三纲"、"五常"，使得妇女在整个封建社会没有独立的社会地位，一旦有所突破便遭到人们的攻击。刘勰就是这一儒家伦理的卫道士，他在《文心雕龙·史传》篇曰：

及孝惠委机，吕后摄政，班史立纪，违经失实。何则？庖牺以来，未闻女帝者也。汉运所值，难为后法。"牝鸡无晨"，武王首誓；妇无与国，齐桓著盟。宣后乱秦，吕氏危汉，岂唯政事难假，亦名号宜慎矣。张衡司史，而惑同迁、固，元帝王后，欲为立纪，谬亦甚矣。

其实，在中国历史上，无论是秦国的宣太后还是汉朝的吕后，她们都作出了应有的贡献，理应载入史册。然而刘勰对于将其载入史册的史家大加批评，认为“谬亦甚矣”，其卑视妇女的思想跃然纸上。[1]

总之，刘勰在《文心雕龙》中，主张完全按儒家的写作原则去纠正齐梁之文风，提出“征圣”、“宗经”，并把一部《文心雕龙》的写作原则定为本乎道、师乎圣、体乎经，批评以往的文论者“不述先哲之诰，无益后生之虑”。这就是说，他为了有益后生，必须述先哲之诰，因而才去“征圣”、“宗经”，以重振儒家文风。

五、道家思想

道家的思想，在刘勰的文学观中表现得十分突出。众所周知，刘勰的《文心雕龙》是为了反对齐梁之际文学界因“去圣久远，文体解散，辞人爱奇，言贵浮诡，饰羽尚画，文绣鞶帨，离本弥甚，将遂讹滥”而开的一剂良方。反对“言贵浮诡，饰羽尚画”，就必须主张去伪存真，崇尚自然美；反对“淫靡”、“讹滥”，就必须主张“典雅”。而“典雅”又是儒家文学崇尚的文风，因而道家的自然观和儒家的文学观，就成了刘勰所追求的准则。

刘勰强调《宗经》、《征圣》是为了追求文学的“典雅”，而崇尚自然，是为了追求文学的真实，一部《文心雕龙》中，处处可以看到刘勰把道家的“自然之道”引入到文学创作中去。因而，在一部《文心雕龙》里，如果是不受《宗经》和《征圣》二题目的干扰，便会发现处处流露出作者的崇自然、求真实的思想。文中的语言和辞句从老庄和《淮南子》中脱化出来的，并不少于儒家经典。崇尚自然，追求真实，正是道家一贯之主张。例如《庄子》有：

[1] 关于刘勰对司马迁和班固为吕后立纪一事，本书第二篇第三章第三节刘勰的《史学思想》中有所涉及，此处只提出不再细论。

顺物自然而无容私焉。(《应帝王》)

吾又奏之以无怠之声,调之以自然之命。(《天运》)

莫之为而常自然。(《缮性》)

夫水之于汋也,无为而才自然矣。(《田子方》)

真者,精诚之至也。不精不诚,不能动人。故强哭者,虽悲不哀;强怒者,虽严不威;强亲者,虽笑不和。真悲,无声而哀,真怒,未发而威,真亲,未笑而和,真在内者,神动于外,是所以贵真也。……真者,所以受于天也,自然不可易也,故圣人法天贵真。(《渔父》)

刘勰一部《文心雕龙》开篇即效法《淮南子》设《原道》篇,并认为天地间之无限美景,无不是自然所为,《原道》篇说:

夫玄黄色杂,方圆体分,日月叠璧,以垂丽天之象;山川焕绮,以铺理地之形:此盖道之文也。仰观吐曜,俯察含章,高卑定位,故两仪既生矣。……心生而言立,言立而文明,自然之道也。旁及万品,动植皆文。龙凤以藻绘呈瑞,虎豹以炳蔚凝姿;云霞雕色,有逾画工之妙;草木贲华,无待锦匠之奇。夫岂外饰,盖自然耳。至于林籁结响,调如竽瑟;泉石激韵,和若球锽。故形立则章成矣,声发则文生矣。

这里的"此盖道之文"的"此",是指"焕绮"的"理地之形"和"丽天之象";"道"即文之本体,在这里是指天道之文,即天道自然之文。大自然所呈现的"丽天之象"和"焕绮"的"理地之形",就是"文"。这绚丽的宇宙动植之文远比人工所为更美。一个"逾"字和"无待",足以说明。这"自然之道"紧承"心生而言立,言立而文明"是指有"五行之秀气"、"性灵所钟"的人所反映的文也是自然而然形成的,不是绞尽脑汁、挖空心思强力所为的。如果强力所为则违背“自然之道”。在《文心雕龙·定势》篇中说：“因情立体，即体成势也。势者，乘利而为制也。如机发矢直，涧曲湍回，自然之趣也。圆者规体，其势也自转；方者矩形，其势也自安：文章体势，如斯而已。”这些言论和主张反映了他的道家自然观。正如朱东润在《中国文学批评史大纲》中所说：“彦和因文言道之说，与昌黎因文见道之说不同，昌黎所言者尧舜禹汤文武周公之道，而彦和所言者为天地自然之道。”

由此看来，刘勰所认为的“自然美”，不仅是崇尚自然美，还反映出他在文学反映过程中的自然性。“人禀七情，应物斯感；感物吟志，莫非自然”[①]。也就是说无需“俪采百字之偶，争价一句之奇”，如果“争”就不自然了，因为世间一切无不两两成对，如实反映就行了。从刘勰的整个著作中，人们可以看到丽句迭出，化典自然，这也是他对道家“自然”观的继承和发展。

从一部《文心雕龙》的结构看，前五篇是文原论，找出文章的源头，然后从源分流各种文体，从中引出文章写法，继而总结撰文总术，然后从四十五章至四十九章，论证文章与社会环境、自然环境以及作者本人的德才方面的关系，无不给人以自然之感，这也正是老庄自然观在文章学上的反映。钱钟书在《管锥编》中就说刘勰在诸子中拔《庄子》。[②]

游国恩、王起、萧涤非等人主编的《中国文学史》第一册中，曾谈到庄子散文的特点是文中多用韵，声调铿锵，使读者有和谐的节奏感，并举《逍遥游》中惠子与庄子的一段对话为例评论说：“这和《德充符》末段惠庄二人问答一样，一唱一和，全用韵文。然而妙在非常自然，不但不觉得有意押韵，或者因押韵而拘牵词义，反而助长了文章的气势，与后来的散体辞赋相类似”，“有时像风行水上，自

①《文心雕龙·明诗》。
②钱锺书：《管锥编》，中华书局1997年版，第467页。

然成文;有时像万斛源泉,随地涌出,汪洋恣肆,机趣横生”。刘勰的文章又何尝不是如此呢?

谈刘勰的道家思想,不能忽视刘勰文学主张中的“真实”论。“真实”不仅是儒家的思想之一,也是道家的主要思想之一。刘勰在《宗经》篇提出的“六义”说,就是强调了“真”字,“实”字。这六义是:“一则情深而不诡”;“二则风清而不杂”;“三则事信而不诞”;“四则义贞而不回”;“五则体约而不芜”;“六则文丽而不淫”。刘文忠评论这六义时说:“这六个标准,可以用‘真、善、美’三字概括。一、三两条主要谈的是真;二、四两条主要谈的是善;五、六两条谈的主要是美。六义包含真善美的统一。”[1]

刘勰这种文学观的“真实论”,使他坚决反对“为文而造情”,主张“为情而造文”,他在《文心雕龙·情采》篇中说:

昔诗人什篇,为情而造文;辞人赋颂,为文而造情。……故为情者要约而写真,为文者淫丽而烦滥。而后之作者,采滥忽真,远弃《风》、《雅》,近师辞赋,故体情之制日疏,逐文之篇愈盛。故有志深轩冕,而泛咏皋壤;心缠机务,而虚述人外。真宰弗存,翩其反矣。

在这里“真”与“实”是同义语。《庄子·渔父》中说:“真者,精诚之至也。不精不诚,不能动人。”在汉语言中,“实”又是与“诚”互证的。在文学上如果“淫滥”失“真”,失“诚”,失“实”,也就不能动人。

再者,道家的“虚静”、“无为”思想也为刘勰所活用。在《神思》篇中谈论文章构思,提出:“寂然凝虑,思接千载;……是以陶钧文思,贵在虚静,疏瀹五藏,澡雪精神。”连语辞都直接脱化于《庄

❶刘文忠:《〈文心雕龙〉有关“写真实”问题的论述》,《文学遗产》1984年第1期。16年后作者又发表《〈文心雕龙〉真实论的思想渊源》,认为主要是受了孟子、扬雄、王充、左思的影响。但“真善美”又何尝不是道家的自然美呢?王充的“归真返朴”思想也是继承了老庄的思想。

子·知北游》。

刘勰的道家自然论思想表现最为集中的是《文心雕龙·养气》篇。《养气》篇云：

率志委和，则理融而情畅；钻砺过分，则神疲而气衰：此性情之数也。夫三皇辞质，心绝于道华；帝世始文，言贵于敷奏；三代春秋，虽沿世弥缛，并适分胸臆，非牵课才外也。

这就是说，作文要顺着感性的自然发展，才能理融情畅，否则就会神疲气衰，因为人的精力是有限的。三代春秋之文，虽然一代比一代有文采，但它是自然发展过来的，而不是某一作者突然一夜之间强力达到的。《养气》篇又说：

若夫器分有限，智用无涯，或惭凫企鹤，沥辞镌思；于是精气内销，有似尾闾之波；神志外伤，同乎牛山之木。

这就是说，人的才力是有限的，而智力的运用是无限的，如果以己之短去慕他人之长，挖空心思，必然有损于生命，反无助于事业。黄侃评刘勰《养气》篇说："此篇之作，所以补《神思》篇之未备，而求文思常利之术也。"[1]这就是说，文学创作的过程也是神思的过程，是一个从容之思的过程。一部著作，它是一个作者知识积累到一定程度的自然外露。在这里刘勰强调的是写作过程的自然性。追求自然是道家的一贯主张，而"养气"又是道家和道教的共同追求。从上述引文中，人们可以看出，"惭凫企鹤"、"尾闾之波"之典出自《庄子》；"道华"一典出自《老子》。这不仅说明刘勰思想中有道家

❶黄侃：《文心雕龙札记》，中华书局1962年版，第204页。

成分，而且应当说他的道家思想是相当浓厚的，到了化典自如的程度。当人们看到刘勰思想中的道家成分时，还不应当忽视玄学对刘勰的影响，因为南朝的道学是以玄学的面目出现的，玄学是道学发展到魏晋南北朝时期的表现形式。它是以老庄思想为骨架，企图调和儒道，会通“自然”与“名教”的一种哲学思潮。刘勰的思想正体现了玄学的特征。

上面提到刘勰对道家思想的发展，这种发展表现在他的自然观不是照相式的，他的“真实论”是生活真实与艺术真实的统一。他崇尚自然，但又不否认人力所为，为此专设《夸饰》篇于《文心雕龙》中。他认为“自天地以降，豫入声貌，文辞所被，夸饰恒存。”但夸饰要防止“诡滥”，做到“不以文害辞，不以辞害意”。“使夸饰有节，饰而不诬”。因为“夸过其理，则名实两乖”。刘勰在这里强调了一个“度”。只有在这个“度”的范围内施以夸饰之术，写出来的作品才能给人以“酌奇而不失其贞，玩华而不坠其实”[1]的艺术感，以此达到生活真实与艺术真实的统一。也就是说崇尚自然而非机械的照相式，赞夸饰而非超过“度”，目的是为了反对“强”为。这不仅是刘勰的自然观，也是他反对齐梁“淫靡”和“讹滥”文学的武器。正如罗思美所说：“刘勰虽然‘崇尚自然’，重视自然之美，但是他觉得人工美并不妨碍自然之美，用王充的说法是‘自然亦需人为辅助’。事实上，刘勰是一方面重视自然，另一方面也重视人为。在他心目中，只要人为不背离自然原则，人为也就是自然了。……概括起来说，刘勰是‘崇尚自然’，而庄子是‘纯任自然’，但都看重‘自然之道’”。[2]这就使刘勰构成了自己独特的“文道自然”论，是在对老庄自然论的改造以后形成的新理论。

张文勋在《文心雕龙研究史》中说：“刘勰对老庄之学有精深的

❶《文心雕龙·辨骚》。
❷罗思美：《刘勰、庄子自然观之比较》，载《文心雕龙研究》第3辑。

研究并深受其影响，这是很明显的。魏、晋玄学，杂儒、道、佛思想而别成新的学说，刘勰亦汲取各家之长而自成体系。他明里高举儒家旗帜，实际上大量吸取道家之说，不仅在《原道》篇中有明确的表述，而且在其他篇章中，引用老庄之说，或用其理论分析问题者亦随处可见，足见其道家文化渊源之深。而就文学理论自身来说，其受道家思想影响最大者，有以下几个问题。第一，'自然之道'的理论。……第二，神思的理论。……第三，虚静的理论。……除上述三个问题之外，《文心雕龙》中引用老、庄著作中的文字，或借用他们的理论之处甚多。如'三十之辐，共成一毂'(《总术》)，语出《老子》；'轮扁不能语斤'(《神思》)，'寿陵匍匐，非复邯郸之步，里丑捧心，不关西施之颦矣'(《杂文》)，'生也有涯，无涯唯智'(《序志》)，等等，都引自《庄子》。所有这些，都说明刘勰文学思想渊源不唯来自儒家，而且来自道家。儒家重教化，重伦理，重实际，而道家尚自然、尚虚无、尚想象，两家各有所偏，而刘勰吸取两家之长，加以折衷互补，并给以创造性的发挥，形成自己的理论。"[1]刘勰那个时代是玄学大畅的时代，所谓道家，也是玄学化了的道家，既不同于原始道家，也不同于黄老道家。

六、刘勰著作中的玄学方法论和玄学观点

(一)举本统末与执一御万

刘勰的《文心雕龙》旨在论文法，他通过《原道》篇对"天文"、"地文"和"人文"的训释引出"文道自然论"以作为"论文"的"纲"，使之为统领全书之"目"。在刘勰看来，文道是本，文法是末，文法必须本之于文道。"道"明其本，"末"言其用。"道"外化为文，其用为"德"，"德者，得也"。因而开篇便是《原道》以达到"举本统末"

[1] 张文勋：《文心雕龙研究史》，云南大学出版社2001年版，第15—19页。

之目的。此法来源于玄学。王弼《老子指略》说:"老子之书,其几乎可一言以蔽之。噫!崇本息末而已矣。"《老子·三十八章》王弼注曰:"守母以存其子,崇本以举其末,则形名俱有而邪不生。大美配天而华不作,故母不可远,本不可失。"《论语·阳货》第十九条:"子曰:'予欲无言。'"王弼注曰:"予欲无言,盖欲明本。举本统末,而示物于极者也。"王弼《老子指略》还说:"夫欲定物之本者,则虽近而必自远以证其始。夫欲名物之所由者,则虽显而必自幽以叙其本。故取天地之外,以明形骸之内;明侯王孤寡之义,而从道一以宣其始。"刘勰论文谋篇正本此法,故欲论为文之法,先明为文之道,因而《文心雕龙》开篇就是《原道》。王弼还根据《周易》中"少"与"多"、"寡"与"众"的关系,总结并提炼出"执一御万"的方法论,其法与"举本统末"有同工之妙。刘勰《文心雕龙·章句》篇说:"振本而末从,知一而万毕矣。"《序志》篇"位理定名,彰乎大衍之数,其为文用,四十九篇而已"。真可谓《总术》篇说的:"乘一总万,举要治繁"了。

(二)辨名析理与循名课实

辨名析理和循名课实是魏晋玄学的重要方法论。而此方法又是与名实之辨相联系的。名实之辨是中国思想史和哲学史的古老命题。自从西汉实行"名教"制度和察举征辟制后,辨名察实成为社会政治生活的重要内容。到魏晋南北朝时期名实之辨再次成为玄学家们探讨的重要哲学问题。不仅如此,玄学家们还把辨名析理和循名课实作为一种新的学术方法,应用于学术实践中,它是与汉末以来的"清谈"以及后来又发展成为魏晋"玄谈"的社会思潮相适应的。与汉儒那种拘泥于章句训诂和象数推演,穿凿附会、微言大义的方法相比,这种方法具有简约性和思辨性的优点,因而与两汉烦琐腐朽的经学方法形成鲜明对照。这有些类似古希腊的"精神助产术",由苏格拉底所发明的"精神助产术"最初也是因应智者们的论辩需要而发明的一种论辩方法，后来却发展成为一种重要的学术方法——“辩证法”，深刻地影响了西方的学术史。

刘勰在名实观上主张“名以订实，实为名源”，“名实俱正”，反对“名实两乖”。《文心雕龙·夸饰》中说“夸过其理，则名实两乖”，《刘子》则专设《审名》和《鄙名》两节论述名实问题。《审名》中说“……名以订实，实为名源……有实无名，则实不可辨……实由名辨，而名非实也……信名而略实，非得实者也……执名以责实，不弃实而存名。然则言理兼通，而名实俱正”。“是以古人必慎传名，近审其词，远取诸理，不使名害于实，实隐于名。故名无所容其伪，实无所蔽其真，此之谓正名也”。《鄙名》篇则用反面笑话的形式说明名实两乖的害处。《文心雕龙》文体论部分对各种文体的辨名析理则具体地贯彻了这种名实观思想，并运用辨名析理的方法对各种文体“囿别区分，原始以表末，释名以章义，选文以定篇，敷理以举统”（《序志》）。这也就是刘勰在《文心雕龙·论说》中说的“校练名理”的方法。

《文心雕龙》从《明诗》到《书记》的20篇文章，对各种文体的名称，大多直接释名，或用音训法[1]，或用意训法。例如《明诗》篇释“诗”曰：“诗者，持也，持人性情；三百之蔽，义归无邪，持之为训，有符焉尔。”这是音训法。又如《哀吊》篇释“吊”曰：“吊者，至也。诗云‘神之吊矣。’言神至也。君子令终定谥，事极理哀，故宾之慰主，以‘至到’为言也。”这是意训法。也有的是详辨某一种文体之名称的演变过程。例如《诏策》：“皇帝御宇，其言也神。渊嘿黼扆，而响盈四表，唯诏策乎！昔轩辕唐虞，同称为‘命’。‘命’之为义，制性之本也。其在三代，事兼诰誓。誓以训戎，诰以敷政，‘命’喻自天，故授官锡胤。《易》之《姤·象》：‘后以施命诰四方。’诰命动民，若

[1] 杨清之：《文心雕龙与六朝文化思潮》，南方出版社2002年版，第195—197页。

天下之有风矣。降及七国,并称曰‘令’。‘令’者,使也。秦并天下,改‘命’曰‘制’。汉初定仪则,则命有四品:一曰策书,二曰制书,三曰诏书,四曰戒敕。‘敕’戒州郡,‘诏’诰百官,‘制’施赦命,‘策’封王侯。策者,简也。制者,裁也。诏者,告也。敕者,正也。”同是国王之言,在不同历史时期,其名称各不相同。还有的辨析文体之间的联系,例如《颂赞》篇曰:“原夫颂惟典雅,辞必清铄。敷写似赋,而不入华侈之区;敬慎如铭,而异乎规戒之域。”这就指出了颂与赋、颂与铭的相同点与不同点。又如《论说》中的“详观论体,条流多品”中的“多品”亦是如此。

这种辨名析理的方法在《刘子》中的应用也是大量的。例如《清神》:“形者,生之器也;心者,形之主也;神者,心之宝也。故……”《鄙名》:“名者命之形也,言者命之名也……”《贵农》:“衣食者,民之本也;民者,国之本也……”《命相》:“命者,生之本也;相者,助命而成者也……”《文武》:“规者,所以法圆,裁局则乖;矩者,所以象方,製镜必背;轮者,所以辗地,入水则溺;舟者,所以涉川,施陆必踬。何者?方圆殊形,舟车异用也……”《伤谗》:“誉者,扬善之枢也;毁者,宣恶之机也……”《慎隙》:“过者,怨之梯也;怨者,祸之府也……”《明权》:“循理守常曰道,临危制变曰权。权之为称,譬犹权衡也。衡者,测邪正之形;权者,揆轻重之势……”

循名课实方法是辨名析理的一种,此法在《文心雕龙》中表现最突出的是在评论历代作家对各种文体创作的得失上,例如《通变》篇:“凡诗、赋、书、记,名理相因,此有常之体也。……名理有常,体必资于故实。”又如《檄移》篇:“观隗嚣之《檄亡新》,布其三逆;文不雕饰,而辞切事明,陇右文士,得檄之体矣!”这反映了隗嚣之亡新之檄合乎“或述此休明,或叙彼苛虐。……植义飏辞,务在刚健”之理,因而得“檄之体”。

(三)言意观

刘勰的言意观是一方面承认"言不尽意"[①],另一方面又充分肯定"言能见意"。刘勰在《文心雕龙》中说"但言不尽意,圣人所难;识在瓶管,何能矩矱?茫茫往代,既沉予闻;眇眇来世,倘尘彼观也"(《序志》)。"意翻空而易奇,言征实而难巧也"(《神思》)。"神道难摹,精言不能追其极;形器易写,壮辞可得喻其真"(《夸饰》)。"夫子文章,可得而闻,则圣人之情,见乎文辞矣";"百龄影徂,千载心在"(《征圣》)。"标心于万古之上,而送怀于千载之下"(《诸子》)。"世远莫见其面,瞻文辄见其心"(《知音》)。"傲岸泉石,咀嚼文义。文果载心,余心有寄"(《序志》)等等。在《刘子·审名》中说:"言以绎理,理为言本……有理无言,则理不可明……理由言明,而言非理也……今信言以弃理,实非得理者也……故明者,课言以寻理,不遗理而著言……然则言理兼通,而名实俱正。"在《刘子·崇学》中则说:"至道无言,非立言无以明其理;大象无形,非立象无以测其奥。道象之妙,非言不津;津言之妙,非学不传。"刘勰的言意观既看到了两者之间的张力,又充分肯定了语言的作用和意义。

北京大学哲学系教授楼宇烈在《欧阳建〈言尽意论〉正读》一文中,评论《刘子》的上述两段话时说:"著名的《文心雕龙》作者刘勰写的另一部作品《刘子》中有两段论述言意关系的文字(即指上述两段话)见地相当深刻……我认为《刘子》书中的这两段话,可以看作是魏晋玄学有关言意之辨的一个终结。他比较正确地阐明了言意之间的关系,所谓'至道无言,非立言无以明其理',这是无容争辩的常话;'课言以寻理,不遗理而著言',诚为一个'明者'应操之态度。"

统观刘勰的一生及其著作,可以看出他既有《征圣》、《宗经》所表现出来的浓厚的儒家思想,又有"崇自然之道"、"标虚静"的道家思

① 杨清之:《文心雕龙与六朝文化思潮》,南方出版社2002年版,第187页。

想，更有为佛教张本的《灭惑论》所反映出来的崇佛思想，还有为弘扬佛教所留下的几乎耗费了他大半生整理的佛典传世，这都说明了刘勰思想的复杂性。从另一方面也可以说，刘勰的思想是博大精深的，因而现代研究刘勰的人见他有《征圣》、《宗经》说，就说他的思想主要是儒家的；见他大半生与佛打交道就说他的思想主要是佛家的，特别是见他晚年又出家为僧，就更坚持佛家说。其实，这些都是表面现象。当冷静观赏《文心雕龙》，觉得虽有《征圣》、《宗经》说，却不难看出他只是强调为了反对当时的"淫靡"文风，为追求"典雅"，而不得不去找那已经"久远"了的"圣"，因为当时社会的共识是"五经"为文章之源头，这都是为了"文有师"，不是为了"政有师"。在不同的时代，死抱原有现成的古人之法是注定要失败的。因而刘勰既继承先秦诸子的学说，又有不同的损益。他崇尚道家的自然观，而又有所为，只是强调一个"度"字，不仅强调自然美，又认为只要"不以辞害意"的人为之美亦是自然美。他崇尚儒家文学的典雅，又指出纯用儒学治国的不足，这一切都说明刘勰是一位集前人思想之大成者，是一位与时俱进的思想家，他的杰出之处就在于不死守一家之说，而是以现实为依据，使古人的东西与现实相结合，在继承中有发展、有创新。

第二节　文学思想

一、文原论

（一）刘勰的文原论

所谓文原论，指的是最基本的文学理论。在古代，凡字皆曰文，不问其工拙优劣，故即簿录表谱等，刘勰皆列入文的范围。刘勰所说的"文"，在《文心雕龙》中具体用起来不尽一致，有时称"文"，有时称"文章"，有时也称"章"。从《原道》看，他所说的"文"，又有广义的文和狭义的文之分。就广义的文而言，指形文、声文、情文和礼乐的教化。如形文实指物体的形状和色彩；声文，指物体相击之声音；情文，如作品；礼乐教化，如“察人文以成化”。狭义的文，指形文，要讲文辞；声文，要讲音韵；情文，要讲究情意。

关于“文”的源头，在《原道》篇中分为“天文”、“地文”、“人文”。作为“天文”和“地文”是与天地并生的。即“夫玄黄色杂，方圆体分，日月叠璧，以垂丽天之象；山川焕绮，以铺理地之形；此盖道之文也”。“道”，上文已解释，即自然，或自然变化的规律。“天文”和“地文”是自然之文。在天地之间，人居其中，构成天地人三才，人作为“性灵所钟”、“五行之秀气”，不可能无文，因而“惟人参之”。人文是参之天地而必然有的。这里的“参”，今人多释为“三”，唯罗宗强释为“仿效”，更接近刘勰本义。这与《老子》二十五章说的“人法地，地法天，天法道，道法自然”是一致的，人与天地万物相通，人既然“效仿”天地而产生人文，也反映出在“三才”中的人晚于天地而生，否则是无法“参”的。

地文与天地并生，“人文”从什么时候有呢？刘勰认为：“人文之元，肇自太极。”这个“太极”有“远古”之意。这就是说刘勰认为，人文产生的时间很久了。“幽赞神明，《易》象惟先。庖牺画其始，仲尼翼其终。而《乾》、《坤》两位，独制《文言》。”刘勰认为最早见到成文的东西是“《易》象”，这是庖牺画的八卦，孔子作的《十翼》。刘勰那个时代，尚未有考古学，他既见不着甲骨文，也见不着从地下发掘的铭文，所以他认为《易》象就是最早的作品了。这是时代限制了刘勰的认识眼界，所以刘勰说的“人文”，主要是有文字记载的作品。

在刘勰看来，天地旁及万品皆有文彩，这些文彩都不是人工所做的装饰，而是自然形成的自然之美。无识的自然之物尚能有文，而处于天地之中心，五行之秀气的人能没有文吗？这有识之物的文是通过心的作用产生的,“心生而言立,言立则文明”,这也是自然而然的道理。

刘勰从《原道》中说明了文的来源和文形成的自然性,为他反对齐梁的讹滥、浮靡之文风找到了理论根据。

(二)刘勰的征圣、宗经思想

刘勰的《文心雕龙》前五篇文章,即《原道》、《征圣》、《宗经》、《正纬》、《辨骚》,在学术界有的称之为“文原论”,有的称之为“文之枢纽”,但“宗经”是主要的,前两篇指出“经原”,后两篇是为了分清“经”的真伪。其中“辨骚”是为了辨别清楚哪些“骚”是对《诗经》的继承,哪些“骚”是对《诗经》的发展和创新,都是为“宗经”服务的。因为刘勰是为纠正淫靡文风而提出“宗经”的。首先他认为《易》、《诗》、《书》、《礼》、《春秋》这五经是后世各种文体的母体。他说:“故论、说、辞、序则《易》统其首;诏、策、章、奏则《书》发其源;赋、颂、歌、赞则《诗》立其本;铭、诔、箴、祝则《礼》总其端;纪、传、铭、檄则《春秋》为根。”五经是“群言之祖”[1]。其二,“经”是对道的反映。“道沿圣以垂文,圣因文而明道”,这就是说“三极(天地人)彝训”,靠圣人的表达而成文章,圣人凭文章说明了“三极”(天地人)之理。其三,“三极”之理的“圣文”具有“政化”(政化贵文之征也)、“事迹”(事迹贵文之征也)、“修身”(修身贵文之征也)的作用,这是已被证明了的。“圣文”何以有这种作用呢?因为“圣文之雅丽,固衔华而佩实者也”。它“义既极乎性情,辞亦匠于文理;故能开学养正,昭明有融”,是“恒久之至道,不刊之鸿教”,是圣人对事物的真实反映,它不靡不诡。因此,“文能宗经,体有六义”,这就是说“宗经”有六种好处。刘勰“征圣”、“宗经”是为了“文有师”,是为了“立言”。因为“道沿圣以垂文”,因而要纠正当时的淫靡文风,必须正本清源,找出榜样,以利于树立“情深”、“风清”、“事信”、

[1]《文心雕龙·宗经》。

“义贞”、“体约”、“文丽”的六种文风。

牟世金在评论刘勰的“征圣”、“宗经”时说：“刘勰的儒家思想是较浓的，《文心》评作家作品，偏中儒家之处也不在少数，但他并未以儒家思想为衡量作家作品的绝对标准。而刘勰的‘征圣’、‘宗经’，也不是从征验圣人和宗法五经的儒家思想出发，细检‘征圣’、‘宗经’两篇可知，并无一字一句明确提出文学要宣扬儒家思想的主张，而反复强调与论证的，是儒家圣人的文章如何写得好，如繁略隐显之各得其宜，‘体要与微辞偕通，正言共精义并用’以及‘详略成文’，‘先后显旨’等。”[①]周振甫也说：“他的宗经，既不是要用儒家思想来写作，也不是要用经书语言来写作，主要是要六义，即写出思想感情具有感化力量的，引用事例真实而含义正直的，文辞精练而富有文采的作品。”[②]

其实，各种文体皆源于五经，并非刘勰一人的看法，稍晚于刘勰的颜之推曾分事南北各朝，他也有此论。他在《颜氏家训·文章》中说：“夫文章者，原出《五经》；诏命策檄，生于《书》者也；序述论议，生于《易》者也；歌咏赋颂，生于《诗》者也；祭祀哀诔，生于《礼》者也；书奏箴铭，生于《春秋》者也。”颜之推也主张宗经，但他是奉佛的，这是不争的事实。因此，以“征圣”、“宗经”，判刘勰思想是儒家的，未免太表面化了。所以，刘勰的“宗经”，是宗法五经的文风和文法，而并非宗法五经的思想内容，如果强调宗法五经的思想，《文心雕龙》也就文不对题了，失去了专谈文章写法，并找出文章发展规律，以纠正当时的淫靡文风的宗旨了。因而“征圣”，是为了“文有师”，而不是为了“政有师”。就像后面的《辨骚》是为“取熔经意”、“自铸伟辞”目的一样。

因为纠正文风，要求“宗经”，就必须对自汉朝以来的各种经、

①牟世金：《文心雕龙研究》，人民文学出版社1995年版，第171页。
②转引自牟世金：《文心雕龙研究》，第171页。

传进行清理辨明，以区别哪是经，哪是纬。这是因为自汉以来的诸儒解经“真虽存矣，伪亦凭焉”，并使经已失去原貌。为了理清经和纬的区别，刘勰提出“正纬”有四条依据；因为刘勰主张文章要“衔华佩实”，所以“正纬”也就是为了摒弃纬书中那些不实的、荒诞的内容，而纬书虽然“无益经典而有助文章”。这就是说一切都是为了“有助文章”，为自己提出“志足而言文、情信而辞巧”的文章学主张服务。

二、文体论

《文心雕龙》五十篇，按照《序志》篇的说法，分为上下两编，上编和下编各二十五篇文章。在上编的二十五篇文章中，前五篇为文原论，刘勰自称为“文之枢纽”。其后的《明诗》至《书记》二十篇文章为文体论，刘勰自称为“论文叙笔”。

（一）刘勰对文体的分类

刘勰根据当时社会文章学的发展情况，通过从《明诗》至《书记》的二十篇文章列举出了33种文体。这33种文体分别是：诗、乐府、赋、颂、赞、祝、盟、铭、箴、诔、碑、哀、吊、杂文、谐、隐、史传、诸子、论、说、诏、策、檄、移、封禅、章、表、奏、启、议、对、书、记。有研究者把《离骚》也算入其内共是34种文体，不过刘勰在《明诗》中已谈了《骚》体，算是并入了诗，骚体，算是诗的一种。

在以上的33种文体中，在刘勰看来，这也只能说是从大处分类，如果细分，有些文体又可以分出若干子目。如诗，又可分为四言、五言、三六杂言、离合、回文、联句等。杂文则更多，仅在《杂文》篇中刘勰就又分为：对问、七发、连珠、典、诰、誓、问、览、略、篇、章、典、操、弄、引、吟、讽、谣、咏。除以上诸种杂文体外，刘勰在《书记》篇末，又列出了24种杂文体，分别是：谱、籍、簿、录、方、术、占、式、律、令、法、制、符、契、券、疏、关、刺、解、牒、状、列、辞、谚。以上24种杂文书记体裁，虽属黎庶百姓之日常应用文体，但为社会所不可或缺。刘勰认为，“虽艺文之末品”，然而即使俗不可耐的谚语文体，圣贤《诗》、《书》尚可采用，作为文体论，优于谚语的种种杂文书记之体“岂可忽哉!”

刘勰在《序志》篇称自《明诗》至《书记》的20篇文章为“论文叙笔”。在《总术》篇说：“今之常言，有文有笔，以无韵者笔也，有韵者文也。”根据刘勰说的这个“常言”，有韵的文体是：诗、乐府、赋、颂、赞、祝、盟、铭、箴、诔、碑、哀、吊等。无韵之笔是：史传、诸子、论、说、诏、策、檄、移、封、禅、章、表、奏、启、议、对、书、记等等。至于《杂文》和《谐隐》，其兼有文和笔的特点，故放入二者之间。

从刘勰所列的文体类型看，若以今人之眼光论之，基本包括文学性文体、一般实用性文体和宫廷实用性文体。

（二）刘勰的文体分类方法和理论原则

刘勰对文体的分类，是根据每一种文体特点和作用来定性的，在论述每一种文体中又基本遵循四项原则，即“原始以表末，释名以章义，选文以定篇，敷理以举统”[①]。这四项理论原则，在各篇文章中的基本顺序是先释名，次述始末，复次选文定篇，再次为敷理举统。

“释名以章义”，就是解释各种文体名称的含义。如“诗者，持也，持人情性”[②]，“乐府者，‘声依永，律和声’也”[③]，“‘赋’者，铺也，铺采摛文，体物写志也”[④]，等等。这实际上是给每一种文体下了一个定义。刘勰给文体下定义用的是声训法，如：“诗者，持也”，“铭者，名也”，“诔者，累也”。若仅以此为止，读者不能了解其含义，刘勰紧随其后，说明这种文体的作用。如释“诔”，在“诔者，累也”之后紧接着说：“累其德行，旌之不朽也”，讲出这种文体的作

❶《文心雕龙·序志》。
❷《文心雕龙·明诗》。
❸《文心雕龙·乐府》。
❹《文心雕龙·诠赋》。

用，就使其含义清晰了。

“原始以表末”，就是叙述和介绍各种文体的起源和演变过程。如“赋”，刘勰说：“昔邵公称‘公卿献诗，师箴瞽赋’。《传》云‘登高能赋可为大夫’，《诗序》则同义，《传》说则异体；总其归涂，实相枝干。”这就是说“赋”的源头是诗，它是诗的表现手法之一。“然‘赋’也者，受命于诗人，而拓宇于《楚辞》也。于是荀况《礼》、《智》，宋玉《风》、《钓》，爰锡名号，与‘诗’画境。”这就指出了赋从诗正式分出的标志性著作是荀况的《礼》、《智》和宋玉的《风》、《钓》。用刘勰自己的话说是：“斯盖别诗之原始，命赋之厥初也。”[①]至于“表末”，刘勰在《诠赋》中从秦汉开始，历述赋在各个时期的发展情况，“讨其源流，信兴楚而盛汉矣”[②]。这就指出了赋体是发端于楚而完成于汉，随后成为一种重要的文体。

“选文以定篇”，就是选出各体文章的代表作家和代表作品进行评述。这一部分是与“原始以表末”一起进行的。在“原始以表末”的过程中，实际上就是选出了各种文体在不同阶段上出现的标志性作家和作品进行评述分析的。如赋体，刘勰列出的作家有：战国的荀子、宋玉，秦汉时期的陆贾、贾谊、枚乘、司马相如、王褒、扬雄、枚皋、东方朔，通过这十位作家的创作活动，得出结论，赋体文种，兴起于楚而盛于汉。列出的作品有：荀子的《赋篇》、宋玉的《风赋》、枚乘的《梁王菟园赋》、司马相如的《上林赋》、贾谊的《鹏鸟赋》、王褒的《洞箫赋》、班固的《两都赋》、张衡的《二京赋》、扬雄的《甘泉赋》、王延寿的《鲁灵光殿赋》。通过对以上十家代表作的评论，认为他们是“辞赋之英杰”。魏晋时期的代表作家列出了王粲、徐幹、左思、潘岳、陆机、郭璞、袁宏、成公绥等人，他们在对赋的创作上可说是“雅文之枢辖”，“策勋于鸿规”，是魏晋之赋首。

①②《文心雕龙·诠赋》。

“敷理以举统”，就是论述各体文章写作的方法和特色。如《诠赋》篇“原夫登高之旨，盖睹物兴情。情以物兴，故义必明雅；物以情观，故词必巧丽。丽词雅义，符采相胜，如组织之品朱紫，画绘之著玄黄，文虽新而有质，色虽糅而有本：此立赋之大体也”。这“睹物兴情”、“情以物兴”就是基本的创作原理。这“丽词雅义”、“符采相胜”、“杂而有质”、“糅而有仪”就是基本的写作艺术要求。又如《诔碑》篇关于“诔”，刘勰说：“详夫诔之为制，盖选言录行，传体而颂文，荣始而哀终。论其人也，暧乎若可觌；道其哀也，凄焉如可伤。此其旨也。”在这里，刘勰对“诔”的写作内容做了规范，对诔的艺术特色也提出了要求。再如《哀吊》篇的“哀”体，刘勰指出：“原夫哀辞大体，情主于痛伤，而辞穷乎爱惜。幼未成德，故誉止于察惠；弱不胜务，故悼加乎肤色。隐心而结文则事惬，观文而属心则体奢。奢体为辞，则虽丽不哀；必使情往会悲，文来引泣，乃其贵耳。”在这里，刘勰指出了哀辞的总体写作要求是“情主于痛伤，而辞穷乎爱惜”。主张“隐心而结文”，反对“为文而造情”。总之，“哀”体以“哀”为贵。

（三）刘勰的文体分类学特色及其影响

刘勰的文体分类学说理论，是在前人文体理论基础上发展而来的。魏曹丕《典论·论文》说：

> 夫文本同而末异。盖奏议宜雅，书论宜理，铭诔尚实，诗赋欲丽。此四科不同，故能之者偏也，唯通才能备其体。

在这里，曹丕把以往的文章分为了四科八种，并指出了每一科文体的艺术特征和写作要求。

西晋陆机在《文赋》中说：

诗缘情而绮靡，赋体物而浏亮，碑披文以相质，诔缠绵而凄怆，铭博约而温润，箴顿挫而清壮，颂优游以彬蔚，论精微而朗畅，奏平彻以闲雅，说炜晔而谲诳。虽区分之在兹，亦禁邪而制放。要辞达而理举，故无取乎冗长。

陆机在《文赋》中列出了10种文体，并对这10种文体的写作原则提出了要求。稍晚于陆机的挚虞有《文章志》四卷，《文章流别集》三十卷，可惜其书今已散佚，今存者为后人辑本，无法见其全貌。他对文体分类到底有多少种，后人也不得而知，从今存的《文章流别论》中，见其更繁于陆机。到齐梁时代的刘勰分出了33种大类，另有许多细目，而且对各种文体都下了定义，展现体貌，总结出了各种文体的写作理论和要求（包括每种文体的功能、性质、内容范围和艺术要求），可以说较之他的前人，无论从理论的内容，还是理论的高度，既是集大成又发展到了一个新的高度。因为他的前人大都理论单薄而分类粗略。稍后于刘勰的萧统在《文选》中虽略细于刘勰，分为39类，但有选文而无理论。钟嵘《诗品》虽有理论，又仅限于诗类。因而刘勰的文体论超过了他的前人，达到了时代的高峰。说他的文体理论是集前人之大成，是如黄侃在《文心雕龙札记》中说"所载文体，几于网罗无遗"，这体现了一个"全"字。郭绍虞对刘勰文体论的四项理论原则，即"原始以表末，释名以章义，选文以定篇，敷理以举统"进行评论时说：一、四项"同于陆机《文赋》而疏解较详"，第二项"同于挚虞《流别》而论述较备"，第三项"又略同魏文《典论》、李充《翰林》而详断较允，所以即就文体之研究而言，《文心雕龙》亦集以前之大成矣"。[1]这评论说明了刘勰文体论对前人的理论有继承，又有发展。

❶郭绍虞：《中国文学批评史》，上册，商务印书馆1947年版，第132页。

刘勰的文体理论特色，首先表现在有一个严密的理论纲领，即前面所论及的四项理论原则。这四项理论原则既来自于对具体作家、作品的分析和研究，又应用于对具体作家作品的分析，显示出“体大思精”的大家风范，把文体研究发展到了一个新的高度。其次，刘勰在给每种文体下定义时，充分抓住不同文体的社会功能和体貌特点，从而指出不同文体的写作原则和理论要求，在阐述写作理论时突出文章乃“经国之大业，不朽之盛事”的观点。如《章表》篇说“章表奏议，经国之枢机”，把章表奏议看成是治国安邦之重要文书。即使在《书记》篇末举出的那24种“艺文之末品”的文体，刘勰也是把它看成是“政事之先务”。其三，刘勰的文体论对各种文体的基本格调作了匡正，强调作者在写作不同文体时所投入和表现出来的不同感情和态度。如《哀吊》篇说：“原夫哀辞大体，情主于痛伤，而辞穷乎爱惜”，“必使情往会悲，文来引泣”。其四，刘勰整个写作理论的基本要求是文章要文质相符，“酌奇而不失其贞，玩华而不坠其实”[1]，具体到某一种文体又有不同的要求。如对“赋”要求一个“丽”字，对“哀”要求一个“情”字，对“碑”要求一个“实”字，强调作者必须具有“史才”，也就是说做到质与文结合，情与采统一。

对于刘勰文体论的特点，汪春泓还指出两点也值得注意，他说：“刘勰讨论文体，具有两大特点，必须引起注意。首先仍然是其折中思维；其次是专讲文体风格，而忽略道德评判。”[2]

刘勰的文体理论，无论是当时和后世，都产生了重要影响。稍后于《文心雕龙》的萧统编《文选》，其分类虽多于刘勰，但研究者多认为刘勰对萧统的《文选》产生了影响。明代吴讷的《文章辨体》分文体为59类，深受刘勰影响。徐师曾又在吴讷的基础上修订补充，撰成《文体明辨》竟分文体至127类。清代姚鼐的《古文辞类纂》一

❶《文心雕龙·辨骚》。
❷汪春泓：《文心雕龙的传播和影响》，学苑出版社2002年版，第127页。

书，把古文的体裁分为13大类，即论辩、序跋、奏议、辞赋、书说、赠序、诏令、传状、碑志、杂记、箴铭、颂赞、哀祭，也是受了刘勰影响。今人王力主编的《古代汉语·古文的文体及其特点》又是采用了姚鼐的古文分类法。虽然今天的文体分类法是由今天的社会生活决定的，但文体分类发展的轨迹是一脉相承的。

刘勰列出的文体有些在今天虽然已经无用了，但"有些文体是古老而又年轻的，如论说之于今天学术论著，史传之于今之方志传略，哀吊之于今之悼词祭文，书记之于今之公务文书，都是息息相通，具有新的生命力的。即使那些已被历史淘汰了的曾专用于封建统治的文体，诸如诏策、奏启、章表、封禅等等，也有名亡而理存的情况。刘勰从中概括出来的某些写作原则、要求、方法和特色，对于今天有关各体文章的写作，也并非毫不相干"[①]。

三、文术论

刘勰的文学创作论，包括的内容相当丰富，涉及文学作品的内容和形式、作品风格与作家个性、文学继承与文学创新、文学与社会现实的关系以及文学构思的方法和修辞造句等等。

（一）文学与自然和社会现实的关系

刘勰认为，文学的发展受时代和社会的制约，社会风气和时代潮流决定着文学发展速度和文风。而文学又对社会产生一定的影响，这是刘勰研究文学史得出的观点。[②]

刘勰在研究文学与社会现实的问题时，首先注意到了文学与自然环境的关系。刘勰在《文心雕龙》中专设了《物色》篇。《物色》篇说："春秋代序，阴阳惨舒；物色之动，心亦摇焉……是以献岁发春，悦豫之情畅；滔滔孟夏，郁陶之心凝；天高气清，阴沉之志远；霰

❶林杉：《文心雕龙文体论今疏》内蒙古教育出版社2000年版，第12页。

❷文学与社会现实的关系，本应属于文原论，但作家创作前需要解决一个材料来源问题，故列于此。

雪无垠，矜肃之虑深。岁有其物，物有其容；情以物迁，辞以情发。一叶且或迎意，虫声有足引心；况清风与明月同夜，白日与春林同朝哉！”这里提出了一个“物—情—辞”三者的关系问题。《文心雕龙》的《明诗》篇说：“人禀七情，应物斯感，感物吟志，莫非自然。”这说明人具有七情六欲，具有感物吟志的机能。再结合《物色》篇中的物、情、辞三者的关系考察，可知，具有情欲之机能的人受物的感召，产生一种对物的情，由情而发出辞。刘勰这里说的“物”虽然也可以把事件或其他客观物包含在内，但刘勰本意，显然是指自然之物。他认为四季自然环境有了变化，对作家的创作，产生着不同的影响，因为作家感情有了变化，而发出的“辞”也就有了变化。在《文心雕龙·诠赋》中说：“原夫登高之旨，盖睹物兴情。情以物兴，故义必明雅；物以情睹，故词必巧丽。”这些话，都是刘勰在他的唯物主义世界观指导下总结出来的作家睹物生情，因情而发辞所形成的文学产生的轨迹。这是文学与自然环境的关系。

其次，在文学与社会的关系问题上，刘勰也以同样的观点作了考察。《文心雕龙·时序》篇在评到建安文学时说：“时运交移，质文代变……歌谣文理，与世推移，风动于上，而波震于下者也。”这就是说时代在不停地向前发展，质朴和华丽的文风也在跟着变化。综观自唐尧以来各个时期留下来的作品，莫不如此。所以歌谣的写作道理，是和时代一起变化的；时代像风一样在上面刮着，文学就像波浪一样在下面跟着震动。并举出战国时期那种诸侯争雄的波澜壮阔的局面，使得文学的发展超过了《诗经》，“故知炜之奇意，出乎纵横之诡俗也”。

刘勰在《时序》篇谈到建安文学时，评之曰：“观其时文，雅好慷慨，良由世积乱离，风衰俗怨，并志深而笔长，故梗概而多气也。”这些评论都是非常符合当时情况的。例如，由于战乱而给人民生活造成的困苦，在当时的文学里都有着明显的反映，像曹操的《蒿里行》中写的“白骨露于野,千里无鸡鸣”等,就是当时现实生活的反映。

刘勰在《时序》篇历数了各个朝代的文学特点之后,总结说:“蔚映十代,辞采九变。”这“十代”是指唐尧、虞舜、夏、商、周、汉、魏、晋、宋、齐。“九变”的九是指多的意思。刘勰这种概括性的总结,说明了文学的变化发展,都是因为社会的变化和发展。因此,他提出了一个结论性的论断,即“文变染乎世情,兴废系乎时序”。

刘勰在《序志》中还谈到了文学的社会作用。他说“文章之用”,“五礼资之以成,六典因之致用,君臣所以炳焕,军国所以昭明”。认为作家的用处就在于“写天地之辉光,晓生民之耳目”。“能经纬区宇,弥纶彝宪,发挥事业,彪炳辞义”。[1]也就是他在《程器》篇里所说的“摛文必在纬军国”,即文学作品必须有利于巩固国家政权和社会治理。从这一文学主张出发,他认为文学“顺美匡恶,其来久矣”[2],因而认为“无实风轨,莫益劝戒”[3]的文字游戏是不可取的。他坚决反对“无所匡正”、“无益时用”的作品。基于此,在论述各种文体的写作时,他都要强调社会作用。在《史传》篇里强调“彰善瘅恶,树之风声”,“举得失以表黜陟,征存亡以标劝戒”。这说明刘勰正是看到了文学艺术有“移风易俗”的社会功能,因而主张人对文学艺术应当有所辨别,以区分香花和毒草,以免使人受到不良文化的毒害,并举出历史上的实例以证之。

由于刘勰看到了文学的社会作用,所以他强调作家的任务就在于“写天地之辉光,晓生民之耳目”[4]。要达到“鼓天下之动者”,作家必须写出好的作品,反对淫靡的文风。

(二)文学的发展是在继承与革新中前进的

社会的发展,决定着文学的发展变化,那么文学自身又是怎样变化发展的呢?对此,刘勰在《文心雕龙》中专设一篇《通变》来说

❶❹《文心雕龙·原道》。
❷《文心雕龙·明诗》。
❸《文心雕龙·诠赋》。

明他的思想。《通变》说："夫设文之体有常，变文之数无方。何以明其然耶？凡诗、赋、书、记，名理相因，此有常之体也；文辞气力，通变则久，此无方之数也。名理有常，体必资于故实，通变无方，数必酌于新声。"刘勰在这里提出了两个概念，即"有常之体"和"无方之数"。这"有常之体"，是说各种文体的"名"和"理"都是一定的，即诗不同于赋，赋不同于论、说、书、记等，文学的体裁可以参考以往的著作。即"名理有常，体必资于故实。""无方之数"是说写作的方法、语言文字的运用和文章所表现出来的气势。这"无方之数"，也就是"通变之方"，"通变"虽然无方，但"数必酌于新声"，这是通变的目的。但是，刘勰说的"通变之数"，虽然"无方"，也不是任意变胡乱通，而是"参伍因革"，"酌于新声"，即落脚于创新。只有这样的变，才不至于成为无源之水、无本之木，才能处理好继承与发展的关系。

因此，刘勰在《文心雕龙·通变》赞语中总结历代文学发展的规律时说："文律运周，日新其业。变则其久，通则不乏。趋时必果，乘机无怯。望今制奇，参古定法。"这是说只有创新，才能使文学有生命力，只有继承才能使文学根深叶茂。

（三）文学作品的内容与形式的关系

文学作品的内容和形式的关系问题，是文学界各种流派均不可回避的问题，也是文学的基本问题之一。刘勰有关这一问题的论述主要体现在《文心雕龙》的《情采》、《镕裁》、《风骨》等篇，用他的话说叫"文附质"、"质待文"。

第一，质待文。刘勰以动植物为比喻，形象地说明作家的文学思想必须通过一定的文学形式表现出来。在《文心雕龙·情采》中说："虎豹无文，则鞟同犬羊；犀兕有皮，而色资丹漆：质待文也。""其为彪炳，缛采名矣"。这说明凡文章都要有文采，文章抒发思想感情，描写事物的风貌，都离不开一定的文学形式。以老子为例，说老子一生反对虚伪，“称美言不信”，但他写的《老子》一书五千言，却非常精妙，可见老子也是不完全抛弃文采的。刘勰批评东晋文学的“贵玄”淫风：“诗必柱下之旨归，赋乃漆园之义疏。”这说明刘勰反对把文学作品写成政治讲义。[1]

第二，文附质。文学的内容决定文学的形式，文学形式服务于内容。

刘勰在《情采》篇中说：“夫铅黛所以饰容，而盼倩生于淑姿；文采所以饰言，而辩丽本于情性。故情者，文之经，辞者，理之纬；经正而后纬成，理定而后辞畅：此立文之本源也。”刘勰所举的比喻，准确鲜明而又深刻地说明了文学的内容决定作品的形式，作品的形式服务于内容，没有思想内容的作品，称不上作品。这里的“情”、“质”都是指作品的思想内容，“文”和“饰”都是指作品的形式和言辞。在《定势》篇中刘勰说：“夫情致异区，文变殊术，莫不因情立体。”这是说，尽管作家的情趣不同，写作方法各异，但却都是根据不同的内容来确定作品的体裁。

第三，“风清骨峻”，“衔华佩实”。文学作品的内容和形式要有机地结合，脱离内容而片面追求形式的作品是没有意义的。

在刘勰看来，文章必须“衔华佩实”、“质文并重”，这是文学的基本要求。作家写文章，是为了表达某种思想而必须采取一定的形式，是“为情而造文”，并不是“为文而造情”。[2]只有这样，写出来的东西才真实。“为文而造情”，写出来的东西必然“淫丽而烦滥”。这样造成的文风必然是违背了作家“述志”的初衷，造成“言与志反”，“采滥忽真”，“真宰弗存”，“繁采寡情，味之必厌”。[3]因味之必厌而使作品失去应有的感召力，而变得没有意义了。

❶杜黎均：《文心雕龙文学理论研究和译释》北京出版社1981年版，第20页。
❷❸《文心雕龙·情采》。

怎样写作才算是内容和形式的有机统一呢？刘勰在《文心雕龙·镕裁》篇中说："情周而不繁，辞运而不滥。"这就是说，作品的思想内容丰富但不繁杂，言辞变化跌宕而不混乱。达到"志足以言文，情信而辞巧"，"夸饰有节，饰而不诬"的目的，此"乃含章之玉牒，秉文之金科"[1]，只有遵照这种原则写出来的作品才能"风清骨峻，篇体光华"[2]，"衔华佩实"，"质文并重"。这就从理论的高度，明确指出了内容与形式的统一是文学创作的基本原则。

(四)艺术构思

刘勰把艺术构思的过程叫做"神思"的过程。"神思"一词，虽在曹魏时期就有人用过，但最初用于艺术构思的是晋宋之际的画家宗炳在他的《画山水序》里提出的。宗炳说："峰岫峣嶷，云林森眇，圣贤映于绝代，万趣融其神思。"[3]这是说"画家'身所盘桓，目所绸缪'的过程中，'应目会心'的构思活动"[4]。刘勰把这种形象的艺术构思活动比之曰"形在江海之上，心存魏阙之下"，也就是"神与物游"。刘勰在《神思》篇中说：

文之思也，其神远矣。故寂然凝虑，思接千载；悄焉动容，视通万里。吟咏之间，吐纳珠玉之声；眉睫之前，卷舒风云之色；其思理之致乎！故思理为妙，神与物游。神居胸臆，而志气统其关键；物沿耳目，而辞令管其枢机。枢机方通，则物无隐貌；关键将塞，则神有遁心。是以陶钧文思，贵在虚静，疏瀹五藏，澡雪精神。

这就是说，作家在进行创作构思的时候，静心一想，可以联想到千年之前的事；眉宇一动，可以想象到万里之外去了。作家吟诵推敲的时候，就像听到了珠玉般悦耳的声音；当你注目凝思的时候，眼

[1]《文心雕龙·征圣》。
[2]《文心雕龙·风骨》。
[3]张彦远《历代名画记》卷六。
[4]陆侃如、牟世金：《文心雕龙译注》，齐鲁书社1995年版，第55页。

前就出现变幻的风云。构思的妙处在于使作家的精神与物象交融。精神蕴藏在内心，但被作家的情志和气质所支配，外物作用到作家的感官，主要通过作家的语言表达出来，如果支配精神的关键阻塞了，精神也就无法集中了。因此，在进行构思的时候必须要沉寂宁静，思虑专一，精神净化，内心通畅。

艺术构思必须要有构思的内容和构思的艺术能力或才华。这种可供用来进行构思的内容和进行构思的能力或才华，刘勰认为是后天的努力和观察事物、研究事理得来的。他在《神思》篇又说："积学以储宝，酌理以富才，研阅以穷照，驯致以怿辞。"刘勰的这四句话，说了作家要具备艺术构思前的四步工作。首先是要认真学习以积累知识。其次是要明辨事理，以丰富自己的才华。第三是对自己的生活阅历，进行认真研究以求得到对事物彻底的理解。第四是培养自己的情致和构思的能力，能恰当地把自己的思想用文辞表达出来。刘勰把这四步工作看得很重要，他认为是"驭文之首术，谋篇之大端"。只有具备这四个条件，才能"神思方运，万涂竞萌"，"登山则情满于山，观海则意溢于海"，即达到了形象思维，使构思的材料在作家的脑海里活起来。

但是，这种艺术构思的能力，由于作家的禀性不同，在创作实践中的速度和质量是有差别的，如何来弥补这种差别，刘勰也提出了自己的主张。他在《神思》中说：

人之禀才，迟速异分；文之制体，大小殊功。……机敏故造次而成功，虑疑故愈久而致绩。难易虽殊，并资博练。若学浅而空迟，才疏而徒速，以斯成器，未之前闻。是以临篇缀虑，必有二患：理郁者苦贫，辞溺者伤乱。然则博见为馈贫之粮，贯一为拯乱之药；博而能一，亦有助乎心力矣。

刘勰看到了作家创作有快慢的差别和质量的差别，但他也指出了弥补差别的良方，这就是多闻多见和专心致志。他认为“博见”能补“馈贫”，以达“穷照”；“贯一”能“拯乱”，以达“怿辞”。作家只要“博而能一”，就能弥补禀性上的差异。刘勰的这一文学思想也同样反映了他唯物主义的世界观和文学观。

刘勰的艺术构思论，还强调了构思过程的三个阶段。第一阶段是作家通过对外界事物的接触，使“物沿耳目”，达到“物以貌求，心以理应”的心物通畅期。如果没有这个心物通畅期，对外物熟视无睹，是不可能有创作的。这种“通畅”也就是外物通过作家的感官，达到“情思”与“物”的结合。第二个阶段是“情思”与“物”相结合而形成的材料还是杂乱无序的，这些杂乱无序的材料，经过作家第二个阶段的思维加工，形成一种“意象”，这种“意象”，能使作家“寂然凝虑，思接千载；悄焉动容，视通万里。吟咏之间，吐纳珠玉之声；眉睫之前，卷舒风云之色”。即达到了一种形象思维，此时方可进入“寻声律而定墨”，“窥意象而运斤”的程序。这“定墨”、“运斤”的过程，也就是艺术构思的最后过程，即创作的阶段。这个阶段是作家如何“窥意象”而“怿辞”，使作品达到“酌奇而不失其贞，玩华而不坠其实”的过程。否则，就会出现“密则无际，疏则千里”的现象。只有达到“衔华佩实”，才是刘勰理想的作品，也是刘勰最基本的文学主张。第三个阶段就是具体动笔的阶段。

刘勰关于文学创作过程的三个阶段，在《文心雕龙·镕裁》篇里有一个明确的说法，他说：

凡思绪初发，辞采苦杂，心非权衡，势必轻重。是以草创鸿笔，先标三准：履端于始，则设情以位体；举正于中，则酌事以取类；归余于终，则撮辞以举要。然后舒华布实，献替节文，绳墨以外，美材既斫，故能首尾圆合，条贯统序。……故三准既定，次讨字句。

这个“三准既定”之后，“次讨字句”的过程，也就是作家在脑海里构思成熟之后，具体动笔运用言辞再现事物的过程。

四、风骨论

刘勰基本的文学主张是要求作品具备“衔华而佩实”[1]，“酌奇而不失其贞，玩华而不坠其实”。刘勰认为作品是为了给读者看的，是作者为了传达自己的思想，把作者的情和感、爱与憎，通过作品传给读者，以引起共鸣，达到教育别人的目的。只有作品具备“衔华佩实”，给读者以美的享受，读者才愿意看，使读者“视之则锦绘，听之则丝簧，味之则甘腴，佩之则芬芳：断章之功，于斯盛矣”[2]。在美的享受中得到潜移默化的感染，只有这样的作品才能“鼓天下之动”。因而，刘勰在《文心雕龙》中专列《风骨》篇。如果“风骨乏采，则鸷集翰林；采乏风骨，则雉窜文囿。唯藻耀而高翔，固文笔之鸣凤也”[3]。

什么是“风”，什么是“骨”呢？这个问题在“文心学”界一直争论不休。因为在刘勰以前“风骨”一词多被用来品评人物和书画，唯《毛诗序》把风作为一种化感之力，到了刘勰才第一次把风骨应用于对文章的品评上，成为文章学理论的一个专门术语。因此刘勰所说的“风骨”，就只有从刘勰本人的文章中去体会它的含义，尤其是以《文心雕龙·风骨》篇中的说法为依据。刘勰说：

故辞之待骨，如体之树骸；情之含风，犹形之包气。结言端直，

❶《文心雕龙·征圣》。
❷《文心雕龙·总术》。
❸《文心雕龙·风骨》。

则文骨成焉；意气骏爽，则文风清焉。……故练于骨者，析辞必精；深乎风者，述情必显。捶字坚而难移，结响凝而不滞，此风骨之力也。

以上引文是理解刘勰“风骨”内涵的主要根据。从引文看，无论是“风”，还是“骨”，刘勰都不是用的“风”、“骨”本义，而是比喻义。因而，这就得首先理解他喻义之物。先看“风”。刘勰说“《诗》总六义，风冠其首，斯乃化感之本源，志气之符契也。”《诗》的六义是：“一曰风，二曰赋，三曰比，四曰兴，五曰雅，六曰颂。”《毛诗序》说：“风，讽也，教也，风以动之，教以化之……上以风化下，下以风刺上，主文而谲谏，言之者无罪，闻之者足以戒，故曰风。”可见刘勰说的“风”是指文章对读者的一种教育作用。孔颖达作注时说：“风之所吹，无物不扇，化之所被，无往不沾，故取名焉。”刘勰“风骨”说的“风”，也许最初是受了《毛诗》的启发，引为己用的。从刘勰的话看，“风”是“化感之本源，志气之符契。”《毛诗序》说：“在心为志，发言为诗”。可见“志”是作家的主观情怀。“气”和“志”一样也属作家主观情怀的一种内在表现，它侧重于一个人的气质和个性。孟子有所谓养气说，指道德和修养方面的功夫所达到的一种境界。刘勰《文心雕龙·风骨》篇说：“思不环周，索莫乏气，则无风之验也”，“乏气”则“无风”，小气则小风，大气则大风，风之所吹，物之所动，喻之于作品，则是指作品的教化力。因而明朝曹学佺在《文心雕龙·序》中说：“风者，化感之本源，性情之符契。诗贵自然，自然者，风也；辞达而已，达者，风也……故《风骨》一篇，归之于气，气属风也。”黄叔琳也说：“气即风骨之本。”范文澜说：“风、情、气、意，其实一也。”可见“风”是作者内心的主观情志，含内为气，表外为风。“符契”，本是一种“信约”或“凭证”，在这里是指作者的“志气”和作者在作品中表现出来的“风”相一致。一句话，“风”是作者寓于作品中的“情”。

“辞之待骨，如体之树骸”，这是说体无骸不能立，文无辞不能成。因而文辞即文骨。但并不是所有的文辞都可以是文骨，而是只有“端直”的文辞才能称得上文骨。刘勰的标准是“结言端直，则文骨成焉”。因为这种“端直”的文辞达到了“捶字坚而难移，结响凝而不滞”的程度，它给读者以犹如“风骨”的力感，“若瘠义肥辞，繁杂失统，则无骨之征也”。如果繁杂之辞也谓之文骨，刘勰的整个《文心雕龙》也就没有意义了。因为刘勰写《文心雕龙》正是为了反对齐梁“淫靡”、“诡艳”的那种文风，才强调文需风骨的。今人对刘勰“风骨”说争论不一，多结合《文心雕龙》其他篇章而理解“风骨”，特别是把《附会》篇中的“事义为骨鲠”引来证明《风骨》篇“骨”的意思，因而曲解了刘勰本意。[1]因为“骨鲠”的骨与风骨的“骨”所指不是一回事。如果当成一回事，则无法解释：“结言端直，则文骨成焉”，“练于骨者，析辞必精”；对于刘勰风骨说唯黄侃等人看得准。他说：“风骨，二者皆假于物以为喻。文之有意，所以宣达思理，纲维全篇，譬之于物，则犹风也。文之有辞，所以摅写中怀，显明条贯，譬之于物，则犹骨也。必知风即文意，骨即文辞，然后不蹈空虚之弊。或者舍辞意而别求风骨，言之愈高，即之愈渺，彦和本意不如此也。”[2]黄侃也认为刘勰的“风骨”是比喻，关键是这个比喻之物是文章的什么？刘勰说：“故练于骨者，析辞必精，深乎风者，述情必显。”这是说文章要写得有“骨”，必须“结言端直”，文辞简洁精练，“刚健既实”；文章要写得有“风”，必须思想感情鲜明爽朗。涂光社在解释“风骨”时说：“‘风’是由充沛而清峻畅达的感情内容产生的艺术感染力。”“刘勰所论的‘骨’，应该这样解释：有坚实的依据和严密的逻辑，用洗练的语言表达的思想性内容，以及由此而生刚健的气势和不容置疑的说服力。”“用‘风骨’作比拟的力”。[3]寇

❶郭晋稀：《白话文心雕龙·前言》，岳麓书社1997年版。
❷黄侃：《文心雕龙札记》，华东师范大学出版社1997年版，第127页。
❸涂光社：《文心十论》，春风文艺出版社1986年版，第46—51页。

效信在《论风骨》一文中说:"'风'是作家骏爽的志气在文章中的表现,是文章感染力的根源,比拟于物犹如风。'骨'指文章端直有力,骨鲠遒劲,比拟于物,犹如骨。二者合成词组。……'风骨'是对文章情志和文辞的基本美学要求。"[1]尽管"风"、"骨"是两个不同的概念,但二者合为一个词组,用在文章学理论上,都是比喻文章的教化力量。

既然"风骨"是比喻文章著作的教化力,那么怎样才能使文章具有这种教化力呢?在刘勰看来,作为作家,必须首先在写作之前就应充分考虑和酝酿。"是以怊怅述情,必始乎风;沈吟铺辞,莫先于骨",正是指运笔之前,作家就应当培养自己的这种"情志"和驾驭语言的能力。使自己对于事物感悟到了喜则心花怒放,怒则怒发冲冠,不吐如泰山之重压于心头,甚至到了表现此事的文辞冲口而出的程度。只有情志骏爽才能使"文风清焉",只有"结言端直",才能使"文骨成焉"。正因为高明的文章家懂得这一道理,所以他在创作的时候,析辞精,述情显,捶字坚,结响凝。只有达到这种要求,作品才能具有风骨之力。反之,"若瘠义肥辞,繁杂失统,则无骨之征也;思不环周,索莫乏气,则无风之验也"。刘勰为了要求作家写的作品具备"风骨"之力,还特意举例说:"夫翚翟备色,而翾翥百步,肌丰而力沉也。鹰隼乏采,而翰飞戾天,骨劲而气猛也。文章才力,有似于此。"这与上文所举"无骨之征"和"无风之验"说的是同一个问题。山鸡羽美而不能高远,是因质文配搭不当。而山鹰虽乏采却能翰飞戾天,是因"气猛"。这里的"采"是喻文章的"藻采"也。[2]只有具有风骨之力的文章才是高质量的文章,有感化力的文章。

在刘勰看来,要使文章有"风骨",还得向经、史、子、集学习,这

[1] 寇效信:《文心雕龙美学范畴研究》,陕西人民出版社1997年版,第98页。

[2] 在刘勰那里,"风骨"也可说是文章的质,"采"可与"文"同。刘勰"质文"的"质"有时也指文章的内容,有时也指一个人的政治素质,如《程器》篇"安有丈夫学文,而不达于政事哉?彼扬、马之徒,有文无质,所以终乎下位也"。

里与“宗经”、“征圣”思想是一致的。因为只有参考经史子集之术,才能“洞晓情变,曲昭文体;然后能孚甲新意,雕画奇辞”。只有“曲昭文体”,才能意新而不乱;“洞晓情变”,才能“辞奇而不黩”。但刘勰也承认“文术多门”。正是“文术多门”,作家运笔之前必须思虑周全,找到内容与形式相配的方式才能长使“文明以健”,“风清骨峻,篇体光华”。

从以上对刘勰“风骨”说的分析看,文章能否完全具备风骨之力,好像纯是作家主观努力的结果,但实际上也并非完全如此。表面看来,风是作家情志在文学作品中的反映,是主观的东西,骨是作家驾驭语言的一种高超能力的表现,是对于文章词语方面的美学要求,也属主观的东西。而实际上,一个作家的情志与社会现实是紧密联系的。驾驭语言的能力,表面看来是作家主观的东西,而实际上时势也为他提供和创造语言的条件。虽然《文心雕龙·风骨》篇没有直接涉及这个问题,他在《文心雕龙》的其他篇中多有提及,例如在《物色》篇中有“情以物迁,辞以情发”;《明诗》篇的“人禀七情,应物斯感;感物吟志,莫非自然”;在《时序》篇评建安文学“观其时文,雅好慷慨,良由世积乱离,风衰俗怨,并志深而笔长,故梗概而多气也”。在《才略》篇评“刘琨雅壮而多风,卢谌情发而理昭,亦遇之于时势也”。这些说的都是时势对作家文学创作所提供的客观条件而产生的影响。这种忧愤之情,这种报国之志,发而为文,再经作家对于言辞千锤百炼,达到“结言端直”,“捶字坚而难移,结响凝而不滞”的程度,也就具备了风骨的要求。

五、体势说

刘勰的体势说,主要反映在《文心雕龙》中的《体性》、《定势》两篇中,但也散见并贯穿于《文心雕龙》全书中,历代研究者多有分歧,首先看“体”的含义。

《文心雕龙·定势》篇说：“夫情致异区，文变殊术，莫不因情立体，即体成势也。”这是说作者因时代不同或所处环境不同而产生不同的情志，而为了把这种不同的情志准确地表达出来，往往要采用不同的文体。在《通变》篇中说：“夫设文之体有常，变文之数无方。何以明其然耶？凡诗、赋、书、记，名理相因，此有常之体也。”这里的“常”是“恒常”，即固定的。“数”，即“术”，可以理解为方法。也就是说，文章的体裁是固定的，相互因袭，而写文章的方法却是无限的，不固定的，多变的。同篇又说：“名理有常，体必资于故实。”“名”指文体的名称，“理”指各种文体的基本写作原理，“资”是凭借，“故实”指前人的作品。《神思》篇说：“人之禀才，迟速异分；文之制体，大小殊功。”这里说人的才能不同，写作的快慢不一，文章的体裁不同，篇幅也不一样。

从以上举例可知刘勰的“体”是指文体即文章体裁。

刘勰在《体性》篇中说：“体式雅郑，鲜有反其习：各师成心，其异如面。若总其归涂，则数穷八体：一曰典雅，二曰远奥，三曰精约，四曰显附，五曰繁缛，六曰壮丽，七曰新奇，八曰轻靡。”从“八体”所列的典雅、远奥、精约、显附、繁缛、壮丽、新奇、轻靡以及上文中“体式雅郑”的雅郑，都是指文章的风格，“体”又有了风格的意思。《议对》篇有“风格存焉”，《夸饰》篇有“风俗训世”。当然，这不是现在“风格”的含义。“风格”一词是现代文学理论术语，以上八体也可说是八种风格类型。

罗宗强对此研究更细，认为“体”的风格之义应叫做“体貌”，并认为有三个方面的含义：一是某一历史时期的文章的总体风貌特色，二是指体貌类型，三是对于作家或作品的体貌的品评。[1]刘勰还

[1] 罗宗强：《魏晋南北朝文学思想史》，中华书局1996年版，第341页。

认为文章的体貌直接受作者才、气、学、习四个因素的影响。在这四个方面的因素中，前两个是先天的，后两个是后天的。因为“才”是指才华，“气”是指气质。他认为“才有天资”，才之大小，又受“气”的影响，即“才力居中，肇自血气”[①]，才气是先天的，因而称作“天资”、“天才”。但刘勰不是一个天才论者，他是一个辩证唯物论者。他的这一世界观，始终支配着他的方法论。他在承认天资的同时，又承认后天的“学”和“习”的重要性，以后天的学和习来补先天才气之不足。在《事类》篇说：“将赡才力，务在博见。”在《知音》篇中说：“凡操千曲而后晓声，观千剑而后识器，故圆照之象，务在博观。”这种“博见”、“博观”都是弥补先天之才不足的最好方法。对于“学”和“习”，刘勰还有一个思想，就是有选择地学习，并不是滥学习。《体性》篇强调“夫才有天资，学慎始习；斫梓染丝，功在初化；器成彩定，难可翻移。故童子雕琢，必先雅制”。为什么这样强调呢？刘勰认为：“学有深浅，习有雅郑，并情性所铄，陶染所凝。”[②]所以，这个“习”是很重要的，“习”也就是“陶染”，一旦“习染”错了，“难可翻移”。“体式雅郑，鲜有反其习：各师成心，其异如面”，习雅则体貌典雅，习郑则体貌邪靡。由于师习不同，造成体貌各异。涂光社对《体性》篇的“习有雅郑”的“习”解释说：“‘习’为作家长时间的学习和写作过程中养成的风格习性。”[③]这正是刘勰对前人文章学理论的一个创造性的发展。关于对“体”的理解，陆侃如在《文心雕龙术语用法举例》中说：“体”字有两种意思：一是体裁，二是风格。大致是对的。

其次，再看“势”的含义。刘勰在《文心雕龙》中专设《定势》一章进行论证。由于“势”在《文心雕龙》中的概念相当抽象，也像“风骨”一样，以比喻的方式下的定义，这个比喻之物到底是什么，历代

①②《文心雕龙·体性》。
③涂光社：《文心十论》，春风文艺出版社1986年版，第132页。

"文心学"家分歧很大。

1980年詹锳在发表他的《〈文心雕龙〉的定势论》之前,他认为历代学者的解释都没有说准刘勰的用意。他认为没有说准的原因在于对《文心雕龙》的研究大都是从写作方法上,对这篇文章作枝枝节节的解说,而不知道《定势》的用语和观点是来自于《孙子兵法》。詹锳的说法颇得要领。因为刘勰虽是个文人,但他是个主张文武兼备的人。他认为"摛文必在纬军国","岂以好文而不练武哉?孙武《兵经》,辞如珠玉,岂以习武而不晓文也"。"文武之术,左右惟宜"。[1]世人多以为刘勰是一位文学理论家,或文学思想家,岂不知刘勰不仅精研《孙子兵法》,而且还将其兵学理论灵活准确地应用于他的文章学理论中。

《文心雕龙·定势》篇说:"夫情致异区,文变殊术,莫不因情立体,即体成势也。势者,乘利而为制也。如机发矢直,涧曲湍回,自然之趣也。圆者规体,其势也自转;方者矩形,其势也自安:文章体势,如斯而已。"对这段话所讲的"势",詹锳说是来自《孙子兵法》。对于詹锳的这一解析,牟世金说这是研究定势论的新成果。其实不仅刘勰的"势"论观点来自《孙子兵法》,就是上述引文所打的比喻也是来自《孙子兵法》,例如"势者,乘利而为制也",《孙子兵法·计篇》曰"势者,因利而制权也"。梅尧臣释曰:"因利行权以制之。"王晳释曰:"势者,乘其变者也。"张预释曰:"所谓势者,须因事之利,制为权谋以胜敌耳,故不能先言也,自此而后,略言权变。""乘"就是凭借或依据,"因"也是依凭或根据的意思。"制"就是决定、采取之意。刘勰的"势者,乘其利而为制也"就是根据利害而采取势变。詹锳说"势就是趁着有利的条件而进行机动",即采取灵活机动的措施。刘勰所举的"水流"、"机发"事例也皆取于《孙子兵法·势

[1]《文心雕龙·程器》。

篇》。刘勰说："机发矢直，涧曲湍回。"《孙子兵法·势篇》说："势如彍弩，节如发机。"王皙释曰："战势如弩之张者，以有待也，待其有可乘之势，如发其机。"这种"机发矢直，涧曲湍回"是"自然之趣"。在古代，"趣"与"趋"相通，可见这种"直"和"回"都是自然而然的一种趋势。刘勰在《定势》篇中又说："譬激水不漪，槁木无阴，自然之势也。"这是说例如飞流的激水没有波纹，枯槁的树木，没有浓浓的树荫，这是自然而然的。因而这"自然之趣"和"自然之势"是一个意思，可以合而为"趣势"。即"势"就是事物的"趋势"。

刘勰说："圆者规体，其势也自转；方者矩形，其势也自安。"《孙子兵法·势篇》曰："任势者，其战人也，如转木石；木石之性，安则静，危则动，方则止，圆则行。"曹操释曰："任自然之势也。"刘勰的"圆者"、"方者"也就是孙子的"圆"和"方"。刘勰的"转"和"安"，也就是孙子的"行"和"止"。"任势者"也就是任"方"和"圆"这两种物体安和转的自然之势。詹锳并引《尹文子·大道》上篇说："圆者之转，非能转而转，不得不转也；方者之止，非能止而止，不得不止也。"因而詹锳说："刘勰所谓的'自然之势'的'自然'就是不得不然。可见《定势》篇的'势'原意是灵活机动而自然的趋势。"当弄清了刘勰"势"意的来源之后，就应该了解"势"在《文心雕龙》中的用意、地位和作用。

但是"势"又是和"体"紧密联系的，没有体也就没有势。体又是和情紧密相连的。"因情立体，即体成势"，说明了情—体—势三者的关系。这三者的关系也就是内容（情）决定体（形），体决定势。没有体就不会有势，有体必有势，势又因体而异。体因情而别。因为刘勰说："夫情致异区，文变殊术，莫不因情立体，即体成势"。这说明即使同一作家在不同的场合也会因情不同而导致文术多变，立体不一，趋势自异。因而在《孙子兵法》中《形篇》在前，《势篇》在后。在《文心雕龙》中是《体性》篇在前,《定势》篇在后,这都不是偶然的巧合,而是刘勰有根有据的安排。刘勰的宗经,也并不仅仅是宗儒家之经。兵家孙武的"兵经",一十三刘勰也同样夸之曰:"孙武《兵经》,辞如珠玉。"孙武《兵经》各篇严密的逻辑结构,照例也是刘勰可"宗"的范例。刘勰在《定势》篇后的赞语中说得明白:"形生势成,始末相承。"因而刘勰《文心雕龙》中的"体",也就是孙武《兵经》中的"形"。"体"和"形"在今天是一个合成词,叫体形或形体。古代体和形是两个单音词,在古汉语中义项也互有包含。

这一切都说明,刘勰的"势"不仅源于《孙子兵法》,就是连《文心雕龙·定势》篇的有些事例也来自《孙子兵法》。因而刘勰自下结论说:"文章体势,如斯而已。"

基于此,谈"势"也必然要谈"体",因合为一篇,名之曰《体势》。事实上,刘勰在《议对》篇和《诸子》篇"体"和"势"是合称的。

在《文心雕龙·体性》篇中,刘勰把体分为八种类型。用罗宗强的话说,叫八种"体貌类型"。从这八种体貌类型的"典雅"、"远奥"、"精约"、"显附"、"繁缛"、"壮丽"、"新奇"和"轻靡"来看,细究其"貌",即"典雅"、"远奥"、"精约"等等,也就是这八体表现出来的"势",即"典雅趋势"、"远奥趋势"等。因而"势"也就是语言修辞趋势。郭晋稀说:"'势'是作品所表现的语言姿态,即语调辞气。"[1]郭晋稀的话虽给人以静态之感,没有表达出"势"的"动态"感,但也不能说全错,应算接近刘勰本意。也就是说你这种作品的语言修辞是趋向"典雅"还是趋向"繁缛"等等。关于这一看法,从《定势》篇"情交而雅俗异势"也可以证明。"雅"和"俗"是两种不同的"势"。

[1] 郭晋稀:《文心雕龙译注十八篇》,甘肃人民出版社1963年版,第114页。

如前所述,"势"来自孙子兵法,它的本意是灵活机动而自然的趋势。谁来掌握这种趋势呢?在军事上是指挥员,在文学创作上是作家。刘勰在《定势》篇中关于掌握和调整这种趋势的方法仍用《孙子兵法》的术语"奇正"。在军事学上,"正"是常规战法,"奇"是特殊战法。就兵力部署而言,以正面作战为正,以机动灵活出击为奇;就作战方式而言,正面进攻为正,侧翼包抄偷袭为奇;一般战法为正,特殊战法为奇。在具体实战中,奇与正的战法是变化无穷的。所以《孙子兵法·势篇》说:"战势不过奇正,奇正之变,不可胜穷也。奇正相生,如循环之无端,孰能穷之!"刘勰将孙子奇正相生循环无穷之变的军事理论,用于文学创作理论中,并专设《通变》一篇。这"通变",也就是通常体、变文术,有人释为继承与发展,都是对的。

"势"在军事学上可以称为军队布阵形势,简称阵势,在文章学上,可以称为文章体势。因而刘勰说:"夫设文之体有常,变文之数无方"。这"变文之数无方",也就是"变文势之术无方"。"文辞气力,通变则久,此无方之数也"。"文辞气力",也就是"文势"一类的东西。在军事学上,王皙释孙子的"奇正之变"说:"奇正者,用兵之钤键,制胜之枢机也,临敌运变,循环不穷,穷则败。"[1]在文章创作上,如果文术穷尽,其作品失去读者,也就不能"久",不能"久",也就是败。作家要想临文运变之数,"能骋无穷之路,饮不竭之源","数必酌于新声",就必须要有相当的文学修养,只有"渊乎文者,并总群势:奇正虽反,必兼解以俱通;刚柔虽殊,必随时而适用",这才算对文势具有机动灵活的驾驭能力。一位有成就的作家,必然掌握多种文术。根据在不同场合产生的感情,在不同的文体中,创立不同的文势,也就是不同的风格趋势。一位作家如果不管什么文体,

[1] 凡引文中有关《孙子兵法》及其注释,皆引自《诸子集成·孙子十家注》,上海书店版。

只能用一种风格趋势，不仅单调、片面，而且也不能成为一位有成就的作家。同一位作家应该有多样化的风格，但具体到他的一篇作品，不能“雅郑共篇”，如果“雅郑共篇”，则必损整篇文章的统一体势。

刘勰认为，凡有成就的作家，必“括囊杂体，功在铨别；宫商朱紫，随势各配”，“循体而成势，随变而立功者也。虽复契会相参，节文互杂，譬五色之锦，各以本采为地矣”。[1]这就是说为了使作品发挥出独特的感染力，作家可以发挥多样化风格特点，使不同的表现手法相互配合，即“契会相参”，但必须以一种风格为主，例如“章、表、奏、议，则准的乎典雅”，在不损典雅的同时，不妨运用各种辞采，这就是虽“五色之锦，各以本采为地矣”。

总之，刘勰主张文势变化之无穷，目的就是为了提高作品的感染力，以征服读者为目的。作为作家在不同的文体里，无论是一派柔情，缠绵悱恻，还是慷慨激昂，义正词严，都是情的需要，都是为了打动读者。只要使文章能有感染力，无论刚柔，皆为任势。一位伟大的作家总是因情立体，因体变势，按照势之自然旨趣，以掌握其文学创作规律，这是文学创作的重要原则。

最早活用孙子“势”论的是慎到。慎到在《慎子·威德》篇中说：“故腾蛇游雾，飞龙乘云。云罢雾霁，与蚯蚓同，则失其所乘也。故贤而屈于不肖者，权轻也。不肖而服于贤者，位尊也。尧为匹夫，不能使其邻家，至南面而王，则令行禁止。由此观之，贤不足以服不肖，而势位足以屈贤矣。”[2]慎子的意思是龙蛇所以能腾云驾雾，是乘了云雾的扶托之势，尧所以能令行禁止，是凭了他南面而王的权势。到韩非子又进一步发展了这一学说，提出“抱法守势”的理论。慎子和韩非子的“势”论皆属政治学范畴。慎子是稷下学宫的教授，对祖居齐国的孙子的“势”学自有深刻的理解，并自然地运用于

❶《文心雕龙·定势》。
❷《诸子集成·慎子》，上海书店版，第1—2页。

他的政治学说中。据唐张彦远《历代名画记》的记载，东晋顾恺之把“势”用于他的《论画》中，刘宋宗炳在《画山水序》中也论到“自然之势”。汉魏时期的书法评论中也引入了“势”。如东汉崔瑗的《草书势》，蔡邕作过《篆势》和《隶势》，等等。而刘勰的“势论”，或许也受书画界“势论”的启示，但更多的可以说还是从兵学的角度去理解和应用孙子的“势论”。刘勰作为一位思想家又祖居齐故地，无论从思想还是从家学，对孙子的“势”更是有精湛的研究，又灵活而准确地运用到他的文学理论中。刘勰的这一思想，对后世的影响也很大，到明清之际的王船山又把“势”灵活而准确地应用于他的“诗论”中。如王船山说：“把定一题、一人、一事、一物，于其上求形模，求比似，求词采，求故实，如钝斧子劈栎柞，皮屑纷霏，何尝动得一丝纹理？以意为主，势次之。势者，意中之神理也。唯谢康乐为能取势，宛转曲伸，以求尽其意，意已尽则止，殆无剩语；夭矫连蜷，烟云缭绕，乃真龙，非画龙也。”①

第三节　史学思想

刘勰的史学思想，主要反映在《文心雕龙·史传》篇中，尽管《史传》篇重点是从历史散文的写作方法上讲的，但在如何写好历史散文和这些散文应以什么思想作指导等问题上均反映出刘勰的史学思想。

（一）“表征盛衰，殷鉴兴废”的社会功用思想

《史传》开篇就说：“开辟草昧，岁纪绵邈，居今识古，其载籍乎？”这就是说，自从有了人类社会以来，历史久远，人们之所以能够了解历史上的事情，就是靠史书典籍。

①王船山：《姜斋诗话》卷二，转引自张晶：《势：王夫之诗论的重要范畴》，《光明日报》2001年4月13日《文学遗产》版。

史书的作用,刘勰认为是为了供人们特别是统治者"居今识古","殷鉴兴废"。因为史书记载的历史事件有"表征盛衰"的功能。通过历史材料,可以"殷鉴兴废",吸取历史经验。因而,刘勰对《春秋》评价极高,他说:《春秋》的作用"举得失以表黜陟,征存亡以标劝戒"。

对于《春秋》一书的社会作用,早在汉代的司马迁就曾在《太史公自序》中有过评论,在回答壶遂的质问时说:

余闻董生曰:"周道衰废,孔子为鲁司寇,诸侯害之,大夫壅之。孔子知言之不用,道之不行也,是非二百四十二年之中,以为天下仪表,贬天子,退诸侯,讨大夫,以达王事而已矣。"子曰:"我欲载之空言,不如见之于行事之深切著明也。"夫《春秋》,上明三王之道,下辨人事之纪,别嫌疑,明是非,定犹豫,善善恶恶,贤贤贱不肖,存亡国,继绝世,补敝起废,王道之大者也。……《春秋》辨是非,故长于治人……拨乱世反之正,莫近于《春秋》……故《春秋》者,礼仪之大宗也。……余闻之先人曰:"伏羲至纯厚,作《易》八卦。尧舜之盛,《尚书》载之,礼乐作焉。汤武之隆,诗人歌之。《春秋》采善贬恶,推三代之德,褒周室,非独刺讥而已也。"汉兴以来,至明天子,获符瑞,封禅,改正朔,易服色,受命于穆清,泽流罔极,海外殊俗,重译款塞,请来献见者,不可以胜道。臣下百官,力诵圣德,犹不能宣尽其意。且士贤能而不用,有国者之耻;主上明圣而德不布闻,有司之过也。且余尝掌其官,废明圣盛德不载,灭功臣世家贤大夫之业不述,堕先人所言,罪莫大焉。

正是因为史书的这种社会功能,使得历代统治者特别重视史书的编修工作。而史官也尤其认识到自身工作的重要性,所以司马迁在《太史公自序》中记其父司马谈曾执迁手曰:"余先周室之太史也。……汝复为太史，则续吾祖矣。……余死，汝必为太史；为太史，无忘吾所欲论者矣。……今汉兴，海内一统，明王贤君忠臣死义之事，余为太史而弗论载，废天下之史文，余甚惧焉，汝其念哉！”可见刘勰这种修史为“使一代之制，共日月而长存，王霸之迹，并天地而久大”[1]的思想，在中国史学史上是由来已久了，刘勰只是这一传统思想的继承者。

(二)“文非泛论，按实而书”的史家良德

史家之良德要求，不仅是为有功业者歌功颂德，同时还得将历史上的丑恶皆记，以供后人从中吸取教训。按儒家的要求：“太子有过，史必书之。史之义不得不书过，不书过则死。”又说天子“失度，则史书之……是天子不得为非也”[2]。尽管历史上不知有多少秉笔直书的史臣为此付出了血和生命的代价，但统治者在要求上还是坚持这一“直书”的原则。刘勰作为言必“征圣”、“宗经”的思想家，在史书撰写上自然坚持秉笔直书、宁缺毋滥的传统观点。他在评论以往史书时说：薛莹的《后汉纪》、谢承的《后汉书》“疏谬少信”，司马彪的《续汉书》“翔实”。孙盛的《晋阳秋》、鱼豢的《魏略》、虞溥的《江表传》、张勃的《吴录》之类“或激抗难征，或疏阔寡要”。这些评语，都反映了刘勰在对待史书的内容上强调了一个“真实”，史料要征文有据，反对“激抗难征”，要求“事信而不诞”。《史记》“虽殊古式，而得事序焉。尔其实录无隐之旨”为后世之楷式。这些评论，都反映了刘勰对史书要求真实的史学思想。

自古史家和统治者都要求史臣要秉笔直书，那为什么在史书中又往往出现一些虚假的东西呢？刘勰《史传》篇认为：

若夫追述远代，代远多伪。公羊高云：“传闻异辞。”荀况称：“录远略近。”盖文疑则阙，贵信史也。然俗皆爱奇，莫顾实理。传

❶《文心雕龙·史传》。
❷《大戴礼·保傅》。

闻而欲伟其事，录远而欲详其迹。于是弃同即异，穿凿傍说，旧史所无，我书则传，此讹滥之本源，而述远之巨蠹也。至于记编同时，时同多诡。虽定、哀微辞，而世情利害。勋荣之家，虽庸夫而尽饰；迍败之士，虽令德而常嗤。理欲吹霜煦露，寒暑笔端，此又同时之枉，可为叹息者也。故述远则诬矫如彼，记近则回邪如此。析理居正，唯素臣乎！

这就是说，史书贵在信实，可为什么会有不实之辞呢？这是因为：第一，一般人都有猎奇之心，听到传闻，就想大写特写，对于遥远的事情也要做详细的描写，放弃大家共同认可的东西，去追求奇特。牵强附会，把以往史料中从未有过的东西也写到自己的书里，这是讹滥的根源。第二，写当代史，由于当事人还在，或儿女尚在，受到某种权力的制约或利害的驱使，也容易出现曲笔，对位高德薄的人加以赞颂，对遭受困顿不幸的人，纵有美德，也加以嗤笑。因而，记述远古史会出现虚假，写当代史也歪曲事实。所以刘勰认为，一个优秀的史学家，应按照瑕不掩瑜的原则，实事求是地秉笔直书，宁缺毋滥，这是史家之良德。

（三）“依经附圣”的思想原则

刘勰的整个《文心雕龙》就是要求写文章必须“征圣”、“宗经”，反对文不附质和追求诡丽荒诞。而《史传》作为《文心雕龙》的一个组成部分，自然也离不开这一原则。刘勰在《史传》中说：

是立义选言，宜依经以树则；劝戒与夺，必附圣以居宗；然后诠评昭整，苛滥不作矣。

如果说《文心雕龙》全书的“征圣”、“宗经”主要是从写作艺术方面而言的话，那么《史传》篇则是从指导思想方面单独作了强调。

刘勰这种“依经”、“附圣”的史学编撰原则是在他对以往史书的品评上表现出来的。例如他评《史记》“爱奇反经之尤，条例踳落之失，叔皮论之详矣”，这说的是班彪的《史记论》。《史记论》曰：“迁之所记，从汉元至武以绝，则其功也。……其论术学，则崇黄老而薄《五经》；序货殖，则轻仁义而羞贫穷。”表面看来这说《史记》“爱奇反经”的话好像是班彪的话，其实刘勰引在文中，目的是证明自己的观点与班彪同，所以对《史记》这种“爱奇反经”和“轻仁义”的评论，也就是刘勰自己的意见了。

刘勰认为《史记》“反经”的一个实例是司马迁的妇女观。《史记》和《汉书》都为曾一度执掌朝政的吕后立纪，刘勰认为这是“违经失实”，“庖牺以来，未闻女帝者也”，“牝鸡无晨”是祖训，不可违抗。“班、史立纪，违经失实”，“难为后法”。[1]

（四）“弥纶一代，负海内之责”的史家责任

春秋笔法，被历代史家所崇奉，其特点是通过谨慎地用字来表现作者的立场、观点，以达到“惩恶扬善”、“表征盛衰”和“殷鉴兴废”的目的。古有“孔子作《春秋》，乱臣贼子惧”，“一字之褒，荣于华衮；一字之贬，严于斧钺”，足见其史家之责任重大。这种责任的产生，一方面是统治阶级要求在历史文献的记录上充分体现自己的意志，另一方面又与我国古代官修史书这种特殊体制有关。至少从商代以来就有了利用历史对君主进行劝诫的作法，到春秋时期已扩大到了劝诫整个统治阶级的主要成员。他们不仅注意遥远的过去，更注重眼前。企图利用历史树立起自己当代的理想楷模，以谴责违背统治阶级根本利益的人和事，因而史官的责任就显得尤其重要。这种修史的责任感，不仅为史家所遵循，就是统治阶级内部也给予支持，尽管有时牵涉到当权者的隐私。例如《左传·僖公七年》记

[1]《文心雕龙·史传》。

管仲说:“夫诸侯之会,其德刑礼义,无国不记。记奸之位,君盟替矣。作而不记,非盛德也。”在管子看来,已经做了的事,史官没有记下,这是史官的史德不高的表现。《左传·宣公二年》还记载董狐记录赵盾弑其君的事,并“示于朝”。对于董狐的这一直笔,刘勰在评古代史家之史德时说:“腾褒裁贬,万古魂动。辞宗丘明,直归南、董。”[1]

所谓史家的责任感,也就是史家之史德,就是要求史书编写者对于历史事件不隐恶,不蓄美,按实而书,不惜以生命求真实。刘勰所称道的南史氏就是这样一位史臣。据《左传·襄公二十五年》载,齐国大夫崔杼杀了国君,谁记载其事,崔杼就杀死谁,已经为此有两位史官被杀,但南史氏仍冒死拿着记好的竹简送去。直到得知其事已记录在案为止。历史上,这种强烈的职业责任感养成了史家之良德,以至于不惜生命以维护史料之真实。这种责任感就是刘勰所称道的:“然史之为任,乃弥纶一代,负海内之责,而赢是非之尤,秉笔荷担,莫此之劳。迁、固通矣,而历诋后世,若任情失正,文其殆哉!”[2]刘勰叹司马迁和班固一代良史,犹不能免遭非议之嫌,而况别人,所以“若任情失正,文其殆哉!”可见史家之责任是何等重要。

(五)编撰史书的具体方法

《文心雕龙·史传》说:

原夫载籍之作也,必贯乎百氏,被之千载,表征盛衰,殷鉴兴废;使一代之制,共日月而长存,王霸之迹,并天地而久大。是以在汉之初,史职为盛。郡国文计,先集太史之府,欲其详悉于体国,必阅石室,启金匮,抽裂帛,检残竹,欲其博练于稽古也。是立义选言,宜依经以树则;劝戒与夺,必附圣以居宗。然后诠评昭整,苛滥不作矣。

[1][2]《文心雕龙·史传》。

然纪传为式，编年缀事，文非泛论，按实而书。岁远则同异难密，事积则起讫易疏，斯固总会之为难也。或有同归一事，而数人分功，两记则失于复重，偏举则病于不周，此又铨配之未易也。

《史传》篇的这段话，讲了史书的社会作用和撰写史书的具体步骤及方法。正因为史书负有总结社会发展规律和惩恶扬善的作用，因而史学家在编写史书时应特别慎重，不可草率从事。

第一，先占有尽可能多的史料，做到"博练于稽古"，不惜"抽裂帛，检残竹"。

刘勰谈论这一问题时，举了汉王朝的事例。以汉修国史为例，先将全国各王国郡县的所有文书计簿集中起来，让史官详细阅读，用今天的话说，叫做"去粗取精，去伪存真，由此及彼，由表及里"的制作功夫，以做到心中有数，为了充分占有材料不惜"细裂帛，检残竹"，参古察今，达到一个"博"字。

第二，在充分占有史料的基础上，确定撰书的指导思想。

书的指导思想，是书的灵魂，是每一位作者在动笔前必须确定了的，这就是刘勰文中谈的"立义"。刘勰出于传统观点，主张"依经"、"附圣"，这是他主张史书撰写的指导思想。

第三，对史料进行认真的考核和精密的安排。

对于史料的处理程序，刘勰举"纪传"体史书为例。他说："纪传为式，编年缀事，文非泛论，按实而书。""纪"是指本纪。本纪是由帝王的传和国家大事记结合而成的一种文体。"传"是指人物传记，即史书上的列传。"编年缀事"，是指把史实按年月日编排和记叙史实两项工作。[1]由于这一文体的特殊性要求，使得作者不同于写作其他文种可以泛泛地发表议论，而是必须按实而书。刘勰认

❶彦和"纪传为式，编年缀事，文非泛论，按实而书"一语，历来注家理解不一。范文澜在《文心雕龙注》中释"纪传为式，编年缀事"说："纪（本纪）以编年，传（列传）以缀事。"认为"纪传为式"是指纪传体史书。金毓黻在《〈文心雕龙·史传〉疏证》中则说："'纪传为式，编年缀事'二语，应为下二段之纲，此刘知几撰《二体》之所本也。……盖自后汉、魏晋以迄刘勰，作者辈出，要不逾于纪传、编年二体。纪传一体为撰史之正轨，班陈以下莫不因之，故刘勰有'纪传为式'之言。编年一体，发生虽早，乃自有马班二史，降居次位"。詹锳《文心雕龙义证》引金毓黻疏证上文，似乎同意金疏。我们不同意金疏，同意范注。认为刘勰在上四句中，并未讲到编年体，而是讲的"纪传式"。"纪"是指本纪，"传"是指列传。特别是"纪"这种史体，是按年月编排和叙述史实这两项工作。这就是后文的"编年缀事"。正是"纪传"这种史式要求"编年缀事"，"按实而书"，来不得虚假，所以"文非泛论"。再说刘勰上四句之后，紧接是"岁远则同异难密，事积则起讫易疏，斯固总会之为难也。或有同归一事，而数人分功，两记则失于复重，偏举则病于不周，此又诠配之未易也"。这"两难"、"两失"，正是讲"纪传"体史书撰写的甘苦。金先生说："纪传为式，编年缀事，文非泛论，按实而书"，是后文的两段的纲是对的，但却不是讲到了编年体史书。从语法角度讲，也只有"纪传"是主语，"编年"不是主语。

为，这就给史书的撰写者带来了两大困难：一是由于时代久远，史料纷杂，说法不一，其考证也就难以精密；二是由于事件的复杂性，特别是有些事件的发生、发展和结果之间往往有一个漫长的过程，要想清理出头绪是很不容易的，这就难免出现疏漏。对于史料的编排，难处也很大。在一本书的人物传记里，同一件事与之有关的人很多，如果每个人都有这个内容，就会出现重复，如果只记在一个人身上，又造成偏颇。使史书的内容叙述得既简洁又详明，是很不容易的事。即使像司马迁和班固这样的大家所写的《史记》和《汉书》，也被张衡挑出十几处这样的毛病。[1]这要求史臣必须有相当高的史才，方可写出好的作品。

第四，撰写史书要确定体例并明确标出条例。

刘勰《文心雕龙·史传》篇说：

按《春秋》经传，举例发凡。自《史》、《汉》以下，莫有准的。至邓粲《晋纪》，始立条例。又摆落汉魏，宪章殷、周，虽湘川曲学，亦有心典、谟。及安国立例，乃邓氏之规焉。

刘勰对于《春秋》所用撰书条例给予赞赏，对于《史记》和《汉书》未标明条例而给予批评，借班彪之口说《史记》有“条例踳落之失”。指出自《史记》以后直到邓粲撰写《晋纪》才有条例，并给孙安国提供了范例。所谓“《春秋》经传，举例发凡”，是指晋杜预在为《春秋左传》作注时所抉发的史书撰写体例。杜预在《春秋左传注》序文中说：

其发凡以言例，皆经国之常制，周公之垂法，史书之旧章，仲尼从而修之，以成一经之通体。其微显阐幽，裁成义类者，皆据旧例而

[1]《文心雕龙·史传》，参见《后汉书·张衡传》。

发义，指行事以正褒贬。诸称"书"、"不书"、"先书"、"故书"、"不言"、"不称"、"书曰"之类，皆所以起新旧，发大义，谓之变例。然亦有史所不书，即以为义者，此盖《春秋》新意，故传不言"凡"，曲而畅之也。其经无义例，因行事而言，则传直言其归趣而已，非例也。故发传之体有三，而为例之情有五：一曰微而显。文见于此，而起义在彼，称族尊君命、舍族尊夫人梁亡、城缘陵之类也；二曰志而晦。约言示制，推以知例，参会不地、与谋曰及之类是也；三曰婉而成章。曲从义训，以示大顺，诸所讳辟、（其事非一，故言志以综之也。如僖公十六年齐人止公之类）璧假许田之类是也；四曰尽而不污。直书其事，具文见意，丹楹刻桷、天王求车、齐侯献捷之类是也；五曰惩恶而劝善，求名而亡，欲盖而章，书齐豹盗、三叛人名之类是也。推此五体，以寻经传，触类而长之，附于二百四十二年行事，王道之正，人伦之纪备矣。

杜预抉发的《春秋左传》的这些体例，有的是周公时已定的，有的是孔子编《春秋》时定的。

《春秋》的这些义例，《左传·成公十四年》在解释了对叔孙侨如在《春秋》中有时称"叔孙侨如"，有时称"侨如"这种现象以后说："故君子曰：'《春秋》之称，微言而显，志而晦，婉而成章，尽而不污，惩恶而劝善'，非圣人谁能修之？"

撰写史书，建立并标明体例，不仅可以增加全书的条理性，统一性，便于读者阅读和理解，而且也使作者撰写时有一个统一的准的。刘勰在《文心雕龙·序志》中就标明了撰写此书的原则和全书的框架结构，给读者的阅读提供了便利。

总之，刘勰对史书的源流、编写体例、指导思想和表现手法等诸方面都提出了自己的独特看法，对后世产生了积极的影响。周振甫曾评论刘勰的《史传》篇说："就历史说，《史传》是《史通》的先河。在《史传》以前,还没有人像这样评论过史书的源流、作家和体例得失的。《史通》里讲《六家》、《二体》、《史官建置》、《古今正史》,可以说是《史传》的发展。《史传》里对史官建置、古今史书及史书体例都讲了。不仅这样,《史通》里有的论点也本于《史传》,像《史传》里评编年纪传的得失,称编年缀事,于文为约,而氏族难明;纪传则人始区分,详而易览,但总会为难,铨配未易,《史通·二体》里发展了这个论点。因此,就史评的角度说,《史传》在史官建置、史书的源流体例、史家成就、作史的目的功用和态度,作了较系统的论述,是有它的开创之功的。"①

台湾文心学家王更生在评论《文心雕龙》的史学思想时说,"今贤钱宾四评校《文心雕龙》与《史通》的优劣,平实中肯,足资留心史学者所借鉴。他说:'我们平心来看这两部书,《文心雕龙》之价值,实还在《史通》之上。我曾讲过,史学当有三种工作,即考史、论史、著史。《史通》向来被列为一部评史的书,但评史更重要的是评论一时代的历史,而《史通》只是在评论史著,不是评论历史……回头来看刘勰的《文心雕龙》,那就伟大得多了。他讲文学便讲到文学的本源,学问中为什么要有文学,文学对整个学术应该有什么样的贡献。他能从大处会通处着眼,他是从经学讲到文学的,这就是他能见其本源,能见其大;大本大源他已把握住……因他能注意到学问之大全,他能讨论到学术的本源,文学的最后境界应在哪里?这些用心,却是刘知几所缺乏的'。我们借用钱先生的史学眼光,就更可以看出彦和先生史学思想之博精。然而人恒知《文心雕龙》为文论的名著,竟忽视了他在文论中的史学方面的成就。至于荟萃其史学思想的《史传》篇,更是史学界考史、论史空前未有之作"②。

但是,刘勰的史学思想也有他保守的一面。他虽然提倡直笔和

①周振甫:《文心雕龙注释》,人民文学出版社1998年版,第181—182页。
②王更生:《重修增订文心雕龙》,台湾文史哲出版社1984年版,第262—263页。

"按实而书",由于他的指导思想是"征圣"、"宗经",而儒家那种"为尊者讳,为亲者讳,为贤者讳"的思想,对刘勰不能说没有消极影响。事实上他在谈到"尼父之旨"的"尊贤隐讳"时,说是"纤瑕不能玷瑾瑜"。对孔子的这种错误听之任之,未提出批评,并给予原谅。刘勰史学思想中的另一错误是他在妇女问题上的保守性。这表现在他对《史记》和《汉书》为吕后立纪的批评,表现在把秦宣太后理政说成是"乱政"。因为吕后实际上是临朝理政,对社会的发展起了一定的作用,她掌握全国的统治权达八年之久,是事实上的皇帝。秦国的宣太后在秦昭王年幼不能理政的情况下,她亲自治事,重用魏冉和白起,为秦国的强大建立了不朽的功勋,而刘勰反抱着传统的保守思想,以其"牝鸡无晨"和"妇无与国"的传统观念给予反对,这与他的"秉笔直书"思想是相悖的。刘勰就《史记》和《汉书》对吕后的实录评之为"违经失实"。所以刘勰的妇女观和"依经"、"附圣"与他的"按实而书"的直笔思想是矛盾的。在这一点上,他落后于早他五六百年的司马迁和班固。

第三篇 佛学

第一章 刘勰的佛学著作及其思想

第一节 有关刘勰佛学的资料和诸家意见之概述

姚思廉《梁书·刘勰传》说:“勰早孤,笃志好学,家贫不婚娶,依沙门僧祐,与之居处,积十余年,遂博通经论,因区别部类,录而序之。今定林寺经藏,勰所定也。”齐梁时期的定林寺经藏,学界公认的是以僧祐名义传世的《出三藏记集》,内中有大量的“序”,当为刘勰本传“录而序之”之证据。

刘勰当年在定林寺是以书佣身份从事文化打工,协助僧祐校经,此之功德自然记在僧祐名下。但是僧祐《出三藏记集》卷十二《法集杂记铭目录序》中说:“其山寺碑铭,僧众行记,文自彼制,而造自鄙衷。”其“僧众行记”,当是指《出三藏记集》卷十四、卷十五的《高僧传》。明万历凌云五色套印本《刘子文心雕龙·序》说:“《传》称勰为文深于佛理,京师寺塔,名僧碑志,多其所作。予读《高僧传》,往往及之,但惜不见全文一篇。勰不婚娶,依沙门僧祐,与之居处十余年,博通经论,定林寺藏,勰所次也。窃恐祐《高僧传》,乃勰手笔耳。”明徐批本《文心雕龙》第三册卷末附叶曰:“按藏经《出三藏记集》卷十二载,勰有《钟山上定林寺碑铭》、《建初寺初创碑铭》、《僧柔法师碑铭》三篇,有其目无其文。曹能始云:'沙门僧祐作《高僧传》,乃勰手笔。'今观其《法集》总目序录及《释迦谱序》、《世界序》等篇,全类勰作,则能始[1]之论,不诬矣。"[2]清严可均《全梁文》卷七十一释僧祐下严可均自注曰:"案《梁书·刘勰传》,勰早孤,依沙门僧祐,居十余年,遂博通经论,因区别部类,录而序之。今定林志(寺)经藏,勰所定也。如传此言,僧祐诸《记》、《序》,或杂有勰作,无从分别。"至于《文心雕龙》中是否有佛学思想,学术界至今未取得共识。香港饶宗颐的《刘勰文艺思想与佛教》、石垒的《文心雕龙与佛儒二教义理论集》,辄以之为据,考《文心雕龙》诸用语皆源于佛教理论学说,其文艺思想亦以佛学为根柢。[3]饶宗颐说:"总之,佛学者,乃刘勰思想之骨干。故其文艺思想亦以此为根柢;必于刘氏与佛教关系有所了解,而后《文心》之旨,斯能豁然贯通也"[4]。范文澜《文心雕龙·序志》篇注(二)云:"《释藏》迹十释慧远《阿毗昙心序》、《阿毗昙心》者,三藏之要颂,咏歌之微言,管统众经,领其会宗,故作者以心为名焉。有出家开士,字曰法胜,渊识远鉴,探深研机,龙潜赤泽,独有其明。其人以为《阿毗昙经》源流广大,难卒寻究,非赡智宏才,莫能毕综。是以探其幽致,别撰斯部,始自界品,讫于问论,凡二百五十偈。以为要解,号之曰心。彦和精湛佛理,《文心》之作,科条分明,往古所无。自《书记》篇以上,即所谓界品也,《神思》篇以下,即所谓问论也。盖采取释书法式而为之,故能理明晰若此。"[5]一言以蔽之,《文心雕龙》的书名和严密的逻辑结构,是受了印度佛学的影响。针对范注,台湾学者张立斋批评说:"范氏注颇示渊博,妄引释慧远《心序》谓彦和精佛理,《文心》之作,自《书记》以上,即所谓界品也;《神思》以下,即所谓问论也。此盖以臆测,未加精审,其不知《文心》一书,虽涉解渊汇,殊不及内典一字一事也。以皈依佛法之彦和,而其

[1] 曹学佺,字能始。
[2] 杨明照:《文心雕龙校注拾遗·附录》,第749页。
[3] 方元珍:《文心雕龙与佛教关系之考辨》,第3页。
[4] 《文心雕龙研究专号》,香港大学中文学会1962年版,第17页。
[5] 范文澜:《文心雕龙注》人民文学出版社1958年版,第728页。

宏著若是者，可以窥知其人矣。今范氏附会及之，诚所谓蔑古作者之用心，犹夫俗所谓饶舌，篇中‘心哉美矣，故用之焉’是明言文心二字所本，与佛典何涉？”[1]马宏山在《论文心雕龙的纲》和《文心雕龙散论》中，认为刘勰《文心雕龙》的指导思想是佛道，是“以佛统儒”的。针对马宏山的观点，孔凡在《文心雕龙学刊》第一期发表了《刘勰与佛教》一文，对马宏山的观点进行了反驳。孔凡说：“《刘勰传》说他长于佛理，其实他亦精通玄学，他所笃信的佛理即是玄学化的佛学，当时佛学和玄学都属本体之学，注重体用、本末之辨，其理论体系和思维方法是一致的。”“他在《文心雕龙》这样一部重要著作中，非但没有采纳佛学为指导思想，而且表现出明显的唯物主义无神论倾向，这是难能可贵的。”[2]对于《文心雕龙》中是否有佛学思想，明代王惟俭《文心雕龙训故·序》曰：“余反覆斯书，聿考本传，每怪彦和晚节，燔其鬓发，更名慧地；是虽灵均之上客，实如来之高足也。乃篇什所及，仅‘般若’之一语；援引虽博，罔祇陀之杂言，岂普通之津梁，虽足移人，而洙、泗之畔岸，终难逾越者乎？”王否认《文心雕龙》中有佛教思想。对于刘勰《文心雕龙·论说》篇采用“般若之绝境”一语的用意，方元珍解释说：“彦和此文旨在评论魏晋玄学家论辩文之得失。言宋岱、郭象之作，思考敏锐，精微神妙；王衍、裴頠之作，交辨有无，皆独步当时，流声后代；然或偏于物感之形用，或趋于心思之寂寥，悉为一偏之解，盖惟动用心思，穷究妙理之本源，方可臻于佛家所云智慧之最高境界。”[3]对于《文心雕龙》中是否有佛学思想，朱文民在其所著的《刘勰传·后记》中说：“一部《文心雕龙》是刘勰从政前的著作，尽管有人说它是以佛学思想为主导，我却怎么也看不出有佛学的影子。”今人研究刘勰的佛教思想，虽然多以《文心雕龙》与佛教之关系为题目去论证刘勰的佛学

[1]张立斋：《文心雕龙注订》，台湾正中书局1967年版，第474页。
[2]《文心雕龙学刊》第1辑，齐鲁书社1983年版，第415、431页。
[3]方元珍：《文心雕龙与佛教关系之考辨》，第40页。

思想，除了说刘勰采用了印度的因明学这一抽象的论据外，多为望人生义，而非资料源于《文心》者也。日本学者兴膳宏在《文心雕龙与出三藏记集》一文中，虽然用了大量笔墨，列举了《文心雕龙》与《出三藏记集》两书中相同的用语和理论特点作为论据，以证明两书出于一人之手，那也只是论说而已，《出三藏记集》毕竟是以僧祐的名义行世的，也不能作为今人论证刘勰佛教思想的资料。至于《刘子》一书中的《清神》、《防欲》、《去情》诸篇，虽然在思想上与佛教宣扬的理论相暗合，但毕竟不是以佛教面目出现的作品。今可供用来研究刘勰佛教思想的资料，仅有《灭惑论》和《梁建安王造剡山石城寺石像碑铭》两文而已。

第二节　时政论文

《梁书·刘勰传》中说：刘勰有文集行于世，但《隋书》中没有著录，可见其文集早在唐初就已失传。今天能够找到的刘勰时政论文只有《灭惑论》一篇，载释僧祐撰《弘明集》第八卷中，全文2867字。释僧祐的《出三藏记集》卷十二所录《弘明集》子目也列在其中。所不同的是，今本《弘明集》与今本《出三藏记集》中的《弘明集》子目不同。今本《弘明集》共十四卷，《出三藏记集》中的《弘明集》只有十卷。可知今本《弘明集》是经充实调正后的本子。在《出三藏记集》中的《弘明集》子目中把《灭惑论》排在第五卷中。

刘勰的《灭惑论》是为反《三破论》而写的。《三破论》是反佛最为激烈的文章之一。《三破论》讲，第一破是佛“入国而破国”，认为大量佛徒弃家入寺，不蚕而衣，不田而食，造成国空民穷，使国灭人绝，所以是入国而破国。第二破是佛“入家而破家，使父子殊事，兄弟异法，遗弃二亲，孝道顿绝”，所以入家则家破。第三破是“入身而破身，人生之体，一有毁伤之疾，二有髡头之苦，三有不孝之逆，四有绝种之罪，五有亡体从诫，唯学不孝，何故言哉！”

刘勰针对“三破论”，站在佛家的立场上给予了反驳，名曰“灭惑论”，顾名思义，目的是为了消灭人们心目中因此而产生的迷惑。

关于“入国而破国”，刘勰认为，佛教是为了“明二谛”、“辨三空”、“弘其胜心”、“塔寺之兴，阐扬灵教，功立一时，而道被千载”。至于“入国而破国”，刘勰持否定态度，他认为佛教是汉明帝时传入中土，而在此之前的赤眉之乱造成千里无烟、国灭人绝。秦末无沙门，国贫民困。到汉景帝和汉武帝时期也无沙门，然而“积粟红腐”，可见国家贫弱与佛无关。

关于佛“入家而破家”，刘勰认为，“夫孝理至极，道俗同贯，虽内外迹殊，而神用一揆。若命缀俗因，本修教于儒礼，运禀道果，固弘孝于梵业”。“昔三皇至治，尧舜所慕，死则衣之以薪，葬之中野，封树弗修，苴斩无纪，岂可谓三皇教民弃于孝乎？爰及五帝，服制焕然，未闻尧舜执礼，追责三皇。三皇无责，何独疑佛？佛之无服，理由拔苦；三皇废丧，事沿淳朴……明知圣人之教，触感园通，三皇以淳朴无服，五帝以沿情制丧；释迦拔苦，故弃俗反真，检迹异路，而玄化同归。”

关于“入身而破身，”刘勰认为，“入道居俗，事系因果。是以释迦出世，化洽天人，御国统家，并证道迹。未闻世界，普同出家，良由缘感不二……妻者爱累，髡者形饰；爱累伤神，形饰乖道。所以澄神灭爱，修道弃饰，理出常均，教必翻俗。若乃不跪父母，道尊故也；父母礼之，尊道故也”。

在刘勰看来，无论是道家、儒家还是佛家，都是为了教化百姓，只是方法不同，但目的是一样的。所以他说：“至道宗极，理归乎一；妙法真境，本固无二……孔释教殊而道契；解同由妙，故梵汉语隔而化通。但感有精粗，故教分道俗，地有东西，故国限内外。其弥纶神化，陶铸众生无异也”。

刘勰在反驳“三破论”的时候确实抓住了道教理论中一些粗俗的东西作为论据，如修身练丹、求长生不老等。刘勰反驳说：“神仙小道，名为王道，福极生天，体尽飞腾；神通而未免有漏，寿远而不能无终”。即道教宣传的神仙道术、长生不老全是骗人的鬼话，漏洞百出，世间根本不能摆脱生老病死，就这点说来，道教确实不如佛教高明。但刘勰在反驳道教的时候并没有否定道教的祖师老子，反而称老子“实为大贤”，《老子》一书“乃道俗之良书”。可见刘勰把道教与道家是区别对待的。

刘勰的《灭惑论》作于何年，史无名文。后来的研究者根据《灭惑论》的目的是反驳《三破论》这一线索作了一些考证。到目前为止，在考证文章中基本上出现了两种观点：一种是以杨明照为代表的作于齐代说[1]，一种是以王元化[2]、李庆甲[3]、方元珍[4]为代表的作于梁代说。

第三节　碑　文

《梁书·刘勰传》说：“刘勰文为长于佛理，京师寺塔及名僧碑志，必请勰制文”。可见刘勰一生写的碑文是很多的。刘勰撰写的碑文，今天能找得到目录的有僧祐《出三藏记集》卷十二《法集杂记铭目录序》里的《钟山定林上寺碑铭》、《建初寺初创碑铭》和《僧柔法师碑铭》。据释慧皎撰写的《高僧传》记载，刘勰还撰写了《释僧祐碑铭》、《齐定林上寺释超辩碑文》。这五篇碑铭，有目无文，今已无从查找原文了，这对于刘勰的研究者来说，不能不说是个遗憾。

刘勰写的碑铭，唯一保留下来的是今存宋孔延之《会稽缀英总集》卷十六中的《梁建安王造剡山石城寺石像碑铭》。这篇碑铭计2280字。在《艺文类聚》里也有节录，题作《剡县石城寺弥勒石像碑

❶杨明照：《刘勰〈灭惑论〉撰年考》，载甫之、涂光社编：《文心雕龙研究论文选》，齐鲁书社1988年版，第1050—1054页。

❷王元化：《〈灭惑论〉与刘勰的前后期思想变化》，载王元化：《文心雕龙讲疏》，第27—52页。

❸李庆甲：《〈灭惑论〉撰年考辨》，载甫之、涂光社编：《文心雕龙研究论文选》，齐鲁书社1988年版，第1055—1082页。

❹方元珍：《文心雕龙与佛教关系之考辨》，第12—13页。

铭》。这位史称"京师寺塔必请勰制文"的一时之大手笔,仅存此一文,可说弥足珍贵。

关于建安王的事迹,《梁书》有传,释慧皎的《高僧传·释僧护传》里也有反映。《释僧护传》说:"像成之后,建安王苦稍疗,今年已康复。王后改封,今之南平王是也。"《梁书·南平王传》说:"南平元襄王伟,字文达,太祖第八子也……天监元年……封建安郡王,食邑二千户,给鼓吹一部……(天监)十七年,高祖以建安土瘠,改封南平郡王,邑户如故。"由此可知,碑文所反映的事实与以上两书所记是一致的。

这篇碑文,刘勰写于何年,史无明文记载,文中反映,剡县石城寺弥勒石像原为释僧护发起,但终因经费不足,未能建成。后因得到梁朝王室资助,并请僧祐重新设计监理而成。僧祐主持从"天监十有二年岁次鹑尾二月十二日,开凿爰始,到十有五年,龙集涒滩,三月十五日,妆画云毕。"可知这篇碑文之所以请刘勰来写,不仅是因为刘勰的文章写得好,还应是由僧祐主持建造的缘故,这幢碑的建造属僧祐主持弥勒石像的一部分。因碑称萧伟为建安王,从《梁书》知萧伟于天监十七年三月改封为南平王,因此,此文的写作时间上限是天监十五年三月,下限为天监十七年三月萧伟改封之前的两年中。估计是僧祐尚未离开石城寺工地之前写成,具体时间应是天监十五年夏天以前。

这篇碑文的内容是记录石城寺弥勒像的造像原因和施工过程,以及施工过程中发生的一些具体事情。文中充满了迷信和佛学的因果思想,同时文中也歌颂了石城的壮丽和奇观。但作者却不是出于歌颂祖国的壮丽山河的目的,而是为了说明此处如何山明水秀,正是佛家圣地。正是刘勰写的这一碑文给石城寺创建留下了不可多得的史料,为我国南朝的佛学史研究者提供了详实的资料,也为今人研究刘勰的生平和思想提供了第一手资料。

第二章　刘勰的佛教思想

《梁书·刘勰传》中说刘勰年少入定林寺，依沙门僧祐，居处十余年后出仕，起家奉朝请，后为记室，中间又奉敕与僧祐等再入定林寺抄经，事毕出为太末令，至晚年再次奉敕与沙门慧震入定林寺撰经，功毕遂出家为僧，“未期而卒”。

《梁书》记刘勰“为文长于佛理。京师寺塔及名僧碑志，必请勰制文”。看来刘勰是一位既长于佛理又很会写文章的人，且书艺高超。但是在历代《高僧传》中都没有他的佛学地位，这说明他并非志于佛。今天能找到他有关佛学的文章，只有《灭惑论》和《梁建安王造剡山石城寺石像碑铭》两篇，其余的几篇碑铭有目无文。《灭惑论》载僧祐的《弘明集》中，看来他不会再有超出《灭惑论》的佛学大作了。若有的话，《弘明集》和《出三藏记集》这两部刘勰曾亲自参与编撰的重要文献和唐道宣的《广弘明集》不会不载。其余有目无文的几通碑铭均系应命之作，非正面大论，估计亦不会有什么高论含在其中。现在谈论刘勰的佛学思想，只能在其仅存的两文中探讨其佛学信仰。

《灭惑论》是刘勰入梁后的作品，是为了反驳道士假张融之名而反佛的一篇驳论文章。

所谓“灭惑”，可能是刘勰受了汉末牟子的《理惑论》和齐梁时期释玄光法师之《辩惑论》启发，而将自己的论文取名《灭惑论》。“灭惑”就是批判灭除那些攻击佛学的诳惑之论。

在《灭惑论》中,刘勰主要是针对道士的《三破论》发的议论。

所谓"三破"是道教攻击佛教的三条重要材料,即佛教入家家破、入身身破、入国则国破。这《三破论》文章今已不存,今人可以从《灭惑论》中见到一部分。《三破论》中反映的事实,应该说是属实的,攻击的是有道理的。但刘勰或许是受命,站在佛教立场上给予了反驳,在反驳中表明了他的佛学思想。

第一,对于僧人出家的看法。

刘勰认为僧人出家是为了减少家庭之累,以更好地弘法,他在《灭惑论》中说:

> 妻者爱累,发者形饰;爱累伤神,形饰乖道。所以澄神灭爱,修道弃饰,理出常均,教必翻俗。

在刘勰看来,不婚娶、不蓄发,都是为了专心弘佛,"绅沙门,所以殊也。但拔尘域,理由戒定"。不娶妻、不蓄发,这是佛教的标志。

第二,关于神和形的关系问题。

关于形神关系问题,玄学家曾有过激烈的争论。刘勰在《灭惑论》中反驳道教时,再次谈到这个问题。刘勰认为道教粗俗,佛教精雅。"二教真伪,焕然易辨。夫佛法练神,道教练形,形器必终,碍于一垣之理。神识无穷,再抚六合之外。"又说:"泥洹妙果,道惟常住"。这就是说,人的形体是有始有终的,只有佛教通过练神的一系列步骤,可以使神脱离形而常住,因为人的形体总是要死的。用刘勰的话说就是,"慧业始于观禅。禅练真识,故精妙而泥洹可冀"。如果没有"禅练",这种"精妙"的"真识"就是没有希望的。刘勰在上述言论中,还反映出这样一个问题,即只要练神到一定的程度,就能成佛,这是竺道生“众生皆有佛性”思想的反映。在这里,刘勰的佛教思想与他在《文心雕龙·养气》篇里的形神观产生了矛盾。在《文心雕龙·养气》篇中,刘勰是主张形神一体,形在神在、形死神灭的。假若《灭惑论》不是明标作者为刘勰,单纯从思想上说,学者们是不会认为《灭惑论》出于刘勰之手的。

第三,关于儒、释关系的思想。

刘勰在《灭惑论》中说:

神化变通,教体匪一;灵应感会,隐现无际。若缘在妙化,则菩萨弘其道;化在粗缘,则圣帝演其德。夫圣帝菩萨,随感现应,殊教合契,未始非佛。固知三皇已来,感灭而名隐;汉明之教,缘应而像现矣。……至道宗极,理归乎一;妙法真境,本固无二。佛之至也,则空玄无形,而万象并应;寂灭无心,而玄智弥照。幽数潜会,莫见其极;冥功日用,靡识其然。但言万象既生,假名遂立。梵言菩提,汉语曰道。其显迹也,则金容以表圣;应俗则王公以现生……权教无方,不以道俗乖应,妙化无外,岂以华戎阻情?是以一音演法,殊译共解,一乘敷教,异经同归。经典由权,故孔释教殊而道契;解同由妙,故梵汉语隔而化通。但感有精粗,故教分道俗;地有东西,故国限内外。其弥纶神化,陶铸群生无异也。固能拯拔六趣,总摄大千,道惟至极,法惟最尊。

在刘勰看来,儒教与佛教无什么本质上的区别,他们的区别就在于道俗的问题。入道信佛,入世奉儒,二教“弥纶神化,陶铸群生无异也”,只是“感有精粗,故教分道俗”。“梵汉语隔而化通”,都是一种规范社会秩序、训化生民的精神食粮。“异经同归”、“教殊道契”,二教都是“道”的体现。只是梵言曰“菩提”,汉语曰“道”,是名称的不同,表现为精粗深浅的差别而已。刘勰的这一思想，早在东晋时的孙绰，就在其《喻道论》里已有论述。《喻道论》曰：

周孔即佛，佛即周孔，盖外内名之耳，故在皇为皇，在王为王，佛者梵语，晋训觉也，觉之为义，悟物之谓，犹孟轲以圣人为先觉，其旨一也。应世轨物，盖亦随时，周孔救极弊，佛教明其本耳。共为首尾，其致不殊。[1]

这就是说"佛"是梵语，"佛"字如果是意译汉语就是"觉"，这个"觉"就像孟子以孔子为"先觉"意思是一样的，只是在不同的教类有不同的名称而已。晋宋之际的宗炳也说："孔、老、如来，虽三训殊路，而习善共辙也"[2]。由此可见，刘勰关于儒、释、道三教异曲同工的思想早已有之，刘勰只是重复前人的学说，而非独创。

第四，刘勰佛教信仰的派别。

中国的佛教从西土传来的时间，从《理惑论》中可知是在汉末三国时期。治佛学史的人普遍认为是在汉明帝时期传入中国。佛教初入中国，便与传统文化发生争途，经过一系列的斗争，佛教界有识者意识到如果不与中国的传统文化相结合，佛教便难以立足。于是那些佛学造诣颇深的僧徒，便认真研究中国的道学与儒学，找到佛教与之的结合点，极力宣传它们之间并不矛盾。特别是到了南北朝时期，士大夫阶层崇尚清谈，道家文化在士大夫中占了上风，而玄学化了的道家崇无思想，被佛家认为是最好的结合点，因为当时传入我国的大乘般若佛学以"空"为本，玄学以"无"为本，二者在理论上有相通之处。因而佛教借助玄风而大畅，很快传播开来，其中有不少佛教徒又都是精通三玄，即《老子》、《周易》、《庄子》。而许多

❶僧祐：《弘明集》卷三《喻道论》。
❷僧祐：《弘明集》卷二《明佛论》。

玄学家又精通《法华经》和《维摩经》,像张融这样的著名道学大家,临死仍遗言"左手执《孝经》、《老子》,右手执《小品》、《法华经》入棺"。因而在学者间,三教同修的大有人在,也正是这些三教同修者,使得佛教在中国的传播有了理论根据,因而极度盛行。从上文的分析中可以看出,刘勰力主三教无根本区别,只有道俗之异,是有其学术渊源的。

刘勰在《灭惑论》中说:"佛之至也,则空玄无形,而万象并应;寂灭无心,而玄智弥照"。主张佛教修练至最高境界便是"空玄无形"、"寂灭无心",一切归于无所有处。这正是佛教大乘般若空宗的理论。在《灭惑论》中,刘勰又说:"慧业始于观禅。禅练真识,故精妙而泥洹可冀。""夫泥洹妙果,道惟常住"。这就是说,这种"空玄无形"、"寂灭无心"的境界是通过"观禅"、"禅练"达到"泥洹"的结果。"泥洹"就是"涅槃",是汉语的不同译法,通过"禅练",达到了"泥洹",作为肉体已经不存在了,但"道"却"常住",这就是说肉体不存却"佛身"永住。刘勰又说:"大乘圆极,穷理尽妙。故明二谛以遣有,辨三空以标无,四等弘其胜心,六度振其苦业"。"拔愚以四禅为始,进慧以十地为阶"。这"二谛"是指俗谛和真谛。"三空"是指三解脱门而言,即空、无相、无愿。这三者的基础都是空理。"四等"是指佛教的慈、悲、喜、舍四无量心。这"圆极"和"穷理",都是指佛教的极高境界。通过"遣有"、"标无"达到一切皆"空",即"六度振其苦业"。"六度"就是六波罗密,即到彼岸去。"四禅"又叫"四禅空",是色界的四个瞑想阶段,由超越欲界的种种迷执而得。"十地"是菩萨修行的五十二个阶段中第四十一位至五十位,称为"十地"。其中第四地叫"焰慧地",指智光炽盛,生无生忍;第九地叫"善慧地",即以善巧的慧观而入无生忍之道。刘勰法名"慧地",或取此意,因为他一生苦苦追求的"学而优则仕",到头来竹篮打水一场空,所以希望自己进入无生忍之境,以减少心灵的痛苦。刘勰在《灭惑论》中所宣扬的理论，都是大乘般若空宗的理论，而他的老师僧祐在《出三藏记集》中说："窥有坚誓，志是大乘，顶受方等，游心《四含》"。所以僧祐一生所从事的律学也是大乘般若空宗律学理论，所以刘勰在《梁建安王造剡县石城寺石像碑铭》中称僧祐为"律师"。此文的最后赞语中说："至因已树，上果方凝，妙志何取？总驾大乘。愿若有质，虚空弗胜，刹尘斯仰，貌劫永承"，也是宣扬的同一理论。所以刘勰所信仰的佛教派系为大乘般若空宗派。

附录一

梁建安王造剡山石城寺石像碑铭

（南朝梁）刘勰撰

夫道源虚寂，冥机通其感；神理幽深，元匠思其契。是以四海将宁，先集威凤之宝；九河方导，已致应龙之书。况种智圆照，等觉遍知，扬万化于大千，摛亿形于法界。当其灵起摄诱之权，影现游戏之力，可胜言哉！自优昙发华，而金姿诞应；娑罗变叶，而塔像代兴。月喻论其迹隐，镜譬辩其常照。所以刻香望慓而自移，画木趣井而悬峙；金刚泛海而遴集，石仪浮沪以遥渡；并造由人功，而瑞表神力。形器之妙，犹或至此；法身之极，庯讵可思！

观夫石城初立，灵证发于草创；弥勒建像，圣验显乎镌刻。原始要终，莫非祯瑞。剡山峻绝，竞爽嵩华；涧崖烛银，岫巘蕴玉。故六通之圣地，八辈之奥宇。始有昙光比丘，雅修远离，与晋世于兰，同时并学；兰以慧解驰声，光以禅味消影。历游岩壑，晚届剡山，遇见石室，班荆宴坐，始有雕虎造前，次有丹蟒依足，各受三皈，兹即引去。后见山祇盛饰，造带訏谈，光说以苦谛，神奉以崖窟，遂结伽蓝，是名隐岳。后兰公创寺，号曰元化。兹密通石城，而拱木扃阻，伯鸾所未窥，子平所不值，似石桥之天断，犹桃源之地绝。荒茫以来，莫测年代；金刚欲基，斯路自启。野人伐木，始通山溪，翦棘艺麻，忽闻空响；此是佛地，不可种植。心悟神封，震惊而止。又光公禅室，耳属东岩，常闻弦管，韵动霄汉，流五结之妙声，凝九奏之清响。由是兹山，号为天乐。

至齐永明四年，有僧护比丘，刻意苦节，戒品严净，进力坚猛，来憩隐岳，游观石城。见其南骈两峰，北叠峻崿，东竦圆岑，西引斜岭。四嶂相衔，郁如鹫岳；曲阔微转，涣若龙池。加以削成青壁，当于前巘，天诱其衷，神启其虑，心画目准，愿造弥勒，敬拟千尺，故坐形十丈。于是擎炉振铎，四众爰始胥宇，命曰石城。遂辅车两寺，鼎足而处。克勤心力，允集劝助，疏凿积年，仅成面璞。此外则硕树朦胧，巨藤交梗，后原燎及岗，林焚见石，有自然相光，正环像上，两际圆满，高焰峰锐，势超匠楷，功逾琢磨，法俗咸竦心惊观，佥曰冥造，非今朝也。自护公神迁，事异人谢；次有僧淑比丘，纂修厥绪，虽劬劳招奖，夙夜匪懈，而运属齐末，资力莫由，千里废其积跬，百仞亏其覆篑。

暨我大梁受历，道铸域中，秉玉衡而齐七政，协金轮而教十善，地平天成，礼被乐洽。瞻行衢而交让，巡比屋其可封；慈化穆以风动，慧教涣以景烛，般若炽于香城，表刹严于净土。希有之瑞，旦夕鳞集，难值之宝，岁时辐辏。镇南将军江州刺史建安王，道性自凝，神理独照，动容立礼，发言成德，英风峻于间平，茂绩盛乎鲁卫。自皇运惟新，宣力邦国，初镇樊沔，迁牧派江。酌宝树声，鞅掌于民政；率典颁职，密勿于官府。炎凉舛和，爰动劳热，寝味贬常，兴居睽豫。仁深祚远，德满庆钟。乘兹久祷之福，将致勿药之喜。所以休祯元会，妙应旁通。

有始丰县令吴郡陆咸，以天监六年十月二十二日，罢邑旋国，夕宿剡溪，值风雨晦冥，惊湍奔壮，中夜震惕，假寝危坐；忽梦沙门三人，乘流告曰："君识性坚正，自然安隐；建安王感患未痊，由于微障。剡县僧护造弥勒石像，若能成就，必获康复。冥理非虚，宜相开导。"咸还都经年，稍忘前梦。后出门遇僧，云"听讲寄宿"，因言："去岁剡溪风雨之夜，嘱建安王事，犹忆此否？"咸当时怃然，答以"不忆"。道人笑曰："但更思之！"

仍即辞去，不肯留止。心悟非凡，倒屣谘访，而慢色颇形，诡辞难领。拂衣高逝，直去靡回。百步追及，忽然不见。咸霍尔意解，且忆前梦，乃剡溪所见第三人也。再显灵机，重发神证，缘感昭灼，遂用滕启。君王智境邈群，法忍超绝。迈优昙之至心，逾波斯之建善；餐瑞言于群圣，膺福履于大觉。倍增悬到，会益喜舍。乃开藏写贝，倾邸散金，装严法身，誓取妙极。以定林上寺祐律师，德炽释门，名盖净众，虚心宏道，忘己济物。加以贞鉴特达，研虑精深。乃延请东行，凭委经始，爰至启敕，专任像事。

律师应法若流，宣化如渴。扬船浙水，驰锡禹山。于是扪虚梯汉，构立栈道，状奇肱之飞车，类仙腹之悬阁；高张图范，冠彩虹霓；椎凿响于霞上，剖石洒乎云表。命世之壮观，旷代之鸿作也。初护公所镌，失在浮浅，乃铲入五丈，改造顶髻。事虽因旧，功实创新。及岩窟既通，律师重履，方精成像躯，妙量尺度。时寺僧慧逞，梦黑衣大神，翼从风雨，立于龛侧，商略分数。是夜将旦，大风果起，拔木十围，压坏匠屋，师役数十，安寝无伤。比及诘朝，而律师已至。灵应之奇，类皆如此。既而谋猷四八之相，斟酌八十之好，虽罗汉之三观兜率，梵摩之再觇法身，无以加也。寻岩壁缜密，表里一体，同影岫之缥章，均帝石之骢色，内无寸隙，外靡纤瑕。雕刻右掌，忽然横绝，改断下分，始合折中。方知自断之异，神匠所裁也。及身相克成，莹拭已定，当胸“卐”字，信宿隆起，色似飞丹，圆如植璧，感通之妙，孰可思议！天工人巧，幽显符合。故光启宝仪，发挥胜相，磨砻之术既极，绘事之艺方骋；弃俗图于史皇，追法画于波塞。青雘与丹砂竞彩，白鋈共紫铣争耀；从容满月之色，赫奕聚日之辉。至于顶礼仰虔，罄折肃望，如须弥之临大海，梵宫之跱上天。说法视笑，似不违于咫尺；动地放光，若将发于俄顷，可使曼陀逆风而献芬，旃檀随云而散馥。梵王四鹄，徘徊而不去；帝释千马，踯躅而忘归矣。

初，隐岳未开，野绝人径，及光公驯虎，时方雨雪，导迹污涂，始通西路。又东岩盘郁，千里联嶂，有石牛届止，至自始丰，因其蹄涔，遂启东道。寻石牛通崄，不资蜀丁之力；文虎摽径，无待汉守之威。岂四天驱道，为像拓境者欤？以大梁天监十有二年，岁次鹑尾，二月十二日，开凿爰始，到十有五年，龙集涒滩，三月十五日，妆画云毕。像身坐高五丈，若立形，足至顶十丈，圆光四丈，座轮一丈五尺，从地随龛，光焰通高十丈。自涅盘已后，一百余年，摩竭提国始制石像，阿育轮王善容罗汉，检其所造，各止丈六。鸿姿巨相，兴我皇时，自非君王愿力之至，如来道应之深，岂能成不世之宝，建无等之业哉！窃惟慈氏鼎来，拯斯忍刹，惟我圣运，福慧相符。固知翅城合契于今晨，龙华匪隔于来世。四藏宝奇，可蹻足而蹴；三会甘露，可洗心而待。睿王妙庆，现圣果于极乐；十方罽动，蒙法缘而等度矣。思柱石于天梯，想灵碑于地塔；树兹绀碣，铭为胜幢，金刚既其比坚，铁围可与共久。

式奉偈赞，仍作颂曰："法身靡二，觉号惟亿；百非绝名，万行焉测？群萌殊感，圣应分极；释尊隐化，慈氏现力。敻哉住缘，邈矣来际！求名受别，无垢立誓。凝神寂天，降胎忍世。七获厥田，八万伊岁。夷荆沈砾，飞花散宝，夜燎明珠，晓漩翠草。一音阐法，三会入道，府岂虚植？缘固人造。曰梁启圣，皇实世雄，绀殿等化，赤泽均风。慈遍群有，智周太空；摄取严净，匡饰域中。英英哲王，德昭珪璧；乐善以居，礼仁是宅。慧动真应，福交瑞迹，仪彼旃檀，像兹宝石。五仞其广，百尺其袤，金颜日辉，绀螺云覆。频果欲言，鹅纲将授，调御谁远，即心可觏。耆阇五峰，兹岳四岭，绿筱织烟，朱桂镂影。泉来石啸，风去岩净，梵释爰集，龙神载聘。至因已树，上果方凝，妙志何取？总驾大乘。愿若有质，虚空弗胜，刹尘斯仰，邈劫永承。"

（录于《会稽缀英总集》卷十六）

附录二

灭惑论

（南朝梁）刘勰撰

或造《三破论》者，义证庸近，辞体鄙拙。虽至理定於深识，而流言惑於浅情。委巷陋说，诚不足辨。又恐野听，将谓信然。聊择其可采，略标雅致。

《三破论》云："道家之教，妙在精思得一，而无死入圣；佛家之化，妙在三昧神通，无生可冀，铭死为泥洹。未见学死而不得死者也。"《灭惑论》曰："二教真伪，焕然易辨。夫佛法练神，道教练形。形器必终，碍於一垣之里；神识无穷，再抚六合之外。明者资於无穷，教以胜慧；暗者恋其必终，诳以仙术，极於饵药。慧业始於观禅。禅练真识，故精妙而泥洹可冀；药驻伪器，故精思而翻腾无期。若乃弃妙宝藏，遗智养身，据理寻之，其伪可知。假使形翻无际。神暗鸢飞戾天，宁免为鸟？夫泥洹妙果，道惟常住，学死之谈，岂析理哉！"

《三破论》云："若言太子是教主，主不落发，而使人髡头；主不弃妻，而使人断种，实可笑哉！明知佛教是灭恶之术也。伏闻君子之德，身体发肤，受之父母，不敢毁伤，孝之始也。"《灭惑论》曰："太子弃妻落发，事显於经；而反白为黑，不亦罔乎！夫佛家之孝，所苞盖远，理由乎心，无系於发。若爱发弃心，何取於孝？昔泰伯虞仲，断发文身，夫子两称至德中权。以俗内之贤，宜修世礼，断发让国，圣哲美谈。况般若之教，业胜中权；菩提之果，理妙克让者哉！理妙克让，故舍发取道；业胜中权，故弃迹求心。准以两贤，无缺於孝，鉴以圣境，夫何怪乎？”

第一破曰：“入国而破国者。诳言说伪，兴造无费，苦克百姓，使国空民穷，不助国，生人减损。况人不蚕而衣，不田而食，国灭人绝，由此为失。日用损废，无纤毫之益，五灾之害，不复过此。”《灭惑论》曰：“大乘圆极，穷理尽妙。故明二谛以遣有，辨三空以标无；四等弘其胜心，六度振其苦业。诳言之讪（一作诎），岂伤日月？夫塔寺之兴，阐扬灵教，功立一时，而道被千载。昔禹会诸侯，玉帛万国；至於战伐，存者七君；更始政阜，民户殷盛；赤眉兵乱，千里无烟。国灭人绝，宁此之由？宗索之时，石谷十万；景、武之世，积粟红腐。非秦末多沙门，而汉初无佛法也。验古准今，何损於政！”

第二破曰：“入家而破家。使父子殊事，兄弟异法，遗弃二亲，孝道顿绝；忧娱各异，歌哭不同，骨血生仇，服属永弃。悖化犯顺，无昊天之报，五逆不孝，不复过此！”《灭惑论》曰：“夫孝理至极，道俗同贯，虽内外迹殊，而神用一揆。若命缀俗因，本修教於儒礼；运禀道果，固弘孝於梵业。是以谘亲出家，《法华》明其义；听而后学，《维摩》标其例。岂忘本哉！有由然也。彼皆照悟神理，而鉴烛人世，过驷马於格言，逝川伤於上哲。故知瞬息尽养，无济幽灵；学道拔亲，则冥苦永灭。审妙感之无差，辨胜果之可必，所以轻重相权，去彼取此。若乃服制所施，事由追远；礼虽因心，抑亦沿世。昔三皇至治，尧舜所慕，死则衣之以薪，葬之中野，封树弗修，苴斩无纪，岂可谓三皇教民弃於孝乎？爰及五帝，服制焕然，未闻尧舜执礼，追责三皇。三皇无责，何独疑佛？佛之无服，理由拔苦；三皇废丧，事沿淳朴。淳朴不疑，而拔苦见尤，所谓朝三暮四，而喜怒交设者也。明知圣人之教，触感圆通，三皇以淳朴无服，五帝以沿情制丧；释迦拔苦，故弃俗反真，检迹异路，而玄化同归。”

第三破曰："入身而破身。人生之体，一有毁伤之疾，二有髡头之苦，三有不孝之逆，四有绝种之罪，五有亡体从诫。惟学不孝，何故言哉！诫令不跪父母，便竞从之。儿先作沙弥，其母後作阿尼，则跪其儿。不礼之教，中国绝之，何可得从！"《灭惑论》曰："夫栖形禀识，理定前业；入道居俗，事系因果。是以释迦出世，化洽天人，御国统家，并证道迹。未闻世界普同出家，良由缘感不一，故名教有二。缙绅沙门，所以殊也。但始拔尘域，理由戒定。妻者爱累，发者形饰，爱累伤神，形饰乖道。所以澄神灭爱，修道弃饰，理出常均，教必翻俗。若乃不跪父母，道尊故也；父母礼之，尊道故也。礼新冠见母，其母拜之，喜其备德，故屈尊礼卑也。介胄之士，见君不拜，重其秉武，故尊不加也。缁弁轻冠，本无神道，介胄凶器，非有至德；然事应加恭，则以母拜子，势宜停敬，则臣不跪君。礼典世教，周孔所制，论其变通，不由一轨。况佛道之尊，标出三界，神教妙本，群致玄宗，以此加人，实尊冠胄，冠胄及礼，古今不疑，佛道加敬，将欲何怪！"

《三破论》云："佛，旧经本云浮屠，罗什改为佛徒，知其源恶故也。所以铭为浮屠，胡人凶恶。故老子云：'化其始，不欲伤其形。'故髡其头，名为浮屠，况屠割也。至僧祎后改为佛图。本旧经云丧门。丧门，由死灭之门，云其法无生之教，名曰丧门。至罗什又改为桑门，僧祎又改为沙门。沙门，由沙汰之法，不足可称。"《灭惑论》曰："汉明之世，佛经始过，故汉译言，音字未正。浮音似佛，桑音似沙，声之误也。以图为屠，字之误也。罗什语通华戎，识兼音义，改正三豕，固其宜矣。五经世典，学不因译，而马、郑注说，音字互改。是以昭穆不祀，谬师资於《周颂》；允塞宴安，乖圣德於《尧典》。至教之深，宁在两字，得意忘言，庄周所领；以文害志，孟轲所讥。不原大理，惟字是求，宋人申束，岂复过此！"

《三破论》曰："有此三破之法，不施中国，本正西域，何言之哉？胡人无二，刚强无礼，不异禽兽，不信虚无。老子入关，故作形像之教化之。"又云："胡人粗犷，欲断其恶种，故令男不娶妻，女不嫁夫。一国伏法，自然灭尽。"《灭惑论》曰："双树晦迹，形像代兴，固已理精无始，而道被无穷者矣。案李叟出关，运当周季，世闭贤隐，故往而忘归。接舆避世，犹灭其踪，况适外域，孰见其踪？於是奸猾祭酒，造《化胡》之经，理拙辞鄙，厮隶所传。寻西胡怯弱，北狄凶炽，若老子灭恶，弃德用刑，何爱凶狄而反灭弱胡？遂令猃狁横行，毒流万世，豺狼当路，而狐狸是诛，沦湑为酷，覆载无闻。商鞅之法，未至此虐；伯阳之道，岂其然哉！且未服则设像无施，信顺则孥戮可息。既已服教矣，方加极刑，一言失道，众伪可见，东野之语，其如理何？"

《三破论》云："盖闻三皇五帝三王之徒，何以学道并感应，而未闻佛教？为是九皇忽之，为是佛教未出。若是佛教未出，则为邪伪，不复云云。"《灭惑论》曰："神化变通，教体匪一；灵应感会，隐现无际。若缘在妙化，则菩萨弘其道；化在粗缘，则圣帝演其德。夫圣帝、菩萨，随感现应，殊教合契，未始非佛。固知三皇以来，感灭而名隐；汉明之教，缘应而像现矣。若乃三皇德化，五帝仁教，此之谓道，似非太上；羲农敷治，未闻奏章；尧舜缉政，宁肯书符？汤武抒暴，岂当饵丹？五经典籍，不齿天师，而求授圣帝，岂不悲哉！"

《三破论》曰："道以气为宗，名为得一。寻中原人士，莫不奉道。今中国有奉佛者，必是羌胡之种。若言非邪？何以奉佛！"《灭惑论》曰："至道宗极，理归乎一；妙法真境，本固无二。佛之至也，则空玄无形，而万象并应；寂灭无心，而玄智弥照。幽数潜会，莫见其极；冥功日用，靡识其然。但言万象既生，假名遂立。梵言菩提，汉语曰道。其显迹也，则金容以表圣；应俗，则王宫以现生。拔愚以四禅为始，进慧以十地为阶；总龙鬼而均诱，涵蠢动而等慈。权教无方，不以道俗乖应；妙化无外，岂以华戎阻情？是以一音演法，殊译共解，一乘敷教，异经同归。经典由权，故孔、释教殊而道契；解同由妙，故梵、汉语隔而化通。但感有精粗，故教分道俗；地有东西，故国限内外。其弥纶神化，陶铸群生无异也。故能拯拔六趣，总摄大千，道惟至极，法惟最尊。然至道虽一，岐路生迷。九十六种，俱号为道，听名则邪正莫辨，验法则真伪自分。案道家立法，厥品有三：上标老子，次述神仙，下袭张陵，太上为宗。寻柱史嘉遁，实惟大贤，著书论道，贵在无为，理归静一，化本虚柔。然而三世弗纪，慧业靡闻。斯乃导俗之良书，非出世之妙经也。若乃神仙小道，名为五通，福极生天，体尽飞腾；神通而未免有漏，寿远而不能无终。功非饵药，德沿业修。於是愚狡方士，伪托遂滋。张陵米贼，述记升天；葛玄野竖，著传仙公。愚斯惑矣，智可罔与？今祖述李叟，则教失如彼；宪章神仙，则体劣如此。上中为妙，犹不足算，况效陵鲁醮事章符，设教五斗，欲拯三界，以蚊负山，庸讵胜乎？标名大道，而教甚於俗；举号太上，而法穷下愚。何故知邪？贪寿忌夭，含识所同，故肉芝石华，谲以翻腾；好色触情，世所莫异，故黄书御女，诳称地仙；肌革盈虚，群生共爱，故宝惜涕唾，以灌灵根；避灾苦病，民之恒患，故斩缚魑魅，以快愚情；凭威恃武，俗之旧风，故吏兵钩骑，以动浅心。至於消灾淫术，厌胜奸方，理秽词辱，非可笔传，事合氓庶，故比屋归宗。是以张角、李弘，毒流汉季；卢悚、孙恩，乱盈晋末。馀波所被，实蕃有徒。爵非通侯，而轻立民户；瑞无虎竹，而滥求租税。糜费产业，蛊惑士女，运迍则蝎国，世平则蠹民。伤政萌乱，岂与佛同！且夫涅槃大品，宁比玄妙上清？金容妙相，何羡鬼室空屋？降伏天魔，不慕幻邪之诈；净修戒行，岂同毕券之丑？积弘誓於方寸，孰与藏宫将於丹田？响洪钟於梵音，岂若鸣天鼓於唇齿？校以形迹，精粗已悬；核以至理，真伪岂隐？若以粗笑精，以伪谤真，是瞽对离朱，曰我明也。"

（《弘明集》卷八）

第四篇　学术研究

第一章 学术活动

第一节 国内团体学术活动

一、首次全国《文心雕龙》讨论会

全国第一次《文心雕龙》讨论会由山东省文联、省文化局、省出版局、山东大学、山东师范大学等单位联合发起,于1982年10月下旬在济南召开。

与会学者认为:《文心雕龙》在世界美学史上有其重要的地位,并日益为各国研究者所注目。但是,不少研究者仍然深深感到对《文心雕龙》的研究,前人虽已作出重要贡献,近三十年来更不断取得新的成就,可是从研究的深度看,许多老大难题尚未得到圆满解决,特别是从满足当前现实的需要来看,还做得非常不够。

这次大会是《文心雕龙》研究的一个新起点。全国各高等院校和出版、研究机构的专家、学者120余人到会,共提交论文50多篇。

这次会上辩论最多的是刘勰的思想问题。大致有三种意见:一是坚持"以佛统儒,佛儒合一"的基本观点;二是认为纯属儒家思想;三是认为以儒为主,也吸取了一些老庄玄学和佛教思想。中国社会科学院世界宗教研究所孔繁以《刘勰与佛教》为题,对此发表了系统意见，认为刘勰“虽长于佛理，博通佛典，但他在《文心雕龙》中，却既没有宣扬佛理，又未阐释佛典”，《文心雕龙》“不以玄学、佛学作指导，而以儒学作指导”。又说：“刘勰作为虔诚的佛教徒，他在《文心雕龙》这样一部重要的著作中，非但没有采纳佛教思想，而且表现出明显的唯物主义无神论倾向。”这场争论，由大会到小会，讨论相当热烈。虽然没有得出一致的结论，但普遍感到对问题的认识深入一步了。

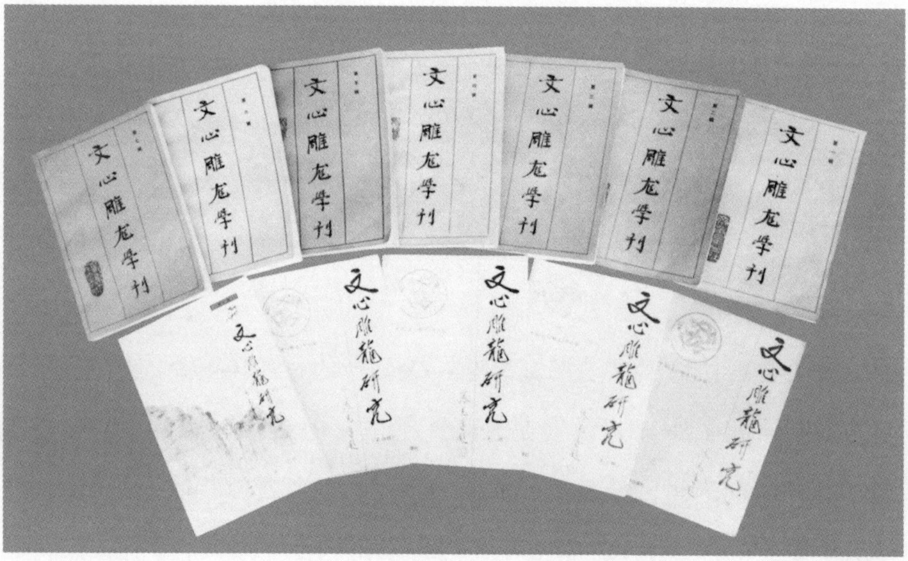

中国《文心雕龙》学会会刊部分样本

会议期间，学者们深感经常开展这样的交流，极为必要；为了开创《文心雕龙》研究的新局面，必须把现有研究人员组织起来；加之近年来海外《文心雕龙》研究工作发展迅速，当时国内研究处于分散状态，既难全面了解海外研究情况，更不可能进行必要的学术交流。所以，为了促进国内外的学术交流，扩大我国文化遗产在全世界的影响，开创《文心雕龙》研究的新局面，学者们纷纷提出成立《文心雕龙》学会的要求。经各组召集人会同商议，认为成立学会对推进《文心雕龙》研究工作是十分必要的。因此，共推王元化任组长，由孙昌熙、祖保泉、任孚先、牟世金5人组成《文心雕龙》学会筹备小组，以山东大学为学会基地，进行筹备工作；并由王元化、王运熙、王达津、周振甫、徐中玉、詹锳等15位学者，联合发起向国家有关部门申请成立《文心雕龙》学会；编辑《文心雕龙学刊》并由齐鲁书社出版发行。

二、中国《文心雕龙》学会成立大会

中国《文心雕龙》学会成立大会于1983年8月8日至10日在山东青岛举行。参加会议的有来自全国各地的教授、学者以及社会科学研究、出版等部门的负责人共一百三十余人。时任山东省政协副主席的余修、青岛市人大常委会主任李秉政和山东大学党委书记孙汉卿、中国作家协会书记张光年、文化部顾问周扬和上海市委宣传部长王元化等出席了大会。

张光年在会上发表了《研究古代文论为现代服务》[1]的讲话。会议选出了《文心雕龙》学会的领导机构、会刊编辑人员、学会情报资料组的成员等。会议选举张光年为会长，并制定了学会章程。

三、中国《文心雕龙》学会第二次年会

中国《文心雕龙》学会第二次年会于1986年4月14日至20日在安徽省屯溪市召开，由安徽省社科院、省社联、安徽大学联合主办。来自全国各地的130多名专家、学者出席了会议。大会收到论文近80篇。

《文心雕龙》学会会长张光年主持开幕式，并就当时改革形势

❶此文发表于《文史哲》1983年第6期。

和《文心雕龙》研究问题发表了讲话。在会上，王元化就文学研究的方法论问题，林其锬、杨明照就《刘子》的作者问题作了专题发言；詹锳、牟世金分别介绍了欧美国家和我国台湾地区《文心雕龙》研究的情况。

这次年会的中心论题是如何将《文心雕龙》研究引向深入。大家就"文心学"研究方法论、"文心学"研究的现代化以及《刘子》的作者等问题展开了热烈的讨论。关于《刘子》作者的问题，引起与会者的浓厚兴趣。《刘子集校》的作者林其锬、陈凤金认为《刘子》的作者是刘勰，而不是刘昼或其他什么人。对这个看法，有人表示赞同，有人持不同意见，尚待进一步考证和深入研究。不少学者指出：如能确认《刘子》的作者是刘勰，将会推进《文心雕龙》的研究，拓展研究的领域；即使《刘子》不是出自刘勰之手，它也是一部有重要价值的著作，对这部分内容及其在中国文化史上的地位也应作认真探讨。

经学会理事会研究，接纳了一批新会员，并决定第三次年会在广东省汕头市举行。张光年表示，欢迎我国台港澳地区和国外"文心学"专家前来参加。

四、中国《文心雕龙》学会第三次年会[1]

中国《文心雕龙》学会第三次年会于1990年11月10日至13日在汕头大学举行。50余位代表出席会议，共收到论文40余篇。

学会会长张光年在概括地总结学会近年来的工作成绩之后，建议把《文心雕龙》学会简称为"文心学会"，把《文心雕龙》学简称为"文心学"。

[1] 本内容主要来源于《文心雕龙学刊》第7辑。

此次年会的中心议题是《文心雕龙》的理论价值与现实意义。与会代表从确定《文心雕龙》这部著作的性质，开拓美学、哲学、文化学的研究层面，把握理论体系的内在实质，丰富研究方法，做好普及工作，给当前文艺学建设以有益的启示等多种角度，各抒己见，进行了广泛而热烈的讨论。与会学者认为，进一步开展《文心雕龙》研究，对于弘扬祖国传统文化，进行国际文化交流，都是十分重要的。

五、中国《文心雕龙》学会第四次年会

中国《文心雕龙》学会第四次年会于 1994 年 5 月 9 日至 13 日在山东省枣庄市薛城区举行。年会共收到论文 40 多篇，与会专家、学者就《文心雕龙》的理论体系，以及如何将《文心雕龙》进一步推向世界等方面的议题作了认真的讨论。

本次年会进行了换届选举，上海复旦大学中文系教授王运熙被推选为《文心雕龙》学会会长。会议期间，大会组织专家、学者参观考察了刘勰故里——山东莒县的定林寺。

六、《文心雕龙》研究发展基金管理委员会[1]

根据 1995 年北京《文心雕龙》国际会议上海内外学者建议，经中国《文心雕龙》学会研究，决定在学会内设立“《文心雕龙》研究发展基金”，接纳关注《文心雕龙》研究的社会团体、企事业单位和个人的捐赠，并制定了“《文心雕龙》研究发展基金章程”，并在学会领导下设立《文心雕龙》研究发展基金管理委员会和《文心雕龙》研究发展基金监督委员会。《文心雕龙》研究发展基金管理委员会随即开始工作。

❶摘自《文心雕龙》学会编：《文心雕龙研究》第 3 辑。

七、中国《文心雕龙》学会第五次年会

中国《文心雕龙》学会第五次年会于1996年10月11日至14日在山东省日照市召开。海内外专家学者共58人参加了会议,学者们向大会提交论文36篇。

会议主要围绕《文心雕龙》产生的背景,儒、道、释诸家思想对刘勰思想的影响,以及《文心雕龙》中重要的理论概念(如"风骨"等)的新解,刘勰生平与晚年是否回到祖籍莒县等问题进行了探讨。与会学者在会议期间参观了莒县定林寺,并参加了设在莒县定林寺的《文心雕龙》研究资料中心的揭幕仪式。

八、中国《文心雕龙》学会第六次年会

中国《文心雕龙》学会第六次年会于1998年8月14日至19日在湖南省怀化市举行,会议由怀化师专承办。海内外学者59人共同讨论自上届年会以来的研究成果。

会议主要围绕《文心雕龙》的成书时间、思想渊源和《文心雕龙》的理论影响展开了讨论。

九、南京市纪念《文心雕龙》成书1500年学术讨论会

由江苏省炎黄文化研究会举办的纪念《文心雕龙》成书1500周年学术讨论会于2001年10月18日至20日在南京举行,80余位学者参加了讨论会。会议的主题是:六朝文化与《文心雕龙》——纪念《文心雕龙》成书1500周年。会议,收到论文30余篇。中国《文心雕龙》学会副会长刘文忠在会上作题为《〈文心雕龙〉产生的文化背景》的学术报告。会议期间与会学者参观了南京朝天宫文化展示中心和新发现的古地坛、

南京钟山上定林寺古遗址等。

十、中国《文心雕龙》学会第七次年会

中国《文心雕龙》学会第七次年会于2002年8月16日至20日在河北大学召开。有80多位“文心学”研究者参加了会议，收到论文60篇。

学者们提供的论文中有4篇是研究刘勰生平的，多数为基础性考辨和理论探讨及比较研究。会长张少康在《有关刘勰身世的几个问题》一文中，重新探讨了刘勰的身世、籍贯、谱系等，修正了他以前坚持的刘勰出身庶族的意见。方铭的《关于〈文心雕龙〉的几个概念问题》一文，对“太极”、“《文心雕龙》的文学起源论”、“文之枢纽”等，提出了新的见解。如“太极”，方铭认为是一个时间概念，而不是其他。“太极”就是“太初”、“太古”，是时间至早至远的意思。“文之为德也大矣”的“德”是“功效”的意思。这些见解是受吴林伯新出版的《文心雕龙义疏》一书观点的影响，使人有耳目一新之感。

十一、中国《文心雕龙》学会第八届年会暨文心雕龙国际学术研讨会简介

中国《文心雕龙》学会第八届年会暨文心雕龙国际学术研讨会，于2005年8月22日至23日在贵州师大举行。本次大会由贵州师大文学院、中国《文心雕龙》学会主办，贵州省教育厅、贵州师大“文学·教育与文化传播中心”、贵州教育学院协办。师大校长伍鹏程、副校长龚振黔出席了开幕式。龚振黔致欢迎词，学会会长詹福瑞作了专题报告。与会学者计有60余人，共收到论文37篇。有12名学者作了大会发言，其他学者在两个分会场分别发言。会议主要围绕如下几个方面展开了讨论：第一，关于刘勰思想倾向的研究，此以杨明《文心雕龙不是儒家的文学

理论》引起学者的热烈讨论。第二,对《文心雕龙》篇章内容与理论范畴的研究,主要集中在《神思》、《风骨》、《隐秀》、《通变》等篇章和“气”等理论范畴。这方面的文章主要有张晶的《神思作为美学范畴的本体追求》、张天忠的《神思是灵感来临的文思》,另有范立红的《刘勰风骨论与儒家审美精神的历史联系》一文,从儒家的美学精神揭示风骨内涵,视角独特,结论新颖,有说服力。第三,《文心雕龙》与前代的渊源关系研究。这方面的研究论文有刘文忠、何懿、王治理、胡海、戚良德五位学者。第四,当代“文心学”的研究,这方面提供论文的是涂光社和李平教授。第五,讨论刘勰籍贯的论文提供者是钱永波和苏兆庆、刘云涛。第六,探讨刘勰与《刘子》关系方面的论文是,林其锬的《刘勰传序》和朱文民的《把〈刘子〉的著作权还给刘勰》,文章如同振臂高呼,引起学者们是也非也之争论。第七,研究刘勰对前代作家评价的论文作者有杨青芝、蒙金含和王毓红等。

十二、北京2006年《文心雕龙》研究与当代文艺学学科建设专题学术研讨会综述

2006年12月15日至16日,“北京2006年《文心雕龙》研究与当代文艺学学科建设专题学术研讨会”在首都师范大学国际文化大厦成功举办。此次大会是由首都师范大学文学院文艺学重点学科、中国《文心雕龙》学会和《文学评论》编辑部联合举办。出席会议的40多位专家学者,分别来自中国各高等院校、出版社及韩国尚志大学等单位。与会代表围绕“《文心雕龙》与当代文艺学研究”的大会主题,进行了广泛而深入的学术交流,一致认为大会主题突出而且具有重要意义,对以《文心雕龙》为代表的中国传统文论资源的发掘利用,是弘扬我国优秀文化传统、积极建设当代文艺学的重要途径;同时,这也为新世纪《文心雕龙》

的进一步深入研究开辟了新的学术理路。

大会共收到正式论文和发言提要34篇，会议除开幕式和闭幕式上有关专家学者演讲外，分别进行了大会专题报告和分场讨论。蔡钟翔和赵敏俐主持了专题报告会并进行了评讲，罗宗强、李壮鹰、林其锬、涂光社、邓国光、韩经太等六位专家在大会上宣读了论文。与会代表共分为两个小组，各自举行了三场小组学术报告会，分别由漆绪邦、梅运生、党圣元、傅刚、邓国光、李壮鹰、涂光社、杨星映、孙蓉蓉、张弘、戚良德等知名学者担任主持和论文评讲人。

与会学者围绕《文心雕龙》与当代文艺学研究及学科建设的关系展开了积极讨论。戚良德作了《〈文心雕龙〉为当代文艺学提供了什么?》的报告，认为《文心雕龙》独具特色的六大文艺观念，最终形成“中国文艺学”。韩经太从刘勰的“智术”理念与雕饰美学思想出发，探讨了《文心雕龙》的经典意义与现代文艺美学的建设问题。林其锬将《文心雕龙》创作的时代背景与当今的文学研究相结合，讨论了《文心雕龙》文论资源与当代文艺学研究的关系，并从此角度评述了张光年《骈体语译文心雕龙》带给我们的启示。郭鹏认为应该从中国古代文艺思想的视野中去重新审视《文心雕龙》及其古代文论家对“文学性问题”的认识；涂光社对刘勰的文学观进行掘微，认为其表明的“美在文心”的精神要义，不仅说明了刘勰对文学观念认识的深化，也有助于我们由此去了解中国文学传统中的人文精神；方锡球从对“风骨”到“意境”的审美理想之演变过程的探讨出发，讨论了中国古代艺术理想存在的这样两个层面的问题。杨星映通过对《文心雕龙》辩证的、直观整体把握的思维方式的辨析，指出《文心雕龙》的方法论可以作为建设当代文艺学的借鉴和参考；王毓红教授对《文心雕龙》的批评话语问题进行了讨论，认为历史性叙事是其话语的基本模式。另外，陶礼天从文化传统和现代文艺学学科建立出发，认为《文心雕龙》的性质就是一部文学理论著作；赵利民运用与西方文学阐释学比较的方法，对刘勰的文学阐释学思想谈了自己的看法；王南博士从文学观念的“纯杂之辨”出发，谈了自己对《文心雕龙》的认识。

不少专家学者还对《文心雕龙》研究中的许多尖端的“老问题”、存疑问题或重大理论命题等展开了深入研讨，比如陈允锋关于刘勰《文心雕龙》的“伏采”观念的新的探究，孙蓉蓉关于《文心雕龙》“酌乎纬”之问题的讨论。袁峰、郭鹏、吴建民、何懿、王慧玉、王宇、李平、刘文勇等学者的论文，引起了大家的关注。中国《文心雕龙》学会秘书长李金善主持了大会闭幕式，李平和郭鹏分别代表第一小组和第二小组作了小组讨论的总结发言。罗宗强在大会的总结发言，强调了继承和发展传统文化的重要性，认为《文心雕龙》研究的空间很大，但首先要读懂《文心雕龙》，要以《文心雕龙》的文本为依据。他还认为继承文化传统要明白三个前提：第一，传统是回不去的；第二，传统是离不开的；第三，传统是发展的。

（本资料多根据陶礼天的报道整理而成）

十三、2007 文心雕龙国际学术研讨会暨中国《文心雕龙》学会第九届年会概述

2007 文心雕龙国际学术研讨会暨中国《文心雕龙》学会第九届年会，由中国《文心雕龙》学会主办，中山陵园管理局、南京大学中文系及镇江历史文化名城研究会承办，于 2007 年 8 月 19 日至 22 日在南京举行。会议主要有两项任务：一是对刘勰及其著作进行学术研讨，二是选举新一届理事会领导机构。

周勋初就《文心雕龙》书名争辩问题作了专题学术报告。

大会共收到57篇论文及6篇论文提要，其中海外代表的论文3篇。会议形式分大会报告和分组研讨。会议论文主要涵盖七大方面的内容：一是对《文心雕龙》理论内容本身的研究，这是会议的主要探讨论题。二是围绕钟山上定林寺遗址考古、考证和当时寺庙及寺庙高僧佛学修为等问题的研讨，共提交相关论文8篇，其中，由南京大学历史系等单位联合提交的《钟山二号寺庙调查勘探简报》认定该文所述二号遗址就是上定林寺遗址。孙蓉蓉的《〈高僧传〉中有关定林寺记载的考述》一文指出，梁释慧皎的《高僧传》是南朝为数众多的僧传中最为著名的一种著作，从《高僧传》的有关史料中，可以了解定林寺及与刘勰相关的问题。三是刘勰的出生地问题。四是《刘子》的作者究竟是否为刘勰，以及《刘子》与《文心雕龙》在思想上的异同问题的研讨。林其锬通过研究认为，《刘子》为刘勰所作，林其锬《魏晋玄学与刘勰思想——兼论〈文心雕龙〉与〈刘子〉的体用观》一文认为，刘勰不仅是个杰出的文论家，而且也是个杰出的思想家。研究刘勰思想就不能不研究作为当时社会思潮主流的玄学，及其对刘勰思想的影响。他说："我们应该尊重历史，尊重事实，不避烦难，细推原委，摆脱'以疑传疑'先入为主的思维惯势，我深信，经过大家努力，总有一天会还历史以真相，给刘勰以公道的。"朱文民、朱吉高提交大会的一篇名为《南朝学术思潮与刘勰思想的时代特征》的文章也支持林其锬的观点，且认为无论《文心雕龙》还是《刘子》都是儒道同尊的，说明刘勰是一个杂家，"刘勰的思想是复杂的，我们在研究他的思想的时候，如果只看表面现象，是难以看到刘勰真面目的。只有联系当时的社会学术思潮，考虑到东莞刘氏的家学和家族的信仰，看看他当时所处的政治环境和政治履历，正确地理解刘勰的现有著作所昭示的思想，就会觉得他表面上奉佛，思想深处是儒道同尊，而骨子里是崇道的"。周绍恒《〈刘子〉作者问题辨》一文，不同意《刘子》为刘勰所作的观点，认为作者是刘昼。五是关于《文心雕龙》的普及教育问题和电子化问题的探讨。主要是从“文章学”角度，研究如何把《文心雕龙》关于写作的原理和方法运用于公文写作和中小学生作文写作教学中。把学术研究与应用研究、继承和创新结合起来，加强中外学术交流，让《文心雕龙》中的“宝藏”鲜活起来，使“古经典”变成“活智能”，让“雕龙”成“飞龙”。江西佛学院熊重提交了《写作训练与文心修养——〈文心雕龙〉教学札记》一文，认为写作课教学是《文心雕龙》普及教育的重要方式，在《文心雕龙》普及教育中，需要正确处理五大关系，即写作理论与教学实践的关系，文心修养与写作训练的关系，“振末归本”与“沿波讨源”的关系，“精理为文”与“秀气成采”的关系，“为文之用心”与“为人之用心”的关系等。六是对朱文民新著《刘勰传》的评论问题。这方面的论文有3篇，分别是辽宁大学涂光社的《刘勰是个什么家?》、华南师范大学韩湖初的《一部形象生动、忠于史实和精于考辨的刘勰传记——评〈刘勰传〉》、临沂师范学院贾锦福的《首部全方位展示刘勰思想的力作——评朱文民〈刘勰传〉》，三文均对朱著作了很高评价，认为其既能博采众长，又能勇于探索，朱著中对《刘子》是否为刘勰所作的问题进行了研究，把这一问题引向了深入。七是文心雕龙研究史方面的论文两篇，分别是李平的《王更生先生〈文心雕龙〉研究二题》和何懿的《〈文心雕龙讲疏〉对〈文心雕龙创作论〉所作的减法之启示》。

会议闭幕式由新任常务副会长的左东岭主持，左东岭向全体与会代表公布了学会新一届理事会、组织机构及新会员名单。大会由新任秘书长陶礼天作了学术总结。

（本文根据学会秘书长陶礼天的总结报告压缩整理而成）

第二节 国际学术研讨会

一、中日学者《文心雕龙》国际学术研讨会

中日学者《文心雕龙》国际学术研讨会于1984年11月19日至24日在上海举行,复旦大学主办。会议共收到论文42篇。

会议主要讨论了如下问题:

第一,《文心雕龙》在世界文学史上的地位和作用。

中国学者指出,《文心雕龙》是中国6世纪初期的作品,在整个中世纪的同类作品中是无与伦比的杰出代表,可以说是屹立于世界文学之林的伟大巨著。日本学者指出,《文心雕龙》可以使亚里士多德的《诗学》、贺拉斯的《诗艺》黯然失色。两国学者都有专文论述了《文心雕龙》对中日后世文学产生的深远影响。

第二,关于刘勰的思想和《文心雕龙》的哲学基础。

尽管多数与会学者认为刘勰思想的主导方面是儒家的,但也有不少学者提出魏晋玄学对刘勰的思想影响不可低估。

第三,关于《文心雕龙》的理论体系和方法。

有学者认为尽管中国古代的系统观念和系统方法具有直观性和模糊性,与它同时代的西方相比,却发达得多。《文心雕龙》就含有丰富而深刻的系统观念和系统方法,这体现在全书中论述的整体性、联系性、有序性和动态性。

也有学者指出,刘勰思想方法中最大的特点是“折中”。根据有学者认为刘勰受因明学影响的观点,大多数学者认为中国传统文化内容丰富,儒、玄两家的学说,有许多朴素辩证法思想,不受因明学影响,刘勰也完全能写出这样一部伟大著作。

第四，关于《文心雕龙》中的文学见解。

会议论文还讨论了对刘勰文学理论的具体见解，涉及刘勰的文学观、民间文学观、文质观、自然观、奇正论、神思论、风骨论、文学革新论、才学论、情志论、隐秀论、欣赏论、声律论、知音论等广泛的领域。由于学者们都注意从纵、横两个方面研究和分析，使之较前大有发展。

第五，关于对《文心雕龙》的注解、考订和评点。

不少学者认为，《文心雕龙》中尚有一些疑点未搞清楚。如何搞清这些疑点，向读者提供一本高标准的版本，是几代学者的共同心愿。因此，会上有许多老一代学者对《文心雕龙》的注解再作努力，对范注本作了许多补正，还对注解工作中的"改字"现象提出应当"慎重"的建议，特别是对"文心"的篇次在注释中可以提出不同看法，但也不宜轻易改变。对《文心雕龙》的书名含义也作了探究。

第六，关于《文心雕龙》的研究方法。

与会学者在发言中强调，为了使《文心雕龙》的研究工作深入下去，必须改进研究方法，任何脱离整体的孤立研究都会破坏《文心雕龙》理论的整体性。更不能用今天文艺理论去比附古代文论，否定文论的萌芽期与成熟期的差别是不科学的。也有学者强调对《文心雕龙》的研究应当放到世界范围的大环境中考察，站在世界文学的立场上，用比较文学的方法，会更能理解《文心雕龙》的真谛。

二、《文心雕龙》"八八"国际学术讨论会

由中国《文心雕龙》学会委托暨南大学主办的《文心雕龙》"八八"国际研讨会于1988年11月11日至15日在广州召开，来自日本、前苏联、瑞典、意大利、中国香港等国家和地区的中外学者60余人参加了会议，共提交论文52篇，未能到会的中国台湾学者王更生也委托与会学者宣读了他为大会提交的论文。

与会学者就《文心雕龙》研究的历史和现状、宏观研究和微观研究、《文心雕龙》与国内外古代文论的比较研究等方面进行了广泛深入的讨论。

这次研讨会,还决定编纂《文心雕龙学综览》,并组建了编撰班子。

三、日本《文心雕龙》国际学术研讨会

1991 年 5 月,由日本九州大学中国哲学史教学研究室和九州大学中国文学研究会共同发起组织了“《文心雕龙》国际学术研讨会”。出席会议的有中国、日本和韩国的学者 40 余人。中国代表有大陆学者杨明照、王运熙、张少康、马白和台湾学者王更生、黄锦鋐等 12 位。会议收到的论文涉及《文心雕龙》的影响、《文心雕龙》与《诗品》的比较研究等方面的内容。会后,日本九州大学中国文学研究会将与会学者的论文选出 15 篇,交由我国台湾文史哲出版社于 1992 年出版发行。这次会议属于小型国际学术研讨会议,但却产生了积极的影响。

四、北京《文心雕龙》国际学术讨论会

北京《文心雕龙》国际学术讨论会于 1995 年 7 月 28 日至 31 日在北京举行,报告研究《文心雕龙》的新成果,并探讨发展《文心雕龙》研究界的国际合作与交流问题。会议由中国《文心雕龙》学会和北京大学、韩国岭南中国语文学会、中国山东省日照市(刘勰祖籍莒县所在地)联合召开的。

参加本次会议的国内外专家绝大部分是对《文心雕龙》研究界有影响的学者,来自中国、日本、俄罗斯、韩国、美国、马来西亚、加拿大等国家和地区。会议收到论文70余篇,反映了当时研究的最高水平。同时对如何把《文心雕龙》研究进一步推向世界，发展《文心雕龙》研究的国际合作和海峡两岸的交流，提出了许多积极的建议。海内外学者并提出希望成立《文心雕龙》研究基金会，出版研究刊物和研究通讯。

五、美国《文心雕龙》国际学术研讨会[①]

由美国伊里诺州立大学东亚语文系主办的“文学文化观:《文心雕龙》的现代理论探讨国际会议”，于1997年4月10日至13日在美国伊里诺州香槟城举行。所有代表都提交了学术论文。会议就《文心雕龙》与儒、道、佛思想的关系、《文心雕龙》和中国古代传统文化的关系、《文心雕龙》的创作理论、文体理论、修辞艺术等方面，结合有关论文，进行了热烈、深入的讨论，并且对《文心雕龙》文学理论和西方文学理论的比较研究提出了不少富有启发性的新见解。在最后的总结会上，根据参加会议代表的要求，中国学者张少康为大家专门介绍了中国和东亚其他国家和地区研究《文心雕龙》的情况和存在的问题。这次会议是美国第一次举行刘勰《文心雕龙》国际学术讨论会，它对发展东西方之间《文心雕龙》研究的交流与合作起到了积极的促进作用。

六、中国台湾《文心雕龙》国际学术研讨会

研讨会由台湾师范大学国文学系暨中国语文学会主办，于1999年5月15日至16日在台湾师范大学举行。参加会议的除中国台湾、内地学者外，尚有美国、韩国、新加坡和中国香港学者。

会议共分六场，每场又分为两组同时进行。大会是以《文心雕龙》为主题，研究“今后文学理论如何跨越二十一世纪”。会议共收

①本处内容主要取自《文心雕龙》学会编:《文心雕龙研究》第3辑。

到论文39篇，涉及的内容比会议主题要丰富得多，“每篇论文开会研讨时，发言者铿锵有节，答问者如响斯应，引言时委婉曲畅，结论时掌声如雷，全场如汤如沸，正像刘勰说的‘木铎启而千里应，席珍流而万世响’，可谓山阴道上，应接不暇！”[1]

会议期间，学者们参观考察了石门水库、林语堂暨钱穆图书纪念馆、海基会等。

会后，与会学者的论文交由台湾文史哲出版社于2000年3月出版了《〈文心雕龙〉国际学术研讨会论文集》。

七、镇江《文心雕龙》国际学术研讨会

由中国《文心雕龙》学会、江苏省镇江市人民政府共同举办的“《文心雕龙》2000年国际学术研讨会”于2000年4月3日至6日在镇江市举行。中国内地、中国香港、中国澳门、中国台湾以及美

中国镇江文苑文心国际龙学会议纪念碑

①引自台湾师范大学国文学系编：《〈文心雕龙〉国际学术研讨会论文集·后记》，台湾文史哲出版社2000年版。

国、日本、韩国、马来西亚等国家和地区的近百名专家学者参加了会议。会议的议题是:“展望二十一世纪《文心雕龙》的研究走向,交流《文心雕龙》研究的新成果和研究方法。”会议共收到论文57篇,其中提前寄送的43篇论文已由学苑出版社于2月份出版,作为会议交流材料发给与会学者。会上还发给与会者1999年台湾《文心雕龙》国际学术研讨会论文集、中国《文心雕龙》学会编《文心雕龙研究》第4辑和《莒文化研究》文集等材料。

八、2004年文心雕龙国际学术研讨会简述

2004年文心雕龙国际学术研讨会于2004年3月27日至28日在深圳大学举行。来自海内外的学者近80人,在“世界诗学视野中的《文心雕龙》”这一主题下,总结已有的成就,开拓新的领域,探讨未来的走向,进行了广泛而深入的学术交流。

会议由中国《文心雕龙》学会和深圳大学文学院联合主办,会议共收到研究论文40余篇,归纳起来,本次会议的具体论题主要集中在以下几个方面:

一是把《文心雕龙》放在世界诗学的视野中进行审视考量。张少康的《龙树的〈中论〉和刘勰的“折中论”》探讨了刘勰的“折中”文学批评方法和龙树《中论》思想方法的关系,指出其内在的、深层的联系。陶礼天的《〈文心雕龙〉与佛经传译中的“味论”》以《出三藏记集》为主要取材对象,运用词语统计和语义分析方法,论证“味”之范畴群及《文心雕龙》中“味”论与佛经传译、佛学研究中使用“味”的术语、范畴间的密切关系。刘绍瑾的《从比较的视野看刘勰的复古文学思想》把刘勰的复古文学思想和西方美学中的“诗性退化论”进行了比较。曹顺庆、谭佳的《〈文心雕龙〉与中国文论话语建设》从近现代学术转型、中西文明的异质性、西方话语形式对中国传统文论研究的统治等方面对《文心雕龙》研究历史和走向进行了思考。栾栋的《〈文心雕龙〉辟文学思想刍议》一反纯文学的观念,试图以原生态的文学观阐释刘勰文学思想的东方特质。郁龙余也提出了将《文心雕龙》与印度古典文论《舞论》进行比较研究的思路。

二是把《文心雕龙》置于中国诗学发展的脉络中进行观照透视。游志诚的《刘勰与易经再论》、院夏静的《试论礼乐传统对刘勰文学思想的影响》考察了刘勰《文心雕龙》对先秦文化传统的接受。陈允锋的《论刘勰〈文心雕龙〉与〈诗经〉之关系》、刘文忠的《〈文心雕龙〉与汉代诗学的渊源关系》、孙蓉蓉的《论诗纬对〈文心雕龙〉诗论的影响》通过文献的清理,对《文心雕龙》的学术渊源进行了考辨。张可礼的《刘勰关于文学史料学的见识》考察了刘勰对史料的运用。周萌的《从复古通变观看〈诗式〉对〈文心雕龙·通变〉的接受》、韩湖初的《论苏轼对刘勰〈文心雕龙〉的继承和发展》则对《文心雕龙》的传播和影响及其在中国诗学发展中的地位作了新的论述。

三是对《文心雕龙》文本语词术语辨析的细部研究。邓国光的《〈文心雕龙·原道〉"天地之心"义的启示》、汪春泓的《谈〈文心雕龙〉"江山之助"的本义》、李金坤的《〈辨骚篇〉"博徒"、"四异"正诠》、杨明的《〈文心雕龙·神思〉中的"意象"、"象"辨析》、张敏杰的《神理相契、政序相参——〈文心雕龙·时序〉篇"时序"、"在选"释义》、杨东林的《〈文心雕龙〉"体要"释义》等论文对《文心雕龙》中的范畴术语进行了新的诠释,许多新解都有助于推进对《文心雕龙》理论体系的整体把握。这些研究表明,对《文心雕龙》文本的仔细辨读和深入理解仍将是一项长期的工作。

四是对《文心雕龙》的宏观把握和理论专题的阐发。蔡宗齐的《〈文心雕龙〉中"文"的多重含义及刘勰文学理论体系的建立》、林中明的《刘勰文论的创新与诗学之局限》、涂光社的《〈文心雕龙〉中的诗学精神》、庄锡华的《总结时代的文学理论——文学史视野中的〈文心雕龙〉》、缪俊杰的《〈文心雕龙〉诗歌理论新探》、王毓红的《文心雕龙文体论:历时态的特质与分类空间》、余震宇的《〈文心雕龙〉的通变论》、吴予敏的《文律运周通变恒久——〈文心雕龙〉美学研究片论》、魏王妙樱的《刘勰〈文心雕龙〉知音论》、安东谅的《〈文心雕龙〉神思篇神物散论》、邱世友的《刘勰主"和"的自然声律论》等论文,对以往研究比较集中的一些论题继续予以关注和重视,时有新颖之见。

五是对《文心雕龙》研究学术史的梳理与总结。王更生的《晏殊〈类要〉与〈文心雕龙〉古注》,王宏林的《纪昀评点〈文心雕龙·明诗〉之辨析》,刘跃进《〈文心雕龙〉的划时代著作——读范文澜〈文心雕龙注〉散记》,李平、张霞云的《前书未密后出转精——杨明照〈文心雕龙〉校注四书的版本变迁及文献学价值》,方铭的《吴林伯先生与〈文心雕龙〉研究》,张文勋的《关于〈文心雕龙〉研究史之研究》等论文,在整理《文心雕龙》研究史的过程中,注重典范著作的研习,并对前人之研究进行了思考省察,有助于提高研究者的学术自觉意识。

六是对《文心雕龙》研究新途径新方法的开拓创新。彭菏成的《文心雕龙资料中心的建设与发展前景展望》介绍了镇江市图书馆文心雕龙资料中心的建设情况。刘渼的《2004 年龙学网络观察与研究展望》则对网络龙学研究及多媒体电脑技术在龙学研究中的运用和作用进行了系统介绍和说明。杨少俊的《应用电脑读研文心的尝试与体会》对其研制的《文心雕龙》电脑研究系统进行了说明。运用多媒体和网络技术,把现代化的电子技术引入《文心雕龙》研究,通过改进研究手段以更好地整合学术信息资源、提高研究效率,成为学者们的共识。

会上展出了学苑出版社出版的《文心雕龙资料丛书》。该丛书整理影印了《文心雕龙》的重要版本，上册三种：唐写本残卷、元至正本、明王惟俭训故本；下册四种：明杨升庵批点曹学佺评本、杨升庵批点梅庆生音注本、日本九州大学藏明版本和日冈白驹校读本。

（本资料根据杨东林发表在《文学遗产》2004 年第 4 期的《2004 年文心雕龙国际学术研讨会在深圳大学召开》一文整理）

九、2005 日本福冈大学文心雕龙国际学术研讨会概述

由日本福岗大学主办的 2005 文心雕龙国际学术研讨会于 2005 年 4 月 4 日至 5 日在日本福岗大学举行。本次大会的名誉主席为日本国立九州大学名誉教授町田三郎，大会主席为日本福岗大学教授笠征，秘书长为日本西南学院教授王孝廉，执行委员长为日本福岗大学教授甲斐胜二。与会专家学者来自中国内地的有张少康、王运熙、陆晓光、林其锬、石家宜、刘文忠、汪春泓、钱永波、杨明；中国台湾的有王更生、刘漾、方元珍、吕武志、尤雅姿、温光华、廖宏昌；中国澳门的有邓国光；日本学者到会的有町田三郎、冈村繁、笠征、海村惟一、甲斐胜二、连清吉；美国的学者有林中明；韩国的学者有诸海星。会议收到论文 21 篇。在会议开幕式上，冈村繁发表了《“庄老告退、而山水方兹”——淝水之战的文化史意义》的专题演讲，王运熙发表了《〈文心雕龙〉的艺术标准》专题演讲，王更生发表了《民国时期的“文心雕龙”学》专题演讲。大会共分了六个场次，每位学者都宣讲了自己的论文。

会议对各位专家学者的论文进行了研究和探讨，取得了丰硕的成果，这次会议不仅是一次高水平的学术研讨会，而且对推动中日文化交流、增进两国人民的感情作出了贡献。

十、2007 台湾文心雕龙国际学术研讨会议简述

2007 台湾文心雕龙国际学术研讨会议，于 2007 年 6 月 2 日至 5 日在台湾中山大学、花莲教育大学、佛教慈济大学举行。为大会提供赞助的尚有文史哲出版社、高雄道德院、史前博物馆等单位。会议主要组织者为廖宏昌教授和刘渼教授等学者。中国内地与会学者有钱永波、蒋凡、刘文忠、涂光社、孙蓉蓉、石家宜、王英志、杨明、张灯、朱文民、韩泉欣、任罡、彭荷成等；香港地区与会的学者有张少康、汪春泓；澳门地区与会的有邓国光；美国学者与会的有林中明、蔡宗齐；日本学者与会的有海村惟一。与会学者向大会提交论文 41 篇。会议第一天在台湾中山大学举行，其余分别在花莲教育大学和佛教慈济大学举行，内地著名学者林其锬因事未能到会，他所提交的论文委托中国《文心雕龙》学会副会长涂光社代为宣讲。著名学者王更生教授以八十岁高龄率领诸位弟子到机场接机，使与会学者备受感动。与会学者在会场迁移期间参观了史前博物馆。会议论文已由台湾文史哲出版社于 2008 年 8 月出版发行。

十一、北京 2008《文心雕龙》与 21 世纪文论研究国际学术研讨会

北京 2008《文心雕龙》与 21 世纪文论研究国际学术研讨会，于 2008 年 10 月 17 日至 19 日在北京紫玉饭店举行，大会由首都师范大学文学院、中国社会科学院文学所、中国《文心雕龙》学会等单位联合举行。与会学者为来自美国和中国内地、台湾、香港等国家和地区的 50 多人，向大会提交论文 47 篇。镇江图书馆中国文心雕龙资料中心，还向与会学者每人赠送了一盘由该中心制作的《文心雕龙》研究论著全文数据库单机光盘作为礼品。中国《文心雕龙》学会会长詹福瑞主持了开幕式和闭幕式。会议研讨有两种形式，在开幕式和闭幕式上由几位学者作大会发

言，另分两个小组讨论，每位学者都宣讲了自己的论文。著名学者罗宗强在闭幕式上作了精彩的学术报告。会议期间举行了理事会，理事会决定2009年第十届《文心雕龙》学会年会暨国际学术研讨会在安徽师大举行。

第三节　刘勰文艺评论奖

据《大众日报》1998年5月21日报道，1998年5月20日，山东省纪念毛泽东《在延安文艺座谈会上的讲话》发表65周年系列文化活动动员表彰大会在济南南郊宾馆举行。会上宣读了山东省委宣传部关于首届山东省刘勰文艺评论奖表彰决定，并宣读了41件获奖作品名单。会议决定，此后每两年评选一次。至2008年，已评选了4次。

第二章　研究成果[1]

第一节　古代中国的刘勰研究

一、概述

学者们认为《文心雕龙》成书于齐末梁初，所以古代中国对刘勰研究的时限可界定为梁陈至清王朝前中期（公元502—1840年）。为了叙述方便，又可把这一时期大体分为梁陈（公元502—589年）、隋唐（公元589—960年）、宋元（公元960—1367年）、明清（公元1368—1840年）时期。

一是梁陈时期。梁陈时期对于刘勰的研究，主要在两个方面：一是对其著作的研究，二是对刘勰生平的研究。对于刘勰思想的研究，虽然没有明显的材料证明，但从《文选》的选文范围和刘勰文体论思想看多有相似之处。而在萧绎的《金楼子·立言》中有的语句与《文心雕龙·指瑕》中的句子大同小异。王利器认为"彦和时代较梁元帝略早，当彦和此书与沈约之后，约'大重之'，其书必因而流传，故梁元帝得以节录之耳"[2]。此时任昉的《宣德皇后令一首》、到洽的《赠任昉诗》等有与《文心雕龙》中大同小异的句子。

刘勰在《文心雕龙》中已经提出"味论"。具体句子《情采》篇有

❶本章的学者小传主要根据贾锦福主编的《文心雕龙辞典》和杨明照主编的《文心雕龙学综览》以及其他各种资料综合而成。
❷见《古籍整理出版情况简报》第191期。

“研味《李》、《老》，则知文质附乎性情”，“繁采寡味，味之必厌”。《附会》篇有：“道味相符，悬绪自接。如乐之和，心声克协。”《总术》篇有：“机入其巧，则义味腾跃而生。”钟嵘《诗品》成书晚于《文心雕龙》，《诗品》的“滋味”论，明显受刘勰的影响。如《诗品》中有“五言居文辞之要，是众作之有滋味者”，“理过辞，淡乎寡味者”，等等。“滋味”说是《诗品》的一大特点，可说是《文心雕龙》“味论”的发挥。颜之推的《颜氏家训·文章》篇中关于文章源出五经的说法直接取《文心雕龙》的观点。虽然在文体分类、归属上和五经的编序上有些微的差别，但在行文模式上和五经为文章源头的观点上却是一脉相承。颜氏的《文章》篇严斥文人迂诞浮华，悖慢无检，很少能砥砺廉隅，以名节自立方面与《文心雕龙·程器》篇在评论人物的编序、事例上、评语上也几如相同，观点一致。在文章的谋篇布局上也几乎使用了相同的句子。如《文心雕龙·附会》篇说：“才童学文，宜正体制：必以情志为神明，事宜为骨髓，辞采为肌肤，宫商为声气。”《颜氏家训·文章》篇说：“文章当以理致为心肾，气调为筋骨，事义为皮肤，华丽为冠冕。”虽然在用词上与刘勰有差别，但在以人体部位喻布局方面却如出一辙。颜之推本是梁朝人，他出世时，刘勰尚在世，其父颜协与之推都曾在梁元帝手下为官，元帝《金楼子》也曾套用《文心雕龙》中的话，两人当对《文心雕龙》有过研讨。颜之推自幼博览群书，《文心雕龙》对他的影响已明显可见。

对刘勰本人的生平研究可以从姚察的《梁书》得到证明。姚察早在陈初就已开始参与编撰梁史，入隋后，又曾奉命编撰《梁书》，只是书未成而去世，后由其子姚思廉继承父业。在姚氏父子的《梁书》成书之前已有许亨的《梁书》五八卷，谢吴的《梁书》四九卷，陈代的何之元《梁典》三〇卷。《梁书》虽然到公元7世纪30年代才成书，但《文学传》姚察在生前早已写成。这说明从刘勰的著述到其生平，早在梁陈时期就有人从事研究。对于《文心雕龙》的性质，姚氏父子认为是一部“论古今文体”的书，而不是像今人说的是一部文学理论专著。

二是隋唐时期。隋唐时期离齐梁不远，存有关于刘勰的不少材料，对于刘勰及其著作的研究已经有了很大的发展。隋统一全国后，南北文化处于碰撞和融合期，特别是梁陈的淫靡文学之风，对社会政治产生不良影响，当权者强调文学典雅，正需要《文心雕龙》提供标准。颜师古的《匡谬正俗》、刘善经的《四声指归》、孔颖达注《五经正义》、李善注《文选》、五臣注《文选》、日本的《文镜秘府论》等对《文心雕龙》多有引用和提及。唐卢照邻、释神清、刘知几、陆龟蒙及五代时的孙光宪等人在自己的著作中对刘勰及其著作多有征引。唐太宗在《晋书·艺术传》序中曾引用《文心雕龙》之“真虽存矣，伪亦凭焉”和“神道设教”等语，在《荐举贤能诏》中说：“宁容仲舒、伯起之流，遍钟美于往代；彦和、广基之侣，绝响于今辰。”这是说作为朝廷要振兴儒学，可以刘勰著作为楷模。唐人卢照邻《南阳公集序》说：“近日刘勰《文心雕龙》，钟嵘《诗评》，异议风起，高谈不息。”反映了对刘勰著作研究已成时尚，并表明《文心雕龙》与《诗品》相互配合发挥着效用。《文心雕龙》除了受到文学家的重视之外，还受到了史学家的重视。刘知几在编撰《史通》时不仅在篇章结构上，而且在史学思想上，都有诸多效仿。例如《文心雕龙》的结构为四块，即“文原论”、“文体论”、“文术论”、“文学批评论”。而《史通》也分为四块，即“总论”、“史体论”、“作史方法论”、“史学批评论”。甚至从具体立篇上都模仿《文心雕龙》。《文心雕龙·史传》篇所表现出来的史学思想也全部被刘知几所继承。刘知几在《史通·自叙》中说：“自《法言》已降，迄于《文心》而往，固以纳诸胸中，曾不慸芥者矣。”刘知几在《自叙》中列举了对自己有重要影响的六部书，《文心雕龙》就是其中之一。[1]

[1]《文心雕龙》对刘知几史学思想的影响可见杨绪敏：《〈史通〉与〈文心雕龙〉的比较研究》，载《江淮学刊》1989年第4期；许凌云：《刘知几学术思想渊源》，载《齐鲁学刊》1992年第1期；蒋祖怡：《〈文心〉与〈史通〉》，载《文心雕龙学刊》第4辑，齐鲁书社1986年版。

晚唐五代人孙光宪在诗僧齐己《白莲集序》中评《文心雕龙》说：

风雅之道，孔圣之删备矣；美刺之说，卜商之序明矣。降自屈宋，逮乎齐、梁，穷诗源流，权衡辞义，曲尽商榷，则成格言，其惟刘氏之《文心》乎！后之品评，不复过此。

除此以外，在敦煌遗书《文心雕龙》残卷中，已见有标注的记录。如补漏、删衍、分段，不识草书者旁标正楷字、释字等标记。这说明在隋唐之际，已有人对《文心雕龙》作校勘、补脱、删节、注释、标段、提示等简单注释。

对刘勰生平作研究的在唐代的代表人物除了姚氏父子之外，还有李延寿父子。李延寿父子编纂的《南史》，是对宋齐梁陈四书进行增删成书的。《南史》中的《刘勰传》是对《梁书·刘勰传》的大量删节而成的，毫无新材料加入。

隋唐对于刘勰著作的研究除了其思想影响之外，对于著作的传抄刊刻也颇兴盛，从传世的敦煌石窟发现的《文心雕龙》和《刘子》多种残卷，足可证刘勰著作在当时的影响力。

三是宋元时期。宋元时期对刘勰的研究，不及唐代兴盛。据杨明照在《增订文心雕龙校注·附录》统计，宋人仅对《文心雕龙》一书的著录者就有八书、品评者七家、采摭者十二家、因习者八家、引征者十一家、考订者三家之说。事实上，总数还应大大超过这个数字。据《宋史·艺文志》载，宋代的辛处信曾专为《文心雕龙》作注，因而《宋史》记下了这一版本。辛氏所注本今已不传，今人虽无法得以睹物，从史书记载看，辛氏是为之作注的第一人。这说明宋代对于刘勰及其著作的研究较之前代进了一步。《新唐书·艺文志》不仅记下《文心雕龙》为刘勰所作，而且《刘子》一书也记为刘勰所作。郑樵的《通志·艺文略》把《刘子》从以往的杂家类归入了儒家类中，说："《刘子》三卷，梁刘勰撰"。王应麟的《玉海》、陈振孙的《直斋书录解题》、晁公武的《郡斋读书志》等均有著录。王构的《修辞鉴衡》、潘昂霄的《金石例》、徐骏的《诗文轨范》等都曾征引《文心雕龙》的语句，有奚克让《刘子音释》、《刘子音义》，说明当时对刘勰著作有认真的研究，并产生影响。但宋代人对《刘子》一书评价不高。李维桢在明蒋以化刊本《刘子序》中论其原因是《刘子》儒、道同尊"有辱宋儒唇吻"，所以宋儒评价不高。

刘勰的著作，在宋元时期刻印和抄传颇多，可惜今传的只有元至正十五年刻的《文心雕龙》本，为今人校证《文心雕龙》的母本，与敦煌遗书《文心雕龙》残卷和《太平御览》对《文心雕龙》的征引，为今人研究《文心雕龙》版本的最好材料。《刘子》一书也留下了宋代《刘子新论》的刊印本传世，今藏上海图书馆。

四是明清时期。明代至清前期的刘勰研究成果更多的则是表现在对其著作的校勘、刊印以及在刊印本上写下的序跋文字，成就可观，是以往任何时期所无法超越的。这除了由于印刷业和刊印技术的发展提高以外，还在于学者们对于刘勰著作价值的进一步认同。今见诸记载的《文心雕龙》明清写本有10种，单刻本34种，丛书本10种，选本14种，校本27种，注本3种。《刘子》一书，刊刻各种版本38种，皆居同类书籍之前列。明代有一抄本《刘子新论》，仅在书上留下的印记就有81枚，可见文人争诵之风。而明代对于《文心雕龙》的校勘成就最大，近人李详评之曰："《文心雕龙》有明一代校者十数家，朱郁仪、梅子庾、王损仲其尤也。梅氏本有注，取小遗大，琐琐不备。北平黄昆圃侍郎注本出，始有端绪。复经献县纪文达公点定，纠正甚多。"[1]据统计，谢兆申校出27字，朱郁仪校

[1] 李详：《〈文心雕龙〉黄注补正序》。

出40字，徐㶿校出50字，梅庆生校出62字，王惟俭校出136字。[1]

明清时期的学者对刘勰的著作评价很高。杨慎、曹学佺、钟惺、程宽、都穆、叶盛等人把《文心雕龙》列入子书，称刘勰为刘子，对《文心雕龙》的性质和刘勰的思想亦作了一定的探讨。冯允中在《文心雕龙》明弘治十七年的刻本序中说："观其本道原圣，既于百氏，推崇起始，备陈其诀，自诗骚赋颂而下，凡为体二十七家，一披卷而摛辞之道具；学者如不欲为文则已，如欲为文，舍是莫之能焉。……余素粗知嗜文，每览是书，辄爱玩不忍释。"正是学者们的爱不释手，才使得刘勰著作研究掀起热潮。杨慎对《文心雕龙》的批点，标志着人们对《文心雕龙》的研究已不再停留在校勘，而是向理论研究发展，是对《文心雕龙》理论研究的开端。据日本户田浩晓《〈文心雕龙〉梅庆生音注本的不同版本》一文介绍，仅一个版本至少有六种版本刻印传世。梅氏音注本是继《刘子袁注》、《文心雕龙》辛处信注之后的又一重要研究成果。这一时期还有比梅氏音注本早半年的王惟俭《〈文心雕龙〉训故》本的出现。王氏训故本的价值比梅氏音注本还高，清代著名学人王士禛说："黄山谷云：'明王侍郎损仲惟俭作《文心雕龙》、《史通》二书《训故》。以此二《训故》援据甚博，实二刘之功臣。'余访求二十年始得之，子孙辈所当宝惜。"[2]据詹锳考证王氏之《训故》本，是后来黄叔琳《文心雕龙辑注》本的重要材料来源[3]，但黄氏没有声明此事。

王船山还把《文心雕龙》中的"势"论引入了他的诗论中。孙梅在他的《四六丛话》和章学诚在《文史通义》中更指出了《文心雕龙》的理论价值。

整个古代社会对刘勰著作的研究，主要表现在对其著作的著

❶张少康等：《文心雕龙研究史》，北京大学出版社2001年版，第43—44页。
❷王士禛：《古夫于亭杂录》卷一，《〈文心雕龙〉、〈史通〉训故》。
❸詹锳：《文心雕龙义证·〈文心雕龙〉版本叙录》，上海古籍出版社1989年版。

录、品评、引证、因习和采摭以及版本的考订上。据不完全统计，整个古代社会，仅《文心雕龙》一书考订的就有63家，引证者有130家，因习者有46家，采摭者自梁至明代就有59家，对《文心雕龙》全书作过品评的有53家，分篇品评的有39家。[1]这仅是就见之于传世的文献中的统计，还有大量未传世的文献则更无法统计。

二、古代社会有关刘勰研究的几个焦点问题

（一）刘勰与《刘子》的问题

在整个古代社会，对刘勰著作自唐中期以后发生了《刘子》著作权的争议，源自为《刘子》作注的袁孝政的《序言》和张鷟的小说。袁序今已不全，仅见宋陈振孙引录的一段："昼伤己不遇，天下陵迟，播迁江表，故作此书。时人莫知，谓为刘勰，或曰刘歆、刘孝标作。"据宋人刘克庄《后村大全集·诗话续集》记载说唐人张鷟的《朝野佥载》中有："刘子书，咸以为刘勰撰，乃渤海刘昼所制。昼无位，博学有才，□取其名，人莫知也。"这个"□"缺字，《四部丛刊》本已缺，余嘉锡在《四库全书提要辨证》转引作"窃"字。如果真是一个"窃"字，那就是说，张鷟认为《刘子》一书是刘昼作的，刘昼虽博学多才，但因无位，而冒充刘勰。其根据是什么，他没说，这一说法似与袁孝政同源。今传世的张鷟《朝野佥载》没有刘克庄所引的话。五代时修《旧唐书》和宋代欧阳修编撰《新唐书》时，肯定已知有袁序，但不信"街谈巷语"，"传言异辞"，而本于官方意见，或亲见实物，辨析考证后，在《旧唐书》、《新唐书》中仍记《刘子》刘勰撰，唐代的《随身宝》也记为刘勰著。唐代释慧琳《一切经音义》中有："刘勰，梁朝时才名之士也，著书四卷，名《刘子》。"值得注意的是释慧琳编撰《一切经音义》的时候，张鷟的《朝野佥载》已成书，慧琳是

[1] 以上数字从杨明照的《文心雕龙校注拾遗·附录》中统计出来。

否已见到此书，不得而知。总之，唐代的《刘子》作者刘昼说，盖源于袁孝政。而袁孝政是个识见很有限的人。今人曹道衡根据杨明照对袁注《刘子》的指谬说："此人对《刘子》理解似乎不多。因此，把他的论点作为定说，亦恐欠谨慎。"曹道衡还说："袁序讲到刘昼的生平经历，与《北史》、《北齐书》的记载颇有矛盾。""如果相信《北史》和《北齐书》，就很难相信《袁序》的话。"[1]

到了宋元时期，对于《刘子》作者归属问题除了《新唐书》明确归属刘勰外，还有郑樵的《通志》。晁公武的《郡斋读书志》虽说《刘子》三卷，齐刘昼孔昭撰，袁孝政注，但却又提出怀疑，说"或以为刘勰，或以为刘孝标，未知孰是"。看来他是见到了《刘子袁注》，但又对袁序提出怀疑。王应麟的《玉海》对《刘子》的作者也记是刘昼，但他同时又引了晁公武的话，也表示了怀疑。赵希弁《郡斋读书附志·诸子类》中，照录袁序之后，接着说："袁孝政《序》之际已不能辨之矣。"章俊卿的《山堂考索》卷一〇《诸子百家门·杂家类》照录了两说。元代的马端临《文献通考·经籍考》卷四一子部，照录宋人陈振孙的话。陈氏言中有"其书近出，传记无称，莫详其始末，不知何以知其名昼而字孔昭也。"马氏也记下了陈氏的疑问。

宋濂的《诸子辨》说："今考勰所著《文心雕龙》，文体与此正类，其可征不疑"，明确认为《刘子》作者为刘勰。元人编著《宋史》，著《刘子》作者为"题刘昼"。据有人研究，"题"为怀疑之意。明代主《刘子》为刘勰作的代表人物有宋濂、蒋以化、王惟俭等人，主《刘子》刘昼作的代表人物有王道焜、周子义等人，存疑的代表人物有叶子寅和明万历二十年吉府刻二十家子书的编者，曹学佺则认为是刘勰以前的人作的。至清代，学者们对刘昼说多有存疑，其主要学者有：孙星衍、许心扆、顾云程、卢文弨、纪昀、王昶春、陈鳣以及《四

[1] 曹道衡：《关于〈刘子〉的作者问题》，载《中国社会科学院研究生院学报》1990年第2期。

库提要》的编撰者。主刘昼的学者主要有严可均、陆心源等人。

由于对《刘子》作者刘昼的怀疑者越来越多，加之清代学风的严谨性，使得一些出版家也本着宁缺毋滥的态度，部分版本的序跋只谈版本流传史，而不言书的作者的现象。

（二）刘勰与《出三藏记集》

刘勰青年时期入定林寺依沙门僧祐，并居处十余年，《梁书·刘勰传》说“定林寺经藏，勰所定也”。今传世的经藏已无法区别哪些是定林寺曾收藏过的，哪些不是定林寺收藏过的。但见今传世的《出三藏记集》是以僧祐的名义发行的，《弘明集》也是以僧祐的名义发行的，今人多认为是定林寺的藏经目录。这些佛典与刘勰有多大关系，这是研究刘勰生平的大事。这一问题在明代以前未见研究的记载，直至明代曹学佺才开始注意这一问题，并认为以僧祐名义发行的《出三藏记集》，实是刘勰捉刀。曹学佺在《文心雕龙》凌云五色套印刻本序中说：“《传》称勰为文深于佛理，京师寺塔，名僧碑志，多其所作，予读《高僧传》往往及之，但惜不见全文一篇。勰不婚娶，依沙门僧祐，与之居处十余年，博通经论，定林寺藏，勰所次也。窃恐祐《高僧传》乃勰手笔耳。”曹氏的这一识见得到徐𤊹共识。徐𤊹在《文心雕龙》校本跋语中说：“按藏经《出三藏记集》卷一二载勰有《钟山上定林寺碑铭》、《建初寺初创碑铭》、《僧祐法师碑铭》三篇，有目无其文。曹能始[1]云‘沙门僧祐作《高僧传》，乃勰乎，今观其《法集总目序》及《释迦谱序》、《世界序》等篇，全类勰作，则能始之论，不诬也。”徐氏受曹氏之启发，其研究又向前推进一步，不再限于《高僧传》，而是扩大到了《释迦谱序》和《世界序》等篇。王惟俭对此研究更深一步，他不仅看到了刘勰的佛学作品，而且从思想深处研究，认为刘勰并没有纯粹弃儒向佛。他在《文心雕龙训

[1]“能始”是曹学佺的字，福建侯官人，万历二十三年进士，曾授陕西副使、广西副使，辞不就。为人正直，曾因此在家闲居二十多年，诗文甚富，总名为《石仓诗文集》，还著有《野史纪略》等。

故序》中说："余反覆斯书，聿考本传，每怪彦和晚节，燔其鬓发，更名慧地，是虽灵君之上客，实如来之高足也。乃篇什所及，公'般若'之一语；援引虽博，罔祗陀之杂言。岂普通之津梁，虽足移人，而洙泗之畔岸，终难逾越者乎？"王惟俭认为刘勰思想深处还是以儒学为主。

清代的李家瑞否认刘勰有儒家之风，认为刘勰是一个十足的佛徒，他在《停云阁诗话》中说："刘彦和著《文心雕龙》，可谓殚心淬虑，实能道出文人甘苦疾徐之故；谓有益于词章则可，谓有益于经训则未能也。乃自述所梦，以为曾执丹漆礼器于孔子随行，此服虔、郑康成辈之所思，于彦和无与也。况其熟精梵夹，与如来释迦随行则可，何为其梦我孔子哉。"清史念祖认为刘勰身兼儒释，造成文章风格极不相称，一部《文心雕龙》"征引既繁，或支或割，辞排气壅，如肥人艰步"[1]。

对于刘勰与佛教的关系，以及佛学思想问题，至明朝才有人开始研究，至清代则有所深入，有人看到了刘勰思想中的儒释杂糅，也有的由于对刘勰所处时代之缺少足够的了解，认为《文心雕龙·序志》中明明说自己梦随仲尼，而到晚年又归于如来，"可谓咄咄怪事"。

（三）对刘勰著作的评价

对《文心雕龙》的评价，首推梁王朝时期的沈约，《梁书·刘勰传》说："约便命取读，大重之，谓为深得文理，常陈诸几案。"唐卢照邻在《幽忧子集·南阳公集序》中说："近日刘勰《文心》，钟嵘《诗评》，异议蜂起，高谈不息。"唐代对《文心雕龙》评价是很高的，特别是刘知几，把《文心雕龙》当成自己构思谋篇的楷模。晚唐孙光宪在《白莲集序》中说："风雅之道，孔圣之删备矣，美刺之说，卜商之

[1]《俞俞斋文稿初集·〈文心雕龙〉书后》卷二，转引自杨明照：《文心雕龙校注拾遗·附录二》。

序明矣。降自屈宋，逮乎齐梁，穷诗源流，权衡辞义，曲尽商榷，则成格言，其惟刘氏之《文心》乎！后之品评，不复过此。”明代的胡维新在《两京遗编·序》中说：“勰文藻翩翩，读之千古如掌，晋魏之滥觞乎？”何良俊在《四友斋丛说·说文》卷二三说：“古之论文者，有魏文帝《典论》、陆机《文赋》、挚虞《文章流别论》、任昉《文章缘起》、刘勰《文心雕龙》……作文之法，盖无不备矣。苟有志于文章者，能于此求之，欲使体备质文，辞兼丽则，则去古人不远矣。”沈津《百家类纂刘子新论题辞》中说：“观勰所著《文心雕龙》，辞旨伟丽。”胡应麟《诗薮内编·古体中》说：“萧统之《选》，鉴别昭融；刘勰之评，议论精凿。”清人臧琳《经义杂记·三刘三绝》说：“刘勰《文心雕龙》之论文章，刘劭《人物志》论人，刘知几《史通》之论史，可谓千古绝作，余所深嗜而快读者。著书人皆姓刘，亦奇事也。”臧认为《文心雕龙》是一部关于文章作法的书，值得注意。

封建社会时期对于《文心雕龙》的评价大都是褒，只有极少数人如史念祖认为《文心雕龙》“征引既繁……如肥人艰步”。

对《刘子》一书的评价，历代褒贬不一。宋晁公武在《郡斋读书志》中评《刘子》说：“凡五十五篇。言修心治身之道，而辞颇俗薄。”王应麟在《玉海》中评《刘子》说：“凡五十五篇。《清神》至《九流》。书目三卷。泛论治国修身之要，杂以九流之说。”至明代，蒋以化在万历刻本《刘子引》中说：“《刘子》初不知其为何代人，曩余偕伯兄读书山中，喜括秘书语，偶得其缮写半帙，见其语多近博士家言，拔其尤者已入所著《珠郎》中，而以不睹其全为歉。余见其分类铸辞，尊仲尼卑百家，一似《文心雕龙》语，谓必梁舍人刘勰著也。”李维桢在《刘子序》中说：“刘子咀英吐华，成一家言，其大旨不谬于圣人，是所谓千里一贤犹比肩，百世而遇犹旦暮也，而必屏诸门墙之外，无乃已甚乎？千金之裘，非一狐之腋，故孔子集大成，而孟子大取人为善，言询刍荛、道在糠秕，皆是物也。……假令刘子生当洙、泗，时与闻善诱，庶几备身通六艺之科矣。”认为《刘子》是一部博采众家之长的集大成者，倘若生在洙泗之间，必为孔子之高徒。王道焜为孙矿评本作序中认为《刘子》在论证周密、辩证详备方面是唯一的一部书。到清代，刊刻的本子多，对全书评价的少。

三、学者及成果介绍

(一)姚氏父子与《梁书·刘勰传》

姚察(533—606)，字伯审，吴兴武康人(今浙江德清西)人。世代望族，幼好学，善文史。起家为梁南海王国左常侍，兼司文侍郎，后兼尚书驾部郎。梁元帝即位，授原乡令，后为佐著作。陈后主时期，任秘书监，又任吏部尚书，为官清廉。入隋以后，任秘书丞，受诏撰写梁陈二代史书，封北绛郡公。《梁书》和《陈书》尚未完全脱稿就去世了，这一任务由其子姚思廉继承下来。

姚思廉(557—637)，著名史学家。本名简，以字行世。初在陈隋，曾为代王侍读。归唐以后，授秦王府学士。秦王为太子，姚思廉迁洗马。太子即位，思廉改任著作郎。与魏征共撰《梁书》和《陈书》，思廉参考谢、吴的《梁书》撰成今传世的《梁书》和《陈书》。

从现有资料看，姚氏父子和谢、吴都是对刘勰有过研究的人，特别是姚察生前《梁书·文学传》已撰成。《梁书·刘勰传》记录了刘勰的主要生平事迹，并评刘勰“为文长于佛理”。通过在本传中收录《文心雕龙·序志》篇，把刘勰的思想、志向记录下来，成为今人研究刘勰的第一手资料。

(二)李氏父子对刘勰的研究

在唐代对刘勰生平事迹有过研究的，还有李大师、李延寿父子。李氏父子是相州人。李大师曾在农民起义军领袖窦建德所建立的夏政权中做过尚书、礼部侍郎。窦建德失败后，李大师被流放西会州（今甘肃境内），后被赦回，卒于唐太宗贞观二年（公元628年）。李大师在世时，以多识前朝旧事闻名于朝中，常苦于南北各朝因相互敌对而史实有误，称谓亦相互不敬，计划重修南北史，仅编成《春秋》编年，刊究南北史的事未完成任务就已去世。其子李延寿继承其志，续写南北史。李延寿在贞观中累补太子典膳丞、崇贤馆学士。以修撰劳转御史台主簿，兼直国史，参与过编辑唐朝的“国史”，并著有《太宗政典》一书。

李氏父子编撰的《南史·刘勰传》相对于《梁书·刘勰传》，没有添上新材料，只是由于《南史》融宋、齐、梁、陈四书于一书，由于篇幅过大，不得不进行大量的删节（个别的也作了一些补充）。但《刘勰传》只有缩没有增，而且对《梁书·刘勰传》的删节并不科学。例如对其家世和履历的删节，作为传记来说是主要史料，但李氏却删了，而且这一删，给后来的研究者造成种种不该有的猜疑。

（三）刘知几对于刘勰的研究

刘知几（661—721），彭城人，唐代著名史学家。字子玄，名知几，因避玄宗嫌讳，以名行世。从小善《春秋左传》，以精通文史知名。永隆进士，领国史且30年，官虽徙，职常如旧。刘知几因《史通》名世。

刘知几对刘勰的研究表现在两个方面：

第一，刘知几认为刘勰承起了齐梁时期拯救社会时弊的作用。

刘知几在《史通·自叙》中说：

词人属文，其体非一，譬甘辛殊味，丹素异彩，后来祖述，识昧圆通，家有诋诃，人相掎摭，故刘勰《文心》生焉。若《史通》之为书也，盖伤当时载笔之士，其义不纯。思欲辨其指归，殚其体统。……自《法言》已降，迄于《文心》而往，固以纳诸胸中，曾不慸芥者矣。

这就是说，刘勰的著作，担当起了社会批评家的职责，刘知几在说明自己的同时，将刘勰的伟大社会贡献烘托了出来。

第二，对于刘勰史学思想的研究。

刘知几欣赏刘勰所作《文心雕龙》一书的篇章结构，并以《史通》的模拟表现出来，上文已经述及。刘知几对刘勰的史学思想研究的深度，在《史通》中表现得也很明显。例如，对于史书的功用和作史的指导思想方面，刘勰在《史传》中认为作史不仅仅是为了记录下历史史实，更重要的是为了“彰善瘅恶，树之风声”。因此，他主张在作史时应先“立义选言，宜依经以树则；劝戒与夺，必附圣以居宗”。这个标准符合圣贤和经传的要求。刘知几不仅同意刘勰的观点，而且还继承了刘勰的这一思想，他在《史通·直笔》中说：“史之为务，申以劝诫，树之风声。”在《曲笔》中说：“盖史之为用也，记功司过，彰善瘅恶，得失一朝，荣辱千载。”连语句都是从刘勰那里袭用来的。

刘勰是主张秉笔直书的，并指出文辞上效法《春秋》，史德上要向董狐学习。刘知几指出：由于人们受利害的驱使，世间流俗“多避邪弃正，不践君子之迹”，“宁顺从以保吉，不违忤以受害也”。但这皆为“人之所贱”，是“小人之道”。“人之所贵”的是有“君子之德”的“正直者”。“盖烈士徇名，壮夫重气，宁为兰摧玉折，不作瓦砾长存。若南、董之仗气直书，不避强御；韦、崔之肆情奋笔，无所阿容。虽周身之防有所不足，而遗芳余烈，人到今称之。”并对刘勰认为“若乃尊贤隐讳，固尼父之圣旨”的观点提出批评，认为是“直道不足”。刘知几主张史官执简应当“爱而知其丑，憎而知其善，善恶必书，斯为实录”。

后人往往把刘勰与刘知几并提，将《文心雕龙》与《史通》同列。宋人黄庭坚在《山谷全书·与王立之第一帖》中说：“刘勰《文心雕龙》、刘子玄《史通》，此两书皆读否？所论虽未极高，然讥弹古人，大中文病，不可不知也。”今人傅振伦在《刘知几年谱》中《刘知几学行述略上》说：“知几之书多出于刘勰，故其书亦全模拟之，立意亦多取之也，两氏思想亦多相同。”并断言《史通》一书即《文心·史传》篇意推广而成。[1]

(四)杨慎及其对《文心雕龙》的批点

杨慎(1488—1559)，字用修，号升庵，明朝新都(今属四川)人。世代书香。杨慎于正德六年(1511年)科举获殿试第一，时年24岁。

杨慎自幼警敏，11岁能诗，中状元后，授翰林院编修。一生嗜读成瘾，书无所不览。《明史·杨慎传》说：“明世记诵之博，著作之富，推慎为第一。诗文外，杂著至一百余种，并行于世。”

杨慎是明代的博雅君子，著名的诗人、学者和评论家。他所著的《丹铅录》和《升庵文集》中对《文心雕龙》和《刘子》多有涉猎。

杨慎评点的《文心雕龙》今已不见其单刻本，今见之者多附着于梅庆生音注本中。杨慎批点《文心雕龙》之前，在宋代已有辛处信的《文心雕龙注》，但早已亡佚。因而杨氏的批点对后世为《文心雕龙》作注的各家起了一个开路的作用。其作用在今传的凌云本卷首之闵绳初《刻杨升庵先生批点〈文心雕龙〉引》中有评价，闵绳初说：“若夫握五管，点缀五色文，则吾明升庵杨先生实始基之。先生起成都，探奇摘艳，渔四部，弋七略，胸中具一大武库。凡经目所涉猎，手所指点，若暗室而赐之烛，闭关而提之钥也。”

梅庆生音注本有不同的刻本，据日本户田浩晓《〈文心雕龙〉梅庆生音注本的不同版本》一文考证，梅氏音注本至少有6种不同版本。根据杨明照《增订文心雕龙校注·附录》介绍，至少有9种版

[1] 傅振伦：《刘知几年谱》，中华书局1963年版。

本。这些版本都是以杨氏批点本为底本刻印的。此本在今北京图书馆、复旦大学图书馆、台北"国立中央图书馆"、中科院图书馆和杨明照处皆有藏本。

关于杨氏的批注方法梅氏音注本中有《杨慎与张禺山书》,此信中说:"批点《文心雕龙》,颇谓得刘舍人精意,此本亦古,有一二误字,已正之。其用色或红,或黄,或绿,或青,或白,自为一例;正不必说破,说破又宋人矣。盖立意一定,时有出入者,是乘其例。人名用斜角,地名用长圈,然亦有不然者,如董狐对司马,有苗对无棣,虽系人名、地名,而俪偶之切,又常用青笔圈之。此岂区区宋人之所能尽?高明必契鄙言耳。"关于杨氏用五色批点《文心雕龙》一事,明顾起元在为梅庆生万历音注本作序时说:"升庵先生酷嗜其文,咀唼菁藻,爰以五色之管,标举胜义,读者快焉。"可见杨氏的批点无论从方法上还是从批点内容的学术性上,都产生了划时代的影响。

杨氏对于《文心雕龙》的评点,直称刘勰为刘子,这是一大特点。兼之他又是以一位文学家和诗人的眼光来批点的,因而他的批点突出了形象思维,强调情感,富有想象力。例如他批点《风骨》说:"《左氏》论女色,曰:'美而艳'。美犹骨,艳犹风也。文章风骨兼全,如女色之美艳两致矣。"这就将刘勰抽象的概念给予了形象性、具体化的解释,显得通俗易懂而又富有诗意之美。杨评又说:"引'文明以健',尤切。明即风也,健即骨也。诗有格有调,格犹骨也,调犹风也。"这些比附,只有诗人才能有如此高明的阐释,即使不中彦和之意,亦不失为一家之言。又如《封禅》篇中有"使意古而不晦于深,文今而不坠于浅",杨慎对此批点曰:"'意古不晦于深,文今而不坠于浅'。不特封禅之准,他文亦当如此。"刘勰的上两句话可说是他对文章写作的基本原则,是刘勰文学思想的重要组成部分。杨氏看到了这两句话的普遍意义,说明杨与刘思想上的一致性。再如《情采》篇中有"是以联辞结采,将欲明理,采滥辞诡,则心理欲翳。固知翠纶桂饵,所以失鱼。'言隐荣华',殆谓辞也"。对此一段话,杨评之曰:"《庄子》云:'言隐于荣华。'"这不仅道破刘勰用典的来历,更说明刘勰文学思想的真实论要求。过分的夸饰,反而掩盖了事理的真实性,这是与明理相悖的,所以刘勰搬出庄子之言,强调一个"真"字。这也说明刘勰的《宗经》并非仅宗儒经,道经也有遵循。今人研究刘勰,见其梦随仲尼,又有《宗经》篇,就认为刘勰是儒,不免有失片面。就是一部《文心》也是儒、道同尊,这不仅是纠正当时齐梁文学淫靡之风的需要,也是刘勰本身思想的表现。这一思想直到后来《刘子》中的《九流》篇才直说:"道者,玄化为本;儒者,德化为宗,九流之中,二化为最。"当然这不是从文章学讲的,而是从政治学讲的,但也看出刘勰思想中的儒道架构。今人陕西师范大学的赵吉惠评论说:"南朝的思想家刘勰在其所著的《刘子·九流》中就已经表述了这个观点。他说:'道者玄化为本,儒者德教为宗,九流之中,二化为最。'这里的'九流',泛指多元文化,不只一家。所谓'二化',实际就是讲的以儒家、道家为中国文化的主体。这一段话,就是以儒、道为主体结构的多元中国文化的古典表述。"①

另,杨氏在对《文心雕龙》的批点中,也在文字校勘上下了不少功夫。从杨明照的《文心雕龙校注拾遗》和詹锳的《文心雕龙义证》可以看出,杨慎在《原道》、《铭箴》、《杂文》、《论说》、《风骨》、《指瑕》、《总术》篇中各校出一字,在《征圣》篇校出两字,共计校出9字。这虽然较之王惟俭和梅庆生、朱郁仪等人在校勘上功绩相对少一点,但杨氏的批点,更多的则是在创作论方面阐释刘勰的理论。

①赵吉惠:《论儒道互补的中国文化主体结构与格局》,载《陕西师范大学学报》(哲学社会科学版)1994年第4期。

（五）王惟俭及其《文心雕龙训故》

王惟俭，字损仲，明朝祥符（今河南开封）人。万历二十三年进士。初授职潍县令，迁兵部职方主事。后因辽东总兵官马林忤税案被削职回家。家居二十年后，时光宗始立，王惟俭被起用为光禄丞，三迁大理少卿。天启三年（1623年）八月，擢右佥都御史，巡抚山东。

王惟俭的《文心雕龙训故》，初由王惟俭自刻于明万历三十九年[1]。是书卷首为祥符张同德写的《合刻训注〈文心雕龙〉〈史通〉序》，序中说："二刘训故者，梁刘彦和、唐刘子玄所著书，而损仲王君为之训也。……损仲慕古好奇，于学无所不窥，读是二书，有味乎其言，翻阅辟籍，注为训笺。参互诸刻，正其差谬。疑则乙其处，以俟考订。浃岁而书成，刻以传焉。……万历辛亥四月之吉，祥符张同德昭甫氏题。"其次是王惟俭自序，末署"万历己酉夏日王惟俭序"。王序之后是《南史·刘勰传》和凡例。今将凡例移录如下，以见王氏之用心：

一、是书之注，第讨求故实，即有奥语伟字，如鸟际鱼纲之隐，玄驹丹鸟之奇，既读斯书，未应河汉，姑不置论。

一、故实虽烦，以至舜禹周孔之圣，游夏侨肸之贤，世所共晓，无劳训什。

一、古称善注，六经之外，无如裴松之注《三国志》，刘孝标之注《世说》。然裴注发遗事于本史之外，刘注广异闻于原说之余；故理欲该赡，词竟烦缛。若此书世更九代，词人罔遗。而人详其事，事详其篇，则杀青难竟，摘铅益劳。故人止字里之概，文止篇什之要，势难备也。

[1] 杨明照在《文心雕龙校注拾遗》附录中说刻于万历三十七年，误。万历三十七年之说，是根据王惟俭的自序，其序写完后，并没有马上刻印，今据卷首祥符张同德昭甫题署为"万历辛亥四月之吉"知刻于万历三十九年。

一、诸篇之中，或一人而再见，或一事而累出，止于首见注之。其或人虽已及，而事非前注者，方再为训什。

一、此书卷分上下，篇什相等。而上卷训释，视下倍之。以上卷详诸文之体，事溢于词；下卷详撰述之规，词溢于事。故训有繁简，非意有初终也。

一、训释总居每篇之末，则原文便于读诵。至于直载引证之书，而不复更题原文者，省词也。

一、是书凡借数本，凡校九百一字，标疑七四处。其标疑者，即墨□本字，以俟善本，未敢臆改。

从以上凡例，可以看出王氏在注释时不像杨慎和梅庆生等人注重于词语，而是侧重于上卷的文体论。也许他认为此书的要旨是一部文章学的理论书，更不像杨慎以诗人的眼光看待《文心雕龙》，注重创作论，而是以一位史学家的眼光看《文心雕龙》，并长于古籍整理和注释，只是为了要人读懂是书即可，而不是借题发挥，去阐释刘勰的理论。因而在《凡例》里说："上卷详诸文之体，事溢于词；下卷详撰述之规，词溢于事。故训有繁简，非意有初终也。"这也是王惟俭在《训故》中遇事必释，遇词往往略过的原因。也许在他看来有些词语中的隐含典故人们能读懂，或不影响对原文的理解，所以不予注释。人们从他列的这个《凡例》中，可以看出王惟俭对《文心雕龙》分上下两卷的理解是：上卷是论文体，下卷是论文术。或许时人读《文心雕龙》注重文术，忽视文体，他来个矫枉过正，偏重了文体论，至少于杨慎是如此。所以他对于文体部分旁征博引，凡与文有牵涉的人名、地名、篇名、史实典故，大都理出了来龙去脉，读其注释，如同读一部分体文学史。但他对文术论部分注释得又过于简单。《神思》篇注出10条，《体性》篇没注，《风骨》篇仅有2条注、《通变》篇有4条注、《定势》篇有2条注、《情采》篇有4条注、《镕裁》篇有4条注、《声律》篇有2条注、《章句》篇有3条注，而且每注仅寥寥数语。在《丽辞》、《比兴》、《夸饰》、《事类》和《练字》五篇中，对于《丽辞》、《事类》和《练字》又明显加大了功夫，或因为字、辞及用事是文章学的功力所在，因而王氏给予特别的关注。

对于王惟俭的《文心雕龙训故》一书的学术价值，张少康等人评论说"王惟俭《文心雕龙训故》在明代'龙学研究'史上是一奇迹"，"王氏《训故》是其独立完成的学术成果"，"王氏学养深厚，校读古籍经验丰富，王氏训故与梅氏音注犹如一场竞技较量，王氏一人身兼数人之功"，"在为《文心雕龙》作注方面，王惟俭成就远在梅庆生之上"，"能够取得如此大的业绩，在'龙学'史上是十分罕见的"①。

（六）梅庆生及其《文心雕龙音注》

梅庆生，字子庾，明朝豫章（今江西南昌）人。明代著名学者，版本学家。《文心雕龙》在梅氏注音之前，朱郁仪、谢兆申、徐𤊹等均有意将自己的校注本付梓，但终将自己的心血汇聚于梅本当中，这足以证明当时文人学士对梅庆生的信赖，从另一方面也证明梅氏的学识征服了他们。当时以朱郁仪为中心形成的文人集团中的骨干有曹学佺、徐𤊹、谢兆申等60余人，他们以研究《文心雕龙》为共同兴趣，互相交流识见。天启二年（1622年）梅庆生重修音注本，谢兆申跋语下梅庆生有一说明，其文曰："此谢耳伯己酉年初刻是书时作也，未尝出以示予。其研讨之功，实十倍予。距今十四载，予复改七百余字，乃无日不思我耳伯。六月间偶从乱书堆得耳伯《雕龙》旧本，内忽见是稿，岂非精神感通乃尔耶！令予悲喜交集者累日夕。因手书付梓，用以少慰云。"此文足证他们交往之深。据谢

①张少康等：《文心雕龙研究史》，北京大学出版社2001年版，第69—71页。

兆申跋语知，梅氏还撰有《水经注笺》一书。

《文心雕龙音注》本，初刻于明万历三十七年(1609 年)，杨明照认为是刻于南京，詹锳认为刻于南昌，二说不一。考杨明照说刻于南京，可能是根据顾起元序末有："万历己酉嘉平月，江宁顾起元撰于懒真草堂"中的"江宁"二字。詹锳的"刻于南昌"说，或许根据梅庆生是豫章人，故有"刻于南昌"说。两相比较，根据当时的交通情况，杨说接近事实。梅庆生的音注本，据日本户田浩晓考证说："现存的《梅庆生音注本》至少有六种不同版本。"[1]杨明照《文心雕龙校注拾遗》附录第八中记录了梅氏七种刻本，2000 年中华书局出版的《增订文心雕龙校注》的杨氏附录中记录了九种梅本。户田浩晓说认为梅氏自万历三十七年至天启六年，刊行了那么多的不同版本，不断地进行研究和修订，由此可见梅庆生对于《文心雕龙》的关注。

对于梅庆生音注本的评价，傅增湘《徐兴公校〈文心雕龙〉跋》说："《文心雕龙》一书，论文章之流别，为词苑之南针，文人学士，诵习不衰。而传世乃少善本，阮华山之宋椠，自钱功甫一见后，踪迹遂隐；即黄荛圃所得之元至正嘉禾本，后此亦不知何往。明代刻本，以弘治甲子吴门最先，嗣是嘉靖中，建安、新安等处付梓者凡六本。万历中，自张之象以后，付梓者凡四本，而夺文讹字，多不能举正。至金陵梅庆生本出，乃取诸家校本，汇集而刊之，虽校定未必悉当，然考证之功，亦云勤矣。"可见梅本是一集时代之大成的著作。

但是梅氏注本没有将注放到刘勰生活的大环境中，而是孤立地就字解字，就词解词。因而对刘勰当时的用意也就注解不出来。梅氏注本"虽可以为读者免去部分搜寻典故的麻烦，却缺乏关于刘勰文论体系的深入思考，说明梅氏对《文心雕龙》这部书性质之理解

[1] 户田浩晓：《〈文心雕龙〉梅庆生音注本的不同版本》，载王元化编：《日本研究〈文心雕龙〉论文集》，齐鲁书社 1983 年版。

也是有限的，他将《文心雕龙》从活生生的历史背景中抽出来，作为一个纯文字的文本材料来进行处理”[1]，降低了其书的学术价值。

（七）黄叔琳及其《文心雕龙辑注》

黄叔琳（1672—1756），字宏猷，号昆圃，顺天大兴县（今属北京）人。康熙三十年（1691 年）进士，授编修，累迁侍读。雍正元年（1723 年）调吏部侍郎，命赴湖南议盐政，革除陋规，疏清各省支援兵粮附近县拨运。不久授浙江巡抚职。黄叔琳历康熙、雍正、乾隆三朝，均以文学著称，当时推为文学大家，又称北平黄先生。

《文心雕龙辑注》一书，据顾镇编《黄昆圃先生年谱》介绍，纂于雍正九年（1731 年），后与人商量校证至乾隆三年（1738 年），最后与陈祖范论定。前后历时八年，初刻于乾隆六年（1741 年）。杨明照认为此本“刊误正讹，征事数典，皆优于王氏训故、梅氏音注远甚，清中叶以来最通行之本也”[2]。此本问世之前，社会上已有王惟俭《训故》本和梅庆生《音注》本，黄氏深感二本为当时最佳之本，然读来相互参照极为不便，于是便以梅本为基础参照《训故》本加上自己的校勘考证，合为一书。也有人认为此书是黄氏手校，门客某甲补注。此说真假已难辨，但从黄氏自序看，不像门客所为。

《文心雕龙辑注》黄氏自序曰：“明代梅子庚（庾）氏为之疏通证明，什仅四三耳；略而弗详，则创始之难也。又句字相沿既久，别风淮雨，往往有之，虽子庚（庾）自谓校正之功五倍于杨用修氏，然中间脱讹，故自不乏，似犹未得为完善之本。余生平雅好是书，偶以暇日，承子庚（庾）之绵蕞，旁稽博考，益以友朋见闻，兼用众本比对，正其句字。人事牵率，更历寒暑，乃得就绪，覆阅之下，差觉详尽矣”，其含辛茹苦，体会深刻，应是自己辛苦劳动的成果。

《文心雕龙辑注》由于是在前人基础上集成的，故学术价值高

❶张少康等：《文心雕龙研究史》，北京大学出版社 2001 年版，第 68 页。
❷杨明照：《文心雕龙校注拾遗·附录第八》，上海古籍出版社 1982 年版，第 77 页。

于以往诸本，但由于作者在辑注过程中没有将校勘的地方完全注明哪是前人的，哪是自己的，甚至有将前人的说成是自己的，尤其在前言中没有声明王惟俭的《训故》，只是在元校姓名上加了王惟俭的名字，在学术史上被人认为有“攘其美以为己有耶”[1]之嫌疑。如果细研黄氏《例言》，黄叔琳也已声明：“后得王损仲本，援据更为详核，因重加考订，增至什之五、六，尚有阙疑数处，以俟博雅者更详之。”说明还是承认采用了王氏《训故》。

但是，“黄氏《辑注》，顾名思义有集校集注的性质，对此一工程，黄氏态度十分认真，精力投入也是巨大的，他是在梅氏音注、王氏训故基础上来结撰其《辑注》的，他把前人的成果与自己的研究作一番整理，无论是校勘，还是注释，都显得更眉目清楚，便于阅读，即使确认其因袭梅氏等人已有校勘成果，但是也应看到，黄氏根据各种校本的比对工夫还是一丝一不苟的，因为‘择其义之长者’，本身就有考辨与研究的性质，而能够择善而从，则正体现了其‘龙学’造诣”[2]。

(八)纪昀对刘勰的研究

纪昀(1724—1805)，字晓岚，一字春帆，号石云，直隶献县(今属河北)人。乾隆十九年(1754 年)进士，初授编修，官至协办大学士，加太子少保。学识渊博，长于考证训诂，能诗善文。任《四库全书》总纂官十余年，主持撰《四库全书》、《四库全书总目提要》，评论考证经、史、子、集，集公私著述之得失、异同，为中国目录学要集，并著有《阅微草堂笔记》。

纪昀对刘勰的研究，主要表现在对刘勰著作的研究上。

纪昀对《文心雕龙》的研究，主要体现在对黄叔琳《文心雕龙辑注》一书的眉批中。纪昀之评包括对刘勰《文心雕龙》原书的评论

❶张少康等：《文心雕龙研究史》，北京大学出版社 2001 年版，第 89 页。
❷张少康等：《文心雕龙研究史》，北京大学出版社 2001 年版。

和对黄注的评论两部分。对《文心雕龙》的评论，包括对刘勰所表现的理论上的评论和《文心雕龙》版本的文字校勘上。

第一，对《文心雕龙》文字的校勘。纪昀在《原道》、《宗经》、《正纬》、《明诗》、《乐府》、《诠赋》、《哀吊》、《杂文》、《谐隐》、《史传》、《诸子》、《论说》、《诏策》、《檄移》、《封禅》、《议对》、《体性》、《通变》、《情采》、《镕裁》、《声律》、《丽辞》、《比兴》、《夸饰》、《事类》、《练字》、《隐秀》、《养气》、《序志》等二十九篇中校勘48处。从现在的研究校勘成果看，纪昀校勘的这48处中，有24处是不正确的，功过各半。在这正确的24处中有7处在纪昀以前就有人发现其错误，这说明纪氏真正享有发现权的仅有17处。

第二，对《文心雕龙》的成书时间的考评。在《原道》篇中纪昀评论说："据《时序》篇，此书实成于齐代，今题曰梁，盖后人所追题，犹《玉台新咏》成于梁而今本题陈徐陵耳。"在《程器》篇，纪昀评曰："观《时序》篇，此书盖成于齐末，彦和入梁乃仕，故郁郁乃尔耶！"纪氏虽未作详细考证并指出理由，但结论却明确表达，认为成书于齐末。这是中国刘勰研究史上最早明确考证《文心雕龙》成书时间的一家说法。[1]其后主此说的有郝懿行、顾千里、黄丕烈、刘毓崧等人。

第三，指出《隐秀》篇为明人伪托。纪昀在黄叔琳《文心雕龙辑注·例言》中关于《隐秀》一篇时评曰："此篇出于伪托，义门为阮华山所欺耳。"这是就何义门校宋本跋语中的话而发的评语。何义门校宋本跋语中说："《隐秀》篇自'始正而末奇'，至'朔风动秋草'朔字，元至正乙未刻于嘉禾者，即缺此一叶，此后诸刻仍之。胡孝辕、朱郁仪皆不见完书，钱功甫得阮华山宋椠本抄补；后归虞山，而传录于外甚少。"这并不是阮华山欺骗了何义门，而是何义门相信钱允治的话。钱允治在明天启七年（1627年）冯舒手校本跋语中说："至

[1] 杨明照：《文心雕龙校注拾遗》附录中附有晚唐陆龟蒙诗："刘生吐英辩，上下穷高卑，下臻宋与齐，上指轩从羲。"指出了《文心雕龙》所论的上限和下限，但没有纪昀明确。

《隐秀》一篇,均之阙如也。余从阮华山得宋本抄补,始为完书。”钱允治也相信阮华山的话。钱允治亲见了宋本,并取之于阮华山手。至于这《隐秀》篇是否为明人伪托,今人意见仍不一致。

第四,对《文心雕龙》主旨的评论。纪昀在《原道》篇评曰:“自汉以来论文者罕能及此,彦和以此发端,所见在六朝文士之上”;“文以载道,明其当然;文原于道,明其本然,识其本乃不逐其末,首揭文体之尊,所以截断其众流”;“齐梁文藻,日竞雕华,标自然以为宗,是彦和吃紧为人处”。纪昀的这些评论,是当时人尚未能达到的深度。特别是“标自然以为宗,是彦和吃紧为人处”这句评语使一部《文心雕龙》的主旨跃然突显。在《定势》篇评“自然之趣”时说:“自篇首至‘自然之势’一段,言文各有自然之势”。这些解释直至现代人才达到此种深刻理解程度。纪氏对《文心雕龙》的深刻理解,还表现在他对《文心雕龙》体例的理解,在《四库全书总目提要》中说:“其书《原道》以下二十五篇,论文章体制;《神思》以下二十四篇,论文章工拙,合《序志》一篇,为五十篇。”

第五,纪昀认为《文心雕龙》一书为文论著作,这是其书存世经久的原因。纪昀在《论说》篇评论说:“彦和论文多主理,故其书历久独存。”这不仅指出了《文心雕龙》历久存世的原因,同时也指出了《文心雕龙》的性质。在《史传》篇评之曰:“彦和妙解文理,而史事非其当行。”但这句评语是对《文心雕龙》的性质作的一家之说。

纪评由于对《文心雕龙》性质认为是文学理论,所以在《书记》篇,纪评曰:“此种皆系杂文,缘第十四先列《杂文》,不能更标此目,故附之《书记》之末,以备其目。然与《书记》颇不伦,未免失之牵合,况所列或不尽文章,入之论文之书,亦为不类。若删此四十五行,而以‘才冠鸿笔’句直接‘笺记之分’句下,较为允协”;“二十四种杂文,体裁各别,总括为难,不得不如此侂侗笼统敷衍”;“此处仍以《书记》结,与中间所列无涉,文意亦不甚相属。知是前类《杂文》，无类可附，强入之《书记》篇耳”。这就表现出了纪昀与刘勰观点的差异。刘勰认为应属杂文的，纪昀则不认为是。在《诸子》问题上，纪昀认为子书不属于文，而是独成一家。《诸子》篇纪评曰：“此亦泛述成篇，不见发明。盖子书之文，又各自一家，在此书原为谰入，故不能有所发挥。”刘勰写《文心雕龙》的本意是论各种文体，纪昀认为是文论，故提出如此批评。

第二节　近现代中国的刘勰研究

近现代中国的刘勰研究，分为清末（1840—1911 年）和民国时期（1912—1949 年）两个阶段。

一、概述

（一）清末（1840—1911 年）

这一时期的刘勰研究，从整体上来看，还是沿着传统的研究法缓慢地向前发展。其表现形式主要是对刘勰著作的刊刻和校勘。这一时期的《文心雕龙》刻本主要有光绪三年（1877 年）《崇文丛书》本；光绪十三年（1887 年）广东朱墨套印黄叔琳注纪评本。在注释方面仅有李详的《文心雕龙黄注补正》，论文仅见一篇，刊登在 1907 年 1 月 10 日的《豫报》上，名为《说“气”》，署名梦南。1907 年前后，章太炎在日本成立国学讲习会，听讲者主要是中国留日学生。章太炎给学生讲授《文心雕龙》，听讲者朱逖先等人的记录稿今存上海图书馆。这是《文心雕龙》研究史上第一次将此书搬上讲堂。这时期的《刘子》研究有光绪三年（1877 年）卢秉钧校刊的《子馀增订汉魏丛书》本，刊于光绪五年（1879 年）的《畿辅丛书》本，光绪初年崇文书局刻的《百子全书》本等等，以及各版本中的序跋文字。

（二）民国时期（1912—1949 年）

这一时期的刘勰研究已由传统的研究法逐步走向科学的道路。西方文化大量传入中国，中国的学者开始注意和吸纳西方的研究方法。对于刘勰著作的研究已由传统的校勘注解，走向了理论阐释。此一时期发表论文仅《文心雕龙》一书就有 107 篇，内容涉及校注的 20 余篇，序跋评介和书后记 30 余篇，理论研究的 40 余篇，涉及刘勰史学思想的 1 篇，出版专著 17 部。

特别是黄侃、刘师培受其师章太炎的影响在北京大学把《文心雕龙》搬上课堂[1]，成为学生学习的内容。这不仅宣传了刘勰的思想，而且也为日后的刘勰研究培养了人才，如范文澜、李曰刚等皆为黄侃的学生。据不完全统计，这一时期出版的有关《文心雕龙》研究的各种专著 17 种。其中影响较大的有范文澜的《文心雕龙讲疏》、《文心雕龙注》、李详的《文心雕龙补注》、黄侃的《文心雕龙札记》、刘永济的《文心雕龙校释》等。这一时期在各大学开设的文学批评史课堂上，刘勰的《文心雕龙》也是教师讲授的重要内容，在已出版的文学批评史著作中列专章论述《文心雕龙》的理论体系和在文学批评史上的地位。其中影响较大的有陈中凡的《中国文学批评史》、郭绍虞的《中国文学批评史》、罗根泽的《中国文学批评史》、朱东润的《中国文学批评史大纲》。在这些著作中，各位作者对《文心雕龙》的理论体系、历史地位和时代意义给予了充分的肯定。陈中凡认为中国文学批评史上，在刘勰和钟嵘之前，皆为短篇，并多散佚，“惟刘勰《文心雕龙》、钟嵘《诗品》独存，二者皆论文之专著也”。朱东润认为：“吾国文学批评，以齐梁之间为最盛，刘勰之《文心雕龙》，钟嵘之《诗品》，皆成于此期中，并为文学批评之杰作。”罗

[1] 詹锳在《文心雕龙义证·序例》中说：“在大学讲授《文心雕龙》，始于刘师培，黄侃继之。”而牟世金在《龙学七十年概观》一文中认为最早把《文心雕龙》搬上大学课堂的是黄侃。詹说可能有误。因为刘师培“筹安会”失败后，1917 年才重回北京，时黄侃早已执教北大，当是黄氏在先讲授《文心雕龙》。今录以备考。

根泽认为:“纯粹的文学批评的专篇论文只有刘勰和钟嵘。”郭绍虞认为《文心雕龙》是一部“条理绵密的文学批评之伟著”,是“当时文论之集大成者”。

叶长青1933年自印的《文心雕龙杂记》一书值得一提,此虽非巨帙,仅有120页,但它是文心雕龙研究史上较早用敦煌写本校正现行本的专著,共校正276处。黄桐坡在其序言中说:“叶长青先生劬学嗜古,著作甚富,固迩笺《诗品》方毕,复取敦煌本正今本刘著之舛误,使读者晓然于缣帛时代因传抄而脱漏、而臆改致失其真,为之流通证明,归于完善,更举诸家评本札记,矫其偏颇,其研虑之精,条举之密,皆玉惬当可传。”

这一时期的《刘子》研究相对于《文心雕龙》显得薄弱一些。上海育文书局印行的《子书三十六种》中有《刘子》。1924年出版海宁陈氏影印《刘子袁注》本。孙楷第《新论校释》,1931年与王重民《列子校释》一起作为《西苑丛书》之一出版。杨明照于1937年在《文学年报》第3期上发表了《刘子理惑》一文,1938年又在《文学年报》上发表了他的《刘子校注》,罗振玉、王重民等亦对敦煌遗书《刘子》残卷作过研究。

二、近现代中国有关刘勰研究的几个问题

(一)刘勰生卒年问题

这一时期同以往最大的不同是出现了以刘勰的评传为题目的论文,有的还附了年谱和世系。分别是梁绳祎的《文学批评家刘彦和评传》、吴熙的《刘勰传》、刘节的《刘勰评传》、徐善行的《革命文学的——文心雕龙》中也有《刘勰传略》、范文澜《文心雕龙·序志注》、杨明照的《〈梁书·刘勰传〉笺注》。1935年,敖士英在其新出版的《文学年表》卷三中,把刘勰的卒年与萧统之死相联系。1936年出版的刘汝霖《东晋南北朝学术编年》中,根据《佛祖统记》记载的史料,认为刘勰卒于梁大同四

年(公元538年),同年霍依仙发表了《刘彦和评传》,其中的年谱认为刘勰生于公元465年,卒于公元531年。徐善行认为刘勰"生年当宋明帝时(公元465—472年)","殁时至少在六十年以后(520年以后)"。范文澜认为刘勰生年"当在宋泰始元年前后",卒年当在梁"普通元、二年"。杨明照在《笺注》中把刘勰的身世及背景材料作了勾勒。这一时期对刘勰生卒年研究影响最大的就数范文澜了。梁绳祎还列了一个刘勰家族世系表,这是刘勰研究史上第一个世系表。

(二)将刘勰冠以文学革命家

把刘勰说成是文学革命家是"五四"以后研究刘勰所出现的新特点。1922年杨鸿烈发表《文心雕龙的研究》一文,认为:从晋代到南朝的文学"犯了浮滥靡丽,华而不实的毛病","在这骈偶猖獗的时代,就暗伏着一位抱文学革新的刘彦和,可惜当时即无人唱和,后人又只以他那部极有价值的《文心雕龙》当作修辞书去读,就把他立言的宗旨失掉了"。徐善行的观点更明确,认为"《文心雕龙》是一部提倡革命文学的专书","即谓彦和独绝千古,亦无不可?"认为胡适《历史的文学观念论》中的有些观点"一千多年前的文学革命家刘彦和就已发现了"。梁绳祎在《文学批评家刘彦和评传》中认为,《文心雕龙》立言的宗旨就是"反抗时代的作用",直称刘勰为"文学革命家"。这些评论既有"五四"以后提倡文学革命的时代性的一面,又有刘勰的观点与齐梁文学主流相悖的一面,体现了刘勰文学理论的针对性和时代性价值。

(三)对刘勰"自然之道"的理解

徐善行说:"从文学革命以来,舶来的自然主义,和'文学批评',都是时髦的名词,大家都常常引用,而在《文心雕龙》里,早已有'自然'地发现和精神的批评了,却是大家所忽略的。"[1]杨鸿烈认

[1] 徐善行:《革命文学的——文心雕龙》,1925年10月《孟晋非战专号》第二卷第10期。

为“刘勰对于文学革新积极的建设方面的言论”，首要的就是在于“标出一个文学的自然主义出来，就是先有自然的情感和思想，然后自然的描写”[1]。梁绳祎认为“提倡自然抒写的文学”和“提倡真实的文学”是《文心雕龙》的两个基本观念。[2]徐善行还认为《原道》的“道”，“不是别的，就是‘自然’”。

（四）对《文心雕龙》中《征圣》、《宗经》的评点

这一时期，有研究者认为《文心雕龙》中的《征圣》、《宗经》两篇，是刘勰“托古改制的一种诡计”。梁绳祎说：“取了这种陈仓暗渡的办法”以“增加他言论的效力”，认为“文学的正本归原论，实在是刘氏实现他的文学主张的一种方术”。[3]吴益曾提出反驳。他认为刘勰“文学的正本归原论，是主张宗经、征圣。他所以要师圣的理由，是因为圣人雅丽，衔华佩实”，“他所以要宗经的理由，是因为宗经有六利益”，“有人说他本意未必如此，乃是他托古改制的办法，用‘圣’‘经’来做招牌，以便言论取重于人。然这也不过是一种猜想而已”。[4]

（五）关于《刘子》一书的研究

这一时期对于《刘子》一书研究成果最大的是杨明照。他于1937年在《文学年报》第3期上撰写了《刘子理惑》一文。认为《刘子》为六朝之物，非唐以后所为，并以敦煌遗书中《刘子》残卷将“世”、“治”改写和《帝范》、《臣轨》、《北堂书抄》征引《刘子》为证。杨明照对《刘子》评价极高，并平生雅好是书。而黄东发对《刘子》则评价不高，说其“杂取九流百家之说”，“不足预诸子立言之列”。[5]

杨明照否认《刘子》为刘勰著，其理由有四：其一，“史惟载其撰著《文心雕龙》，不云更有他书”。其二，“《文心·乐府》（卷二第七

❶杨鸿烈：《文心雕龙的研究》，见1922年10月24—29日的《晨报·副刊》。
❷❸梁绳祎：《文学批评家刘彦和评传》，载1927年6月6日《小说月报》第一七卷号外。
❹吴益曾：《文心雕龙中之文学观》，载《进德》月刊（山东进德学会）第二卷第9期（1937年5月）。
❺《黄氏日钞》卷五五《读刘子》，转引自杨明照《刘子理惑》。

篇)称'有娀谣乎飞燕,始为北声',与是书《辨乐》(卷二第七篇)谓'殷辛作靡靡之乐,始为北音'各异其趣(按《文心雕龙》本《吕氏春秋·音初篇》说。《刘子》则本《史记·乐书》也)"。其三,"又史称'勰长于佛理,后且出家'。而是书末篇(《九流》),乃归心道家(《道藏》本于《九流篇》先道家,通行本则先儒家。观其总括之语,《藏》本实据其本书次第如此,非由后来黄冠所移易也。又是书首卷:《清神》、《防欲》、《去情》、《韬光》诸篇,近道家言,故白云斋《道藏目录》收之太玄部无字号中)。立言既已殊科,秉心亦复异撰,非其所著,不辨可知矣"。其四,《刘昼传》中称昼"'恨不学属文,方复缉缀辞藻,言甚古拙。'今以《刘子》全书验之,其缉缀辞藻与言甚古拙,皆极为显著"。

1938年杨明照又在《文学报》上发表了他的《刘子校注》,对《刘子》一书所作的注释之详,是袁孝政之后为之作注的第一人。

三、学者与成果介绍

(一)李详及其《文心雕龙补注》

李详(1858—1931),江苏扬州兴化人,字审言,一字慎言。出身于兴化名门世族,为明代状元、宰辅李春芳八世孙,父增,经商破产并早逝。李详家贫好学,弱冠前后,一边教书谋生,一边刻苦攻读。27岁始受知于学政黄体芳,后又受知于长沙王先谦,遂名于世。1928年后,蔡元培为中央研究院院长,聘李详、鲁迅、胡适、陈垣等12人为特邀著述员。

《文心雕龙补注》,李详著,最初发表在《国粹学报》第五卷8、9、12、13号(1909年)及第七卷5至17号(1911年)上。1916年被潮阳郑氏收刻于《龙溪精舍丛书》中。全文134条,不分卷,计三万余言。原刊时名为《文心雕龙黄注补正》,收入《龙溪精舍丛书》时,李详又稍作理董,并易名为《文心雕龙注》。因为自黄叔琳辑注本问世以后的200余年间，专门为黄注作补的，李详是第一人，所以影响较大。该书1926年上海中原书局曾印刷发行。1958年杨明照的《文心雕龙补注》由古典文学出版社出版时，杨书首次征引全文。2000年中华书局又将黄叔琳注、李详补注和杨明照拾遗及附录合在一起出版，名之曰《增订文心雕龙注》。

为何要注《文心雕龙》，李详在《补注序》中说："黄氏所待勘者，尚不可悉举。合肥蒯礼卿观察，乡病黄注之失，曾嘱余为注，会以授学子而止。"于是"每取此书观之，粗有见地。志创茅蕝，以启后人，略以日课之法行之，日治一、二条，稍可观览。准元吴礼部《战国策校注》之例，名曰《黄注补正》"。李详补注是对黄注"补其罅漏"，"正其违失"。该书作于1901年至1910年在南京为蒯光典二子授课之时。

《文心雕龙补注》对《乐府》、《章表》、《通变》、《定势》、《隐秀》、《附会》、《物色》7篇未作补注，其余各篇共补注134条。李详注的特点之一是对黄注事典出处的源头进行订正。例如《文心雕龙·宗经》篇有"皇世三坟，帝代五典，重以八索，申以九邱"，黄注"（孔安国《尚书序》）伏羲、神农、黄帝之书，谓之三坟，言大道也。少昊、颛顼、高辛、唐虞之书，谓之五典，言常道也。八卦之说谓之八索，求其义也。九州之志谓之九邱，邱，聚也。言九州所有土地所生，风气所宜，皆聚此书也"，对此注，纪昀评之曰："宜先引《左传》于前。"李详案："《左传·昭公十二年》是能读三坟五典，八索九邱。《正义》引贾逵说三坟三皇（皇，通行本作王，宋本作皇）之书，五典五帝之典，八索八王之法，九邱九州亡国之戒。彦和言皇世三坟，当用贾侍中说，孔安国伪书序，不足凭也。"这就是说注书释典应当找到典源，方才释用意，才能周密准确。李详的补注订正了黄注的误解。李详补注的另一特点是对于黄叔琳未注出的地方也做了注释。如《养气》

篇，黄叔琳未对“智用无涯”句进行解释，而李详补注曰：《庄子·养生主篇》：“吾生也有涯，而知也无涯，以有涯随无涯，殆已。”李详的补注对于读者正确地理解刘勰的思想起了导航的作用，同时对后人注释古典书籍正确引文和找出源头都有很大的启发。

（二）黄侃及其《文心雕龙札记》

黄侃（1886—1935），初名乔馨，庠名乔鼐，后更名侃，字季刚，晚号自署量守居士。父云鹄，字翔云，以二甲进士历官至四川按察使。黄氏先世系出江夏，后辗转迁至湖北蕲州（今蕲春县）大同乡螭堆山定居。1903年入张之洞开办的文普中学堂，因倡言革命而被开除学籍。后赴日入早稻田大学留学，其间拜章太炎为师。1908年返回湖北，从事革命活动，1911年参加武昌起义。1914年始无意仕途，遂不与政事，入北京大学讲学，开设中国文学课和《文心雕龙》课。其后刘师培亦任教于北大，黄侃以经学不逮，乃拜刘师培为师。

《文心雕龙札记》，黄侃著，1962年由中华书局上海编辑所编辑出版第一版，全书15.3万字。内容自《文心雕龙》的《原道》至《颂赞》9篇，《议对》至《书记》3篇，《神思》至《总术》19篇，《序志》1篇，共计32篇。黄侃于1919年后任教于湖北高等师范中文系，此时他又把《札记》印作讲义。1927年作者取其《神思》以下20篇，由北京文化学社刊印。1935年秋，前南京中央大学《文艺丛刊》将《原道》以下11篇刊印。1947年，四川大学将其全书合为一册内部印行。1959年，其子黄念田重加校勘，由中华书局上海编辑所于1962年出版。同时，其婿潘重规将黄侃在北京文化学社本和武昌高师讲义本合编，潘氏另将自己所撰的《文心雕龙札记》34条附后，交由香港新书院中国文学系及台北文史哲出版社发行。现行的中华书局本在书前有作者的《题辞及略例》，书末有黄门弟子骆鸿凯写的《物色》

篇阐释作为附录。1996年陈引驰又重加校订，在书后删去了黄念田后记，把黄侃的《文学记微》和《中国文学概说》从黄侃的《中国文学论集》中析出，连同骆氏《物色》篇阐释一起作为附录附于书后，作为《二十世纪国学丛书》由华东师范大学出版社出版发行。

《文心雕龙札记》于每篇题下，先撮举大意，铨衡得失；继就文中难解之处，征其本原，通其章句，释其函旨，多有创获。并在12篇的篇末附录作品，以备读者查考，从而进一步证实黄氏的释意。

黄侃对于《文心雕龙》的研究，除教课的需要之外，在《札记》中充分体现了他的文学观，特别是表现出对清代以来影响颇大的桐城派的反击，这一点黄侃同李详有着同样的观点。

对于文学概念的界定。刘勰所指的"文"，涵盖的范围极广，故纪昀评点时曾在《书记》篇评："此种皆系《杂文》，缘第十四先列《杂文》，不能更标此目，故附之《书记》之末，以备其目。然与《书记》颇不伦，未免失之牵合，况所列或不尽文章，入之论文之书亦为不类，若删此四十五行，而以'才冠鸿笔'句直接'笺记之分'句下，较为允协"；"二十四种杂文体裁各别，总括为难，不得不如此侊侗敷衍"。后来的阮元独制《文言说》，把文的范围限制在有韵之内，无韵的不能算文。章太炎不同意阮元的意见，在《国故论衡·文学总略》中提出反对观点，认为"凡文理、文字、文辞皆称文"。面对文学史上的这两种争论，黄氏给予科学概括，以广义的文谓："凡书以文字，著之竹帛者，皆谓之文，非独不论有文饰与无文饰，抑且不论有句读与无句读"，狭义的文是"凡有句读者皆为文，而不论其文饰与否，纯任文饰，固谓之文矣，即朴质简拙，亦不得不谓之文。此类所包……经、传、诸子，皆在其笼罩"。黄氏在两者之间用中道观提出自己的折中说："若夫文章之初，实先韵语；传久行远，实贵偶词；修饰润色，实为文事，敷文摛采，实异质言；则阮氏之言，良有不可废者”。这是黄氏针对以上两说，“决之以己意”的结论。也正是自己有了这样的看法，才真正认识到了《文心雕龙》创作论的理论价值在于“彦和泛论文章，而《神思》篇以下之文，乃专有所属，非泛为著之竹帛者而言，亦不能遍通于经、传、诸子。然则拓其疆宇，则文无所不包；揆其本原，则文实有专美”。至此，除黄侃以外，含纪昀、梁绳祎在内，以往文士因“未能振叶以寻根，观澜而索源”的缘故，没有看出彦和之用意为文章作法而非纯文学。这正是黄侃研究《文心雕龙》的高明处。黄侃看到了彦和问根寻源的用意在于为《神思》以下诸篇作基础，使自己的理论圆通无隙。黄氏的研究使《文心雕龙札记》历久弥新，为后世学人所本。

对“自然之道”的研究接触到了彦和的本意。黄侃标出《原道》中三处言及“自然”之后说：“寻绎其旨，甚为平易。盖人有思心，即有言语，既有言语，即有文章，言语以表思心，文章以代言语，惟圣人为能尽文之妙，所谓道者，如此而已。此与后世言‘文以载道’者截然不同。”这个困扰文心学家的“自然之道”，在黄侃看来“甚为平易”。这说明黄侃看到了《文心雕龙》的自然旨趣。在解释“形立则章成，声发则文生矣”时说：“故知文章之事，以声采为本。彦和之意，盖谓声采由自然生，其雕琢过甚者，则寖失其本，故宜绝之，非有专隆朴质之语。”黄侃释语不妄其刘勰自然旨趣。

黄侃研究《文心雕龙》，既把它放在了文学的历史长河中去理解，又提到当时的社会环境中去理解。如《情采》篇，黄侃说：“舍人处齐、梁之世，其时文体方趋于缛丽，以藻饰相高，文胜质衰，是以不得无救正之术。此篇旨归，即在挽尔日之颓风，令循其本，故所讥独在采溢于情，而于浅露朴陋之文未遑多责，盖揉曲木者未有不过其直者也。……综览南国之文……芜辞滥体，足以召后来之谤议者，亦有三焉：一曰繁，二曰浮，三曰晦。”文章要质文并重。“盖侈艳诚不可宗，而文采则不宜去”，要“衔华佩实”，取“合中”态度。“借令彦和生于斯际，其所讥当又在此而不在于彼矣”，“南国之文，大抵侈艳居多，宜从屏弃”，而并不是强调有文采的问题。

黄侃对于《文心雕龙》的研究成果，后人评价极高，郭绍虞说：“自来研究《文心雕龙》者，黄侃的《札记》最有启发，他所论述，多有独创之见。”[①]牟世金认为：“从黄侃开始，《文心雕龙》研究就是一门独立的学科：龙学。……《文心雕龙札记》还不仅仅是课堂教学的产物，更是《文心雕龙》研究史上的一个巨大变革……《札记》之论虽难尽是，但他既有识于此，其究《文心》自当迥异于前而揭开龙学史新的一页。”[②]李曰刚说：“……《札记》初出，即震惊文坛，从而学术思想界对《文心雕龙》之实用价值，研究角度，均作革命性之调整，故季刚不仅是彦和之功臣，尤为我国近代文学批评之前驱。”[③]张伯伟认为《札记》“为近代《文心雕龙》研究的开山之作”[④]。

（三）刘永济及其《文心雕龙校释》

刘永济（1887—1966），湖南新宁人，字弘度，别号诵帚，斋名易简。1910年考入天津高等工业学校，辛亥革命后，在上海向著名词人况周颐、朱祖谋问学。1928年到东北大学中文系任教授。“九一八”事变后，到武汉大学任教，直至去世。

《文心雕龙校释》，刘永济著，中华书局1962年3月出版。该书由正文和前言两部分组成。前言由四部分内容组成，概括了刘勰及其《文心雕龙》的思想及其特征，反映了刘永济对刘勰及其《文心雕龙》的总体意见。正文每篇分“校”和“释”两部分。“校”是以校字为主，其校以明刻本为底本，参考《太平御

①郭绍虞：《文笔说考辨》，载《文艺论丛》1978年第3期。
②中国《文心雕龙》学会编：《文心雕龙研究论文集·序》，人民文学出版社1990年版。
③李曰刚：《文心雕龙斠诠》，台湾“国立编译馆”1982年版，第2515页。
④《文心雕龙》学会编：《文心雕龙学综览》，第182页。

览》和唐写本及诸家刻本。刘永济说:“为古代诸家所未及举出者,则附载之。诸家旧校有未恰当,或我仍以为可疑者,则略加辨明之。”“释”,以释义为主,其“释义”特点是:第一,由于该书原为授课而写,故作者重视原文的结构分析。第二,释义时注重引证资料。第三,对于《文心雕龙》的理论范畴,力求从作者的原意出发,作出恰当的解释。

刘永济在每篇释义中都要归结出要义,发明刘勰论文大旨。在《前言》中刘永济对《文心雕龙》的性质、内容及优点作出了精辟的介绍和评价,并以唯物主义观点指出其不足。

《文心雕龙校释》初版于 1948 年,原是作者在大学讲授汉魏六朝文学时的讲义稿。初版的编排顺序是先《序志》,次以“文之枢纽”,再继之下篇论文术,其后才是上篇论文体,其用心在于让“学者先明其理论,然后以其理论与上篇所举各体文印证,则全部了然矣”。台湾正中书局多次翻印此书。对于该书的学术价值,我国台湾学者王更生在《文心雕龙读本》中评价说:“释义部分,可区分两方面,初明通篇主旨与各段大意,次揭《文心雕龙》论文阃奥,提纲挈领,言近旨远,最耐玩味。”张少康等在《文心雕龙研究史》中评价说:“在文字校勘方面甚为简略,亦非著者重点所在,释义方面则颇有特色,不少简明扼要的见解能发明刘勰论文大旨”,“着重阐明刘勰文论的精要”,“从而成为继黄侃《文心雕龙札记》之后又一部影响广泛的‘龙学’理论研究的力作”。罗立乾认为,刘永济“国学造诣极深,既具有胸罗万卷的学术识力,又精于古典诗词创作,富有创作古典文学的实践经验,因而早已察知刘勰文论思想的背后,有着以融合儒、道、玄三家之学,去总结从远古到齐代所积累的文章写作与文学创作经验的雄厚基础。因此,他对《文心雕龙》的理论内容作逐篇阐释所提出的许多创见,皆为厚积薄发,既具有简明扼要、言近旨远、最耐人玩味其中底蕴的特点，又具有广大悉备、钩深致远、金针度人，而历久弥光的独特学术价值”。“可以说，黄侃《札记》、范《注》、刘永济《校释》，加上稍后出版的杨明照《文心雕龙注》，成为了二十世纪中下叶《文心雕龙》研究的四大基石”。“而这四大基石中，尤以刘永济《校释》对刘勰文论思想作出的理论研究成就最为突出”。[1]

（四）范文澜及其《文心雕龙注》

范文澜（1893—1969），初字芸台，后改字仲澐，浙江绍兴人，出身于家道中落的世代书香门第。1913 年入北京大学文科预科，次年考入文本科国学门。时黄侃、刘师培、陈汉章等人皆任教于北大，范从业于黄侃学习《文心雕龙》。1917 年毕业后，曾短期做过蔡元培的私人秘书。1922 年应聘南开中学教师，旋兼南开大学教授。1925 年就顾颉刚之约入朴社，其后任教于北京大学、北京师范大学、北京女子师范大学、中国大学、辅仁大学等。1946 年任东北大学校长，1947 年任华北大学副校长兼研究部和历史研究室主任。新中国成立后任中国科学院哲学社会科学部常务委员、近代史研究所所长，中国史学会副会长，政协文史委主任。范文澜曾为第一至第三届全国人大代表，第三届全国人大常委，第三届全国政协常委，中共八届中央候补委员、九届中央委员。

《文心雕龙注》，范文澜著，1958 年 9 月由人民文学出版社出版，繁体字竖排版。今本分上下两册，其后多次印刷。书前有《梁书·刘勰传》（删去原传中的《序志》部分），次为黄叔琳原序，其三为黄叔琳《辑注》本的《元校姓氏》，其四为《例言》，其五为日本铃木虎雄的《黄叔琳本〈文心雕龙〉校勘记》，其六是目录。目

[1] 罗立乾：《钩深致远、历久弥光——论刘永济对“龙学”的贡献》，《长江学术》第 6 辑。

录后是《文心雕龙注》征引书目，书后附有作者《校记》。此书最初是作者 1922 年任教于南开大学开设《文心雕龙》课时写的讲义，于 1925 年在天津新懋印书馆以《文心雕龙讲疏》之名出版。此后又在此基础上充实完善为今名，于 1929 年到 1931 年由北京文化学社印行三册本，上册为原文，中下册为注。后又进行了增修，1936 年，上海开明书店分七册刊行，注释改附正文全篇之后。1958 年，人民文学出版社在此七册的基础上订正了注释中的部分材料后印行。此书出版以前，黄叔琳本具权威性，黄本出版差不多两个世纪后，范文澜本取而代之，成为 20 世纪 30 年代以后直到今天学者所依据的主要文本。日本户田浩晓评之曰："范注虽本黄叔琳注及黄侃札记等书，但却是在内容上更为充实，也略嫌繁冗的批评著作，不可否认是《文心雕龙》注释史上别时期的作品。"[1] 王更生认为："确实在《文心雕龙》的注释方面开一新纪元。"[2] 王元化认为："迄今仍是一部迥拔诸家、类超群注的巨制。"[3]

1936 年上海开明书店七册的范注本出版后，次年 5 月杨明照就在《文学年报》第 3 期发表了《范文澜文心雕龙注举正》，举出范注"未当者 38 条，张冠李戴者 14 条，所失 44 条"。1945 年赵西陆又发表了《评范文澜的文心雕龙注》提出商榷意见。直至 20 世纪后期，日本波斯六郎有《文心雕龙范注补正》、王更生《文心雕龙范注驳正》、杨明照《〈文心雕龙〉有重注必要》，并提出批评。

范文澜的《文心雕龙注》有三个特点：

第一，就刘勰的生卒年和生平事迹对《梁书》本传作了推理性的补充。其一利用刘毓崧的考证引出《文心雕龙》成书于齐末；其二考出刘勰与《出三藏记集》的关系；其三指出了刘勰的上表时间

[1] 王元化编：《日本研究〈文心雕龙〉论文集》，齐鲁书社 1983 年版，第 24 页。
[2] 王更生：《文心雕龙导读》，台北华正书局 1977 年版，第 79 页。
[3] 王元化：《文心雕龙创作论》，上海古籍出版社 1984 年版，第 107 页。

和撰写《梁建安王造剡县石城寺石像碑铭》的时间；其四是推考出刘勰最后一次入定林寺的大体时间；其五考证出刘勰当生于宋泰始初年，卒于梁普通元年和普通二年间，约55或56岁。

范氏的这些考证成果影响极大，为只研究《文心雕龙》，不研究刘勰生平者所套用。

第二，对刘勰思想渊源的研究。对于《文心雕龙》的理论渊源是许多研究者所关注的问题。范注虽未专门论述，但在其注中却时时提及，并给读者提供了丰富的参考资料。特别是多次提出《文心雕龙》与《庄子》的关系，与曹丕《典论·论文》的关系，与陆机《文赋》的关系，与佛教典籍的关系。如关于书名与《阿毗昙心序》的关系等。

第三，释事解义，追及刘勰本意。他在《文心雕龙注·例言》中说："昔人颇讥李善注《文选》，释事而忘意，《文心》为论文之书，更贵探求作意，究极微旨，古来贤哲，至多善言，随宜录入，可资发明，其驾空腾说，无当雅义者，概不敢取，藉省辞费。"正是鉴于这一指导思想，范氏在注释《文心雕龙》时，凡与之有关并有助于理解原文的资料尽量收入书中，这就为读者提供了理解原文的思路并节省了查询资料的功夫，也为后人研究《文心雕龙》提供了方便，起到了专门图书馆的作用。黄叔琳《文心雕龙辑注》出版之后，差不多盛行了两个世纪，直至本世纪30年代，才逐渐由范文澜的《注》取而代之。范注以流传广，影响大，后来居上，成为权威著作。尽管后人对范注指出了不少欠妥的地方，但至今没有更好的本子取代它。

附表一

范文澜列《文心雕龙》上篇凡二十五篇知识结构：

（一）原道——（二）征圣——（三）宗经

（道沿圣以垂文，圣因文而明道，文体繁变，皆出于经。）

- （十七）诸子（翳惟文友，李实孔师，圣贤并世，经子异流。）
- （四）正纬（配经曰纬。）

- 文类
  - （五）辨骚（诗）轩翥诗人之后，奋飞辞家之前，故为文类之首。
  - （六）明诗（诗）诗原上古，体备两汉，故次于骚。
  - （七）乐府（诗）诗为乐心，声为乐体，故与诗并。
  - （八）诠赋（诗）拓宇楚辞，盛于汉代，故次于诗。
  - （九）颂赞（诗）诗之流裔。
  - （十）祝盟（礼）告于鬼神，礼之大者。
  - （十一）铭箴（礼）铭勒功德，箴御过失，生人之事，故次祝盟。
  - （十二）诔碑（礼）树碑述亡，死人之事，故次铭箴。
  - （十三）哀吊（礼）哀夭横，吊灾亡，故次诔碑。
- 文笔杂
  - （十四）杂文
  - （十五）谐隐

  杂文谐隐，笔文杂用，故列在文笔二类之间。
- 笔类
  - （十六）史传（春秋）史肇轩黄，体备周孔，记事载言，六经皆史，故为笔类之首。
  - （十八）论说（易）述经叙理曰论。又博明万事为子，适辨一理为论，故次诸子。
  - （十九）诏策（书）帝王号令，衍自尚书。
  - （二十）檄移（春秋）国之大事，惟戎与祭，事出非常，故次诏策。
  - （二十一）封禅（礼）登岱祀天，祭之大者。
  - （二十二）章表（书）
  - （二十三）奏启（书）
  - （二十四）议对（书）

  章表奏议，经国枢机，章以谢恩，表以陈情，奏以按劾，议以执异，事有重轻，故三者相次。
  - （二十五）书记（书）杂记庶事，故次于末。

附表二

范文澜列《文心雕龙》下篇《神思》至《总术》二十篇知识结构

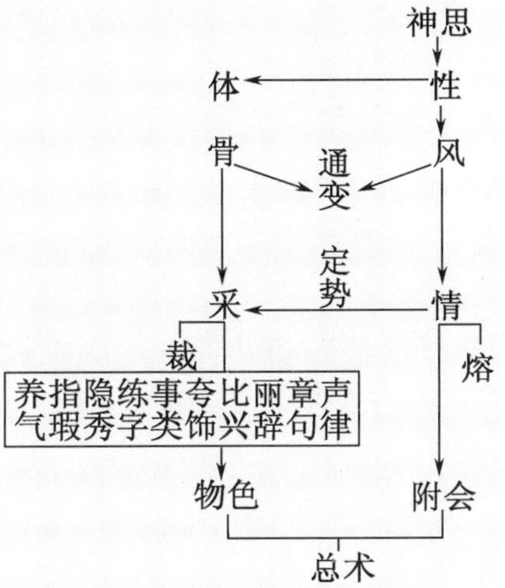

第三节　当代中国的刘勰研究(上)

——中国内地的刘勰研究

当代中国对刘勰的研究,可分为发展期(1950—1965 年)、沉寂期(1966—1976 年)、兴盛期(1977—2008 年)三个阶段。

一、概述

(一)发展期(1950—1965 年)

牟世金把 1949 年以前的刘勰研究称之为“文心学”诞生期,因而 1950—1965 年就成了刘勰研究的发展期。据不完全统计,这一时期共发表论文 238 篇。1956 年始见有文章发表。1962 年是一个高峰,一年发表有关刘勰研究的论文 110 篇,1961 年发表论文 57 篇,1963 年发表论文 30 篇,1964 年发表论文 10 篇。1965 年是空白。但一批新人已经显露才华，如陆侃如、周振甫、祖保泉、郭晋稀、吴林伯、王运熙、王元化、王达津、杜黎均、张光年、牟世金、王利器、杨明照、曹道衡、张启成、黄海章、詹锳、寇效信、赵仲邑、郭绍虞等的研究成果，引起学界注意。这一时期公开出版的专著有王利器的《文心雕龙新书》（1951 年），杨明照《文心雕龙校注》（1958 年），刘永济《文心雕龙校释》（1962 年），黄侃《文心雕龙札记》（1962 年），陆侃如、牟世金《文心雕龙选译》（上下册 1962 年）、《刘勰论创作》（1963 年），程兆熊《文心雕龙讲义》（1963 年），郭晋稀《文心雕龙译注十八篇》（1963 年）等。从“文化大革命”后出版的专著看，有不少“文心学”著作，早在 1964 年就已校好清样，但因“文化大革命”的到来未能出版。

15 年的时间所发表的论文，较之以前相比，有三个显著特点：一是大都能用新的观点、新的方法来从事研究；二是加强了理论研究，扩大了研究范围；三是出现了公开的争鸣文章，这是前所未有的好现象。重要的论文有翁达藻的《刘勰论》，刘绶松的《文心雕龙研究初探》和《光明日报》发表的关于刘勰世界观的一组争鸣文章，以及陆侃如、牟世金的《刘勰的生平和思想》。重要的专著是杨明照的《文心雕龙校注》、王利器的《文心雕龙新书》、刘永济的《文心雕龙校释》等。

（二）沉寂期（1966—1976 年）

从 1965 年就不见有“文心学”学术文章出现，即使偶尔有关于刘勰或其著作的文章，也是以被批判的面目出现的。例如《尊儒反法的文艺思想家——刘勰》、《一套维护大地主阶级专制的文艺理论》、《一部为反动统治阶级服务的文论——评刘勰的〈文心雕龙〉》等。这 10 年发表的有关刘勰及其著作的文章共计 9 篇，1974 年 2 篇，1975 年 6 篇，1976 年 1 篇。从学术角度说，这不是真正意义上的学术研究。

（三）兴盛期（1977—2008 年）

1976 年 10 月，“文化大革命”结束。从 1977 年发表 4 篇研究刘勰著作的学术论文开始，以后逐年增多，到 2008 年止，据不完全统计，共发表有关刘勰及其著作的研究论文 3450 余篇，出版专著 232 种。

在这期间发表的论文中，有关刘勰身世生平方面影响最大的有王元化的《刘勰的身世与仕庶区别问题》、周绍恒的《刘勰出身庶族说商兑》、杨明照的《〈梁书·刘勰传〉笺注》、李庆甲的《刘勰卒年考》、朱文民的《慧震还乡和刘勰卒年》、贾树新的《〈文心雕龙〉历史疑案新考》、朱文民的《刘勰家族门第考论》等文章。有关刘勰著作的讨论方面影响大的有杨明照的《刘勰〈灭惑论〉撰年考辨》，林其锬、陈凤金《〈刘子〉作者考辨》、《再论〈刘子〉作者问题》、《〈刘子〉思想初探》，杨明照的《再论〈刘子〉的作者》，曹道衡的《关于〈刘子〉作者问题》，杜黎均《〈文心雕龙〉与〈刘子〉比较论——一个历史悬案的新探索》，朱文民的《把〈刘子〉的著作权还给刘勰》和《〈刘子〉作者问题补证》，詹锳关于《隐秀》篇的真伪及郭晋稀和祖保泉关于《文心》篇次的几篇论文等。

在已公开出版的专著中大都对刘勰的生平身世有所涉猎，影响较大的有王元化的《文心雕龙讲疏》。考证刘勰生平的专著，主要是牟世金的《刘勰年谱汇考》，对刘勰及其著作《文心雕龙》作系统研究的专著是牟世金的《文心雕龙研究》、杨明的《刘勰评传》和朱文民的《刘勰传》等书。

时间进入 21 世纪第一个十年，不仅老一辈学者的专著要重版和再版，新一代学者的文心学专著也不断面世，大有令人目不暇接之感。例如陈书良的《听涛馆〈文心雕龙〉释名》、杨明的《文心雕龙精读》、郭鹏的《〈文心雕龙〉的文学理论和历史渊源》、孙蓉蓉的《刘勰与文心雕龙考论》、李建中的《文心雕龙讲演录》等。特别是戚良德教授，近几年连续出版了5部文心学专著，代表了这一时期文心学研究发展的速度。

这一时期的刘勰研究，有如下几个特点：其一，表现在由自发研究走向了有组织的自觉研究，成立了有关刘勰研究的组织——中国《文心雕龙》学会。这就把以往有关刘勰研究的专家学者以会员的形式组织起来，形成一个团体，便于协作和交换资料，还创办了自己的会刊——《文心雕龙学刊》（后期改名为《文心雕龙研究》）。其二，不再对刘勰的著作《文心雕龙》作泛泛的论述，而是深入细致到对具体篇章的微观研究，以及对某个概念进行旁征博引的阐述。其三，在对《文心雕龙》的具体篇章进行阐释的同时，又对其理论体系作宏观的梳理。其四，不再受《文心雕龙》具体篇名的迷惑，在《征圣》、《宗经》的背后，又看到了刘勰在《文心雕龙》中表现出来的道家思想，有的甚至在《文心雕龙》中探寻刘勰的佛教思想。学者们已注重探究《文心雕龙》的思想根源。在探求《文心雕龙》思想根源的同时，又促进了对刘勰生平身世的研究。其五，2000年以镇江图书馆为依托，成立了"文心雕龙研究资料中心"。其六，刘勰研究已走向世界。1983年8月中国《文心雕龙》学会成立，9月份大陆的"文心学"家就以中国《文心雕龙》学会访问团去日本进行了访问，同日本学者进行了交流。此后，中国内地、中国台湾和美国、日本等国家和地区都举行过《文心雕龙》国际学术研讨会，并于1995年出版了由世界各国"文心"学家分工撰稿的《文心雕龙学综览》一书，使世界了解刘勰，使刘勰及其著作走向世界，使"文心学"成为世界显学。其七，文学艺术界还把刘勰编成戏剧搬上舞台，美术家把刘勰向沈约献书的故事用国画表现出来，并正式出版。其八，一批学者从美学的角度对《文心雕龙》进行阐释，出版了一批重要著作。如缪俊杰的《文心雕龙美学》、易中天的《〈文心雕龙〉美学思想论稿》、赵盛德的《文心雕龙美学思想论稿》、韩湖初的《文心雕龙美学思想体系初探》、寇效信的《文心雕龙美学范畴研究》、李泽厚和刘纲纪的《中国美学史》等，都对《文心雕龙》的美学思想进行了阐释。这一时期还出版了王毓红撰著的《在文心雕龙与诗学之间》，这是“文心学”研究史上第一部比较研究专著。2002年12月出版的杨清之撰著的《文心雕龙与六朝文化思潮》一书，把《文心雕龙》与六朝文化思想紧密联系，是近年出版的理论阐述著作中，较为独特的一部。他克服了以往学界的重复现象，以独特的视角和问题意识，阐述了《文心雕龙》与时代思潮的关系。其九，古本《文心雕龙》和《刘子》。如元至正本《文心雕龙》，林其锬、陈凤金的《敦煌遗书文心雕龙残卷集校》（附宋《太平御览引文心雕龙辑校》）、《敦煌遗书刘子残卷集录》、《刘子集校》，杨明照《刘子校注》等。还出版了两部《文心雕龙辞典》。这一时期出版的专著中规模宏大的有詹锳的《文心雕龙义证》和吴林伯的《文心雕龙义疏》，分别为134.4万字和101.2万字。其十，部分大学已开始注意培养自己的专门研究队伍。如复旦大学、北京大学、南开大学、山东大学、河北大学、武汉大学等。涌现出来的新人主要有张少康、刘文忠、林其锬、罗宗强、石家宜、李庆甲、蔡钟翔、邱世友、穆克宏、马宏山、寇效信、孔繁、贺绥世、杜黎均、马白、吴调公、吴林伯、姜书阁、张文勋、顾易生、蒋祖怡、陈思苓、赵盛德、涂光社、韩湖初、冯春田、缪俊杰、贾树新、贾锦福、詹福瑞、杨明、孙蓉蓉、周绍恒、张灯、张长青、张会恩、毕万忱、林杉、韩泉欣、周锋、汪春泓、陶礼天、李平、戚良德、陈允锋、杨清之、王毓红等一大批颇有成就的文心学家。其中有些学者，虽然在“文化大革命”前就从事《文心雕龙》学的研究，但是真正拿出自己的成果，还是在“文化大革命”以后。十一，这一时期，学者们还陆续将自己以往发表的单篇论文结集出版，以广其传。例如王运熙的《文心雕龙探索》、穆克宏的《文心雕龙研究》、牟世金的《雕龙集》、蒋祖怡的《文心雕龙论丛》、涂光社的《文心十论》、李庆甲的《文心识隅集》、李平的《文心雕龙综论》，以及《文心雕龙》

学会编的《文心雕龙研究论文集》,甫之、涂光社编选的《文心雕龙研究论文选》,等等。十二,时间进入21世纪第一个十年后,中国《文心雕龙》学会也从体制上走向了成熟,每两年一届年会,已成定制,中间穿插一次国际性的学术大会,或者召开一次《文心雕龙》与某一问题的专题会议;关于刘勰及其《文心雕龙》的相关论文,每年公开发表的都在100篇以上,每年出版的专著也种类繁多。十三、年轻一代学者都能利用现代科学技术手段,既提高了工作效率,也增加了所用资料的准确度。十四、上世纪五六十年代出生的学者,大都长于理论阐释,又有一种时代紧迫感和责任感。十五、上世纪五六十年代出生的学者中的佼佼者,已经勇敢地接过了老一代学者的接力棒,扛起了《文心雕龙》学会的大旗。十六、文心学界还注意对20世纪刘勰及其著作的研究进行总结,牟世金、李平都曾为此发表过长篇专文,张文勋、张少康等人分别编写出版了《文心雕龙研究史》。

二、部分学术观点介绍

(一)刘勰生平及故里研究

1. 生卒年。

刘勰的生年,代表性的说法,主要是范文澜在《文心雕龙注·序志注六》"彦和之生,当在宋明帝泰始元年前后"。同意范说的有陆侃如、穆克宏、詹锳等人。这是迄今为止,刘勰生年的主流派。其后对范说略有修改的有杨明照在1979年发表的《〈梁书·刘勰传〉笺注》中说刘勰"当生于宋明帝泰始二、三年间"[1]。牟世金在《刘勰年谱汇考》一书中同意杨说。张少康主刘勰当生于宋明帝泰始四至 五年(公元468—469年)间。张恩普认为"刘勰当生于宋明帝泰

[1] 该文发表在1979年《中华文史论丛》第1辑。

始七年,即公元471年左右"[1]。贾树新认为"刘勰生年当为南朝宋明帝刘彧泰豫元年(公元472年)"[2]。贾树新是迄今定刘勰生年最晚的一位学者。

关于刘勰生年之所以有不同的说法,主要是《梁书》和《南史》本传没有明确记载,学者们根据《文心雕龙》成书年代的不同认定,以及《文心雕龙·序志》中"齿在逾立,则……搦笔和墨,乃始论文"推出来的。一般认为"逾立"为人生的31至33岁之间。又假定是书需三四年完稿,把31至33岁加上三四年的时间,在成书年代向前推出的年份就是刘勰的生年,总是有一定的误差,因而出现以上各种不同说法是可想而知的。

刘勰的卒年,有卒于萧统之前说和卒于萧统之后说。但每一说又不尽一致。主卒于萧统之前说的大都维持范文澜"当在普通元、二年间"(公元520—521年)。陆侃如、王运熙、穆克宏、周振甫、赵仲邑、贾树新等(贾先生后又改为中大通六年)持范说。而牟世金、詹锳虽同意卒于萧统前,但又不完全同意范说。牟世金认为卒于梁普通三年(公元522年)[3],詹锳认为卒于"普通四年(公元523年)左右"[4]。主卒于萧统之后的有李庆甲、杨明照、贾树新、朱文民等,但又不统一。李庆甲在他的《刘勰卒年考》中,以南宋祖琇的《隆兴通论》卷八关于梁昭明太子和刘勰的记载(中大通)三年四月条下为据,认为刘勰的"卒年是公元532年"。杨明照同样以祖琇《隆兴通论》卷八中关于昭明太子及刘勰的记载,辅之以志磐的《佛祖统记》卷三十七、释本觉《释氏通鉴》卷五、释念常《佛祖历代通载》卷九、释觉岸《释氏稽古略》卷二等关于刘勰与昭明太子的史料记载,又以《梁书·文学传》中刘勰名次列于谢几卿之后王籍之前和传记以卒年先后为序的编撰惯例,认为:"舍人之卒,非大同四年即次年

❶张恩普:《刘勰生平系年考略》,载《东北师范大学学报》1985年第1期。
❷贾树新:《〈文心雕龙〉历史疑案新考》,载《文心雕龙研究》第1辑。
❸牟世金:《刘勰年谱汇考》,巴蜀书社1988年版。
❹詹锳:《刘勰与文心雕龙》,中华书局1980年版。

也。”贾树新在《文心雕龙研究》第1辑中发表了他的《〈文心雕龙〉历史疑案新考》一文，认为刘勰最后一次奉敕入定林寺撰经的时间为天监十七年（公元518年）。根据定林寺的藏经量和“以依居时撰经的量数与年数比例为据，则受敕撰经需时约15年才能证功毕。可知，受敕撰经迄于梁武帝中大通五年左右”。因而贾氏在该文的《刘勰年谱》中说：“梁武帝中大通五年（公元533年）六十二岁，证功毕，燔发出家，中大通六年（公元534年）卒，春秋六十三。”

朱文民在2000年发表的《刘勰年谱考略》中，以《出三藏记集》卷七《道行经后记》为证，否定了刘勰卒于梁普通年间说。以慧震还乡国的时间推定刘勰当卒于公元538年前后，支持刘汝霖、杨明照的大同四五年间说。

2. 刘勰的身世士庶之争。

1979年《中华文史论丛》第1辑发表了王元化1964年写的《刘勰身世士庶区别问题》一文，提出了三个否定刘勰士族出身的理由：“第一，按照士族身份的规定，首先在于魏晋间的祖先名位，其中积世文儒为贵，武吏出身的不得添列其数。可是我们在刘勰世系表中，不能找到一个在魏晋期间名列清显的祖先。……至于世系表称东莞刘氏出身汉齐悼惠王肥后，则颇可疑。”第二，刘穆之传中有刘裕进为宋公后追赠穆之表中有穆之“爰自布衣”，又曾行乞于岳父家，又《刘祥传》中褚彦回称刘祥为“寒士”，“仍被士族人称呼为‘寒士’，更足以说明刘氏始终未能列入士族。‘寒士’亦庶族之通称”。第三，《梁书·刘勰传》记刘勰在《文心雕龙》书成之后，未为时流所称，刘勰想取证于沈约，但又无由自达，故装扮为货郎干之于沈约车前。事实上沈约与定林寺及僧祐关系密切，完全有条件接触沈约，但终不成，“这个疑问只能用‘士庶天隔’的等级界限才能解答”（沈约为士族出身）。

1983年程天祜在《社会科学战线》第3期发表了《刘勰家世的一点质疑》，提出三点质疑：其一，《南史·刘勰传》删去《梁书·刘勰传》中“祖灵真，宋司空秀之弟也”一句，说明《梁书·刘勰传》“失实”。其二，刘穆之之子和刘秀之其他兄弟四人皆用“之”字取名，而刘勰祖灵真，说明“灵真与秀之不仅不是同父母兄弟，而且也不可能是近枝亲属”。其三，刘灵真与刘秀之的家庭地位不相称。即秀之一家皆为官，灵真则没有官职记录。“如果灵真是秀之兄弟，是不可能没有官职的”。由此可证“把刘勰的家庭成分定为地主加官僚，显然是不符合事实的”。支持王元化观点的主要有周振甫、牟世金、吴林伯、姜书阁、张少康等。

与以上庶族说不同的是马宏山于1983年在《文心雕龙学刊》第1辑发表的《对刘勰“家贫不婚娶”和“依沙门僧祐”的看法》一文，认为“刘勰的曾祖刘穆之参与过宋刘裕的开国大业，是功臣元勋人物，那么‘世居京口’的刘氏，也就是西晋怀帝永嘉之乱时候的‘过江名士’一类带部曲的世家大族，亦即所谓门阀士族了”。周绍恒1989年在《怀化师专学报》第1期发表了《刘勰出身于庶族说献疑》，认为刘勰是士族出身，但未全面展开。到1998年他又在《文心雕龙研究》第3辑发表了《刘勰出身庶族说商兑》一文。该文由三部分组成。一是《梁书》所述刘勰世系难以推翻。针对王元化的庶族说和程天祜《南史·刘勰传》删去《梁书》的“祖灵真，宋司空秀之弟也”一语，否认刘勰与刘穆之的亲族关系，认为：第一，《南史》对《梁书·刘勰传》的删节，纯是为了压缩篇幅。程氏所言“显然过于勉强”。第二，以刘灵真取名不用“之”字，说明不是刘秀之弟，是站不住脚的，并指出王伊同《五朝门第》所附《高门世系婚姻表》第六张所载《河南阳翟褚氏》家族中兄弟的名多用“之”字，内中亦有不用“之”字者；第八张《东海郯人徐氏》表中兄弟取名多用“之”字，内中亦有不用者为例，说明以此为据没有说服力。第三，《南史》家族合传体例，刘勰不入秀之家族，因而否认刘勰为秀之从孙是没说服力的。因为《南史》家传体例并不严格，例如殷钧是殷景仁的八世孙，就没有入《南史》的家传卷二七，而是单独传在《南史》的卷六〇；王僧孺、王湛，他们都是晋少傅王雅的曾孙和玄孙，他们就不在同一家传中。这说明家传体例并不严格，因而以刘勰不入秀之家传就不是秀之从孙的理由难以成立。第四，以《宋书·刘敬宣传》记其家世的一段也被《南史·刘敬宣传》删去，而刘敬宣的家世在《建康实录》里可以找到证明为例，说明这种删节纯是为了压缩文字，而非为"不实"。因而"失实"说难以成立。二是刘勰出身庶族说难以成立。以"布衣"、"素族"、"寒士"解释为庶族是不对的。"布衣"是"贫贱"之意[1]，而非庶族之意，以唐长孺《魏晋南北朝史札记·读史释词》"素族"条为例，说明"素族"就是士族。以《南史·谢灵运传附谢超宗传》中的褚彦回也骂谢超宗为"寒士"，因为谢超宗是陈郡第一流高门士族，这说明"寒士"一词不是实指，并举唐长孺《魏晋南北朝史札记·释词》"寒士"条说："东晋南朝自称或被称为'寒士'的，有的是自谦，有的只是有意贬低，而大都是先代官位不显的士人，或者是士族中的衰微房分。最基本的一点，他们仍是士人，不是寒人，这一点却往往易被忽视。""由此可见，王元化将'寒士'二字看成为'庶族之通称'是不妥的，他以褚渊骂刘祥'寒士不逊'之语为据，断言刘氏'始终未能入士族'，也是缺少说服力的"。三是刘勰出身士族之证。第一，晋代官至五品以上者入士族，刘勰远祖刘抚官至彭城内史，官阶为五品，说明刘家已入士族行列。第二，刘勰高祖刘爽在晋代为尚书都官郎。《文献通考》卷五十二《职官六》说："晋尚书郎即选极清美，号为大臣之副，州取优以应。"担任郎官的人都是士族。第三，东莞刘氏家族的为官者多至五品以上，"因

[1] 准确地说，"布衣"是与官服相对称的一个词，而非"贫贱之意"，通常是指那些尚未做官的读书人，即没有穿起官服的人。

此，东莞刘氏当属于高门士族”。第四，刘勰从曾祖兄刘祥年未二十已登仕，钟嵘《诗品》卷下称刘祥为“士大夫”，这都可证明刘勰是出身于士族家庭。再是刘勰“起家奉朝请”。据《宋书·百官志下》说：“奉朝请，无员，亦不为官。汉东京罢省三公、外戚师室、诸侯，多奉朝请，奉朝请者，奉朝会请召而已。”据此可知，“奉朝请”与庶族无缘。第五，东莞刘氏的婚姻皆为士族，在士庶不通婚的南朝中这已是国例，一旦“婚宦失类”将被弹劾或除名，或“禁锢终身”。这都说明莒县刘氏是士族而非庶族。

主张刘勰出身士族的有张文勋、杨明照、王利器、詹锳、马宏山等人。

3. 刘勰何时入定林寺依沙门僧祐。

范文澜在《文心雕龙·序志注六》中认为，刘勰是在齐永明中僧祐三吴讲律时收的徒，具体年代没有明说。而《续高僧传·明彻传》明确记载僧祐三吴讲律时在永明十年（公元492年）。牟世金《刘勰年谱汇考》则认为《高僧传·超辩传》记超辩卒于永明十年（公元492年），碑文由刘勰撰写，这说明刘勰至少在永明十年以前两年入寺为合理，因为刘勰才华需有一个表现过程，定林寺众僧人对他也应有一个认识过程。

4. 刘勰为何入定林寺依沙门僧祐。

王元化认为刘勰入定林寺的原因是为了避役[1]。杨明照认为刘勰入寺的原因有两条：一是定林寺藏书丰富，可以读书问学，并不是因为家贫。刘勰的家贫之说，并不是家徒四壁，而只能理解为“家道中落”。二是不婚娶也并非因为家贫，只能是因为信佛。[2]张少康认为“刘勰青年时代之所以投奔僧祐，与之居处十余年，其主要原因是想借助和僧祐的关系，利用僧祐的地位，结交上层名流、权

❶王元化：《刘勰的身世与士庶区别问题》。
❷杨明照：《〈梁书·刘勰传〉笺注》。

贵,为自己的仕进寻求出路"[1]。

5. 刘勰终身未婚的原因。

有三种意见,一是以杨明照为代表的信佛说。二是以王元化为代表的家贫说。三是以马宏山为代表的一派,认为刘勰不婚娶是由于出身于士族,不能与庶族结婚,"他'早孤'而'家贫',也不会有一家士族大家同意把他作为通婚的对象"[2]。

6. 刘勰晚年是否北归祖籍故里。

这一问题最初由萧洪林和邵立均于1984年在《文史哲》第2期上发表的《刘勰与莒县定林寺》一文中提出的。作者以莒县定林寺的文物和传说,结合《梁书·刘勰传》和《南史·刘勰传》,以范文澜的出家时间说,说明刘勰出家后并没有未期而卒,而是回到了故乡莒县。此文发表后王汝涛、刘家骥等提出否定意见。1996年在中国《文心雕龙》学会第六次年会上,苏兆庆以《刘勰晚年北归和浮来山定林寺的创建》为题,力主刘勰晚年回到了莒县。苏的文章发表在《北京大学学报》1997年第3期,同期还发表了张少康的《刘勰晚年是否北归东莞——刘勰故乡莒县访问记》,张文认为刘勰晚年政治上失落,出家后回到故里传播佛学也是有可能的,唯独史证不足。张少康和苏兆庆的文章发表后,黄广华、周绍恒等人立即撰文给予否定,认为刘勰根本就没有可能回到莒县。

7. 关于刘勰祖籍故里问题。

刘勰祖籍故里,向有三说。一是日照三庄说。此说初见于清乾隆二十五年成书的《沂州府志》和光绪十一年成书的《日照县志》。二是东莞镇沈刘庄说。此说出于明末至清一代的沈刘庄民间附会。认为刘勰被沈约举荐当官后,家乡为了纪念沈约而把庄名前加以"沈"字,因为此庄没有姓沈者。其实此说纯系沈刘庄明代出了名

[1] 张少康:《刘勰为什么要依沙门僧祐》,载《北京大学学报》1981年第6期。
[2] 马宏山:《对刘勰"家贫不婚娶"和"依沙门僧祐"的看法》,载《文心雕龙学刊》第1辑。

人，改村名之后而附会杜撰的民间故事。今之沈刘庄，原名沈流庄。“沈流庄”名字的记载，初见于元代成书的《齐乘》。这“沈流庄”的来历是潍河上源途径沈刘庄一段之后，就沉入了地下，过一段距离又浮出地面，为今之沈刘庄之八大景观之一。住在这个河崖上的村庄就名之曰“沈流庄”。它源出于“潍水沉流”的景观。该村出了姓刘的官员之后，将“流”字改为“刘”姓的“刘”，并加以附会，此纯为文人杜撰的民间故事，稍有古文字常识和读过《齐乘》的人便不会相信。三是莒县城里说。此说见于朱文民 1999 年发表在《临沂师专学报》第一期的《刘勰祖籍故里考辨》一文。朱文排除了以上二说后，以刘勰堂叔《刘岱墓志铭》中记刘岱籍贯为“南徐州东莞郡莒县都乡长贵里”的史料，认为江北刘氏在晋永嘉年间南迁后，住在侨置郡县内，仍用原住址注籍户口，而在前加一“南”字。因而确定刘勰江北籍贯，把刘岱籍贯前的“南”字去掉，即刘勰江北故里。这里的“都乡”是指城镇所在地，因而刘勰祖籍故里是莒县城。

（二）刘勰著作研究

1.《文心雕龙》成书年代问题。

《文心雕龙》成书时间，最初由纪昀提出，后由刘毓崧在《通义堂集·书文心雕龙后》中进一步发挥考证认为成书于齐末，为学者所普遍接受。但近年又出现了两种新的说法，一是成于梁初说，二是成于齐末润色于梁初。贾树新在《〈文心雕龙〉历史疑案新考》一文中针对刘毓崧“齐末说”的“三证”，提出与之相反的新“三证”。主要是《文心雕龙》避讳“衍”字，这是为了避萧衍之名讳，证明《文心雕龙》成书于梁初。周绍恒先是以《〈文心雕龙〉成书于齐代说质疑》发问，随后又发表《〈文心雕龙〉成书于梁代新证》，坚持成于梁代说。认为一是《文心雕龙》避讳“顺”字，这是因为萧衍之父为萧顺之。二是《文心雕龙》的某些观点和表达方法等，很明显是借鉴了沈约的《宋书》，《宋书》是成于梁代的。三是《时序》中的“今圣历方兴，文思光被，海岳降神，才英秀发”是赞颂梁武帝的。四是《文心雕龙·指瑕》篇中的“近代辞人”的“近代”是指齐代，以其四证推断“《文心雕龙》当成书于梁天监三年夏末至初冬之间”。

2. 刘勰的《灭惑论》撰写时间问题。

杨明照1979年在《古代文学理论研究》第1辑发表《刘勰〈灭惑论〉撰年考》，认为《灭惑论》撰成于齐代，主要理由是，僧祐的《弘明集》已收录《灭惑论》，《弘明集》成书于齐代，并早于《文心雕龙》。其二，《灭惑论》是驳《三破论》的，必在《三破论》问世不久，而《三破论》出于齐代，因而《灭惑论》必成于齐代。对此，王元化于1979年在《历史学》第2期上发表《〈灭惑论〉与刘勰的前后期思想变化》一文，提出了不同意见。他认为“《灭惑论》写作年代就在刘勰任中军临川王萧宏记室间之内”，而且是“为迎合上意而作的可能性很大”。随后李庆甲于1981年3月出版的《中国美学艺术论文集》上发表《刘勰〈灭惑论〉撰年考辨》一文，也提出与杨明照相反的看法。理由是：首先，《三破论》当是一篇匿名之作，不会是佚名之作。如果在齐代的明帝及和帝时代，那时萧衍已掌实权，他又是一个道教徒，《三破论》根本不用匿名。其二是《三破论》是一篇政治性很强的文章，他揭露了佛教给社会带来的祸害和在传播中所产生的弊端，只有梁武帝舍道事佛后才具备《三破论》中所反映的史实。这些史实与梁郭祖深上疏和荀济上武帝书所反映的事实是一致的，因而《灭惑论》是梁武帝奉佛时代的产物，并具体定在撰成于天监十六年（公元517年）前后。张少康在《文心雕龙新探》一书中认为：“《灭惑论》之作大约在梁天监三年至天监十年之间，这与当时梁武帝的三教同源思想是符合的，他比《石像碑》之作要早一些。”

3. 关于《刘子》的作者问题。

《刘子》作者之争存在三种观点。即刘勰作、刘昼作或另一刘姓学者作。杨明照认为作者为刘昼,上文已提到。1985 年林其锬、陈凤金发表了《〈刘子〉作者考辨》,对刘昼说提出反驳:其一,《隋书·经籍志》之所以只记书名不记作者,是因为《隋书》的撰写是根据已在克平伪郑时图书在河运过程中受到了巨大损失后的残缺的“伪郑”图书目录(实际就是隋朝东都洛阳藏书目录)为基础,“考见存”(即对照底柱漂没后的残存的图书实物)“远览马史、班书,近观王、阮志录”,进行了一番考订之后撰写而成的。因有目无书,故记“亡”,凡有目录而无实物者只记书名不记作者。其二,两唐《志》之所以在《刘子》名下直书作者刘勰,是因为唐开元七年帝诏公卿士庶之家,所有藏书,皆由官借缮写存入国家图书馆,后又将这些增加后的国家藏书编成《群书四部录》,《旧唐书·经籍志》是根据《古今书录》修成的。《古今书录》又是在《群书四部录》基础上修订而成的。《古今书录》所著录的书,是开元年间政府的藏书。《古今书录》有序有提要,《旧唐书·经籍志》嫌其“卷轴繁多”删去了小序和提要,仅留存其书目,使后人看不到原来书貌。因为又有了《刘子》实物,故明确记为作者刘勰。其三,唐代的《帝范》、《臣轨》等典籍都摘取了《刘子》语录,《随身宝》中还明确记《刘子》为刘勰作。其四,《宋史·艺文志》在《刘子》下“题刘昼著”而不直说刘昼著,是有用意的,并举出许多例子说明《宋史》这种用“题”的用意是怀疑。其五,指出唐释慧琳《一切经音义》卷九十《音高僧传》第八卷《释僧柔传》中有:“刘勰,梁朝时才名之士也,著书四卷,名《刘子》。”其六,《刘子》一书反映的史实和思想与刘勰的身世生平、思想一致,与刘昼生平身世及思想有矛盾。以上六条,证明《刘子》作者为刘勰。

林、陈认为《刘子》作者刘昼说不能成立。其一,《刘子》一书成于梁普通初年,已载入阮孝绪的《七录》中。《刘子》成书时刘昼尚是一位十多岁的学子,不可能写出如此有分量的著作。其二,《刘子》一书所反映的思想与刘昼生平身世不一致。特别是刘昼诋佛,而《刘子》一书中载有不少佛教典籍的内容。道宣在《广弘明集》中的《历代王臣滞惑解》中引用《刘子》一书中的材料批判刘昼的诋佛言论。其三,《刘子》一书言语风格通俗流畅,而刘昼的书史称“言甚古拙”。其四,《刘子》与《文心雕龙》两书虽然所论内容不同,但指导思想一致,都崇尚自然。其五,《文心雕龙》与《刘子》两书遣词用语一致。并摘20条材料两相对比,作为例证说明两书的一致性,指出两书皆将“南郭吹竽”改用“东郭吹竽”,更证明两书同出于一人之手。其六,关于北音之始,《刘子》和《文心雕龙》的不同,是由于两书说的不是一回事,《文心雕龙》说的是“乐”的起源,《刘子·辨乐》篇说的是“淫声”的起源。论证的问题不是一个,所使用的史料不同是应该的,如果以此断定两书非出于一人之手是不辨是非的表现。

林、陈的书出版之后,杨明照又发表了他的《再论〈刘子〉的作者》,尽管从十个方面对林、陈的观点进行辩驳,但只有两条可以值得讨论。第一,唐释慧琳《一切经音义》中的话未必可信。其一,理由是刘宋时期也有一刘勰,字彦和。再者,《刘子》一书从未有人说四卷,而《一切经音义》说是四卷。其二,在《一切经音义》刘勰条下有一句“与刘縿等皇枝贵族也”。对此杨氏认为,“刘縿,南阳涅阳人。《南齐书》有传,他们的时代、籍贯不同,亦非皇枝贵族”。因而不可信。其实杨氏的认识是不妥的,《一切经音义》并没有错,刘縿是汉皇枝,刘勰亦是汉皇枝。刘縿好佛,刘勰亦好佛。刘縿比刘勰大二十多岁,刘縿卒于齐建武二年冬,年五十八岁,时刘勰亦三十左右。释慧琳可能因两人同是汉皇室旧族,又都好佛,故而把他们连在一起,怎么能不可信呢?第二,杨氏认为《刘子》一书是子书,不会是刘勰《文集》的一部分。因为“经、史、子、集四部分类著录群籍,从晋至隋的目录书,除《七志》、《七录》外,都相沿遵循。《刘子》属子部,《文集》属集部,分别部属,不相杂厕。《刘子》之不能成为刘勰文集的一部分,正如刘勰文集不能成为《刘子》的一部分一样”。

那也只能是杨氏一家之言。余嘉锡认为:“秦汉诸子即后世之文集……西汉以前无文集,而诸子即其文集。”[1]反之,后世之文集亦即秦汉之诸子。刘师培也说:“西汉之时,总集、专集之名未立;隋唐以上,诗集、文集未分。”[2]这个“隋唐以上”当然应当包括南北朝。《新唐书·艺术志》说:“至唐始分为四类,曰经、史、子、集。”饶宗颐说:“别集的观念,过于侧重个人,所谓某人的集,即是某人作品的纂录,这和先秦诸子的著作,以某一领导人或某一学派的代表为主而称为某子,本质上实无二致。所以六朝的‘集’,可以说是先秦的‘子’的变相。同时这种以作家为主,不以文体为主,每一作家往往兼擅各体,每一集中,各体都有之。这与其说是某一个人的别集,毋宁说是某一个人的总集。”[3]这就是说个人的文集并不只是一种文体,而是各种文体的总纂。至于《梁书·刘勰传》没有提到刘勰著有《刘子》一书,这不能算是否认《刘子》为刘勰著作的理由,因为《梁书·元帝本纪》中没提到萧绎有《金楼子》,而《金楼子》确是萧绎的著作,《金楼子》或许就在他的五十卷文集中。而《元帝本纪》中仅记有著作四百二十六卷,而《金楼子·著书篇》萧绎自己所列的目录是六百七十七卷,尚有二百五十一卷没有载入《梁书》中,其他人物传也多有此种现象,这说明《梁书》列传对传主著作的记录也是不全的。

杨明照的文章发表之后,中国社会科学院文学所的曹道衡发表了《关于刘子的作者问题》[4],对林、陈和杨的两文进行比较评论,并对刘昼的生平作了详细的考证,认为《刘子》作者“不可能是刘昼”。首先,《刘子》成书后已载入阮孝绪和刘遵等人的目录书中,此时的刘昼尚是一位求学的十几岁的人,怎么能写出像《刘子》这样的书呢?其次,即使刘昼写了《刘子》一书,南朝人也未必能看得起。曹

❶余嘉锡:《古书通例》卷二,上海古籍出版社1985年版。
❷刘师培:《论文杂记》,载《刘师培中古文学论集》,中国社会科学出版社1997年版,第230页。
❸饶宗颐:《澹心论萃·集部与子部》,上海文艺出版社1996年版,第88页。
❹见《中国社会科学院研究生院学报》1990年第2期。

道衡说："当时南方学者自视甚高，六朝时北方人所作书籍流入南方者为数不多，如果是刘昼并未到南方（笔者对他到南方的事有怀疑），那么梁代的书目中肯定不会加以著录。即使他到了南方，像阮孝绪、刘遵等名士，是否把他放在眼里，也是个疑问。据《酉阳杂俎》记载，南人徐陵对北方赫赫有名的魏收，也轻蔑到把他的作品沉入江中，号为替作者'藏拙'[①]，何况刘昼在当时充其量也不过是年方弱冠的小伙子？"其三，曹道衡认为袁孝政序中讲的刘昼的生平经历，与《北史》、《北齐书》的记载颇有矛盾，并详细对证，得出结论："在阮孝绪、刘遵有生之年，刘昼还不能著书，若书成于他们卒后，就不存在梁著目录的问题。所以笔者认为，《刘子》不可能是刘昼所著。"曹道衡对林、陈的考证给予了肯定，他说："近几年，林其锬、陈凤金的《〈刘子〉作者考辨》是很有见地的。他们发现了晁公武、陈振孙和《宋史·艺文志》均对刘昼说持存疑态度。因此转而采用两《唐书》的说法，以《刘子》刘勰作，并且进行了论证《刘子》思想与《文心雕龙》的一致性。"曹氏在他的文章中否定《刘子》刘昼作，肯定了林、陈的文章"是很有见地"的同时，也留有余地。或出于科学研究的多向思维性，给主刘昼说的人指出了一条思路，即如果实在不承认刘勰，"是否存在着第三种可能性，即既非刘勰，亦非刘昼，而是另一位姓刘的学者所作"。

主张《刘子》作者刘昼的人除杨明照外，还有程天祐、付亚庶。程天祐 1986 年曾在《吉林大学社会科学学报》上发表《〈刘子〉作者辨》，认为"从现在情况看，如果没有新的足以否定袁（孝政）、张（鷟）之说，则《刘子》刘昼撰，势必成为铁案"。但到 1990 年曹道衡把程氏定的这个"铁案"砸碎了，提出了有力有据的公允的反驳。对此，程（天祐）杨（明照）对曹氏的论据没有再提出疑问。但在

①此典出自唐刘餗《隋唐嘉话》，而不是《酉阳杂俎》。

1990年底程氏又发表《〈刘子〉作者新证——从〈昔时〉篇看〈刘子〉的作者》[1]一文，该文分三部分。第一部分题为"《昔时》篇，透出《刘子》作者的重要信息"，认为《惜时》篇末段的从"岁之秋也"到"寄悲于菀柳"是作者临窗命笔所见的眼前景物，并设问："蝉儿为何鸣？答案是以蝉自况式的，曰'哀其时命，迫于严寒，而寄悲于菀柳'。菀柳是春天，属于未来的。"

第三种观点就是曹道衡在评论两说中给人指出刘昼说是不能成立的，如果再不承认是刘勰，可以另找一刘姓学者，也不要再主张刘昼了。

（三）刘勰的世界观及其思想倾向

1. 刘勰世界观的唯物唯心论。

这一问题的争论，主要集中在20世纪60年代初期。吉谷认为，刘勰"在一系列文艺理论问题上，都持有唯物主义的观点"；"《文心雕龙》的朴素唯物主义的文艺理论观与刘勰未出仕前的世界观是一致的"。理由是刘勰"认为文学是现实的反映，又能影响现实，文学要有益于政教，文学的内容与形式是统一的，内容决定形式，形式表现内容，要继承文学遗产并要有创造发展等等"[2]。《光明日报》同期还刊登了张启成的文章《谈刘勰〈文心雕龙〉的唯心主义本质》，文章说："刘勰的文学批评理论确实具有某些唯物主义因素，但他的基本核心却是唯心主义的。"理由是：第一，本传说他为文长于佛理，他一生又长期生活在寺院，说明"佛教思想是他的主导思想"。在他的思想中佛儒是统一的，不矛盾的，它们之间没有本质的区别，但有程度的差异。这就是"精粗"之别。第二，当佛儒产生矛盾时，他是站在佛教立场上的，如儒家有"不孝有三，无后为大"，而刘勰却恰恰当了断子绝孙的和尚。在《灭惑论》中主张儿子

[1] 载《吉林大学社会科学学报》1990年第6期。
[2] 吉谷：《〈文心雕龙〉与刘勰的世界观》，载《光明日报》1960年11月20日，第3版。

早入佛，母后作尼，则母跪儿，其理曰尊道故也。同时又主张“四大皆空”，用哲学名词讲就是唯心主义的。在《文心雕龙》中关于“文学起源问题”，关于“神思”，关于对“天才的理解”，都是唯心主义的。

吉谷、张启成的观点公布以后，炳章（张文勋）发表了《漫谈刘勰文学观的哲学思想基础》[1]一文，认为刘勰的“宇宙本体论是客观唯心主义的，但是，他的文学观（也是世界观的一部分）却是唯物主义和唯心主义因素交织着，而其中朴素唯物主义的因素却是主要的部分，因而也提出了一系列现实主义的文学理论”。

刘永济在《文心雕龙校释》新版前言中说：“今统观全书，似于唯物、唯心两者，往往杂糅不分。推原其故，实不免为传统之学术思想所囿。但就其思想总体观之，唯物之说，实其主导。”[2]

曹道衡在《刘勰的世界观和文学观初探》[3]一文中认为：“刘勰的世界观无疑地是一种客观唯心主义。他在这里所说的‘道’，实际上就是指宇宙的本体。在他心目中，宇宙的本体是一种精神或理念，他把它称之为‘道’或‘神理’……这种精神或理念原是一个东西，它即是天地万物的创造者和主宰者。”

20世纪80年代初期孔繁发表了他的《〈文心雕龙〉的唯物主义认识论》[4]一文，他说：“我认为《文心雕龙》所以有成就，与他认识论方面的唯物主义思想是分不开的。”理由是：第一，关于形神关系，刘勰继承了桓谭、王充的唯物主义形神观。形在神在，精神不能脱离形体。第二，关于心与物的关系，认为“心是物的反映，即主观认识是客观事物的反映”，也就是《明诗》篇说的“人禀七情，应物斯感，感物吟志，莫非自然”。第三，在质文关系上，刘勰强调质文并重，并认为质先于文，内容先于形式，即“文附质，质待文”。第四，在感性认识和理性认识上，认为感性是理性的基础，并强调理性的

❶载《光明日报》1961年4月9日《文学遗产》第358期。
❷刘永济：《文心雕龙校释·前言》，第3页。
❸载《光明日报》1961年4月16日，《文学遗产》第359期。
❹见《东岳论丛》1981年第2期。

能动作用。第五，文学描写上要“夸而有节，饰而不诬”。第六，在才和学的关系问题上，虽然主张“才为盟主，学为辅佐”，但却不是主张“天才论”，特别举扬雄观书室的例子，说明才需学而成，这种“表里相资”的思想仍不失为唯物主义的见解。

这一时期韩湖初在《学术研究》1985年第1期发表了《从哲学和文论的传统认识〈文心雕龙〉的唯物主义性质》一文，认为《文心雕龙》深受《易传》的影响，《易传》的唯物思想在两汉得到了发展，《淮南子》明确提出“天道自然”的思想。王充继承了“天道自然”的思想，“《文心雕龙》的宇宙观正是继承了从《易传》到王充的‘天道自然’思想而来的”。从四个方面作了论述。最后说：“我们不能不承认它的主要倾向是唯物的。刘勰当时能达到这样的认识水平，是难能可贵的。”“《文心雕龙》的宇宙观和方法论，其核心是‘天道自然’思想。”“他对文学创作问题的论述是坚持了唯物主义路线的。”韩湖初随后又在《文心雕龙学刊》第3辑上发表了《略论〈文心雕龙〉理论体系的唯物主义性质》一文，与王元化的客观唯心说进行商榷。

本时期发文主张刘勰世界观是唯心主义的还有郭晋稀、周振甫、王元化[1]、贾树新等。主张刘勰世界观是唯物主义的还有范文澜、陆侃如、牟世金、杨明照、毛任秋、郭绍虞、刘绶松等一大批学者。

2. 关于刘勰的思想倾向。

本时期有六种意见：一是儒家思想占统治地位；二是佛家思想占主导地位；三是儒、道、佛三家思想的调和者；四是道家思想占主导地位；五是以道为体，以儒为用；六是以儒为内核，道为外壳。

第一种观点认为刘勰思想以儒家思想为主导。范文澜在《中国通史简编》第二编中指出：“刘勰撰《文心雕龙》，立论完全站在儒学古文学派立场上。”古文学派的特点是“哲学上倾向于唯物主义，

❶王元化后来又认为南北朝时期已“没有不掺入任何其他思想的纯粹的儒家，也没有绝对的纯粹的玄学和佛学”。见《1984年上海中日学者〈文心雕龙〉讨论会上的讲话》。

不同于玄学和佛学”,所以刘勰虽“长于佛理”,但在论文时,“却明确表示唯物主义的观点”。

第二种观点认为刘勰的思想是佛教思想占了主导地位。如詹锳认为刘勰从政以后,“他的思想发生了变化:在儒家思想和佛教思想逐渐上升的矛盾中,佛教思想逐渐上升占了支配地位”[1],成为一位佛教徒。马宏山于1980年发表了他的《论文心雕龙的纲》[2]一文,认为刘勰思想“其中一以贯之的是作为佛学思想的‘道’。刘勰的指导思想是以佛统儒,佛儒合一”。其后马宏山又把这个“纲”扩写为《文心雕龙散论》一书,于1982年出版。此书以一个系统的自成体系的见解公之于世,在学界产生了巨大反响。吴林伯、韩玉生、牟世金、邱世友、程天祜、孟二冬等纷纷撰文提出反对意见,特别是李庆甲的《文心雕龙与佛学思想》、孔繁的《刘勰与佛学》等对此进行了系统的驳证。李庆甲认为:“《文心雕龙》的思想体系属于儒家,书中不仅未见有什么佛学唯心主义的思想因素,而且其基本倾

第四种观点是道家思想占主导地位。这一观点以蔡钟翔为代表。1983年他发表了《论刘勰的自然之道》一文,专论这一观点。他的理由是“自然之道”在《文心雕龙》中占主导地位。“‘自然之道’一语,追根溯源,盖来自先秦之道家”,刘勰的“自然之道”是通过了玄学的影响,“魏晋玄学的特点是儒道融合”,刘勰的“自然之道”是名教与自然之辨中表现出来的三派中属于王弼、郭象一派的观点。“但是只能说,在刘勰心目中,儒家之道是合乎自然之道的,却不能说,儒家之道与自然之道合二为一的,是毫无区别的”。在文章的最后,蔡钟翔说:“刘勰的‘自然之道’是贯串于《文心雕龙》始末的重要指导思想。‘自然之道’的思想是先秦道家哲学和魏晋玄学中的精华,它推动刘勰去探讨文学的内部规律,并取得了高出于同时代人的

[1] 詹锳:《刘勰与〈文心雕龙〉》,中华书局1980年版,第8页。

[2] 载《中国社会科学》1980年第4期。

理论成就。刘勰的哲学思想的高度决定了他的文学理论的深度。”[1]皮朝纲的《〈文心雕龙〉与老庄思想》、张启成的《〈文心雕龙〉中的道家思想》等文章，也都看到了刘勰思想中的道家成分。

第五种观点是刘勰以道为体，以儒为用。这一观点以漆绪邦为代表。他在《以道为体，以儒为用——从〈文心雕龙·原道〉看刘勰的基本文学观：附论我国文学的基本线索》一文中说：“刘勰之所谓‘道’，究竟是哪家的‘道’，历来说法不一……笔者认为谈儒谈佛，都未能谈到刘勰之所谓‘道’的根本。以道为体，以儒为用，才是刘勰论文学的基本指导思想。”漆绪邦认为，《原道》论文之源，是以道家的“自然之道”为根本依据，黄侃之言认为刘勰本“韩子之言，正彦和所祖”是“数典忘祖，不得其祖”。“以道为体，以儒为用的文学观，滥觞于王充，完成于刘勰，刘勰之后则不绝于史”。

第六种观点是刘勰的思想“以儒家思想为内核，道家思想为外壳”的“自然之道”是《文心雕龙》的灵魂与骨髓。这方面以易中天为代表。他在《〈文心雕龙〉美学思想论稿》中说：“《文心雕龙》以道家的‘自然’法则为外壳，以儒家的伦理情感和功利目的为内核，以玄学本体论为理论高度，以佛教因明学为逻辑方法，集先秦两汉魏晋齐梁美学思想之大成，总诗歌辞赋书文史论创作经验之精粹，形成一个空前绝后的理论化系统化的艺术世界观而‘勒为成书之初祖’。”

第七种观点是刘勰的思想最代表南朝玄学的思想特点。汤用彤在《魏晋玄学和文学理论》一文中认为：“魏晋时许多思想家所持之根本理论有二：一方面认为有不可言之本体（宇宙本体，自然之道）；另一方面有不可违抗之命运。如何解决此两问题，为当时人所普遍注意。而此两问题，当亦于论文中反映之。此宇宙之本体分

[1] 见《文心雕龙学刊》第1辑，齐鲁书社1983年版；又见《文心雕龙研究论文集》，人民文学出版社1990年版。

化而为万形。故王弼谓'万物万形，其归一也'……王弼谓圣人无名，中和、与道同体，与天合德，'达自然之至，畅万物之情'……魏晋时人常以圣人法天，法自然，中正和平而不偏，余则各有所偏。此种理论在当时用之于论文，可注意者有两点：其一，魏文帝《典论·论文》谓就文体说'本同而末异'……其二，盖文章经国之大业，不朽之盛事"，然而年寿有时而尽，为求不朽，只有树德建言，"而以后论文之著作甚多，以陆机之《文赋》与刘勰之《文心雕龙》最能体现魏晋南北朝之思想特点也"。①

三、部分学者与研究专著介绍

（一）陆侃如、牟世金及其《文心雕龙译注》、《文心雕龙研究》

陆侃如（1903—1978），江苏海门人。1922 年考入北京大学，1927 年在清华大学研究生院毕业后，被聘为上海中国公学大学部中文系主任，同时兼任复旦大学和暨南大学中文系课程。1932 年夏，自费赴法国留学，考入巴黎大学文学院博士班。1935 年获博士学位回国。新中国成立后，曾任山东大学图书馆馆长、山东大学副校长，山东省人大代表，全国政协委员等职。

1957 年被错划为右派后，免去行政职务，专心致力于教学和学术研究，与牟世金合作出版了《刘勰论创作》、《刘勰与文心雕龙》、《文心雕龙选译》，同时还参与了《杜甫诗选》、《韩非子选注》、《刘禹锡诗文选注》工作。其专著《中古文学系年》于 1983 年出版。

牟世金（1928—1989），四川忠县人。1956 年考入山东大学中文系学习，1960 年毕业留校任助教，1983 年晋升为教授。曾任山东大学中文系主任、《文心雕龙》研究室主任、山东大学文科学术委员

①《汤用彤选集》，天津人民出版社 1995 年版，第 403—404 页。

会主任，兼任中国古代文论学会常务理事、中国《文心雕龙》学会常务理事、秘书长。

牟世金的专著有：《雕龙集》、《雕龙后集》、《台湾文心雕龙研究鸟瞰》、《刘勰年谱汇考》、《文学艺术民族特色试探》、《文心雕龙研究》。与陆侃如合著的有《文心雕龙选译》、《刘勰与文心雕龙》、《文心雕龙译注》。主编有：《文心雕龙研究论文集》、《中国古代文论家评传》。牟世金一生共发表论文99篇，其中关于刘勰的有54篇。王元化在牟氏的《文心雕龙研究》序言中说："世金同志对于《文心雕龙》怀有深厚的感情，他的研究工作数十年如一日，从未中辍，这种孜孜不倦的钻研精神，使我感到佩服……世金同志可以说得上是《文心雕龙》的功臣。这一点，有他大量的论著可以为证。他也是全国《文心雕龙》学会的倡议筹建者，学会的繁杂事务几乎都是由他承担起来的，因此学会倘在学术界有所贡献，首先得归功于他。"

《文心雕龙译注》，由陆侃如、牟世金合著，1981年3月由齐鲁书社出版上册，1982年9月出版下册，1995年改版全一册。改版后的《文心雕龙译注》共49.2万字。内容分为两大部分，第一部分为《引论》，由六个大标题组成，分为：一、产生《文心雕龙》的历史条件；二、刘勰的生平和思想；三、《文心雕龙》的总论及其理论体系；四、论文叙笔——对前人创作经验的总结；五、创作论；六、批评论。第二部分为《文心雕龙》的全文译注。书末附参考书目。

牟世金在该书前有一说明曰："1962年我从陆侃如先生学《文心雕龙》，曾共同译注《文心雕龙》25篇，由山东人民出版社出版《文心雕龙选译》上下册。这次齐鲁书社所出全书译注，是以《文心雕龙选译》为基础，其余25篇由我补全。原25篇除体例的改变外，部分译著也略有修改。引论和题解，统一重写。"

《文心雕龙译注》是陆侃如、牟世金在研究《文心雕龙》译注方面合作的代表作,从书后所附参考书目看,本书的原文是以黄叔琳本和范文澜本为基础,主要参考吸收了黄侃《文心雕龙札记》、杨明照《文心雕龙校注拾遗》、刘永济《文心雕龙校释》、王利器《文心雕龙校证》、周振甫《文心雕龙注释》、王元化《文心雕龙创作论》、杜黎均《文心雕龙文学理论研究和译释》等书的研究成果,并在此基础上根据自己的研究心得择善而从之。该书未写出专门的校勘记,实际上已广泛地吸收了各家的校勘成果,并注明来源。此书的最大特点不仅仅是注释了《文心雕龙》,而且对《文心雕龙》产生的历史条件和刘勰的思想方面均作了考察。对于《文心雕龙》的注释是20世纪出版的译注本中最详细的一种,译文也通俗易懂,在对刘勰文学理论的阐释上达到了一定的高度,是一部雅俗共赏的学术专著。

《文心雕龙研究》,是牟世金的一部专著,1995年由人民文学出版社出版发行。这是牟氏一生研究刘勰成果的升华和总汇,是高层次的刘勰研究专著,是牟氏一生对刘勰生平和《文心雕龙》理论研究的代表作。全书共42.2万字。全书共分八章,第一章为"绪论",共分三节;第一节为"中国古代文论的典型",第二节为"文心雕龙研究的回顾与展望",第三节为"产生《文心雕龙》的时代思潮"。在第一节里,牟氏首先把《文心雕龙》定性为古代文论之典型,而且还说明之所以是典型的原因是典型时代的产物,并从更深广的意义上说明《文心雕龙》是集前人之大成者。第一,《文心雕龙》论述全面,"是百科全书式的"。表现在两个方面:"一是对各种文体的全面总结,一是对文学理论的全面论述。"第二,体系完密。《文心雕龙》全书五十篇,由总论、文体论、创作论、作家论和批评论四部分组成。第二节实际上就是一部《文心雕龙》研究的简史或称纲要。第三节介绍《文心雕龙》产生的思想背景。

第二章论“刘勰”。由刘勰家世、刘勰生平考略、刘勰思想三部分组成。牟氏认为“刘勰乃出身寒门而非世家大族”，刘勰生年“当是宋泰始三年（公元467年）”，“母殁可能正在刘勰二十岁（公元486年）之年”，“二十岁入寺，到三十七八岁离寺”。《文心雕龙》“从498年开始，到502年3月完成，总计费时四年左右”。天监十八年（公元519年）离东宫与慧震入寺撰经。“大约卒于普通三年（公元522年）初，享年五十六岁”。在刘勰的思想倾向问题上，牟氏认为“刘勰的思想属儒家思想，无论就其全人或《文心》全书来看，这都是毫无疑义的”。第三章谈“《文心雕龙》的理论体系”，共有四节。第一节，《文心雕龙》的性质和篇次问题，第二节“《文心雕龙》的总论”，第三节“《辨骚》的归属问题”，第四节“‘体大思精’的理论体系”。关于《文心雕龙》的性质，作者认为是一部“文学理论”著作。关于《文心雕龙》通行本的篇次今人虽有不同看法，但不同意随意调整，认为各有各的看法，各有各的理由，如果各按自己的主观意见作了调整，“虽主观上是图复其原貌，但在客观上很可能远离原貌”。关于总论，牟氏认为，有学者将《文心雕龙》前五篇“文之枢纽”作为全书的总论，虽然也有些道理，“但以前五篇为总论，显然是一个含混不明的说法，作为一部理论著作的总论，只能是全书的基本观点，而不是笼统的某几篇”。“在‘文之枢纽’的五篇中，可以视为《文心》总论的，只有前三篇提出的原道论，征圣论和宗经论”。关于《辨骚》篇的归属问题，作者认为“《辨骚》篇具有‘枢纽’和‘文体论’双重性质”。关于《文心雕龙》的理论体系，牟氏根据刘勰自己在《序志》中的意见列了一个表：

- 上篇
  - 文之枢纽——本乎道、师乎圣、体乎经、酌乎纬、变乎骚——总论
  - 论文叙笔——原始以表末、释名以章义、选文以定篇、敷理以举统——文体论
- 下篇
  - 割情析采——摛神性、图风势、苞会通、阅声字——创作论
  - 崇替于时序、褒贬于才略、怊怅于知音、耿介于程器——批评论
  - 长怀序志——序

牟氏在对上列《文心雕龙》的骨架分析以后概括说：“《文心雕龙》由‘文之枢纽’、‘论文叙笔’、‘割情析采’和批评鉴赏论（包括作家论）四个互有联系的组成部分，构成一个严密而完整的文学理论体系；这个体系以儒家思想为主导，以‘衔华佩实’为轴心，以论述物与情、情与言、言与物三种关系为纲领，把全书五十篇结成一个有机的整体。”接下来的四、五、六、七章是根据《文心雕龙》理论体系的四个部分，每部分列为一

章进行分析。第八章是几个专题研究，分“刘勰对古代现实主义理论的贡献”、“从《文心雕龙》看古代文论的民族特色”、“‘从范注补正’看《文心雕龙》的注释问题”、“台湾《文心雕龙》研究鸟瞰”。

关于《文心雕龙研究》写作的经过和甘苦，作者在自序中说：“1982 年我完成《文心雕龙译注》之后，便开始考虑此书的撰写。在翌年秋的‘中国《文心雕龙》学会’成立大会期间，人民文学出版社向我提出此书的预约。当时本想用一两年的时间来完成，未想到一拖再拖，以至于今。所以，这本‘龙’著完成于龙年，并非初衷。按原来的进度，本已向出版社送交保证书：至晚 1987 年 10 月底交卷。可事与愿违……因这是我毕生所能雕画的一条‘全龙’，未敢草草命笔，便向当今‘龙’坛巨擘王元化先生学习，先打外围战。……为了解龙学的历史，吸取前人成果，总结经验教训，写了《‘龙学’七十年概观》[1]，为了确知刘勰生平，便遍搜海内外已刊行之刘勰年谱、年表十六种，撰成《刘勰年谱汇考》[2]，为一知日本龙学而赴日察访，写了《日本文心雕龙研究一瞥》[3]，为掌握港台研究成果，写了《台湾文心雕龙研究鸟瞰》[4]，并借参加香港国际比较文学会之机，拜访了部分香港龙学家。此外，为认清刘勰的思想，曾写过《试论六朝时期儒道玄佛的斗争与融汇》[5]等。”正是在这个基础上，提出了许多新的观点，并且扩大了范围，因而对以往的不少观点有所修正，使得研究更深入、更精进了。学界对此评价极高，张少康等说：“在八十年代，牟世金是研究《文心雕龙》的中年学者中成就最高、贡献最大、学风严谨的一位非常出色的学者，可惜英年早逝，未能看到他一生研究《文心雕龙》心血的结晶《文心雕龙研究》一书的出版”，“《文心雕龙研究》无疑是新时期以来众多《文心雕龙》论著中最为优秀的一部”。[6]但也有一些仍待商榷的地方。例如刘勰身世士庶问题、《文心雕龙》性质问题等。

❶载《社会科学战线》1987 年第 3、4 期，1988 年第 1 期。
❷巴蜀书社 1988 年出版。
❸载《克山师专学报》1984 年第 1 期。
❹山东大学出版社 1985 年出版。
❺载《古籍研究》1987 年第 1 期。
❻张少康：《文心雕龙研究史》，北京大学出版社 2001 年版，第 336、392 页。

（二）杨明照及其《文心雕龙校注拾遗》

杨明照（1909—2003），字弢甫，四川大足县人，1936 年考入燕京大学研究院国文学部，在郭绍虞的指导下研究《文心雕龙》。1939 年夏天完成论文《文心雕龙校注》，获硕士学位，同年任教于燕京大学。1946 年始入母校四川大学任教，直至去世。

《文心雕龙校注拾遗》，杨明照著，1982 年由上海古籍出版社出版发行，全书约 59 万字。扉页上有敦煌唐写本、明嘉靖汪一元刊本、明万历张之象刊本、明万历王惟俭刊训故本、明万历胡维新刊《两京遗编》本、明万历梅庆生刊音注本书影。内文由《文心雕龙》五十篇校注拾遗、《〈梁书·刘勰传〉笺注》、九个附录、引用书目等四个部分组成。杨明照在前言中说："二十年前由中华书局上海编辑所印行的《文心雕龙校注》，是以养素堂本为底本，于《文心雕龙》原文下次以黄叔琳的辑注和李详的补注，复殿以拙著《校注拾遗》和《附录》。旧稿原是 1939 年夏我在燕京大学研究院毕业时的论文，因腹笥太俭，急就成章，疏漏纰缪，所在多有，久已不惬于心。十年动乱的后期，居多暇日，遂将长期积累的资料，分别从事订补。志趣所寄，虽酷暑祁寒，亦未尝中辍。朱墨杂施，致书眉行间无复空隙。因另写清本，继续修改抽换，定稿后，将《校注拾遗》与《附录》独立成书。""当初稿写成，与 1958 年印行的《校注》本较，《〈梁书·刘勰传〉笺注》换补了三分之一，《校注拾遗》增加了五分之二；《附录》则扩充的更多，由原来的六类蕃衍为九类；《引用书目》达六百八十余种，几乎多了两倍"。[1]这说明《文心雕龙校注拾遗》是在《文心雕龙校注》基础上修订而成的。

《文心雕龙校注》，1958 年由古典文学出版社出版发行，题标："刘勰著，黄叔琳注，李详补注，杨明照校注拾遗。"全书共472页。

[1] 引自杨明照：《我与〈文心雕龙〉》，载张书林编：《学林春秋》，中华书局 1998 年版，第 198 页。

目录前有杨明照的《〈梁书·刘勰传〉笺注》。每篇原文末为黄注、李补注、杨校注拾遗。该书出版后引起海内外学术界的重视，作者于1961年、1962年又多次修订再版。台湾世界书局、河洛书局、香港龙门书局相继翻印或影印，受到学者的高度评价。日本户田浩晓在日本《大安杂志》1960年12期发表了《读杨明照氏的〈文心雕龙校注〉》一文，认为该书"有不少发前人所未发的见解"。堪称"自民国以来一直到战后《文心雕龙》研究的名著"。我国台湾学者王更生认为该书"在《文心雕龙》的研究上，为后人树立了一个新的断代"。但学术界也有不同看法。张立斋在《文心雕龙注订·叙》中评杨注"辍拾者少，而失检者多，谬误处甚于别本"。他在《文心雕龙考异·序》中评杨注说："兹就唐本十余篇中……杨氏失校者，达三百四十余条，如唐写本《辨骚》篇'汤武之祗敬'句下，原脱'典诰之体也，至讽之旨也'，四句共二十二字。又《铭箴》篇'孟臧武之论铭也'，句下原脱'曰天子令德，诸侯计功，大夫称伐'，三句共十三字，杨氏均未校出，谨细忽大，不见舆薪，为失之最者也。"

杨氏1982年出版的《文心雕龙校注拾遗》，是一部以校勘为主，兼作释义并汇辑了明清以前各种《文心雕龙》研究资料的研究专著。是在1958年《文心雕龙校注》本基础上增补修订而成的，与原书不同的是不再列出黄氏辑注、李详补注。《拾遗》以增补修订"校注拾遗"为主，在原书基础上增加了五分之二的研究成果。附录部分也由原来的六类蕃衍为九类，删去了黄叔琳辑注和李详补注。原《校注》本所收的《〈梁书·刘勰传〉笺注》也改用1979年新发表的《〈梁书·刘勰传〉笺注》，并重新撰写前言。该书出版后，在海内外再次引起反响。香港《大公报》评曰："该书解决了某些千古疑难，具有很高的学术价值。"[1]台湾多家出版社相继翻印。

[1] 见1983年6月6日《大公报》。

《文心雕龙校注拾遗》有如下几个特点：

第一，作者对刘勰的生平思想作了详细的考订，这主要反映在《〈梁书·刘勰传〉笺注》一文中。作者对刘勰的家世进行考证之后列出了世系表，这个世系表是继梁绳祎在《文学批评家刘彦和评传》所列世系表之后的第二个世系表。杨氏所列的这个表比梁氏所列的世系表详细得多。梁氏在刘勰祖辈上只列有刘灵真、刘秀之、刘粹之，在刘勰叔父辈上只列出了刘尚、刘景远。杨氏的表中在刘勰祖父辈上又列出了刘恭之、刘钦之，在刘勰辈上又列出了刘隽，同时又列出刘穆之一支至刘勰辈的八人。在该文中，作者对刘勰入定林寺的目的、时间、《文心雕龙》成书的时间、任萧宏记室的时间、上表时间、与萧统的关系及不婚娶的原因和任步兵校尉的时间等作了较为详细的考证，并认为刘勰卒于梁大同四年或五年。

第二，该书的校勘原文是以养素堂刻黄叔琳辑注本和黄氏辑注、李详补注为底本，参考唐人草写残卷本、元至正十五年嘉兴郡学本、明弘治十七年冯允中本以及近现代《文心雕龙》刻校注选本等凡60余种，对《文心雕龙》全书中有争议的字、词、句进行了认真详细的考证辨析，所改之处亦附带有根有据的说明理由。仅校雠元至正本所得，计有170余条。杨氏的校注，特别是“注”，对于刘勰用语的出处尽量提供给读者，这对于理解原著，开阔读者思路是大有裨益的。

第三，是书对《文心雕龙》通行本的篇次作了考辨，认为有混乱处。如在《总术》篇下，杨明照注文说：“按今本有错简，本篇统摄《神思》至《附会》所论为文之术，应是第四十五，殿九卷之后；《时序》与《才略》互有关联，不能分散在两卷，《时序》应为第四十六，冠十卷之首，《物色》介于《时序》、《才略》之间，殊为不伦，当移入九卷中，其位置应为第四十一。《指瑕》、《养气》、《附会》三篇依次递降。”在《时序》篇下，作者说：

"按此篇当在《才略》之前,此篇论世,彼篇论人,本密迩相连。《序志》篇云:'崇替于《时序》,褒贬于《才略》,'明文可验也。"杨明照的这个看法按今人的逻辑看,完全有道理,但文献根据不足,作者只是指出混乱,却没有像李曰刚和郭晋稀那样按照自己的意见另行编排篇次。对于《隐秀》篇补文的真伪问题,作者同意有四百余字为明人伪作。但指出纪评中的渊明称"彭泽"并不始于唐人,而是南朝人鲍氏集卷四中已有"学陶彭泽体"的称呼。

第四,该书附录部分的字数几乎与正文相等,为后人研究刘勰减少了大海捞针之苦。作者在附录前有一小序说:"刘舍人《文心雕龙》,向为学林所重。历代之著录、品评,群书之采摭、因习,前人之引证、考订,与夫序跋之多,版本之众,均非其他诗文评论著所能比拟。惟散见各书,逐一翻检,势难周遍,今分别集录,取便省览。其别著两篇及疑文数则,亦附后备考。"《附录》计有九类,分为"著录"、"品评"、"采摭"、"因习"、"引证"、"考订"、"序跋"、"版本"、"别著"。每一类前有一小序。

该书出版后,作者虽已年迈,但从没停止过对于刘勰及其著作的研究。1996年作者又在《文心雕龙研究》第2辑发表了他的最新研究成果,题为《文心雕龙校注拾遗补正》,作者在文下小序中说:"十五年来,理董《〈抱朴子·外篇〉校笺》定稿,且缮写,且翻检,无日不涉猎四部有关典籍。凡可补前著《文心雕龙校注拾遗》资料,皆分别移录。弋钓既久,所获渐多。今选刊七十一则,以质并世之研治刘舍人书者。"到2000年作者又将这些新的成果整理融入《文心雕龙校注拾遗》中,并将原《校注》与《校注拾遗》合为一书,名为《增订文心雕龙校注》,其中增加了若干新内容,并在原附录中加了《校记》,由原来的九类增至十类,而且各类的内容亦有所增加。作者在该书前言的最后说:"生也有涯,岁月易逝,未敢怠荒,随即着手理董《〈抱朴子·外篇〉校笺》定稿。且缮写,且翻检,无日不涉猎四部有关典籍。凡可补正《文心雕龙校注拾遗》的资料,皆一一录存。去年暑假,《〈抱朴子·外篇〉校笺》下册竟业,念有生之年有限,又贾余勇重新校理刘舍人书,前著之漏者补之,《文心》原文及黄、李两家注亦兼收并蓄,以便参阅,名曰《增订文心雕龙校注》。”同时,作者又将《补正》的那一块与原《拾遗》相合,交江苏古籍出版社于2001年出版,名为《文心雕龙校注拾遗补正》。此两书是继范文澜《文心雕龙注》之后,最为完备的校注本,并与范本互有所长。

(三)周振甫及其《文心雕龙注释》和《文心雕龙辞典》

周振甫(1911—2000),浙江平湖县人,学名麟瑞,以字行世。1931年肄业于无锡国学专门学校,次年入上海开明书店校对《辞通》,从此开始了他的编辑生涯。

1952年开明书店迁往北京后,周振甫在《语文学习》杂志社工作。后随开明书店合并入中国青年出版社。1971年调入中华书局任编审。

周振甫精于编审,勤于著述,主要著作有:《毛主席诗词浅释》、《鲁迅诗歌注》、《诗词例话》、《文章例话》、《古代战纪选》、《谭嗣同文选注》、《小说例话》、《李商隐诗文选》、《文心雕龙今译》、《文心雕龙注释》,主编《文心雕龙辞典》等。

《文心雕龙注释》,初版于1981年11月,由人民文学出版社出版发行。为周氏研究《文心雕龙》的代表作。全书42万字。书的前面是例言,次为前言,再次为《梁书·刘勰传》,其后是正文《文心雕龙》五十篇注释。注释的形式前面是刘勰原文,原文下是“评”,即采集前已提到的明代杨慎、曹学佺和清代黄叔琳、纪昀的评论。再下面是注释,最后是作者的“说明”。这个说明实际是作者对本篇重要概念和理论的阐释。这种注释和说明,无论是对于初学者还是对于学术同仁进行研究参考,都是一种极好的方式。

该书的前言计有 33000 多字,是篇反映作者对刘勰及其著作研究的观点,或者说是作者对刘勰研究的一个结论性认识。周氏的主要观点如下:

1. 关于刘勰的生平和思想。

开门见山表明《文心雕龙》成书于齐明帝建武三年到四年(公元 496—497 年)。对于刘勰的生平,作者列专题论述,同意范文澜说刘勰约生于宋泰始元年(公元 465 年)前后。对于刘勰身世的士庶问题,作者认为是庶族。[1]刘勰上表时间为天监十六年十月后,迁步兵校尉当在天监十七年。最后一次奉敕入定林寺撰经当在天监十八年。其卒年当为普通三年(公元 522 年)前后,约 58 岁。周氏认为刘勰不婚的原因是早年家贫,后来虽不能说是"贫"了,但又信佛,故"不婚吧"。

在刘勰思想方面,周氏认为佛教对刘勰的思想存在重要影响。作者承认《灭惑论》写于入梁以后。作者认为《灭惑论》里所讲的"道"与《原道》的"道"是一致的。"在对道的认识上,《原道》和《灭惑论》没有什么不同,从而可以证明,他是主张至道归一、妙法无二的,是主张一元论反对二元论的","他在论文时是有唯物观点的,但在《原道》里,却认为神理是决定存在的,所以他还是客观唯心主义者。但这并不因此贬低他在文论上的贡献"。

2. 关于《文心雕龙》的理论体系。

周氏认为《文心雕龙》的理论系《序志》里已讲明白,是分了五部分:"文之枢纽","论文叙笔","剖情析采","论时序、才略、知音、程器","长怀序志"。

第一部分"文之枢纽",是论文的关键,是贯串全书的根本论点,可称全书的总论。第二部分是"论文叙笔"。这部分刘勰要回

[1] 作者在文中用了一句"可见和刘秀之都是出身素族"。据周一良和唐长孺研究,"素族"是指甲族,即士族,但周振甫先生的意思是庶族。

答两个问题:“一是文笔问题”,“二是对各种文体的创作要求”。第三部分是“剖情析采”。这部分刘勰要回答创作上的各种问题。第四部分“可称为文学史和文学评论,包括《时序》、《才略》、《知音》、《程器》。”周氏对每一部分都进行了认真的分析解剖,认为刘勰在“创作论、风格论、文体论、鉴赏论方面,都作出了新的探索,具有超越前人的成就”。

《文心雕龙辞典》,周振甫主编,撰稿人有刘跃进、陈凤金、林其锬、周振甫、赵立生。1996年8月由中华书局出版发行。书前有周振甫写的前言,正文951页。有总目录和分目录。总目录由《难字及词句释》、《术语及近术语释》、《作家释》、《作品释》、《专论与专著介绍》、《各家争论说介绍》、《元至正本文心雕龙汇校》、附录一《文心雕龙序跋》、附录二《文心雕龙版本叙录》和综合索引组成。分目录以笔画为序,每一部分基本都有凡例。

关于本书的编写目的,周氏在前言里说:《文心雕龙》“取得了显学的地位,不仅在中国被广泛的重视和研究,而且已经有了朝、日、英、意、德5种文字的全译本,可称为真正走向了世界。‘文心雕龙学’已成为一门文艺理论的新学科。这就需要编一部《文心雕龙辞典》来供广大读者参考研究之用”。

(四)王利器及其《文心雕龙新书》

王利器(1912—1998),字藏用,号晓传,四川江津人。四川大学中文系毕业时考入北京大学文学研究所,历时三年完成《吕氏春秋比义》,约200多万字。抗战胜利后任教于北京大学。新中国成立后,仍任教于北京大学,后调文学古籍刊行社工作。1957年被错划为“右派”,1977年退休。1981年始被西北大学聘为博士生导师、中国社会科学院特邀研究员,连续出版40多部专著,发表论文百余篇。其主要著作有《盐铁论校注》、《文心雕龙新书》、《新语校注》、《文心雕龙校证》、《文镜秘府论校注》、《历代笑话集》、《历代笑话集续编》、《颜氏家训集解》、《世说新语(校点)》、《郑康成年谱》、《李士祯、李煦父子年谱》、《耐雾堂集》、《晓传书斋文史论集》、《王利器学术杂著》、《汉书古今人表疏证》、《葛洪论》、《王利器自述》等。

《文心雕龙新书》出版于1951年,由巴黎大学北京汉学研究所编印,20万字。全书分为三部分,第一部分为"文心雕龙新书序录",介绍刘勰的生平与思想及《文心雕龙》成书年代,并说明所用校勘的版本和校勘的方法,同时也交代了书名的来历。第二部分为全书的主要内容,对《文心雕龙》全书进行校勘注释。第三部分为附录,共有六种,分别是历代著录、历代序跋、杂纂、原校姓氏、王惟俭训故本校勘记以及杨明照1941年发表在《文学年报》第7期上的《〈梁书·刘勰传〉笺注》。

《文心雕龙新书》是以黄叔琳辑注养素堂原刻本为底本,分章断句多依范文澜注本。作者校勘直接用的版本就有20多种,间接用的有两种,广泛征引吸收了前贤的成果,作者对该书的撰写所采用的态度是极为严谨的。他在《序录》中说:"如有旧说可采,决不一味盲从;如要直下己见,决不臆逞自恣。"目的是"定是非"、"理正兼核"。但是此书对于《文心雕龙》理论上的阐释还是不够的,只重校释,忽视理论上的阐发。在校证方面张立斋《文心雕龙考异·序》中说:"王氏失校者有二十余条。"

《文心雕龙新书》出版后,产生了广泛的影响,这是新中国成立以来国内学者在国外出版的第一部《文心雕龙》研究的专著。特别是将历代著录、序跋、版本叙录附于书后的做法,杨明照的《文心雕龙校注拾遗》就有所效仿。

由于是书出版早,国内很少见到,于是作者又重新改写,于1980年由上海古籍出版社出版发行,改名为《文心雕龙校证》,23.3万字。前有《元刊本文心雕龙序》书影,次为目录,其后为作者自撰的《文心雕龙校证序录》。该书的主要特点是搜罗《文心雕龙》的各种版本，比类其文字异同，终而定其是非。以校为主，断章分句，以范注本为蓝本，稍有改定，所据版本共达27种，又援引历代史料50余种。《人民日报》评介为"《校证》出版，《文心雕龙》才有可读之本"[1]。张文勋说："本书校勘及其附录体例，可与杨明照《文心雕龙校注拾遗》互相参照、互相补充。"[2]台湾的成文书局、宏业书局、明文书局和香港的龙门书局争相翻印，以满足读者之需。

（五）张光年及其《骈体语译文心雕龙》

张光年（1913—2002），湖北光化（今为老河口市）人，本名张文光；笔名有"未然"、"光未然"、"兰枫"；化名有"张望"、"张华甫"、"张一松"、"张华夫"。从1955年正式名字为"张光年"、笔名为"光未然"。

张光年1931年考入武昌中华大学中文系。张光年对《文心雕龙》的研究开始于青年时期。他说："我在二十多岁时，就很喜欢这部著作，从中受到教益。对其中许多篇章，尤其是下篇的大部分，我是能够背诵的……我年轻时学的是范老的《文心雕龙注》，当然也包括黄侃的《文心雕龙札记》。"[3]

早在20世纪60年代初期，张光年为了使《文艺报》和作家协会同仁对《文心雕龙》有所了解，曾给他们讲授《文心雕龙》，并用骈体语译《文心雕龙》，还到中国人民大学开设《文心雕龙》课，利用业余时间翻译过十几篇《骈体语译〈文心雕龙〉》。《文艺报》编辑部的《业务学习资料》登出了《神思》、《体性》、《风骨》、《通变》、《定势》、《情采》6篇，此文一出，不胫而走，被北京大学中文系学生当成了学习古代文论和《文心雕龙》的重要参考资料。

中国《文心雕龙》学会成立时，张光年被推选为第一任会长。作为会长，他对刘勰及其著作的研究作出了具体部署，号召人们对

❶见《人民日报》1980年12月26日第8版《文艺新书》。

❷张文勋:《文心雕龙研究史》，第175页。

❸张光年:《在〈文心雕龙〉学会成立大会上的讲话》，见《文心雕龙学刊》第2辑。

《文心雕龙》的研究注意同今天的创作实际结合起来，而不限于《文心雕龙》文字词句方面的考订。同时又认为对其字词句的考证是不可少的，是基本功。

《骈体语译文心雕龙》，张光年著，上海书店2001年3月出版，14.9万字。书前有张光年自序《四十年的心愿——骈体语译〈文心雕龙〉序言》。全书分为三部分，正文分两编，后面有两附录。作者在关于本书体例时说："《文心雕龙》全书五十篇。我的译文，只选取了可供当代文学爱好者研习、对他们从事创作与评论工作有重要参考作用的三十篇；其中不少篇章，也大有助于青年一代增进文学知识、提高文学素养。概括说来，在全书开头纲领性的《原道》、《征圣》、《宗经》、《正纬》、《辨骚》五篇中，略去了《正纬》（纬书是汉人妄称配合经书的伪作。刘勰撰此篇郑重辨之；同时认为其中有比较美好的文辞可资参酌）。以下属于文体论（分论当时流行的各种文体作法）的二十篇中，只译出《明诗》、《诠赋》、《诸子》、《论说》四篇，而略去了《乐府》（重点在音律而不在歌词）《颂赞》、《祝盟》、《铭箴》、《诔碑》等十六篇（这些对今后用处不大）。这以后，自《神思》、《体性》、《风骨》以下属于创作论、批评论，直至最后的《知音》、《程器》、《序志》共二十五篇，都是我十分赞佩、认为内容非常重要或非常美好的，绝大部分认真译出了；只略去了《声律》、《练字》、《指瑕》三篇。本书编辑的时候，没有按照原书篇目先后序列，而是分为第一、二两编，突出创作论，将《神思》以下涉及创作问题的十五篇列入第一编；而将原书开宗明义的《原道》、《征圣》、《宗经》等篇以及文体论、批评论以至总序《序志》的十五篇列入第二编。我的书是献给文学青年的。我怕青年读者一翻到卷首的《征圣》、《宗经》等等，就皱起眉头，不想看也不想买这本很有意思的书了。而将《神思》、《风骨》等篇移列在卷首，很可能发生较好的效果。"

附录一为林其锬、陈凤金的《新校白文〈文心雕龙〉》，附录二由五篇文章组成，分别是陆侃如、牟世金写的《刘勰的生平》、王元化写的《神思》等六篇跋文和张光年本人在《文心雕龙》学术研讨会上的三篇讲话。

（六）詹锳及其《文心雕龙义证》

詹锳（1916—1998），字振文，山东聊城人，1934 年考入北京大学历史系，二年级时改入中文系。抗日战争爆发后，转入西南联大云南蒙自分校，听刘文典教授讲《文心雕龙》，1938 年毕业。1948 年赴美留学，1953 年获得纽约哥伦比亚大学心理学博士学位。同年回国。1954 年到天津师范学院（1960 年改名为河北大学）任心理学副教授。1961 年调入中文系教古典文学，任中文系教授、河北大学古籍整理研究所所长。学术兼职有：全国古籍整理规划小组成员、中国李白研究会会长、古代文论研究会理事、《文心雕龙》学会常务理事。

詹锳一生致力于心理学和古典文学研究，由于特殊的历史环境，其心理学研究未能坚持下去，后来专心致力于古典文学和《文心雕龙》的研究，以唐诗和《文心雕龙》研究方面的成就最为突出。

詹锳的主要著作有：《李白诗文系年》、《李白诗论丛》、《唐诗》、《语言文学与心理学论集》、《刘勰与〈文心雕龙〉》、《〈文心雕龙〉风格学》、《文心雕龙义证》等。

詹锳早在白沙女子师范学院任教时就为学生开设《文心雕龙》课，入河北大学中文系后仍为系教师和学生开讲《文心雕龙》课。1983 年至 1984 年被美国威斯康星大学特聘为东亚语文系研究员。这期间詹锳用英语给学生讲授《文心雕龙》，又到哈佛大学和耶鲁大学讲《文心雕龙》专题。

《文心雕龙义证》是詹锳研究《文心雕龙》的代表作。1989 年 8 月作为古典文学丛书之一由上海古籍出版社出版发行。后多次再版。全书共 134.4 万字。目录在前，有《序例》、《〈文心雕龙〉版本叙录》、《引用书名简称》，然后是《文心雕龙》五十篇正文义证。

《文心雕龙义证》是作者以王利器的《文心雕龙校证》本的原文为底本，并以杨明照《文心雕龙校注》本作为核实的参考，遇有异文时特为标出，间或校改其明显讹字。对二书所用版本的不同称谓作了统一名称。“对范、杨、王以及各家校语有不同意见时，则作出自己的判断，但有时也两说共存”，对于文义则“一律列于义证之中，不别出校记”，“全书以论证原著本义为主，也具有集解的性质，意在兼采众家之长，而不是突出个人的一得之见，使读者手此一编，可看出历代对《文心雕龙》的研究成果，也可以看出近代和当代对《文心雕龙》的研究有哪些创获”。

关于《文心雕龙》的性质，詹锳说：“通过几十年的摸索，我感到《文心雕龙》主要是一部讲写作的书，《序志》篇开始就说得很清楚：‘夫文心者，言为文之用心也’。过去有人把《文心雕龙》当作论文章作法的书，也有人把《文心雕龙》当作讲修辞学的书，都有一定的道理。但这部书的特点是从文艺理论的角度来讲文章作法和修辞学，而作者的文艺理论又是从对各体文章的写作和对各体文章代表作家作品的评论当中总结出来的。”[1]

关于《文心雕龙·原道》篇的“道”，詹锳认为：“《文心雕龙》全书虽以儒家思想为主，而并不排除玄学的影响，魏晋玄学就是以道家的思想来说《易》的。自然之道和《易》道并不矛盾，而且在本篇里是统一的。这里所谓道，兼有双重意义，广义乃指自然之道，狭义仅谓儒家之道。二者也是统一的。”

詹锳对于刘勰生平的研究，主要体现在1980年出版的《刘勰与〈文心雕龙〉》一书中。他认为刘勰的生年是范文澜的“宋泰始元年（公元465年）左右”，初入定林寺的时间为“齐武帝永明二年（公元484年）左右”。《文心雕龙》这部书“虽然标‘梁通事舍人刘勰撰’，

[1] 詹锳《文心雕龙义证·序例》。

实际上是他在齐朝末年完成的”。天监元年(公元502年)为奉朝请,天监三年(公元504年)为萧宏记室,八年迁车骑仓曹参军,九年为太末令,十一年(公元512年)为仁威南康王记室兼东宫舍人,十八年迁步兵校尉。梁普通元年(公元520年)奉敕入定林寺与慧震一起撰经,普通四年(公元523年)左右去世。

关于刘勰的家世,詹锳认为东莞刘氏为“南朝的文化世家”。刘勰是一个“没落的士族子弟”。

关于刘勰的思想,詹锳认为,刘勰的思想早期是以儒家为主的,由于接触佛典多了,“他的思想发生了变化:在儒家思想和佛教思想的矛盾中,佛教思想渐渐上升而占了支配地位,这时他才成为一个虔诚的佛教徒,出家做和尚便是他佛教思想发展到顶点的表现”。

(七)郭晋稀及其《白话文心雕龙》

郭晋稀(1916—1998),字君重,湖南湘潭人。1938年考入湖南国立师范学院,两年后转入湖南大学,受业于著名学者曾运乾、杨树达、骆鸿凯、钱基博等。1942年毕业后,先后任教于湖南国立师范学院,桂林师范学院。新中国成立后,先后任西北师范学院(现已改西北师范大学)副教授、教授、中文系古典文学教研室主任、古籍整理研究所所长。

郭晋稀是新中国成立后较早从事刘勰及其著作研究的学者之一。1963年他出版了《文心雕龙译注十八篇》。此书出版后,在国内外产生了很大的影响。作者又在此基础上进行修订增补为全译本,于1982年由甘肃人民出版社出版,全书43万字,题签《文心雕龙注译》。这期间作者还发表了大量有关刘勰及其著作的论文。郭氏晚年用力更勤,将自己一生研究《文心雕龙》的新见解并吸收别人的最新成果,将《文心雕龙注译》进行修改并改名为《白话文心雕龙》,由岳麓书社作为古典名著今译读本于1997年出版。

《白话文心雕龙》是郭晋稀的代表作,共44万字。全书由《例言》、《前言》和《文心雕龙》五十篇译注文字组成,最后有一篇跋语。

《白话文心雕龙》的显著特点有四:

第一,作者将《文心雕龙》五十篇的后二十五篇编次作了调整。现将原通行本的篇次与郭氏调整后的篇次对照如下:

通行本	郭改本
二六　神思	二六　神思
二七　体性	二七　体性
二八　风骨	二八　风骨
二九　通变	二九　养气
三十　定势	三十　附会
三一　情采	三一　通变
三二　镕裁	三二　事类
三三　声律	三三　定势
三四　章句	三四　情采
三五　丽辞	三五　镕裁
三六　比兴	三六　声律
三七　夸饰	三七　练字
三八　事类	三八　章句
三九　练字	三九　丽辞
四十　隐秀	四十　比兴
四一　指瑕	四一　夸饰
四二　养气	四二　物色
四三　附会	四三　隐秀
四四　总术	四四　指瑕

四五　时序	四五　总术
四六　物色	四六　时序
四七　才略	四七　才略
四八　知音	四八　知音
四九　程器	四九　程器
五十　序志	五十　序志

郭氏认为:"《隋书·经籍志》就明白载着《文心雕龙》十卷。《隋书》是唐初修定的,《梁书》和《南史》也是唐初修定的,然而《梁书》和《南史》刘勰本传里都只称《文心雕龙》五十篇,不分十卷。""据《文心雕龙·序志》篇刘勰自己说:'上篇以上,纲领明矣','下篇以下,毛目显矣'。则《文心雕龙》只分上下两篇,或者上下两卷,是刘勰自己说的。现在把他分为十卷,则是唐初到现在的人加上去的了,而且唐初意见就不一致"。郭氏认为,上篇编次不乱,问题在下篇。因为下篇的次序,刘勰在《序志》里说:

至于剖情析采,笼圈条贯,摛《神》、《性》,图《风》、《势》,苞《会》、《通》,阅《声》、《字》,崇替于《时序》,褒贬于《才略》,怊怅于《知音》,耿介于《程器》,长怀《序志》,以驭群篇,下篇以下,毛目显矣。

"按照上篇的体例,从《神思》以下二十五篇,也应分为三类:先为剖情,次为剖情与析采兼含的篇次,三为析采,最后殿以五篇。除《物色》一篇,范文澜等人指出误排外,恐其他各篇亦有误排……因此以体例,校改下篇次第"如上。

第二,在版本校勘上作了一些新的补充,提出了一些新的意见。作者"把前人校勘的成绩,全部采用了,而且写上了校勘者的姓氏"。该书共补充校勘约有二百余处，并在不少地方提出了自己的看法，如《原道》篇“故形立则章成矣，声发则文生矣”，今校改为“故形立则文生矣，声发则章成矣”。理由是“形体有文采，声音有节奏，《说文》亦云：‘乐竟为一章，从音十。十，数之终也’”。“上文云，‘旁及万品，动植皆文’，正是说的‘形立文生’；至于‘林籁结响’以下，便是说的‘声发章成’，此两句承上句而言，形体有文采，声言有章节，校改之后，文义也比原文顺当”。此类在全书中很多，作者在原文里于中括号内标出改字，又在小括号内说明原文，并简略说明依据。依据只指出最早版本或最先校定者姓名。如有补充说明，则另在注释中申述。

第三，作者在注释中引用范注时作了自认为必要的删节，没有像范氏那样大段地引用资料，而是以说明原意即可。因为该书是十之八引用范注的，如果不删节，除了全书显得臃肿外，也不好再把注解不够的资料辑录在书中，作者把凡是说明《文心》原文出处及用事者，都一一补入，对前人征引遗漏的，也作了一些必要的补充。作者还把范注文中所引前人文已删节的，在重新核实原文后，将删节部分用删节号标出。

第四，作者在每一篇的题下写了一篇类似题解性的文字，对该篇的主要理论内容作了概括性的阐述。

关于刘勰的生平身世，郭氏认同刘勰的士族地位，并认为刘勰这一支地位在刘宋朝以后相对于刘穆之一支是式微了。刘勰“大抵生于宋明帝泰始三年，即公元467年左右。齐东昏侯永元元年，即公元499年前后，开始写《文心雕龙》……至迟在和帝中兴二年，公元502年成书”。刘勰的卒年和奉敕入寺同慧震一起撰经的时间是：“公元531年即中大通三年，萧统去世，刘勰便离开宦海，回到定林寺与沙门慧震撰经，没有一年，结束了他的一生。”[1]

[1] 详见郭晋稀：《白话文心雕龙·前言》，第5页。郭氏的此段文字，显得有些草率，不像对此有深究的样子。因为本传说他证功毕，遂求出家，敕许并赐名慧地后，“未期而卒”。郭氏没有给刘勰余出撰经的时间。

关于刘勰的世界观，郭氏认为“刘彦和对于宇宙本体的看法，属于客观唯心主义的范畴”。又说：“刘勰虽然是客观唯心主义者，却合理地回答了文学与现实、内容与形式的关系问题。”理由是：“一个真正的唯心主义者，是不承认客观存在的；而一个客观唯心主义者，却是承认客观存在的，不过这个客观不是漠然无知之物，而是一个有心之器。因为他承认客观存在，所以合理地回答了文学与现实，内容与形式的关系问题。这比如一个有贡献的科学家，虽然他是个有神论者，却不妨碍他在科学上做出应有的成绩。当然社会科学家与自然科学家还有某些不同之处，还必须扬弃其唯心成分。”

郭氏在《白话文心雕龙·例言》里说：“本书是在我的‘注译’本的基础上，参阅了现今流行的许多注本或注译本，改正了自己的错误写成的。”而郭氏1982年出版的《文心雕龙注译》则是在1963年出版的《文心雕龙译注十八篇》的基础上修改增补而成的。作者在“注译”本前言中说：“在译注十八篇的时候，目的是为了一般读者。这次注释全书既是为了一般读者，又想进一步给钻研《文心雕龙》者提供参考资料。”

（八）吴林伯及其《〈文心雕龙〉义疏》

吴林伯（1916—1998），湖北宜都县人。1939年考入国立师范学院国文系（在湖南蓝田）。毕业后曾任中学教师，后闻国学大师马一孚任四川乐山乌龙寺复性书院主讲，遂辞职登门拜在马一孚门下。马一孚教他研究《文心雕龙》的门径在于：“一详训诂，二重发挥，三探本源，四贵旁通，五尚实证。六别虚实，七判异同，八考因缘。”吴林伯遵照其师教诲，一生精研诸子，尤致力于《文心雕龙》研究，其著作有《〈文心雕龙〉字义疏证》、《文心雕龙校注拾遗补正》、《文心雕龙研究论文集》和《〈文心雕龙〉义疏》。另有《庄子发微》、《周易正义》、《论语发微》、《老子新解》等共计16部专著。

吴林伯先后任教于华东师范大学、曲阜师范学院、武汉大学，兼任中国《文心雕龙》学会顾问。

《〈文心雕龙〉义疏》，吴林伯著，武汉大学出版社2002年2月出版。全书共101.2万字。书由《自序》、《绪论》和《文心雕龙》五十篇原文义疏三部分组成。其书之规模是继詹锳《文心雕龙义证》之后的又一超过百万字的学术专著，出版之前，早已为学林所关注。其书的特点是：

一是雅俗共赏，既考虑学术研究的需要，又适用于普通中青年人阅读。引用史料，都用语体，典故也用白话简述其来历和在本篇中所表达的意思。引用原文，便先加注释、今译，然后释义，不使注成为古文的积累，免得注上加注。

二是理论结合实际。其一是结合作家、作品，其二是结合文学史，其三是结合创作经验。每篇《义疏》的第一条，多为题解，阐明本篇所写的时代背景。《义疏》先释词后解义。

三是文及其旧说的讹误。作者在肯定刘勰为卓越文论家的同时，对其失误也给予纠正。如《知音》篇以秦始皇毒死韩非子；汉武帝不重视司马相如是“贵古贱今”一事，《义疏》就给予辨误，认为是李斯自知才学不及韩非，以权势嫉妒他，与姚贾诽谤他，始皇为谗言迷惑的结果，哪里是“贵古贱今”呢？等等。

四是在《义疏》时，对于文中的一词一句，或一个观点，不局限于一篇文内，而是通达全篇或全书。

五是考镜理论源流。《义疏》对本书的重大理论，考镜它们的来源和在文论中的运用及发展。如《知音》篇中“六观”，第四为“观奇正”。“奇正”本为兵学、哲学概念。吴林伯从《道德经》到《孔子》的用法，说明“奇正”在《文心雕龙》中的用意。

六是严辨词语的界限。例如“辞人”一词，在《物色》篇“古来辞人，异代接武……”的“辞人”是统指历代优秀作者。《物色》篇的“辞人丽淫而繁句”,《序志》篇“辞人爱奇”,《定势》篇“自近代辞人”等几处的“辞人”,都是指形式主义作者。

七是重视语言特点。《义疏》效法郑玄《毛诗笺》的注释方法,对刘勰所有结构异常的语言、修辞等进行解剖。

八是补充加深。本书对刘勰未说的作者和分析不深的论点,在《义疏》中都给予补充、加深。如刘勰不评陶潜,《义疏》给予补充。首先分析不评的原因,其次《义疏》检论陶诗,以为陶潜自称“大济苍生”,是个有政治抱负的人等等。

九是抓住重点。《义疏》对《文心雕龙》五十篇内容,不是平铺直叙,而是抓住重点。如《原道》以论道为主,《情采》以论内容与形式为主,等等。

十是突出理论。作者认为《文心雕龙》是文学理论专著,《义疏》把理论提到应有的高度。如《才略》篇有“荀况学宗”。作者就对“学宗”上下工夫,考究荀况的学术为什么能在他处的时代成为“宗主”。

该书的体例是“每篇原文,分段排列,而每段后面的《义疏》内容,不外字词的解说,大意的概括,文句的串讲,思想理论的分析、评议”。

据有关记载,《〈文心雕龙〉义疏》一书,作者始撰于1948年,是作者一生研究《文心雕龙》的代表作。早在20世纪90年代初期,有材料报道[1],该书将由台湾学生书局出版,但终未如愿。作者生前未能看到他这一巨著面世。

综合吴林伯对刘勰及其《文心雕龙》的研究,其主要观点是:其一,刘勰出身于庶族家庭。其二,《文心雕龙》成书于南齐末年,其性质为既是文论的典型,又是哲学的要籍。《文心雕龙》中的“道”是儒家之道。《文心雕龙》的写作目的是批判文坛的形式主义文

[1] 贾锦福:《文心雕龙辞典》,济南出版社1993年6月版,第346—347页。

风,其世界观属于朴素唯物主义,其辩证法思想来源于《周易》。

吴林伯1984年在上海举行的中日学者《文心雕龙》学术研讨会上宣读的《〈周易〉与〈文心雕龙〉》一文,受到中日学者的好评。作者以其“文心学”的四部专著,在学林建立起了自己极高的学术地位,受到学人的敬仰。吴林伯指导的学生易中天撰写的硕士论文《〈文心雕龙〉美学思想论稿》一书出版后,也受到学界的好评。吴林伯的这部巨著颇有新见。如对“太极”的解释:“‘太极’为极早之物。故自下文观之,彦和引申为‘太古’,具体指原始社会,‘人文’始于‘太极’,即始于太古,故接言太古的庖牺画卦。”“许慎著《说文序》,以文字未有之前,庖牺作八卦,‘以垂宪象’,实以八卦为‘人文之元’。彦和因之,论‘人文’则从八卦谈起”。这是以往学界所不曾有的见解。

(九)王元化及其《文心雕龙讲疏》

王元化(1920—2008),湖北省江陵人。1920年11月生,自幼随父母生活在北京清华园内。青少年时期投身于抗日救亡运动。抗日战争胜利后,曾一度任教于北平铁道学院,并给学生讲授《文心雕龙》。新中国成立后,在上海文化部门工作,任上海文艺工作委员会文学处处长,新文艺出版社总编辑兼副社长、出版局和上海作协党组成员,并在震旦大学、复旦大学任教。1955年因“胡风案”受株连,工作中辍。1960年调到上海作协文学所。在长期的困厄中一直坚持学术研究,写下了大量笔记,并致力于刘勰及其著作《文心雕龙》的研究工作。1979年11月平反,不久当选为中共十二大代表,继而出任上海市委宣传部长,兼任中国《文心雕龙》学会副会长,后又任名誉会长。

王元化不仅自己研究刘勰及其著作,而且还是中国《文心雕龙》学会的发起人和组织者、领导者之一,也是中日“文心雕龙学”交流的倡导者和组织者。1983年9月曾作为中国社会科学院《文心雕龙》研究者访问团团长率团访问日本,并组织出版了《日本研究〈文心雕龙〉论文集》、户田浩晓《文心雕龙研究》、《兴膳宏〈文心雕龙〉论文集》等,将日本学者研究"文心学"的成果介绍到中国来,为中日文化交流作出了贡献。

王元化1979年后出版的著作有:《文心雕龙创作论》、《文心雕龙讲疏》、《文学风格论》、《王元化文学评论选》、《文学沉思录》、《传统与反传统》、《思辨随笔》、《清园近思录》、《清园书简》、《清园文稿类编》、《清园论学集》、《清园谈戏录》等。

《文心雕龙讲疏》,王元化著,1992年由上海古籍出版社出版发行。全书共21万字。总体内容分为三部分:第一部分是作者的三篇论文,即《刘勰身世与士庶区别问题》、《〈灭惑论〉与刘勰的前后期思想变化》、《刘勰的文学起源论与文学创作论》;中间一部分为《〈文心雕龙〉创作论八说释义》,又分为八个小题目,这是本书的主体部分;最后是作者1983年到1988年在国内有关学术会议上的讲话和在日本九州大学的演讲稿、作者为别人专著写的两篇序言及该书初版和二版的跋语。

该书是作者在《文心雕龙创作论》基础上增补而成的。1979年出版的《文心雕龙创作论》,初版共17.4万字。1984年2月出第2版时,增补至18.9万字。

该书的主要内容在两个方面最突出:即对刘勰的身世生平、思想和创作论作了深入细致的研究和探讨。作者认为刘勰是一个"出身于家道中落的贫寒庶族"。其思想属儒家古文学派,宇宙观和文学起源论的思想基础是本于汉儒的宇宙构成论、本于汉儒的易学"象数之说",而不是玄学本体论思想。"就刘勰的文学起源论和思想根底来说,基本上是客观唯心主义的"。关于刘勰在《文心雕龙》中表现出来的思想,作者在《一九八四年在上海中日学者〈文心雕龙〉讨论会上的讲话》中又有新说法:"我们究竟应当怎样看待刘勰在《文心雕龙》中所体现的思想?在我们国内，多数人认为《文心雕龙》在思想体系上还是属于儒家思想，尽管他也吸收了、调和了玄佛这些东西。我也是取这种观点。要知道，当时没有不掺入任何其他思想绝对纯粹的儒家，也没有绝对的纯粹的玄学和佛学。”[1]

本书的主体部分《文心雕龙创作论八说释义》前有一小引，正文八篇，并在各篇后有二至四篇不等的附录，共计有十九篇，分别就《文心雕龙》中的《物色》、《神思》、《体性》、《比兴》、《情采》、《镕裁》、《附会》、《养气》等八篇中的主要理论命题进行了阐述。作者在第二版跋语中说：“我想在《文心雕龙》的研究方面作些新的尝试。我首先想到的是三个结合，即古今结合、中外结合、文史哲结合。”[2]作者结合自己对西方古典文论研究有素的心得，对中国传统的文论范畴进行比较对照，分别异同。据作者自己说，他“把古今中外结合起来的想法，是萌生于马克思在《政治经济学批判导言》中所说的‘人体解剖对猴体解剖是一把钥匙。低等动物身上表露的高等动物的征兆，反而只有在高等动物本身已被认识之后才能理解。因此，资产阶级经济为古代经济提供了钥匙。’这几句话给我极大启发，使我首先想到，对于萌芽形态尚未成熟的文学现象，只有用后来已经成熟的发达形态的文学现象才能加以说明”[3]。正是出于此种想法，作者广泛征引从古希腊到黑格尔、别林斯基等西方文论家的理论观点，把《文心雕龙》放到了一个更广、更高大的层面上去认识。

王元化认为，刘勰的《文心雕龙》“是中国古代文论的集大成者，它在内容上将史、论、评兼综在一起，读了这部书可以了解我国从先秦到南朝齐代的文学发展史，文学理论的原则与脉络，文学体裁的文类与流变，文学批评与文学鉴赏的标准和风范。总之，它可以说是当时的一部百科全书”。

❶王元化：《文心雕龙讲疏》，第266页。
❷王元化：《文心雕龙讲疏》，第320页。
❸同上，第321—322页。

《文心雕龙讲疏》是国内刘勰研究史上首部既对刘勰生平思想作详细考证又对其创作理论作详细阐述的专著，体现了作者一生研究刘勰的最高水平，“不仅受到学术界高度地评价和赞誉，而且本书的学术内容、研究方法及其扎实严谨的学风，对新时期以来《文心雕龙》研究的繁荣兴盛产生了非常特殊的重要作用”[①]。

（十）祖保泉及其《文心雕龙解说》

祖保泉，安徽巢县人。1921年生，1948年毕业于四川大学中文系，曾任中学和师专教师。1952年始任教于安徽师范大学。历任安徽师范大学中文系教授、主任、古籍研究所所长。社会兼职有：安徽文联常委，中国《文心雕龙》学会常务理事，中国文论学会理事等。主要著作有：《司空徒诗品解说》、《司空徒诗品注释及译文》、《司空徒的诗歌理论》、《司空徒诗文研究》、《文心雕龙选析》、《文心雕龙解说》等。

《文心雕龙解说》，祖保泉著，安徽教育出版社1993年5月第1次印刷，至1997年2月已是第4次印刷。全书共70万字。首页是《例言》，次为作者自撰的《前言》。末有两篇附录，分别是《对〈文心雕龙〉文学理论体系的思考》和《〈梁书·刘勰传〉注》。中间正文为《文心雕龙》五十篇解说。其书以王利器《文心雕龙校证》为底本，参照范文澜《文心雕龙注》，刘永济《文心雕龙校释》，杨明照《文心雕龙校注拾遗》，李曰刚《文心雕龙斠诠》，林其锬、陈凤金《敦煌遗书文心雕龙残卷集校》诸本。其原文分段，不完全遵从底本。如对文体论部分，由于作者重视“敷理以举统”，因此，分段时，总是让它独占一段，以引起读者的注意。在解说部分，作者不求有闻必录，只求写出自己的心得体会。每篇解说部分，有长有短，这是作者根据教学需要和古为今用的要求决定的。

①张少康等：《文心雕龙研究史》北京大学出版社2001年版，第383页。

该书是作者在1985年出版的《文心雕龙选析》基础上增补而成。两书虽然在体例上略有差别，但基本方面是一致的。张少康等人评论该书时说：“‘注释’和‘解说’，作者大都有自己的独立见解，能够结合中西方的现代文论有关观点来进行阐释，并注意避免将古人‘现代化’。作者的注释力求简明扼要，特别注意诠释字词的本义”；“对一些疑难问题和有争议的问题，也都能提出自己的看法，努力寻求正确答案”；“《解说》在已出版的《文心雕龙》译著本中是比较有特色的，也是水平比较高的一部著作”。[①]

祖保泉的主要观点有：其一，“刘勰出身于庶族家庭”，其“家贫”的原因，一因祖父无官，父亲位卑早逝；二因家为庶族，一向清贫。其二，刘勰终生不婚的原因是“受生活环境的限制和‘树德建言’的志趣支配是重要原因，受佛教思想影响也是原因之一”。其三，关于刘勰的卒年，祖保泉同意李庆甲的意见，认为刘勰卒于公元532年。其四，关于《文心雕龙》中表现出来的刘勰的世界观，祖保泉认为刘勰是一个客观唯心主义者。“刘勰的文学起源论，从他的哲学倾向看是客观唯心主义的，但是他的‘创作论’又具有明显的唯物主义倾向”[②]。

（十一）邱世友及其《文心雕龙探原》

邱世友，1925年生，广东连县人，中山大学中文系教授，1948年获中山大学文学院文学学士学位，后又从该院历史语言文学研究所肄业，曾任全国古代文学理论学会、《文心雕龙》学会常务理事，广东古代文论学会会长。专著有《水明楼小集》、《词论史论稿》、《文心雕龙探原》及论文多篇。《文心雕龙探原》是中山大学中文系“学术文丛”之一种，2007年6月由岳麓书社出版发行，为横排版硬壳精装本，253页，25万字。该书正文前为王运熙撰写的“序”。作者

❶张少康等：《文心雕龙研究史》，北京大学出版社2001年版，第356—357页。

❷祖保泉：《文心雕龙解说》，第22页。

自己写的“后记”殿于书尾。全书共十一章:前四章为《道论》、《“温柔敦厚”的诗教论》、《文学的般若绝境论》、《文学的主体情致论》,论述了“文心之道”、“般若绝境”及文学(诗歌)的性质特点;第五至十章分别为《文心雕龙》创作论《神思》、《应感论》、《隐秀》、《比兴》、《通变论》和《声律论》,为专题研究;第十一章《文体音训论》从音训阐释文体名称的由来和意义。全书除了第四章为四节外,其他每章皆为三节。附录《刘知几〈史通〉的文学思想》和《柳永词的声律美》,前者阐述《史通》对《文心雕龙》的继承和运用,后者阐释柳词声律之美并合于刘勰声律论思想。该书的主要观点是:第一,“般(bō 波)若”意为智慧。晋僧肇的《不真空论》反复阐述“有”、“无”即空有真假的关系。他认为圣人把万事万物看成本来就是虚无(空)的,“乘真心而理顺,则无滞而不通”,即能透过复杂的现象达到纯一的真理,并批评了如下三派对般若性空的片面理解。刘勰正是吸取了魏晋玄学探究宇宙本体、有与无、本与末、道与象等关系的理论精华,并以“自然之道”作为《文心雕龙》理论体系的基石,把道视为宇宙本体,它的变化运动是自然而然的,“圣人”不但能体验认识自然之道,而且运用于人事并写出体道之文,道的体和用由是而彰明。故以《原道》、《征圣》、《宗经》等前五篇视为“枢纽”,把道→圣→文的关系概括为以道鼓动天下,彝训万民,以遂军国之功。他以“般若”中观审视魏晋玄学的有无之辩和总结文艺理论和创作实践,提出了破二执的文艺中观论。如道与文,道乃文之本体,文为道之具象(感性显现),二者不可偏废。以文德即文的内容与性质来说,它并非自有(文不自性),而由道自然而成性,故《原道》篇首称文乃“道之文也”。这里融汇了儒家的事功(社会作用)思想、道家的宇宙自然观和佛家的般若中观论,而终以儒家为主导。道为文之体,文为道之用,二者不可二执。这一思想贯穿《文心雕龙》

始终。第二，关于《文心雕龙》之道，学术界有认为属儒家之道、道家之道、佛家之道的，还有称道为客观规律、客观理念、精神本体的，众说纷纭，莫衷一是。作者重点针对“以佛统儒”说逐层辨析：一是《文心雕龙》之道并非僧慧远所说的“体寂无为而无弗为”的“体”、“佛性”，因为后者是佛家宗教唯心主义的实体。二是“以佛统儒”者混淆了它与魏晋玄学、晋宋佛学的区别。三是不应把刘勰的《灭惑论》与《文心雕龙》混同：前者是适应梁武帝的政治思想统治而作，旨在护佛，故阐释道、神理时自然与佛性相联系，或作佛理；而后者之道是指自然真实，惟有如此才能通解《文心雕龙》全书。且《灭惑论》的写作在刘勰欲仕而未仕之际，儒家入世思想明显，不应与《文心雕龙》混为一谈。四是有论者把晋名僧竺道生反复说明佛性是“本性”、“理”、“自然”与《文心雕龙》的“理”混为一谈，其实这些概念都是佛家空无的“真如”，是精神实体。而《文心雕龙》多处谈“理”，不是指作品内容，更多是指客观规律性。如《通变》篇的“文理之数”、《神思》篇的“思理为妙”，《物色》篇的“心以理应”，等等，均与佛性、佛理没有关系。第三，刘勰的声律论对永明声律的原则确有深切的体会，并作了精当的概括。邱氏的论释则进了一步，更为深入、具体和全面。这可从三方面说明：一是指出刘勰的声律说以自然本体论为依据，主张在人为追求的基础上达到“自然”。还指出作为其核心的“和”包含了深刻的辩证法思想，并从先秦哲学美学找到其根基。二是作为其声律说的核心思想之“和”，乃是“飞沉抑扬与清浊洪细总归于协和”，而不是简单的四声平仄的和谐。三是指出刘勰之“和”是“超越历史”的，对后世影响深远。关于刘勰主“和”的声律论，不但指出它与永明体诗的发展“二者是互补的”，即它是后者创作实践的阶段性成果的体现，如果没有后者的具体实践，它便成了空洞的说教，但它没有像永明体那样停留在具体的声律规范上，而是上升为"超越历史"的普遍原则。如果没有声律论的理论原则指导，后者是不可能普及于诗歌发展的各个阶段的。第四，深入揭示《文心雕龙》对后世的深广影响。首先，全面深入揭示《史通》对《文心雕龙》的自觉继承，足见《文心雕龙》的精神和理论对后世巨大而深远的影响。其次，不但深入阐述《文心雕龙》的理论意蕴和价值，而且理出脉络，揭示它对后世的深远影响。再次，关于"温柔敦厚"，邱师首先指出它既是伦理原则，又是艺术表现原则。作为前者即儒家的诗教和封建教化统治的手段，随着社会的发展，成为束缚人的思想的枷锁和阻碍历史前进的障碍，不足为训；但后者作为艺术表现原则不应被否定。"纵观《探原》一书，皆有为而作。它总是从《文心雕龙》中寻绎归纳出具有重大意义的论题，先是搜集材料，把握背景，反复酝酿，上下求索，融古铸今，贯通中西；然后从范畴、命题入手，小题大做，如'和'、'应感'（感兴）、'般若绝境'、'入兴贵闲'，归结其要义，理清其脉络；再由此如掘井地逐层深入，进行细致入微的剖析，列举贴切生动的例证，直至充分说明问题为止。阅读该书，看似论题不大，但随着论述的逐层展开，你会从中领悟到丰富博大的内容和意蕴，令你如饮甘泉，令你惊叹。"[1]

（十二）王运熙及其《文心雕龙探索》

王运熙，上海金山县人，1926 年 6 月生，1947 年毕业于复旦大学中文系，并留校任教。后任该校中文系教授，中国语言文学研究所所长。社会兼职有：中国《文心雕龙》学会会长，中国古代文学理论学会副会长，唐代文学学会会长。已出版的专著主要有《六朝乐府与民歌》、《乐府诗论丛》、《魏晋六朝唐代文学论丛》、《中国古代文论管窥》、《魏晋南北朝文学批评史》（与杨明合作）、《文心雕龙

[1] 韩湖初：《邱世友教授的〈文心雕龙〉研究》，《中山大学学报》2007 年第 4 期。

译注》(与周锋合撰)、《文心雕龙探索》。主编三卷本《中国文学批评史》、七卷本《中国文学批评通史》和两卷本《中国文学批评史新编》。王运熙对刘勰的研究主要表现在其著作《文心雕龙》的理论方面,而对刘勰生平身世很少涉及,多取以往成说。

《文心雕龙探索》是王运熙文心学研究的代表作,1986 年 4 月由上海古籍出版社出版发行。全书共 17.2 万字,内收作者自 1962 年至 1984 年的论文共 18 篇及“附录”和 1 篇“自序”。

该书的文章内容主要有如下四个方面:

一是对《文心雕龙》的宗旨、性质、结构、基本思想和理论背景方面的研究。关于《文心雕龙》的性质,作者同意范文澜在《中国通史简编》里的意见,即“《文心雕龙》的根本宗旨,在于讲明作文的法则”,“是一部文章学、文章作法一类的书”。至于为什么会被称为文学批评巨著,他说:“《文心雕龙》原来宗旨是指导写作,是一部文章作法,但由于它广泛评论了作家作品,系统研讨了不少文学理论问题,总结其经验以指导写作,因此具有很强的理论性,成为我国古代文学理论批评中的空前巨著。”①

关于《文心雕龙》的理论结构,王运熙认为自《原道》至《辨骚》五篇为第一部分,“提出指导写作的总原则。这五篇中《原道》、《征圣》、《宗经》是一组,《正纬》、《辨骚》是另一组”;从《明诗》至《书记》为第二部分,讲文体,列出 30 多种体裁的作品,“应称为各体文章写作指导”;从《神思》至《总术》为第三部分,论述写作方法;作者不同意称为创作论,认为全书都是谈写作,怎么指一部分为创作论呢?自《时序》至《程器》五篇为第四部分,在全书属“杂论”性质。其中《时序》、《物色》两篇论文学同时代、自然景物的关系,《才略》、《程器》两篇评论历代作家的才能与品德,《知音》篇论文学批

①王运熙、周锋:《文心雕龙译注·前言》,上海古籍出版社 1998 年版,第 7 页。

评的态度和方法，这五篇除《物色》直接谈到写作方法外，其余四篇均未谈到。“在前面三部分分别论述了写作总原则、各体文章作法，写作方法统论外，刘勰感到还有一些问题虽然非直接作论，但从创作论修养看也颇重要，因而写下了这些篇章”[1]。

关于《文心雕龙》表现出来的基本思想，王运熙认为，“刘勰的文学基本思想是宗经与酌骚相结合，即主张雅正的‘五经’文风与奇丽的‘楚辞’文风相结合”；“《文心》全书占主导地位的显然是儒家思想，老庄与玄学处于从属地位”。王氏是把刘勰放到他所处的那个时代里进行研究的。他在与周锋合著的《文心雕龙译注·前言》中说：“东晋南北朝时代，儒、道、佛三家之学同时流行。当时上起帝王，下至一般士人，往往同时接受两家以至三家之学。在政治活动领域，儒家仍占统治地位；而在其他领域，则释道两家的影响颇广泛，情况比较复杂。在一般情况下，三家之学可互相容忍，并行不悖。刘勰一方面是企图积极用世的孔子信徒，同时又是卓有建树的佛典整理大家；一方面撰写以儒学为指导的《文心雕龙》，同时又写了《灭惑论》等文章弘扬佛理。这种表面看似矛盾的现象，如果把他放在当时历史条件下来观察，就容易获得理解。东晋葛洪所著《抱朴子》一书，分为内外两篇，内篇阐述道家、道教之学；外篇阐述儒学，全书判然分为两个部分。一部著作可以兼容两家之说，何况一个人不同著作呢？”[2]

二是对《文心雕龙》的某些重要理论范畴的研究。有《〈文心雕龙〉风骨论诠释》、《从〈文心雕龙·风骨〉谈到建安风骨》、《〈文心雕龙·风骨〉笺释》、《读〈文心雕龙·神思〉札记》、《〈文心雕龙·总术〉试解》。

三是对刘勰文学史观的研究。有《刘勰的文学发展观》、《从

❶王运熙：《文心雕龙探索（增补本）》，第22页。
❷王运熙、周锋：《文心雕龙译注·前言》，第3页。

〈乐府〉、〈谐隐〉看刘勰对民间文学和通俗文学的态度》两篇。

四是对刘勰有关汉魏六朝文学的批评,以及批评方法和标准的研究。有《刘勰论文学的作用和思想政治标准》、《刘勰论文学作品的范围、艺术特征和艺术标准》、《刘勰对汉魏六朝骈体文学的评价》、《刘勰论宋齐文风》。

对于王运熙这部书的学术价值,张少康等学者认为:"本书所论善于把《文心雕龙》的研究放到当时的历史发展中去考察,重在解决研究中的疑难问题,注意文史哲相结合,宏观和微观相结合,故成为众多论文集中学术水平较高而又富有新意的一部专著。"①

(十三)张文勋及其《刘勰的文学史论》

张文勋,1926 年生,云南洱源县人,白族,1953 年毕业于云南大学中文系,并留校任教至今。1954 年在北京大学中文系文艺理论进修班学习两年,1956 年返回云南大学从事教学和科研工作。1985 年特批为教授。历任中文系主任、云南大学西南边疆民族经济文化研究中心主任、云南大学文科学术委员会主任,中国古代文学理论学会常务理事、中国《文心雕龙》学会副会长、中华诗词学会常务理事等职务。出版的专著有:《形象思维散论》、《文心雕龙简论》(与杜东枝合作)、《中国古代文学理论论稿》、《诗词审美》、《儒道佛美学思想探索》、《刘勰的文学史论》、《华夏文化与审美意识》、《文心雕龙探秘》、《文心雕龙研究史》。又出版《张文勋文集》六卷。

《刘勰的文学史论》,人民文学出版社 1984 年 12 月出版。全书 12 万字。全书分五章二十节。第一章为文学发展史总论,第二章为先秦文学,第三章为秦、汉文学,第四章为建安正始文学,第五章为两晋及宋、齐文学。

①张少康等:《文心雕龙研究史》,北京大学出版社 2001 年版,第 409 页。

作者在《引言》中说，东汉的王充在《论衡》中提出了文学发展的观点。但是，还是比较粗略的，还未形成全面而系统的文学史观。"到了刘勰的《文心雕龙》，才可以说是建立了明确的文学史观，并根据作家作品比较系统地探索了我国古代文学发展的历史"[1]。

张文勋认为《文心雕龙》五十篇，在以下几个方面涉及文学史问题：

"第一，《原道》、《征圣》、《宗经》诸篇中，刘勰论述了我国文学的产生，探究了我国文学史的渊源，并在我国古代文学发展史上，树起了'道统'、'文统'的旗帜，形成我国文学史上占统治地位的正统思想。

"第二，文体论各篇，是刘勰论文学史比较集中的篇章。……给各种文体都勾画出其发展简史。

"第三，《神思》以下论创作、论文学批评各篇中，亦多论及各时代的作家作品，从中也可看到对历代文学的评价。

"第四，在《通变》、《时序》等篇中，刘勰从理论上阐述了文学的发展史观，阐述了我国古代文学发展的源流正变、盛衰升降诸问题，为研究文学史提供了理论依据。在此理论指导下，刘勰提出了'蔚映十代，辞采九变'的看法，明确地概括了一个文学发展史纲。"[2]

作者在第一章中说，刘勰"不是一个唯心主义者，但也不是一个纯粹的唯物主义者。在认识论上，他走了一个之字形的道路，即由客观唯心主义走向唯物主义。'文原于道'说，就是他从客观唯心主义走向唯物主义的集中表现"；"刘勰的'原道'说，则是综合了先秦儒家和老庄之说，并接受了各家的影响，用来解释文学的本质及其产生和发展的社会根源"；"刘勰的'原道'说，就宇宙本体论来说，是属于客观唯心主义的范畴。在这点上，刘勰显然受先秦时期

❶张文勋：《刘勰的文学史论》，第1—2页。
❷张文勋：《刘勰的文学史论》，第2—3页。

道家的宇宙观的影响";"刘勰的文学理论就从神秘的'自然之道',回到了现实生活之中。以儒家的政治、伦理道德和审美要求作为标准,以现实生活为基础,去观察文艺现象。这样,刘勰又从客观唯心主义走向了唯物主义";"刘勰的文学史观,基本上属于唯物主义发展史观的范畴"[①]。

张文勋《刘勰的文学史论》,同詹锳的《文心雕龙的风格学》都是20世纪80年代重要理论研究著作。张少康等在《文心雕龙研究史》中评该书时说,作者"把刘勰的文学史观、文学史论和具体作家作品的分析联系起来,在分析中时见新论,所以是一部研究得较成功的专著"[②]。张文勋对刘勰及其著作《文心雕龙》的研究,起步较早,早在20世纪60年代初期,就在《光明日报》发表有关刘勰世界观的文章,持论公允,善于理论分析。作者的四部有关《文心雕龙》的研究专著,虽然规模都不大,但理论性很强,在文心学界产生了广泛的影响。2001年6月出版的《文心雕龙研究史》被评为"是一部系统而精要的开创之作"[③]。

(十四)穆克宏及其《文心雕龙研究》

穆克宏,江苏南京人,1930年4月生,1953年毕业于南京大学中文系。长期任教于福建师范大学,曾任中文系教授、文学研究所所长。穆克宏从20世纪60年代就对刘勰及其著作进行研究,先后发表论文30余篇。主要著作有《文心雕龙研究》、《昭明文选研究》、《魏晋南北朝文学史料述略》、《滴石轩文存》、《文心雕龙选》等。

《文心雕龙研究》,穆克宏著。福建教育出版社1991年9月第1版,27万字。内收论文20篇(附刘勰年谱),附录两篇,后记一篇。这部《文心雕龙研究》从表面看,是作者最近十余年所撰写的

❶张文勋:《刘勰的文学史论》,第5、6、7、9、15页。
❷王毓红:《史论结合的学术史空间:读张文勋先生〈文心雕龙〉研究史》,载《民族艺术研究》2002年第3期。
❸张少康等:《文心雕龙研究史》,北京大学出版社2001年版,第402页。

部分论文的结集,实际上是一部研究专著。

该书分上、下两编。上编是通论,对刘勰及《文心雕龙》进行了比较全面的论述,详细地介绍了刘勰的生平、思想和刘勰对文学与现实的关系、艺术构思、文学作品的内容和形式、文学的继承与创新、文学批评、文学风格等问题的论述;下编是专论,将《文心雕龙》和中国古典文学结合起来进行研究,阐明了刘勰对王粲、曹植、阮籍、嵇康、陆机、潘岳、左思和对南朝宋齐文学的论述。附录两篇,论述沈约和萧统的文学理论,这是因为沈约、萧统和刘勰都有关系,对读者了解刘勰和《文心雕龙》都有帮助。

此书有如下两个特点:

第一,作者将《文心雕龙》和六朝文学结合起来研究,使读者对《文心雕龙》的了解更为具体、深入,是一部系统地将《文心雕龙》和六朝文学结合起来进行研究的专著,因此,此书在《文心雕龙》研究著作中独具特色。

第二,作者在《文心雕龙》研究中提出了许多创见。例如,作者认为,《文心雕龙》绪论五篇,与其文体论、创作论、批评论的关系不是对等的,而是一种统摄的关系,绪论五篇所表现的儒家思想是贯串全书的。作者又较早注意对《文心雕龙》文体论的研究,认为其文体论熔创作理论、文学批评和文学史于一炉。这是刘勰高出他的前辈的地方。作者还对《文心雕龙》的表现形式进行了研究,指出它在体裁、结构和语言上的特点。

该书2002年8月由鹭江出版社再版发行,字数共40.5万字。此次重新出版,由作者做了认真的校订修改,并增加了《文心雕龙解题》和《志深而笔长,梗概而多气——刘勰论"建安七子"》、《洒笔以成酣歌,和墨以藉谈笑——刘勰论"魏之三祖"》、《义多规镜,摇笔落珠——刘勰论博玄、张华》、《诗必柱下之旨归，赋乃漆园之义疏——刘勰论东晋文学》4 篇论文以及《主要参考书目》。这样，全书就显得更为系统和完整，读者学习和研究《文心雕龙》及魏晋南北朝文学，皆可参考。

（十五）李庆甲及其《文心识隅集》

李庆甲（1933—1985），江苏兴化县人。1958 年毕业于复旦大学，并留校任教。1984 年始任教授。李庆甲对刘勰生平研究多有创见。其对刘勰研究的论文收入作者的《文心识隅集》中。

《文心识隅集》是李庆甲的论文集，1989 年 12 月由上海古籍出版社出版发行，收有作者论文 13 篇，内有研究刘勰的 7 篇，其中有关刘勰卒年的 2 篇、《灭惑论》撰年考证的 2 篇、《文心雕龙书名发微》1 篇、《〈文心雕龙〉与佛学》1 篇、《文心雕龙批评论》1 篇。书前有王元化写的《序言》，书后有作者夫人刘琦写的《后记》，全书共 19 万字。

李庆甲是刘勰卒于中大通四年（公元 532 年）观点的提出者，作者从《大藏经》、《续大藏经》里发现《隆兴佛教编年通论》等 5 部著作中有萧统和刘勰史实记载，考证出刘勰卒于萧统之后，又以《梁书 · 文学传》的人物编纂惯例的 23 个人物的卒年作为旁证，认为萧统卒后，刘勰出家，翌年去世。这一结论为国内外学者所宗。又根据《灭惑论》卫佛排道的针对性，具体攻击对象为《三破论》，从时代背景上考察，认为只有梁代的萧衍舍道事佛之后造成的社会流弊，才具备《三破论》中所反映的事实，认定刘勰《灭惑论》撰于梁代，具体时间当在天监十六年左右，也为众学者所佩服。关于《文心雕龙》的书名，作者认为其意谓“分析‘文心’必需运用雕刻龙文那样精雕细刻的功夫”，故谓之《文心雕龙》。

（十六）寇效信及其《文心雕龙美学范畴研究》

寇效信(1933—1989),陕西耀县人,1955年毕业于陕西师范大学中文系,并留校任教。任陕西师大中文系教授、系主任,兼任《陕西师范大学学报》编委,中国古代文论学会理事,中国作家协会陕西分会常务理事等职。

《文心雕龙美学范畴研究》,陕西人民出版社1997年2月出版。全书共25.2万字。该书是作者几十年来研究《文心雕龙》的论文集。作者自从1962年在《文学评论》第6期发表《论风骨》以后,一直从事《文心雕龙》美学范畴的研究。该书正文收录了作者13篇文章,附录收有4篇文章。正文是:《〈文心雕龙〉的"文德"说》、《释"神思"》、《"志气"与"神思"》、《"神思"与形神之辨——对刘勰"神思"论心理机制的考辨》、《论"风骨"》、《释"体势"》、《〈文心雕龙〉之"势"的辨析与探源》、《释"文质"》、《释"三准"》、《释"奇正"》、《"通变"论释疑》、《〈文心雕龙〉释作家之气》、《〈文心雕龙〉论作品之气》。其四篇附录为:《评〈文心雕龙〉研究中的一种倾向》、《微观研究与宏观视野——兼评王运熙〈文心雕龙探索〉》、《曹丕"文以气为主"辨》、《试谈我国古代诗论中的形象思维问题》。

寇效信在书中说:"《文心雕龙》研究中许多重大分歧都落脚到对术语的不同理解。所以,弄清刘勰所使用的术语的准确含义,就成为当前《文心雕龙》研究中关键性的课题。"[①] 所以他对《文心雕龙》术语的研究尤为深入。张少康在该书序言中评价说:"他对文德、神思、风骨、通变、体势、文质、奇正、文气、三准等美学范畴的论说,其材料之丰、剖析之细、阐述之透、理解之深,都是目前《文心雕龙》研究中所少见的。……本书的出版,必将对'龙学'研究的深化,对古代文论研究的发展,起重要的促进作用。"[②]

①寇效信:《文心雕龙美学范畴研究》,第118页。
②寇效信:《文心雕龙美学范畴研究》,第2页。

（十七）林杉及其《文心雕龙创作论疏鉴》、《文心雕龙文体论今疏》、《文心雕龙批评论新诠》

林杉，本名王志彬，1933年生，河北故城县人。毕业于内蒙古师范学院中文系，遂留校任教，任该校中文系教授、汉文学研究所副所长。留校任教期间开始自学《文心雕龙》。1980年到南京大学进修古代写作理论课程，受教于裴显生教授。其间经裴显生引荐，问学于南京师范大学吴调公门下，亲聆吴氏讲授《文心雕龙》，吴氏的学养和教德，给林杉以深刻启迪。

《文心雕龙创作论疏鉴》，林杉著，内蒙古教育出版社1997年12月出版。全书共26.3万字。正文由导论、上编、中编和下编四部分组成，其篇目为导论：《序志》、《总术》；上编：《神思》、《养气》、《体性》、《风骨》、《情采》；中编：《通变》、《定势》、《镕裁》、《附会》、《章句》；下编：《事类》、《比兴》、《夸饰》、《隐秀》、《丽辞》、《练字》、《声律》、《指瑕》。

《文心雕龙文体论今疏》，林杉著，2000年11月由内蒙古教育出版社出版发行，全书共30.5万字。正文分“导论”、“上编”、“中编”和“下编”。导论：有《序志》；上编（以文学性为主）有：《辨骚》、《明诗》、《乐府》、《诠赋》、《谐隐》、《杂文》；中编（以实用文体为主）有：《颂赞》、《祝盟》、《铭箴》、《诔碑》、《哀吊》、《史传》、《论说》、《诸子》、《书记》；下编（以宫廷专用文体为主）：《诏策》、《檄移》、《封禅》、《章表》、《奏启》、《议对》。附录为《梁书·刘勰传注》和参考书目及《后记》。

《文心雕龙批评论新诠》，林杉著，2002年1月内蒙古教育出版社出版发行。全书共25.8万字。正文由导论、上编、中编和下编组成，末为附录和《后记》组成。导论有《序志》；上编有《文心雕龙》前五篇文章；中编为《文心雕龙》从《时序》到《程器》五篇文章；下编是《明诗》、《乐府》、《诠赋》、《体性》、《通变》、《情采》、《指瑕》七篇文章。附录内容同前两书。

以上三书是林杉研究《文心雕龙》的系列专著,也是作者为学生开设《文心雕龙》专题课的教学纲要。旨在辩证地吸取、借鉴《文心雕龙》之精华,提高写作理论研究的学术品位和实用价值,进而为建立具有中国特色的写作理论体系提供必要的参考和依据。其三书的体例相同。对《文心雕龙》的每篇文章都分为"原文译注"、"内容提要"和"疑点分析"三部分。"原文译注"采取分段句译方式,以便于读者解疑和阅读;句译后之注释,均由著者综合各家之说,择其善者而从之,不再引经据典,考其源出何处。"内容提要"部分,均立足于写作理论研究和写作实践中的有关问题。简述中力求忠于原著要义,并前后相参以证之。

"疑点辨析",主要是对《文心雕龙》研究中之不同见解,辩证然否,在辨析中表明自己的观点,对不能决明者,存疑待考。

林杉以上三书,由于分别出版,作者可能考虑到刘勰"文体论"、"创作论"、"批评论"既有专章论说,又散见于全书各章中,所以虽三书分为"三论",却有重复收编现象,如《体性》、《情采》既收在《批评论新诠》中,也收在《创作论疏鉴》中。《序志》篇三书皆收。三书的共同特点是调整了《文心雕龙》通行本的篇目排列次序,目的是为了能够分别体现三部分各自的内在联系和前后呼应。三书所依据的原文均为杨明照《文心雕龙校注拾遗》和刘永济《文心雕龙校释》,并参考范文澜《注》和王利器《校证》,必要时作了一些修正和订误。

林杉的主要观点是:其一,《文心雕龙》是一部"具有中国作风的中国气派的典型的写作理论专著",而不是"文学理论批评专著"。把《文心雕龙》"视为'文学理论批评专著'则似乎有些'名实不符'、'观点和材料不统一'"[1]。其二,"刘勰征圣,宗经,崇拜孔丘和儒家经典,并非泥古不化,言必经典,也没有提出什么清规戒律。"主要是"文能宗经,体有六义","只是一种手段,而'有助文章'才是目的"[2]。其三,在继承和发展的问题上,林杉提出了一个"名亡理存"的观点。在《文体论今疏》中说:"有些文体是古老而又年轻的,如论说之于今之学术论著,史传之于今之方志传略,哀吊之于今之悼词祭文,书记之于今之公务文书,都是息息相通的,具有新的生命力的。即使是那些已被历史淘汰了的曾专用于封建统治的文体……也有名亡而理存的情况。刘勰从中概括出来的某些写作原则、要求、方法和特色,对于今之有关各体文章的写作,也并非毫不相干。"[3]其四,林杉对《文心雕龙》中的基本概念也有自己的见解。如《定势》篇的"势",林杉说:"所谓势,是乘借有利条件而成的一种格调","是各种不同类型的文体的基本格调"[4]。又如《原道》篇"文之为德也大矣"之"德",历来学者们的解释不一。林杉认为,"从'德'在《原道》篇中的地位和作用看……比较恰切的解释,则是'德'字为'道'的运动表现形式,其中亦可包含具体事物体现'道'之意"[5],等等。

(十八)张少康及其《文心雕龙新探》

张少康,浙江安吉县人。1935年12月生。1955年考入北京大学中文系,1960年毕业并留校于文艺理论研究室从事教学和研究。历任副教授、教授。1983—1984年曾任埃及开罗艾因·舍姆斯大学语言学院中文系客座教授。1990—1992年任日本九州大学文学部客座教授,兼任中国古代文论学会常务理事、中国《文心雕龙》学会会长等职。

张少康已出版的主要著作有《文心雕龙新探》、《先秦诸子的文艺观》、《文赋集释》、《中国古代文学创作论》、《古典文艺美学论

[1] 林杉:《文心雕龙创作论疏鉴》,第13页。
[2] 林杉:《文心雕龙文体论今疏》,第10页。
[3] 林杉:《文心雕龙文体论今疏》,第12页。
[4] 林杉:《文心雕龙文体论今疏》,第149页。
[5] 林杉:《文心雕龙批评论新诠》,第30页。

稿》、《夕秀集》、《中国文学理论批评发展史》、《文心雕龙研究史》（合著）等。

《文心雕龙新探》，张少康著，1987年4月由齐鲁书社出版。全书共20万字，由三部分组成：一是刘勰的生平与思想。二是《文心雕龙》的文学理论体系及其思想渊源。这部分是该书的主体，列有“原道论”、“神思论”、“隐秀论”、“物色论”、“体性论”、“风骨论”、“通变论”、“情采论”、“文体论”、“文术论”、“时序论”、“知音论”、“折中论”共13个专题。三是《文心雕龙》在中国古代美学和文学理论批评史上的地位。该书对刘勰的生平、身世、思想，特别是对《文心雕龙》的理论体系及其思想渊源作了深入细致的考察，从哲学、历史、艺术、宗教角度进行探索，是本时期一部颇有新意的专著。

该书有关刘勰的主要观点有：

关于刘勰生平。张少康认为“刘勰的生年大约是公元468年或469年左右，也就是刘宋的明帝泰始四年或五年。”《文心雕龙》当成书于“南齐末年。刘毓崧的这个看法，论证比较充分，从目前来看仍是不可推翻的”[①]。刘勰之卒年，张少康认为“李庆甲同志谓死于公元532年，杨明照先生谓死于538年或539年，不过均尚少确证，但大致地说不会超出这个期间”[②]。

关于刘勰身世。张少康同意王元化的庶族说[③]，并指出：“要说刘勰一家能依靠刘穆之、刘秀之的地位，甚至说是士族出身，那是很难令人相信的，恐怕于实际情况也是不符的。”[④]关于刘勰入定林寺依沙门僧祐的原因，张少康说：“根据我初步研究的结果看，刘勰入定林寺依沙门僧祐的主要目的，是要借助和僧祐的关系，利用僧祐的地位，以便能结交上层名流、权贵，为自己的仕进寻找出路。”关于刘勰的思想方面，张少康说：“他（刘勰）的基本政治态度都是以

①张少康：《文心雕龙新探》，第3—4页。

②张少康：《文心雕龙新探》，第6页。

③张少康在2002年中国《文心雕龙》学会第七次年会上的论文《有关刘勰身世几个问题的考辨》中，改变了自己以往坚持的庶族说，承认刘勰出身于士族门第。

④张少康：《文心雕龙新探》，第7页。

儒家的经世致用作为自己人生处世的原则的，这在他的思想中占有主要地位”[1]，“三教调和思想乃是刘勰一生思想中的主流”，“《文心雕龙》中儒家思想从表面上看是比较突出的，但其中也表现了儒、道、佛结合的文艺思想”[2]。“《文心雕龙》主要就是在儒、道、佛三家的哲学、美学和文学思想熏陶下产生的，是综合这三家的基本文艺观而形成的一部伟大的文学理论巨著”[3]。

（十九）林其锬、陈凤金及其《刘子集校》、《敦煌遗书刘子残卷集录》、《敦煌遗书文心雕龙残卷集校》和《唐宋元〈文心雕龙〉集校合编》

林其锬，1935年3月生，福建省闽侯人。1964年毕业于华东师范大学中文系，现为上海社会科学院亚洲太平洋研究所研究员，五缘文化研究所所长，并担任中国〈文心雕龙〉学会副会长，国务院发展研究中心上海发展研究所研究员，上海华侨历史学会常务副会长等。主要著作有：《中国古代大同思想研究》（与陈正炎合作）、《五缘文化概论》、《秦汉经济思想史》、《中国近代经济思想史》、《中国古代管理思想史》（合著）、《刘子集校（附刘子作者考辨）》、《敦煌遗书刘子残卷集录》、《敦煌遗书文心雕龙残卷集校》、《元至正本〈文心雕龙〉汇校》、《唐宋元〈文心雕龙〉集校合编》（以上校勘均与陈凤金合作）等十余种。另有论文80余篇，并参与了《文心雕龙学综览》、《文心雕龙研究荟萃》、《社会经济知识全书》、《经济大辞典》和《江海奉献的土地》（报告文学集）等书的编撰工作。

陈凤金，女，1935年3月生，福建莆田人。1964年毕业于华东师范大学中文系，上海《电视电影文学》副编审，执行编委。系上海作协会员，中国《文心雕龙》学会会员，多年来在从事文学编辑工作的同时，业余从事刘勰著作及其版本的研究和小说创作，与林其锬

[1] 张少康：《文心雕龙新探》，第14页。
[2] 张少康：《文心雕龙新探》，第19页。
[3] 张少康：《文心雕龙新探》，第269页。

合作研究刘勰著作。

《刘子集校》，梁刘勰撰，林其锬、陈凤金集校。1985 年 10 月由上海古籍出版社出版发行。全书共 22.1 万字。书前有七幅不同版本的《刘子》书影，分别是法藏《刘子》敦煌残卷伯 3562 之一部分；伯 3704 之一部分；现存小字残宋刻本《刘子》首页；配宋明覆宋刻本《刘子》之首页；影抄活字本《刘子》卷一首页；明抄本黄丕烈跋手迹；傅增湘校本《刘子》跋手迹。下为李希泌“敬题刘子集校”五言诗一首，次为马伯煌写的序，再次为作者写的前言，前言后依次为“凡例”、“集校所用版本及书目提要”、“《刘子》主要版本卷帙分合一览表”。再下是《刘子》十卷五十五篇的正文集校，后面有两个附录：附录一为《历代主要序跋》，附录二为《刘子作者考辨》。

作者在前言中说：“《刘子》五十五篇，历史上颇多争议，而且留下不少悬案。第一，书名题署不一。现在可以见到的就有：《刘子》、《新论》、《刘子新论》、《流子》、《德言》等名称。第二，卷帙区分不同……有不分卷，分上下两卷、三卷、四卷、五卷、十卷等多种。第三，书的作者，历代众说纷纭，迄今尚无定论”。“第四，书的学派归属，历代著录也不一致”。“第五，对于《刘子》的思想内容和文笔风格的评价，褒贬迥异”[1]。关于书的内容，作者说：“《刘子》虽非巨帙，但内容涉及哲学、政治、经济、军事、文艺各个领域。它‘泛论治国修身之要，杂以九流之说’。‘明阴阳，通道德，兼儒墨，合名法，苞纵横，纳农植，触类取与，不拘一绪’，‘篇中引物连类’，‘事多见传记’，所以它保存的材料和反映的思想是很丰富的。它比较集中地反映了‘南朝儒生采取《老》、《庄》，创造新经学’（范文澜语）的时代精神。因而此书对于我们研究南北朝时期的哲学、政治、经济、文艺等思想，是有一定价值的。”[2]

❶林其锬、陈凤金：《刘子集校·前言》，第 1—2 页。
❷林其锬、陈凤金：《刘子集校·前言》，第 11 页。

在唐代，李世民为李治写的《帝范》，武后的《臣轨》，隋虞世南《北堂书抄》中都有《刘子》的语录。

《敦煌遗书刘子残卷集录》，梁刘勰著，林其锬、陈凤金辑校。书名由张光年题写，上海书店 1988 年 10 月出版，全书 91 页。该书分为四部分，第一部分由序言及作者的前言、凡例组成。作者在"凡例"中说："为完整保存珍贵文物，残卷稿本均以原件影印。伯 3562 卷、伯 2546 卷、伯 3704 卷、伯 3636 卷（部分）、伯 2721 卷、伯 3649 卷均以北京图书馆藏微型胶卷放大影印。伯 3671 卷、斯 4663 卷、斯 5658 卷、伯 3649 卷背面、伯 2816 卷均辑自台湾省黄永武博士主编的《敦煌宝藏》。罗振玉校录何穆忞藏《刘子残卷》以《敦煌石室碎金本影印》。傅增湘校录刘幼云藏《唐卷子刘子》、何穆忞藏《刘氏子》均据北京图书馆藏稿本影印"，"为便读者阅读、研究，对于六种《刘子》残卷并加移录标校，附于影印件之后"。第二部分为《敦煌遗书刘子残卷》六种影印，并附有敦煌遗书有关《刘子》著录资料。第三部分为《敦煌遗书刘子残卷》标校文。第四部分为附录，分两类。一是《敦煌遗书刘子残卷》校跋叙录（傅增湘三则，罗振玉校记一则，王重民叙录五则）；二是《敦煌遗书刘子残卷》常见异体字和残卷存篇示意图。

《敦煌遗书文心雕龙残卷集校》，梁刘勰著，林其锬、陈凤金集校，书名由张光年题写，上海书店 1991 年 10 月出版，正文 118 页。正文前有《敦煌遗书文心雕龙》手抄影印《原道》第一（末段 13 字）至《谐隐》第十五（仅有篇题），实际上只有 13 篇全文。其后是《太平御览》卷第五百八十六文部《诗》引《文心雕龙》两页影印件，计 46 页，加上"序言"、"前言"、"凡例"，全书共计 176 页。正文后附《〈太平御览〉引〈文心雕龙〉辑校》。

关于该书的底本来源和出版前后情况，王元化在《序》中说："1984

年上海举行中日学者《文心雕龙》讨论会时，印行了《文心雕龙》元至正刻本。当时承担影印工作的上海古籍出版社，原拟将《文心雕龙》敦煌残卷本一并刊行，但由于北京图书馆所藏斯5478号微缩影片整整脱漏一叶，长期未能补入，因而影印工作也就搁置下来。中日学者会议期间，我和与会的户田浩晓教授谈及此事，承他盛情，在他回国后不久，即将自己所藏北京图书馆脱漏的那一叶惠寄给我，从而补足敦煌残卷本的全文。"

"去岁，又承香港杨克平先生潘锦女士将潘重规先生所刊《唐写文心雕龙残本合校》见赠。这个影本的长处，不仅有潘重规先生的校勘记，还将原微缩影片加以处理，去垢除瘢，印刷精美。尔后上海社会科学院王志平研究员应牛津大学之邀访问伦敦，又从大英博物馆摄回了原件微缩影本。以上这些馈赠给我的文献资料，我不敢自秘，遂托林其锬、陈凤金贤伉俪整理出版，以供学人研究之用。""本书将《宋〈太平御览〉引〈文心雕龙〉辑校》附于书末，这也具有一定意义。辑校取《太平御览》引文共四十三则，九千八百余字，占《文心雕龙》全书四分之一强。有了集校就填补了《文心雕龙》版本上所缺的环节，使之上承唐卷，下接元本。……本书的校勘可谓集大成之作"①。

该书正文标校，遇有改补者，原文用圆括号（　）标明，改补文字以方括号〔　〕标明，以示区别。该书是迄今校勘敦煌《文心雕龙》残卷用力最勤、资料最全的一个校本，学术价值非同一般。

《唐宋元〈文心雕龙〉集校合编》，林其锬、陈凤金校编，台湾暨南出版社2002年6月出版，全书808页。全部内容由唐写本、宋《御览》、元刊本三部分组成。每一部分把原本影印置前，移录标点和校记殿后，每一部分都有凡例。 唐写本是影印的敦煌遗书《文心

❶从作者的凡例看，作者以黄叔琳、詹锳等十一家校勘成果进行集校，所以王元化说是集前人成果之大成。

雕龙》残卷斯5478号卷子。宋《御览》是指影印的宋刊本《太平御览》引《文心雕龙》。元刊本是指影印的元至正十五年嘉兴郡学刊本(上海图书馆藏)。所谓《合编》是指在《合编》之前,作者把这三种本子都曾以不同的形式单独出版过。而这次合编是在作者原已出版的《敦煌遗书文心雕龙残卷集校》、《宋〈太平御览〉引〈文心雕龙〉辑校》和《元至正本〈文心雕龙〉汇校》的基础上,比勘原著重加校理而成的。"《合编》不仅更正了原校的漏校、错判、误植的一些错误,同时在内容上也有较大的增删。首先全部影印了伦敦大英博物馆藏斯5478号(基尔斯新编列为7283号)敦煌本唐写《文心雕龙》残卷、日本帝室图书寮京都东福寺东京岩崎氏静嘉堂文库藏宋刊本《太平御览》引《文心雕龙》、元至正乙未本《文心雕龙》;其次,增加了诸如铃本虎雄《敦煌本文心雕龙校勘记》等的校对本。此外,还编制了《宋本〈太平御览〉引〈文心雕龙〉索引》、《唐写本·宋〈御览〉·元刊本〈文心雕龙〉异文对照表》。"[1]

元至正本,今仅有上海图书馆藏本,为海内外孤本,是迄今发现的最早的刻本,此本为明清诸多刻本的祖本。1984年上海古籍出版社虽然曾经出版过,但印数很少,仅有少数学人见到,今林、陈二人又将元至正本影印入《合编》,"欲广其传,思与学者共之",实一美事。王元化评论说:《合编》耗作者近二十年时间,"采各家之说,一一加以比勘。校者用力勤,用心细,时获创见。自然这也是在前人成果的基础上取得的收获。所谓后来居上,大概就是指后学只要治学严谨,肯下功夫,就可在总结前人经验上利用以前尚不具备的条件,在学术长河中增添新的因素。就这种意义来说,本书的校勘可谓集大成之作"[2]。

(二十)缪俊杰及其《文心雕龙美学》

❶《唐宋元〈文心雕龙〉集校合编·后记》。
❷《唐宋元〈文心雕龙〉集校合编·序》。

缪俊杰，江西定南县人，1936年生，1958年毕业于武汉大学中文系，后入中国人民大学攻读文艺理论研究生。毕业后到《人民日报》编辑部工作。历任编辑、记者、评论员、文艺部副主任、高级编辑。社会兼职有：中国社会科学院研究生院硕士生导师、教授、中国文艺理论学会常务理事、中国《文心雕龙》学会副会长等。

《文心雕龙美学》，缪俊杰著，文化艺术出版社1987年6月出版。全书21.3万字。内收作者29篇文章（包括代序和后记）。作者在武汉大学读书期间，曾受业于刘永济和黄侃亲侄黄焯门下，因而与《文心雕龙》结下了不解之缘。此书虽出版于1987年，但大部分内容却写于20世纪60年代。该书是较早从美学角度研究《文心雕龙》的专著。本书以《刘勰〈文心雕龙〉在我国和世界美学史上的地位》作为代序，指出其理论价值，分析了刘勰如何从美学上评价从先秦到南北朝时期二百余位作家，探讨了《文心雕龙》中的一些术语和概念的美学含义，这在同期的同类著作中是不多见的。其书的特点一是把《文心雕龙》放到世界美学史上来衡量其价值；二是联系乐论和画论对《文心雕龙》进行参照研究；三是注重从《文心雕龙》的理论体系和内容的整体角度进行研究。其对美学范畴的论证有许多精到之处。张少康等人在《文心雕龙研究史》中评论说："作者在分析《文心雕龙》中许多美学范畴时，都论述的简明扼要、清楚明白，并且经常联系西方文论的有关论述加以对比，立论比较稳妥，是一部很有理论水平的著作"，也是"这方面出版最早、影响最大的"[1]专著。

（二十一）贾锦福及其《文心雕龙辞典》

贾锦福，笔名贾岸，1937年10月生于苏联符拉迪沃斯托克（海参崴），祖籍江苏扬州市。1960年毕业于复旦大学汉语言文学系，

❶张少康等：《文心雕龙研究史》，北京大学出版社2001年版，第430—431页。

分配至中国社会科学院文学所，1966 年调至莒县一中教学。1978 年调至山东临沂师专（现为临沂师范学院）中文系讲授文艺理论和中国古代文论。1983 年起主持《临沂师专学报》工作。历任系副主任、主任，晋升为副教授、教授。

《文心雕龙辞典》，贾锦福主编，主要撰稿人有贾锦福、陈毛美、张永昊、孙世军等。1993 年 6 月出版，全书共 51 万字。该书由两大部分组成：一是辞典正文，列有词目分类索引，词目分类为“篇章主旨”、“作家作品”、“文句词语”、“理论术语”、“主要版本”、“辑注、校释、译注本及作者”、“札记、研究专著及作者”、“台港及海外研究论著”、“论文选、论文集”、“其他”十个方面，共收列词目 700 余条。二是附录，附录有两个内容，一是《文心雕龙》五十篇原文，二是《梁书 · 刘勰传》。

作者在《前言》中说：“《文心雕龙辞典》是从教学与研究、普及与提高方面考虑而编写的，融学术性、知识性、工具性于一体。”

编写一部《文心雕龙辞典》是几代人的梦想，老一代学者刘永济曾计划从语言学的角度编一部《文心雕龙辞典》，可惜“生也有涯”，未能实现宏愿[1]；张光年也曾有此想法，并托穆克宏等学者担当此任，后因穆克宏“事务繁忙，没有允诺”[2]。

该书出版后，在“文心学”界影响深远，张光年说：“青年读者如有兴趣研习原著，我愿介绍陆侃如、牟世金的《文心雕龙译注》、周振甫的《文心雕龙今译》及贾锦福主编的《文心雕龙辞典》。以上三书都有《文心》原著五十篇全文，有鲜明的注释和译解。贾氏《辞典》编得好，除注释解说外，还有不少参考资料。

（二十二）韩湖初及其《文心雕龙美学思想体系初探》

韩湖初，广西合浦县人。1939 年生，1963 年毕业于中山大学中

❶程千帆：《刘永济传略》。
❷贾锦福：《文心雕龙辞典 · 前言》。

文系，分配到华南师范大学中文系任教。现为华南师范大学中文系教授、广东省古代文论研究会秘书长、中国《文心雕龙》学会理事。

《文心雕龙美学思想体系初探》，韩湖初著，暨南大学出版社1993年8月出版，全书共25万字。该书内容分为上下两编。上编由12篇论文组成，主要通过对《文心雕龙》中的“太极”、“神理”、“自然之道”、“原道”、“征圣”、“宗经”、“辨骚”、“执正驭奇”、“风骨”、“圆照”等重要范畴的辨析，力求揭示《文心雕龙》美学思想体系的内在结构和逻辑思维进程及其对中国古代美学理论的重要贡献；下编由11篇论文组成，分别从理论体系的建构、艺术的本质特征、起源发展、创作主体、形象思维、批评鉴赏、美学方法，以及审美对象的结构，艺术即美的实现（产生）与过程等多方面对刘勰与黑格尔的美学思想进行比较研究，并得出了刘勰的美学思想体系在总体上达到或接近黑格尔的水平的结论。因而被学术界认为“是一部很有特色的理论著作”[1]。书中的不少内容都是作者已经发表过的学术论文，并保持了论文的原貌。作者长期从事古代文论的教学与研究，对《文心雕龙》自有较深的体验。

韩湖初的主要观点有：其一，“太极”就是《周易》的阴阳变化法则。所谓“人文之元，肇自太极”，是说“人文”尽管千变万化，但万变不离其“宗”——离不开《易传》的阴阳变化法则。刘勰的《原道》篇是本之于《周易》。其二，《文心雕龙》的理论体系是唯物主义的。其宇宙观正是继承了从《周易》到王充的“天道自然”思想而来的。刘勰认为，“整个宇宙始终不断运动、更新和发展的”，如《物色》篇、《丽辞》篇、《时序》篇等。“《文心雕龙》的宇宙观和方法论，其核心是‘天道自然’思想，它同样贯穿于文学起源论、发展论、文

[1] 张少康等：《文心雕龙研究史》，北京大学出版社2001年版，第433页。

质论、通变论、风格论、声律论等等之中”[1]。其三，刘勰的美学思想在总体上达到或接近了黑格尔的水平。

（二十三）涂光社及其《文心十论》

涂光社，1942年9月出生于贵州郎岱县，原籍湖北省黄陂县。1978年考入辽宁大学古代文学专业作为研究生，师从张震泽教授，专攻《文心雕龙》和汉魏六朝文学。1981年毕业后留校任教，现为辽宁大学中文系教授、博士生导师，兼任中国《文心雕龙》学会副会长。

涂光社主编的著作有《文心雕龙研究论文选（1949—1982）》，《魏晋南北朝文学作品译注讲析》；专著有《文心十论》、《势与中国艺术》、《雕龙迁想》、《刘勰及其〈文心雕龙〉》、《夏天的寓言》、《原创在气》、《因动成势》、《庄子范畴心解》等。

《文心十论》，涂光社著，春风文艺出版社1986年12月出版发行，全书共22.1万字。该书由10篇论文和1篇附录组成，主要有：《〈文心雕龙〉问世的历史条件及其文学思想》、《〈文心雕龙〉的“风骨”论》、《〈文心雕龙〉的“定势”论》、《〈文心雕龙〉的“物色”论》、《〈文心雕龙〉的“体性”论》、《〈文心雕龙〉的“比兴”论》、《〈文心雕龙〉的“灵感”论》、《〈文心雕龙〉的“辨骚”论》、《〈文心雕龙〉的“鉴赏”论》、《〈文心雕龙〉的理论体系和艺术辩证法》。其附录为作者发表在《文史》第13辑上的《“文气”说新探》等。

涂光社的主要观点是：《文心雕龙》中的儒家思想虽然很明显，但“刘勰对许多文学现象的剖析比传统的儒学要深入精致得多，一些理论问题的立论角度、基本观点、论证方式也未必符合儒学的常规。在《神思》、《体性》等重要篇章中甚至很难寻得着儒家的思想影响。这样，刘勰广泛地吸收了儒学以外的成果又是应该得到承认

[1] 韩湖初：《文心雕龙美学思想体系初探》，第21—23页。

和进一步研究的”[1]。

就《文心雕龙》的文学思想而言，涂光社认为，刘勰虽然主张征圣、宗经，他的论文“至多不过是为了羽翼经典。与董仲舒、马融、二程、朱熹之类鸿儒和经师不同，他讨论的对象是文学而非经学。尤其齐梁时期，文学领域广泛探索的丰富收获已经远远超出儒学教条所能指导的范围。只有充分注意到上述这些特点，又比较全面地了解《文心》问世的历史条件，才能避免探讨刘勰文学思想时的偏颇”[2]。

关于《文心雕龙》“自然之道”的思想渊源，涂光社认为：“索其渊源，《老子》二十五章的‘道法自然’才是‘自然之道’的开山论。”“刘勰的《原道》置于全书之首，有从根本上把握文学现象的意味。……《原道》所论的‘道’，兼取老庄‘自然之道’和儒家‘炳要仁孝’之道，将它们作为对立统一互为补充的两个侧面。这种儒、道对立统一的‘道’为《文心》所本，体现了刘勰社会动能和艺术规律并重、功利性和非功利性互为补充的美学思想”[3]。

涂光社认为刘勰对于玄学的评价是很高的。刘勰最推重的玄学家是王弼。刘勰把王弼与汉代经学大师摆在同等的地位。涂光社说：“从《原道》篇和‘情采’论的主论基础上看，王弼《老子二十五章注》云：‘神理不害自然也，物守自然，则神无所加，神无所加，则不知神为神。’可以看作刘勰‘自然之道’与‘神理之数’相通的哲学依据”，“佛学对于刘勰文学思想的影响，仍不过是潜在的思维深化方面”。对于《文心雕龙》所体现的文学思想，涂光社是这样概括的：“《文心雕龙》杂糅经魏晋玄学改造的各种思想，有开放的特点，儒道是其互为补充的两个主要侧面：儒家思想主要体现在继承强调文学政治教化功能的传统方面，道家思想主要体现在崇赏‘自然’和艺术探讨方面；可以说《文心雕龙》是汉魏之交到齐梁文学领域

[1] 涂光社：《文心十论》，春风文艺出版社1986年版，第3页。

[2] 涂光社：《文心十论》，第25页。

[3] 涂光社：《文心十论》，第26—28页。

实践与理论广泛探索的总结，是文学自觉和思辨精神结合的理论结晶”，“与魏晋南北朝的文学理论家比较，刘勰文学思想具有更高水平的思辨性，既表明他更多的吸收了玄学成果，也说明《文心雕龙》不仅是时代的产物，也是刘勰本人天才的创造。《文心雕龙》是杰出的思想家的文学理论”。[①]

在《〈文心雕龙〉的“风骨”论》中，涂光社对“风骨”一词的使用演变追根溯源，认为把“风骨”一词用于文学理论，刘勰是第一人。刘勰是文学风骨论的开创者。但“刘勰并不是简单的移用，他对‘风骨’的内容进行了改造。刘勰‘风骨’的‘风’是由充沛而清峻畅达的感情内容产生的艺术感染力”。对“骨”的理解应该是“有坚实的依据和严密的逻辑，用洗练的语言表达的思想性内容，以及由此而生刚健的气势和不容置疑的说服力”，“风侧重于‘情’，也就是侧重于作者的主观情怀，它是属于创作主体的‘情’、‘志’、‘气’在作品中的表现。‘风’的形成，是‘情’的活动和形象思维的结果。‘骨’侧重于理，刘勰认为能够树‘骨’的主体（包括作者的情、志、意、气）必须已经同特定范围的客体，比如‘经典’、‘子史’（即事义）发生联系，并达到协调和统一的创作主体。‘骨’所代表的阐述事理之说服力，主要来自坚实的思想内容和严密的逻辑思维活动”。[②]

涂光社的《文心十论》是20世纪80年代刘勰著作研究比较有深度的理论成果。1995年作者又出版了新作《雕龙迁想》一书，把一些《文心十论》不曾言及的东西纳入其中。张少康等人在《文心雕龙研究史》中评论说：“作者（涂光社）自1981年以来，一直从事中国文论的教研工作，对《文心雕龙》的研究用力尤勤。所撰这两部论著，力图开拓《文心雕龙》研究的新途径，提出新问题或新观点，

❶涂光社：《文心十论》，第35—37页。
❷涂光社：《文心十论》，第46—52页。

善于深入地思考一些重要的理论问题。”

（二十四）杨明及其《刘勰评传》

杨明，重庆人。1942年生，1968年毕业于复旦大学中文系，任中学语文教师。1978年考取复旦大学中文系王运熙的研究生，1981年毕业，获硕士学位。现为复旦大学中国语言文学研究所教授，博士生导师，兼任中国《文心雕龙》学会理事。

《刘勰评传》（附《钟嵘评传》），杨明著，南京大学出版社2001年5月出版，属匡亚明主编的《中国思想家评传丛书》之一种。全书共30.2万字。《刘勰评传》除前言外，共有四章。第一章，刘勰的生平，下设两节；第二章捍卫佛法的《灭惑论》；第三章，不朽的文论著作《文心雕龙》，下设九节；第四章，刘勰论史书和诸子书，下设两节。正文后有《索引》，分别为《人名索引》、《文献索引》、《语词索引》。作者在《后记》中说：“我首先是努力‘就文学而文学’地，也就是从文学内部把刘勰、钟嵘的思想、观点讲清楚，同时也努力注意这些思想观点与时代风气、哲学思想，与其他艺术门类之间的联系。在谈这些联系的时候，力求谈得具体、实在。至于他们其他方面的观点，如刘勰的佛学思想、史学和诸子学思想……也尽可能作了介绍，但他们之所以成为思想家，当然主要还是由于他们在文学思想方面的建树而不是其他。”①

杨明在该书中对刘勰生平没有提出新的见解，多取以往名人的研究成果。对于刘勰的生卒年取范文澜说，其家庭身世取王元化的庶族说。其他任职时间也皆取以往成说。对于《文心雕龙》的性质，作者说：“它是一部指导文章写作的书，也是一部谈文学理论的书。”这是其师王运熙的观点，作者在注文中说詹锳也持此说。对于《文心雕龙》中的“文”，作者认为不能理解为今日的所谓“文学”，

① 杨明：《刘勰评传》，第430—431页。

而是指"文章",也不是今日所谓的文章,"汉魏六朝所说的'文章',乃是指一切形诸文字的作品"①。

关于刘勰在《原道》篇中的"道"应该如何理解,作者谈出了不少新意,他说:"刘勰的论述具有哲学、美学的意味,今日读来或许颇觉新鲜,但实际上也不是他的凭空创造。以道为宇宙本体,当然是出自以《老子》为代表的先秦道家思想","除了《老》、《庄》等道家典籍论说这个道之外,《周易》中也可见到关于宇宙本体的论述,那就是所谓太极","刘勰论文,从形而上的'道'说起,原有其学术传统、时代风气方面的缘由。不过毕竟是他首先将文章写作直接而明确地推原于宇宙本体,并以美丽的语言叙述得井井有条。这个'道',如上所说,从思想渊源而言,来自先秦道家,它经过思想史上的漫长的历程,在刘勰的时代,它已不局限于道家,而是儒、释、道三教都认同的宇宙本体,几乎成为人们的共识。……因此,从形而上的角度说,大约没有必要,也不可能辨明《原道》篇所说的道属于三教中的哪一家吧"②。

杨氏认为《文心雕龙》以《原道》开篇的意图有三:第一,借以抬高文章的地位;第二,为了强调文辞修饰的重要性;第三,为了提出"征圣"、"宗经"的主张。③

该书的不足之处在于:作为《中国思想家评传丛书》之一种,文中并没有写出刘勰思想的博大和精深,也就没有揭示出刘勰在中国思想史上的地位,与主编的初衷相差一定的距离。

(二十五)朱文民及其《刘勰传》

朱文民,男,1948 年农历二月生,山东莒县长宁人。上世纪 70 年代初,入临沂师院政治系学习,80 年代初,再次考入历史系学习,毕业后一直从事中等教育,曾担任电大历史专业课程辅导

❶ 杨明:《刘勰评传》,第 53—55 页。
❷ 杨明:《刘勰评传》,第 71—77 页。
❸ 杨明:《刘勰评传》,第 78—80 页。

教师。

朱文民于1995年春天调莒县地方史志办公室编纂《莒县志》。先后为中学高级教师、文史研究员，兼任中国古都学会理事、中国《文心雕龙》学会理事、山东省历史学会理事、东夷古国专业委员会委员、沂蒙文化专业委员会委员。主要从事莒国史、魏晋南北朝史和《文心雕龙》学的研究工作。主要论著有《诸葛亮的家风》、《诸葛亮的领导思想浅议》、《论诸葛亮的为官之道》、《诸葛亮的政治生存艺术》、《魏国忠臣诸葛诞及其后裔》、《二乔称呼由来考》、《刘勰祖籍故里考辨》、《定林寺名称由来考》、《中世纪杰出的思想家刘勰》、《孔孟荀伦理思想及其意义》、《自律、他律与法制》、《刘勰的佛教思想》、《慧震还乡与刘勰卒年》、《把〈刘子〉的著作权还给刘勰》、《刘勰家族门第考论》、《南朝学术思潮与刘勰思想的时代特征》、《春秋莒晋两国关系史略》、《有关莒国史三个问题的考辨》、《汉城阳王世家》、《汉琅邪王氏家族研究》、《两晋琅邪王氏家族成员的佛事活动及其两位高僧》、《浅议契丹民族对中华民族文化的贡献》等60余篇。专著有《刘勰传》及电视文化片《刘勰》。

《刘勰传》，朱文民著，2006年6月由三秦出版社出版。大32开，33.5万字。内有6幅插页，前有中国《文心雕龙》学会副会长林其锬撰写的序言，后有四个附录和作者自撰的后记。正文由十章组成。六幅插页是：作者近照，莒县定林寺山门，刘旦宅《刘勰献书图》，定林寺校经楼、东莞刘勰石雕像，《杨升庵先生批点〈文心雕龙〉》之首页书影、凌云五色套印本《刘子文心雕龙》之首页书影、宋刻本《刘子》首页书影和《梁建安王造剡县石城寺石像碑》照片，日本宝历八年皇都书肆《新雕刘子》1—4页复印件。四个附录是：朱文民自撰的《刘勰年谱考略》，林其锬撰写的《刘子作者考辨》，朱文民撰写的《把〈刘子〉的著作权还给刘勰》，1969年出土的《刘岱墓志》。

本书的主要观点是:第一,刘勰出身于官僚士族家庭,且为道教世家。其思想深处为儒道同尊,镕诸家思想于一身。是一位中世纪杰出的思想家和伟大的文章学家。第二,《文心雕龙》是一部文章学专著,是一座立体多棱的文化宝库。它犹如一座大货场,文论家开门一望,看到的是文学理论;写作理论家开门一望,看到的是写作理论;文章家开门一望,看到的是文章学理论;兵学家开门一望,看到的是兵学理论;哲学家开门一望,看到的是哲学理论。作者认为,无论是文学理论、写作理论,还是子书或美学理论,都应当包含在文章学之中。第三,在详细考定《刘子》作者为刘勰之后,将《刘子》一书纳入本传,大大丰富了传主的内容。第四,刘勰奉佛是政治环境使然,晚年出家是政治上失意、个人生活遭际等诸多因素使之悲观厌世,相对于青年时期"摛文必在纬军国、负重必在任栋梁"的宏图大志,出家实出于无奈。

本书的最大特点是把刘勰放到了南朝社会大背景下,把刘勰作为一位学者兼政治人物来定位考察,因而有诸多新见。

该书出版后,受到了学术界的高度关注。贾锦福教授认为该书是一部"深思精辨,独抒己见"、"学风严谨、恪守学术规范"的"全方位展示刘勰思想的力作"。韩湖初教授认为《刘勰传》是"一部生动形象、忠于史实和精于考辨的刘勰传记"。"既博采众长,又勇于探索","深入考辩《刘子》为刘勰所作,把研究引向了深入。"

林其锬教授说:"《刘勰传》包举刘勰一生而为之传,不仅对刘勰的家世、生平作了深入的研究与记述,而且对刘勰的哲学、政治学、经济学、兵学、文学、史学、社会生存和实践等各个领域的思想作了全面的研究与评价,可谓是真正突破了'文刘'而给予了'哲刘'的定位"。"《刘勰传》的问世,对刘勰研究、《文心雕龙》研究、《刘子》研究都具有重大意义,也必将对以上研究的进一步深入起到积极推动的作用。

（二十六）冯春田及其《文心雕龙释义》

冯春田，1952年2月生，山东无棣县人。1973年入北京大学中文系学习，毕业后分配到山东师范学院任教。1978年考取山东大学硕士研究生，受业于殷孟伦和殷焕先。殷孟伦曾受业于黄侃，学习《文心雕龙》，但未能专业于此，故促冯氏以《文心雕龙释义》为题作为学位论文。1981年毕业后，到山东社会科学院文学所从事汉语史及“文心学”研究，曾任文学所副所长、研究员。现在山东大学文史哲研究所工作，为中国《文心雕龙》学会理事。

冯氏长于汉语史，在“文心学”方面主张首应“戒虚浮骇俗，务求实反本”，认为正确阐原是汲取并弘扬乃至发展《文心雕龙》理论精粹的根基。故冯氏秉持清乾嘉学派的“朴学”之风，既凭借其文学训诂学素养，又融以现代科学方法，对《文心雕龙》进行了严谨的考释和一些理论观点的阐原工作。已出版的“文心学”专著有《文心雕龙释义》、《〈文心雕龙〉语词通释》、《文心雕龙阐释》，并发表有关刘勰《文心雕龙》研究的论文多篇。

《文心雕龙释义》，是冯春田在山东大学读研究生时的学位论文，山东教育出版社1986年11月出版。全书22.4万字，牟世金作序。牟世金称此书为国内第一本以专书出版的“文心学”学位论文。该书共选释《文心雕龙》中的41篇（无《颂赞》、《祝盟》、《铭箴》、《诔碑》、《哀吊》、《章表》、《隐秀》、《程器》）。书中以《文心雕龙》重要理论观点的词语、语段为目，然后加以考释。作者释义力求追至原义，进而分析理论观点上的含义。此书是继黄侃《文心雕龙札记》之后的一部从训诂学角度对《文心雕龙》进行考释阐原的著作。该书出版后，受到海内外学术界的重视。罗宗强和卢盛江在《四十年古代文学理论的反思》一文中说冯氏的著作"有相当高的学术水平"[1]。罗宗强、邓国光在《近百年中国古代文论之研究》一文中认为这一时期内《文心雕龙》词语考释方面的著作有好几种,"而最值得重视的是冯春田《文心雕龙释义》"[2]。

作者的另一部专著《〈文心雕龙〉语词通释》,于1990年10月出版。本书是作者继《文心雕龙释义》之后的又一部研究《文心雕龙》的力作,该书对《文心雕龙》的语词进行了更为全面的汇释。所收语词(包括单音词及其下属复音词)约8000条,按字形部首排列,每项均先标出单音词形(字)的简体,然后加括号标出繁体,加以注音释义,特别是对于用典及引用其他书的语词引证,对原书中的重要语词的讹误,在释义中予以改正,并引证诸家校注,以明其由。是书冠有《部类总表》、《词语分部索引》及《汉语拼音音节索引》。2000年,作者又出版了新著《文心雕龙阐释》一书,作者在该书《自序》中说:"从内容上说,这本书主要是对《文心雕龙》的一些重要问题作出阐释。书中前三个部分从考源或梳理原文含义入手,对《文心雕龙》的文章美学性质、文美思想及相关问题进行讨论;第四部分则是对《文心雕龙》的'文之枢纽'论作整体的分析,这一方面是因为'枢纽'论在《文心》里占有重要位置,同时也是以此作为前三个部分的主要依托;第五部分则是对《文心雕龙》的'论文叙笔'即文体论作些分析。因为这一部分中的不少文体在后代已经消亡,所以书中仅选择文体数论,通过分析来显示刘勰的'文体分类学'的主要理路和特点。"冯氏认为:"《文心》的思想博采百家,但是其基本理论却是成功的融合了以孔子为代表的儒家和以老庄为代表的道家思想精华而用之于论述文学问题的产物。"[3]由于作者长于训诂学和中国古代哲学史,因而在整个"文心学"界,冯氏的成

❶《文学遗产》1986年第4期。
❷《文学评论》1997年第2期。
❸冯春田:《文心雕龙阐释·自序》,第3—4页。

果独树一帜。

（二十七）孙蓉蓉及其《刘勰与〈文心雕龙〉考论》

孙蓉蓉，女，1953年6月1日出生于上海，祖籍浙江宁波镇海。1977年南京大学中文系本科毕业，留校任教。1987年获硕士学位。现任南京大学中文系教授、硕士生导师。兼任中国《文心雕龙》学会常务理事、中国古代文学理论学会理事。主要从事中国古代文论、《文心雕龙》等方面的研究。已出版《文心雕龙研究》、《中国古代文学批评思维方式研究》、《中国古代戏曲理论史通论》（与他人合著）、《刘勰与〈文心雕龙〉考论》等专著，发表论文近60篇。《刘勰与〈文心雕龙〉考论》，孙蓉蓉著，2008年11月由中华书局出版发行，16开本，25万字。该书是对刘勰的生平、经历的考证和对《文心雕龙》中有关理论问题的考论，全书分为上、下两编。上编的内容主要是根据《梁书·刘勰传》和《南史·刘勰传》以及相关史料的记载，对刘勰的生平、经历以及与之相关人物关系的考证。上编的主要章节是：《〈梁书·刘勰传〉考述》、《〈梁书〉与〈南史·刘勰传〉异同考辨》、《刘勰与僧祐考述》、《刘勰与沈约考论》、《论刘勰与沈约文学思想异同》、《刘勰与萧统考论》、《刘勰“文集”考辨》、《刘勰为何著述〈文心雕龙〉——〈序志〉篇解读》、《再谈〈文心雕龙〉框架结构的形成》。该书下编的内容，主要是针对在《文心雕龙》研究中研究者有不同的观点和看法，或者人们较少研究，或者已有定论性的理论问题，进行分析和论述。下编的主要章节是：《刘勰的“宗经”辨正》、《〈正纬〉与谶纬——〈文心雕龙·正纬〉篇辩正》、《刘勰论谶纬的“有助文章”》、《〈文心雕龙·辨骚〉篇辨析》、《论诗纬对〈文心雕龙〉诗论的影响》、《“四始”考与〈文心雕龙〉“四始说”》《〈文心雕龙·通变〉篇辨析》、《“为文而造情”之论辨》、《“文笔”考与〈总术〉篇“文笔”说》、《山水诗与“物色”论》、《〈文心雕龙·程器〉篇辨析》、《论“弸中彪外”、“文人无行”和“才胆识力”说》、《文心和人心的融合——论刘勰文学思想的核心》、《〈文心雕龙〉的民族审美认同》。其后是参考书目和后记，该书实际上是作者有计划撰著的一部论文集，大都已经见诸书刊。

该书的特点和意义是：一是将史料的研究与理论的分析相结合，力求在大量史料的基础上，作出理论的分析和阐释；二是探讨了《文心雕龙》研究中没有涉及或较少研究的理论问题，使《文心雕龙》的研究更加全面深入；三是对《文心雕龙》研究中一些定论性的问题作了重新审视，进行了较为深入的分析辩正；四是推动《文心雕龙》研究的深入发展，争取为中国古代文论研究立足于本民族的文学传统，创立具有中国特色的文学理论体系而作出自己的贡献。

孙蓉蓉年轻时就从事刘勰及其《文心雕龙》研究，早在 1994 年就由江苏教育出版社出版了一部 20 余万字的《文心雕龙研究》专著。其书主要研究了三个大问题：一是关于刘勰及《文心雕龙》的产生，二是《文心雕龙》的理论体系，三是刘勰的研究方法和思维方式。该书对刘勰的生平经历作了考证，对其身世问题作了考辨。由于《文心雕龙》在我国古代文学批评史上的特殊地位，作者认为，《文心雕龙》的产生虽有其客观的社会历史的原因，但主要是刘勰扬名垂世的思想极大地激发了他著书立说的热情。该书在阐发刘勰的基本理论思想的基础上，揭示了其理论体系的逻辑联系。作者还探讨刘勰在《文心雕龙》中是如何构成完整的理论体系的。该书分析了“折中”研究方法的特点，以及这种研究方法形成的原因。同研究方法相关，孙氏在该书中又进一步研究了刘勰的思维方式。作者认为，刘勰著述《文心雕龙》的思维方式受佛教认识方法和逻辑推理方法的影响是明显的，但同时，中国传统思维方式在《文心雕龙》中也有充分的体现。因此，《文心雕龙》是中国传统文化土壤中孕育出的硕果。

包忠信在其序言中评论说:“通读这部《文心雕龙研究》,得到一个鲜明的印象,这就是,人心和文心融合的审美自然论构成了刘勰文学思想的基本或核心。”

文心学队伍中,大多学者只研究《文心雕龙》,往往不注重对刘勰的研究,如果需要,则多套取某一名家的成果为己有。孙氏研究的特点则是,在研究《文心雕龙》的同时,也试图对刘勰生平履历、刘勰的其他著述、刘勰与社会其他人的交往关系作出自己的解释,像牟世金那样,目的是在争取“雕刻全龙”。

尽管孙氏在以上两书中的个别观点和结论仍有商榷的空间,但其锐意进取的精神还是得到同仁的钦佩和认可。

(二十八)李平及其《文心雕龙综论》

李平,男,汉族,1962年2月生,安徽蚌埠人。1991年安徽师范大学文艺学专业研究生毕业,1992年任讲师,1997年任副教授,2002年任教授。现为安徽师范大学文学院教授,安徽省高校学科带头人,文艺学和艺术学硕士学位点负责人,硕士生导师。《学语文》杂志主编,中国《文心雕龙》学会常务理事,安徽省文学学会理事,民盟安徽师大委员会主委。主要著作有《道教文化》、《梁启超传》(合著)、《气功与中国文化》、《文心雕龙综论》、《中国文化散论》、《李平文集》(1—4卷)。

《文心雕龙综论》,中国文联出版社1999年2月出版,32开本,20余万字。分为绪论、上、中、下三编和后记。绪论为《〈文心雕龙〉书名浅释》,考证了《文心雕龙》书名的含义为“研究‘为文之用心’的专著”,刘勰的目的不是效法邹奭之“雕龙”之意,而是相对于往昔学界的单篇论文者为雕虫小技而言。上编为《文心雕龙》总论,由四篇论文组成,分别论述了《文心雕龙》的体用之道、文化意蕴、《文心雕龙》与《周易》的渊源关系,并对《文心雕龙·原道》篇的一些歧见提出了自己的观点,兼论及刘勰对中国古代哲学传统的继承。中编为《文心雕龙》创作论，由《"神思"创作系统论》、《"养气"艺术功能论》两文组成，论述了《文心雕龙》的构思与表达系统，并从艺术功能的角度对中国艺术论中的"养气"说作了探讨。下编为《文心雕龙》研究史，由《20世纪中国〈文心雕龙〉研究的回顾与反思》、《〈文心雕龙〉研究史上的一座里程碑——范文澜〈文心雕龙注〉研究》、《文心雕龙研究的一部力作——祖保全〈文心雕龙解说〉略评》三篇文章组成。对20世纪的文心雕龙学研究作了大致的梳理和评价，重点对范文澜的《文心雕龙注》六个方面的特点作了研究，认为范注是《文心雕龙》研究史上的一座里程碑，并对祖保泉的《文心雕龙解说》作了简评。

（二十九）戚良德及其三部"文心学"专著

戚良德，1962年生，山东省沂水县人。1981年考入山东大学中文系，1985年毕业并考为该系中国文学批评史专业研究生，师从牟世金研习《文心雕龙》，1988年毕业并留校任教。1998年至2001年到韩国建阳大学任教。2007年获得山东大学文学博士学位。现为山东大学文史哲研究院教授。主要从事《文心雕龙》与中国文论史教学与研究工作。主要著作有《文论巨典——〈文心雕龙〉与中国文化》、《文心雕龙校注通译》、《国学新读本：文心雕龙》、《文心雕龙学分类索引》、《刘勰与文心雕龙》等。

《文论巨典——〈文心雕龙〉与中国文化》，戚良德著，2005年4月由河南大学出版社出版，大32开本，28.6万字。

该书对刘勰及其《文心雕龙》进行了系统研究，尤其致力于揭示其与中国传统文化的内在联系，是迄今为止全面阐释《文心雕龙》与中国文化相互关系的唯一一部专著。全书共分五章：一是刘勰和《文心雕龙》概说，介绍刘勰的生平、《文心雕龙》的基本面貌以及"龙学"发展的近百年历程。二是《文心雕龙》的理论体系，力求完整准确地概括《文心雕龙》的思想理论体系。三是《文心雕龙》的思想渊源，分别探讨《文心雕龙》与儒、道、玄、佛各家思想的关系，阐明《文心雕龙》赖以产生的思想根源。四是《文心雕龙》与中国文论，全面探索《文心雕龙》与中国文论的相互关系，尤其注重探索其对中国文论话语体系的影响。五是《文心雕龙》与中国美学，从美学的角度对《文心雕龙》进行新的审视和把握，揭示"龙学"进一步发展的历史方向。通过这五个方面的立体建构，力图系统而全面地检讨《文心雕龙》与中国文化之关系。

该书以5万字的篇幅全面探索了《文心雕龙》与儒、道、玄、佛各家思想的关系，从而全面揭示了《文心雕龙》的思想根源。其中许多见解显示出作者对论述对象的充分考察和全面把握。如论述儒家思想对刘勰的影响，作者指出："先秦时期对《文心雕龙》影响最大的有两部书，一是《荀子》，一是《周易》。前者主要影响于刘勰的基本文学观，后者则通过影响于刘勰的世界观，并进而影响于刘勰的文学思想；尤其是《周易》一书，对《文心雕龙》的影响不是枝节性的，而是全方位的。"（第119页）又如论述玄学之"才性论"与《文心雕龙》的关系，作者指出："刘勰实际上已经不仅仅是运用'才性论'的理论成果的问题，而是对才性之于文章的种种关系有着自己相当深入的研究了；毋宁说，刘勰其实也是'才性论'的重要一员。从对具体作家的评论到艺术风格的研究，从文章体裁的风格到历代文章的发展变化，从文章的写作到文章的欣赏，刘勰无不着眼作家个性的不同而进行具体的评论和研究，以至于建立起自己的'风格学'。"（第152页）"所以，刘勰关于作家才性与文章之关系的研究，实际上已经构成了六朝时期'才性论'的一道独特的风景。"（第153页）

当然，该书着力揭示的还是《文心雕龙》之话语中心和理论体系及其与中国文论、中国美学的关系。作者以为，站在魏晋南北朝“为艺术而艺术”之时代的制高点上，刘勰遍搜“文场笔苑”而建构起一个“以情为本，文辞尽情”的文论话语体系，并以此形成了“神用象通，心物交融”的创作论话语中心和“风清骨峻，即体成势”的审美理想。这一“言为文之用心”的“情本”论的话语系统，使《文心雕龙》集中而典型地展现出中国文艺理论和文艺美学之独特的话语风貌，成为中国文论和美学的话语之本和理论之源。这是《文心雕龙》受到越来越多的中外研究者的关注，并因而形成所谓“文心学”的原因所在，更是“文心学”具有强大生命力之根本。作者以翔实的资料和充分的论证说明，《文心雕龙》基本涵盖了中国古代文学创作的全部重要问题，从而使得魏晋南北朝之后中国文论的发展，在很大程度上乃是《文心雕龙》理论体系的延伸和拓展。

该书在完整把握《文心雕龙》的过程中，对“文心学”史上许多具有争议的问题，作出了新的理解和论证。如关于创作论的理论体系问题，研究者几乎公认《神思》篇是创作论的“总纲”，而作者则提出《文心雕龙》创作论的“总纲”乃是《情采》篇，并进而提出“以情为本，文辞尽情”的“情本”论是《文心雕龙》的创作论理论体系。又如《时序》、《才略》、《知音》、《程器》几篇，研究者通常将其称之为批评论，或者概括为“附论”。该书则认为“这一部分的中心乃是《知音》篇；或者说，‘知音’乃是刘勰贯穿这几篇的一个共同的视点”（第27页），因而作者援“文之枢纽”之例，将这部分称之为“文之知音”。再如《文心雕龙》研究中意见分歧最大的《风骨》篇，以往的研究者们大多遵循黄侃“风即文意，骨即文辞”之说，把“风”、“骨”归结为作品的内容和形式问题。该书则对这一思路提出异议，认为要想对“风骨”的主旨及其含义予以准确把握，“就必须仔细体察刘勰的用意，充分重视骈文论述的格式，并尽可能地进入刘勰的思维”（第258页）。作者指出：“《文心雕龙》是文论，但也是精致的骈文作品，必知骈文经常以'互文足义'的形式说理状物，方能准确理解其含义。"（第259页）如刘勰"怊怅述情，必始乎风；沉吟铺辞，莫先于骨"之论，该书指出："所谓'怊怅述情'，是说作者内心情之所动而欲一吐为快，指的是整个文章写作；所谓'沉吟铺辞'，是说展纸落墨而著成文章，指的也是整个文章写作。二者对举而言，互文足义，不过是刘勰为避用词重复的文章笔法，其义一也；并非一指内容、一指形式的泾渭分明之论。明乎此，则所谓'始乎风'是对整个文章的要求，而决不仅仅指'情'；所谓'先于骨'也是对整个文章的要求，而决不仅仅指'辞'。"（第259页）"所以，无论'风'、'骨'还是'风骨'，乃是对文章的总要求，并非'风'指内容，'骨'指形式，或者相反。'风'、'骨'与内容、形式，完全是不同范畴的问题；如果说它们有关系，那么这个关系只能是，'风'、'骨'和'风骨'是对内容和形式相统一的文章的要求。"（第260页）其他如对"通变"、"定势"、"声律"、"比兴"等许多问题的认识，作者都有"师心独见"之论。

《文心雕龙校注通译》，戚良德著，2008年12月，由上海古籍出版社出版发行。全书47万字。

该书是一部集校、注、译于一体的《文心雕龙》新读本。其最引人注目的创新之举，是作者整理出一个新的《文心雕龙》文本，作为该书的底本。《文心雕龙》的版本很多，但自从清代黄叔琳《文心雕龙辑注》出现以后，黄注本实际上已成为《文心雕龙》的通行本。近世对《文心雕龙》的校注整理大多以黄注本为底本进行，如范文澜的《文心雕龙注》、王利器的《文心雕龙校证》、杨明照的《增订文心雕龙校注》、詹锳的《文心雕龙义证》等，皆是如此。但各家丰富的校勘成果也说明黄注本作为底本实际上问题颇多。有鉴于此，作者在前言中说："今后新的《文心雕龙》读本，如果再以黄注本或者范注本作为底本，实际上已经对读者颇为不便，也不利于几代研究者之《文心雕龙》校勘成果的发扬。”因此，作者便尝试以范注本的原文为基础，参照林其锬、陈凤金的《文心雕龙集校合编》和《新校白文〈文心雕龙〉》，充分吸收近世诸家的校勘成果，特别是全面吸收唐写本的校勘成果，整理出一个新的《文心雕龙》文本。作者在前言中说其书的目标“是力图最大限度地接近刘勰之原文，而不是追求文字上的最佳表达方式”。

与通行本相较，该书共校改470余处。这一方面是比勘、判断、整合前代学者的校勘成果，同时亦有不少作者的新发现及纠谬补偏之处。如《乐府》篇“好乐无荒，晋风所以称远”一句，其中的“远”字，唐写本作“美”。但各本均据《左传·襄公二十九年》所载季札所谓“何忧之远也”之句，用“远”而不取唐写本之“美”，看起来是没有问题的。该书则指出，在《左传》原文中，“何忧之远也”一句之后，尚有“非令德之后，谁能若是”之句，作者认为这才是吴公子季札这段话的中心所在，“令德”者，美德也。据此，作者指出“还是唐写本符合刘勰之本意”（第49页），“称美”，乃是称赞其美德之意，“称远”反而是讲不通的。如《诠赋》篇的篇名，作者指出唐写本实作“铨赋”，而古今各家均失校。又如《镕裁》篇“是以草创鸿笔，先标三准”之“鸿笔”，各本原作“鸣笔”，黄叔琳注本改为“鸿笔”，其后各家便皆作“鸿笔”。该书指出“鸿笔”和“鸣笔”乃是两个词。“草创鸿笔”是讲不通的。“鸿笔”为大手笔、大作，非“草创”可成。故此处应作“草创鸣笔”，意谓提笔为文，指的是创作之始。再如《哀吊》篇引崔瑗“履突鬼门”之句，作者经过对唐写本照片的认真辨别，认定其实为“腹突鬼门”，等等。该书的注释以“读懂原文，搞清本意”为出发点和归宿，以“不搞烦琐考证，但求言之有据，简明实用”（前言）为原则，特别注重对文论术语的阐释。如释“神思”为“思维想象活动”，释“通变”为“通晓其变，即懂得创新”，释“定势”之“势”为“由文体所决定的基本格调”等等，于平实中见新意。又如《明诗》篇论“古诗”：“观其结体散文，直而不野，婉转附物，怊怅切情，实五言之冠冕也。”此段是凡论《古诗十九首》必引的千古定评，而其中的“直而不野”一语尤为关键之论，“直”各家均认为是朴素自然，不着修饰之意，而该书则注为“直：正，指文体规范”。如此一来，刘勰的这段话就当做新的理解了。再如《诔碑》之“论其人也，暧乎若可觌”，这个“暧”字，一般注为朦胧、不明显，但所谓“暧乎若可觌”就难以说通，该书则注为“温暖”，可谓独辟蹊径。其他如《通变》之“九代咏歌”，《时序》之“蔚映十代”，这些“九代”、“十代”所指，以往的注释一般都是找出刘勰说的是哪些朝代，但又往往言人人殊，难以统一。该书则注为“历代”。《序志》的“逐物实难”之句，作者注“逐物”为“追逐世俗的名利”，并证以嵇康《赠秀才入军》“流俗难悟，逐物不还”之句，亦颇见新意。

该书对《文心雕龙》的今译尤为用力。作者“力求进入刘勰的思维，达到对原文的融会贯通；述而不评，尽量避免使用现代文艺理论术语；追求‘不隔’，传达出刘勰的文风和气势。”（前言）如《宗经》所谓“六义”：“一则情深而不诡，二则风清而不杂，三则事信而不诞，四则义贞而不回，五则体约而不芜，六则文丽而不淫。”该书译为“一是感情深厚而不造作，二是思想纯正而不杂乱，三是叙事真实而不怪诞，四是说理切当而不邪僻，五是文体规范而不繁芜，六是辞采华美而不过分。”又如《序志》篇，“盖《周书》论辞，贵乎体要；尼父陈训，恶乎异端：辞、训之异，宜体于要”。这里关键的一句是“辞、训之异，宜体于要”，一般都认为刘勰是指《周书》和孔子的说法不同，但应该领会其主要精神。如此似乎文从字顺。但该书则结合上下文以及《文心雕龙》全书进行了更全面的思考。上文所谓“《周书》论辞”是“提倡切实简要而不尚奇异”，孔子陈训“则反对异端邪说”，联系到刘勰在书中反复强调“体要”，反对“讹滥”，作者认为所谓“辞、训之异，宜体于要”，并不是说《周书》和孔子，而仍是讨论文章写作的问题，刘勰的重点在“异”字，因而应译为“《周书》和孔子均言及‘怪异’的问题，正说明文章应该以切实简要为根本”（第573页）。这种翻译确实表现出作者“对原文的融会贯通”。该书对《文心雕龙》各篇“赞”辞的翻译亦颇有特点，如《养气》篇“赞曰：纷哉万象，劳矣千想。玄神宜宝，素气资养。水停以鉴，火静而朗。无扰文虑，郁此精爽”。作者译为：“总而言之：纷扰世间物，使人费思量。精神当珍惜，真气赖培养。水停光如镜，火静更明亮。虚静以构思，精气自然旺。”又如《物色》篇“赞曰：山沓水匝，树杂云合；目既往还，心亦吐纳。春日迟迟，秋风飒飒；情往似赠，兴来如答”。作者译为：“总而言之：山重水复，林木云霞；流连美景，妙笔生花。春光融融，秋风飒飒；情入自然，诗兴勃发。”此类译文，均显示了作者“传达出刘勰的文风和气势”的追求。

《文心雕龙学分类索引》，戚良德编著，2005年12月由上海古籍出版社出版发行，全书50万字。该书收录近百年（1907—2005年）来有关“文心雕龙学”的论文、注译、序跋、书评、通讯、索引等单篇文章（统称为“论文”）和专著、专书等单行本（统称为“专著”）共6517条，其中“论文”6143条，“专著”348条，西文论著26条。该书乃迄今为止著录“龙学”文献最全之书目。作者广收博采，尤其从各种批评史、文论史、美学史，以及各种辞书、历史、文化论著中别裁出许多有关《文心雕龙》的篇章条目；每个条目的信息亦务求详备，如第0016条所收王元化《刘勰身世与士庶区别问题》，涉及9种出版物；又如第6218条所收黄侃《文心雕龙札记》，收录6种版本。该书还编有详细的“作者索引”，将该书所收全部《文心雕龙》研究者之名及其有关论著条目的序号一一列出，以便检索。

该索引的最大特点是对所收录的全部论著条目做了内容分类，以类编排。“论文”的编排按内容分为八大类:一是刘勰生平和著作,二是《文心雕龙》综论,三是《文心雕龙》枢纽论,四是《文心雕龙》文体论,五是《文心雕龙》创作论,六是《文心雕龙》批评论,七是理论专题,八是学科综述。每一类再按论题分为若干小类,各类内略按出版时间先后编次。一篇文章涉及两个及两个以上论题的,以中心议题归类;无明显中心议题的,一般以第一个论题归类;个别分论多篇内容且篇幅较大的,则视情况分别归类。“专著”的编排按内容分为四大类:一是校注今译,二是理论研究,三是学科综述,四是附录:《刘子》。各类内以出版时间为序。

作者在前言中说:“《文心雕龙》是不会改变了,但对这部著作的研究却是‘江山代有才人出’;随着时代文化的发展和学术思想的变迁,‘文心雕龙学’的面貌必会日新月异,正是‘枢中所动,环流无倦’。作者调整分类的基本思路是,既有利于按照论题查找各类文章,也可以通过分类展示龙学的基本面貌、历史进程、学科体系及其丰富内容。”显然,作者既有意于编纂一部完备的“龙学”索引,亦希望其发挥“辨彰学术,考镜源流”之功。

(三十)汪春泓及其《文心雕龙的传播和影响》

汪春泓,浙江嘉兴人,1964 年生,1988 年毕业于南开大学中文系,同年考取南开大学中文系研究生,在罗宗强教授的指导下,1991 年毕业,获硕士学位,遂又考取复旦大学中文系博士生,在顾易生教授指导下,1994 年毕业,获博士学位。汪春泓在硕士和博士学习阶段,一直攻读中国文学批评史。1994 年始在北京大学中文系从事古代文学理论、文学史的教学和研究工作,并兼任中国《文心雕龙》学会副会长。

《文心雕龙的传播和影响》,汪春泓著,学苑出版社 2002 年 6 月出版,全书共 35.6 万字,分为七章。第一章《刘勰传略与〈文心雕龙〉的产生》,第二章《〈文心雕龙〉问世以来的版本流传情况》,第三章《折中意识与〈文心雕龙〉的文章学体系》,第四章《〈文心雕龙〉对历代文学发展进程之影响》,第五章《刘勰与佛教关系的考辨》,第六章《对刘知几〈史通〉与〈文心雕龙〉相关性之考辨——看〈文心雕龙〉在史学领域的渗透》,第七章《〈文心雕龙〉对书画理论领域的渗透》。

关于刘勰生卒年,汪春泓同意刘勰生于465年说,卒于539年说。对于刘勰不婚娶的原因,汪春泓考虑得比以往学者更深刻,他既没同意《梁书》本传的“家贫”说,也没有同意杨明照的“信佛”说。他说婚娶是“非常私人化的事情,可能有当事人特殊的因缘,后人不必强为之注解”。对于《文心雕龙》的成书时间,作者同意“齐末”说。对于《文心雕龙》一书的性质,作者虽没有明确表态,却没有掩饰住“文章学”观点,并专设一章《折中意识与〈文心雕龙〉的文章学体系》。作者从其《文心雕龙》所写作的目的和担当的拯救文弊任务看,认为应属于子书范畴。作者认为“究天人之际,通古今之变,成一家之言”虽是史家司马迁的思想,但“几乎也是古代子书作者的共同抱负。刘勰的文论思想也围绕着天人、古今来折中和展开,这是其文章学体系的重要特征”[1],“要研究《文心雕龙》的文章学体系”,就必须理解刘勰对当时文学发展所遇各种矛盾的“处理方式,理解其所谓的折中思维”,《文心雕龙》“下编二十五篇除了最后一篇《序志》是总序而外,涉猎了文章学各个方面的问题”,“刘勰的文章学体系从宏观上讲,其思维模式与方法论都是在人天或儒道两端展开的,即使道家一极比较隐晦,在表面上与突出儒家远不成比例,但是道家在其整个文论体系里的调整作用,实在是不逊于儒家的,这就深深地根植于中国文化的土壤,把握了民族文化的精

[1] 汪春泓:《文心雕龙的传播和影响》,第115页。

髓。而在此两端展开'折中',使得其文论思想不偏不倚,成为后世文论的'师表'"[1]。

关于刘勰的经学渊源,汪春泓认为"应偏属古文一派"。认为刘勰的北人意识特浓。莒儒南渡者大致反映着自然论思想兴盛,旧有天人合一、天人感应观走向崩溃,今文经学式微,古文经学占据上风的时代趋势。

总之,汪春泓认为,《文心雕龙》在唐初南北文风融合中发挥着理论主导作用,"并统摄了以后所有文、道关系论",对刘知几的史学理论也起着主导作用,对于书画理论的渗透也是人所共知的。

四、论文集

(一)《〈文心雕龙〉研究论文选》(1949—1982年)

甫之、涂光社主编,齐鲁书社1987年1月出版,全书共77.9万字,分上下两册。该文集涉及的内容很广泛,尤其注意收集了有关刘勰生平具有代表性的研究文章,有关于《文心雕龙》与儒、释、道之间的思想关系的,有关于《文心雕龙》各篇研究的,有关于"风骨"论的,有关于刘勰著作撰年考的,有关于《文心雕龙》版本的,有关于《文心雕龙》美学思想的,等等,基本上反映了这一时期有关刘勰研究的概貌和收获。

(二)《文心同雕集》

曹顺庆编,成都出版社1990年6月出版。该书收有论文18篇,计22.8万字。论文作者主要有周振甫、吴调公、张文勋、王更生、王运熙、张志烈、杨明照、陈耀南、安东亮、户田浩晓、祖保泉、曹顺庆等学者,每篇文末均附有作者简介。

[1] 汪春泓:《文心雕龙的传播和影响》,第133—134页。

（三）《文心雕龙研究论文集》

是书由中国《文心雕龙》学会编，人民文学出版社1990年8月出版，收有论文47篇。书末是曾晓明辑录的《〈文心雕龙〉研究论著索引》（1907—1985），并附有我国港台地区和日本的刘勰研究论著索引，是当时国内较为完备的索引。

该书为中国《文心雕龙》学会自成立以来以学会名义所编辑的第一部论文集，选文以能反映《文心雕龙》全书各个方面有代表性的研究成果为主，兼顾各个时期、各种不同观点的论文和研究者的主要成就。论文集按内容分为六类，关于刘勰身世生平和思想的，关于《文心雕龙》理论体系的，关于总论的，关于文体论的，关于创作论的，关于批评论的。

（四）《文心雕龙研究荟萃》

该书为1988年在广州举行的《文心雕龙》国际学术研讨会的论文集，饶芃子主编，上海书店1992年出版，全书共有37篇文章，34万字。论文涉及的范围有关于《文心雕龙》宏观研究、微观研究以及比较研究的，有关于《文心雕龙》研究的历史和现状的，最后一篇是会议综述。

（五）《文心雕龙学综览》

该书由中国《文心雕龙》学会组织编写，杨明照任主编，林其锬（执行）、萧华荣任副主编。1995年6月由上海书店出版，这是一部国际文心学家合作的产物，特邀外籍编委11人。书前有七幅学术会议及学者外访照片、六幅《文心雕龙》古本书影、六幅海内外研究成果书影。次为王元化写的《序》和林其锬代表编委会写的前言。书的内容分为七类，即各国研究综述、专题研究综述、专著简介、论文摘编、学者简介、论著目录索引和附录。是书是青年学者研究了解刘勰研究的概况而不可不读的一部资料性集著。

（六）《文心雕龙研究》

该书由张少康编,2002年9月湖北教育出版社出版。为陈平原主编的《二十世纪中国学术文存》之一种。全书52.3万字,由34篇文章组成,分为五个单元,即刘勰的家世生平与著作、刘勰的文学观的思想渊源、《文心雕龙》总论、《文心雕龙》的文体论和《文心雕龙》的创作论与批评论。其书的编选原则是尽可能照顾到不同时期研究《文心雕龙》最有成就的学者,照顾到在学术界影响比较大的著作,照顾到中国大陆、中国台港澳地区及国外的《文心雕龙》研究。

第四节　当代中国的刘勰研究(中)

——台湾地区的刘勰研究[1]

一、概述

台湾地区的文心学家王更生在谈论台湾地区有关刘勰的研究时,从时间上以十年为段分期。

(一)初期(1950—1960年)

在这十年中,台湾地区这方面的文章有17篇面世。有关刘勰生平的,有熊公哲的《刘勰评传》,此文一再被选录和转载,成为当地早期研究的重要参考。稍晚还有张严的《刘勰身世考索》。廖蔚卿在50年代初期先后有《刘勰的风格论》、《刘勰论时代与文风》和《刘勰的创作论》三篇文章发表。

当时台湾大学、台湾师范学院、东海大学等都开设文心雕龙学课程。可以说此时为台湾文心学的播火期。

(二)中期(1961—1970年)

台湾地区的刘勰研究到20世纪60年代有了一个大的发展,有人称为"猛进"时期,严格说应算作发展期。台湾师范学院的潘重

[1] 本节台湾地区有关刘勰研究的资料多取自于王更生的介绍文章中,不一一细注。

规离开师院受聘到香港以后，师院的《文心雕龙》课改由高仲华讲授。高氏亦是黄侃弟子，他先后创办国文研究所并开办研究生班。1964 年，该所的李宗慬完成了他的硕士论文《〈文心雕龙〉文学批评论研究》，这是台湾地区关于刘勰著作研究的第一篇学位论文。

20 世纪 60 年代的台湾高等教育有了大的发展，不仅组建了多所大学，而且这些大学里大多有中文系，并创办了中文研究所，文心学研究队伍也有了很大的发展，其中影响较大的有李曰刚、张严、方远晓、张立斋、黄锦鋐、华仲麐、钟京铎、曹升等人。这 10 年间，据统计有 70 多篇论文发表，并出版了 6 部《文心雕龙》研究专著和 1 部《文心雕龙》研究论文集。此时的刘振国也在私立文化学院中文研究所以《刘勰明诗篇研究》一文获硕士学位。从发表的论文看，一批文心学新人已经崛起，如王更生、李景溁、黄春贵、沈谦、王金凌、王梦鸥等。这一时期发表和出版的著作，已不仅是谈论刘勰的文学理论，而是涉及《文心雕龙》的版本和对以往学者研究成果的修订，其研究的领域也有所拓宽。尤其是黄锦鋐在淡江大学成立了文心雕龙研究会，从组织上建立起专业队伍，“集合每个人的智慧，发挥共同研究的精神”，出了两部研究专著。这是台湾地区有关刘勰的第一个学术组织。

（三）近期（1971—1980 年）

这一时期台湾地区的刘勰研究出现兴旺苗头，可算作成熟期。五六十年代培养出来的青年人已走向成熟，并接过了老一代刘勰研究者的接力棒，成为学术带头人，例如王更生、舒衷正、沈谦、陈端端、王叔岷、陈拱、王久烈等。他们不仅在各大学里开设了《文心雕龙》课，而且还都相继出版了专著。据不完全统计，这十年共发表论文 210 多篇，出版专著 31 部，其中有 3 部论文集。在这些论文和专著中，王更生的成绩特别突出，一人发表论文 35 篇，几乎占台湾此期有关刘勰论文的六分之一；出版专著 4 部,编选论文集 1 部,占此期有关刘勰研究专著的四分之一还要多。20 世纪 80 年代中期,牟世金搜集了台湾有关《文心雕龙》的研究资料后,发现了台湾的文心学家王更生,曾在他的《台湾文心雕龙研究鸟瞰》一书中评王更生曰:"王更生,台湾师范大学文学博士,李曰刚教授的门生。此人是台湾龙学界的重要人物";"台湾的《文心雕龙》研究中,王更生是著述最多的一人,他在承上启下,推动台湾《文心雕龙》研究上,是起了较大作用的"。在谈到王更生在自己的著作中对大陆文心学研究情况的介绍时,牟世金说:"王更生对大陆研究情况虽然所知有限,或时有误解,但于沟通海峡两岸之学术研究,还是发挥了积极作用的。"此时的王更生显然已跃居台湾"文心学"队伍的核心地位。

这一时期的博士论文有:沈谦《〈文心雕龙〉之文学理论与批评》、纪秋郎《刘勰〈文心雕龙〉的比较研究》。此一时期的硕士论文几乎每年都有,且为成倍增长的趋势。

这一时期台湾刘勰研究的层面也更拓宽了,不再局限于五六十年代的修订和文学理论方面,而是涉及《文心雕龙》的版本叙考,《文心雕龙》中有关于五经的引用和化典,刘勰的生平、身世、信仰等方面和理论渊源。其中继张严的《刘勰身世考索》之后,又出现了王更生的《梁刘彦和先生年谱》和王金凌的《刘勰年谱》,这不仅拓展了刘勰研究的层面,而且也扩大了文心学家们的视野。

值得一提的是,在香港研究者大谈《文心雕龙》深受佛学影响的情况下,台湾研究中国古代学术思想史的周荣华撰写了《文心雕龙与佛教驳论》一书,对其给予了批判,认为《文心雕龙》中没有佛学思想。

特别是结集出版的论文集很有代表性,不再局限于当时当地的学者。其中黄锦鋐主编的《文心雕龙论文集》于 1979 年 1 月由台湾学海出版社出版,虽然仅收 3 篇论文,但却是收集了日本斯波六郎的《文心雕龙范注补正》、杨明照的《文心雕龙范注举正》和黄锦鋐自己的《空海的〈文镜秘府论〉与〈文心雕龙〉的关系》，作者覆盖了日本、中国台湾和大陆。陈新雄、于大成主编的《文心雕龙论文集》专门搜集了1949年以前发表而居今难见的12篇文章。王更生主编的《文心雕龙研究论文选粹》于1980年9月由台湾育民出版社出版发行。作为近70年来《文心雕龙》研究的代表作，文集共收35人的作品，其中中国台湾9人、中国内地5人、中国香港18人，美国2人，韩国1人，颇能反映世界各地研究刘勰的成果。可见这一时期的刘勰研究已进入了一个辉煌时期。

（四）晚期（1981—1990年）

这一时期的台湾地区关于刘勰研究已进入平缓时期，据不完全统计，发表的论文不足80篇。

为了振兴台湾地区的刘勰研究，台湾中国文学研究会、台湾师范大学曾于1987年12月召开了一次“以《文心雕龙》为中心的中国文学批评研讨会”。会上有19篇关于刘勰文学理论的文章，并于1988年结集为《文心雕龙综论》交由学生书局于5月出版。从该集中的论文作者来看，既有文心学界的老将，也有学界新秀，表明台湾的刘勰研究从20世纪80年代末期又开始走向活跃。

20世纪80年代台湾地区发表的论文虽然相对于70年代有所减少，但这一时期出版的专著有36部，多数是学者们对以往研究成果的凝结和升华。李曰刚的力作《文心雕龙斠诠》就是在此一时期出版的。王更生的《文心雕龙读本》、《重修增订文心雕龙导读》、王金凌的《〈文心雕龙〉文论术语析论》、方元珍的《文心雕龙与佛教关系之考辨》、龚菱的《文心雕龙研究》等也都出版于这一时期。特别是《文心雕龙读本》和《文心雕龙导读》两书的出版，为台湾学子研读《文心雕龙》提供了教材。

（五）现期（1991—2008年）

这一时期对于刘勰的研究,据不完全统计,至少有24部关于刘勰及其著作的研究专著出版,其中有一部国际性的论文集(不包括台湾学者在内地和香港出版的著作)。

这一时期,中国内地和台湾地区的文心学专家不仅有了书信往来,而且也有参加彼此召开的文心学会议的机会。由中国《文心雕龙》学会、北京大学、韩国岭南大学、中国语文学会、山东莒县于1995年7月28日至31日在北京联合举行的《文心雕龙》国际学术研讨会上,台湾地区就有6位学者代表台湾文心学界参加大会,其中黄锦鋐、王更生、李景溁、蔡宗阳、黄景进、宋春青诸学者被中国《文心雕龙》学会聘为学会顾问。到1999年,台湾师范大学中文系和台湾中国语文学会在王更生、蔡宗阳和刘渼等人的努力下,主办并召开了《文心雕龙》国际学术研讨会,会议收到论文40多篇,其中内地学者的有29篇。2000年《文心雕龙》国际学术研讨会在江苏省镇江市召开,由16位学者组成的台湾代表团参加会议,并向与会学者赠送了1999年台湾《〈文心雕龙〉国际学术会议论文集》。此后,凡大陆举办的《文心雕龙》学术会议,皆有台湾学者参加。2007年6月,在廖宏昌等人的组织下,由台湾中山大学主办,台湾花莲教育大学、台湾佛教慈济大学等单位协办的"2007文心雕龙国际学术研讨会"在台湾中山大学、台湾花莲教育大学、台湾佛教慈济大学举行。与会学者来自中国内地和港澳台及美国、日本等国家和地区,与会学者向大会提供了41篇论文。会议就刘勰的身世士庶问题、《文心雕龙》的思想倾向问题、刘勰及其家族的信仰等问题展开了热烈的讨论。论文宣讲者,掷地有声;质疑者,每疑必问;答疑者,旁征博引,铿锵有力,严密论证。其学术风气之纯正、组织严密程度前所未有。

1999年台湾商务印书馆出版了陈拱费其一生撰著的《文心雕龙本义》一书。该书按《文心雕龙》原本共分10卷,50篇,每篇分原文、注释和通释三大部分。是此一时期出版的重要专著。这期间出版的专著还有彭庆环的《文心雕龙综合研究》,黄亦真的《文心雕龙比喻技巧研究》,王更生的《文心雕龙新论》、《文心雕龙选读》、《中国古代文学理论的秘宝——〈文心雕龙〉》,王忠林的《文心雕龙析论》,华仲麐的《文心雕龙要义申说》,王义良的《文心雕龙创作论与批评论探微》,刘渼的《台湾近五十年来〈文心雕龙〉学研究》和王更生总编的《台湾近五十年〈文心雕龙〉研究论著摘要》、王更生的《文心雕龙管窥》等。特别刘渼的这部文心研究史,是欲了解台湾《文心雕龙》研究状况的学者不可不读的资料,共分 8 章,计有 28 万多字,书末有 4 个附表,是目前台湾地区最详尽的一部“龙学”史。赖欣阳新著《“作者”观念之探索与建构:以〈文心雕龙〉为中心的研究》,2007 年 5 月由台湾学生书局出版发行。该书 532 页,分精装和平装两种版本行世。作者以独特的视角,论证了《文心雕龙》的“作者”观念。赖欣阳认为,中国古典文学批评,大体而言都很重视“作者”,批评的目的也常在于指导写作,目的是为了训练出一个好作者。现代西方文学批评,将焦点放在作品意义的解读上,所以开始检讨甚至挑战长久以来文学批评研究“作者”的传统,几十年间,渐渐形成一股反“作者”中心倾向的文论。然而无论中西文学批评论述,对于“作者”观念内涵及其所关涉的问题都很少深入而全面地分析探讨,《文心雕龙》虽非以“作者”为主之论著,然而刘勰在其论述内容中却已经表述了他对“作者”内涵的认识及对相关问题的了解。《文心雕龙》所提出的“作者”论述,可以说相当深入而周延,可以此为基础,建构属于中国文学批评的“作者”论述,或可使持现代西方反“作者”中心论者,换个角度来看待及思考“作者”问题。

台湾的刘勰研究与大陆相比,具有持续性的特点。台湾的高等院校对刘勰及其著作的研究还有一个普遍性的特点,即凡设有中文系的院校,多有《文心雕龙》课程的设置,这是大陆所不及的,其普及程度也高于大陆。

二、学术观点略说

(一)关于刘勰生平研究

1. 生卒年。

台湾地区关于刘勰生卒年的著作有张严的《刘勰身世考索》、王更生的《梁刘彦和先生年谱》、王金凌的《刘勰年谱》、李曰刚的《梁刘彦和年谱》、龚菱的《刘彦和先生重要事略系年表》。王更生和龚菱认为刘勰当生于宋孝武帝大明八年(公元 464 年)。张严认为当生于宋明帝泰始元年(公元 465 年),王金凌、李曰刚、华仲麐等人皆同张说。定刘勰生年最早的是梁绳祎,他发表的《刘勰与〈文心雕龙〉》一文认为刘勰当生于宋大明四年(公元 460 年)左右。

华仲麐认为刘勰卒于普通元年(公元 520 年)。张严、王更生认为卒于普通二年(公元 521 年),王金凌认为卒于普通三年(公元 522 年)。台湾地区对于刘勰卒年的研究,大都受范文澜说法的框约。独李曰刚认为刘勰应是卒于梁大同五年(公元 539 年),是迄今为止台湾地区把刘勰卒年定得最晚的一位学者。

2. 仕宦年限。

由于《梁书·刘勰传》说刘勰"天监初,起家奉朝请",这个"初"是天监元年,还是二年,史家看法不一。王金凌认为是元年,王更生认为是二年更接近史实。因为元年是新政权初立,一切需有一个稳定时期,况且萧衍夺取皇位时,已是天监元年的四月份。对于刘勰为临川王萧宏中军府记室一职的时间,由于临川王萧宏是在天监三年出为中军将军,王更生认为刘勰于天监三年出为中军记室,对此各学者意见一致。然而在出为仓曹参军的时间上又发生了分歧。王金凌认为是梁天监三年四月后。也有人认为是天监八年出为车骑仓曹参军。至于何时出任南康王记室和东宫通事舍人,差距更大。王金凌认为是天监十年二职同时,王更生认为是在除南康王记室后不久兼任舍人职。对于刘勰迁任步兵校尉职各家均认为是在上表之后,但何时上表,各家说法不一。王金凌定在天监十八年上表。李曰刚、王更生、龚菱定在天监十六年为兼任东宫舍人。龚菱定天监十八年为刘勰 56 岁,"上表言二郊宜与七庙同改"。王更生、张严等亦同此说,并认为此年迁步兵校尉。王更生认为:"舍人任步兵校尉、兼东宫通事舍人,在天监十八年。则此次奉敕,当在十八年或普通元年,惜慧震事迹不可考,故无从旁证。"

(二)关于刘勰著作研究

1.《出三藏记集》与刘勰的关系。

王金凌认为《出三藏记集》"笔调情致宛似《文心雕龙》",并对《出三藏记集》和《文心雕龙》的行文用字作了一些比较,认为"行文用字""如出一辙"者大有可寻,并举出一些例证,如"司南"、"燕石"、"梦棼丝"、"沿波讨源"、"丽天"等均为两书所共用。王更生同意王金凌的意见,并认为刘勰在编撰《出三藏记集》和《弘明集》时,"自造了《灭惑论》"。王更生把《灭惑论》系在刘勰年谱的齐建武二年(公元 495 年),并说其理由是"确切发表年代已不可考,旨在因道教徒做《三破论》以诋佛教,故反驳而作《灭惑论》。次为《释三破论》为释僧顺作,然释僧顺亦不可考,而《三破论》,《弘明集》又未收,故我人只可谓《灭惑论》作于齐梁之间。今附于本年,或略近事实。"[①] 王更生还在 1976 年发表的《〈文心雕龙〉成书年代及相关问题》一文中,不仅认为《文心雕龙》成书于第一次校经之后,而且"发现释僧祐《出三藏记集》在思想、语法变化与词汇运用上,均与《文心》同,足证当是彦和捉刀。"[②] 潘重规在《刘勰〈灭惑论〉撰年商

❶转引自张少康等:《文心雕龙研究史》,北京大学出版社 2001 年版,第 261 页。
❷中国台湾:《中华文化复兴月刊》第 9 卷第 4 期(1976 年 4 月)。

権》则认为撰于天监中更为接近史实。

2.《文心雕龙》的成书时间。

由于《文心雕龙》的《序志》中有"齿在逾立","则搦笔和墨,乃始论文"。所以对于刘勰何时开始撰写《文心雕龙》的时间也多有分歧。王更生认为开始于齐建武三年(公元496年),完成于中兴元年至二年(公元501—502年);王金凌认为《文心雕龙》的撰写开始于齐永泰元年(公元498年),完成于中兴元年(公元501年)。李曰刚认为始撰于齐永元二年(公元500年),成书于中兴二年亦即梁天监元年(公元502年),张严认为始撰于中兴元年(公元501年),成书于梁天监三年(公元504年)。

3.《文心雕龙》版本编次。

在台湾地区对《文心雕龙》的版本和编次研究最早的是张严。他于1960年6月在《大陆杂志》第20卷第11期发表了《文心雕龙版本考》。主要根据早年在大陆收集到的嘉靖庚子十九年(1540年)汪一元新刻本、嘉靖癸卯二十二年(1543年)佘诲歙县刻本、万历壬午十年(1582年)《两京遗编》本、万历壬子(1612年)凌云五色套印本、天启二年(1622年)金陵聚锦堂刻梅庆生音注本,以及他在台湾见到的其他版本撰成《文心雕龙版本考》。由于张氏无法见到其他更多的本子,自不能与杨明照和王利器、詹锳等人的成果相比。他认为虽然现行各本大都分《文心雕龙》五十篇为十卷(万历壬午凌云单刻本分四十卷)。但他认为后人所分"十卷五十篇之篇次,亦不尽善,且各篇排比,不无踳驳处",认为《定势》篇当与《体性》篇并排,他也怀疑《隐秀》篇后人补入部分的真实问题。

王更生1974年《文心雕龙版本考略》分两期刊登在台湾"国立中央图书馆刊"上,他这篇文章的观点在他1976年出版的《文心雕龙研究》

的第三章中对《文心雕龙》版本的流传和各种版本状况作了较为详细的考证和介绍。王氏得《文心雕龙》手抄本9种，单刻本18种，评注本13种，校本20种，综合各项，于唐宋明清之间，《文心雕龙》传本可得而言者60种。王更生吸纳了杨明照的《文心雕龙校注》和王利器《文心雕龙新书》中的精华部分。此时由于杨明照《文心雕龙校注拾遗》尚未出版（1982年才出版），詹锳的《文心雕龙义证》亦未出版，王更生无法从中吸纳新的材料，王书对版本叙录不及杨、詹后来的二书，它的价值更在于他叙录了台湾收藏的版本，大陆学者根本就没法见到，直至今天可以说都是对杨明照、王利器、詹锳三人成果的补充。1982年，杨明照的《文心雕龙校注拾遗》出版后，王更生又参考杨书的资料，在《重修增订文心雕龙研究》一书中，增加了12种选本，使该书著录的版本"可得而言者七十二种是已"[①]。对于《文心雕龙》篇次改动最大的是李曰刚，他在《文心雕龙斠诠》一书中对于《文心雕龙》各篇的排列改变了现通行本子的次序，把《养气》和《附会》调到了《通变》篇前，《章句》和《声律》也互移其位，把《物色》调在《指瑕》前与《隐秀》相接，而且对上篇的《杂文》和《谐隐》也作了调整。

4.《文心雕龙》的思想渊源。

张严是台湾地区文心学研究的老一代学者，他在上个世纪五六十年代发表的一系列关于刘勰的文章中，其中一篇是《刘勰的文学观》。1962年他又发表了《刘勰文学观探源》。他认为刘勰文学观的渊源有六：一是两汉经学的影响，尤其刘向、扬雄、王充等影响最大；二是道家崇尚自然的美学观，如庄子"庖丁解牛"对其"妙造自然"之影响。特别是庄子崇尚自然又不纯任自然；崇尚天才论，但又不弃学问的思想对刘勰影响至深；三是佛理之影响，在《文心雕龙》"有关'内

①王更生：《重修增订文心雕龙研究》，台湾文史哲出版社1984年版，第132页。

典'文章，虽云不可见，而字里行间，禅心禅意，至足玩味"。并举《神思》篇云："是以陶钧文思，贵在虚静"，说"'虚静'犹言坐禅，凝心息妄，究明心性之谓也"。并认为"文心"一词也来源于《阿毗昙心序》。四是认为"彦和文章技艺，推本究源，实于家学攸关"。五是出生地京口的学术氛围影响。即京口为南朝时期的学术中心，许多名儒多隐居其地。六是《文心雕龙》乃"因时感发，志在犹究其弊"，受了当时文学界唯美主义的刺激。[1]张氏的这些看法和研究，比大陆早了将近20年。就此而论，张严此时在全国文心学界处于领先地位。

1992年黄锦鋐在《逢甲中文学报》上发表《〈文心雕龙〉文学理论的思想渊源》一文，又有了新的突破。黄氏认为文学一词，最早或指文章博学而已，不能以文为本。两汉时，更沦为经学附庸，直到曹丕有《典论·论文》问世，才赋以文学新的历史地位。他一方面继承了汉世儒家实用的文学观，一方面又糅合道家超事物的直观宇宙论，开创文学理论的新纪元。此后，学者论文都在儒、道两家的路线上徘徊，各有所偏。唯有刘勰的"《文心雕龙》在文学理论上虽然是多方面的，而其根本的思想，则是以儒家思想为核心，以道家的思想为创作的源泉"，"以儒家思想为体，以道家思想为用，是刘勰论文的艺巧运用，这个体用结合的枢纽，刘勰称之为'神思'"，"积学、酌理，是儒家不易之教言；神思、凝虑，又是道家习惯的用语，刘勰就是结合儒、道两家思想转化为文学创作、批评的理论根据，儒家的经书，是外在的典籍，属于具体的物；道家的神思、凝虑，是内在的意念，属于抽象的情。具体的物和抽象的情，是相反相成，互为因果的"。对于黄氏的这一分析，张少康等学者认为，"应该说，这是对《文心雕龙》文学理论的思想渊源之比较深刻、比较确切的分析"[2]。

❶中国台湾《大陆杂志》第24卷第6期(1962年3月)。
❷张少康等著：《文心雕龙研究史》，北京大学出版社2001年版，第564页。

5.《文心雕龙》中的“体”及风骨论。

对于《文心雕龙》中“体”字含义有独到见解的是徐复观。他在《东海学报》发表了《文心雕龙的文体论》,对“文体”和“文类”两个概念进行了辨析,认为以往传统理解上把这两者混为一谈,是研究《文心雕龙》的最大障碍。他说:“文体论乃文学批评鉴赏之中心课题,亦系《文心雕龙》之中心问题,顾自唐代古文运动以后,文体之观念,日趋模糊,明代则误以文类为文体,遂致现代中日两国研究文学史者,每提及《文心雕龙》之文体论时,辄踵谬承讹,与原意大相出入,此不特妨碍对原书之研究,且亦易引起一般文学批评鉴赏上之混乱。”他认为《文心雕龙》中的文体论,其含义具有体裁、体要、体貌三方面的内容,“文体既是形相,则此种由语言文字之多少排列而成的形相,乃人所最容易把握到的,这便是一般所说的体裁或体制”[①]。这种形体仅是低层次的,它必须上升到高层次才称得上艺术品。这就是“体要”之体与“体貌”之体。这二者又必须以形相为基础,并列举了大量的《文心雕龙》中的例句说明刘勰本人十分重视“体貌”;“体要”之体以事义为主,它来自文学的实用性。“体貌”之体以感情为主,它来自于文学的艺术性。对于文体论中的“体貌”说,在大陆学者中直到20世纪90年代才由罗宗强在《魏晋南北朝文学思想史》中提出。

王更生认为《文心雕龙》关于“体的论述”,不限于《体性》篇。他在《文心雕龙研究》中专设的《文心雕龙风格论》说:“常人误以《体性》专论风格,殊不知《体性》篇只是标明风格的类别,至于风格的主导思想,文体的风格,时代的文风,作品风格的鉴赏,它的多元性与全面性,决非《体性》一篇可以概括尽的。”[②]

李曰刚在徐复观论述的基础上更进一步发挥,认为以往人们把

❶载台湾《东海学报》第1卷第1期(1959年6月),又载张少康编《文心雕龙研究》,湖北教育出版社2002年版,第389页。
❷王更生:《文心雕龙研究》,第316页。

“文体”误认为是“文类”，这是“数典忘祖”。说：“体即形态，形相；黄师（黄侃）《札记》所谓‘体斥文章形状’是也。……一切艺术必须是复杂性之统一，多样性之均调，均调与统一，为艺术之生命，亦为文章之生命，而文体正所以表征作品之均调与统一”。“盖《文心雕龙》之论文原、文类、文术、文衡四者体用一贯，义脉相连，阳秋文学，势非涉及作品之艺术形相不可，故文体之检讨，遍及全书”。[①]

廖蔚卿在《刘勰的风格论》一文中，在谈到《体性》篇中的“八体”时说：“这八种基型，是彦和从各种文体的根源中，所分析归纳出来的结论。各种文体也是从这八种文体掺和而出。”[②]并举例说明这一观点。

徐复观还在1965年写了《中国文学中“气”的问题——〈文心雕龙·风骨〉篇疏补》，对《文心雕龙》基本的文学观念和创作思想进行了分析，并对“风骨”这一文学审美标准的理论内涵进行了阐解。

曹升在《文心雕龙书后》中谈风骨：“摅情发志，婉而成风，断事属辞，凝而为骨，风出于情，骨出于气，情真则风采飞扬，气厚则骨力凝炼”[③]。认为骨出于气。这是一个独到的见解。王金凌在《文心雕龙术语析论》中释风骨有如下几层含意：“一为个性上的风骨，风为柔，骨为刚。二为临文前的风骨，风为真情，骨为正理。三为作品中的风骨，风多由声律表现神情，骨多由辞义表现思想，前者为感情内容，后者为知性内容。四为风格上的风骨，这是文学鉴赏时的感受，若要说明，则必须求诸作品之中。”[④]龚菱在《文心雕龙研究》中说：“风当指文辞旨趣融成的风力，骨当指事义情理融汇的气骨。”[⑤]李曰刚在《文心雕龙斠诠》中说：风当为“气韵感染力量”，骨当为“体局结构技巧”。然后又说：“风是作品之个性倾向，亦即构成作品风神之激情”；“骨是作品之中心题材，亦即构成作品之骨格之事

①李曰刚：《文心雕龙斠诠·体性》，第1157—1214页。

②廖蔚卿：《文心雕龙风格论》，载中国台湾《大陆杂志》第6卷第6期（1953年3月）。

③曹升：《文心雕龙风骨篇书后》，载《大学文选》第9—10期合刊（1967年10月）。

④王金凌：《文心雕龙文论术语析论》，台湾华正书局1981年版，第253—254页。

⑤龚菱：《文心雕龙研究》，台湾文津出版社1982年版，第196页。

义”。最后带总结性地说:“情思属意,事义属辞,故质言之,风即文意,骨即文辞也。”[1]王更生论证风骨更细,不仅对以往前人的理解作了排比,而且自己还归纳出一个带公式性的示意图即:

风——辞——辞采——辞——意气激发——辞趣——形式上所表现的感性。

骨——志——事义——义——结言端直——思理——文章的中心思想。也就是说“风即辞趣,骨为情理”[2]。

对于王更生的这个理解,牟世金在《台湾文心雕龙研究鸟瞰》一文中评之曰:“王更生的新解并不是成功的”,但“比那些死守成说或拾人牙慧的盲从者却胜过十倍。”[3]

6. 对“自然之道”的理解。

张立斋1967年出版的《文心雕龙注订》一书认为“自然之道”是《文心雕龙》的“第一要旨”,“此原道者,原文心之道。文心之言道,自然之道,原其自然以成文理之道也”。并认为“与《淮南子·原道训》‘文同而旨异’”[4]。王礼卿的《文心雕龙·原道题义》认为“原道”的“道”是自然之道,而“载道”的“道”是圣贤之道,二者不同。王更生《刘勰的文学三原论》认为“原道”的“道”是“自然现象的体现”,“不是本体论,不同于道家的‘无为’,也不同于儒家的‘仁义’”,也不是西洋的“自然主义”,是“自然文学观”。周弘然1976年8月在《中华文化复兴月刊》发表了他的《〈文心雕龙·原道〉篇的综合思想》一文,认为研究《文心雕龙》在于首先把握一个“道”字,这个“道”是在玄学影响下的《易经》之道,本身即富综合思想。刘勰言人文时有“自然之道”语,言天文时亦有“盖自然耳”语,可见其文学理论以自然为根本观念,是自然主义。认为彦和标自然,是对当时文风之浮滥淫奇,可谓对症下药,发挥了针砭时弊的作用。

[1] 李曰刚:《文心雕龙斠诠》,第1237—1239页。
[2] 王更生:《文心雕龙研究》,第361页。
[3] 牟世金:《台湾文心雕龙研究鸟瞰》,山东大学出版社1985年版,第72页。
[4] 张立斋:《文心雕龙注订》,台湾正中书局1967年版,第2页。

彦和所把握的道，是天人合一的自然之道。与重天轻人的道家之道不同，与偏于仁义道德的后世儒家之道，也不尽同；毋宁是两者的调和所中”。沈谦在《文心雕龙批评论发微》一书中说：“自然者，客观事物是也，道乃原则或规律，自然之道可谓客观事物之原则或规律，道之文乃符合客观事物之原则或规律之文。”[1]并在《文心雕龙评述》中说《原道》篇是“根据《易经·系辞》的天道自然观念”，“道”“指自然法则，暗含宇宙间的真理，与后世古文家道学家所谓孝悌忠信之道，迥不相同。”[2]此与大陆学者陆侃如观点相似。

李曰刚、龚菱等诸多皆持此说。李宗慬1965年发表的《文心雕龙原道辨》认为：“道是无体之名，而《文心》之作，实本于文而体于儒，因于释而成于道”[3]，取调和态度。

李曰刚在他的《文心雕龙斠诠》一书的《原道·题述》中说：“此原道者，原文学艺术根本之道。《序志》云：‘文心之作也，本乎道。’所谓道者，即自然之道。文心之原道，原其自然一成文理之道也。与《淮南》名同而旨异。”“黄师（黄侃）认为文原于道，乃文章本由自然生；刘氏（刘永济）以为文崇自然，自然者即道之异名。二家之说辞异而义同。考《原道》篇中言及道者凡七次：……细加体味，则知所谓道，即自然之道；所谓道之文，即自然之道之文。自然者，客观事物是也。道乃原则或规律，自然之道可谓客观事物之原则或规律之文。而客观事物之原则或规律，即为宇宙间之真理，文学艺术产生之根源在此。”[4]

总之，台湾学者对“道”的理解与大陆一样，至今也没有达成共识。

7. 对《文心雕龙》的总体评价。

台湾学者对《文心雕龙》性质的看法与大陆基本相同，或看成

❶沈谦：《文心雕龙批评论发微》，台湾联经出版事业公司1977年版，第33页。
❷载台湾《幼师学刊》第40卷（1974年6月）。
❸载中国台湾《大陆杂志》第30卷第12期（1965年6月）。
❹李曰刚：《文心雕龙斠诠》，第1页。

是文学理论，或看成是文章学，或看成是美学。视之为文章学的有李中成的《文心雕龙析论》，他说："刘彦和氏在《文心雕龙》中所已经论及的，我大中华的文章学，实在亦是我中华古国特有的一种国家基本学术，是自己独特形成的富有理论体系的一门学问，而不是外国的所谓语文，仅只是一种工具学科。"认为今人应"从《文心》的研究而扩展之于中国文章学，创立一门完整的现代人文学科"。[①]王更生在《中国古代文学理论的秘宝——〈文心雕龙〉》中也说："按照刘勰当初著述的本意，就是等于专门讨论文章作法的'文章学'。"[②]温光华的《〈文心雕龙〉对现代文章学之启示》一文，从多方面论证《文心雕龙》是一部"古代文章学"。徐复观在《〈文心雕龙〉的文体论》一文中，认为"《文心雕龙》实际上是一部文体论的书"。李曰刚在他的《文心雕龙斠诠》一书中说："《文心雕龙》五十篇之规模，齐梁之前不曾有，齐梁以后未之见，于中国文学批评翰籍之中，震烁千古，迄今仍无出其右者。"[③]王更生在其《文心雕龙导读》中评之曰此书可"悬诸日月"。在《文心雕龙研究·例略》中，希望此书"能实际应用于今日，作为发展民族文学的张本"。王叔岷在《文心雕龙斠记》一文中说：《文心雕龙》"非为品藻之圭臬，亦文章之冠冕也。"[④]龚菱在他的《文心雕龙研究》一书中说："刘勰《文心雕龙》实为我国文学之瑰宝，要研究中国文学，就必须研读这本书。要阐析传统作家作品，要研究我国文学理论，要探究文学批评，乃至于要了解我国文学各层面，都要研读、参考《文心雕龙》这本书。"[⑤]当有人认为《文心雕龙》是历史上的作品，离今天太远没有什么指导意义时，黄春贵在他的《〈文心雕龙〉之创作论》一书中斥之为"徒有说者所嗤耳"[⑥]。

❶李中成：《文心雕龙析论》，台湾大圣书局1972年版，第23页。
❷王更生：《中国古代文学理论的秘宝——〈文心雕龙〉》，台湾黎明文化出版社1995年版。
❸李曰刚：《文心雕龙斠记》，第2284页。
❹王叔岷：《文心雕龙斠记》，载《新加坡大学中文学会学报》(1964年6月)。
❺龚菱：《文心雕龙研究》，第303页。
❻黄春贵：《〈文心雕龙〉之创作论》，台湾文史哲出版社1978年版，第198页。

三、学者与专著介绍

台湾地区的刘勰研究自1949年起已走过了半个多世纪的发展过程,在这个过程中有关刘勰研究的成果已见报道的出版专著有85部,其中含有7部论文集和2部论著简介及文心学研究史,可说是成绩显著,对民族文化遗产的继承和发展,可见一斑。

(一)张立斋及其《文心雕龙注订》

张立斋(1897—1977),北京人,早年毕业于北京大学中文系,1948年离开北平至印度,1952年经香港到台湾。先后在台湾东吴大学、台湾政治大学、台湾文化大学中文系任教授。出版有《文心雕龙注订》和《文心雕龙考异》,另有手稿《西行痹语》。

《文心雕龙注订》,张立斋著,1967年1月由台湾正中书局出版发行,全书约33万字。书前有张立斋自撰的"文心雕龙注订叙",其后是注订目次。其书的内容,完全按照刘勰《文心雕龙》的架构,分十卷五十篇,每篇原文分段先标出,然后再挑选自认为重要的生难词语加以注释。作者在书前的自序中谈到该书的写作缘起时指出,历代注本未能进善,即是近出的范文澜注本,虽是吸收了诸家之成果,以黄叔琳注本为基础扩充而成的,但是"著其勤劳,乏其精彩,虽便翻检而拙于发明,少所折中而勿求博览,体要似疏,附会嫌巧,讥李善《文选》释事忽义而犹踵之。不足以便近代学子,仍旧,非佳制也……则范氏之于舍人虽为有功,若辟地以酬,则有不足焉"。看来作者是为了纠正以往诸本之讹误,以补充其所未备之目的,才撰注一部自认为最好的注本,奉献于学界。该书是台湾最早出版的一部注释本"文心学"专著,其功在于台湾当时情况下,为读者提供了一部相对好一些的读本。但是,由于作者在序言中有些自负,加之该书难免有瑕疵,因而同行中有些微词。王更生评论说:"行文简要是张氏《注订》的佳处,至于正讹补阙,也许尚待进一步努力。”[1]张立斋的另一部“文心学”专著是《文心雕龙考异》,1974年11月由台湾正中书局出版发行。书前有张氏自序,次以《文心雕龙》篇目编排,其体例是先列出篇名,再顶格大字录《文心雕龙》原文,原文以下细字另起,低两格校勘。校勘顺序为引书在先,附案列后,以便于读者阅读。此书所依据的版本,一是英国伦敦大英博物馆藏唐写本残卷影片,二是涵芬楼影印之嘉靖本(美国哈佛图书馆藏),三是明万历杨升庵批点梅庆生音注本,四是凌云五色套印本,五是黄叔琳集注及纪评本(哥伦比亚大学图书馆藏)。此五种版本在当时的台湾是难以找到的,作者为此两度赴美访书,其辛苦、执着可为后学楷模。张氏自序说:“据此五种,逐篇互校,手自甄录,旁参《御览》及近世范文澜《注本》,杨明照《校本》,王利器《新书》,所引诸旧刻,翻检再三,间下己说;并补拙著《文心注订》之未备。”对于张立斋研究成果,张文勋评之曰:“张立斋于《文心》校勘下过功夫,其《考异》,又据英伦大英博物馆所藏唐写本残卷参校,故多发现。”[2]由于作者在其两书的序言中,对近现代诸家注本指责较多,且有与实不符之处,自己的著作亦非完美无瑕之作,因而台湾李曰刚评之曰:“其自负亦不浅矣”[3]。

(二)李曰刚及其《文心雕龙斠诠》

李曰刚(1906—1985),江苏盐城县人。早年在南京国立中央大学求学,跟随黄侃学习《文心雕龙》,毕业后任过中学教师。1937年夏至1938年元月做过陕西省教育厅编审室主任兼《西京日报》主笔,后任过《江南日报》社社长、《中国民报》主笔以及国民党政府的行政官员。1949年到台湾,任台湾师范大学教授,并兼任台湾中国文化学院中文系主任。1965年8月应新加坡义安书院之邀,到

❶王更生:《近六十年来文心雕龙研究概观》,台湾《中华文化复兴月刊》第七卷第3期(1974年3月)。
❷张文勋:《文心雕龙研究史》,第242页。
❸李曰刚:《文心雕龙斠诠》,第2525页。

南洋讲学，两年后返台，任台湾师范大学中文系主任兼国文研究所教授。

李曰刚到台湾以后，专心治学，始终不懈。他的《文心雕龙斠诠》出版之前，已出版过《文心雕龙讲疏》并发表近10篇关于《文心雕龙》的文章。

《文心雕龙斠诠》，李曰刚著，1982年5月台湾"'国立编译馆'中华丛书编审委员会"承印出版。全书共160万字，分上下两册装订，两编十卷。上册五卷，下册五卷。每卷五篇，共十卷五十篇，其架构仿刘勰《文心雕龙》，但篇次仿郭晋稀按己意有所调整。书前有"序言"、"例略"、"原校姓氏"、"斠勘据本"。书后有附录六种，包括刘勰著作两篇，杨明照《〈梁书·刘勰传〉笺注》、刘毓崧书文心雕龙后疏证、范文澜《序志注》中的刘彦和身世考略、李曰刚自己写的刘彦和世系年谱、《文心雕龙》版本考略。书末为引录的书目300余种。50篇的行文体例每篇是按照"题述"和"文解"两部分进行的。"题述"是阐释全篇的旨要和结构段落；"文解"包括"直解"（翻译）、"斠勘"（文字订正）、"注释"（词语解释）三部分。

该书融校勘、注释、理论研究和人物研究于一体。作者在"序言"说他著这本书的宗旨是：

《文心雕龙》为论古典文学之名著，以其书成于南齐之末，和帝中兴元、二年之间，去今千四百年，由于辗转传抄、重复翻刻，文字之讹误、衍夺乃至颠倒、错乱，随在多有，虽自元明以近今，不乏校本校记，而遗漏悬疑，仍不能免。非汇集多方业绩，清楚历久积案，作通盘彻底之斠勘，不易恢复其本来面目。又其属辞瑰玮，用事纷纶，浅学难于懂憭，非周详注解，显豁直解，并深入探讨其篇旨，逐层发挥其义蕴，不能洞烛其宫室之美，百官之富。笔者早岁肄业南雍，选读是书于蕲春黄季刚师，即入其滋味，醰醰心脾，欲罢不能；嗣后复寻章摘句，不断钻研，并搜集有关资料，盈箱累架；加之数十年开此课于台湾师范大学，初授诸生选修，继导硕、博专研，逐篇编撰讲义。日积月累，不禁装订六大厚册。从游屡请付梓，进承“国立编译馆”为《中华丛书》征稿，谨愿以一己寝馈斯业十数年之所得，就正同好，期能披沙拣金，借石攻错，而可玉成一真善美之读本，有裨后进之讲习。所谓“真”，指文字斠订精确，文意绎解信达，而求其实质之本真；所谓“善”，指题旨阐发透辟，词义诠释详明，而求其体用之完善；所谓“美”，指辞说铺叙雅丽，关节排比清新，而求其形式之优美。必也三者具备，则雕龙之董治，乃可谓有成；而斠诠之撰著，亦可告不虚矣。

李氏这部著作，最大的一个特点是对《文心雕龙》通行本的篇次作了调整。今将通行本的篇次与李氏调整后的篇次对照如下（仅举下篇）：

通行本（篇次）	李书篇次
神思	神思
体性	体性
风骨	风骨
通变	养气
定势	附会
情采	通变
镕裁	定势
声律	情采
章句	镕裁
丽辞	章句
比兴	声律

夸饰	丽辞
事类	比兴
练字	夸饰
隐秀	事类
指瑕	练字
养气	隐秀
附会	物色
总术	指瑕
时序	总术
物色	时序

在上篇中，李曰刚还把通行本的《杂文》第十四与《谐隐》第十五作了次序互换。李氏这样调整编次的主要理由有三：一是根据刘勰在《序志》篇的论述。二是谓《杂文》篇“为文体论中所谓‘论文’部分，《明诗》以下至《谐隐》等九类以外其他无韵之笔而设，其性质与为‘叙笔’部分《史传》以下至《议对》等九类以外其他有韵之笔而设之《书记》相当”。三是根据各篇所论述的内容来作的调整。比如他说“《镕裁》篇云：‘故三准既定，次讨字句’。‘引而申之，则两句敷为一章；约以贯之，则一章删成两句’以及其赞词‘篇章户牖，左右相瞰’云云，显见其后应紧接《章句》篇。”说明这种调整是根据各篇上下理论上的脉络作出的决定。

李曰刚是台湾地区老一代文心学家，他的这部书出版之后，产生了广泛的社会影响。王更生说：“他这部巨著实有黄札、范注、刘释、杨校的优点。”[1]牟世金说：“这是研究台湾《文心雕龙》学的一部重要著作。……是一部相当宏富的综合性论著，虽名为‘斠诠’，校、注、解译、理论研究各个方面都很全备，实为博大精深之巨著。”[2]张少康等

①王更生编：《文心雕龙导读》，台湾华正书局1977年版，第84页。
②牟世金：《台湾文心雕龙研究鸟瞰》，山东大学出版社1985年版，第98—99页。

在《文心雕龙研究史》中对这部书作了具体的评价。他说:“《斠诠》在每篇前写的‘题述’,都是有关本篇的基本理论观点之分析,并有具体的论证,如果把各篇的‘题述’连贯起来,则是一部研究《文心雕龙》理论体系的专著。……李著的主要贡献是在对每一篇的理论作了具体解析,并能吸收各种已有的研究成果,阐述得相当细致;然而在理论深度上有所欠缺,不能构成一个对《文心雕龙》文学理论体系有独创性的新见解,只能在一些具体问题上发表一些有新意的看法。对一些概念和词语的解释,也有过于烦琐、扯得很远的毛病。……李著在题述中对《文心雕龙》创作理论的分析,最大的一个特点是在阐明刘勰所提出的各个具体观点时,能够广泛地联系与其有关的历代文论家的论述来加以发挥,对文章的写作方法与技巧,作细致而详尽的叙述。”[1]

对于李曰刚的这部书提出批评最多的地方是他关于《文心雕龙》五十篇编次的调整。牟世金说:“李氏之改,或可证下篇的篇次真有错乱,但也可证另一点,由于对《序志》篇论全书结构的一段话和各篇之间的脉络有不同理解,因而所改各异。……没有可靠的史料或版本作根据,只凭研究者不同的理解而加以改编,各是其所是而改,就会改得原貌不存而面目全非。”[2]张少康说:“李著作为一部规模巨大的诠释原著的学术著作,直接按其调整之篇目编排,则是不妥当的,因为这毕竟只是一种看法。作者可以提出对编次的看法,但诠释体例仍应保持原著面貌。”[3]

(三)张严及其《文心雕龙文术论诠》

张严出生于1911年,早年毕业于复旦大学,到台湾以后,任教于台南成功大学,并为学生开设《文心雕龙》课,从20世纪50年代后期开始陆续发表论文十多篇,其中大部分收在他的《文心雕龙通

❶张少康等:《文心雕龙研究史》,北京大学出版社2001年版,第520—525页。
❷牟世金:《台湾文心雕龙研究鸟瞰》,第101—102页。
❸张少康等:《文心雕龙研究史》,北京大学出版社2001年版,第519—520页。

识》中，这部书由台湾商务印书馆于1969年出版发行。收入该书的主要论题计有：刘勰文学思想探源，《文心雕龙》五十篇篇次及《隐秀》篇真伪问题，《文心雕龙》版本考索，《文心雕龙》五十篇指归考证，明清《文心雕龙》序跋移录，历代《文心雕龙》品评概举，《文心雕龙》著录归类得失考略，《文心雕龙》唐宋群籍袭用汇考，刘勰身世考索，《文心雕龙》校勘新补序等。

张严对于刘勰的研究，从整个台湾地区来看，其成就不能算最大者，然而他作为台湾老一代学者，对刘勰及其著作的研究和亲自开讲文心学课，其功不可没，其拓荒之功和奋斗精神应当褒扬，特别是早在三四十年代的青年时代，在大陆时就注意搜集《文心雕龙》的版本，为他日后的成就打下了基础，张少康说："五六十年代在台湾，张严是对《文心雕龙》的版本比较有研究的一位学者"[1]。

《文心雕龙文术论诠》，张严著，1972年台湾商务印书馆出版。书前有"序言"，继后是《文心雕龙》下编二十五篇之篇名题目。作者认为《文心雕龙》全书上编二十五篇为论文体，后二十五篇为论文术，是艺苑之秘宝。认为在全书中尤其文术论最切合时用，所以循文索义，逐一诠论。其行文体例大抵先进行释名，然后再将原文分为若干段落，再讲明段落大意，以阐发刘勰为文之用心。张少康认为张严在是书中"对论文术各篇逐段甚至逐句进行具体细致的分析，对读者正确理解下编二十五篇的内容是很有帮助的。诠释的内容虽多数比较一般，并不很深入，但其间也有不少比较有参考价值的见解"[2]。

（四）黄锦鋐及其《语译详注文心雕龙》

黄锦鋐，福建莆田人。1922年生，后因战乱，流落至台湾，并考入台湾师范学院，1950年毕业。历任淡江中学教师，淡江文理学院

[1] 张少康等：《文心雕龙研究史》，北京大学出版社2001年版，第232页。

[2] 张少康等：《文心雕龙研究史》，北京大学出版社2001年版，第283页。

教授兼中文系主任，台湾师范大学教授兼中文系主任及国文研究所所长，并先后兼任政治大学、东吴大学、逢甲大学教授。1999年受聘为台湾师范大学名誉教授。

黄锦鋐两度赴日本深造，并于1980年获日本九州大学文学博士学位。此后与日本汉学界建立起深厚的友谊，对中日学术交流卓有贡献。

对于刘勰《文心雕龙》的研究，黄锦鋐早在淡江文理学院任教期间，不仅自己研究，而且还组织号召其他教师进行研究，并组织了《文心雕龙》研究会，这是我国第一个有关刘勰研究的学术组织。在黄锦鋐的组织领导下，有15位学者共同写出了《语译详注文心雕龙》一书，黄锦鋐把日本波斯六郎的《文心雕龙范注补正》翻译成中文，加上自己撰写的《空海的〈文镜秘府论〉与〈文心雕龙〉的关系》、杨明照的《文心雕龙范注举正》，合在一起出版了《文心雕龙论文集》，于1979年出版发行。黄锦鋐对刘勰及其著作研究的贡献主要在于组建研究会并指导大家从事译注和研究，还是最早把日本“文心学”成果引入到我国台湾的学者。张文勋评黄锦鋐对刘勰的研究时说：“黄锦鋐对于《文心》的著述虽然不多，但是他讲学授业培养学生、组织提倡，对台湾早期‘龙学’的发展是有重大贡献的。”[①]刘渼在《台湾近五十年来“〈文心雕龙〉学”研究》第七章第一节谈到台湾“文心学”研究的持续性时说：“黄师锦鋐从60年代起就领导淡江文理学院教师从事《文心雕龙》集体研究，至今仍积极参与国际学术研讨会，且常有专题演讲与论文发表，一直是龙学界的典范。”

《语译详注文心雕龙》，黄锦鋐指导，王久烈等译注，1976年由台湾弘道文化公司出版，淡江文理学院中文系文心雕龙研究会同仁

①张文勋：《文心雕龙研究史》，云南大学出版社2001年版，第247页。

集体译注而成。计有王久烈、王仁钧、王甦、王丽华、朱道序、沈葆、施淑女、胡传安、唐亦璋、陈靡珠、傅锡壬、黄锦鋐、杨长慧、龙良栋、韩耀隆等15人,每人分别译注若干篇。书前有译注例言和黄锦鋐序。其体例为,每篇先列《文心雕龙》原文,次译释,注释首标读音,再义训,末引典故出处,间或附以按语,以明己意,翻译的文字力求深入浅出,译文之末标出译者姓名,以明文责。

(五)陈拱及其《文心雕龙本义》

陈拱(1925—2005)一名问梅,浙江温岭县人。1946年到台湾,1947年考入"国立"台湾大学中文系,1951年毕业,从大学毕业至1958年期间从事中等教育。1958年应聘到台湾东海大学中文系担任讲师,1962年8月升为副教授,1968年8月升为教授,1969年始,接替徐复观主讲中国思想史课程和《文心雕龙》课程。1975年8月因为休假而辞去系主任职务。1996年1月退休,始迁离东海大学,并移居美国。

陈拱的主要著述有《捡煤屑的孩子》、《墨学研究》、《儒墨平议》、《人之本质与真理》、《王充思想评论》、《墨学之省察》、《文心雕龙本义》、《初职国文教学手册》(与阮廷瑜合撰)等。发表论文81篇。

《文心雕龙本义》,刘勰原著,陈拱本义。1999年9月由台湾商务印书馆出版发行。全书约106.7万字。书名由汪中题签。正文前有作者于1998年12月在美国旧金山撰成的六万余言的长篇"序论"。其书的内容,基本上按照刘勰《文心雕龙》的架构,分十卷五十篇(但是把《物色》篇移至《总术》篇前,划归于"文术论"),自《原道》篇至《明诗》篇,每篇分为原文、注释、通释三部分。其形式是,每篇原文大字标出,然后再逐字逐句注释,每篇的《通释》实为该篇要义申说,兼辨诸家观点,以申明己意。自《乐府》篇以下19篇及《时序》、《才略》、《知音》、《程器》篇,无有通释,每篇只分为原文和注释两部分。书末为两篇附录,分别为

《〈文心雕龙〉文本于道与文以载道之解析》、《〈文心雕龙〉文学思想之纯正性及其缺陷》。

作者在该书的长篇绪论中，首先概论刘勰生平及著录版本，其次讨论前哲和时贤校注之优劣，其褒贬之言语，多直白而不加修饰；其被指责者，虽然多为真知灼见，亦不免有妄说自负之嫌。评论的对象包括纪晓岚、黄侃、范文澜、李曰刚、刘永济、周振甫、王元化、徐复观、张立斋等。作者在“序论”中说：“今日观之，其症结之最困人者有三焉，即‘道与自然之纠葛’、‘性情本源之晦盲’、‘文体观念之混淆与歧出’是也。而今日之注、译及为论者，莫不环此三大症结旋转，欲避而有所不能，欲言又不知所措。此其所以为困也。是以务外之风愈炽，滥扯、滥译之情尤盛，遂令《文心》园地成为画鬼之所，既系荆棘丛生，又不免遍地荒芜也。而此三大症结对后起者而言，实为三大盲点，亦可谓三大问题，若不能及时加以消解，则《文心》文理之大明恐将遥遥无期矣！”由此可知作者此书所要解决的问题。此书为作者研究《文心雕龙》30余年成果的总汇，往昔已发表的单篇论文之要义，大都已融入此书中。此书为台湾“文心学”研究的重要成果。

（六）王更生及其《重修增订文心雕龙研究》

王更生，1928年生，河南汝南县人。1949年流落至台湾，生活困顿无着，曾先后任过宜兰等地的中小学教师。1958年入台湾师范大学刚创办的师资专修科，半工半读，三年后改制在夜间部就读，备尝艰辛，终于在1963年成为师大夜间部中文系第一届毕业生。其后相继在李曰刚门下攻读硕士和博士学位，终于完成学业获博士学位，遂任德明商专教授并接任校长。1972年9月受聘台湾师大国文系和国文研究所教授，曾先后兼任“中央大学”、东吴大学和香港浸会学院客座教授。

王更生的主要著作有：《晏子春秋研究》、《晏子春秋今注今译》、《孙诒让先生之生平及其学术》、《文心雕龙研究》、《重修增订文心雕龙研究》、《文心雕龙新论》、《文心雕龙导读》、《文心雕龙读本》、《文心雕龙范注驳正》、《文心雕龙选读》、《国文教学新论》、《国文教学面面观》、《中国文学的本源》、《中国文学讲话》、《韩愈散文研读》、《柳宗元散文研读》、《欧阳修散文研读》、《曾巩散文研读》、《文心雕龙管窥》、《台湾近50年〈文心雕龙〉研究论著摘要》和有关刘勰及其著作方面的研究论文50余篇。

《重修增订文心雕龙研究》，王更生著，台湾文史哲出版社1979年5月出版发行，全书分为十一章。书前有12帧《文心雕龙》重要版本的书影，其后是该书目录，目录后是该书“征引各家著述简表”，再后是“文心雕龙研究例略”和作者自己为该书撰写的“序”。第一章为绪论。作者在这一章中叙述了《文心雕龙》自问世以来所产生的影响，以及注释和版本流传、演变发展等，并对近现代的研究情况作了评析，实是一部《文心雕龙》研究小史。第二章为刘勰年谱。第三章为《文心雕龙》版本考。第四、五、六三章专论《文心雕龙》的“美学”、“史学”、“子学”。作者在谈到《文心雕龙》的“美学”时，说《文心雕龙》虽没明说美学，书中所用的“美”字也非美学含义，但这并不是说《文心》就没有美学，相反“吾人欲知中国传统美学的真相，恐怕除问津《文心》之外，似别无他途可循”。第七章至第十章为“文原论”、“文体论”、“文术论”、“文评论”。这是构筑全书的核心部件，全面阐述了刘勰的文学思想和文学理论。第十一章为结论，作者在前文的基础上，分析论证了《文心雕龙》在中国文学史上的地位。

王氏的这部书可说是他众多文心学著述中的代表作，该书是在他1976年出版的《文心雕龙研究》基础上修订而成的。《文心雕龙研究》一书始撰于1969年春，完稿于1975年冬，翌年3月出版，前后历时7

年。出版后作者发现有诸多方面应该修改,“以今日之我,非昨日之我”的精神,费时两年作了修改,名之曰《重修增订文心雕龙研究》。王氏的这部书,今人评价特高。张少康说:“这是台湾迄今为止最为重要的一部研究《文心雕龙》的学术专著,它在总结台湾自50年代以来《文心雕龙》研究成果的基础上,对有关刘勰和《文心雕龙》的各方面问题都作了很深入的研究和探讨,提出了许多独到之见解,有很高的学术价值。”[1]

王氏对刘勰及其著作的研究有着突出的贡献,主要表现在六个方面:其一,注重民族特色,强调对民族文化的弘扬光大。王氏有感于中华民族近百年来受外族侵略和西方思潮的侵蚀,特别是崇洋媚外之心日甚一日,对于民族文化的淡漠日趋严重的社会风气殊为痛心,因而孜孜矻矻,精勤不懈地研究国学,特别是《文心雕龙》的学理,深深地吸引着他,决心重建具有中华民族文化特色的文学理论体系。其二,培养人才。王氏几十年来在大学讲堂上主要讲授《文心雕龙》,注重人才培养,仅经他指导的硕士生和博士生就有30余人。其三,在培养人才的同时,也促使他开创新境,对《文心雕龙》作系统的研究。其四,重视《文心雕龙》在中文教学上的应用,他不仅研究《文心雕龙》本身,而且还对《文心雕龙》在国文教学上的应用作了深入的探索和尝试。这方面的重要论文有《试论〈文心雕龙〉在国文教学上的适应性》。其五,广泛推广和普及《文心雕龙》学,努力把《文心雕龙》从学者的书斋里解放出来,让普通知识分子也能读懂。为此他花费很多心血撰写了《文心雕龙导读》、《文心雕龙读本》以及多篇指导性论文。《导读》出版后,备受读者欢迎,10年后作者又对此进行重修增订,《读本》更系作者费时13载完成。王氏的这两本书各具特色,深入浅出,对于初学者,确是起着“导

[1] 张少康等:《文心雕龙研究史》,北京大学出版社2001年版,第268页。

航”的作用。其六，属意于海峡两岸及国际“文心学”研究的学术交流。由于20世纪80年代以前，大陆书刊在台湾属于被查禁之列，王氏深感这种禁锢影响了“文心学”研究的发展，两岸学者亟待沟通与交流，于是他千方百计搜集资料，从数十年的资料积累中挑选出83篇有关“文心学”研究的重要论文，以《文心雕龙研究论文选粹》之名于1980年出版发行。

（七）李景濚及其《文心雕龙新解》

李景濚，学名树人，以字行。吉林省通化县人，1928年正月生，1946年肄业于北平中国大学。1953年入台湾师范学院（后改为师大）进修。历任台湾省台南第一高级中学教师、东方工专讲师、副教授、远东工专副教授。现为中国《文心雕龙》学会顾问、世界文化名人辞海顾问编委、中国《文选》学会名誉理事、郑州大学名誉教授、徐州教育学院客座教授。

李氏的主要著作有：《文心雕龙评解》（1967年）、《文心雕龙新解》（1968年）、《昭明文选新解》（1977—1994年，全套6册）、《杜诗新解》（1977—1979年，全套4册）。另有学术论文多篇。

李氏对刘勰及其著作《文心雕龙》的研究缘起在台湾师范学院进修期间。此时师院虽开设《文心雕龙》课，但由于种种原因，每学期皆讲不到一篇，虽列入必修课，但到头来也不过只讲《原道》和《神思》。于是，任教于台南一中的李氏利用业余时间和假期研究该书。据作者自称费时5年，于1967年出版《文心雕龙评解》、1968年出版《文心雕龙新解》两书。由于《文心雕龙新解》系我国第一部50篇全译本，因而在国内外产生了较大的反响。美国的《华美日报》、台湾的《“中央日报”·海外版》均有整版报道海外学者对该书的讨论、评价，遍销美、日、我国的港澳等地，并被新加坡南洋大学采为教本。

《文心雕龙新解》，李景濚著，1968年4月由台湾翰林出版社出版。

全书由现代汉语翻译、简要的词语注释、各篇题解三部分组成。按照刘勰《文心雕龙》的体例，分为10卷10篇，书末附有《梁书·刘勰传》。其书的排列方式是每页分为上下两栏，上栏为《文心雕龙》原文，下栏是语体文翻译，篇末有题解，题解的内容是说明刘勰命篇的主旨和分段大意。此书的出版在台湾乃至大陆是文心学界的一件大事。因为在大陆虽然已经有了郭晋稀的《文心雕龙译注十八篇》，陆侃如、牟世金的《文心雕龙选译》两种，但仅是选本，全书的译注本就首推李氏的这一著作了。王更生说“在当时《文心雕龙》普及性作品万分缺乏的情况下，堪称空前未有”，它同作者于1967年12月出版的《文心雕龙评解》和张立斋于1967年出版的《文心雕龙注订》一起“为台湾中期‘文心雕龙学’的发展作出了伟大贡献”。[①]李曰刚评此书时说：

李君积月穷年，写成此帙，树国内语译《文心》之先声。惟谛审全书，无论校字、释义、译白，或因思欠周密，或以囿于旧说，疏误多不所免。然就新解如此深奥之古典名著而论，勤心毅力，难能可贵。[②]

牟世金评论说：

全译本则以李景溁为最早……李氏著《新解》时，是台南一位中学教师，以舌耕之余，费时五年而成，其辛苦首创之力是可以想见的。[③]

张少康评论说：

❶王更生编：《台湾近五十年〈文心雕龙〉研究论著摘要》，台湾文史哲出版社1999年版。
❷李曰刚：《文心雕龙斠诠》，第2528页。
❸牟世金：《台湾文心雕龙研究鸟瞰》，山东大学出版社1985年版，第18页。

《新解》的译文文字流利，对原文一些较为难于理解的地方，作者都按照自己多年研究的心得，作出明白晓畅的意译，虽然有些地方是否妥善地符合原意尚可商榷，但也可作为一家之言。每篇的题解，大都能言简意赅地阐明全篇的基本思想，并分段叙述其大意。注释都精简扼要。李景溁这两种书虽然不是专门的学术研究著作，但是李景溁有相当深厚的国学根底，热爱《文心雕龙》，精研《文心雕龙》，在深入研究的基础上，以通俗普及的形式，向民众传播我国优秀的民族文化，其精神十分可贵。诚如成功大学于维杰教授在序言中所说："余友李景溁虽然是一有成就的专门学者，但并不鄙视学术的普及工作。他不只注意到学术的高度和深度，更注意到了一般人所能接受的广度。"在向台湾学子普及《文心雕龙》方面，李景溁作出了重要贡献。[1]

刘渼评论说："《文心雕龙新解》以综合评析与解释为主，对普及推广大有贡献，其《新解》一书是世界首部全译本，地位重要。"[2]

（八）王忠林及其《文心雕龙析论》

王忠林，1929年生，吉林省怀德县人。台湾师范大学国文系、国文研究所毕业，1962年获得文学博士学位。曾任台湾师范大学国文系副教授、教授，中国文化学院中文系教授兼系主任，新加坡南洋大学中文系副教授，高雄师范大学国文研究所所长、教授兼国文系主任。

《文心雕龙析论》，王忠林著，台湾三民书局1998年3月出版。全书约43万字，共分11章。第一章绪论，包括《文心雕龙》的名义与性质、作者、写作时间，共三节。第二章《文心雕龙》的写作背景，包括重立言的观念、崇儒的趋势、文学作品的繁多、声律说的兴起、文学理论与批评的勃兴，共五节。第三章《文心雕龙》的内容结构。

❶张少康等：《文心雕龙研究史》，北京大学出版社2001年版，第254页。
❷刘渼：《台湾近五十年来"〈文心雕龙〉学"研究》第二章前言，万卷楼图书公司，2001年版。

第四章《文心雕龙》的思想论，包括本乎道、师乎圣、体乎经、酌乎纬、变乎骚，共五节。第五章《文心雕龙》的文体论(上)，包括文体包笼的范围、文体的分类、文体论的四项纲领、文体论的特点，共四节。第六章《文心雕龙》的文体论(中)，把《文心雕龙》从《明诗》到《谐隐》的十篇文章，即"论文"部分每篇一节解说。第七章《文心雕龙》的文体论(下)，把《文心雕龙》从《史传》到《书记》的十篇文章，即"叙笔"部分每章一节解说。第八章《文心雕龙》的创作论(上)，包括论构思、论养气、论镕裁、论章句、论附辞会义，共五节。第九章《文心雕龙》的创作论(中)，包括论才性与风格、论风骨、论通变、论定势、论情采，共五节。第十章《文心雕龙》的创作论(下)，包括论字词的选练、对偶的运用、比兴的运用、夸饰的运用、古事成语的运用、隐与秀的运用、声律的讲求、避免各种瑕累、创作总论，共九节。第十一章《文心雕龙》的批评论，包括文学与时代的关系、文学与物色的关系、文学与作家才识的关系、批评论的基本主张、衡量作家的才器，共五节。

作者的自序说："本书写作，是就《文心雕龙》的整体，来分析其结构，讨论其内容，然后再在各章节中，就各篇的原文来论述其细节。……既不谬于注释语译，也不凭空泛谈理论。"由此可知作者是想力求按刘勰原意解说《文心雕龙》。本书的主要观点有：其一，作者认为，《文心雕龙》"是一部讲如何写好文章的书，重点是在指导写作。不过从这部书的结构和内容来看，它包括了文学的思想论、文体论、创作论以及批评论等。实际讨论到的问题非常广泛"[1]。其二，认为《文心雕龙》成书于齐末。其三，认为刘勰是汉皇室后裔。其四，认为"《原道篇》所讲的道，是自然的，不是由人的意识而产生的，基本上和道家所讲的道是一致的"，"道沿圣以垂文"

[1] 王忠林：《文心雕龙析论》，第2页。

的“道”是自然之道;“圣因文而明道”的“道”是儒家的道。但“也不专指后世所谓的儒家之道”,“至于专指儒家以立文之准则,那要在《征圣篇》和《宗经篇》来看”[1]。其五,“太极当指有之始”,即时间概念。“神理就是神妙之理,追其极也应该指的是生成宇宙万物的道。道既是宇宙万物的本源,也是宇宙万物生成之理,理既源于道,道本自然,那么理也合于自然的”[2],等等。

该书的最大特点是条理连贯,忠于原著,不节外生枝任意发挥。名为“析论”,实则是“注、析、论”三合一。既适合于专业人员研读,也适合于初学者入门学习,但是观点有些陈旧,从学术上讲,价值不是很高。

（九）蔡宗阳及其《刘勰文心雕龙与经学》

蔡宗阳,男,1945年生,台湾嘉义县布袋镇人,毕业于台湾师范大学国文系,获文学博士学位。曾任台湾师范大学国文系主任、国文研究所所长、文学院院长、副校长等职。现任台湾师范大学国文系、国文研究所教授,并担任台湾多所大学的兼任教授。蔡受到黄锦鋐、王更生严格的培育和学术训练。主要著作有《文心雕龙探赜》、《刘勰文心雕龙与经学》、《修辞学探微》、《国学浅说》、《颜氏家训校注》、《应用修辞学》等。

《刘勰文心雕龙与经学》,蔡宗阳著,2007年2月由台湾文史哲出版社出版发行,全书约17.1万字。全书共分十章。第一章为绪论,回顾历来研究之概况,进而承前人未竟之绪,期能探研刘勰《文心雕龙》与经学之关系。第二章写刘勰之生平著作,从刘勰家世、生平、著作,探讨其与经学的相关问题。第三章探讨文心雕龙之写作背景与成书经过。第四章探讨刘勰对经典之体认,分别从经典之义用、孔子与经典的关系之二端,观刘勰对经典学以致用的概况。

[1] 王忠林:《文心雕龙析论》,第40—41页。
[2] 王忠林:《文心雕龙析论》,第36—37页。

第五章探讨文心雕龙之撰述与经典关系，论《文心雕龙》之撰述与经典的关系，从写作动机、全书结构、援用经文、遣词造句四方面，析论其与经学无不有关。第六章探讨刘勰文原论与经典，首论“刘勰文原论”宗经观之远源近因，次言“刘勰文原论”之内涵源于经典，末述“刘勰文原论”之宗经观对后世之影响，以观经典为文学之本原也。第七章探讨刘勰文体论与经典，由“刘勰文体论”之架构、分类及其宗经观对后世之影响，以阐述经典为文体之所出。第八章探讨刘勰文术论与经典，从“刘勰文术论”之创作技巧、修辞方法及其宗经观对后世之影响，以推阐经典为文术之张本。第九章探讨刘勰文评论与经典，从“刘勰文评论”之批评素养、理则及其宗经观对后世之影响，以析论经典为文评之准则。第十章为结论，阐明刘勰于经典式微、佛老并兴之世，侈靡淫丽文风之时，犹能揭示“征圣宗经”之纛，作“正本归末”之呼喊，尤为可贵。后附主要参考书目。

作者在刘勰生评履历、著述方面，未有新发现，多取往昔之成说。惟认为刘勰为文虽长于佛理，然撰《文心雕龙》，则本于中国传统之经籍。该书从刘勰的家学背景，时代的社会、政治、学术、文化背景，以及写作动机、体制结构、引用化典、遣词造句、文原论、文体论、文术论、文评论等诸方面全面论述了《文心雕龙》与经典的关系。《文心雕龙》与经典的关系，前哲、时贤虽已有论及，然而多为单篇小著，像蔡氏之专著弥纶群言，钩深取极，全方位揭示者尚未多见。

（十）沈谦及其《〈文心雕龙〉与现代修辞学》

沈谦（1947—2006），江苏东台县人，台湾师范大学国文研究所博士；先后在台湾师范大学等多所大学任教，讲授文学批评、修辞学、《文心雕龙》等课程；曾经担任过《幼狮月刊》、《幼狮学志》主编，黎明文化公司总编辑，并主持过“国立中兴大学”中文系和空中大学人文系行政工作。去世前为玄奘大学中文系主任，博士生导师。治学素以文学批评和修辞学著称。主要著作有:《书评与文评》、《期待批评时代的来临》、《文心雕龙批评论发微》、《〈文心雕龙〉文学理论与批评》、《神话·爱情·诗》、《案头山水之胜境》、《修辞方法析论》、《〈文心雕龙〉与现代修辞学》。

《〈文心雕龙〉与现代修辞学》,1990年6月由台湾益智书局出版发行,全书共30万字。其书的写作主旨在于探究《文心雕龙》所论的比兴、夸饰、隐秀等修辞理论与方法,和现代修辞学上的比喻、象征、夸饰、曲折、微辞、吞吐、含蓄、映衬、示现、层递、顶针等相结合,并列举古今文学中最精彩的实例予以阐释评析,探讨其在欣赏与批评中的效用。除自序外,内容共分五章十八节。首章论《文心雕龙》与修辞学,包括《文心雕龙》研究方向、修辞学研究鸟瞰、《文心雕龙》与修辞学共三节。第二章论比兴,包括比兴之界义、比之修辞方法、兴之修辞方法、比兴之原则共四节。第三章论夸饰,包括夸饰之产生、夸饰之得失、夸饰之方法、夸饰之原则共四节。第四章论隐秀,包括隐秀之界义、隐之修辞方法、秀之修辞方法、隐秀之原则共四节。第五章结论,包括从古典理论到现代修辞格、从字句修辞到篇章修辞、现代修辞学研究之展望共三节。书末为参考书目。是书为《文心雕龙》研究史上至今唯一一部理论与实践相结合的研究专著,也是作者研究"文心学"的代表性著作。沈氏在该书《自序》中谈到与《文心雕龙》结缘时说:"在师大国文系得汪中老师启蒙,后又幸蒙李曰刚老师的教诲,复在周何老师、李辰冬老师、王梦鸥老师的指导下,先后撰成《文心雕龙批评论发微》、《〈文心雕龙〉文学理论与批评》。"这说明此两书为沈氏的硕士、博士论文。张少康评论其书时说:"从分析刘勰之论述出发,对它在现代修辞学上之作用作了极大之发挥,而其重点实际上是借《文心雕龙》的有关论述,对现代修辞学的基本内容、特点、方法和在当代创作中的表现,进行深入的论证和分析。也可以说,他的主要部分并非讲《文心雕龙》,但又是从《文心雕龙》中引发出来……说明现代修辞学是古代修辞学的延伸和发展,同时也强调了《文心雕龙》对现代修辞学的重大影响。”①

(十一)方元珍及其《文心雕龙与佛教关系之考辨》、《文心雕龙作家论研究——以建安时期为限》

方元珍,1958年生,台湾空中大学人文学院教授,台北教育大学中国语文研究所兼任教授。在著名文心学家王更生教授指导下,1984年获(台湾)中国文化大学硕士学位,1992年又在该校获文学博士学位。主要著作有:《文心雕龙与佛教关系之考辨》、《红楼梦赏读》、《王荆公散文研究》、《文心雕龙作家论研究》等。

《文心雕龙与佛教关系之考辨》,方元珍著,台湾文史哲出版社1987年3月出版。

本书约8万字,共分七章。序言以外,第一章刘彦和生平与佛教之关系,第二章刘彦和论文之时代背景,第三章《文心雕龙》文原论与佛教之关系,第四章《文心雕龙》文体论与佛教之关系,第五章《文心雕龙》文术论与佛教之关系,第六章《文心雕龙》文评论与佛教之关系,第七章结论。并以主要参考书目殿于全书之末。其写作体例,首列各家与佛教有关之原文加以剖判,次引《文心雕龙》本文为证。如《文心雕龙》文本所无,而需加以驳斥时,则甄采时贤成说,以为立论依据,务期辞畅意达,通体无碍,使闻之者足以心服。但亦不武断其词,割裂其意,以免有逞臆辩说,骇人惊俗之讥。

作者认为,自来以佛理论《文心雕龙》者,多得言忘意,偏于一解,是以探原竟委,曲畅旁推,阐发《文心》之义蕴,辨明彦和与佛教之关系,而有斯书之作。《文心雕龙》与佛教之关系,虽为众所瞩目,探研者众,然或立异鸣高,或各照隅隙,使此一问题之研究,枝节旁出,争议不绝。斯书之撰,期使《文心雕龙》与佛教之关系,真相

①张少康等:《文心雕龙研究史》,北京大学出版社2001年版,第540—541页。

大白，对阐扬彦和理论之奥秘，奠定我国文坛之基础，或不无小补焉。

作者在《序言》中说："今人研究《文心雕龙》与佛教，有以为刘勰为文，实据佛理以成书，并有专著名世者，计有饶宗颐先生《文心雕龙探原》、《刘勰文艺思想与佛教之关系》、《文心雕龙与佛教》，石垒先生《文心雕龙与佛道二教义理论集》，及马宏山先生《文心雕龙散论》。本文写作，即据其立说，议得失、正是非，以彰显《文心雕龙》与佛教关系之真相。"[1]

该书的主要观点有：其一，刘勰出身于世家大族，其名世之作《文心雕龙》成书于齐末。《灭惑论》成于梁天监三年萧衍舍道事佛以后。其二，作者认为，研究《文心雕龙》的中国文论家大都忽略了《文心雕龙》成书前后的玄学背景，因而，作者在第二章中特意标出《文心雕龙》成书的学术背景。其三，作者认为《文心雕龙》书名与佛学无关；《原道》篇之"道"，与"自然"异名同义，源自《周易》并受玄学之影响，并非佛道。"神道"、"神理"皆言万物之所然，乃"道"之异名；惟"神理"者，尚明万物所以然之理为自然。"太极"为"自然"即"道"之异名，与"神理"等一样，皆源于《周易》，与佛无关。

总之，作者认为，《文心雕龙》从书名到全书思想，从篇章结构到语言用词，皆与佛学无关。至于《论说》篇"般若"一词的运用，刘勰本意并"非在阐明佛理"，"盖惟动用心思，穷究妙理之本源，方可臻于佛家所云智慧之最高峰"。方元珍认为，凡主《文心雕龙》佛性说者，皆脱离原书，"徒锐偏解，莫诣正理"。对于方元珍此书的论辨，张文勋评论说："其议论痛快淋漓，其引据翔实有力，深得驳辩之要旨，但对佛学对《文心》的一些影响，未予肯定，稍觉有偏颇之处。"[2]

《文心雕龙作家论研究——以建安时期为限》，方元珍著，2003

[1] 方元珍：《文心雕龙与佛教关系之考辨》，第3页。
[2] 张文勋：《文心雕龙研究史》，第246页。

年6月由台湾文史哲出版社出版发行,全书约30万字。全书分为13章,每章又分为若干节,共计73节,外加书前一个“自序”和书后的两个“附录”,并以“参考书目举要”殿后。第一章绪论,以建安作家释名、养成背景、作家的类型、刘勰作家论批评方法、研究概况五节作为全书的发端,探讨建安作家的形成因素、创作类别及文人的型态等,并综论《文心雕龙》作家论批评方法、研究的发展态势。自第二章至第十一章,以“《文心雕龙》论某某”为题,每章分若干节,分别论述一位作家,共论述了曹操、曹丕、曹植、孔融、阮瑀、王粲、刘桢、陈琳、应瑒、徐干十位作家。第十二章分十一节,前十节每一节论述一位作家,又是十位作家;外加一节“结语”。方氏全书以刘勰评论为经,建安作家为纬,观照二十位作家的作品,并验核比对文论资料、基础资料、旁涉资料等,个别析论刘勰评论建安作家得失,且试图揭开刘勰印象式批评的面纱,一探其抽象评语的真义。第十三章为全书的结论,题目为“结论:刘勰作家论体系之成就与限制”。作者在该书的“自序”中,谈到第十三章的“结论”时说:“第十三章的结论则由《文心雕龙》对建安作家的评论,探究其如何建构作家理论体系,并条列其成就与限制,以彰显《文心雕龙》刘勰作家体系超轶群伦,无出其右的价值。”作者在“自序”中谈到该书的撰著目的时说:“本书以建安时期为限,择定刘勰所评论的建安作家二十位,抽丝剥茧,抉幽阐微,比较分析,以探究刘勰评论作家的范畴、标准、利病得失,及批评方法,并据以检视其文学理论的菁醇与限制;同时也藉由建安文学集团作家群的探究,明瞭其依存的关系,作家的共同风格与个别特色,及时代文学变化的轨迹;进而观察《文心雕龙》评论的视角与识见,期能发抉、体现刘勰作家论的体系。”此书用十章详论十位作家,用一章分十节略论十位作家,这样的架构安排,使得全书详略得当,轻重有别,既体现了该书作者驾重就轻,成竹在胸的自信, 又体现了作者深厚的学养和娴熟的学术技巧,向读者提供了一部刘勰视角与识见下的建安文学批评史。通观刘勰《文心雕龙》中提及的主要作家计有115人[1],在《文心雕龙》研究史上,以发表单篇文章论证者,不乏其著,而以洋洋三十万言大著仅截取某一时段而详论者,文心雕龙研究史上此为首部。

方氏是台湾"文心学"巨擘王更生的门生。综观其以上两书,前者虽以文言文撰写,但却精炼典雅,简洁易懂;后者以现代白话行文,亦是清新利落。两书虽然体要有别,一为驳论,一为正论,但均结构严密,环环相扣,颇显师门学风。

四、论文集

(一)《文心雕龙论文集》

黄锦鋐主编,1970年11月由台湾私立淡江文理学院中文研究室编辑出版。共收有该校中文系8位教授的作品,分别是:施淑女的《玄学与神思》、韩耀隆的《文心雕龙五十篇赞语用韵考》、黄锦鋐的《空海的〈文镜秘府论〉与〈文心雕龙〉的关系》、王仁钧的《文心雕龙用易考》、胡传安的《文心雕龙论诗》、傅锡壬的《刘勰对辞赋作家及其作品的观点》、王更生的《文心雕龙的文学审美》、唐亦璋的《从文心雕龙看传统与文学创作的关系》等,为台湾地区出版的第一部论文集。此论文集的特点是注意到与学术思潮、后代文论及美学的结合。

(二)《文心雕龙论文集》

陈新雄、于大成主编,1973年台湾木铎出版社出版发行。编者专门搜集了早期发表而居今难见的文章,共12篇,分别是:赵万里的《唐写本文心雕龙残卷校记》、潘重规的《唐写本文心雕龙残本合

[1] 详见《兴膳宏〈文心雕龙〉论文集·〈文心雕龙〉人物传略》第133页。

校》、王叔岷的《文心雕龙斠记》、李详的《文心雕龙黄注补正》、陈延杰的《读文心雕龙》、刘节的《刘勰评传》、饶宗颐的《文心雕龙与佛教》、傅振伦的《刘彦和之史学》、阑珊的《读中大藏明本文心雕龙》、李笠的《读文心雕龙讲疏》、陈准的《顾黄合校文心雕龙跋及附录》、黄侃的《补文心雕龙隐秀篇》。该论文集的特点是注重校注与考证方面的内容。所收文章大都是发表在1926年到1949年之间的《国粹学报》、《东方杂志》、《国学月报》上的作品。

(三)《文心雕龙研究选粹》

王更生编,1980年台湾育民出版社出版,收入论文38篇。作者从1969年开始搜集资料,到1979年夏季定稿,费时10年,是作者从28种杂志中精心选出近70年间的代表作。内容可分为八类:凡考定刘勰生平的列为史传类,计2篇;凡通论《文心雕龙》大要的列为通论类,计9篇;凡从序志篇考察刘勰行文体例的列为绪论类,计1篇;凡探讨刘勰文学思想渊源的,列为文原论,计7篇;凡研究《文心雕龙》文体类的,列为文体论,计3篇;凡阐扬刘勰批评理则的,为文评论,计5篇。除去重复者,计有35位作者,遍及国内外,中国大陆5位,中国台湾9位,中国香港18位,美国2位,韩国1位,颇能反映各地区的研究成果。

(四)《文心雕龙综论》

台湾中国古典文学研究会编,台湾学生书局1988年5月出版发行。17篇论文,全部为1987年12月12至13日在台北举行的"以《文心雕龙》为中心的中国文学批评研讨会"论文。有沈谦的《从文心雕龙论修辞之〈夸饰〉》、纪秋郎的《从比较文学的观点试论文心雕龙的奇正观》、陈耀南的《文心风骨群说辨疑》、颜崑阳的《论文心雕龙"辩证性的文体观念架构"——兼辨徐复观龚鹏程"文心雕龙的文体论"》、赖丽蓉的《文心雕龙“文体”一词的内容意义及“文体”的创造》、李瑞腾的《陆机：理新文敏，情繁辞隐——文心雕龙作家论探析之一》、王更生的《王应麟和辛处信〈文心雕龙注〉关系之研究》、岑溢成的《刘勰的文学史观》、江宝钗的《从〈文心·正纬〉论纬谶源始及其神话性质与功能》、侯乃慧的《由“气”的意义与流程看〈文心雕龙〉的创作理论》、吕正惠的《“物色”论与“缘情”说——中国抒情美学在六朝的开展》、龚鹏程的《从“吕氏春秋”到“文心雕龙”——自然气感与抒情自我》、蔡英俊的《“风格”的界义及其与中国文学批评理念的关系》、郑毓瑜的《由“神与物游”至“巧构形似”——刘勰的“形神”说及其与人物画论“形神”观念之辨析》、周凰五的《由文心雕龙辨骚、诠赋、谐隐论赋的起源》、杨振良的《论王骥德曲律对文心雕龙审美上的因袭》、郑志明的《从文心雕龙谈民间文学研究的困境》。

(五)《文心雕龙国际学术研讨会论文集》

日本九州大学中国文学会主编，1992 年 6 月台湾文史哲出版社出版。共收 15 篇论文，计中国大陆 7 篇、中国台湾 5 篇、日本 2 篇、中国香港 1 篇。有杨明照的《文心雕龙研究序》，冈村繁的《文心雕龙中的五经和文章美》，黄锦鋐的《文心雕龙文原理论的思想渊源》，王运熙的《释“楚艳汉侈，流弊不还”》，黄维樑的《现代实际批评的雏型——文心雕龙辨骚今读》，穆克宏的《志深而笔长，梗概而多气——刘勰论建安七子》，郁沅、洋列荣、谢昕三位合著的《文心雕龙审美感应论探微》，方元珍的《论文心雕龙之文章艺术》，蔡宗阳的《文心雕龙修饰技巧》，马白的《近年来中国〈文心雕龙〉研究的现况及趋势》，张少康的《〈文心雕龙〉在中国文学批评史上的地位》，王更生的《“龙学”研究在台湾》，马白的《淮南子与文心雕龙》、甲斐胜二的《文心雕龙和诗品比较札记——其文学独立的思想基础》、颜瑞芳的《钱基博文心雕龙校读记探究》。

（六）《日本福冈大学文心雕龙国际学术研讨会论文集》

《日本福岗大学文心雕龙国际学术研讨会论文集》，2007 年 3 月由台湾文史哲出版社出版。该书封面为林中明先生所摄的冈村繁教授在樱花树下踢足球的图片，并配有林中明先生的题诗。冈村繁教授作序一，笠征教授作序二。收入论文 22 篇。主要论文情况简介如下：

钱永波在《刘勰故乡镇江的“文心”情结》一文中，介绍了镇江对刘勰生平和身世研究的观点，认为刘勰家族世居京口。邓国光的《文心雕龙“神理”探义》列举了文心学家对“神理”的九种不同的解释，通过追本溯源，得出结论，刘勰的“神理”义的根本是“悟性”，它是刘勰融贯诸家而又有所创新的“文心”关键词。张少康、笠征的《刘勰〈文心雕龙〉和佛教思想的关系》一文认为，过分强调有佛学思想影响和否定有佛学思想影响的说法都是片面的，认为《文心雕龙》的写作是潜移默化地受到了佛学思想的影响。林中明的《乔伊斯的“文源”、“文心”与〈尤利西斯〉的文体、文术》一文认为，刘勰的《文心雕龙》和乔伊斯的《尤利西斯》具有很强的可比性。陆晓光的《文心雕龙“物”字章句考释》对《文心雕龙》中出现的“物”字的含义逐一作了辨析、解释和说明，提出了自己独到的见解。诸海星的《浅谈〈文心雕龙〉文体分类学的价值和影响》一文认为，刘勰的文体分类学在中国古代文章学理论体系的形成上有重要的价值，并对后世产生了深远的影响。冈村繁的《“庄老告退、而山水方兹”——淝水之战的文化史意义》一文认为，淝水之战对于晋宋文风的转折有重大意义。汪春泓的《论谢灵运及其山水诗——兼论“庄老告退、而山水方兹”》，深入考察了晋宋山水诗产生的历史文化背景。刘文忠的《汉代赋学与〈文心雕龙〉的渊源关系》一文认为，刘勰的《文心雕龙》既对汉代赋学及其争论作了历史总结，又创造性地发展了汉代赋学的积极成果,运用汉代赋学构造出自己的理论体系。王运熙的《〈文心雕龙〉的艺术标准》一文认为,《文心雕龙》一书的艺术标准,大而言之有三点:一是执正驭奇,二是文质彬彬,三是遵循各体文章的基本规格。甲斐胜二的《试论〈文心雕龙〉文章作法理论中的征圣、宗经主义》一文认为,刘勰《文心雕龙》的征圣、宗经主张乃是基于当时的人不学经典的基础文体,而只学楚汉以后的诗文文体,结果出现了"文体解散"的情况而提出来的。尤雅姿的《〈文心雕龙〉中"情"的范畴研究》一文认为,"情"在《文心雕龙》的文学理论体系中,居于内部核心之地位。吕武志的《〈文心雕龙〉论"学习"》一文认为,刘勰虽然强调才气之于作家的重要性,但也认为,才气不可独恃,需赖学习以相辅以成。杨明的《〈文心雕龙·原道〉"文之为德"的理解》一文认为,"文之为德也大矣",就是"文这种东西真了不起"以及"文很伟大,很了不起"之意。石家宜的《〈文心雕龙〉与〈诗品〉比较浅探》一文对《文心雕龙》与《诗品》作了深入而系统的比较研究。温光华的《守先待后,容旧创新——论黄叔琳〈文心雕龙辑注〉的学术性质与成就》一文论述了黄注的学术意义。廖宏昌的《〈文心雕龙〉纪评的折中思维与接受》一文,从三个方面论述了刘勰文学批评的折中思维对纪昀文学批评思想的影响。方元珍的《〈文心雕龙〉与〈拙堂文话〉》对刘勰的《文心雕龙》与日本斋藤谦的《拙堂文话》作了比较研究。林其锬的《从王惟俭〈训故〉、梅庆生〈音注〉到黄叔琳〈辑注〉——明清〈文心雕龙〉主要注本关系略考》一文,通过考证认为黄叔琳的《辑注》校承梅庆生的《音注》,注承王惟俭的《训故》,集前人校注之大成,为近代《文心雕龙》学的形成和发展奠定了基础。海村惟一的《当代龙学研究略考》对自20世纪的《文心雕龙学》研究史作了梳理,提出了三期划分说。王更生的《民国时期的"文心雕龙"学》一文,对自1912—1949年期间的文心学研究状况作了论析,指出这一时段的文心学研究是一个重大转折时期，并对前贤的成果和精神给予了高度评价。刘渼的《文心雕龙 WebGIS 创意网》探讨了文心学研究如何应用现代资讯科技的问题。附录为与会学者名单和会议议程表。

（七）《2007 台湾文心雕龙国际学术研讨会论文集》

该书由廖宏昌等人组成的大会组委会编，2008 年 8 月由台湾文史哲出版社出版发行。大 32 开，60.1 万字，共收录论文 41 篇。

王更生在《从〈文心雕龙·序志〉篇看刘勰的智慧》一文中，藉《序志》篇统观全书，指出刘勰写出《文心雕龙》这部“天才型的著作”，是由于刘勰“具有天赋的才华”和“过人的智慧”，所以才能“大开大阖”，“破他立己”，写出“论文得中”，有新思维、新突破的经典之作。李平在《王更生先生〈文心雕龙〉研究二题》一文中拟订了两个研究王更生治学特色的题目。刘文忠在《〈文心雕龙〉》与儒家的渊源关系》一文中认为，刘勰对文学社会作用的看法，纯属儒家；而其美学思想的“通变”，实源于儒家经典的《周易》。林素芬的《〈文心雕龙·原道〉篇及其〈周易〉渊源：以原典运用为讨论中心》则从思想史的角度，应用“互文性”的解读方法，从新旧文本中文字意义的延伸和转换来讨论《周易》对《文心雕龙·原道》篇的影响。吕武志的《〈文心雕龙〉论“繁缛”》，从文章繁简的另一极，来检视如何才是适当的折中之道，指出“入巧制繁、贯一拯乱，剪截浮辞，重视情志，提倡风骨”才能写出“繁缛恰当”的好文章。韩泉欣的《刘勰赋论之管窥蠡测》兼论“体”、“赋”，在前人立论之上，更精确地给“体裁、体貌、体要”下了明白的定义，并细致而深刻地讨论了“赋”的审美性质和社会功能。徐信义在《刘勰的文学论——兼论刘若愚的理解》一文中提出与刘若愚在《中国文学理论》中以《文心》为形上理论，以“文学为宇宙原理之显示”的不同看法。杨明的《〈文心雕龙〉释读商兑》选了《文心》中十三篇里向来不易解读但却有重要意义的句段，析其疑义。邓国光在《〈文心雕龙〉“征圣”的思想意义》一文中指出圣人重情，以及刘勰与前儒不同的重文思想和立论的策略。吴福相的《刘勰“神与物游”析论》，藉《神思》篇与“神与物游”四字，统领讨论儒、道、玄、佛东方四大思想，并将其与康德的审美思想加以比较。孙蓉蓉的《“按经验纬”考论》，有破有立，言之成理，颇有新意。詹杭伦的《〈文心雕龙〉“文笔”说辨析——附论“集部”之分类沿革》，主张把“文笔”的讨论置于中国目录学“集部”沿革的背景之上。温光华在《义贵圆通，辞共心密——〈文心雕龙〉之“论”体风格初探》中以“形文、声文、情文“三个大项来检视《文心》的文章风格。蔡宗阳的《〈文心雕龙〉的譬喻类型》对《文心雕龙》的譬喻类型给出了全面而深入的归纳和研究。方元珍的《“桃李不言而成蹊”——〈文心雕龙〉作家论探析》指出《文心》五十篇，无一篇不论及作家，为后代作家引路并树立检验的高标准。廖宏昌的《刘勰论评三曹视角探析》比较了刘勰与钟嵘对三曹评价的差异。蔡美惠的《由文选序看文心雕龙与昭明文选之比较》，得出刘勰和萧统成书的关联密切，思想大同小异的结论。曹顺庆的《〈文心雕龙〉与比较文学研究》列举了一些西方比较文学的方法和方向，为今后《文心》研究的具体路径之参考。黄端阳的《试论黄侃〈文心雕龙札记〉之刊行——兼论四川大学本〈札记〉》对黄侃《札记》各版本的刊行，细加比较其来源内容的差异，作出重要的校正和迁变史录。朱文民的《刘勰家族门第考论》对王元化在30年前提出并成为主流意见的“刘勰出身于庶族地主家庭”一说，提出许多前人所忽略的材料，找出了家族成员的关系，采用历史学界对六朝士庶定义的的共识，详细地列表举证，以建立他认为“刘勰家族为士族门第”的重要推论。钱永波的《刘勰“世居京口”确凿可信》举出六项证据，以证明刘勰“世居京口”论据确凿可信。陈素英的《从刘勰到王船山的情景说》系统地分析了刘勰和王船山的“情景说”。

蔡宗齐的《观诗、观人传统与刘勰的文学解释理论》回溯前人的观《诗》，刘劭“观人”的八观，以及曹丕《论文》的“观”法，来理解刘勰在《知音》篇所提出“观文”的“六观”之法。吕新昌的《试以现代心理学的“需求层次论”看刘勰著述〈文心雕龙〉的动机》系统地从生理、安全、爱与隶属、尊重、自我实现五个层次来说明刘勰著书立说的动机。张灯的《刘勰的风格论与布封的〈论风格〉》指出，刘勰的《体性》篇，早于法国布封的《论风格》1200 年。陈文新的《从刘勰到袁中道：明代风格论对〈文心雕龙〉的发展》一文指出，因为有了《文心》在前，明代学者才能发展与丰富古典风格论。龚显宗的《由〈文心雕龙〉“隐语”论〈红楼梦〉灯谜的面与底》指出，自从刘勰论谜语，逐渐形成后来流行的谜语形式。萧凤娴的《文体即性体——徐复观〈文心雕龙的文体论〉之接受美学研究》，从 20 世纪 60 年代德国 Robert Colub 的“接受美学”来看徐复观如何从“体裁、体要、体貌”的分辨，来了解《文心雕龙》中的“文体论”。李景溁《〈辨骚〉、〈明诗〉的列录次序》一文，认为《辨骚》《明诗》两篇的次序，可能因失察而颠倒。汪春泓的《 刘勰与刘穆之—— 从〈异苑〉两条材料谈刘勰的几个问题》，不仅推敲刘勰取名与刘宋开国第一功臣刘穆之的关系，更由《异苑》的两条材料，看到刘勰受到道教灵宝派的影响。这对以往认为他是儒家，而和佛教关系一直密切，但和道教无涉的看法，开启了新的研究方向。这也与林其锬研究《刘子》时，所看出的刘勰融合三教的见解是一致的。蒋凡的《刘勰关于文学语言艺术的理论思考》，继承了郭绍虞先生“文学和语言一条龙”的思想。任罡的《中国文心雕龙资料中心网站规划和建设报告》一文介绍了文心雕龙网站和资料库建设情况。彭荷成的《两岸一家人，同胞情谊深——海内外学者共建文心雕龙数据中心记实》介绍了“文心雕龙资料中心”2000 年挂牌成立的缘起和持续成长扩大的历史。涂光社在《刘勰文学观管窥——美在文心》中引

《情采》篇"圣贤书辞，总称文章，非采而何"，指出《文心雕龙》确有以"美文"为文学的观念。张少康在《〈文心雕龙〉与书画乐论》中指出，文学理论和书画乐论之间关系十分密切，还指出刘勰的文学理论是文学艺术的理论和创作发展到一定阶段的产物。林中明的《文艺互明：刘勰〈文心〉与石涛〈画语〉》对文学与艺术之间的关系和互动提出进一步的报告 。林其锬的《魏晋玄学与刘勰思想——兼论〈文心雕龙〉与〈刘子〉的体用观》指出，由《刘子·九流》篇可见《刘子》作者的思想与刘勰无异，而《刘子·命相》篇，与印度佛学有关。因此"刘子"与刘勰在儒、道、释思想上并无对立。

（本文主要根据林中明的会议总结简报整理而成）

第五节 当代中国的刘勰研究（下）

——港澳地区的刘勰研究

一、概述

港澳地区对于刘勰的研究，与中国内地和台湾地区的研究相比，有自己的特点，主要表现是角度不同，以佛学的眼光和以中西文化比较的角度来看待刘勰及其《文心雕龙》。

香港直到20世纪50年代初期，始见有研究刘勰和《文心雕龙》方面的文章发表。最初是以饶宗颐为中心，后来潘重规由台湾到香港讲学，壮大了香港的研究队伍。潘重规是黄侃的女婿，又曾在南京受业于黄侃，所以他早年在台湾师范学院中文系开设《文心雕龙》课，到香港后，对香港地区刘勰研究队伍的建设是一个促进。

1952年，饶宗颐在《民主评论》上发表了《〈文心雕龙〉与佛教》一文。1956年，饶宗颐又发表了《刘勰文艺思想与佛教之关系》，其思想与上文基本一致。1965 年出版的饶氏主编的《文心雕龙研究专号》一书中，又有饶氏的《文心雕龙探原》、《刘勰以前及同时之文论佚书考》、《文心雕龙集释·原道第一》、《唐写本文心雕龙(景本及说明)》，黄继持的《文心雕龙与儒家思想》、《刘勰的灭惑论》、《文心雕龙集释·征圣第二》、《文心雕龙集释·宗经第三》，李直方的《近五十年文心雕龙书录》、《文心雕龙集释·辨骚第五》，李直方、徐缘发《文心雕龙集释·正纬第四》等篇，从刘勰的整体思想到具体的文原思想多有阐释。这个集子的出现，尽管相对单薄了些，却标志着香港地区刘勰研究的一个高峰期。此后 5 年不见有分量的文章出现。1970 年潘重规在香港出版《唐写本文心雕龙残本合校》，1971 年石垒出版了《文心雕龙原道与佛道义理疏证》。到 1977 年石垒在这方面的研究引起学界注意，不仅在《香港浸会学院学报》第四卷第 1 期发表了他的《刘勰论文学创作的心理活动过程》，而且还在香港的云在书屋出版了专著《文心雕龙与佛儒二义理论集》。这个集子收有他 1971 年出版的《文心雕龙原道与佛道教义理疏证》、1977 年的《刘勰论文学创作的心理活动过程》以及《刘勰论作家的性情与才能》三篇文章。1983 年朱国能在 5 月 27 日和 28 日的《香港时报》上发表了《文心雕龙通变篇要义》(上、下)；1985 年饶宗颐又发表了《元至正本文心雕龙跋》、《〈文心雕龙·声律篇〉与鸠摩罗什〈通韵〉》，陈耀南的《文心·神思篇新译》、《文心雕龙逻辑运用》；1987 年 5 月 6 日朱国能又在《香港时报》发表了《文心雕龙三准论试释》；陈耀南在 10 月份《明报月刊》上发了《文心雕龙“风骨”篇群说辨疑》；邓仕樑的《易与文心雕龙》等。20 世纪 90 年代，香港的学者开始参加内地召开的有关刘勰及《文心雕龙》研究的学术会议。不仅有陈耀南的文章见之于报刊，而且黄维樑活跃于这一领域中，发表了一系列文章，从中西文论比较的角度对待《文心雕龙》，给读者一个新的视野。

20世纪90年代以后,澳门大学的邓国光在“文心学”研究方面不断有文章发表,并在澳门大学开设《文心雕龙》专题课程,对于刘勰研究作出了自己的贡献,也填补了澳门地区刘勰研究方面的空白。

二、主要学术观点介绍

(一)《文心雕龙》与佛教的关系

1952年,饶宗颐在香港《民主评论》第5卷第5期发表《〈文心雕龙〉与佛教》一文,对《文心雕龙》与佛教关系作了全面的论析。他首先认为南北朝时期是中印文化和思想大交流的时期,作为这一时期产生的《文心雕龙》,与因明学有着明显的关系,“因为《文心雕龙》的作者是个佛教徒,他有十年以上的佛学修养,所以当他写这部专门讨论文章的皇皇巨著时,很可能运用他那经过佛学洗礼过的头脑——即佛家逻辑,来支配及组织他的文学材料;换句话说,是通过佛学的方法来表达他的文学见解。譬如读自然科学的人,转变研究对象去谈文学写作时,他的脑子会与一般纯粹由文学出身的人有些不同。如果从这一点去看刘勰的论著,那么我们便可看出他那严密的组织和精细的分析,是取资于佛氏科条,来建立他的文章规则,在思想方法的运用上是受过佛教影响的”。他提出五个证据,其一,“《出三藏记集》凡分十五卷,题僧祐名,可能出勰之手。其中不少论文,可视为刘氏所作或至少可代表他的意见。”“刘氏文学批评的基本理论,可称为‘神理说’,第一篇《原道》云:‘言之文也,天地之心哉……谁其尸之,亦神理而已。’又专立‘神思’一题,冠于笔术二十五篇之首”;“以为心思出于神,强调神是作文的基本动力,这和他主张佛法练神之义正可互相发明。”其二,饶氏从《文心雕龙》书名上找根据,认为“用心来作书名,即是佛门的惯例,像慧远请译《阿毗昙心》(按:

指晋太元年间僧伽提婆应慧远之请译《阿毗昙心》)、吉迦夜译《方便心论》,即其例证。”其三,饶氏认为《文心雕龙》中的征圣、宗经的观点也与佛教有关系。他说:“印度逻辑上的正量,本义是认圣典不可侵犯。”“印度正理派经典所立四量,其一汉译为圣言量,指可信的证典。刘氏征圣的态度,和佛家思想似乎不无关系。”其四,《文心雕龙》每篇末有一赞语,佛教文章中多见这种形式,说明这种赞与佛经论末之偈语类似。并引刘子玄《史通·论赞》中的话:“篇终有赞,如释氏演法,义尽而宣以偈言”为证。其五,“带数法的运用。以数统摄各种事理,在梵语合成语的‘六合释’中,名叫‘带书释’”,这亦是佛家习惯。而《文心雕龙》中“带数法的运用”如“六观”、“三准”等,这也是佛家语的影响。由于饶氏精通佛学,以佛学眼光观察《文心雕龙》,认为《文心雕龙》的指导思想是以佛为主,刘勰的“文学理论之安排,却建筑于佛学根基之上,这是不容否认的事实。……他所以能写出这一空前的巨著,造成他那中国历史上最伟大的文学理论家的地位,并不是单靠着他的文学修养,而受过佛教思想的浸润启发,倒是一个顶重要的内在因素。”饶氏所提出的论据较之大陆学者马宏山显得自然一些,虽然未必是刘勰本意,但却不生硬。[1]综观饶宗颐对《文心雕龙》的研究,似有矛盾处。他在《文学与释典》一文说:“刘彦和撰《文心雕龙》在南齐之世,审文体,辨声律。其人虽浸淫于内典,而书中只举‘般若’一词,间用圆字论诗,未尝以禅理比附文事也。”[2]又否认佛学对刘勰的影响。

主张《文心雕龙》的指导思想是佛学的学者,在香港地区还有石垒。他在《文心雕龙与佛儒二教义理论集·序》中说:“像我在本书首篇论文(指《文心雕龙原道与佛道义疏证》)中所指出的,《文心雕龙·原道》篇所原的道是佛道,即神理、神或‘般若之绝境’,《论

❶饶氏的观点又可见上海文艺出版社出版的《澄心论萃》(170—177页)。用数字统摄事理,并非就证明是佛教影响,在佛教传入中国之前,古代学者也常用数字统摄事理,如《尚书大传》孔子言“六誓可观义、五诰可观仁”。《论语·季氏》中的孔子:“三友”、“三乐”、“三愆”、“三戒”、“三畏”、“九思”。《论语·阳货》中孔子的“六言六蔽”等就是例子。《商君书》中的“六虱”,《韩非子》中的“五蠹”、“八奸”、“三守”、“七术”,《孙子兵法》中则更多。再者,《文心雕龙》每篇文末有“赞”也未必就是仿效“释氏演法”。因为《汉书》的纪传每篇末也有“赞”语,千百年来不曾有人说班书是“如释氏演法”。但佛典中确实也是惯用数字统摄事理,刘勰是否有意用佛学之法,也仅是猜想而已。

❷饶宗颐:《澄心论粹》,上海文艺出版社1996年版,第185页。

说》篇状态中的般若，这是我研讨《原道》的道这个难题时所得到的结论，也是本书各文的立论基础。”石氏的这个论集由三篇文章组成，即《文心雕龙原道与佛道义疏证》、《刘勰论文学创作的心理活动过程》、《刘勰论作家的性情与才能》。石氏文章的特点是注释字数超过正文三四倍，总共有504条，绝大多数是引自佛典。特别第一篇中引用历代各家关于《文心》中“道”的解释，说明皆不能正确解释刘勰“道”的本义，唯他以佛典中的引文可证明刘勰在《文心》中的“道”就是佛道，并指出刘勰是以佛道作为宇宙间一切事物的来源。认为刘勰“所原、所明的道，是佛道，而不是其他某家、特别是老庄之道。因为对于后者，作者在这里已予以否定的缘故”。由此出发，他又指出《文心》中的“自然之道”的意义，“恰是佛教所说的因缘，或者说一切有为法生起所经由或依循的自然的道路、道理、关系或法则，也正是《无量清净平等觉经》或《阿弥陀经》中所说的‘自然之道’”[1]。

石垒的这些比附，虽然从文字上似乎能说得过去，但只是无限的对应，而忽视了刘勰写《文心雕龙》的宗旨是干什么的，这只能说是智者见智、仁者见仁。

（二）《文心雕龙》与《周易》的关系

邓仕樑所发表的《易与文心雕龙》一文，对此论之甚详，可作为代表。邓氏把《文心雕龙》五十篇文章与《周易》相对照，发现有30篇直接引用《周易》或受其影响，并把《文心雕龙》中的论述和《周易》加以对照，然后加按语分析，得出结论：“彦和所谓道，与易道不异”，“是知易道体于自然，不可为典要，惟变所适而已”，“至于有人以为文心之道，或本于儒、道二家，或原于释氏内典者，亦所谓各执一隅之解，昧于惟变所适之义，东向而望，不见西墙，宜当见讥于彦

[1] 转引自张少康等：《文心雕龙研究史》，北京大学出版社2001年版，第223页。

和也”[1]。同时邓氏还对《神思》、《体性》、《通变》、《定势》等篇文章加以剖析论证，详细说明《周易》对刘勰文学思想之影响。

（三）《文心雕龙》与亚里士多德《诗学》之比较研究

在中西方文论比较研究方面成就突出的有黄维樑。黄氏早年留学美国，了解西方文学理论，有条件对中西方古代文论进行比较研究。他这方面的研究成果集中反映在1996年由北京大学出版社出版的《中国古典文论新探》一书中。是书由张少康作序，内收作者研究《文心雕龙》的论文6篇，其余尚有两篇是关于诗话方面的。在6篇文章中，除了一篇是介绍美国研究《文心雕龙》的情况外，其余5篇都是从中西方比较的角度对《文心雕龙》进行研究的。

黄氏有感于世界文论大舞台上竟没有中国文论的声音，十分痛心。他说：“在当今的西方文论中，完全没有我们中国的声音。20世纪是文评理论风起云涌的时代，各种主张和主义，争妍斗丽，却没有一种是中国的。美国文论泰斗亚伯拉姆斯（M. H. Abrams）论述20世纪的文论潮流和主义，列举了马克思主义、心理分析、俄国形式主义、基型论、新批评、现象学、风格学、结构主义、女性主义、解构学、论述分析、读者反映论、接受理论、记号学、言语行动理论、对话批评、新历史主义、文化研究等将近20种，却没有一种来自华夏之邦。”看来，作者的比较研究是基于民族感情。

黄氏给“文心学”研究者指出两个方向，他说：“作为‘龙的传人’，龙学学者的一个研究方向，应该是用宏观或微观的方法，通过中西的比较，向西方学术界说明《文心雕龙》在世界文化史上的地位。在这方面龙学学者刚刚起步，走向长征的艰辛历程。我认为龙学研究者的另一个取向，应该是把《文心雕龙》的理论应用于古今中外文学作品的实际批评上。我并不在提倡复古，更不主张闭关自

[1] 邓仕樑：《易与文心雕龙》，香港《崇基学报》1969年第9卷。

守，拒绝接受外国古代和现代的批评理论。我只是认为，《文心雕龙》的理论可以古为今用，甚至中为洋用；至少，它的理论可补一些西方理论的不足。退一步来说，我们这样做，就可以表示外国的一些理论，中国的《文心雕龙》也有，且有实际应用的价值。能够这样，我们就不致那样崇洋，那样失掉我们的身份和特色。如果我们能充分说明《文心雕龙》的理论，可应用于中外古今作品的实际批评，它的地位自然也进一步提高了。"[1]

黄氏在《〈文心雕龙〉与西方文学理论》一文中，对《文心雕龙》与亚里士多德的《诗学》进行比较。他说："通过比较，我们发现《文心雕龙》的视野比亚里士多德的《诗学》广阔多了。"[2]

第六节　国外的刘勰研究(上)

——日本及亚洲其他国家的刘勰研究

一、日本的刘勰研究

(一)概述

日本对于刘勰及其著作的研究，应该说是从1897年间古城贞吉著《支那文学史》开始的。因为该书的第三章《六朝文学》中，把《文心雕龙》和《诗品》相提并论，对刘勰及其著作《文心雕龙》作了206个字的介绍，文字虽然不多，但却概括得非常精要，从刘勰的生平身世，到《文心雕龙》的理论逻辑结构均作了恰当的介绍，并在简叙中国文论史以后说："然而其勒为一书，以究文体源流，评其工拙者，实以刘勰之书为最古。"至于刘勰的著作从什么时候传入日本，则可追溯到唐代。据藤原佐世撰写的成书于公元891年前的《日本国见在书目录》记载，在该书的第三十杂家类及第四十总集类著录

[1] 以上引文均见黄维樑《中国古典文论新探》一书中第24—37页的《〈文心雕龙〉"六观"说和文学作品的评析》。北京大学出版社1996年版。

[2] 黄维樑：《中国古典文论新探》，第60页。

中有《刘子》十卷、《刘子》五卷、《刘子》三卷,《文心雕龙》十卷,刘勰著的记录。《日本国见在书目录》是当时流传至日本的汉文典籍的目录书。据日本汉学家兴膳宏考证,早在公元751年行世的《怀风藻》的诗文里就有引用《文心雕龙》的词句。明确反映刘勰文学观的著作有空海的《文镜秘府论》(约公元809—820年间成书),空海的其他作品中也有《文心雕龙》的观点。兴膳宏说:“关于这个问题,可以作一个结论性的推测,即:空海在自己文学理论的形式上得力于《文心雕龙·原道》篇甚多。”[1]空海之后,对刘勰及其著作的研究处于沉滞期,直至安士桃时代至江户时代(相当于中国的明万历年间)始有学者藤原惺窝注意刘勰著作及观点的应用。兴膳宏认为,对刘勰及其著作进行正式研究“始于古城的后一辈学者”。铃木虎雄在日本京都大学开设《文心雕龙》课,同时还发表了《敦煌本文心雕龙校勘记》、《黄叔琳本文心雕龙校勘记》。在此之前,铃木于1919年至1920年在《艺文》杂志上连载《魏晋南北朝文学论》时,有一章专谈《文心雕龙》,简要介绍每篇的内容,并对《神思》篇特别厚爱。铃木和狩野直喜的门生青木正儿在其著作《支那文学思想》一书中,将《文心雕龙》列于文学史的主流中,并作概略介绍。

其后,斯波六郎所在的广岛大学、吉川幸次郎所在的京都大学、铃木虎雄所在的帝国大学,均成为刘勰及其著作《文心雕龙》研究的重镇。这些学校不仅开设《文心雕龙》课,而且还有意识地培养汉学家和刘勰研究队伍。太平洋战争以前,日本国对刘勰及其著作的研究,还仅是少有的几位汉学家,发表论文的有铃木虎雄、本田诚之、太田兵三郎、近滕春雄、户田浩晓等几位学者。第二次世界大战以后至20世纪60年代,在日本国内,活跃在汉学界对刘勰及其著作进行研究的有户田浩晓、目加田诚、加贺荣治、斯波六郎、吉川幸

[1] 兴膳宏:《文心雕龙研究在日本》,载杨明照主编:《文心雕龙学综览》,上海书店1995年版,第43页。

次郎、高桥和已、林田慎之助等诸位学者。从20世纪60年代末开始，研究刘勰的队伍有了很大的发展，虽然斯波六郎、铃木虎雄等老一代学者相继谢世，但他们培养的学生都已独立研究，而且起点高、路子宽，已注意到对刘勰思想的渊源进行研究。这方面，表现突出的文章有兴膳宏的《〈文心雕龙〉与〈出三藏记集〉》、《〈文心雕龙〉总说》、《文心雕龙的自然观——探本溯源》，门胁广文的《文心雕龙研究序说——刘勰的世界观及其文章论的探讨》，冈村繁的《文心雕龙中的五经和文学美》，户田浩晓的《文章载道说理论的创立与实践——刘勰与白乐天》等。对刘勰及其《文心雕龙》的研究总结性的文章有户田浩晓的《文心雕龙小史》、冈村繁的《日本研究中国古代文论的概况》、釜谷武志的《日本研究文心雕龙简史》。对刘勰的重要文学理论进行探讨的有目加田诚的《刘勰的风骨论》以及他的学生林田慎之助的《〈文心雕龙〉文学原理的若干问题》等文章，探讨了刘勰的文学美学思想。

对刘勰的著作《文心雕龙》直接进行注释并解说的有斯波六郎的《文心雕龙范注补正》、《文心雕龙札记》以及斯波六郎的同学吉川幸次郎的《评斯波六郎〈文心雕龙原道、征圣篇札记〉》。这三篇文章对范文澜的《文心雕龙注》进行了补正，从文原和典故的出处上进行探讨，更深化了对《文心雕龙》的研究。

《文心雕龙》的日本刊行本，在第二次世界大战以前，仅有“尚古堂”木活字本（现藏日本九州大学）和冈白驹的校正句读本。关于这两个本子的刊行情况，户田浩晓说：“日本刊行的《文心雕龙》版本仅有两种。其一是版心有‘尚古堂’三字，无任何刊记的二册木活字本，现藏九州大学。《庆长以来书贾集览》中说：延享、宽和（1744—1750年）之际，京都寺町通松原下有一家‘尚古堂’（田中甚兵卫）书肆；自文化（1804—1817年）至明治时期，江户芝神明前亦有一家‘尚古堂’（冈田屋半七）书店。

从木活字本的纸质和装帧方面看来不像江户时代中期以后之物，可能是京都‘尚古堂’出版的。假定情况确是如此，则从下文可知：由于这个木活字本一定是享保十六年(1731 年)以前出版的，所以尚古堂存在时代的上限或可追溯到延享之前。另一种版本是享保十六年大阪心斋桥筋的文海堂(敦贺屋九兵卫)刊行的，系播州冈干儒者冈白驹(字千里、号龙州)以前述尚古堂本为底本，加以校正和增添汉语读音后出版的，其后又有改订了若干文字的版本行世。”[①]而刘勰的另一著作《刘子》一书在日本的刊行比《文心雕龙》要早得多，在第二次世界大战前至少有两种版本行世。即“应永写本”和“宝历八年刻本”。“宝历八年刻本”是以“应永写本”为底本刻成的，“应永写本”的式样不得而知，日本的“应永”时期，相当于中国的明朝洪武年间，“宝历八年”为中国清王朝乾隆二十三年(1758 年)。这就是说，在日本国写本《刘子》的时间比刊行《文心雕龙》(尚古堂本)的时间早了 300 多年。如果以宝历八年的《刘子》刊本算的话，比《文心雕龙》尚古堂本晚 27 年。从平安咸愿的序言中得知，在宝历八年洛人刻《刘子》时曾“广索异本，得应永写本，就予校之”可知，此时的日本除“应永写本”外，尚有其他本子，“应永写本”只是“京都洛人”选中的一种，这位平安咸愿还是一位对《刘子》研究有素的专家，可惜此人不为中国人所熟悉。

日本国内将刘勰著作《文心雕龙》翻译成日文出版的有四种版本，这就是兴膳宏的《文心雕龙》全译本上下册(1968 年)，目加田诚的《文心雕龙》全译本(1974 年)，户田浩晓的《文心雕龙》全译本(1974、1978 年)和选译本(1972 年)，这四种版本以兴膳宏译本为最优秀，首创者为目加田诚。《刘子》一书是否有日译本不得而知，宝历八年刻本为中文本。

① 《〈文心雕龙〉小史》，王元化编：《日本研究〈文心雕龙〉论文集》，齐鲁书社 1983 年版，第 23 页。关于冈白驹的刊本户田先生专门有论文《关于冈白驹文心雕龙的刊刻》给予详细说明。见户田的《文心雕龙研究》一书。

日本学者对于《文心雕龙》版本方面的研究校勘成绩突出者有户田浩晓和铃木虎雄。铃木的文章有《敦煌本文心雕龙校勘记》、《黄叔琳本文心雕龙校勘记》;户田浩晓的文章有《黄叔琳本文心雕龙校勘记补》、《作为校勘资料的文心雕龙敦煌本》、《文心雕龙何义门校宋本考》、《关于冈白驹的文心雕龙开板》、《文心雕龙梅庆生音注本的不同版本》、《文心雕龙校本的作制》等。

日本汉学家除了积极争取到国外参加有关刘勰研究的学术会议外,还采取请进来的办法,在日本国内召开国际"文心学"学术会议,以交流学术成果。1991 年,日本九州大学中国哲学研究室主任町田三郎发起召开了一次文心雕龙国际学术会议,并把会议论文交由我国台湾文史哲出版社出版发行,会议规模虽然不大,但却产生了积极影响。2005 年 4 月在福冈大学再次举行文心雕龙国际学术研讨会,会议论文已由台湾文史哲出版社于 2007 年 3 月出版发行。

(二)日本部分学术观点简介

1. 对刘勰生平的研究。

对刘勰生平身世的研究,在日本国内,大都是因袭以往成说,突破性的见解不多。户田浩晓的《文心雕龙研究》一书中有一节《著者刘勰传记》,内中承认刘勰祖父为宋司空刘秀之之弟,这一点在日本没有多大分歧。

(1)关于刘勰的生卒年。

户田浩晓同意范文澜的生于宋泰始三年说,兴膳宏认为当生于宋泰始二年(公元 466 年)。其卒年,兴膳宏在《〈文心雕龙〉与〈出三藏记集〉》一文中,承认杨明照的"卒于大同四、五年间"。户田浩晓同意卒于普通元年说。兴膳宏不同意范文澜说刘勰奉敕撰经"大抵一、二即毕功"的说法。他说:"整理大量经卷的工作,难道在短短的一两年内能完成吗?”[1]但是兴膳宏在《〈文心雕龙〉大事年表》中还是把刘勰的卒年列在公元520年,只是加了一个问号,表示怀疑。

(2)关于刘勰上表的时间问题。

户田浩晓认为“天监十八年(公元519年)前后,刘勰上奏,建议朝廷举行南北二郊的祭祀供物,应与祭宗庙一样,废止牺牲而用蔬果”[2]。

(3)关于《文心雕龙》的成书时间。

日本学者基本同意刘毓崧的成于齐末说,户田浩晓和兴膳宏都认为具体年份应是成于齐末东昏侯时期。兴膳宏在《〈文心雕龙〉大事年表》中列在公元500年里。在《文心雕龙总说》中说:“《文心雕龙》因规模宏大,自然要花费很多时日才能完成。如果说《时序》篇‘今圣历方兴,文思光被’云云系指齐东昏之世,则脱稿当在公元499—501年间。东昏侯萧宝卷这个青年皇帝是淫乱与暴虐的化身,——刘勰对此没有进行指摘——正是他的凶残无道直接诱发了萧衍的政变”。“刘勰所谓‘皇齐驭宝,运集休明’的赞辞显而易见是虚伪的,这些话当然并非取自他的本心”[3]。

2. 对刘勰思想倾向的研究。

兴膳宏说:“刘勰在尊孔的态度上效学孟轲、扬雄,在这一点上可以说与韩愈相近。”但是,“韩愈是为了弘扬儒教之道才重视五经的价值;刘勰与他不同之处在于刘勰认为文学在本质上说来是美的表现,而经书文章正是这种理论的具体化的典型,因而应当给予高度评价。……所以刘勰尽管敬爱孔子、尊重经书,但对于至关重要的儒教思想却几乎一言也未提及”。“刘勰所持的人生观是以儒佛两教义在自体内的统一。”[4]林田慎之助在他的《〈文心雕龙〉文学原理论的若干问题》一文中,认为刘勰是一位客观唯心主义者。在列

❶兴膳宏:《〈文心雕龙〉论文集》,齐鲁书社1984年版,第8页。
❷户田浩晓:《文心雕龙研究》,曹旭译,上海古籍出版社1992年版,第3页。
❸《兴膳宏〈文心雕龙〉论文集》,第116、118页。
❹《兴膳宏〈文心雕龙〉论文集》,第103、107页。

举了刘勰《灭惑论》中的“至道宗极，理归乎一，妙法真境，本固无二。……梵言曰菩提，汉语曰道”之后，他接着说：“刘勰明显地铺叙了儒、佛一致论，结论自然是把它奉为宇宙间唯一最高的原理，并说梵语称之为菩提，汉语称之为道。……刘勰《原道》所说的‘道’不是存在于万物之中，秩序井然的唯物的客观法则，而是一种人格的理念，并具有存在于万物生成的本源中，难以识语的精妙的心灵作用。”[1]他在注解里说：“最近中国探讨刘勰世界观的问题上，说原道的‘道’究竟是唯物主义的还是客观唯心主义产生了意见分歧。陆侃如……认为基本上是唯物主义的。认为是客观唯心主义的有曹道衡氏……及郭晋稀氏的《文心雕龙译注十八篇》。笔者同意后一种观点，曾参考了曹、郭两氏的见解。”[2]

3.对《文心雕龙》理论特征的研究。

兴膳宏认为“归原论”是刘勰理论的特征。他在《〈文心雕龙〉与〈出三藏记集〉》中说：“尽管《文心雕龙》中引用了大量典故，然而刘勰的理论只是以一本古籍为核心而形成的，这本古籍就是《易》”；“《易》就是这种成为儒家与本质相异的道家哲学的切点，如我们要寻求与佛教形而上学成为切点的经书的话，还是应该考虑《易》的。特别是从宇宙空间说起的文学论，在刘勰之前确未之见”。兴膳宏明确地说：“回归根源的意愿是刘勰的理论的特征，在这样的时代环境中也受到一定的刺激。作为佛教徒处身于环绕本末问题与别的宗教反复论难的环境中，当然会更加关心返根归源。由于刘勰本人受到佛教思想的影响，因此可能在自己未曾意识到的情况下，从佛教的立场构成了原来应属于别的范畴的《文心雕龙》理论的‘目’。”“《文心雕龙》整体理论就是在这种‘回归论’的骨骼上由各个主题加以润饰、使之丰满而成的”。为了说明这一观点能

[1] 王元化编：《日本研究〈文心雕龙〉论文集》，齐鲁书社1983年版，第263页。

[2] 王元化编：《日本研究〈文心雕龙〉论文集》，第267页。

够成立，兴膳宏从《文心雕龙》和《灭惑论》中找出了大量的使用“原始要终”和“本原”的词语作为证据，说明这些用语“可称是明显地表现‘回归理论’的主旋律。”[①]兴膳宏的这一发现，在所有“文心学”研究人员中是独一无二的，也可以说是抓住了刘勰理论的特点。

4.《文心雕龙》与《出三藏记集》的关系。

迄今为止，对《文心雕龙》与《出三藏记集》的关系研究最细的，莫过于兴膳宏的《〈文心雕龙〉与〈出三藏记集〉》一文了。

兴膳宏认为在《出三藏记集》的主要文章中，存在与《文心雕龙》遣词用语十分相似的地方很多，并列一个专表进行比对，找出十一对相同的用语。同时，作者还十分同意香港饶宗颐指出的《文心雕龙》中以名数统事理的方法说明刘勰与佛教的关系的观点。兴膳宏还把《出三藏记集》中的《胡汉译经音义同异记》与《灭惑论》和《文心雕龙》中的《练字》篇加以比对，得出结论，“《同异记》、《灭惑论》、《练字》篇本来是毫不相干的三篇独立文章，而在语言现象方面竟存在着方法论上的共通认识，据此就可能推测这三篇文章实际上是由同一个人构思的(何况其中两篇已被确认为出诸一人之手)。我认为：本章起首处谈到的《出三藏记集》中依稀可辨的刘勰的影子，至此清晰度大大提高了”[②]。

5. 对《文心雕龙》版本的研究。

对《文心雕龙》版本的研究，在日本首推铃木虎雄与户田浩晓二位学者，尤以户田浩晓的校勘用力最大，学术价值也高。户田浩晓在《作为校勘资料的文心雕龙敦煌本》一文中说：“关于这一敦煌本《文心雕龙》，大正十五年(1926年)，铃木虎雄博士曾在《内藤博士还历祝贺支那学论丛》中发表了《敦煌本文心雕龙校勘记》一文，

①《兴膳宏〈文心雕龙〉论文集》，第64、65、75、94、97页。

②《兴膳宏〈文心雕龙〉论文集》，第54页。

惜‘校’详而‘勘’疏，是为一憾。我在昭和三十三年(1958年)承不列颠协会美意，得到了敦煌本的胶卷，仔细考察之下，发现铃木博士校勘记中未曾言及的地方还很多。本文就那些方面参照海内外学者的研究成果，叙述一下敦煌本在校定《文心雕龙》原文方面所具有的资料价值。”他认为敦煌本《文心雕龙》有如下价值：“能证形似之讹”，“能证音近之误”，“能证语序错倒”，“能补入脱文”，“能删去衍文”，“能订正记事内容”，并一一举例论证。[①]户田浩晓在《文心雕龙梅庆生音注本的不同版本》一文中考证认为，以往人们笼统地提梅庆生音注本是不科学的，不严肃的，因为梅庆生的音注本多次改版印刷，仅户田氏入目的就有5种版本，即：金陵聚锦堂本、姜午生校定的梅庆生音注本、昌平本、刘云本、天启本5种。户田氏的考证非常重要，使杨明照《文心雕龙校注》版本介绍在后来出版《文心雕龙校注拾遗》时作了补充修改。户田还对冈白驹的校证句读本进行了考证，把此本的刊刻始末现于读者面前，文中列举了冈白驹的著作年谱和刊刻的申请书。杨明照评此说：“就我国读者来说，这一章的参考价值，显得更为重要，因为文中引用的资料，在国内是不易物色到的。”[②]

(三)部分日本学者与研究专著介绍

1. 斯波六郎及其《文心雕龙札记》。

斯波六郎(1894—1959)，字皆月，日本著名汉学家。1894年3月9日生于日本石川县凤至郡七浦村(今门前町)。1915年进入广岛高等师范学校文科第一部(国语汉文科)，师事北村泽吉等学汉文。1922年4月，入京都帝国大学文学部文学科，师事狩野直喜和铃木虎雄，与吉川幸次郎一起学习汉语言文学。1926年4月，入京都大学研究院学习。1929年4月任广岛高等师范学校教授兼广岛

①户田浩晓：《文心雕龙研究》，上海古籍出版社1992年版，第108—120页。
②户田浩晓：《文心雕龙研究·序》，第6页。

文理大学副教授。1942年1月,获京都帝国大学授文学博士学位。1953年4月,调任广岛大学教授,兼任广岛文理科大学教授。1957年3月退休。同年5月,获广岛大学名誉教授之称号。

斯波六郎关于《文心雕龙》研究方面的文章有《文心雕龙范注补正》、《文心雕龙札记》等。

《文心雕龙札记》,斯波六郎著,中译文收入王元化选编的《日本研究〈文心雕龙〉论文集》中,中文为32开本,3.1万字左右。内容是对《文心雕龙》的《原道》、《征圣》、《宗经》、《正纬》四篇以训诂为主,对原文作了详细的解释。后因斯波英年早逝,未能继续完成《文心雕龙》50篇的训诂解释工作。斯波的这四篇文章分别于1953年、1955年、1956年、1958年刊发,后被王元化一起合并收入他选编的《日本研究〈文心雕龙〉论文集》中。

斯波六郎的《札记》是在他以前发表的《文心雕龙范注补正》基础上加工修补而成的。他的同学吉川幸次郎在《评斯波六郎〈文心雕龙〉原道、征圣篇札记》中说:"斯波六郎先生曾发表《文心雕龙范注补正》(1952年广岛大学文学部中国文学研究室),对中国《文心雕龙》研究集大成者范文澜氏之说作了评论,现在又为了倾此书底蕴,以《札记》形式对全文作详细的训诂,这是学界值得为之额手庆贺的。斯波钩隐发微,其为文之宏博精深,海内外久未之见。"[1]

今将斯波六郎对《原道》篇中"夫玄黄色杂,方圆体分,日月叠璧,以垂丽天之象;山川焕绮,以铺理地之形:此盖道之文也"几句的训释抄录如下:

自此节起至"有心之器,其无文欤"止,是对上文"……何哉"的答复。这一节在析分天地的同时,指出天地皆有"文";"日月叠璧,

[1] 王元化编:《日本研究〈文心雕龙〉论文集》,齐鲁书社1983年版,第31页。

以垂丽天之象”为天之“文”;“山川焕绮,以铺理地之形”为地之“文”;然后用“此道之文也”来结束。“文”即文辞亦即修辞,主要是指文的“叠璧”、“焕绮”。“天文”、“地文”、“人文”等词皆见于《周易》,然而从“叠璧”、“焕绮”这样动人的美感角度上来描绘“天文”、“地文”是彦和文章的特色,也是六朝人面目跃如之处。唐人论文时虽亦语涉“天文”、“地文”、“人文”,但着眼点大体上都与彦和不同。如李翱云:日月星辰经乎天,天之文也;山川草木罗乎地,地之文也”,其趣旨虽与彦和相近,但其要领仅止于形象、条理而已。以此与彦和之言比较是饶有趣味的。其次,“丽天之象”亦本《周易》,王注云“丽犹著也”,但彦和的用法是否从“著”意是有疑问的,可能就作美丽的“丽”字用,或者至少有美丽之意。这只是根据“理地之形”句所作的推测。

“道之文”意为表现“道”的“文”,但又并不是说“道”需要借文以显。“道”和“文”是二而一、一而二的,从我们感觉上的经验说来是“文”,从凭藉思考认识其本质的角度上说是“道”。清钱大昕云:“道之显者谓之文[1]”,姑不问他心目中的“道”与“文”概念如何,仅就“道”与“文”的关系而论,此句倒可以作为“道之文”的注释。彦和此处所谓的“道”,是与“玄黄色杂,方圆体分”的作用及“日月叠璧”“山川焕绮”的作用相通的元气、理法等自然之道,决不是道德秩序、人伦规范等当然之道。如果断定“道之文也”的“道”具备的是这种概念,那么“文”正由于“道之文”的关系,决不是指外来的“文饰”。这是由于下文明言动植之文皆非外饰盖自然耳所作的推断。含有上述意义的“道之文也”在这里出现,也是为暗示下边论及的“人文”亦同此理。

彦和认为“道”是天地间的元气乃至理法,这和老、庄对“道”的

[1] 钱大昕:《味经窝类稿序》。

解释是相近的。然而老、庄对于文饰和“道”的关系未曾言明。《庄子·大宗师》篇有叙述万物因道而生化的一节，其中一共列举了十一个神、人之名以及维斗、日月等天象。《韩非子·解老》篇和《淮南子·原道训》之说显然属于《庄子》的理论范畴：

“天得之以高，地得之以藏，维斗得之以成其威，日月得之以恒其光，五常得之以常其位，列星得之以端其行，四时得之以御其变气，轩辕得之以擅四方，赤松得之以与天地统，圣人得之以成文章。”[1]

“山以之高，渊以之深，兽以之走，鸟以之飞，日月以之明，星历以之行，鳞以之游，凤以之翔。”[2]

如上所述，《庄子》、《韩非子》、《淮南子》都认为万物因道而生化活动，还举了许多例子，但就是没有提到物之文饰。特别是《韩非子》，在上述引文之上有云：“道者万物之所然也，万理之所稽也，理者成物之文也，道者万物之所以成也。”明显地流露了“一道万理”的思想，而且“理者成物之文也”与彦和对“文”的看法非常相近，然而《韩非子》的这个“文”含义非常广，似乎泛指事物的各种现象，而没有意识到彦和所谓“叠璧”、“焕绮”之类的说法。又上引《韩非子》“圣人得之以成文章”从理论上说来似乎与彦和的思想也是一致的，但此句旧注云指礼乐刑政，因此与彦和的“文”不尽相同。这样看来彦和的“道”的概念继承了老、庄“一道万理”的思想，特别是在论证“文”——夸大些说是“美”——与“道”之间的关系方面，彦和可以说是古来第一人。而彦和以这种观点作为其文学论的基础，这是他的理论中最值得注意的特色。[3]

以上仅是斯波六郎对刘勰《原道》篇几句原话的训释，仅此一

❶《韩非子·解老》。
❷《淮南子·原道训》。
❸王元化编：《日本研究〈文心雕龙〉论文集》，第40—42页。

点,可见其《札记》的学术价值是很高的。可惜仅解说了前四篇之后斯波六郎就过早地离开了他一生爱之甚的研究工作,使"文心学"界少了一块颇有学术价值的完璧。

2. 户田浩晓及其《文心雕龙研究》。

户田浩晓(1910—2002),日本著名汉学家、僧人。1920 年出家,1936 年立正大学文学部文学科毕业,曾任该校副助教、讲师、副教授,从 1951 年始任佛寺大乘院住持。1954 年升任立正大学教授。1970 从立正大学退职。

户田浩晓的主要著作有:《日本汉文学通史》、《法华经文法论》、《文心雕龙》(选译 18 篇)、《文心雕龙》上下册(日译本)、《文心雕龙研究》(中文版)、《中国文学考论》等,据他自撰的著作目录称有论著 11 部,论文 50 多篇(其中有 4 篇论文被译为中文),户田浩晓是日本研究刘勰成绩最突出者之一。

《文心雕龙研究》,户田浩晓著,曹旭[1]译,上海古籍出版社 1992 年 6 月出版,中文繁体字竖排,全书共 20.8 万字。全书的内容共分为四编,每编由多少不等的章节组成。第一编为"文心雕龙成立及其研究史",分为两章,第一章为"文心雕龙序说",下分三节;第二章"文心雕龙研究史",不分节。第二编为"文心雕龙的文学论",分为五章,第一章"文心雕龙中文章载道说的构造"共分四节,前有绪言,后有结语;第二章"文章载道者的构筑者和实践者——刘彦和与白乐天",共分两节,前有绪言,后有结语;第三章"文心雕龙体性篇篇名探源",不分节;第四章"文心雕龙练字篇的现代意义",共分五节,前有绪言,后有结语;第五章"从神思到沈思——文心雕龙与文选的关系",共分四节,前有绪言,后有结语。第三编为"文心雕龙诸本",分为四章,第一章"作为校勘资料的文心雕龙敦煌本",分六节,前有绪言,后有结语;

[1] 曹旭,字升之,1947 年生,文学博士。现为上海师范大学教授,图书馆馆长,中国《文心雕龙》学会副会长。

第二章“文心雕龙何义门校宋本考”，共分四节，前有绪言，后有结语；第三章“文心雕龙梅庆生音注本的不同版本”，共分三节，前有绪言，后有结语；第四章“关于冈白驹文心雕龙的刊刻”，共分四节，无绪言和结语。第四编“文心雕龙校勘”，分三章，第一章“黄叔琳本文心雕龙校勘记补”；第二章“文心雕龙校本的写作”；第三章“文心雕龙校本的写作补订”。

本书实际上是作者的一个论文集，所以其分“编”就是分类，每一编的每章就是作者已经公开发表过的论文。在结集出版前，作者又作了较大的修改，有的几乎是重写。关于这一问题曹旭在《译后记》里说：“所谓审阅译稿（指户田），因先生严谨的态度和在《文心雕龙》研究上不断有所新见，而在相当程度上已变成重新修订甚至改写，不仅变更原书的章节、名称、顺序，修改原文的辞句，且增写新章节，连短短1000字《后序》也重写三次，修改一次，现成《后记》。”

关于这个集子的写作时间跨度，户田浩晓在《后记》里说：“本书是将1942年至1985年这段时间内发表有关《文心雕龙》的论文，按其内容分类收录而成的，1990年2月又追写了一章，勒成此书。”

对户田氏的这个文集，杨明照在该书《序》中从五个方面给予了20个字的评价：资料丰富、持论允当、考证缜密、见解新颖、雠校周详。户田的这本书在中日两国的刘勰研究史上，至今仍是权威性著作。

3. 兴膳宏及其《兴膳宏〈文心雕龙〉论文集》、日译本《文心雕龙》。

兴膳宏，1936年10月25日生。日本福冈县人。日本京都大学文学部教授。1957年入京都大学文学部就读，1961年毕业，入该校研究生院攻读两年的硕士课程和三年的博士学位课程，师事吉川幸次郎教授和小川环树教授。1966年完成博士课程后，立即赴爱知教育大学，历任该校讲师、助教授、名古屋大学助教授。1974年调回京都大学文学部，1982年升为教授。

兴膳宏已出版的主要著作有:《文心雕龙》(日文全译本)、《左氏春秋传》(择译)、《诗品》、《潘岳·陆机》、《书品》、《吉川幸次郎》、《谢灵运诗索引》、《庾信》、《兴膳宏〈文心雕龙〉论文集》(中文版)、《六朝文学论稿》(中文版)、《〈隋书·经籍志〉序》、《中国的文学理论》(论文集),另有论文40余篇。

兴膳宏是日本汉学家中学术成就最高的学者之一。能讲一口流利的汉语普通话和法语,并兼通英语,是目前日本汉学界中国六朝文学及古代文学理论研究领域的中坚。

《兴膳宏〈文心雕龙〉论文集》,齐鲁书社1984年6月出版,彭恩华译。全书共14.3万字。书中共收有兴膳宏的4篇论文,分别是:《〈文心雕龙〉与〈出三藏记集〉》、《文心雕龙总说》、《〈文心雕龙〉人物传略》、《〈文心雕龙〉大事年表》。这4篇文章除了第一篇外,其余3篇均取自兴膳宏1968年出版的《文心雕龙》日文全译本附录。《〈文心雕龙〉与〈出三藏记集〉》全文分13章,5万多字。《文心雕龙总说》,计有2万多字,对刘勰以前的文学批评史、刘勰生平事迹、《文心雕龙》的思想、特点、文体、修辞、与《文选》的关系、对后世文学以及文学思想的影响版本等各个方面都加以详细的论述。《〈文心雕龙〉人物传略》是兴膳宏对《文心雕龙》里所谈到的115个主要文学家的生平介绍,他在该文《凡例》里说:"本文汇集了刘勰在《文心雕龙》中提及的、自战国(公元前4世纪——公元前3世纪)至六朝东晋(公元317—420年)文学史上主要的作者115人,试图以传记为中心略加简单解说。关于刘宋以后的作者,根据刘勰的记述态度的原则不加介绍,唯独颜延之因《总术》篇中曾有论及,故特别列入。"《〈文心雕龙〉大事年表》分为"王朝"、"文学"、"政治"、"世界史"四个栏目,上迄殷商,下至梁王朝中期。该文原是作者《文心雕龙》日译本的附录三。除研究《文心雕龙》可资佐证外,还可供比较文学研究之参考。

日译本《文心雕龙》，兴膳宏译著，日本筑摩出版社1968年出版，为《世界古典文学丛书》第二五卷。该书为日本最早的全译本。所据为范文澜《文心雕龙注》，以现代日语文、日本传统的训读文及注释三部分构成，卷末附有上面《论文集》中所介绍的三篇文章。

（四）论文集

日本对刘勰及其著作的研究，未见日本国内有单独出版论文集的报道。以往在日本召开的文心雕龙国际会议的论文集，多在中国台湾出版。日本学者的研究文章结集，是王元化选编的，该论文集名为《日本研究〈文心雕龙〉论文集》，1983年4月由齐鲁书社出版。该论文集除最后两篇外，都是由彭恩华翻译的。11篇论文分别是：户田浩晓《〈文心雕龙〉小史》、吉川幸次郎《评斯波六郎〈文心雕龙·原道、征圣篇〉札记》、斯波六郎《〈文心雕龙〉札记》、户田浩晓《作为校勘资料的〈文心雕龙〉敦煌本》、《〈黄叔琳本文心雕龙校勘记〉补》、《〈文心雕龙〉梅庆生音注本的不同版本》、兴膳宏《〈文心雕龙〉的自然观——探本溯源》、《〈文心雕龙〉与〈诗品〉在文学观上的对立》、目加田诚《刘勰的〈风骨〉论》、林田慎之助《〈文心雕龙〉文学原理论的若干问题——关于刘勰的美学思想》、安东谅《围绕〈文心雕龙·神思篇〉》。

二、韩国及其他亚洲国家对刘勰及其著作的研究

韩国对刘勰及其著作《文心雕龙》的研究可追溯到公元9世纪。据韩国李钟汉考证，早在新罗第四十八代景文王八年（公元868年，唐懿宗咸通九年）时期，入唐留学的崔致远在《无染和尚碑铭并序》中提到景文王与无染谈论时，曾引用了《文心雕龙·论说》中的一段文字，在他写的《大唐大荐福寺故寺主翻经大德法藏和尚传》里引用《史传》篇中的一段文字。其后不见有人研究和介绍过刘勰及其著作。到1931年金台俊所撰的《朝鲜汉文学史》中只有片言只字地提到刘勰而且贬为“反动批评家”。韩国正式研究刘勰及其著作是到了20世纪60年代以后的事了。直到1964年始见车柱环在《亚细亚研究》第七卷第2期上发表了他的《刘勰和他的文学论——文心雕龙论》,1965年车相辕在《中国学报》第3期上发表了《文心雕龙和诗品中出现的文学理论》。1966年和1967年车柱环又发表了两篇《文心雕龙疏证》(对《原道》至《明诗》六篇文章作了疏证),被台湾王更生评之曰“考订精详,文字简练”①。

韩语译本是1975年出版的由崔信浩教授以日本兴膳宏的日译本为底本的《文心雕龙》,1984年又出版了李民树教授的翻译本,当时中韩两国尚未建立外交关系,必要的文化交流受到制约,所以两译本均未用中文本作底本,都是依兴膳宏的日译本为底本,所以二者无多大区别。其后在报刊发表一些短篇论文的有:金明镕、金彦钟、金庆国、白承锡、彭铁浩、金民娜、朴万圭、金正奎、全英兰、赵成植、文成勇、金元中、金苑、张秀烈等诸位学者。继1985年严翼相以《文心雕龙批评理论及实例分类研究》获硕士学位后,已有11位青年以《文心雕龙》为研究对象获硕士学位。1992年彭铁浩以《文心雕龙研究——以其思想和理论体系为中心》在汉城大学获博士学位,这是韩国的第一篇“文心学”博士论文。1992年又成立“中国文学理论研究会”,并以高丽大学汉文系李东欢为中心组成了有13位学者参加的“文心雕龙读书会”。

东南亚国家对刘勰及其著作研究的力量和成果,相对薄弱一些,仅在报刊上偶尔见到几篇论文。如新加坡大学中文系杨松年的《〈文心雕龙〉的文学本末观》,马来西亚罗思美的《从西方风格学角度看〈文心雕龙〉文体论》、《试论〈文心雕龙〉原道之道》、《刘勰、庄

①王更生:《文心雕龙导读》。

子自然观之比较》等。

第七节　国外的刘勰研究(下)

——欧美一些国家的刘勰研究[1]

一、前苏联的刘勰研究

(一)概述

前苏联是中国的近邻,《文心雕龙》一书何时传入前苏联国内,无人作过研究和考察,俄译本至今未见面世,但这并不等于说前苏联的汉学家对刘勰及其著作没有研究过,只是相对于同为中国近邻的日本来说,显得薄弱一些。

在前苏联汉学家的著作里,对刘勰及其著作作过介绍的有:汉学研究的奠基人阿列克谢耶夫(1881—1951 年)在《中国文学》一书中多次提到刘勰的《文心雕龙》。当代汉学家费德林、艾德林、索罗金等人在评论中国古典文学的成就时也对刘勰的《文心雕龙》有所列举。在他们的著作中列举和介绍得详细一点的当推波滋涅耶娃为莫斯科大学教科书《中世纪东方文学》写的评介《文心雕龙》的文字。真正以论文形式出现的是克利夫佐夫 1978 年发表在《远东问题》第 1 期的《关于刘勰的美学观点》一文。对刘勰的文学理论进行研究并作出一定力度论述的是李谢维奇的专著《古代和中世纪之交的中国文学思想》一书。该书 1979 年由莫斯科科学院出版。全书共分九章:其一,宇宙之路——大道,它的表现——德和在词中的变化——文;其二,有生命力的以太"气"和艺术创作;其三,宇宙之风,"风"和它在诗歌领域中的出现,关于"风骨"的争论——"风气和骨干";其四,描述的映像和颂诗"赋";其五,朴素描写的反义

[1] 近几十年欧美国家对于刘勰及其著作的研究,肯定有很多尚未介绍到中国来,由于受资料限制,仅作此有限介绍,实为憾事。近几年俄罗斯的研究情况,也缺少资料。

词——比和兴；其六，赞美歌的诗——“颂”和文学体裁的等级；其七，抒情诗，“诗”，个性与文学；其八，民间创作与文学，有情节的艺术散文“小说”；其九，文学与时代，古代与现代，由伦理学的标准到美学的标准。九章的论述都是以《文心雕龙》为中心的，其中提到：刘勰把文学看做是某种“文学观念的体现，这种文学观念为世界自古以来所固有，只是后来在宇宙逐渐进化的过程中，在它的‘自我认识’过程中显现出来”。认为刘勰是中国第一个从文学体裁的基本性质和历史发展的总体上开始研究文学体裁的。认为刘勰是把变与不变的自然现象应用于文学，说明了文学传统与革新的关系。[①]以上两书均作为高校汉学教材，因而普及的面广，影响也大。

见之于报刊的论文有 B. A 克利夫佐夫的《论刘勰的美学观点问题》、K．戈雷金娜的《〈文心雕龙〉所体现的中国古代文化和典雅的境界》、李谢维奇的《刘勰与赋、比、兴的概念》等。

（二）前苏联部分学术观点简介

1. 关于文原论的观点。

波滋涅耶娃认为刘勰的文学创作就是对自然界万象的“模仿”，并把“文”同“道”的世界观相联系。既然“文”来自自然，那么作为“五行之秀气”的人当然也就会产生出“美好的言辞”，以反映自然界所呈现出的五彩缤纷的自然景象。认为刘勰的思想倾向是以道家的自然观作指导的。所谓“征圣”、“宗经”，都是为了借其名义来“阐释”刘勰本人的道家观点为出发点而提出的理论概念。承认一切过程的“自然性”（客观性），把关注大自然放在首位，人对自然界的模仿，以及相信人的智慧具有无穷的能力（“生也有崖，无崖唯智”）等等论断，“都可以证明刘勰的美学观在相当大的程度上是以唯物主义的认识论为前提的”。

①关于李谢维奇这本书的详细介绍，请见王丽娜、杜维沫：《国外对〈文心雕龙〉的翻译和研究》一文，载《文心雕龙学刊》第2辑。

波滋涅耶娃认为刘勰观点的实质，从他反儒学的论题中可以证明是持道家观点的，例如他认定孔子是老子的学生；又认为尽管纬书遭到人们的批判和唾弃，他仍用纬书为经书辩护。但“在许多场合下，刘勰是把这两种敌对的学派结合起来的。这是因为当时任何一件从全民创作的典籍采用出来的东西都被认为是儒家的。另一个原因是当时诗学的特点都具有世界观的双重性：儒家作为正统的标签，道家作为内在的理想和追求。因而刘勰的道家观也不得不用儒家的词语来掩饰”。波滋涅耶娃认为刘勰理论的这种特点在他涉及其他美学问题中随处可见。

与波滋涅耶娃观点相反，李谢维奇则认为刘勰的思想是属于唯心主义的。他说：“刘勰信仰唯物主义，这显然是过于草率，是没有什么根据的。刘勰肯定地认为，真正的创作过程，其根源在于‘道’。而这无形而存在的‘道’，正是刘勰著作所构思的基础。刘勰理论中的唯心主义，绝不会因他要求忠实再现现实形象的主张而得以消除。显然，刘勰总的说来是倾向于‘道’的概念的”。“我总的认为，我们不应当把刘勰并非享有的荣誉归属于他，因为他太伟大了，我们不能这么做。我们不应指望一位中世纪的作家表达超越其所处时代的思想，也不应该企图按照我们现代的观点把他拔高，使他显得比真实的自我更为伟大。”[1]

2. 关于内容与形式的关系问题。

波滋涅耶娃认为，从刘勰把书名用“文心”和“雕龙”就可以看出作者主张内容和形式是统一的。因为“文心”是文学思想，也即是内容；“雕龙”则指用语言来表达内容的技巧。可见“刘勰从追求美的愿望导致承认内容与形式的统一”，也就是必须“巨大的思想和美好的形式”兼备。由此她引出对于“风骨”的解释，她认为“风”

[1] 伊·李谢维奇：《刘勰与赋比兴的概念》，载《文心雕龙荟萃》，上海书店1992年版。

指思想，也指“空气”。“骨”指“正确的联词”。从刘勰用文学作品与鸟禽作比喻看，有文采而缺乏风骨的作品，犹如五彩绚烂的野鸡，飞不起来；有风骨而缺乏文采的作品，则如苍鹰高翔在天，也不能供人欣赏。所以他说：“无论是鸣凤，还是文学作品，都应当达到‘藻耀而高翔’的地步。这个比喻也显示了刘勰美学观念中形式与内容应当结合的标准。”①

3. 关于刘勰“风骨”的解释。

克利夫佐夫在他的论文《刘勰的美学观点问题》一文中说：《文心雕龙》“是中国旧文学批评史上最伟大、最深刻的文学批评和美学著作”。“刘勰以前的文学批评从来也没有提出如此宏伟的任务——从头到尾地透彻研究各种最重要的问题，或者用刘勰形象化语言说，‘振叶以寻根’”。“刘勰出色地完成了这个任务，显示了精明而敏锐的智慧。他的著作包含文学史和文学理论，鲜明地表达了他本人以及他的时代的美学观点。难怪研究者们把刘勰称之为‘批评家中的批评家’”。“在刘勰《文心雕龙》的美学范畴中，‘风’和‘骨’的概念占有很重要的地位，书中第二十八篇就是专门研究这两个范畴的”，“风是一个复杂的美学评价的概念，这个概念包括激情、生动性以及语调等方面的内容”，“骨和风一样，也是指内容及其表现手段——语言，这已不是就生动、活泼的观点而论，而是从表现力、准确而工整的观点来看的”。“刘勰认为，对于文学作品来说，‘风’和‘骨’是同样重要的，因此他说，它们对于文学的意义就像两个翅膀对鸟儿的意义一样。要是作品里有‘风’而无‘骨’，这就意味着，它虽然写得很生动，但是内容空洞；要是有‘骨’而无‘风’，作品虽有内容，然而没有活泼的力量和充沛的精神，或换句话说，没有生活的感情”②。

①《中世纪初的中国文学》，载苏联教科书《古代东方文学》，本节主要转引自李明滨：《文心雕龙在前苏联的译介和研究》，载杨明照主编：《文心雕龙学综览》，第61页。

②转引自王丽娜、杜维沫：《国外对〈文心雕龙〉的翻译和研究》，载《文心雕龙学刊》第2辑，齐鲁书社1984年版，第346—347页。

李谢维奇说:“风骨这两个字……结合在一起,成为一个统一的概念,就成了一个作为作品内部某种核心的定义。没有它,这样的作品就不能站立起来,就不能被认为是真正的文学现象”。“风”和“骨”二者何为内容和形式之因素呢?李谢维奇说:“在刘勰自己对文学作品的理解中,他推测出其中存在的三个方面,内部的,代表着作家本人的情感和思想;外部的,展现于我们面前的有形有色的形象;最后是某种中间的层面;在同第一个的关系上是外部的,而在同第二个的关系上,又是内部的,这就是在刘勰那里对‘风’和‘骨’概念的某种程度上成为传统的解释。”[1]

二、欧洲其他国家对刘勰及其著作的研究

刘勰及其著作被欧洲的汉学家所认识是从 19 世纪开始的。1867 年法国卫烈亚历写的《汉籍解显》中提到《文心雕龙》,他说:“《文心雕龙》是诗文评论的第一部著作,是刘勰在公元 6 世纪写的,被认为是体大思精的著作,但是目前的版本有缺点和很多错误,宋代出版的评论目前已丢失,清朝的黄叔琳以明朝的梅庆生的评论为基础,出版了《文心雕龙辑注》,是一个更完整的评论。”(原著 167 页)其他人写的《中国文学史》中皆不提刘勰及其著作。直到 1926 年苏联汉学家阿里可塞夫在巴黎法兰西学院作了有关“中国文学”的讲座以后,在他共分六讲的讲义稿第一讲中,以大量的篇幅介绍《文心雕龙》及刘勰。他说:“刘勰是一个公元 5 世纪有名的诗学家”[2]。10 年以后,这个讲义以《中国文学》书名出版。其中第一次把《文心雕龙·原道》篇译成法文。1951 年巴黎大学北京汉学研究所出版了王利器的《文心雕龙新书》,1952 年又出版《文心雕龙新书通检》。在欧洲,2000 年以前,有一些关于《文心雕龙》单篇的翻译,

❶转引自李逸津:《论〈文心雕龙〉在俄罗斯的传播与研究》,见《文心雕龙研究》第 3 辑,北京大学出版社 1998 年版,第 298 页。

❷转引自(意大利)珊德拉:《〈文心雕龙〉研究在欧洲》,见杨明照主编:《文心雕龙学综览》,第 54 页,上海书店出版社 1995 年版。

如多奎 1974 年用法文翻译了《声律》篇，朱利安 1984 年用法文翻译了《宗经》篇，1985 年又翻译了《丽辞》篇。意大利汉学家珊德拉 1982 年用意大利文翻译了《比兴》篇，1984 年又翻译了《原道》、《征圣》、《宗经》、《正纬》、《辨骚》和《序志》篇。珊德拉正在翻译意大利文全译本。2000 年在捷克已出版由捷克查理斯大学东亚系奥德维奇·卡尔教授翻译的捷克文全译本。论文有：唐纳德·吉布斯的《〈文心雕龙〉的作者——刘勰》、伊丽莎白·海因的《刘勰〈文心雕龙〉中"性"字的英文意义》、纪秋郎的《刘勰论"新奇"及俄国形式主义者不清晰的概念》等。

欧洲的汉学家自 20 世纪 80 年代开始，越来越多的人注意到对刘勰的研究，不断有论文发表，如瑞典夏谷的《〈文心雕龙〉的文学宇宙论和文学宇宙的境界》、罗多弼的《从历史的观点看〈文心雕龙〉提出的作家与现实的关系》等论文。据黄维樑调查，英国至今没有人关注刘勰及其著作的研究，更谈不上什么英译本问世了。

三、美国对刘勰及其著作的研究

（一）概述

刘勰的著作从什么时候传入美国，尚未发现这方面的考证，但美国却是第一个英文译本的诞生地。英文译本是 1959 年由美国哥伦比亚大学出版社出版，其译者是执教于西雅图华盛顿大学的华人施友忠。另有两篇关于《文心雕龙》研究的博士论文，分别是吉伯斯《文心雕龙的文学理论》，由华盛顿大学颁发博士学位。另一篇博士论文是 Paul Youg - shing Shao 的《刘勰：理论家、批评家、修辞学家》，他的指导老师为刘若愚，学位由斯坦福大学颁发。另外还有罗锦堂、蔡宗齐、林中明、孙康宜等学者近年来不断有关于刘勰及其《文心雕龙》方面的研究文章见之于书刊、报端。特别是林中明，不仅自己热心研究《文心雕龙》，而且还多次解囊资助有关刘勰及其《文心雕龙》研究方面的著作出版事业和学术会议。

1997年4月,美国伊里诺亚州立大学东亚语文系主办了一次"文学文化观:《文心雕龙》的现代理论探讨国际会议",会议由该校的蔡宗齐教授主持,凡美国东亚系研究中国文学的教授基本都入会参加了研讨。中国学者参加会议的有张少康、邱世友等诸位学者,会议在美国产生了一定的影响。

(二)部分学术观点简介

1. 关于风骨论的理解。

施友忠认为:"刘勰往往在笔下把风骨当作一个词语,以表示情志(ideas)和语言(language)的有机统一体。他说:'捶字坚而难移,结响凝而不滞,此风骨之力也。'又说:'若风骨乏采,则鸷集翰林;采乏风骨,则雉窜文囿。'刘勰此处所期待的,是既有'藻耀'又能'高翔'的作品,这就是风骨了,也就是他形容的'文笔之鸣凤'了。"①

2. 关于刘勰崇古主义的评价。

施友忠认为,刘勰称颂经典是一切文体的渊源,对经典里的正统思想表示虔诚的崇敬。但是他把经典作为文学批评时,他摒弃了一切陈词滥调,在真正的赞扬中增加了新的意义。且,当他称《离骚》是"词赋之英杰"而同时又称它是"雅颂之博徒"时,他明确地说是一种独立于《诗经》之外的诗歌,当他复述传统的关于诗歌的作用和发展的理论时,他这样做似乎只是出于习惯而不是出于信仰。他相信文学是适应时代的需要而发展的,每一个新的时代赋予文学以新的价值和观点,这种看法是跟墨守传统的思想格格不入的。诗歌必须根据"通变"的原则发展、变化,以满足新的时代的新的需

① 施友忠英译本《文心雕龙》,1983年版《导言》。

要。这个顺应变化的原则是与他劝告人们回到经典的同时宣布的。他在劝人们崇奉经典的同时,他又批评那些"贵古贱今"的流行看法。根据他书中的主调,我们不能不得出这样的结论:他的保守主义只是习惯问题,而他的发展观点才是出于信念的东西。他口头上奉承经典,真正的心思却用在纯文学的因素研究上。即使在论述经典的时候,他更多的是给它们以文学的评价,而不是道德上的阐述。对他来说,经典之所以重要,是因为他们具有文学价值;他不认为文学价值要取决于是否合乎经典。

刘勰在书的下半部讨论文学的要素时,他脱离古典主义的倾向就更加突出了。他几乎完全只谈纯文学的东西。在归纳的八种风格中,只有一种"典雅"涉及《书经》和《诗经》。在他对个别作家及其作品进行评论时,这两个词也是指"优美"和"高雅"的意思。因此非常清楚,不论他认为经典的东西有什么价值,这种价值也仅仅是他众多文学价值里的一种。他把经典拉回到地上,让我们把它们当作文学作品来赞赏。既然刘勰的文学观点是这样,那么说他的体系中经典的东西只是和其他的任何一种文学因素起着同样的作用,该不至于有什么大错。因此,如果把刘勰称为古典主义者,不能不说是很不公正的。[①]

针对施友忠的上述观点,执教于美国耶鲁大学的孙康宜提出不同意见,他在《刘勰的文学经典论》中认为施氏的观点是对刘勰宗经思想的一种"误解"。他说:"了解刘勰之文学基本信念的当代学者主张刘氏并非一个真正的儒家经典的拥护者,他只是对儒家学说表现出一种'口头奉承'而已。"孙康宜认为,施友忠这种立场的问题在于蹈入了一种"误解","此误解就是将儒家经典与文学的关系做了'二分法'的判断,从而导致许多人忽视了刘勰对儒家文化及

①见施友忠:《〈文心雕龙〉英译本序言》,曦钟译,载《文心雕龙学刊》第2辑,第360—362页。

其在文学典范中的角色所持有的创新见解”。[1]

3. 关于刘勰的生平。

关于刘勰生平身世方面的研究，美国学者很少有专题论文，仅见施友忠在英文全译本《导言》中述及此事。施氏认为刘勰是“南东莞人”，“在他大约20岁的时候，母亲去世了。他终生不曾婚娶，这一方面是因为贫穷，另一方面无疑也是由于他信仰佛教的缘故”。“他参与了《弘明集》的准备工作”。“《文心雕龙》写于南齐”[2]。施氏的这些说法都是因袭了前人的成说，没有自己新的见解。

（三）施友忠及其英文全译本《文心雕龙》

施友忠（1902—2000），美国名字为 Shih，Vincent. Yu－chung，福建福州人。1926年入北平燕京大学哲学系研究院，师从冯友兰、黄子通。1936年获美国南加州大学奖学金，赴美就读于南加州大学哲学研究所，1939年获南加州大学博士学位。回国后任教于云南大理民族文化书院。1942年燕京大学在四川成都复校，任教于母校。1945年5月去美国，任教于西雅图华盛顿大学。1973年退休。

《文心雕龙》英文全译本，施友忠译，1959年[3]由哥伦比亚大学出版社出版，书名为《文心雕龙：中国文学思想》列入哥伦比亚大学文化史料丛书，在这个译本中，译者随译文有注释，书前撰有长篇《导言》。

英译本的出版缘自当时担任哥伦比亚大学副校长的汉学家狄百瑞教授（William de Bary.）在哥大任教“中国文化”课程时，狄常把一些中国文学及思想译成英文，当他读到施友忠在远东学会宣读的一篇英文论文《文心雕龙之古典主义》时，便立即请施友忠把《文心雕龙》全部译写出来。在华盛顿大学研究基金资助下，当全文译写出来之后，因出版社急于出版，施氏来不及撰写一篇自我满意的

[1] 孙康宜：《刘勰的文学经典论》，载《文心雕龙》学会编《文心雕龙研究》第3辑。

[2] 施友忠：《〈文心雕龙〉英译本序言》，曦钟译，见《文心雕龙学刊》第2辑，第353—364页。

[3] 该书初版于何时，笔者未见到美国版本难下结论。王丽娜、杜维沫在《国外对〈文心雕龙〉的翻译和研究》一文中说是1958年初版，台湾王更生编的《台湾近五十年〈文心雕龙〉研究论著摘要》说是1959年初版，今从。

前言，于是就把在远东学会上宣读的《文心雕龙之古典主义》作为《导言》附在书前。[1]数年后，作者又将刘勰之思想体系重新划分整理，把《文心雕龙》的有机统一性结构以及《文心雕龙》在中国文学批评史上的地位等方面的内容并与初版导言融合在一起，成为《文心雕龙》新版《导言》，这个《导言》张错先生认为是“俨然自成中国文学批评之一家学说”[2]。

由于施氏是一位哲学家，与以往文学理论家相比，自有一种独特的视角，所以施氏的新版《导言》给人耳目一新之感。

1970年，施氏征得哥伦比亚大学出版社之同意，收回版权，乘赴台湾休假之便，交由台湾中华书局再版发行。台湾版的译本已改为中、英文对照，全书383页，首页有中、英文对照《文心雕龙简介》，次为台湾大学中文系教授郑骞写的《序》以及施氏1970年《中英对照本文心雕龙出版前言》，1957年《卷首语》，其次为目录、《引言》，以下为正文。正文之编排，除《序志》提到卷前之外，其余一律按通行本篇次。英文在前，中文附后，注解录于每篇之末，分篇则另起，末载本书《索引》。

施氏的这个英译本出版之后，受到广泛好评。海内外学者多有专文评介，皆认为不仅有助于向西方学者介绍中国文学理论，而且对于国内学者阅读古籍，亦极具启发作用。

（四）林中明及其《斌心雕龙》

近些年在美国的汉学家多为美籍华人，他们积极宣传中华文化，或在高校开设中华古典文学，或开设中国历史专题课程，《文心雕龙》亦是他们开设的课程之一。这方面突出的有蔡宗齐、汪荣祖和林中明。

林中明，1944年6月16日出生于四川成都，祖籍广东新会县，

[1] 该《导言》已由曦钟译为中文刊发在《文心雕龙学刊》第2辑中，主要观点本书已作了征引介绍。

[2] 杨明照主编：《文心雕龙学综览》，第321页。

现为美国籍。台湾成功大学电机系毕业，美国南美以美大学电机专业硕士。斯坦福大学访问学人；又曾创业开发晶片集成设计软件，发表论文多篇。已获美国科技专利36项，现任职于美国张敬国学基金会。

林中明虽然所学专业为理科，但其母亲张敬是台湾大学著名国学教授。为继承父母之志，林中明潜心国学研究。近年来，他来往于中美和港台地区做巡回演讲，在多项国学学术研究会发表论文40余篇。研究范围涉及《文心雕龙》、《孙子兵法》、《昭明文选》、《诗经》、杜甫、陶渊明、白乐天、陆游、“汉字书法教育”、楚文化、国际关系地缘经济、亚洲环保、汉字“繁简字学理”及改良、道教文化与科技创新、中华文化对电影蒙太奇发明的影响、魏晋南北朝儒道文化及科学思想、八大山人及石涛艺术、地理历史对文化文学的影响等诸多方面。近年又以其母亲之名创办了“张敬国学基金会”，资助有关《文心雕龙》及其他国学方面的研究论著的出版和各种学术研讨会议。著有专书《斌心雕龙》。其新书《诗行天下》将由“中国《诗经》学会”于2009年底出版。

《斌心雕龙》，林中明著，2003年12月由台湾学生书局出版发行。该书由16篇论文组成，包括冯友兰的访问记，涉及文、史、哲、禅、书法、兵略、经济、商业管理等多样性的内容。书前有张寄谦、王更生、林中斌和作者自己撰写的四篇序言。其主要内容共分为五个方面。第一，“文化传承方面”的文章为《从北大到台大——记台静农先生》、《点窥冯友兰先生——六四前夕三松堂访谈记思》；第二，“斌心雕龙”方面的文章为《刘勰、〈文心〉与兵略、智术》、《斌心雕龙：从孙武〈兵经〉探解文艺创作》、《〈檄移〉的渊源与变迁》、《九地之下，九天之上——〈庙算台海〉代序》；第三，“文学的多样性”方面的文章为《谈〈谐隐〉——兼说戏剧、传奇里的谐趣》、《陶渊明的多样性和辩证性以及名字别考》、《杜甫谐戏诗在文学上的地位——兼议古今诗家的幽默感》；第四，“艺贵有格”方面的文章为《从刘勰〈文心〉看八大山人的艺术、人格——兼由“文艺复兴”看〈文心〉的发扬与创新》、《字外有字——兼论汉字书法在人类文化史上的地位及21世纪的竞争力》;第五,“文化源流和发扬创新”方面的文章为《中西古代情诗比探短述——并由〈易经·乾卦〉推演“赋、比、兴”的几何时空意义》、《广文选源变举略:从〈诗经〉到桐城》、《由〈文心〉、〈孙子〉看中国古典文论的源流和发扬》、《旧经典活智慧——从〈易经〉、〈诗经〉、〈孙子〉、〈史记〉、〈文心〉看企管教育和科技创新》、《禅理与管理——慧能禅修对企管教育与科技创新的启示》、《全书后记:一代又一代之学》。最后是“致谢”和“英文目录”。张寄谦在“序言”中称该书为“一部异彩纷呈的著作”,称林中明为“黑马式学者”。林中斌在“序言”中称该书为“中华文艺复兴的晨曦”。台湾著名“文心学”家王更生在其“序言”中说:“林君中明向以光电、资讯之学名世,后受母教激励,发奋苦读。除于孙武《兵经》、刘勰《文心》深造有得外,并以与现代科技新知、欧美古今名著参互印证,著为文章,扬声国际。近年汇整其多年公开发表的学术论文,成《斌心雕龙》一书……至于将刘勰《文心雕龙》中的文艺理论与孙武《兵经》中的兵学理论结合,再借用科技新知和欧美作品,彼此激荡生发,而又著为文章,加以阐扬的,尤为少见。1995年,‘国际文心雕龙学术研讨会’在北京召开,林君即以《刘勰〈文心〉和兵学思想》为题,发表他多年钻研的心得,立即引起与会学者的关注和讨论。期间固不免有是非两可的争议,但会后大家均以为,能合刘勰《文心》与孙武《兵经》为一炉而冶之,确实替当前《文心雕龙》研究的困境拓展了一片新的领空……兹后,他又在‘中国第四届国际《孙子兵法》研讨会’中,再从《斌心雕龙》的主题出发,发表了他的《从孙武〈兵经〉看文艺创作》。其高论鸿裁,虽如空谷哲音,但却引起了当代兵学家们的注意,并深受赞许,推为应届学术论文中的压卷之作……今读林君此书,无论是谈‘文化传承’，论‘斌心雕龙’，讲‘艺术风格’，或‘文化源流’，无一处不闪耀着《文心》和《兵经》的光环，无一词不凝聚着辛苦经营的结晶，无一义不跳动着中华文化的脉搏……今林君师法古圣先贤，以孙武《兵经》与刘勰《文心》为研究中心，旁涉百世，汇通中外，合文事、武备的理论加以升华，并与现实生活需要相结合，将之应用到经学、史学、子学、文学、美学、戏曲、小说、科学技术、企业管理、投资理财等各个层面。因为作始也简，在说理取证方面，容或有不令人满意之处，但无可否认的，其或破或立，不与俗同的观点，可谓空前未有之创获。”“林君之于行文，多如大块噫气，有天马行空，意到笔随之势。”[1]日本福冈大学海村惟一教授评论说：“由《文心雕龙》（496—497）到《斌心雕龙》（2003），‘文’与‘武’之相通，竟花了1500多年。但是，最终还非得由美籍华人的‘黑马式学者’来完成这‘相通’，所谓‘文武之道，一弛一张’。《斌心雕龙》的作者林中明在《斌心雕龙：从孙武〈兵经〉探解文艺创作》的后记里说道：论文集后由中国军事科学出版社于1999年11月出版。……但书中篇名误排《斌心雕龙：从孙武〈兵经〉看文艺创作》为《〈文心雕龙〉里的兵略思想》，把‘斌心’擅自改为‘文心’；将作者所在地误书‘中国·台湾’，而不是论文上注明的‘美国·加州’。可见‘文武对立’已久，‘文’和‘武’两边都不能真正做到‘文武合一’，以至连专业编辑都犯了‘心眼不一’的错误。由此更可以了解这篇文章与‘传统’的‘文武对立之学’在观念上有‘颠覆性’和‘根源性’之大不相同。而这正是作者撰写这篇文章以纠正和扩大今人和后之学者对中华文化了解的重要原因之一。《孙子》说‘知己知彼，百战不殆’。我们做学问也是应当如此，只是‘说易行难’耳。笔者认为林中明的《斌心雕龙》开启了当代龙学研究第三期之门。此书不仅做到‘文

[1] 王更生为林中明《斌心雕龙》撰写的序，又载王更生：《文心雕龙管窥》，台湾文史哲出版社2007年版，第300—309页。

刘勰及其著作研究的部分成果出版物

《文心雕龙》外文出版物

武合一’，而且把科学方法论引进了‘龙学’研究，使‘龙学’走出‘研究’，开始通过‘科学实验’，合‘文武’以‘雕龙’，即在研究的基础之上进行研究者自身的创作。这也许可以称为‘后当代龙学现象’。”

由于林氏自幼浸淫于家世国学氛围，又因操持现代科技之业，加之个人聪慧多艺，勤于苦心钻研，常语惊四座，文章新见叠出名世。读其书多有另见一方天地之感，不容你不生出诸多奇思妙想。此书是“龙学”研究史上，首部多学科镕冶铸就的专著，尤为新颖夺目。

第五篇 历史遗存 纪念物

第一章 历史遗存

有关刘勰的历史遗存,今只有定林寺和《梁建安王造剡县石城寺石像碑》。根据文献记载,全国共有六个定林寺:江南有南京钟山上定林寺;下定林寺、南京方山定林寺和京口定林寺;江北有山东莒县浮来山定林寺和河北真定定林禅院。对这六处定林寺,史学界笼统地称作南定林寺和北定林寺。

第一节 南定林寺和北定林寺

一、南定林寺

南定林寺是指江南定林寺,它又分为南京钟山定林寺、南京方山定林寺和京口定林寺。钟山定林寺又以建寺时间先后分为钟山下定林寺和钟山上定林寺。

(一)钟山下定林寺

唐人许嵩著《建康实录》在刘宋元嘉元年(公元424年)条目下记:"置竹林寺……又置下定林寺,东去县城十五里,僧览造。在蒋山陵里也。"宋代的《景定建康志》记云:"下定林寺在蒋山[1]宝公塔西北,宋元嘉元年置,后废,今为定林庵,王安石旧读书处。"元代《至正金陵新志》原文照录上文。

❶蒋山,即指今南京钟山。《首都志·山陵上》说:"首都之山,钟山最高,在中山门外,海拔达千四百尺。有蒋山、金陵山、紫金山、金山、神烈山诸异名。"并引《同治上江志》说六朝事迹引《吴录》:"吴大帝祖讳钟,汉秣陵尉蒋子文死事于此,改曰蒋山矣,或曰蒋山,古金陵山,楚以目县焉。"《建康志》引庾阐《扬都赋》注云:"元帝渡江之年,望气者曰:'蒋山上有紫云,时时晨见'。世又谓之紫金山。"《艺文类聚》引徐爰释《问略》曰:"建康北十余里有钟山,旧名金山,盖省紫名金矣。"明嘉靖中改为神烈山,则孝陵在焉。

《南朝佛寺志》定林寺条下说:“定林寺在钟山下,其地名蒋陵里,宋元嘉元年为僧慧览而造也。越十二年,昙摩密多移建上定林寺于山西,人遂此为下寺。其时高僧有求那跋摩、僧镜、昙无谶等,皆居于此,而梁天监中,以寺前独龙阜为宝志造塔,又乞释僧祐于寺之旧基,盖寺自齐后已久废矣。逮赵宋复就旧址创定林庵,为王安石读书处云。”同书《考证》说:“宋京师定林寺僧慧览传:宋文帝请览下都止定林寺。……宋《定林寺僧镜传》:宋世祖籍甚(应为‘其’字,误刻为‘甚’字,今据《高僧传》改正)风采(《高僧传》为‘风素’)敕出京师,止定林下寺。宋《河西昙无谶传》,又于钟山定林寺译出《佛母泥洹经》一卷。”[1]

由以上所引文献可知,钟山下定林寺始建于刘宋元嘉元年(公元424年),位于今南京钟山南麓玩珠峰独龙阜之北,即今明孝陵的西北一带。该寺规模很大,一些名僧曾在寺住持并传经著书。

说该寺规模很大,是据宋人张敦颐的《六朝事迹编类》卷一一记述说:“梁武帝天监十三年(公元514年)(《南朝佛寺志》记为天监五年,高僧释宝志逝世,武帝对这位高僧十分敬重)以钱二十万,易定林寺前岗独龙阜,以葬志公。永定公主以汤沐之资,造浮图五级于其上。十四年即塔前建开善寺,今寺即其地也。”[2]下定林寺以钱二十万将寺前岗卖于朝廷另造大寺,足见其原有地盘之大。由于原下定林寺地盘缩小,寺院香火渐息,后废,但何时停了香火,史载不详(从《南朝佛寺志》看,似废于齐)。[3]

此定林下寺,与刘勰无涉,史载刘勰依沙门僧祐居处十余年的定林寺是指上定林寺,后来出家为僧的也是上定林寺。

(二)钟山上定林寺

[1]《南朝佛寺志》,江苏广陵古籍刻印社1996年版,第135—137页。

[2]张敦颐:《六朝事迹编类》,商务印书馆1936年版,第149页。

[3]赵宋时期,定林下寺处建有定林庵。宋神宗熙宁九年(1076年),王安石第二次罢相归隐金陵,野居钟山半道上的“半山园”。王安石特别喜爱钟山风景秀美,常游览钟山景色,疲倦时常到定林庵歇息。后来就在定林庵内建了一个供自己读书写字的地方,称为“昭文斋”。王安石对定林庵的风景特别喜欢。他在《咏定林寺》诗说:“定林青木老参天,横贯东南一道泉。六月杖藜浔石路,午阴多处异潺湲。”又《咏定林所居》(即昭文斋)诗云:“屋绕弯溪竹绕山,溪山却在白云间。临溪放艇依山坐,溪鸟山花共我闲。”王安石的这两首诗基本上反映了下定林寺的风景和那条小溪的原貌。定林庵房屋今犹在,小溪流水潺潺,横贯寺院中间,供游人参观。

钟山上定林寺，建于刘宋文帝元嘉十二年（公元 435 年），为南朝高僧昙摩密多所创建。《南朝佛寺志·上定林寺》条说："上定林寺，宋元嘉十二年高僧昙摩密多所移建也，在下寺西山上。或曰元嘉十六年竺法秀所造。"[1]又梁释慧皎撰写的《高僧传·宋上定林寺昙摩密多传》说："昙摩密多，此云法秀，罽宾人也。"由此可知竺法秀、法秀、昙摩密多，都是指的一个人，他是罽宾国僧人，即今克什米尔僧人。据《高僧传》记载，竺法秀是一位深究禅法的高僧，译著有《禅法要》、《普贤观》、《虚空藏观经》、《禅经》等，"常以禅道教授，或千里谘受，四辈远近，皆号大禅师焉。"[2]他于刘宋元嘉十年从荆州东下建康，住钟山下定林寺。竺法秀天性凝靖，雅喜山水，认为钟山镇岳，埒美嵩华，常叹下寺基构，临涧低侧。于是他就乘高相地，揆补山势，于元嘉十二年（公元 435 年）斩石斫木，营建上寺。胡三省注《资治通鉴·齐纪八》说："定林寺，旧基在蒋山应潮井后。"

钟山上定林寺建成后，由于竺法秀的努力经营，发展很快，名僧硕学，不断光临斯寺，到宋元嘉十六年（公元 439 年），律学和尚法献也来到上定林寺。他博通经律，是当时著名的律学大师。当时的政界名流如"琅邪王肃、王融，吴国张融、张绻，沙门慧全、智藏等，并投身接足，崇其诫训"[3]。足见其"律行精纯，德为物范"。宋元嘉十九年（公元 442 年）竺法秀圆寂后，上定林寺由法献任住持。齐永明中与玄畅同被敕为僧主，分任长江南北两岸。

释僧远也于大明六年（公元 462 年）来到上定林寺传经说法。鉴于僧远声誉之大，齐太祖将登位之时，特入寺求访，僧远足不下床，太祖躬自降礼，咨访委悉。齐太祖登位以后又亲至上定林寺造访僧远禅房，僧远坐禅不动。至于寝疾，文惠太子、文宣王都伏膺师礼，数往问候，时贵卿士往还不绝。齐永明二年（公元484年）正月，

❶《南朝佛寺志》，第 153 页。
❷释慧皎：《高僧传》，中华书局 1992 年版，第 121 页。
❸释慧皎：《高僧传》，中华书局 1992 年版，第 489 页。

僧远在上定林寺圆寂，齐武帝亲自致书时任上定林寺的住持释法献，自称为僧远的弟子。竟陵文宣王也以弟子致书说："远法师一代明德，志节清高。"[1]葬后，太尉王俭亲为撰写碑文。

刘宋元嘉年中，上定林寺创建不久，南朝著名律学法师僧祐也来到定林寺，先师事法达法师，后师事法献法师，遂大精律部，有励先哲。齐竟陵文宣王每请其讲律，听众常达七八百人。永明中奉敕入吴讲《十诵》，更申受戒之法。凡获取的信施，悉以治上定林寺和建初寺，在定林寺筹建无遮大集舍身斋并造立经藏，搜校卷轴，使上定林寺更为宏伟。又据僧祐《出三藏记集》卷一二记有《定林上寺太尉临川王造镇经藏记》征知僧祐在建造经藏时，临川王萧宏也出资力不少。梁武帝对僧祐更是倍加礼遇，凡僧事硕疑"皆敕就审决"。"临川王萧宏，南平王伟，仪同陈郡袁昂，永康定公主，贵宾丁氏，并崇其戒范，尽师资之敬"[2]。

上定林寺就是这样一座名僧硕学云集，帝王、贵卿、士族高门悉心施舍，与历代皇室关系极为密切的著名寺院。院内丰富的藏书，成为当时南朝最大的图书馆之一。就是这样一座寺院，吸引当时年轻的学子刘勰到建康依之居处十余年。

根据文心学家的考证，刘勰大约于齐永明七八年间（公元489—490年）至建康入斯寺投师僧祐，想以此作为基地，得到名僧硕学的引荐，以进身政界，讨个出身，达到他"树德建言"的目的。

天监七年十一月，刘勰再次奉敕入上定林寺撰写《众经要抄》，至八年四月功毕，返回政界。大约在天监十八年，刘勰第二次奉敕入上定林寺校经。这一次校经功毕之后，或许对皇室宫廷斗争和政界的尔虞我诈产生厌倦，或许对自己的政治前途失去信心，愤而燔发自誓，启求出家，得到武帝敕许，并赐法名慧地。

❶释慧皎：《高僧传》，中华书局1992年版，第319页。
❷释慧皎：《高僧传·僧祐传》。

(三)方山定林寺

方山定林寺,建于赵宋乾道(1165—1173年)末年,为秦高僧善监所创建。

明葛演亮著的《金陵梵刹志》卷一〇记方山定林寺曰:"在廓城高桥门外,正阳门三十里,所统灵谷寺四十里,东城天印山后,宋乾道末年,秦高僧善监创。按:上定林寺在钟山,寺废,因请其额于此,遂名定林。元至正间重修,国朝弘治五年重建,山林幽静。"

由文献资料征知,方山定林寺始建于南宋乾道(1165—1173)年间,距刘勰活动的时间晚了近700年,只是使用了钟山上定林寺的名额,与刘勰生平毫无关联。"目前该寺建筑早圮,仅存一座砖塔,古色苍然,欹斜欲倾,孤立在方山半腰丛林中"[1]。

(四)京口定林寺

京口定林寺的说法,最早见于莒县浮来山定林寺刘勰故居内陆侃如撰写的《刘勰年表》中。该年表1963年撰成后,由书法家蒋维崧书为六幅,长期悬挂在莒县定林寺中,世人多不知。到20世纪80年代,牟世金的《刘勰年谱汇考》撰成后,将陆氏的这个年表附在了文末于1988年由巴蜀书社出版,于是一个"京口定林寺"之说就在文心学界传开了。陆氏的这个年表说:"刘勰24岁左右,僧祐到江南讲佛学,刘勰和他两人同住在定林寺里。……这里所说的定林寺,应指京口的庙宇。"[2]1993年《莒县文物志》(由齐鲁书社出版),也将"京口定林寺"之说写进了书中。《莒县文物志·莒县名胜·浮来山》一节中提到刘勰"曾在京口定林寺编撰《众经要抄》"。

京口,东汉末、三国吴时称为京城。东晋南朝时,因此城凭山临江,通称京口城,由此看来,京口就是如今的江苏镇江市。

但是在镇江的历代官修志书和私人著述的文献上,均不见有京

❶韩品峥:《刘勰与定林寺考》,载《东南文化》2001年第1期。

❷牟世金:《刘勰年谱汇考》,巴蜀书社1988年版,第153—154页。

口定林寺的记载。究其谬因，盖源出陆侃如为莒县定林寺刘勰展室所撰写的《刘勰年表》。

二、北定林寺

北定林寺多指山东莒县定林寺，今见河北正定县又有一寺，古称真定定林禅院，今将二寺统称北定林寺。

（一）莒县浮来山定林寺

莒县城西9公里处有一山，名曰浮来山，又名浮丘，元代称定林山。浮来山由三峰组成，北为“佛来峰”，南为“飞来峰”，西为“浮来峰”。对于浮来山三峰名称的由来，自古充满着神话传说。据《莒县文物志》记载，传说在远古时代，有一位神仙云游至此，见此处一片平原，沭河独穿南北，犹如一条绿色长带，好一派宜人景色，唯觉不足，少一青山点缀。于是便略施法术，从远处挟来一山，安放于此，即“佛来峰”。后来水神漂游至此，见一峰独立，好不孤单，于是也略施法术，从水上漂来一山与佛来峰相依而立，即“浮来峰”。两峰相立，不成格局，一夜之间，不知从何处又飞来一峰，坐在山两峰之南，形成三山连体，三峰鼎立，于是这种神话世代相传，统称三山为浮来山。

莒县定林寺山门

关于这山的神话传说，固不可信，但山上却不时发现有三叶虫化石和其他海洋生物化石，说明此处在远古时代曾是一片海洋，待海水退去之后，山才现于陆地，定林寺就坐落在佛来峰南面的半山腰间。

从南山门沿一大道北进，穿过层层松柏林木，便进入一个三峰环抱的山旺，在这山旺的北侧有一棵遮天蔽日的大银杏树首先映入人们的眼帘，这棵商代所植树龄3300余岁的大银杏树就植根于定林寺院内大雄宝殿门前。沿山路左侧拾级而上，便是定林寺山门，山门上悬一匾额，上书“定林寺”三个金色大字，苍劲雄浑，庄严肃穆。山门的左侧竖一石碑，上书“刘勰故居”四个大字，并镌“山东省重点文物保护单位”。

全寺南北长95米，东西宽52米，总面积4940平方米。整个寺院分为前、中、后三进院落。以山门、大雄宝殿、校经楼、三教堂为中轴。大雄宝殿作为整个寺院的建筑主体向前后左右展开。东西两厢对称。向后以山势逐级抬高。整个建筑为砖木结构，灰瓦朱柱，飞檐螭首，画栋雕梁，轩敞典雅，虽无南方寺院的大飞檐，却颇具北方建筑的古朴风韵。

浮来山定林寺的具体建筑尺寸为：山门通高7.1米，大雄宝殿通高9.2米，进深三间。殿内中为释迦牟尼像，文殊菩萨和普贤菩萨分侍。释迦牟尼左右为阿弥陀佛、观世音菩萨和大势至菩萨。释迦牟尼、阿弥陀佛和药师三尊同处一室，分坐列班，肃穆庄严，栩栩如生。

与大雄宝殿相配的西侧是泰山行宫，通高6.8米，进深两间，面阔3间，殿内中为泰山娘娘，由报事灵童和挑水哥哥分侍左右；西侧是眼光娘娘，东侧为送子娘娘。

与大雄宝殿相配的东侧是关帝庙（殿）。通高6.55米，进深两间，面阔3间，殿正中为关公，两侧有关平和周仓分侍。

在大雄宝殿门前的这棵大银杏树，号称“天下银杏第一树”。它遮天蔽日，几乎覆盖了半面山腰。树高26.7米，周粗15.7米。有一首诗是这样说的："蓦看银杏树参天，阅尽沧桑不计年，汉柏秦松皆后辈，根蟠古佛未生前。"寺内有清代莒州太守陈全国的一通诗碑，上刻诗一首："大树龙盘会鲁侯，烟云如盖笼浮丘。形分瓣瓣莲花座，质比层层螺髻头。史载皇王已廿代，人径仙释几多流。看来今古皆成幻，独子长生伴客游。"这"大树龙盘会鲁侯"的典故是指《春秋左传》上说的"隐公八年（公元前715年），九月，辛卯，公及莒人盟于浮来"一事。

由银杏树下进月洞门，是一幽静小院，这便是定林寺中院。院内青桐参天，垂槐罩地。透过树荫叶缝，迎面是一座二层小楼，造型古朴，玲珑别致，门额上镌有"校经楼"三个大字，系郭沫若于1962年题写。室内现为刘勰生平事迹陈列物，正面墙上悬挂着由著名画家王小古和黑白龙创作的刘勰画像。刘勰像的两边是著名文心学家陆侃如1963年撰写、蒋维崧手书的《刘勰年表》，地面上的玻璃柜中，陈列着《文心雕龙》的历代主要版本和近现代人研究刘勰的著述书籍。

校经楼的西侧为禅房，东侧为十王殿，通高7.1米，进深两间，面阔3间，殿内正中是地藏王像，十王阎君分列左右。形态各异，栩栩如生。

出校经楼院，拾级北上，是一片高台平地院落，内有一株干围三合抱的银杏树，传为唐代栽植。树侧有明代重修三教堂碑和清代进士庄瑶的游定林寺观银杏碑及浮丘八景碑。院内建筑为三教堂，通高7.9米，进深两间，面阔3间。殿内正中为释迦牟尼，东为老子，西为孔子。

莒县定林寺始建于何时，文献未有明文记载。在唐代道宣著的《续高僧传·昙观传》中有"隋仁寿中岁昙观奉敕送舍利于本州定林寺"之语。昙观和尚是莒州人，"本州定林寺"显然是指莒县定林寺，由此可知这莒县定林寺在隋代就已名闻京城，不仅名扬佛界，连皇帝政要也都知晓，可见在隋代就已是一所名刹。

清同治十三年（1874年），山东按察使长赓撰写的《重修定林寺碑》

中说："浮来山定林寺，即刘勰校佛经处，余于同治甲子五月间，署兰山令，并摄莒篆。时带弁勇来大银杏树下，席地饮食，嘉荫数亩。睹殿宇摧残，窃谓不可无以更新之。寺内有古铁佛遗像，其为六朝北魏时创建无疑。"

这样一座与江南钟山定林寺重名的古刹到底与刘勰有多大关系，文心学界意见不一致。这一争论并非始于现在。早在清代就有人主张浮来山定林寺与刘勰有关。长赓在清同治十三年的《重修浮来山定林寺碑记》上说："浮来山定林寺，即刘勰校经处。"定林寺内的光绪元年《八景碑》上莒州学正李厚恺的小记中说："考定林寺，实萧梁刘舍人彦和所创建，舍人老退闭关，校定经藏于此。"这位学正考的什么史料，不得而知。1984 年萧洪林和邵立均撰写的《刘勰与莒县定林寺》一文在《文史哲》第 5 期发表，力主莒县定林寺是刘勰所创建，曾引起争论。首先王汝涛、刘家骥等几位学者在 1987 年的《文史哲》上发文章否定萧、邵的意见，认为刘勰在钟山定林寺校经功毕后，遂请求出家，"未期而卒"，加之当时南北对峙，没有北归的条件。牟世金在他的《刘勰年谱汇考》注八十八中，对刘勰是否晚年回到了北方的说法，持同情态度。他说："刘勰之变服，实为失志退隐。然钟山定林寺，近在京郊，达官贵人，往来不绝，故刘勰之居定林，乃退而非隐。其返回故里亦非不可。然史实不足。"[1] 1996 年《文心雕龙》学会在日照举行第五届年会暨学术研讨会，苏兆庆以《莒县定林寺与刘勰晚年北归》一文提交大会，会议期间，时任《文心雕龙》学会常务副会长的张少康到莒县调查，并将调查资料写成了一篇《刘勰晚年是否北归东莞——刘勰故乡莒县访问记》，连同苏兆庆的文章一起发表在《北京大学学报》1997 年第 3 期上，两人都认为刘勰北归的可能性很大。张少康在文章中说："曾

[1] 牟世金：《刘勰年谱汇考》，第 142 页。

经在拙作《文心雕龙新探》中说：‘萧统一死，刘勰在政治上失去依靠，且东宫易主，刘勰也自然不可能再在东宫任职。刘勰在政治上已无大的发展前途，且梁武帝后来与萧统亦有矛盾，故而刘勰在这种情况下退出政治舞台，再次入定林寺撰经，并表示出家，是完全合乎情理的事了。’刘勰晚年在政治上受到冷落，其境况是比较凄凉萧条的，既然在南朝的都城建康（即今南京）不受重视，燔发出家后，回到北方故乡定居，传播佛学也是有可能的。……根据我实地考察访问和查阅文献资料的情况来看，对刘勰晚年出家后是‘未期而卒’（《梁书·刘勰传》中语）还是潜归故里隐居浮来山，确是值得重新加以认真研究的。从目前来看，后一方面的说法还缺乏很确凿的材料，但也并不是完全没有根据的。把它看成是没有学术价值的、仅仅是乡里攀附名人的无稽之谈，也是不妥当的。”

（二）真定定林禅院

真定定林禅院，在今河北省正定县，全名为“真定十方定林禅院”，建于金元年代，具体年代不详，现在已无任何遗迹。该寺毁废年代也不详。

第二节　梁建安王造剡县石城寺石像碑

《梁建安王造剡县石城寺弥勒石像碑》，当地人又称“刘勰碑”，原竖立在今浙江省新昌大佛寺，可惜原碑已失。1983 年新昌县文管会为了恢复这一景观，请当代著名书法家姜东舒补书。姜东舒以中字隶书，费时 15 个昼夜完成这一杰作。并请青年雕刻家屠振权费时 6 个月，刻在了高 2.1 米，宽 1.14 米，厚 0.1 米的西坑石上，重新竖立在弥勒殿前东首厢房廊下，为新昌大佛寺增色不少，海内外佛徒、书法爱好者、文学爱好者以及游客们每每驻足而读。

第二章 纪念物

一、文心亭

出莒县定林寺山门，越过进山坡路，跨过柳桥，便进入怪石峪中的文心亭下。亭为六角飞檐六柱，柱因立于高低不一的层石上，所以6根柱高低不一，最高柱至亭檐为3.6米。亭下有一巨石，上书篆刻“象山树”三个字，字大径尺，竖排，左边落款也是篆字，有人识为“隐士慧地题”。《重修莒志》记为“怀仁蒇休题”。亭南6米处有一青石碑，高1.8米，宽0.82米，厚0.2米，碑上书有“文心亭”三个大字，左边落款为“郭沫若，1962年2月27日”。此乃1962年为纪念《文心雕龙》成书1460周年而建[1]，属纪念性建筑。

二、文心路

在莒县城有一条东西大街，名为文心路。文心路东至沭河桥，西至西环路，东西长5145米，宽为30米，系水泥路面。在文心路中段有一宾馆，名“文心宾馆”，系目前莒县最高规格的外宾接待处。

[1]原碑在亭东4米处，“文化大革命”中被毁，今碑为“文化大革命”后仿制，系1978年重立。

三、文心广场

文心广场，坐落在莒县城文心路中段北侧。广场东西宽245

米，南北长560米，中间为一椭圆形400米大道，宽11米，全系0.6米见方的花岗岩石板铺砌而成（此道原系县体育场跑道）。其余地面为草坪和水泥板铺成，广场南部为一半圆形平台，中间有一大喷水池。平台全由花岗石板铺砌而成。广场的西南部有三层楼房，为老干部活动中心及老年大学。广场中心四百米椭圆形大道中间是草坪，草坪中间有莒县标志性建筑，即大形“”立体陶文符号。“”的上半部分为不锈钢电镀球体，下半部分用水泥和砖垒砌而成，五个爪是花岗岩石，四周用花岗石贴成，北面为大汶口文化陵阳河遗址出土的20个陶文符号，西面画有一个白陶鬶，东面画有一原始人手持正在吹的牛角号，南面为大汶口文化陵阳河遗址简介，整个标志性建筑物耗资为38万元。

四、莒县刘勰雕像

刘勰石雕像坐落在莒县东莞镇驻地东莞村南潍河大桥南端的文心公园河岸上。1996年5月14日落成。耗资65000余元。雕像由青石雕刻而成，系嘉祥县石工雕刻制作。面向东站立在3.5米见方的底座上。像高6米，重约30余吨，头上全发挽髻，双手持竹简呈展读状，雄伟高大凝重，一派智者气象。

刘勰石雕像脚下的底座高2.2米，长3米。每面由四块磨光青石组成，东面刻有刘勰生平简介文字，名曰：“著名文学评论家刘勰”。北面的磨光青石的画像为刘勰执丹漆之礼器，随仲尼而南行图，石像的上部和左右为云彩和仙鹤，下部为定林寺院，松林茂密，一派仙境气象。右面竖排一行文字为“齿在逾立，则尝夜梦执丹漆之礼器，随仲尼而南行”。西面画面由三人组成，一辆马车，马车上坐有沈约，车前有一仆人，仆人前面为刘勰负书答话状，一边的墙壁由青砖垒砌而成，是一幅刘勰负书干约图，右面的一行竖排文字为“沈约识璞荐时贤”。南面的画像为刘勰坐在案几上校经，案几的右面是笔筒，笔筒里插满了毛笔。

在石像脚下这个3.5米见方的下面是三层0.3米厚的层台，最底的一层边长为3.6米，第二层边长为3.3米，第三层为3米，第三层之上是画像石座。

五、镇江文苑

镇江文苑，位于镇江市南山风景区竹林寺东麓，占地面积两公顷。这是一座纪念刘勰及其《文心雕龙》的园林。文苑运用了中国传统造园艺术手法，以植物造景为主，辅助少量园林建筑，散以奇石点缀；同时又有大片冷型草坪为底色，将花木置于其中，并采用了现代喷灌技术。苑内植物配置自然，有成片的香樟林，竹林等乔木、灌木、花草，组成“城市山林”的意趣。花木以牡丹、芍药为主，象征刘勰及《文心雕龙》在中国文学史上的崇高地位。

镇江文苑雕龙池

文苑内的主体建筑为“文心阁”，阁高两层，正门上悬有杨明照题写的“文心阁”匾额，两边楹联是《文心雕龙·指瑕》中的名句，分别是“丹青初炳而后渝，文章岁久而弥光”。由茗山手书。阁内一楼正面悬挂青石镂刻线描刘勰画像，四周壁上挂有当地8位书画家题写的命题作品，陈列柜中陈列着当地10位书法家篆刻的《文心雕龙》五十篇篇目印章和文心学家们的部分论著及手稿。

苑内除“文心阁”外，还有雕龙池、知音亭。知音亭就建在雕龙池中，亭的四个方面有四块“知音”匾额，分别由真、草、隶、篆4种字体写成，亭内又竖一石碑，上书《文心雕龙·知音》中的如下一句话：“知音其难哉，音实难知，知实难逢，逢其知音，千载其一乎！夫古来知音，多贱同而思古，所谓‘日进前而不御，遥闻声而相思’也。”

苑内的另一突出建筑为学林轩。学林轩，实为镇江历史文化名人馆。它有文学、艺术、科技、文史和对外交流五个部分，由数十幅大型壁画组成。进入厅堂，迎面是一尊刘勰铜像，后面是一金线山海全景图朱色漆屏，漆屏的背面是镇江历代文化名人的传世著作目录，其中有刘勰的《文心雕龙》。

更有纪念意义的是文苑内的“《文心雕龙》碑”。由中国《文心雕龙》学会和镇江市政府联合举办的2000年《文心雕龙》国际学术研讨会于2000年4月3日至6日在镇江碧榆园召开，为了纪念这次盛会，由杨年宝设计，在文苑内制作了“《文心雕龙》碑”。碑高1.7米；上部主体部分宽2.5米，厚0.3米；底座部分宽3.3米，厚1米。碑的主体部分以白色大理石为原料，基座为水泥仿石，其座表面镶以黑色花岗岩石，上刻有中英文对照的《文心雕龙》国际学术研讨会会标。碑的上端刻的是打开的元至正本《文心雕龙》第一篇《原道》和1993年上海古籍出版社影印的元至正本《文心雕龙》封面、上海书店出版的唐敦煌写本残卷《文心雕龙》封面；背面刻有与会的94位海内外专家学者的签名，其碑是一通不规则形状的纪念碑。

总之,这里文化内涵丰富,艺术表现形式多样,如刘勰铜像、木刻像,篆刻的《文心雕龙》五十篇篇目、匾额、楹联、书画和石刻《文心雕龙》名言、鲁迅评《文心雕龙》、刘岱墓志铭的拓片、文心雕龙碑,以及王元化、杨明照、林其锬等学者的赠书和手稿,使瞻仰者无不对刘勰产生敬仰之情。

附录

《刘子》研究概况

一、《刘子》作者争论概述

《刘子》一书，一名《新论》，又名《刘子新论》、《流子》、《德言》。现有文献记载，最初引录其书的是隋代虞世南的《北堂书抄》。其后历代公私书籍著录渐多，但对该书作者的问题自南宋以来则发生了分歧。今叙录如下：

（一）元代及元代以前关于《刘子》的著录

1. 官家著录。

《隋书·经籍志·子部·杂家类》："《刘子》，一〇卷，亡。"未记作者为何人。

《旧唐书·经籍志·丙部·杂家类》："《刘子》一〇卷，刘勰撰。"

《新唐书·艺文志·丙部·杂家类》："《刘子》，一〇卷，刘勰。"

唐《日本国见在书目录·杂家类》有《刘子》一〇卷、五卷、三卷本的著录，但未提作者名。

《崇文总目》："《刘子》三卷。"未记作者为何人。[1]（今四库本《崇文总目》多不录作者，当因每条前原有序释的缘故）

《宋史·艺文志·子部·杂家类》："《刘子》三卷，题刘昼撰。"

2. 私家著录。

[1] 今本《崇文总目》虽然只著录《刘子》而未记作者，当因原本有序释故。《四库全书提要》、《崇文总目》条说："原本每条下具有论说，逮南宋时，郑樵作《通志》始，谓其文繁无用，绍兴中，遂从而去其序释。"这说明《崇文总目》原本之每条下具有序释的，甚至对作者有介绍，是郑樵时才删去的。郑樵当亲见《崇文总目》著录《刘子》作者的，才在《通志》中著录其书作者为刘勰。《崇文总目》是欧阳修参与编著的，《新唐书》又是欧阳修主撰的，这就使人很容易把两《唐志》、《通志》、《崇文总目》等书联系起来看，对《刘子》作者的著录应是一致的。因而，《刘子》作者为刘勰是可信的。

唐释慧琳《一切经音义》卷九〇《音高僧传》第八《释僧柔传》："刘勰，梁朝时才名之士也，著书四卷，名《刘子》。"

敦煌遗书伯二七二一卷、伯三六四九卷《随身宝》（一名《珠玉抄》，二名《益智文》，三名《随身宝》）："《流子》，刘协注。"

唐张鷟的小说《朝野佥载》："《刘子》书，咸以为刘勰所撰，乃勃海刘昼所制。昼无位，博学有才。□（按《四部丛刊》本缺，余嘉锡《四库提要辨证》引作"窃"）取其名，人莫知也。"（今中华书局本《朝野佥载》正文中不见其文，在《补辑》中有。此说原见于南宋人刘克庄的《后村大全集·诗话续集》的引录）

唐袁孝政《刘子注·序》："昼伤已不遇，天下陵迟，播迁江表，故作此书。时人莫知，谓为刘勰、刘歆、刘孝标作。"

宋郑樵《通志·艺文略·诸子类·儒术》："《刘子》，三卷，梁刘勰撰。"

宋晁公武《郡斋读书志》卷一二《杂家类》："《刘子》，三卷，右北齐刘昼孔昭撰，唐袁孝政注。凡五十五篇。言修心治身之道，而辞颇俗薄。或以为刘勰，或以为刘孝标，未知孰是。"

宋陈振孙《直斋书录解题》卷一〇《杂家类》："《刘子》，五卷，刘昼孔昭撰。播州录事参军袁孝政为《序》，凡五十五篇。《唐志》一〇卷，刘勰撰。今《序》云：'昼伤已不遇，天下陵迟，播迁江表，故作此书。时人莫知，谓为刘勰，或曰刘歆，刘孝标作。'孝政之言云尔，终不知昼为何代人。其书近出，传记无称，莫知其始末，不知何以知其名昼，字孔昭也。"

宋赵希弁《郡斋读书附志·诸子类》："《刘子》，五卷。右刘昼字孔昭之书也。或云刘勰所撰，或曰刘歆之制，或谓刘孝标之作。袁孝政为《序》之际，已不能明辨之矣！"

宋黄震《黄氏日抄》："《刘子》之文类俳，而又避唐时国讳，以世为代，往往杂取九流百家之说，引类援事，随篇为证，皆荟萃而成之，不能自有所发明，不足预诸子立言之列。播州录事袁孝政注而序之，乃盛称誉；且谓五十五篇取五行生成之数，于义无考焉。然又谓刘子名昼字孔昭，而无传记可凭，或者袁孝政之自为者耶？”

宋濂《诸子辨》：“《刘子》，五卷，五十五篇，不知何人作。《唐志》一〇卷，直云梁刘勰撰。今考勰所著《文心雕龙》，文体与此正类，其可征不疑。第卷数不同，为少异尔。袁孝政谓‘刘昼(孔昭)伤己不遇，遭天下陵迟，播迁江表，故作此书’。非也。孝政已无传记可凭，复致疑于刘歆、刘勰、刘孝标所为。黄氏遂谓孝政所托，亦非也。”

明胡应麟《少室山房笔丛》卷一《经籍会通三》：“两《刘子》：一刘敬，(原注：三篇，儒家)一梁刘勰。(原注：三卷)”

元代前著录《刘子》及作者的尚有王应麟《玉海》，章俊卿《山堂考索》，马端临《文献通考》，皆与晁公武、陈振孙大同小异，兹不赘述。

(二)明以后关于《刘子》作者的新说

第一，清《四库全书总目提要》：“案《刘子》一〇卷，《隋志》不著录，《唐志》作梁刘勰撰。陈振孙《书录解题》、晁公武《读书志》，俱据唐播州录事参军袁孝政序，作北齐刘昼撰。《宋史·艺文志》亦作刘昼。自明以来，刊本不载孝政注，亦不载其序，惟陈氏载其《序》，略曰：‘昼伤己不遇，天下陵迟，播迁江表，故作此书。时人莫知，谓为刘勰、刘歆、刘孝标作。’云云，不知所据何书。故陈氏以为终不知昼为何代人。案梁通事舍人刘勰，史惟称其撰《文心雕龙》五十篇，不云更有别书。且《文心雕龙·乐府》篇称：‘涂山歌于侯人，始为南音；有娀谣乎飞燕，始为北声；夏甲叹于东阳，东音以发；殷整思于西河，西音以兴。’此书《辨乐》篇称：‘夏甲作《破斧》之歌，始为东音。’与勰说合；其称‘殷辛作靡靡之乐，始为北音。’则与勰说迥异，必不出于一人。又史称：勰长于佛理，尝定定林寺经藏，后出家，改名慧地。此书末篇乃归心道教，与勰志趣迥殊，白云斋《道藏》目录，亦收之太元部无字号中，其非奉佛者甚明。近本仍刻刘勰，殊为失考。刘孝标之说，《南史》、《梁书》俱无明文，未足为据。刘歆之说，则《激通篇》称：'班超愤而习武，卒建西域之绩。'其说可不攻而破矣。惟北齐刘昼字孔昭，渤海阜城人，名见《北史·儒林传》。然未当播迁江表，与孝政之《序》不符。《传》称：'昼孤贫受学，恣意披览，昼夜不息。举秀才不第，乃恨不学属文，方复缀辑词藻，言甚古拙。'与此书之缛丽轻茜亦不合。又称：'求秀才十年不得，乃发愤撰《高才不遇传》。孝昭时，出诣晋阳上书，言亦切直，而多非世要，终不见收。乃编录所上之书为《帝道》。河清中，又著《金箱璧言》，以指机政之不良。'亦不云有此书，岂孝政所指又别一刘昼欤？观其书末《九流》一篇，所指得失，皆与《隋书·经籍志》子部所论相同。使《隋志》袭用其说，不应反不录其书，使其剽袭《隋志》，则贞观以后人作矣。或袁孝政采掇诸子之言，自为此书，而自注之。又恍惚其著书之人，使后世莫可究诘，亦未可知也。然刘勰之名，今既确知其非，自当刊正；刘昼之名，则介在疑似之间，难以确断。姑仍晁氏、陈氏二家之目，题昼之名，而附著其牴牾如右。"

《四库全书总目提要》否认了以前所提出的《刘子》作者为刘勰、刘昼、刘歆、刘孝标。提出了新三说：一是贞观后人作；二是袁孝政自为说；三是既非梁刘勰，也非北齐刘昼，而为另一刘子。否认刘勰作的理由有三：其一，史唯称刘勰撰有《文心雕龙》，不云更有别书。《文心雕龙·乐府》篇："涂山歌于候人，始为南音；有娀谣乎飞燕，始为北声；夏甲叹于东阳，东音以发；殷整思于西河，西音以兴。"《刘子·辨乐》篇则说："殷辛作靡靡之乐，始为北音。"则与《文心》说迥异，必不出于一人。其二，刘勰长于佛理，且出家为僧。其三，《刘子·九流》归心道教，与勰志趣迥殊。否认刘昼说的理由也有三：一是袁序说刘昼播迁江表，与《昼传》记录的刘昼身世不符；二是刘昼之书无文采，"言甚古拙"，与此书之缛丽轻茜亦不合；三是

《昼传》亦不云有此书。

但是,《四库全书总目提要》的作者对史料阅读有误:一是《隋书·经籍志》是著录了《刘子》的,只是未记作者,故不得言《隋志》不著录也;二是陈振孙《书录解题》、晁公武《读书志》,是照录所见《刘子》作者题署,而非"俱据唐播州录事参军袁孝政序,作北齐刘昼撰",反而对袁《序》提出质疑。

第二,王昶《春融堂集》卷四三《刘子·跋》:"《刘子》,二卷,北齐刘昼著,共五十五篇。唐播州录事参军袁孝政注。按昼字孔昭,所撰有《高才不遇传》、《金箱璧言》,而是书本传无之。又《隋书经籍志》,若《顾子》、《符子》入书录,而此独未载,何欤?考《唐志》,《刘子》一〇卷,刘勰撰。孝政序云:'昼播迁江表,故作此书。时人莫知,谓为刘勰,或曰刘歆、刘孝标作。'陈氏振孙至不知为何人。晁氏谓其俗薄,则殊有见也。大抵《唐志》之《刘子》,非即此《刘子》;而此书不见于《昼传》,为后人伪撰无疑。明人好作伪,申培《诗说》、《子贡易诗传》、《天禄阁外史》,无识者多奉为天球拱璧,是书盖其流亚尔。"

第三,清人姚振宗在《隋书经籍志考证》中说:"此刘子似非刘昼。昼在北齐孝昭时著书名《帝道》,又名《金箱璧言》者,非此之类,且其时当南朝陈文帝之世,已在梁普通后四十余年。阮氏《七录》作于普通四年,而是书见载《七录》,其非昼所撰更可知。袁孝政序今不存,据陈氏宋氏所引,则亦未尝定以为刘昼。然其言天下陵迟,播迁江表,必有所本,亦非昼非勰非孝标之遭际。《七录》列是书于吴晋人之间,似犹为东晋时人。其书亦名《新论》,与魏晋时人风尚尤近。日本书目载《刘子》一〇卷,又五卷,又三卷,则三本并行由来久矣。"[1]

姚氏之论是击中了刘昼说要害的。刘昼的著作和活动时间已

[1]《二十五史补编》,中华书局1998年版,第5513页。

在陈代,其著作何能入梁人书目中?但姚氏又提出了魏晋时人作的新说。

自从姚振宗氏提出魏晋时人作后,一直未有响应者,直到近年才有陈志平在《古籍整理研究学刊》2007 年第 4 期撰文《〈刘子〉作者和创作时间新考》,提出西晋说。

陈文排除了刘勰和刘昼说,而选择了魏晋人,理由有二:一是《隋书·经籍志》列《刘子》于魏晋人著作间。二是《刘子》本身的线索。《刘子·贵农》篇云:"故农祥晨正,辰集娵訾,阳气愤盈,土木脉发。天子亲耕于东郊,后妃躬桑于北郊。"晋礼是皇帝亲耕于东郊,皇后蚕于西郊。虽然梁王朝有皇帝亲耕于东郊之说,但未见有皇后蚕于北郊之说。晋太康九年以前有皇后蚕于北郊说,故其书当作于晋"太康九年先蚕于西郊前,即 288 年前。"

(三)学术界围绕以上《刘子》作者诸种说法的辩论

1. 关于《刘子》明人伪作和贞观以后人作的说法。

1937 年《文学年报》第 3 期发表了杨明照的《刘子理惑》一文,列举隋《北堂书抄》、唐《帝范》、《臣规》皆大量引录《刘子》和在敦煌遗书中发现多种《刘子》抄本为证,否定了贞观以后人作和明人伪作的说法。

2. 关于《刘子》作者刘歆、刘孝标两说。

杨明照在《刘子理惑》一文中还所举《刘子》中大量后汉及魏晋间人的故事,以证非刘歆所作,支持了《四库总目提要》否定刘歆说的意见,此论据正确,其后无人再提及。杨文又以《梁书》、《南史》的《刘孝标传》"俱无明文,而彼此持论又臭味不同。孝标之《绝交》与是书之《托附》径庭也。孝标之《辨命》与是书之《命相》霄壤也。果出一人之手,何有首鼠之词?……则孝标之说,亦迎刃而解矣"。

此杨文辩之有理,今已不见有人再提及刘歆、刘孝标者。

3. 关于袁孝政自为说。

明胡应麟《少室山房笔丛》卷三一《四部正讹中》说:“《刘子新论》,诸家咸以为刘昼孔昭。案《北史·昼传》:‘昼好学而文辞俚拙。’……此书虽无甚高论,而辞颇清旨,意非昼所能也。宋景濂谓刘勰撰者近之。然《唐志》篇目不同,安知即此?……陈振孙谓终不知昼何代人,殊失考。黄东发直以袁孝政作,托名于昼,则亦未然。凡依托之书,必前代圣贤坟籍,冀以取重广传。昼之声价,六朝甚泯泯,即孝政何若托之。勘伪书者,此义又当察也。”[1]胡应麟对黄东发的辩驳颇中其要。从总体上说是同意宋景濂的考证结论的,认为《刘子》作者为刘勰。但是又有一疑问:与“《唐志》篇目不同”,即《唐志》称《刘子》,而今称《刘子新论》。这说明胡应麟的考证相当慎重,值得尊重。胡氏未见敦煌遗书,而敦煌遗书中有《杂抄》卷,卷中有《九流》一条,目下注“事在《流子》第五十五章”,(《流子》就是《刘子》已为学界所认可)所录正是《刘子新论·九流》篇原文,可知明代的《刘子新论》就是两《唐志》的《刘子》,此可打消胡应麟的疑窦。既然疑窦已被打消,那么宋景濂在《诸子辨》中谓《刘子》“《唐志》一〇卷,直云梁刘勰撰。今考勰所著《文心雕龙》,文体与此正类,其可征不疑”的结论也就是胡氏的考证结论了,认为《刘子》的作者为刘勰是“可征不疑”的。

清卢文弨《抱经堂文集·刘子跋》中说:“《刘子》五十五篇,南齐时刘昼孔昭撰。(王叔岷谓“南齐”当作“北齐”)其文笔丰美,颇似刘彦和。然此有用世之意焉,或疑即勰所著,殆不然也。有唐播州录事参军袁孝政注。其云刘昼撰者,亦政之《序》云耳。宋人黄东发遂疑为孝政自著。余借得《道藏》本,见孝政所为注,浅陋纰缪,于事之出《左氏》、《国语》者尚多乱道,而谓其能为此文乎?……东发又讥其文类俳,此在当时文体自尔。”[2]卢氏之驳已中其弊。

❶胡应麟:《少室山房笔丛》,中华书局1964年版,第407页。
❷卢文弨:《抱经堂文集》,中华书局1990年版,第172页。

杨明照《刘子理惑》也列举大量事实反驳孝政自为说。今亦不见有人提及，其孝政当自为说已驳倒。

（四）关于刘昼说

《刘子》作者刘昼说，最初见于南宋刘克庄引录的唐张鷟的《朝野佥载》和唐袁孝政为《刘子》作注时的序言。从文字口气看，似出于一人之口，但袁孝政事迹不可考，是张氏抄了袁氏的，还是袁氏抄了张氏的，已无法断定。这是其一。其二，这两个出处均非原始资料，都是南宋人的引录。张氏之说见于南宋刘克庄《后村诗话·续集》卷三，袁氏之序见于南宋陈振孙《直斋书录解题》，但此记仅只言片语，而非全文，而袁序全文今已不见。晁公武《郡斋读书志》著录《刘子》时只是照录了所见《刘子》及题署的作者刘昼，但紧接其后说："或以为刘勰，或以为刘孝标，未知孰是。"晁氏也未断出作者到底是谁。陈振孙《直斋书录解题》又指出"其书近出，传记无称，莫详其始末，不知何以知其名昼而字孔昭也"。这说明《刘子袁注》一书是南宋陈振孙时才出现的，陈振孙对其为唐人作品的真伪已经提出质疑[1]，只是后人不察。

1937年杨明照的《刘子理惑》也主张《刘子》作者为刘昼。他在否定了刘歆、刘孝标等诸说之后说："究其作者又将谁属？今据孝政之《序》，晁氏之志（《郡斋读书志》云："《刘子》，齐刘昼孔昭撰"，《附志》同），《直斋书录》（《书录解题》云："《刘子》，齐刘昼孔昭撰"），王氏《玉海》（《玉海·艺文类》云："《刘子》，北齐刘昼字孔昭撰"）要以刘昼近是"。并举出两个证据。证据一，《刘昼传》中有昼"每言使我数十卷书行于后世，不易齐景之千驷也"，"以昼自言数十卷书计之，《刘子》必在其中，于数始足（《高才不遇传》四卷，《帝道》若干卷，《金箱璧言》若干卷，《六合赋》若干卷，再益以《刘

[1]《刘子袁注》为唐人著作的真实性值得怀疑。理由有四：一、该书作者唐录事参军袁孝政事迹不可考。二、此书如果是唐人作品，为什么两《唐志》不著录？三、《崇文总目》也没有著录。四、陈振孙说"其书近出"。这说明很可能是南宋人的伪作。张鷟《朝野佥载》乃小说，不可信。胡应麟《少室山房笔丛》卷二九说："小说，唐人以前，记述多虚"，"其言淫诡而失实"。王叔岷在《刘子集证·自序》中，就认为张鷟关于《刘子》的话与刘昼性格不符，因而不可信。

子》十卷，差足云数十卷书）”。证据二，“又传称昼‘恨不属文，方复缉缀辞藻，言甚古拙。’今以《刘子》全书验之，其缉缀辞藻与言甚古拙，皆极为显著。”据此两证，定为刘昼。

认为《刘子》作者为刘昼的尚有余嘉锡的《四库提要辨证·刘子》条。余嘉锡首先判定《刘子》非刘昼作，认为袁孝政的《刘子注·序》所记刘昼一事，与《北史》、《北齐书》的《刘昼传》不符，“余尝疑孝政作注，文理尚复不通，其言岂足为据？”继而又见刘克庄《后村诗话·续集》中引了张鷟的说法，于是又反过来坚信张言，否定前判，千方百计为刘昼说找出四条证据：其一，“‘昼无仕进，伤时无知己，多窃位妒贤’”，与《刘子》、《知人》篇、《荐贤》篇的一些语意合；其证二，《刘子》的《通塞》篇、《遇不遇》篇“词气愤激，与其撰《高才不遇传》之意同”；其证三，“昼之为人诋佛而不非老庄”，与《刘子》“归心道家合”；其证四，刘昼在当时“不惟文章为邢、魏所嗤，即其仪容亦为流俗之所笑”，这同《刘子·正赏》篇所云“奚况世人，未有名称，其容止文华，能免于嗤诮者，岂不难也”语意合。[1]

余氏之言开了刘昼好庄老之学的先河，并举唐代傅亦为例，认为“凡辟佛者皆老庄之徒”，这与刘昼传记显然相矛盾。《梁书》记载范缜反佛，范缜是宋齐著名大儒刘瓛的弟子，“尤精《三礼》”，却不是老庄之徒，这说明反佛未必好老庄之学。而事实上，南北朝时期的佛徒高僧好老庄者不绝于史，有案可稽，无需赘言。《广弘明集》所记刘昼的话本意是说道士不同于老庄之道学（本），道士“藉佛邪说，为其配坐而已”，余氏误解了此语。

余氏其第四证是举《刘子·正赏》篇谓“以圣贤之举措，非有谬也，而不免于嗤诮，奚况世人，未有名称，其容止文华，能免于嗤诮者，岂不难也”。认为此正如刘昼以《六合》示魏收、邢子才而受到

[1] 余嘉锡：《四库提要辨证》，云南人民出版社2004年版，第709—711页。

讥笑相合。余氏又言，昼学文“言甚古拙”，“未必不长于笔”。于是说：《北堂书抄》卷九七有刘畫《邹衍传》，刘畫有人疑为刘晝，“《邹衍、庄周传》疑皆为《高才不遇传》中人”。《书抄》所引《邹衍别传》云：“邹子博识，善叙事，有禹、益之鸿才，道深东海，名重西山，日月不能乱其晖，金玉无以比其贵”，“其文体正如《刘子》相类，然则昼非不能华缛轻倩之文矣。善夫周中孚之言曰：‘传称其缀缉词藻，言甚古拙，或疑此书非其所能，亦非笃论。’”①

余氏为了证明《刘子》刘昼著，突破《刘昼传》中的“言甚古拙”之碍，提《北堂书抄》引疑为刘昼的话当真，说明《刘子》“言辞缛丽”，刘昼之口亦能吐得出来。于是判定《北史》和《北齐书》的作者对刘昼的传记不实，为迁就自己的论证逻辑有牵强之处。一是《北堂书抄》引的《邹衍别传》未必出自《高才不遇传》。因为虞世南并未注明出自《高才不遇传》，把刘“口”下的脱文疑为刘昼，再把脱文中的刘“口”人的《邹衍传》疑出于《高才不遇传》，这样把两个“疑”字加起来当真，岂不成了代数学上的两个负数相乘成正数了吗？二是南北朝时《邹衍别传》之类的资料不绝于书，即使《书抄》中引的《邹衍别传》作者是刘昼，也未必出自刘昼肺腑之言，因为刘昼之文采《昼传》已记载甚明，且《广弘明集·辨惑》篇所记刘昼的话也已证明其甚古拙。再，刘昼之学文已受到魏收、邢子才等人的嗤诮，而其“笔”的水平又“答策不第，言不着世要”，其“笔”的水平亦可想而知。

所以，由于余氏前已否认《刘子》刘昼著，其论颇中其要，后见刘克庄引张鷟语，于是改变初衷，为刘昼著找根据，并受杨明照氏之影响，所以其四证不仅不为学界所注意，反而落了个被陈志平斥其为古人改文章的嫌疑。②

对于促使余嘉锡转变观点的刘克庄引张鷟《朝野佥载》中关于

①余嘉锡：《四库提要辨证》，云南人民出版社2004年版，第714页。
②陈志平：《〈刘子〉作者和创作时间新考》，载《古籍整理研究学刊》2007年第4期。

《刘子》的话,台湾学者王叔岷在《刘子集证·自序》中评论说:"案张鹜以《刘子》刘昼作,与袁孝政同。谓昼窃取刘勰之名,余氏深信不疑,岷则以为不然,《传》既称昼常自谓博物奇才,言好矜大。每言:'使我数一〇卷书行于后世,不易齐景之千驷也',其自尊自信如此,岂肯窃用人名,以自取湮灭哉?《传》谓其制六合赋,呈示魏收、邢子才。其欲取重于时流则有之。此犹刘勰之以《文心雕龙》取定于沈约也。(见《南史·刘勰传》)然刘勰之书,大为沈约所重;刘昼之赋大为魏、邢所轻,昼既不能得真赏于当时,惟有求知音于后世,若窃取刘勰之名以传其书,则并身后之名亦不可得矣!昼之愚不致如此。"[1]王叔岷之言揭开并指出了张鹜的破绽。因此,今持刘昼说的人多不以余氏所论为据。

(五)既非刘勰,亦非刘昼,疑另一刘子之说

此说自从明胡应麟《少室山房笔丛》和《四库全书总目提要》的作者提出以后,不见有人强调。直至1990年曹道衡在《中国社会科学院研究生院学报》第2期发表的《关于〈刘子〉的作者问题》一文中才又提出。曹道衡在研究了诸家意见之后,认为《刘子》作者为刘昼之说是不能成立的,而判为刘勰,有人还不服,是否可考虑另一刘子。此说作为一种思路尚可,但没有半点可以操作的线索,也不会被学界所接受。

《刘子》作者谁属之争论,直到20世纪80年代,林其锬、陈凤金二人将古籍《刘子》一书整理出版,才认真梳理以往诸家研究成果,并写成《〈刘子〉作者考辨》一文,附于其整理的《刘子集校》一书之后,认为"《刘子》刘勰著的题署应该恢复",再次引起学界重视。林、陈之《〈刘子〉作者考辨》所举出的新证据有如下五条:

其一,敦煌遗书中有《随身宝》:"《流子》刘协注",即两《唐志》

[1] 王叔岷:《刘子集证·自序》,台湾史语所专刊之四十四,1961年。

所记之“《刘子》刘勰著”。其二，唐释慧琳《一切经音义》中记有“刘勰著书四卷，名《刘子》”。其三，《广弘明集·辨惑》篇引《刘子》的话反驳刘昼的诋佛。其四，把《刘子》和《文心雕龙》各列出20条段落，不仅证明两书基本思想的一致性，还一证古人之《刘子》与《文心》“文体与此正类，其可征不疑”、“其分类铸词，尊仲尼卑百家，一似《文心雕龙》语”之正确性。其五，《文心雕龙》五十篇是用《易》之大衍之数，《刘子》五十五篇用《易》之天地之数，用《易》之术数谋篇布局，这在同时期的学者中是仅有刘勰一人而已。

林、陈之《〈刘子〉作者考辨》辨疑的地方有五点：

其一，指出以往凡主张《刘子》刘昼作的人都把宋晁公武的《郡斋读书志》所录“《刘子》刘昼著”当作铁证，认为晁公武也主张《刘子》作者是刘昼。以往主刘昼说的人把陈振孙的《直斋书录解题》所记《刘子》刘昼撰也当成铁证加以引用。林、陈指出晁公武的态度在文末谓：“或以为刘勰，或以为刘孝标，未知孰是。”陈振孙的态度是：“其书近出，传记无称，莫详其始末，不知何以知其名昼字孔昭也。”以往凡主刘昼说的人引此证时，均腰斩了晁、陈的原文，属断章取义。事实上晁、陈说的《刘子》刘昼著，只是照录了所见《刘子》的题录。其二，指出《隋书·经籍志》只著《刘子》书名，未记作者之名，是因为当时国家图书馆只有书目，已无其书，其书当在司农少卿宋遵贵载运途中经底柱时已被漂没十之八九，故有目无书者，《经籍志》不记作者，只记“亡”。《旧唐书》明确记有《刘子》刘勰著，是因为“开元七年(公元719年)诏公卿士庶之家，所有异书官借缮写”之后，内库图书大增，并以之修成《群书四部录》四〇〇卷的书目，后又略为四〇卷，名为《古今书录》，大凡五万一八五二卷。《刘子》当是此次公卿献书后重又出现的，故而后人编《旧唐书》时因有了实物才明记作者的。《新唐书·艺文志》所记《刘子》一〇卷，刘勰著，是照录《旧唐书》，或按内库图书实有已不可知了。其三，林、陈指出《宋史·艺文志》所记“《刘子》三卷，题刘昼撰”的“题”字，是表示怀疑之意，是照录所见《刘子》作者的署名，又表示对《刘子》作者署名刘昼有怀疑。其四，林、陈指出《四库提要》列举的《刘子·辨乐》篇“殷辛作靡靡之乐，始为北音”与《文心雕龙·乐府》篇“有娀谣乎飞燕，始为北声”不合，而断定“必不出于一人”，是没有说服力的。因为两书讨论的问题不同。《文心雕龙》是关于东、西、南、北音的起源，指的是乐的起源；而《刘子》指的是“淫声”的起源。《文心雕龙》取的是《吕氏春秋·音初》的材料，而《刘子》则采之于《淮南子·原道训》。其五，《四库总目提要》的作者并未断出作者是谁，而是认为“刘昼之名，则介在疑似之间，难以确断。故仍晁氏、陈氏二家之目，题昼之名，而附著其牴牾如右。”是“故仍”晁、陈二氏之旧署而已，并不是像有的论者所说的《四库提要》的作者已断出了作者是刘昼。

林、陈的这五条辨疑是击中了刘昼说要害的，从此凡主刘昼说者多已不再提及上述五条。

林、陈之文发表以后，杨明照又发表了《再论〈刘子〉的作者》，对林、陈提出的证据进行辩解：第一，林、陈提出的唐释慧琳《一切经音义》中关于“刘勰条《音义》，未必可信”。理由有三：其一，《高僧传》八刘勰条说刘勰与刘缪等皇枝贵族也。同书《弘明集》八刘勰条《音义》云：“刘勰，人姓名也。晋桓玄记室参军。”“同一刘勰也，《音义》相隔五卷，忽而刘勰刘宋皇枝贵族。刘缪是南阳涅阳人，刘勰东莞莒人，他们的时代、籍贯都不相同，亦非皇枝贵族。”其二，同一刘勰，忽而又成了桓玄记室参军，不可轻信。其三，“《刘子》一书，史载唯见有十卷、五卷、三卷，有谁见过四卷本来？”第二，《随身宝》“《流子》刘协注”不宜估计过高。第三，《刘子》的语言特色和习惯用语与《文心雕龙》不同。第四，《刘子》

不会是刘勰文集的一部分。

杨氏虽在文章中分了十部分，但主要是以上四条。

林、陈之文发表后，程天祜在《吉林大学社会科学学报》1986 年第 6 期发表了《〈刘子〉作者辨》。认为：第一，袁孝政的序当是有根据的。虽然袁氏学识有限，辅之张鷟之言，就有了可靠性。第二，《刘子》和《文心》的论“道”：《刘子》之“道”为道家之“道”；《文心》之“道”为儒家之“道”。一儒一道，倾向分明，难道都用一个“道”字就出于一人之手吗？第三，没有资料证明《隋志》记载之《刘子》就是今本之《刘子》。

同年，林、陈又在《中华文史论丛》第 4 辑发表了《再论〈刘子〉作者问题》。针对程氏所提《隋志》所录之《刘子》非今本之《刘子》作出论证：第一，今本之《刘子》与隋虞世南《北堂书抄》所录《刘子》内容相同；与唐太宗为太子李治写的《帝范》引《均任》篇、《赏罚》篇、《贵农》篇、《崇学》篇文同；和武则天《臣轨》引录《清神》篇、《爱民》篇文同；与道宣《广弘明集·九箴篇》和释湛然《辅行记》引《刘子》、《韬光》、《崇学》篇同，以证今之《刘子》即《隋志》所录之《刘子》。并以李世民之《帝范》和武则天《臣轨》、《广弘明集》、《辅行记》和敦煌遗书之诸多抄本及当时的小类书和《杂抄》中的著录征引为据，证明《刘子》在唐代为畅销书，并以罗振玉语曰：“此卷（刘子残卷）写于盛唐，且远及边裔，其为六朝旧著可知”作证。第二，《广弘明集》和《辅行记》都是僧人的书，他们引《刘子》中的话去反刘昼的观点，这一点就可证《刘子》非刘昼作品。第三，《刘子》与《文心雕龙》思想无根本冲突。

林、陈的观点主要是针对程天祜的观点。林、陈撰写《再论〈刘子〉作者问题》时，杨明照的《再论〈刘子〉的作者》尚未刊布。对于林、陈的文章，程氏当时未再次提出质疑。

1990 年，程天祜在《吉林大学社会科学学报》第 6 期又发表了《〈刘子〉作者新证——从〈昔时〉篇看〈刘子〉的作者》一文。提出三点：

第一，认为《刘子·惜时》篇中的“岁之秋也，凉风鸣条，清露变叶，则寒蝉抱树而长叫……已矣夫，亦奚能不沾襟于将来，染意于松烟者哉!”是作者的自况。表明此时作者已经暮年，这是《刘子》写于作者晚年的确证。这是其一。其二，这段话说明作者“道业未就”，抱恨终生。其三，《刘子》作者晚年生活在偏远山区而不是在平原或大小城市。

第二，认为《刘子》的作者不是刘勰。认为经过时间的淘洗和筛选，已经集中在了刘勰和刘昼两个人的身上。从《惜时》篇考察，《刘子》作者与刘勰身世、遭遇、生活环境等诸多不合：其一，《梁书·刘勰传》对《文心》作了详细的记载：“如果刘勰还有一部《刘子》这样的子书，是不应该只字不提的。”其二，《刘子》晚年生活在偏远山区，而刘勰自幼生活在城市，“悲叹‘郁声于穷岫之阴’的《刘子》作者，不是刘勰。”其三，《刘子》作者反复申诉其才不为人知，无人为之举荐，这同刘勰经历不合。其四，《刘子》“归心道教”，而刘勰一生与儒佛关系密切。其五，刘勰一生是很有成就的，而《刘子》作者感叹一生“道业未就”。刘勰“在道、业、文三个方面都有自己的建树”，不应有“道业未就”的懊丧。

第三，《刘子》作者是刘昼。理由：其一，《北史》和《北齐书》的《刘昼传》虽未录《刘子》，但刘昼有几句恨话说：“使我数一〇卷书行世，不易齐景之千驷也。”这最大的可能是其书《刘子》至刘昼辞世也没有全部完工，杀青行世，不为史家所确知。其二，刘昼“天统中，卒于家，年五十二”。天统是高齐后主高纬年号，自公元565至569年前后五个年头。《中国文学大辞典》定刘昼卒年为公元567年，“从563到刘昼病卒还有三年多的时间，本传没有记录他的行事，如果我们推定在这几年他整理了多年写作的《刘子》草稿，并陆续写作了若干篇，那么《惜时》篇所写的和刘昼此时的情况就很吻合”。其三，刘昼于齐天统中卒于家。其家阜城为一小县城，正如《惜时》篇中的“郁声于穷岫之阴”相合。其四，《刘子》作者反复慨叹怀才不遇，终生未得一职。刘勰一生虽然未获高官显位，但总是“皇恩浩荡”的受益者。其五，刘昼著作虽已不存，但从其《帝道》、《金箱璧言》、《高才不遇传》的名目看，与《刘子》是声息相通的。

主张《刘子》作者为刘昼的尚有付亚庶的《刘子作者辨正》和《刘子的思想及史料价值》两文。付文可能为了向《北史》和《北齐书》的《刘昼传》记录的儒生刘昼靠拢，而否认《刘子》思想中的道家成分。付文说：“细读《刘子》全文，盖其旨非主道家或儒道互补。《刘子》全帙反复论述的是入世治国的内容，这无疑是儒家的思想。因此笔者认为《刘子》主旨仍属儒家言。”[1]由于作者只顾一味向儒生刘昼靠拢，没有从哲学的高度去理解《刘子》的思想架构，与《刘子》实际相差甚远，加之付氏在《刘子作者辨正》所举论据前后矛盾处颇多，故学界不见有人提及。

与程天祜和杨明照观点相反的是杜黎均在《文心雕龙学刊》第5辑发表的《〈文心雕龙〉与〈刘子〉比较论》。杜氏认为：林、陈之《〈刘子〉作者考辨》“以历史唯物主义的观点，丰富而且有雄辩的论据，纵横融合、层层深入的思维方法，得出了关于《刘子》作者的结论：‘我们认为：刘昼说应予否定，《刘子》刘勰撰的题署应该恢复。’这个结论是令人信服的。我表示同意”。并从“论知言”、“论积学”、“论物和情”、“论文和质”、“论正和邪”、“论美贵在自然”、“论人才”、“论人生理想”八个方面进行比较研究，认为两书是出于刘勰之手。“《刘子》，从其文史政治知识的渊博，社会生活经验的丰富，政治观察能力的敏锐，理论思维方法的纯熟来看，可以认定是刘勰中老年时期的作品”。

[1] 付亚庶：《刘子的思想及史料价值》，载《古籍整理研究学刊》1989年第6期。

2000 年，程有为在《许昌师专学报》第四期发表的《刘子的人才思想初探》一文，认为“《刘子》作者历来众说纷纭……今人林其锬、陈凤金两同志集校《刘子》，著《〈刘子〉作者考辨》一文附于书后，以为《刘子》为刘勰所著，较为可信”。

曹道衡针对杨明照和程天祜与林、陈二人关于《刘子》的作者的争论，于 1990 年在《中国社会科学院研究生院学报》第 2 期发表了《关于〈刘子〉的作者问题》一文，对以往论争作了简述和评论。认为“像晁公武和陈振孙两家，其实都是存疑派，而并非刘昼说的主张者。关于这一点，过去有些研究者曾有所忽视。近几年，林其锬、陈凤金二先生的《〈刘子〉作者考辨》是很有见地的。他们发现了晁公武、陈振孙和《宋史·艺文志》均对于刘昼说持存疑态度。因此转而采用两《唐书》的说法，以《刘子》为刘勰作，并且进而论证了《刘子》思想与《文心雕龙》的一致性。”这是其一。其二，从刘昼的生卒年看，“那么梁代书目中著录的这部《刘子》，还可能是刘昼吗?”“《隋书·经籍志》提到梁代书目中曾有《刘子》，这对刘昼说实在颇为不利。”其三，袁序与史书中的《刘昼传》不符，“如果相信《北史》和《北齐书》就很难相信《袁序》的话。如果不信《袁序》，那么刘昼到过江南以及梁代书目著录过他的著作，都很少可能了”。其四，“如果两说(刘勰说和刘昼说)都有疑问，是否考虑第三种可能性，即既非刘勰，亦非刘昼，而是由另一位姓刘的学者所作”，“从目前存在的争论看来，双方似乎有非此即彼的成见，似乎动摇了刘昼说”，“不论在林其锬、陈凤金二先生的《〈刘子〉作者考辨》抑或杨明照先生的《再论〈刘子〉的作者》中，似乎都没有考虑第三种可能性。对于林、陈的《〈刘子〉作者考辨》尽管有杨明照先生所批评的一些问题，但是其基本精神还是值得考虑的。”

针对杨明照和程天祜的刘昼说，朱文民在《文心雕龙》学会第八届年会上以《把〈刘子〉的著作权还给刘勰》[1]一文提交大会，对杨、程之说作了系统的辩驳。朱文民认为：其一，《梁书》和《南史》的《刘勰传》不载《刘子》不是否定《刘子》刘勰撰的理由。并列举二十四史中的许多传主并不全载其著作为例。《刘勰传》之所以提及《文心》，并把《文心·序志》录入其中，是《序志》反映了刘勰的生平和志向，把《序志》作为《刘勰传》的一部分是画龙点睛之笔。是因为刘勰以《文心》敲开了吏部大门，是刘勰人生之路的大关节。其二，杨、程二人在考证《刘子》作者之争时使用了双重标准，没有多大的参考价值。其三，刘昼是一位保守、迂腐的儒生，其言行与《刘子》一书不称。《刘子》中的《托附》、《因显》、《贵速》等理论，正是刘勰依附僧祐和上表等从政实践经验的总结。此种思想和理论非刘昼所历练。再说，《北史·刘昼传》记载刘昼崇尚公孙弘，而《刘子·荐贤》篇说“公孙弘不引董生，汲黯将为妬贤”，认为公孙弘是嫉贤妒能的人。又，《北史·刘昼传》记载“昼自谓博物奇才，言好矜大，每言‘使我数一〇卷书行世，不易齐景之千驷也’。容止舒缓，举动不伦，由是竟无仕，卒于家。”这与《刘子》的《韬光》、《戒盈》、《明谦》诸篇思想不合。其四，《刘子·惜时》篇透出的信息，正合刘勰而不是刘昼。刘昼一生不被启用，对当朝愤恨不已，不可能对当朝有“休明之世”的赞语。其五，程天祜考出刘昼撰写《刘子》的成书时间为公元563年至567年，甚至至死未成书，而此时梁代书目的撰录者已亡故了三十余年，梁王朝也已灭亡了十年，怎么会载入梁人书目，成为《隋志》的“梁有《刘子》一〇卷，亡”的记载呢？其六，《一切经音义》关于《刘子》作者刘勰的史料价值不应当轻视。因为它不是孤证，还有《随身宝》记载的：“《流子》刘協注”和《广弘明集·辨惑》篇引《刘子》语反驳刘昼诋佛言论等直证。至于“《流

[1] 朱文民：《把〈刘子〉的著作权还给刘勰》，刊于山东师范大学《齐鲁文化研究》第5辑。又载作者《刘勰传·附录》中。

子》刘協注”的同音假借字，是唐代存在着标音字和标义字两种文字系统的缘故，如果以此否认《随身宝》的价值，则敦煌遗书将被否定大部分。如果把《一切经音义》和《随身宝》中关于《刘子》的记载再联系两《唐志》中关于《刘子》的记载，就会觉得它的史料价值是可靠的。如果就是不承认《刘子》刘勰著，那只能说是思想问题，而不是史料问题了。正如《文心雕龙·史传》篇所云“俗皆爱奇，莫顾实理”了。其七，《刘子》与《文心雕龙》的思想倾向是一致的。《文心》“以道为本，以儒为用”。《刘子》一书也并非归心道教，而是认为“道者玄化为本，儒者德教为宗，九流之中二化为最”，也是儒道同尊。至于有人说《文心》的主要倾向是儒家，朱文民认为那是对《文心》的误读，而非《文心》实情。其八，对历代记载《刘子》的文献分类列表，指出哪是刘昼说，哪是刘勰说，哪是存疑派，以澄清人们以往把存疑派误读为刘昼说的事实。其九，关于图书四部分类问题。梁元帝《金楼子·著书》篇仍以甲乙丙丁分类，列举学者们对于经、史、子、集分期的看法以澄清经、史、子、集之分类始于唐，以证明《刘子》有可能是刘勰文集的一部分。其十，针对杨明照提出的《刘子》的语言特色问题，朱文民说：“对《刘子》文采的评价，杨先生始终也没有准的。早年见晁公武说《刘子》‘辞颇俗薄’，杨先生亦说：‘今以《刘子》全书验之，其缉缀辞藻与言甚古拙，皆极为显著。’2001 年的文章《增订〈刘子〉前言》又说：‘前贤称其‘辞采秀倩’，‘丰腴秀整’，‘腴秀逸俊’，‘遒练隽逸’，并非过誉。（这说明杨明照又否定了先前‘言甚古拙’的评价）对《刘子》一书的辞色而明代的蒋以化和曹学佺的评论与杨明照最初的评论完全相反。蒋以化认为‘分类铸辞，尊仲尼卑百家，一似《文心雕龙》语’。曹学佺认为其‘文辞灿然可观，晁公武以浅俗讥之，亦不好文之一证矣’。”杨明照大概后来看到了曹学佺讥笑晁公武认为《刘子》“‘辞颇俗薄’是不好文之一证”才改口的。

对于刘克庄引录的张鷟《朝野佥载》中的话,朱文民认为《朝野佥载》是唐人小说。小说中的故事都是作者根据或许有的现象杜撰的,其资料来自于"街谈巷议,传闻异辞",且不合刘昼自身性格的逻辑,作为一种现象看待尚可,如果认真去对号入座、并作为信史引录是不严肃的。这是其一。其二,今传世之本《朝野佥载》中并未有刘克庄所引的话。近年中华书局出版的《朝野佥载》附录中的此条是他们根据刘克庄的记载辑录的,已非原始资料,其可靠性是大打折扣的。

朱文民在上文中,还针对杨明照提出《刘子》的语言特色和习惯用语问题说:"将《文心雕龙》、《刘子》、《灭惑论》、《梁建安王造剡县石城寺石像碑铭》等刘勰著作全部输入电脑进行检索,《刘子》中的'若夫'一见,'至于'八见,'盖'(句首)五见,'耳'(句末)一见。相别只在于使用频率少一点,而不是像杨先生说的'《刘子》全书中也未使用过'。杨先生所指出《文心雕龙》使用过八次的'原夫'一词,《灭惑论》和《梁建安王造剡山石城寺石像碑铭》也未用过。'观夫'一词,《灭惑论》不用,《石像碑铭》仅用一次,'至于'一词以上两文皆不用。'若乃'《文心》十三见,《刘子》不见,《灭惑论》三见,《石像碑铭》不见。'夫'(句首)字《文心》五十二见,《刘子》二十三见,《灭惑论》四见,《石像碑铭》一见。'若夫'一词《文心》二十七见,《刘子》一见,《灭惑论》和《石像碑铭》不见。"可见杨明照的统计是不准确。其结论也就显得牵强和武断。朱文民认为:"《刘子》一书的写作目的是为当权者提供治国方案的,把以往的历史经验和教训列举以后引出如何才是当前的良策,故而多用'由此观之'、'以此而言'、'以此言之'、'由此言之'和'由此而言'之类的用语,是引出新见解的需要。也正是为此,此书又名《新论》。此类用语《灭惑论》和《石像碑铭》多不用,如果以此作为否定《刘子》为刘勰著作的论据,则《灭惑论》和《石像碑铭》也就不是刘勰著作了。"正如《刘子·正赏》篇所言:“昔二人评玉,一人曰好,一人曰丑,久不能辨。客曰:‘尔来入吾目中,则好丑分矣!’”如果仅以《文心》和《刘子》比较习惯用语,则可比性小,而引入同是刘勰而没有争议的其他著作,则分晓可见矣!朱氏正受此启发,故将刘勰现有著作全部输入电脑以见真伪。朱文还引黄侃的观点,证明同一人的不同著作,未必一个模式。

朱文民从十个方面理出《刘子》作者刘勰由是而疑,由疑而否的演变过程,建议把《刘子》的著作权应当还给刘勰。

朱文发表后,刘昼说的坚持者中,有学者又提出了一条新证据:《刘子》中不避梁讳,有“顺”字和“衍”字,以此否认《刘子》刘勰作,坚持刘昼说。其实这位论者用避讳学否定《刘子》刘勰作,坚持《刘子》刘昼作是行不通的。因为《刘子》也不避北朝帝讳,“欢”字两见,“隐”字十九见,“殷”八见,“纬”字三见。而北朝比南朝更保守,更讲究避讳。例如高齐以后的“赵州”原为“殷州”,高齐时为避帝讳而改“赵州”。又如《北齐书·赵彦深传》说赵彦深:“本名隐,避齐庙讳,故以字行。”这是因高欢六世祖名“隐”之故。这就更堵死了刘昼可能性的思路。相反,《刘子》中的《思顺》篇,有的版本就是《思慎》,这可能是《刘子》的原始版录。至于现行本中不避梁讳,是否也像《昭明文选》中有些文章不避梁讳一样,如屈守元所说“大都后人复其旧也”,已不可知了。总之,以避讳学判定《刘子》的作者是行不通的。

综上所述,就目前情况说,坚持《刘子》刘昼作的学者所提出的论据,还难以否定两《唐志》对《刘子》刘勰作的记载,以证明《刘子》的作者是刘昼。其他诸说更不足据。相反,随着研究的深入和发展,《刘子》与刘勰,更显示出一种甩不开、割不断的关系,总是让研究者觉得刘勰的精魂或游荡于脑际,或隐藏在文内。例如,祁志祥在《广州大学学报》2005 年第 4 期发表的《试论刘昼的美学思想》一文,全文以《刘子》为资料，说《刘子》“其玄学美学的特点，主要通过捏合儒、道体现出来，带有一定的总结性。《刘子》美学最突出的贡献不仅在此，而在《正赏》、《殊好》等篇中对美的主客体差异，或者说审美的客体性和创造性的精湛剖析，它是对梁刘勰文艺美学理论的重大发展。”再如蔡欣在《嘉兴学院学报》2007 年第 1 期发表的《〈刘子〉文艺范畴辨析》一文，也多次指出“在文学观念上，刘昼与刘勰有暗合之处”[1]。

二、《刘子》的主要思想

（一）经济思想[2]

刘勰的经济思想主要表现在《刘子·贵农》篇中，是传统的农本主义思想。

第一，刘勰认为“衣食者，民之本也……民恃衣食，犹鱼之须水……先王知其如此，而给民衣食”。这就指出了重农是传统的思想，是先王治国的成功经验。并指出为了表明君王重农的实际行动，“天子亲耕于东郊，后妃躬桑于北郊”。天子这样做，不是国家缺少劳动力，而是为了表明天子对于农业的重视，起一个表率作用。刘勰紧接着说，这样做“国非无良农也，而王者亲耕；世非无蚕妾也，而后妃躬桑；上可以供宗庙，下可以劝兆民。《神农》之法曰：‘丈夫丁壮而不耕，天下有受其饥者；妇人当年而不织，天下有受其寒者。’故天子亲耕，后妃亲织，以为天下先。”刘勰的这些言论，表明了他的重农思想以及这一思想来源于传统的《神农》和《管子》。

第二，刘勰认为农业是国家稳定的基础。“衣食饶足，奸邪不生。安乐无事，天下和平”。只有衣食富饶，人民安居乐业，才能使那些图谋不轨的人，不易于找到闹事的借口。用刘勰的话说是“智

❶在《刘子》作者问题上，祁志祥和蔡欣承袭了杨明照的观点。但在论述《刘子》思想时，怎么也摆脱不掉刘勰的影响。

❷本章引文未注明出处的，皆引自刘勰：《刘子·贵农》篇。

者无所使其策，勇者无以行其威”。这表明了刘勰的为政之本，首在富民。《管子·治国篇》就这样主张：“凡治国之道，必先富民，民富则易治也，民贫则难治也，奚以知其然也？民富则安分重家，安分重家，则敬上畏罪；敬上畏罪，则易治也。民贫则危分轻家，危分轻家，则敢凌上犯禁，则难治也。故治国常富，乱国常贫，是以善为国者，必先富民，然后治之。”

管子是历代公认的大政治家、大理财家。刘勰的思想同管子如出一辙，足见刘勰的富民思想与国家政治是联系在一起的。

第三，重农抑末，轻徭薄赋。刘勰在《刘子·爱民》篇中说：“省徇徭役，以休民力；轻约赋敛，不匮人财；不夺农时，以足民用；则家给国富，而太平可致也。”这就是说，国家要长治久安，必须要国富民殷；国富民殷，必须重农抑末，只有民事农，才能垦田地。田地垦则粟多，粟多则国富民足。要想国富民足，还得有配套的“不夺农时”和“轻约赋敛”等各项政策，否则，重农就是一句空话。

刘勰重农轻末的另一原因是，他认为“雕文刻镂，伤于农事；锦绘綦组，害于女工。农事伤，则饥之本也；女工害，则寒之源也。饥寒并至，而欲禁人为盗，是扬火而欲无炎，挠水而望其静，不可得也。‘衣食足，知荣辱；仓廪实，知礼节。’故建国者必务田蚕之实，弃美丽之华，以谷帛为珍宝，比珠玉于粪土。何者？珠玉止于虚玩，而谷帛有实用也。假使天下瓦砾悉化为和璞，砂石皆变为隋珠，如值水旱之岁，琼粒之年，则璧不可以御寒，珠未可以充饥也。虽有夺日之鉴，代月之光，归于无用也。何异画为西施，美而不可悦；刻作桃李，似而不可食也。衣之与食，唯生人之所由，其最急者，食为本也。”

第四，注重国家储备的忧患意识。刘勰经济思想的另一个表现就是在富民的基础上注重国家粮食储备的忧患意识。刘勰说：昔“先王治国，有九年之储，可以备非常救灾厄也。尧汤之时，有十年之蓄，及遭九年洪水，七载大旱，不闻饥馑相闻，捐弃沟壑者，蓄积多故也”。刘勰并针对梁王朝僧尼人数急剧上升给社会经济带来的压力，一针见血地指出，今“谷之所以不积者，在于游食者多，而农人少故也”。要想改变当时社会上那种“一人耕而百人食之”的现象，统治者必须“敬授民时，劝课农桑，省游食之人，减徭役之费”。刘勰的这种忧患意识是一位杰出政治家和思想家最基本的表现。

（二）政治思想

刘勰的政治思想，总体上说是民本主义的。主要表现在对君民关系、治国方略以及人才选拔的论述上。

1. 民本思想。

封建国家的根本关系是君民关系。

刘勰是这样确立君民关系的。他说：“天生万民，而立之君，君则民之天也。天之养物，以治阴阳为本，君之化民，以政教为务。故寒暑不时则疾疫，风雨不节则岁饥。刑罚者，民之寒暑也；教令者，民之风雨也。刑罚不时则民伤，教令不节则俗弊。”[①]在这里把君王比作天，民犹如地上生长的万物。《刘子·从化》篇说：“君以民为体，民以君为心。”《刘子·贵农》篇又说：“民者，国之本也。”在刘勰看来，君民关系是一种相互依赖的关系，君无体而不存，民无心而体乱，国无民而不国，因而如何对待国民也就构成政治家的主要政治思想。

国家与国民的关系。刘勰认为：“民者，国之本也。”在古代，国君也就是国家，忠君与爱国是一致的。那么国君如何对待“国之本”的“民”呢？刘勰认为应该是“爱民”，“天生万民而立之君，君则民之天也。天之养物，以治阴阳为本”，“君之化民，以政教为

①《刘子·爱民》。

务”。制定这些“政教”的宗旨，刘勰认为，“善为理者，必以仁爱为本，不以苛酷为先”。如何爱呢？刘勰认为，“宽宥刑罚，以全人命；省彻徭役，以休民力；轻约赋敛，不匮人财，不夺农时，以足民用；则家给国富，而太平可致也”。[1]从刘勰的这些话中，可以看出刘勰的主导思想是“爱民”、“富民”，一切政策和措施都是为这两大宗旨服务的，刘勰的这两大宗旨，也可以说是一个问题的两个方面。

在刘勰看来，富民与富国是一致的。他说：“人之于君，犹子之于父母也，未有父母富而子贫，父母贫而子富也。故人饶足者，非独人之足，亦国之足也。渴乏者，非独人之渴乏，亦国之渴乏也。故有若曰：‘百姓足，君孰与不足？百姓不足，君孰与足？’此之谓也。”[2]因此，他主张轻徭薄赋。他认为国君如果不施仁义于民，人民就会背叛他。君失民心，君也就不成为君了。所以他说：“故君者，其仁如春，其泽如雨，德润万物，则人为之死矣。昔太王居邠，而人随之，仁爱有余也；夙沙之君，而人背之，仁爱不足也。仁爱附人，坚与金石，金石可销，而人不可离。故君者，壤也；人者，卉木也。未闻壤肥而卉木不茂，君仁而万人不盛矣。”[3]

从以上可以说，刘勰的治国思想主要是行仁政，用今天的话说叫做德治。

要行仁政，要德治，人主必须以身作则，注意自身的影响，不能以自己的好恶而对国家产生不利影响。他说：“君以民为体，民以君为心。心好之，身必安之；君好之，民必从之。未见心好而身不从，君欲而民不随也。人之从君，如草之从风，水之从器。故君之德，风之与器也；人之情，草之与水也……上所好物，下必有甚”。“晋文公不好服美，群臣皆衣牂羊；鲁哀公好儒服，举国皆着儒衣”；“楚灵王好细腰，臣妾为之约食，饿死者多”。因而“明君慎其所好，

❶❷❸《刘子·爱民》。

以正时俗”。[1]

作为人主，仁政是不可少的，不行仁政，则失民心，民心向背，则君不君矣。但是，刘勰又看到了仁政的局限性，因而他在主张行仁政的同时，又主张法治。他说：“建国君人者，虽能善政，未有弃法而成治也”，“为政者不可废法而治人”。[2]

2. 法治思想。

刘勰认为：“律者，中也。黄钟调起，五音以正；法律驭民，八刑克平。以律为名，取中正也。”[3]要治国，就得立法，不立法，民无所本，吏无所依。“悬教设令以示人者，法也”，“法术者，人主之所执，为治之枢也”。[4]刘勰把法看成是人君治国的中心部件。人君所执的“教”和“令”就是法。法是明的，术是暗的。人君所握的“术”是随着时间和不同的事物、不同的场合可以变化的。什么是术呢？“人用其道而不知其数者，术也”。“人主以术化世，犹天以气变万物；气变万物，而不见其象；以术化人，而不见其形。故天以气为灵，主以术为神。术以神隐成妙，法以明断为工”。[5]也就是说“法”是“术”的外在表现。人主没有术也就没有“神”了。由此看来，人主的“神”在于操着“术”，人不知鬼不觉地变幻着。这种变幻“术”的原则就是“苟利于人，不必法古”。

刘勰的社会管理思想是德治与法治相结合的。法治要立法，立法施教的最大要点，刘勰说：“立法施教，莫大于赏罚。赏罚者，国之利器，而治人之柄也。”[6]人主治国靠“法术”，这“术”也就是“谋”，因而人主要“练人谋”。刘勰是一个德治与法治的统一论者，因而他主张“练人谋者，抱五德之美，握二柄之要”。什么是“五德”和“二柄”呢？“五德者，智、信、仁、勇、严也；二柄者，赏罚也。智以能谋，信以约束，仁以爱人，勇以陵弱，严以镇众；赏以劝功，罚以惩

❶《刘子·从化》。
❷❹❺《刘子·法术》。
❸《文心雕龙·书记》。
❻《刘子·赏罚》。

过。”[1]看来这个“五德”和“二柄”变换使用,并且使之有术就是人主所要练的“谋”。这“二柄”是对“五德”的一种“保证”。

3. 人才思想。

第一,人才的地位和作用。刘勰认为:“国之需贤,譬车之恃轮,犹舟之倚楫也。车摧轮,则无以行;舟无楫,则无以济,国乏贤,则无以理。”[2]“他把国家比作车、船,而把人才比作车轮、舟楫以至于车船的驾驭者。车无轮不行,舟无楫不进。国家缺乏人才,国家便得不到治理。”[3]国家需要人才,而且需要各方面人才。他说:“峻极之山,非一石所成;凌云之榭,非一木所构;狐白之裘,非一腋之毳;宇宙为宅,非一贤所治。是以古之人君,必招贤搜隐,人臣则献士举知。”[4]他把整个社会比作为一座巨大无比的宅院,这座宅院的建筑不仅需要设计师,也需要木工和建筑师,更需要管理者,因而它的成功,非一人之力。因为一石难成山,一木难成榭。同时,刘勰还认识到人才各有用处,不能只要求一种人才。他说:“五行殊性,俱为人用,文武异时,并为大益。”因为“白羽相望,霜刃竞接,则文不及武;干戈既韬,礼乐聿修,则武不及文。不可以九畿慑然而弃武,四郊多垒而摈文;士用各有时,未可偏无也”。[5]这是说人才各有用处,不要因为和平时期,就不重视武才,也不能因战争年代而忽视了文才,国家必须储备人才,不能鼠目寸光。国家只有储备下人才,才能“治乱异时,随务引才也”[6]。

第二,人才的发现与选拔。刘勰认为:“立政致治,折冲压难者,举贤之效也”,“古人竞举所知”。因为“为国入宝,不如能献器。献贤受上赏,蔽贤蒙显戮。斯前识之良规,后代之明镜矣”。[7]由此看来,选拔人才,举荐人才,作为国家,刘勰认为没有一套制度是不行的,在这一套选才制度中,除了人才标准之外,还得对于举荐者和

❶《刘子·兵术》。
❷❹《刘子·荐贤》。
❸林其锬:《〈刘子〉人才管理思想初探》,载《上海经济研究》1986年第1期。
❺❻《刘子·文武》。
❼《刘子·荐贤》。

蔽蒙者有赏和罚的规定，使荐贤者“身受进贤之赏，名有不朽之芳”。反之有蔽贤之辱，只有知荣辱，才能“人竞举所知”。

作为选才者，选才工作是项很难的事。因为人“心居于内，情伏于衷，非可以算数测也。凡人之心，险于山川，难知于天。……故有心刚而色柔，容强而质弱，貌愿而行慢，性懁而事缓，假饰于外，以明其情；喜不必爱，怒不必憎，笑不必乐，泣不必哀，其藏情隐行，未易测也”；以是观之，“佞与贤相类，诈与信相似，辨与智相乱。愚直相像，若荠苨之乱人参，蛇床之似蘼芜也”。这是就人才和客观情况说，不仅良莠杂处，贤愚相居，而且人的才情藏于体内，不是用肉眼可以看得见的。就选才者的主观来说，又往往有私心杂念，而“俗之常情，莫不自贤而鄙物，重己而轻人”。正是这种“真伪绮错，贤愚杂糅”，既无法用秤称，也不能用尺量，才使得选才工作“难于知天”[1]。

人才除了“真伪绮错，贤愚杂糅”以外，还有“金无足赤”、“人无完人”的问题，往往挡住了选择者的视线，使得选择者难以选准。这就要求人主克服俗眼，拿出“明哲”之慧，多方面辨别。因为“士有大趣不修容仪，不惜小检”的特点。如果“忌人之细短，忘人之所长”，就会“以小防大”，“以小掩大”。如果“以此招贤，是画空而寻迹，披水而见路，不可得也”[2]。为了阐明这一观点，刘勰特举历史上的大圣大贤作为例证。他说：“尧有不慈之诽，舜有囚父之谤，汤有放君之称，武有杀主之讥，齐桓有贪淫之目，晋文有不臣之声，伊尹有诬君之迹，管仲有忽上之名。以夫二仪七耀之圣，不能无亏细沴；尧舜汤武之圣，不能免于嫌谤，桓文伊管之贤，不能无纤瑕之过。”[3]

刘勰的上述见解，说明了人才并不是与普通人相比多长着几只眼睛或多长着几个脑袋。有的人才从表面上并看不出什么特殊，甚

❶以上引文均来自《刘子·心隐》。
❷❸《刘子·妄瑕》。

至有的比常人个小、体轻、貌丑。

第三，选拔人才的标准。刘勰认为选才的标准首先要看品德。所谓品德，也就是选那些忠于职守、忠于朝廷的人。《刘子·大质》中说："士有忠义之性，怀真直之操，不移之质，亦如兹者也。是以生苟背道，不以为利；死必合义，不足为害。故不趋利而逃害，不忻生而憾死，不可以威胁而变其操，不可以利诱而易其心。……夫士有忠义之行，践绳墨之节，其于平日，乃无异于众人；及至处患蹈难，而志气贞刚，然后知其殊也。"刘勰的这一人才标准，也就是不因生而背道，不以利诱而变节，甘愿为忠义而死。其次是要看大节。刘勰认为人才之"小恶不足以伤其大善也"。如果人主选才"忌人之细短，忘人之所长"，无异于"画空而寻迹，披水而见路"，是"不可得也"。"以小掩大，非求士之谓也"。[1]再次，人才有个层次的问题，有大才和小才之分，还有一个种类的问题。这就是"人禀五材，修短殊用"。"五行殊性，俱为人用，文武异才，并为大益"。[2]国家的建设，犹如建造一座宅园，既需要设计人员，也需要工程师和技术熟练工人，还需要管理人员，因而，人才"修短殊用"，"文武异才，并为大益"。

第四，人才难知，并非不可知。刘勰对握有选举之权的人提出如下要求和选拔的具体做法：

冲破门阀观念，以人的能力为重。这便是"才苟适治"、"智苟能谋"，"不问世胄"。这就是说只要才能治国，智能谋事，不问其出身是否为世族。

克服自身私心和偏见，树立为国"进贤为美"和不惜牺牲个人生命的无畏精神。刘勰认为要选拔人才，就得要出于公心，"内荐不避子，外荐不避仇"。树立为国"进贤为美，逾身之贤，矧复抑贤

❶《刘子·妄瑕》。
❷《刘子·文武》。

者乎?”的道德标准和“为国荐士,灭身无悔”[1]的无畏精神。

克服“重古而轻今,珍远而鄙近”的毛病。刘勰认为这种毛病自古就有。他说:“鲁哀公遥慕稷契之贤,不觉孔丘之圣;齐景公高悕管仲之谋,不知晏婴之智;张伯松远羡仲舒之博,近遗子云之美。”[2]人主尚且如此,而为臣者更难避免,所以刘勰特别提出批评,并警示选举人才者引起注意。

提高选才者的识才能力。识人选才有两种情况:一种是人才的才华尚未显露之前,通过各种苗头,被识辨出来是个人才,这种识才能力被刘勰称之为“明哲之鉴”。用刘勰的话说叫做“明哲之相士,听之于未闻,察之于未形,而鉴其神智,识其才能,可谓知人矣”。另一种情况是事后而识才,即实践已经证明是人才了,才被认识,这种识才,用刘勰的话说叫“凡夫之识”。“凡夫之识”,就是“功成事遂然后知之者”。这种识人,刘勰斥之曰:“何异耳闻雷霆而称为聪,目见日月而谓之明乎?”[3]

勿以贫富、亲敬、疏近论人。为说明这一观点,刘勰还特举出历史经验作为教训,以警示人们勿以贫富和疏近亲敬而论人。他说:“相马者,失在于瘦,求千里之步,亏也;相人者,失在于贫,求恩惠之迹,缺也。轻才之士,世非少也,然而不见者,贫掩之也。”[4]

第五,知人难,善用人更难。如何做到知人善任,是刘勰人才思想的主要内容。为了达到善任的目标,刘勰提出了“适才”、“均任”的用人思想。

所谓“适才”,也就是根据人才的特点给予使用。“适才”的原则包含两层意思:一是“适才所施,随时成务”。二是“因事施用,仍便效才”。关于第一层含义,刘勰认为:“物有美恶,施用有宜,美不常珍,恶不终弃……裘蓑虽异,被服实同;美恶虽殊,适用则均。今

[1]《刘子·荐贤》。
[2]《刘子·正赏》。
[3]《刘子·知人》。
[4]《刘子·辨施》。

处绣户洞房,则蓑不如裘;被雪沐雨,则裘不如蓑。以此观之,适才所施,随时成务,各有宜也。”[1]在《刘子·文武》中说:“白羽相望,霜刃竞接,则文不及武;干戈即韬,礼乐聿修,则武不及文……士用各有时,未可偏无也。”

所谓“均任”,就是“量才而授任,量任而授爵,则君无虚授,臣无虚任”。这样做的目的是防“滥”。“为有宽隘,量有巨细,材有大小,则任有轻重”,因为“万硕之鼎,不可满以盂水;一钧之钟,不可容于泉流;十围之木,不可盖以茅茨;榛棘之柱,不可负于广厦,何者?小非大之量,大非小之器,重非轻之任,轻非重之制也。以大量小,必有枉分之失;以小容大,则致倾溢之患;以重处轻,必有伤折之过;以轻载重,则致压覆之害”。[2]

“知人”、“善任”、“适才”、“均任”,这是人主的理想和追求的目标,真正达到这一目标,也不是一下子可以完成的,它往往需要几次的反复。为此刘勰又提出了一个“通塞”的问题,这近乎于今天的人才流通思想。

刘勰说的“通”,有两层意思,一层是千里马遇到了伯乐,谓之通;二是千里马得到了驰骋的场所,也就是说人才有了发挥特长的客观环境,即“适才”、“均任”了,谓之通。反之就是“塞”。“通”也就是“遇”,“塞”也就是“不遇”。人主对于人才的任用,不可能一下子用准,如果用不准,再给予调整,这也是“通”和“遇”。刘勰说:“水之性清动,壅以堤则波纽而气腐,决之使通,循势而行,从涧而转,虽有朽骸烂卉,不能污也。非水之性异,通之与壅也。人之通,犹水之通也。德如寒泉,假有沙尘,弗能污也。”这就是说,人才的流通,也像水一样,水滞则腐。那么人才不能“适才”或“均任”,或大材小用,或用非其才,或弃而不用,人才就会“容色黧黑,神情沮

[1]《刘子·适才》。
[2]《刘子·均任》。

忸，言为飞砾，行成狂狷，发露心忧，影销貌悴”，“如骐骥之伏于盐车，玄猿之束于笼圈也，非无千里之驶，万仞之犍，然而不异羸钝者，无所肆其巧也”。[1]这种人才“无所肆其巧”，也就是水之“壅以堤则波纽而气腐”了。

人才有了“适才”、“均任”的环境，又有了一个“通”和“遇”的机会，这是为人才发挥主观能动性创造了条件，但这只能说是一个静态的位置的设置。在这个静态的位置上，人才特长发挥的大小，除了其自身素质的能动性之外，还有一个人主的调控作用。这个人主的调控作用，也就是刘勰说的用人者必须“握有二柄之要”，“二柄者，赏罚也”。[2]人主为什么要握这“二柄”呢？因为“治民御下，莫正于法；立法施教，莫大于赏罚，赏罚者，国之利器，而制人之柄也。”“国以法教为才”，“法动于上，则治成于下”。[3]可以说“均任”是对“适才”原则职位的调控，是属于对人才流动的实施。赏罚是对人主观能动性的调控，是对人才的一种精神上的和物质上的评判。

总之，刘勰的人才思想不仅继承了先秦以来诸思想家的人才思想，而且还鉴于自己所处社会现实而有所创造，为中国人才管理学提供了丰富的内容。

（三）军事思想

刘勰作为中世纪一位杰出的思想家，年轻时，心有忌讳，不敢公开言兵事，但在《文心雕龙》的字里行间，无不以兵学思想贯穿于其中。他是一个主张文武全才的人。他在《文心雕龙·程器》篇说：“郤縠敦《书》，故举为元帅，岂以好文而不练武哉？孙武《兵经》，辞如珠玉，岂以习武而不晓文也？”在晚年著成的《刘子》一书中列专章谈兵论武，表现出惊人的军事思想。

[1]《刘子·通塞》。
[2]《刘子·兵术》。
[3]《刘子·赏罚》。

1.“修正道以服人”的战争观。

战争这个人类相互残杀的怪物,使得百姓谈兵色变,因为战争就意味着耗财伤命。但这是不得已而为之的事,刘勰就是这种战争观。他说:“夫兵者凶器,财用之蠹,而民之残也。五帝三王弗能弭者,所以禁暴而讨乱,非欲耗财以害民也。然众聚则财散,锋接则民残,势之所然也。”[①]这是不得已的事,并非为了耗财伤命。正是出于这一战争观,刘勰认为“百战百胜”不是战争的目的,目的是使对方心服口服。因而刘勰说:“兵贵伐谋,不重交刃。百战百胜,非用兵之善也。善用兵者,不战而胜,善之善也。王者之兵,修正道而服人;霸者之兵,奇谲变而取胜。”[②]昔兵圣孙武亦持这种观点。他说:“用兵之法,全国为上,破国次之;全军为上,破军次之;全旅为上,破旅次之;全卒为上,破卒次之;全伍为上,破伍次之;是故,百战百胜,非善之善者也。不战而屈人之兵,善之善者也。”[③]这种“修正道而服人”的战争观,与刘勰的民本主义政治思想是一致的。

2.将帅“以智为先”的治军思想。

刘勰以服人为目的的战争观,决定了他在战场上以谋争为主的人才观。正是出于对孙武“上兵伐谋”思想的正确理解,刘勰对将帅的素质提出了严格的要求。这些要求表现在如下几个方面:一是将帅必须具有牺牲精神。这种牺牲精神是:“临军之日,则忘其亲;援鼓之时,则忘其身。”[④]二是将帅必须具有一往无前的气魄和胆识。这就是:“用能无天于上,无地于下,无敌于前,无顾于后。”[⑤]三是将帅必须具有超常的谋略。这种智慧表现在“必明天时,辨地势,练人谋”。何谓“明天时”呢?刘勰认为“明天时者,察七纬之情,洞五行之趣,听八风之动,鉴五云之候”。何谓“辨地势”呢?所谓“辨地势者,识七舍之形,别九地之势”。何谓“练人谋”呢?刘勰

❶❷❹❺《刘子·兵术》。
❸《孙子兵法·谋攻》。

认为,所谓“练人谋者,抱五德之美,握二柄之要”。这“五德”就是“智、信、仁、勇、严”。这“二柄”就是“赏罚”。“智以能谋,信以约束,仁以爱人,勇以凌敌,严以镇众;赏以劝功,罚以惩过”。具有对这“五德”、“二柄”的驾驭能力者,才能具有运用“兵术”的能力,因为“智者,变通运奇之府也”。因而“智”是将帅最基本的素质要求。在刘勰看来,将军有智仅是基本要求,有了智还得掌握把智用在火候上,否则不能算有智。他在《刘子·贵速》中说:“成务虽均,机速为上;决谋或同,迟缓为下。何者?才能成功,以速为贵;智能决谋,以疾为奇也。善济事者,若救火拯溺;明其谋者,犹骥捷矢疾。”这就是说任何事情,在办事者面前摆着相同的机遇,谁能最早把握机遇,成功就属于谁。“决谋或同,迟缓为下”。谋而不决,让机会从身边溜走,等于没有谋决。议而不决,等于没议,决而不断,等于不决,用刘勰的话说:“智不早决,败而方悔,其智可谓与无智者同矣。故有智而不能施,非智也;能施而不能应速者,亦非智也。”[①]四是将帅要文武兼备,有武无文不成大器。刘勰在《文心雕龙·程器》中指出:“文武之术,左右为宜,郤縠敦《书》,故举为元帅,岂以好文而不练武哉?孙武《兵经》,辞如珠玉,岂以习武而不晓文也?”鉴于对将帅素质有上述四方面的要求,刘勰又提出了将与卒在战争中的作用的区别,他说:“夫将者,以谋为本,以仁为源。谋以制敌,仁以得人。故谋能制敌者,将也;力能胜敌者,卒也。将以权决为本,卒以齐力为先。”[②]只有将帅各自明确自己的职分,才能在战争中发挥自己的作用。

3.“习武不辍”、“精兵常备”的思想。

刘彦和在《刘子·阅武》篇引《司马法》说:“国虽大,好战则亡;天下虽安,忘战必危。”这里说了一个问题的两个方面,即一个国家

❶《刘子·贵速》。
❷《刘子·兵术》。

虽然强盛，连年战争，必然耗财伤命，久之则国力耗尽，百姓伤亡，则国家将灭亡；另一方面，一个国家一时和平安定，如果忘记武备，久之则不能应付内外突发事件，也是危险的。彦和接着说：“亟战则民凋，不习则民怠。凋非保全之术，怠非拟寇之方。故兵不妄动，而习武不辍，所以养民命而修戎备也。”因此古人“皆于农隙，以讲武事。三年而治兵，习战敌也。出曰治兵，治其事也；入曰振旅，言整众也”。

刘勰认为，军队首先要“明贵贱，顺少长，辨等列，习威仪”。这是最基本的训练常识，使士兵必须明白自己的职分。其次是要求军队懂得号令。如果军队不懂号令是无法作战的。为此，刘勰专门提出要求：“夫三军浩漫，则立表号，言不相闻，故为鼓铎以通其耳；视不相见，故制旌麾以宣其目。若民不习战，则耳不聆鼓铎之音，目不察旌麾之号，进退不应令，疏数不成行。”这样的军队是不能应战的，因为“士未战而震栗，马未驰而沫汗。非其人怯而马弱，不习之所致也”。[1]可见练兵精武在军队建设中的重要性。为了说明精兵精武在军队建设中的作用，刘勰还列举了吴王阖闾和越王勾践强化军事训练的例子。他说：“阖闾习武，试其民于五湖，剑刃加肩，流血不止；勾践习战，试其民于寝宫，民争入水火，死者千余，遽击金而退之。岂其恶生而贪死？赏罚明而教习至也。”[2]

在刘勰看来，只有不会训练士兵的指挥者，没有训练不好的士兵。为了说明他的观点，特举例说：“夫鸟兽无知之性，犹随人指授而能战击者，教习之功也，奚况国之士民而不习武乎？”即使“孙吴善将”亦“不能战不习之卒”。如果“今以练卒与不练卒交锋，若胡、越争游，不竞明矣。是以，先王因于闲隙，大阅简众，缮修戎器，为国预备也”。[3]刘勰把经过训练的军队与没有训练的军队交锋比作胡

❶❷❸《刘子·阅武》。

人与越人争游，即习水性的人与不习水性的人在水里争游，其结果可想而知，所以他说“不竞明矣”。

4.“经正纬奇”就实通变的战术思想。

《孙子兵法》的第三篇就专设《谋攻篇》，提出“上兵伐谋”的主张，刘勰在《刘子·兵术》中也提出了“兵贵伐谋”的主张。

在战争中作战双方的军队数量、武器装备、军事力量的布阵，这些都是一些有形的东西，是敌方可以侦察得到的。敌方可以通过侦察来的情报，作出自己的部署，以使自己立于不败之地，并能制服对方。因而《孙子兵法·虚实篇》说：“形之而知死生之地，角之而知有余不足之处。故形兵之极，至于无形；无形，则深间不能窥，知者不能谋。”这就是说有谋略的将领以无形之兵击有形之敌，兵之有形与无形是将领智谋的体现。到《孙膑兵法》就专设《奇正》一篇，谈兵之形。在孙膑看来：“故有形之徒，莫不可以名。有名之徒，莫不可胜，故圣人以万物之胜胜万物，故其胜不屈……形者，皆以其胜胜者也。以一形之胜胜万形，不可。”孙膑在这里说的是凡有形的事物，都是可以认识的，凡是可以认识的事物，没有不可以制服的。所以有谋略的人总是利用万物的特点去制服万物，因而他制胜的方法也是无穷无尽的。形形色色的事物都是以其自身的特长去制胜另一种事物，以一种事物去制胜万事万物是不可能的。孙膑又说：“形以应形，正也；无形而制形，奇也。奇正无穷，分也。”这就是说，用有形去对付有形是正，用无形去对付有形是奇。“奇”和“正”是古代军事学上的一对常用术语。“正”是指一般的，或常规的；“奇”是指特殊的，变化的。曹操释《孙子兵法》的“奇正”时说：“正者当敌，奇兵从傍击不备也。”杜牧释曰：“正者当敌，奇者从傍击不备，以正道合战，以奇变取胜也。”[1]这也就是说“正”是通常的用兵法，

[1]《诸子集成·孙子十家注》。

“奇”是一种不确定的变数，这种变数是无穷无尽的。

刘勰继承了《孙子兵法》的这些“奇正”思想，在《刘子·兵术》中更具体地阐释和发挥了“奇正”学说。刘勰说：“用奇出于不意，少可以挫多，弱可以折强。况夫以众击寡，以明攻昧。”因为“兵者，诡道而行”，“故智者，变通之源，运奇之府也”。这还是强调“运奇”出于智者之府。一个有勇无谋，或有谋不能决断的人，都还不能算是一个强者。只有智者才能“观形而运奇，随势而应变，反经以为巧，无形以成妙”。总之，只要有形，就可以被认识，凡被认识了的事物，就一定有解决的办法。所以刘勰认为“兵之势，避实而击虚，避强而攻弱，避治而取乱，避锐而击衰。故水因地而制形，兵因敌而制胜，则兵无成势，水无定形，观形而运奇，随势而应变，反经以为巧，无形以成妙。故风雨有形，则可以帷幕捍；寒暑无形，不可以关钥遏也。是以，善攻者，敌不知其所守，如畏雷电，击无常处；善守者，敌不知其所攻，如寻寰中，不见其际”[1]。这就是说，只有“无形则深间不能窥，知者不能谋”。只有出其不意，才能使敌无所防，只有无形（变化无常）才能使敌如在寰中寻际一样，不知所击。

5.“以仁为源”、“智仁并举”的带兵之道。

《刘子·兵术》说：“练人谋者，抱五德之美，握二柄之要。五德者，智、信、仁、勇、严也；二柄者，赏罚也。智以能谋，信以约束，仁以爱人，勇以凌敌，严以镇众；赏以劝功，罚以惩过。”这“五德”、“二柄”变换无穷的使用，也就是为将者的“术”，将无术不能御军，君无术不能治国。这术是看不见摸不着的，也就是说是无形的东西，他寓于这“五德”、“二柄”之中。在这“五德”、“二柄”之中，刘勰把“智”放在首位，因为没有“智”，别的就无从谈起。“仁以爱人”，也就是关怀属下，爱护士卒。只有关心和爱护士卒，才能求得士卒的

[1]《刘子·兵术》。

同心，用刘勰的话说是“仁以得人”。《史记·孙子吴起列传》记载，吴起关心士卒，以至于士卒生了病，吴起用口去给他把脓吸出来，卒母闻而哭之。人曰：“子卒也，而将军自吮其疽，何哭为？”母曰：“非然也，往年吴公吮其父，其父战不旋踵，遂死于敌，吴公今又吮其子，妾不知其死所矣，是以哭之。”该传记吴起“与士卒最下者同衣食。卧不设席，行不骑乘，亲裹赢粮，与士卒分劳苦”，因而吴起“尽得士心”。刘勰正是吸取了历史经验，所以他要求，将者，“以仁为源”，“今求同心之众，必死之士，在于仁恩洽而赏罚明。胥靡者，临危而不惧，履冰而不栗，以其将刑而不忧生也。今士抢白刃而不顾死，赴水火而如归，非轻死而乐伤，仁恩驱之也。”所以“将得众心，必与同患：暑不张盖，寒不御裘，所以均寒暑也；隘险不乘，丘陵必下，所以齐劳逸也；军食熟，然后敢食，军井通，而后敢饮，所以同饥渴也；三军合战，必立矢石之下，所以共安危也。……苟得众心，则人竞趋死，以此众战，犹转石下山，决水赴壑，孰能当之矣”。

6.“临危制变”、“反经合道”的辩证思想。

“奇正”思想，本身就是一种辩证思想，是一种根据实际所采取的灵活多变的战略战术。刘勰的军事辩证思想除了有“运奇”的灵活性以外，还在《刘子》一书中专记《明权》以说明将军用权勿犯教条错误，在文中刘勰首先“释权”说：“权者，反于经而合于道，反于义而后有善，若棠棣之华，反而更合也。”所谓“权者，揆轻重之势。……人之于事，临危制变，量有轻重，平而行之，亦犹此也。古之权者，审其轻重，必当于理而后行焉”。为了说明“明权”，刘勰特举孝子之事亲为例。他说：“孝子之事亲，和颜卑体，尽孝尽敬；及其溺也，则揽发而拯之，非敢侮慢，以救死也。故溺而捽父，祝则名君，势不得已，权之所设也。”这就是说，为了达到目的，不必局限于常规，应根据不同的时间、地点而权衡利弊采用符合当时情况的措施。如果掌权者是一个教条主义者，按孔子礼节，对父母平时和颜悦色，当父亲掉到水里去了，救时拉着腿不礼貌，揪住发不敬重，拖延了时机眼看着父亲淹死了，这不是最大的不孝吗？

在《孙子兵法》中也有“将能君不御者胜”，“将在外，君命有所不受”的说法。这也就是说，君远离战场，不了解实际，有时出现作战计划与现实不相符的情况，此时将军若机械地按原计划行事，必然失败。因而孙武认为“将能君不御者胜”。在兵法上特设“将在外，君命有所不受”的规定。兵法上这种特给将军以机动权的规定，是以将军足智多谋为前提的，因而刘勰特举周公之诛管叔，石碏之杀子厚，虞舜娶妻不告和弦高矫命等历史故事来说明不按常理而明权的重要性。在《刘子》一书中谈军事时，特设《明权》一章，说明将军用权勿犯教条主义错误。

《刘勰志》主要参考书目

1.《周易正义》,《十三经注疏》本。

2.《礼记正义》,《十三经注疏》本。

3.《毛诗正义》,《十三经注疏》本。

4.《春秋左传正义》,《十三经注疏》本。

5.《论语》,《诸子集成》本,上海书店 1996 年版。

6.《荀子》,《诸子集成》本,上海书店 1996 年版。

7.《孟子》,《诸子集成》本,上海书店 1996 年版。

8.《淮南子》,《诸子集成》本,上海书店 1996 年版。

9.《论衡》,《诸子集成》本,上海书店 1996 年版。

10.《孙子十家注》,《诸子集成》本,上海书店 1996 年版。

11.《慎子》,《诸子集成》本,上海书店 1996 年版。

12.《吕氏春秋》,《诸子集成》本,上海书店 1996 年版。

13.《管子校证》,《诸子集成》本,上海书店 1996 年版。

14.《老子注》,《诸子集成》本,上海书店 1996 年版。

15.《老子本义》,《诸子集成》本,上海书店 1996 年版。

16.《庄子注》,《诸子集成》本,上海书店 1996 年版。

17.《庄子集释》,《诸子集成》本,上海书店 1996 年版。

18.《庄子集解》,《诸子集成》本,上海书店 1996 年版。

19.《孙膑兵法注释》,邓泽宗,解放军出版社1986年版。

20.《资治通鉴》,(宋)司马光,中华书局1956年校点本。

21.《史记》,(汉)司马迁,中华书局1959年校点本。

22.《汉书》,(汉)班固,中华书局1962年校点本。

23.《后汉书》,(宋)范晔,(晋)司马彪,中华书局1965年校点本。

24.《三国志》,(晋)陈寿,中华书局校点本。

25.《晋书》,(唐)房玄龄,中华书局校点本。

26.《宋书》,(梁)沈约,中华书局校点本。

27.《南齐书》,(梁)萧子显,中华书局校点本。

28.《梁书》,(唐)姚思廉,中华书局校点本。

29.《北齐书》,(唐)李百药,中华书局校点本。

30.《陈书》,(唐)姚思廉,中华书局校点本。

31.《魏书》,(北齐)魏收,中华书局校点本。

32.《隋书》,(唐)魏征,中华书局校点本。

33.《旧唐书》,(后晋)刘煦,中华书局校点本。

34.《新唐书》,(宋)欧阳修,岳麓书社1997年版。

35.《南史》,(唐)李延寿,中华书局校点本。

36.《北史》,(唐)李延寿,中华书局校点本。

37.《宋史》,(元)脱脱,中华书局校点本。

38.《文心雕龙译注十八篇》,郭晋稀,甘肃人民出版社1963年版。

39.《文心雕龙译注》,陆侃如、牟世金,齐鲁书社1995年版。

40.《文心雕龙校注拾遗》,杨明照,上海古籍出版社1982年版。

41.《文心雕龙注》,范文澜,人民文学出版社1958年版。

42.《增订文心雕龙校注》,杨明照,中华书局2000年版。

43.《文心雕龙校注拾遗补正》,杨明照,江苏古籍出版社2001年版。

44.《文心雕龙今译》,周振甫,中华书局1986年版。

45.《文心雕龙注释》,周振甫,人民文学出版社1981年版。

46.《文心雕龙讲疏》,王元化,上海古籍出版社1992年版。

47.《文心雕龙绎旨》,姜书阁,齐鲁书社1984年版。

48.《文心雕龙学刊》(1—7辑),齐鲁书社出版。

49.《文心雕龙研究》(1—4辑),北京大学出版社出版。

50.《魏晋南北朝文学史料述略》,穆克宏,中华书局1997年版。

51.《纪晓岚评注文心雕龙》,江苏广陵古籍刻印社1997年版。

52.《文心雕龙译注》,王运熙、周锋,上海古籍出版社1998年版。

53.《文心雕龙义证》,詹锳,上海古籍出版社1989年版。

54.《白话文心雕龙》,郭晋稀,岳麓书社1997年版。

55.《文心雕龙学综览》,杨明照主编,上海书店1995年版。

56.《敦煌遗书文心雕龙残卷集校》,林其锬、陈凤金,上海书店1991年版。

57.《刘勰年谱汇考》,牟世金,巴蜀书社1988年版。

58.《文心雕龙辞典》,贾锦福主编,济南出版社1993年版。

59.《雕龙后集》,牟世金,山东大学出版社1993年版。

60.《兴膳宏〈文心雕龙〉论文集》,彭恩华编译,齐鲁书社1984年版。

61.《日本研究〈文心雕龙〉论文集》,王元化选编,齐鲁书社1983年版。

62.《中国台湾文心雕龙研究鸟瞰》,牟世金,山东大学出版社1985年版。

63.《文心雕龙选译》,陆侃如、牟世金,山东人民出版社1962年版。

64.《刘勰与〈文心雕龙〉》,詹锳,中华书局1980年版。

65.《刘勰论创作》,陆侃如、牟世金,安徽人民出版社1982年版。

66.《文心雕龙精选》,牟世金,山东大学出版社1986年版。

67.《文心雕龙研究》,(日)户田浩晓著,曹旭译,上海古籍出版社 1992 年版。

68.《文心雕龙研究》,牟世金,人民文学出版社 1995 年版。

69.《文心雕龙文学理论研究和译释》,杜黎均,北京出版社 1981 年版。

70.《文心雕龙札记》,黄侃,中华书局 1962 年版。

71.《文心雕龙研究论文集》,人民文学出版社 1990 年版。

72.《〈文心雕龙〉研究论文选》(1949—1982),齐鲁书社 1987 年版。

73.《文心雕龙新探》,张少康,齐鲁书社 1987 年版。

74.《文史通义校注》,叶瑛,中华书局 1988 年版。

75.《高僧传合集》,(南朝梁)释慧皎等,上海古籍出版社 1991 年版。

76.《弘明集·广弘明集》,(南朝梁)释僧祐,(唐)释道宣,上海古籍出版社 1993 年版。

77.《佛教文化面面观》,中国社科院宗教所编,齐鲁书社 1989 年版。

78.《佛教史》,杜继文,中国社会科学出版社 1991 年版。

79.《魏晋南北朝佛教论丛》,方立天,中华书局 1982 年版。

80.《禅宗十日谈》,高峰、业露华等,上海书店 1996 年版。

81.《中国佛教发展史略》,南怀瑾,复旦大学出版社 1996 年版。

82.《中国禅宗史》,印顺,江西人民出版社 1991 年版。

83.《金刚般若波罗蜜经浅释》,宣化上人,上海佛学书局 1996 年版。

84.《楞伽经白话注解》,王治平居士,上海佛学书局 1987 年版。

85.《道教史》,许地山,上海古籍出版社 1999 年版。

86.《中国哲学史》,任继愈,人民出版社 1966 年版。

87.《魏晋南北朝史论集》,周一良,北京大学出版社 1997 年版。

88.《门阀士族与永明文学》,刘跃进,三联书店 1996 年版。

89.《东晋门阀政治》,田余庆,北京大学出版社 1989 年版。

90.《魏晋南北朝文学思想史》,罗宗强,中华书局1996年版。
91.《汉魏两晋南北朝佛教史》,汤用彤,北京大学出版社1997年版。
92.《刘师培中古文学论集》,中国社会科学出版社1997年版。
93.《管锥编》第四册,钱锺书,中华书局1997年版。
94.《南北朝文学史》,曹道衡、沈玉成,人民文学出版社1999年版。
95.《魏晋南北朝史》,王仲荦,上海人民出版社1990年版。
96.《刘子集校》,林其锬、陈凤金,上海古籍出版社1985年版。
97.《刘子校注》,杨明照,巴蜀书社1988年版。
98.《刘子校释》,傅亚庶,中华书局1998年版。
99.《敦煌遗书刘子残卷集录》,林其锬、陈凤金,上海书店1988年版。
100.《刘子袁注》,民国十三年影印本。
101.《中国古代文论探研》,卓支中,暨南大学出版社1996年版。
102.《文选》,(南朝梁)萧统编,(唐)李善注,岳麓书社1995年版。
103.《昭明文选研究》,傅刚,中国社会科学出版社2000年版。
104.《魏晋南北朝文论选》,郁沅、张高明编,人民文学出版社1996年版。
105.《汉魏六朝辞赋与骈文精品》,曹道衡主编,时代文艺出版社1995年版。
106.《颜氏家训集解》,王利器,中华书局1993年版。
107.《中国古典文论新探》,黄维樑,北京大学出版社1996年版。
108.《文心雕龙释译》,李蓁非,江西人民出版社1993年版。
109.《诸子集成·世说新语》,上海书店1996年版。
110.《全上古三代秦汉三国六朝文》,严可均,中华书局1995年版。
111.《中国文学史》,游国恩、王起等,人民出版社1984年版。
112.《佛学概论》,弘学主编,四川人民出版社1996年版。
113.《龙游县志》,中华书局1991年版。

114.《至顺镇江志》,(元)俞希鲁,江苏古籍出版社 1990 年版。
115.《艺文类聚》,(唐)欧阳询编,上海古籍出版社 1982 年版。
116.《中国通史简编》,范文澜,人民出版社 1965 年版。
117.《诗品研究》,曹旭,上海古籍出版社 1998 年版。
118.《重修莒志》,庄亥兰,民国刊本。
119.《中古文学文献学》,刘跃进,江苏古籍出版社 1997 年版。
120.《目录学发微》,余嘉锡,中华书局 1963 年版。
121.《古书通例》,余嘉锡,中华书局 1985 年版。
122.《中国目录学史》,姚名达,商务印书馆 1938 年版。
123.《思辨随笔》,王元化,上海文艺出版社 1994 年版。
124.《文献通考》,(元)马端临,中华书局 1986 年版。
125.《南朝佛寺志》,(清)孙文川、陈作霖,江苏广陵古籍刻印社 1995 年版。
126.《佛祖统纪》,(宋)释志磐,江苏广陵古籍刻印社 1992 年影印本。
127.《释氏疑年录》,陈垣,江苏广陵古籍刻印社 1991 年版。
128.《释氏稽古略》,(元)释觉岸,江苏广陵古籍刻印社 1993 年版。
129.《佛祖历代通载》,(元)释念常,江苏广陵古籍刻印社 1993 年版。
130.《太平御览》,(宋)李昉,中华书局 1996 年影印本。
131.《诗品集注》,曹旭,上海古籍出版社 1994 年版。
132.《文镜秘府论校注》,王利器,中国社会科学出版社 1983 年版。
133.《出三藏记集》,(南朝梁)释僧祐,中华书局 1995 年版。
134.《后村诗话》,刘克庄,中华书局 1983 年版。
135.《郡斋读书志》,(宋)晁公武,上海古籍出版社 1990 年校点本。
136.《直斋书录解题》,陈振孙,上海古籍出版社 1987 年校点本。
137.《金明馆丛稿初编》,陈寅恪,上海古籍出版社 1980 年版。

138.《金陵梵刹志》，(明)葛寅亮，江苏广陵古籍刻印社1987年版。
139.《玉台新咏》，(南朝陈)徐陵编，中华书局1985年校点本。
140.《史通通释》，(清)浦起龙，上海古籍出版社1982年版。
141.《文选导读》，屈守元，巴蜀书社1993年版。
142.《首都志》，叶楚伧，正中书局1935年版。
143.《魏晋南北朝史探索》，郑欣，山东大学出版社1989年版。
144.《中国文学批评史新编》，王运熙、顾易生主编，复旦大学出版社2001年版。
145.《水经注》，(北魏)郦道元，上海古籍出版社1990年版。
146.《文心雕龙研究史》，张少康、汪春泓等，北京大学出版社2001年版。
147.《鲁迅全集》第5卷，人民文学出版社1981年版。
148.《汤用彤集》，黄夏年主编，中国社会科学出版社1995年版。
149.《魏晋南北朝史论丛》，唐长孺，三联书店1955年版。
150.《魏晋南北朝史论丛续编》，唐长孺，三联书店1959年版。
151.《澄心论萃》，饶宗颐，上海文艺出版社1996年版。
152.《〈文心雕龙〉的风格学》，詹锳，人民文学出版社1982年版。
153.《中国台湾近五十年〈文心雕龙〉研究论著摘要》，王更生编，中国台湾文史哲出版社1999年版。
154.《文心雕龙译注》，赵仲邑，漓江出版社1982年版。
155.《文心雕龙斠诠》，李曰刚，中国台湾“国立编译馆”1982年版。
156.《文心雕龙研究》，王更生，中国台湾文史哲出版社1976年版。
157.《中国美学史》，李泽厚、刘纲纪，安徽文艺出版社1999年版。
158.《文心雕龙研究荟萃》，饶芃子主编，上海书店1992年版。
159.《文心雕龙研究史》，张文勋，云南大学出版社2001年版。
160.《文心雕龙解说》，祖保泉，安徽教育出版社1993年版。

161.《文心雕龙美学思想体系初探》，韩湖初，暨南大学出版社 1993 年版。

162.《骈体语译文心雕龙》，张光年，上海书店 2001 年版。

163.《〈文心雕龙〉义疏》，吴林伯，武汉大学出版社 2002 年版。

164.《文心识隅集》，李庆甲，上海古籍出版社 1989 年版。

165.《文心雕龙美学范畴研究》，寇效信，陕西人民出版社 1997 年版。

166.《文心雕龙创作论疏鉴》，林杉，内蒙古教育出版社 1997 年版。

167.《文心雕龙文体论今疏》，林杉，内蒙古教育出版社 2000 年版。

168.《文心雕龙批评论新诠》，林杉，内蒙古教育出版社 2002 年版。

169.《文心十论》，涂光社，春风文艺出版社 1986 年版。

170.《文心雕龙释义》，冯春田，山东教育出版社 1986 年版。

171.《文心雕龙阐释》，冯春田，齐鲁书社 2000 年版。

172.《百子全书 · 金缕子》，（南朝梁）萧绎，岳麓书社 1993 年版。

173.《刘勰的文学史论》，张文勋，人民文学出版社 1984 年版。

174.《文心雕龙辞典》，周振甫，中华书局 1996 年版。

175.《刘勰评传》，杨明，南京大学出版社 2001 年版。

176.《中国文学理论批评发展史》，张少康，北京大学出版社 1995 年版。

177.《中国文学批评史》，郭绍虞，百花文艺出版社 1999 年版。

178.《困学纪闻》，王应麟，辽宁教育出版社 1998 年版。

179.《文心雕龙义证》，詹锳，上海古籍出版社 1989 年版。

180.《雕龙迁想》，涂光社，辽宁大学出版社 1995 年版。

181.《文心雕龙的传播和影响》，汪春泓，学苑出版社 2002 年版。

182.《〈文心雕龙〉与佛教关系之考辨》，方元珍，中国台湾文史哲出版社 1987 年版。

183.《理学 · 佛学 · 玄学》，汤用彤，北京大学出版社 1991 年版。

184.《汤用彤选集》,汤一介选编,天津人民出版社 1995 年版。
185.《重修增订文心雕龙研究》,王更生,中国台湾文史哲出版社 1984 年版。
186.《文心雕龙新解》,李景濚,中国台湾翰林出版社 1968 年版。
187.《〈文心雕龙〉国际学术研讨会论文集》,日本九州大学中国文学会编,中国台湾文史哲出版社 1992 年版。
188.《〈文心雕龙〉国际学术研讨会论文集》,中国台湾师范大学国文系编,中国台湾文史哲出版社 2000 年版。
189.《文心雕龙论文集》,陈新雄、于大成主编,中国台湾木铎出版社 1973 年版。
190.《中国台湾近五十年来"〈文心雕龙〉学"研究》,刘渼,中国台湾万卷楼图书公司 2001 年版。
191.《秦汉新道家略论稿》,熊铁基,上海人民出版社 1984 年版。
192.《元和郡县图志》,(唐)李吉甫,中华书局 1995 年版。
193.《少室山房笔丛》,(明)胡应麟,中华书局 1964 年版。
194.《文心雕龙研究》,穆克宏,鹭江出版社 2002 年版。
195.《文心雕龙与现代修辞学》,沈谦,台湾益智书局 1990 年版。
196.《文心雕龙系统观》,石家宜,江苏古籍出版社 2001 年版。
197.《文心雕龙注订》,张立斋,台湾正中书局 1967 年版。
198.《文心雕龙考异》,张立斋,台湾正中书局 1974 年版。
199.《文心雕龙与佛儒二教义理论集》,石垒,香港云在书屋 1977 年版。
200.《在文心雕龙与诗学之间》,王毓红,学苑出版社 2002 年版。
201.《文心雕龙与六朝文化思潮》,杨清之,南方出版社 2002 年版。

后 记

1996 年,根据山东省地方史志编纂委员会的工作部署,莒县人民政府组建《刘勰志》编纂委员会,并由县地方史志办公室具体组织编纂工作。1998 年聘请朱文民为主编,并承担撰稿任务。主编拟出提纲后,由省史志办公室修改批准,随后开始撰写,2001 年完成初稿,2002 年夏天完成评审稿。

《刘勰志》稿的撰写工作,得到了省地方史志办公室,莒县县委、县政府、县政协的大力支持。海内外专家学者,如上海社会科学院林其锬研究员、安徽师范大学祖保泉教授、临沂师范学院贾锦福教授、台湾师范大学王更生教授、中国社会科学院文学所陈祖美研究员、华南师范大学韩湖初教授、辽宁大学涂光社教授、内蒙古师范大学林杉教授、石家庄铁道学院赵有信教授、南京中国人民解放军国际关系学院一系孙培平大校、浙江新昌县文物馆赵曦馆长、中国《文心雕龙》资料中心彭荷成副研究员、牟世金夫人赵壁清女士、山东大学孙廷利、山东社会科学院刘晓焕研究员等,为本志的编纂搜集史料,或提供资料支持。张文勋、王更生、刘文忠、韩湖初、林杉、涂光社、方元珍等学者更是将自己的作品直接赠主编参考。本志中的《文心雕龙主要版本简介》是主编邀请林其锬研究员撰写的。借此机会,一并深表谢意。

2003 年 7 月 29 日至 30 日,《刘勰志》稿评审会议在刘勰祖籍山东莒县召开。山东省地方史志办公室、日照市地方史志办公室，以及莒县县委、县政府、县政协的有关人员出席会议。上海社会科学院研究员、中国《文心雕龙》学会副会长林其锬，人民文学出版社编审、中国《文心雕龙》学会副会长刘文忠，辽宁大学教授、中国《文心雕龙》学会副会长涂光社，临沂师范学院教授贾锦福，山东大学教授戚良德等专家学者应邀参加了评审会。中国《文心雕龙》学会会长、北京大学教授张少康委托副会长刘文忠给评审会带来了口头意见。与会专家及有关领导对本志稿给予肯定，并提出具体修改意见。莒县地方史志办公室也两次组织当地对刘勰有一定研究的人员，对志稿提出修改意见。在此基础上，主编对原稿作了进一步修改、调整，并组织王国新、张同旭、万振甫、朱有为、李明高等同志进行了最后一次校对。

2009年，山东人民出版社组织出版《齐鲁诸子名家志》丛书，本志被列入其中，并在第四篇"学术研究"中增加了2002年以后的研究成果。

本志在编写过程中直接或间接地吸收了海内外许多专家学者的研究成果，因受篇幅所限，行文中不便一一注出，敬请谅解。对关心和支持本志编写工作的专家、学者和同仁，特致谢忱。

由于受编著者的水平及资料所限，本志不足之处，还请专家、学者和读者指正。

《刘勰志》编纂委员会

2009年4月

图书在版编目(CIP)数据

刘䢼志/朱文民主编.—济南:山东人民出版社,2009.4
(2011.4 重印)
(齐鲁诸子名家志/王兆成,刘秋增总主编)
ISBN 978-7-209-04772-2

Ⅰ.刘… Ⅱ.朱… Ⅲ.刘䢼(?～23)—人物研究
Ⅳ.K825.6

中国版本图书馆 CIP 数据核字(2009)第040998号

责任编辑:崔 萌
装帧设计:蔡立国 武 斌
制 作:侯地霞

刘䢼志
朱文民 主编

山东出版集团
山东人民出版社出版发行
社 址:济南市经九路胜利大街39号 邮 编:250001
网 址:http://www.sd-book.com.cn
发行部:(0531)82098027 82098028

新华书店经销
山东新华印刷厂印装

规 格 16开(184mm×260mm)
印 张 38.5
字 数 430千字 插页 10
版 次 2009年4月第1版
印 次 2011年4月第2次
ISBN 978-7-209-04772-2
定 价 180.00元